普通高等教育"十一五"国家级规划教材

高等学校土木建筑工程类系列教材

建设工程经济与企业管理（第三版）

主编 杨海红 何亚伯 王望珍 杨琳 孔文涛

武汉大学出版社

图书在版编目(CIP)数据

建设工程经济与企业管理/杨海红等主编. —3版. —武汉:武汉大学出版社,2021.6(2022.6重印)
普通高等教育"十一五"国家级规划教材
ISBN 978-7-307-22194-9

Ⅰ.建… Ⅱ.杨… Ⅲ.①建筑经济学—高等学校—教材 ②建筑企业—工业企业管理—高等学校—教材 Ⅳ.F407.9

中国版本图书馆CIP数据核字(2021)第047182号

责任编辑:胡 艳　　责任校对:汪欣怡　　版式设计:韩闻锦

出版发行:**武汉大学出版社**　(430072　武昌　珞珈山)
(电子邮箱:cbs22@whu.edu.cn　网址:www.wdp.com.cn)
印刷:武汉科源印刷设计有限公司
开本:787×1092　1/16　印张:34.5　字数:815千字　插页:1
版次:2005年8月第1版　2009年3月第2版
　　　2021年6月第3版　2022年6月第3版第2次印刷
ISBN 978-7-307-22194-9　　定价:69.00元

版权所有,不得翻印;凡购买我社的图书,如有质量问题,请与当地图书销售部门联系调换。

第三版前言

由于我国投资与管理模式以及现代企业制度的改革，相关国家经济法规、财税制度、建设项目经济评价方法与参数中的规定和要求也发生了相应的变化，为与国家现行法规、标准、政策、方法等相衔接，紧跟学科发展的进程，在本书第二版基础上做了一些修正，形成了本书的第三版。

当前教育的培养理念强调"厚基础、宽口径、高素质、强能力"，强调创新型复合人才的培养，同时致力于推行"三创"（创造、创新、创业）教育。本教材此次修订力图达到上述目标，编写时将我国现行法规、标准、政策、方法贯穿其中，并融入学科发展的最新进程，结合教学实际情况，广泛收集案例信息，添加及修订新的管理理念、方法，按照最新的法规、标准、政策组织编写修订，积极推进案例教学，将造价工程师、一级建造师、投资咨询工程师、监理工程师等执业资格考试相关内容及案例融入本教材，使读者更能贴近生活、贴近工程实践，将本学科理论知识更好地应用于生活、学习、工作，提高读者分析问题、解决问题的能力。本教材充分反映了"建设工程经济与企业管理"作为一门综合性科学所具有的交叉性、拓展性、目的性和实践性。

本书不仅可作为高等学校土木工程专业、工程管理等专业的教材或教学参考书，也可作为建设单位、建设工程企业、建设管理等部门工程技术人员和管理人员的培训教材或参考书。

本书共分12章，每章编写分工如下：何亚伯编写第1章；杨海红编写第2章、第3章、第12章；王望珍编写第4章、第5章、第7章；杨琳编写第6章、第10章；孔文涛编写第8章、第9章、第11章。

本书由杨海红负责全书统稿工作，匡思玥、叶聪、杨富茗同学参与第4章、第5章、第7章资料收集整理工作，朱清荷同学参与第2章、第3章、第12章案例录入及文字校对工作。

本书参考了许多专家的相关著作、兄弟院校的教材以及相关文献资料，其中主要资料已列入本书参考文献，或在书中注明，在此谨向各位作者表示衷心感谢。

由于作者的水平有限，难免存在各种问题和不足，敬请读者一如既往地给予指正与帮助。

编　者

2020年1月

第二版前言

本书第一版是武汉大学出版社组织出版的 21 世纪高等学校土木工程类系列教材之一，是根据国家教育部关于土木工程类专业本科生培养目标和土木工程专业指导委员会制定的课程教学大纲的要求编写的。

为了适应我国的投资与管理模式以及现代企业制度的改革，配合最新的国家经济法规、财税制度，尤其是《建设项目经济评价方法与参数》(第三版)中的要求，同时借鉴了相关领域国内外近年来取得的研究成果，对本书第一版做了一些修正，形成了本书的第二版。《建筑工程经济与企业管理》(第二版)基本保留了第一版的总体结构，按照《建设项目经济评价方法与参数》(第三版)中的要求对"建设项目技术经济评价""建设项目可行性研究"两章内容进行了调整与修正。对部分章节的内容做了补充或精简。

本书已列入普通高等教育"十一五"国家级规划教材，因此在教材修正中保留了第一版的特点并进一步更新和提高。第二版编写力求符合精品教材的规范要求，在教材内容上注重与国家现行法规、标准、方法等相衔接，紧跟学科发展的进程，充分反映了"建筑工程经济与企业管理"作为一门综合性科学所具有的交叉性、拓展性、目的性和实践性。

本书共分 13 章，具体编写分工如下：何亚伯编写第 1 章、第 3 章；杨海红编写第 2 章、第 11 章；叶青编写第 4 章；张海涛编写第 5 章、第 6 章和第 9 章；王望珍编写第 7 章、第 12 章和第 13 章；孔文涛编写第 8 章和第 10 章。

本书修订中参考了许多专家的相关著作、兄弟院校的教材以及相关文献资料，其中主要资料已列入本书参考文献，或在书中注明，在此谨向各位作者表示衷心感谢。

由于作者的水平有限，难免存在各种问题和不足，敬请读者一如既往地给予指正与帮助。

编　者
2008 年 10 月

第一版前言

根据土木工程专业的业务培养目标，要求本专业毕业生成为能在房屋建筑、地下建筑、隧道、道路、桥梁、矿井等的设计、研究、施工、教育、管理、投资、开发部门从事技术或管理工作的高级工程技术人才。因此，作为土木工程专业的学生，除了要精通工程技术外，还必须懂得一定的工程经济学知识和企业管理知识；建立必要的经济意识、掌握经济分析和经济决策的方法和技能、培养解决实际工程经济问题的能力；深入了解现代企业管理理论与方法，适应我国建筑企业转换经营机制和建立现代企业制度的要求，满足新形势下对建筑企业管理人才的要求。

"建筑工程经济与企业管理"是土木工程专业的一门必修课程，是由技术科学、经济学与管理科学等相互融合渗透而形成的一门综合性科学。主要研究建筑业的基本经济规律、工程项目经济效益的分析原理和方法、投资的决策、工程管理的基本理论、建筑企业的经营与管理方法等。通过本课程的学习，使学生建立起正确的经济观点，较系统地掌握技术经济分析方法，学会工程管理的基本原理与方法论，并对建筑工程具有初步的科学管理能力。

本书较全面阐述了建筑业的基本经济规律、建筑工程经济的评价原理与方法、建筑企业管理的基本理论与管理方法。本书共分为两部分。前一部分以揭示工程技术与经济效果的内在联系为基本出发点，以工程项目的技术与经济分析为主线，阐述了建设项目技术经济评价的原理与主要方法，其内容包括建设项目投资估算与资金时间价值、建设项目技术经济评价方法、建设项目的财务评价、国民经济评价、经济评价中的不确定性分析、设计与施工方案技术经济评价、建设项目后评价、建设项目可行性研究、价值工程。后一部分主要围绕现代企业管理展开讨论，主要内容包括企业管理基本原理、现代企业制度、建筑企业计划管理与合同管理、建筑企业质量管理、建筑企业成本管理、建筑企业生产要素管理、建筑企业风险管理以及建筑企业财务管理等。

本书是武汉大学出版社组织出版的21世纪高等学校土木工程类系列教材之一，是根据国家教育部关于土木工程类专业本科生培养目标和土木工程专业指导委员会制定的课程教学大纲的要求编写的。本书理论体系较为完整，除了对建筑工程经济与企业管理的基本原理和方法进行了较为系统的阐述外，还增添了一些较新的内容，如建筑企业风险管理和国际企业财务管理等方面的知识，使其内容更加充实。同时，十分注意理论联系实际，强调实用性，结合例题进行讲解，有利于读者的学习和理解。根据本课程学时较少、涉及面较宽和内容较多等特点，在编写中力求抓住重点，简明扼要，通俗易懂。

本书可作为高等学校土木工程专业、工程管理等专业的教材或教学参考书，也可作为建设单位、施工企业、建设监理等部门工程技术人员和管理人员的培训教材或参考书。

第一版前言

本书共分13章，具体编写分工如下：何亚伯编写第1章、第3章；杨海红编写第2章、第11章；郑绍羽编写第4章；陈悦华编写第5章；张海涛编写第6章、第9章；王望珍编写第7章、第12章和第13章；孔文涛编写第8章和第10章。

本书在编写过程中得到了杨和礼教授的支持和帮助，并参考了许多专家的相关著作、兄弟院校的教材以及有关文献资料，其中主要资料已列入本书的参考文献，在此谨向各位作者表示衷心的感谢。

由于作者的水平有限，本书中难免存在错误与不足之处，敬请读者提出宝贵意见，以便使之不断完善。

编　者
2005年5月

目　录

第1章　概论 ··· 1
1.1　基本建设 ··· 1
1.2　建筑业概述 ·· 15
1.3　建筑业的行业管理 ··· 21

第2章　建设项目投资估算与资金时间价值 ·································· 24
2.1　建设项目投资、成本、利润、税金估算 ······························· 24
2.2　资金时间价值计算 ·· 46
2.3　建设项目资金筹措 ·· 58
2.4　案例分析 ··· 65
习题 ·· 69

第3章　建设项目经济评价 ·· 71
3.1　概述 ··· 71
3.2　建设项目经济评价方法 ·· 76
3.3　建设项目财务评价 ·· 90
3.4　建设项目国民经济评价 ·· 104
3.5　经济评价中的不确定性分析 ··· 119
3.6　建设工程设计与施工方案技术经济评价 ······························· 139
3.7　建设项目后评价 ··· 146
3.8　案例分析 ··· 151
习题 ·· 155
附录　标准正态分布概率 ·· 158

第4章　技术经济预测与决策 ·· 160
4.1　技术经济预测方法 ·· 160
4.2　技术经济决策方法 ·· 176
4.3　案例分析——某超高层建筑项目安全管理的综合评价 ·············· 191
习题 ·· 198

1

第5章　建设项目可行性研究 ... 200
5.1　可行性研究的概念 ... 200
5.2　可行性研究的内容及大纲 ... 206
5.3　案例分析——某省统一供销物流园项目的可行性分析 ... 213
习题 ... 238

第6章　价值工程在建设项目评价中的应用 ... 240
6.1　概述 ... 240
6.2　价值工程分析对象的选择和情报收集 ... 244
6.3　功能分析 ... 255
6.4　方案的创造和评价 ... 264
6.5　价值工程应用实例 ... 271
习题 ... 274

第7章　建设工程企业管理概论 ... 276
7.1　企业、现代企业制度概述 ... 276
7.2　建设工程企业的经营方式 ... 287
7.3　建设工程企业管理原理 ... 296
7.4　建设工程企业组织管理 ... 308
7.5　案例分析 ... 328
习题 ... 329

第8章　建设工程招投标与合同管理 ... 330
8.1　建设工程招投标 ... 330
8.2　建设工程合同管理 ... 342
8.3　案例分析 ... 353
习题 ... 356

第9章　建设工程企业计划管理 ... 357
9.1　概述 ... 357
9.2　计划的编制 ... 363
9.3　计划的实施和控制 ... 370
9.4　案例分析 ... 373
习题 ... 375

第10章　建设工程企业质量管理 ... 376
10.1　概述 ... 376
10.2　全面质量管理 ... 382

10.3　ISO 9000 系列标准简介 …………………………………………………… 386
10.4　质量管理保证体系 …………………………………………………………… 396
10.5　质量管理中常用的统计与分析方法 ………………………………………… 406
10.6　案例分析 ……………………………………………………………………… 433
习题 …………………………………………………………………………………… 440

第 11 章　建设工程企业成本管理 …………………………………………………… 443
11.1　概述 …………………………………………………………………………… 443
11.2　成本预测与成本计划 ………………………………………………………… 448
11.3　成本控制与成本核算 ………………………………………………………… 455
11.4　成本分析与成本考核 ………………………………………………………… 469
11.5　案例分析 ……………………………………………………………………… 474
习题 …………………………………………………………………………………… 478

第 12 章　建设工程企业生产要素管理 ……………………………………………… 480
12.1　建设工程企业技术管理 ……………………………………………………… 480
12.2　建设工程企业人力资源管理 ………………………………………………… 485
12.3　建设工程企业机械设备管理 ………………………………………………… 492
12.4　建设工程企业材料管理 ……………………………………………………… 502
12.5　建设工程企业财务管理 ……………………………………………………… 511
12.6　案例分析 ……………………………………………………………………… 529
习题 …………………………………………………………………………………… 535

参考文献 ……………………………………………………………………………… 536

第1章 概 论

1.1 基 本 建 设

1.1.1 基本建设的概念

1952年我国政务院规定："凡是固定资产扩大再生产的新建、改建、扩建、恢复工程以及与之连带的工作均为基本建设。"所以，基本建设是一种综合性的经济活动，其目的是扩大再生产。

国民经济各行业都有基本建设经济活动，基本建设活动包括：建设项目的投资决策、建设布局、技术决策、环境保护、工艺流程的确定和设备选型、生产准备，以及对工程建设项目的规划、勘察、设计和施工等活动。

固定资产是国民财富的主要组成部分，衡量一个国家经济实力雄厚与否、社会生产力发展水平高低的重要指标，就是看这个国家拥有的固定资产的数量多少与质量高低。

基本建设是提高人民物质、文化生活水平和加强国防实力的重要手段。其主要作用体现在：为国民经济各行业提供生产能力；影响和改变各产业部门内部、各行业之间的构成和比例关系；使全国生产力的配置更趋合理；用先进的技术改造国民经济；为社会提供住宅、文化设施、市政设施；为解决社会重大问题提供物质基础等。

社会发展和人类生存的条件，主要依靠物质资料再生产。而物质资料再生产的主要手段则依靠社会固定资产再生产。固定资产再生产又分为简单再生产和扩大再生产。如果固定资产每经过一次周期性运转，其生产能力还维持在原来水平上，则称为简单再生产；如果其生产能力不仅得到维持，而且还有扩大，则称为扩大再生产。

固定资产扩大再生产又分为外延与内涵两个方面。如果通过新建、扩建和改建等手段使生产场所扩大了，就是外延上扩大再生产，同样也是固定资产投资的重要组成部分。内涵上扩大再生产是指生产效率的提高，如对固定资产进行技术改造等，也属于固定资产投资活动。固定资产外延与内涵扩大再生产在投资建设活动中一般不是截然分开的，往往是相互交叉、渗透、结合进行的。

1.1.2 基本建设的分类

基本建设可按照用途、建设过程和规模等不同标准进行分类。

1. 按建设性质划分

（1）新建项目：是指从无到有，"平地起家"，新开始建设的项目，建设后组建新的企业或事业单位；或原有项目的基础较小，经重新总体设计、扩大规模后，新增固定资产价值超过原有固定资产价值3倍以上的项目。

(2)扩建项目：是指原有企业或事业单位，为了扩大原有主要产品的生产能力或效益，或增加新的产品生产能力，在原有固定资产的基础上，兴建一些主要车间或其他固定资产。

(3)改建项目：是指原有企业为了提高生产效率，增加科技含量，采用新技术，改进产品质量或改变产品方向，对原有固定资产进行改造的建设项目。有的企业为了提高综合平衡生产能力，增建一些附属车间或非生产性固定资产也属于改建项目。

(4)迁建项目：是指原有企业、事业单位由于各种原因，经上级批准，搬迁到另地建设的项目。迁建项目中符合新建、扩建、改建条件的，应分别作为新建项目、扩建项目或改建项目。迁建项目不包括留在原址的部分。

(5)恢复项目：是指企业、事业单位因自然灾害、战争等原因，使原有固定资产全部或部分报废，以后又投资按原有规模重新恢复起来的项目。在恢复的同时进行扩建的，应作为扩建项目。这类建设项目虽然没有扩大再生产和增加新的生产能力，但亦算基本建设。

必须指出的是，建设项目的性质是按整个建设项目来划分的，一个建设项目在按总体设计全部建成之前，其性质一直不变。

2. 按建设规模大小划分

基本建设项目可分为大型项目、中型项目、小型项目；更新改造项目分为限额以上项目、限额以下项目。基本建设大、中、小型项目是按项目的建设总规模或总投资来确定的。习惯上将大型项目和中型项目合称为大中型项目。基本建设项目大、中、小型划分标准，是国家规定的按总投资划分的项目，能源、交通、原材料工业项目5000万元以上，其他项目3000万元以上的为大、中型项目，在此标准以下的为小型项目。生产单一产品的工业企业，按产品的设计能力来划分，如钢铁联合企业，年产钢量在100万吨以上的企业为大型企业；10万~100万吨的为中型企业；10万吨以下的为小型企业。生产多种产品的，按主要产品的设计能力来划分。

新建项目按项目的全部设计规模(能力)或所需投资(总概算)计算；扩建项目按扩建新增的设计能力或扩建所需投资(扩建总概算)计算，不包括扩建以前原有的生产能力。值得注意的是，新建项目的规模是指经批准的可行性研究报告中规定的建设规模，而不是指远景规划所设想的长远发展规模。明确分期设计、分期建设的项目，应按分期规模计算。

3. 按项目在国民经济中的作用划分

(1)生产性项目：是指直接用于物质生产或直接为物质生产服务的项目，主要包括工业项目(含矿业)、建筑业、地质资源勘探及农林水有关的生产项目、运输邮电项目、商业和物资供应项目等。

(2)非生产性项目：是指直接用于满足人民物质生活和文化生活需要的项目，主要包括文教卫生、科学研究、社会福利、公用事业建设、行政机关和团体办公用房建设等项目。

4. 按建设过程划分

（1）筹建项目：是指尚未开工，正在进行选址、规划、设计等施工前各项准备工作的建设项目。

（2）施工项目：是指报告期内实际施工的建设项目，包括报告期内新开工的项目、上期跨入报告期续建的项目、以前停建而在本期复工的项目、报告期施工并在报告期建成投产或停建的项目。

（3）投产项目：是指报告期内按设计规定的内容，形成设计规定的生产能力（或效益）并投入使用的建设项目，包括部分投产项目和全部投产项目。

（4）收尾项目：是指已经建成投产和已经组织验收，设计能力已全部建成，但还遗留少量尾工需继续进行扫尾的建设项目。

（5）停缓建项目：是指根据现有人力、财力、物力和国民经济调整的要求，在计划期内停止或暂缓建设的项目。

5. 按项目工作阶段划分

（1）前期工作项目：是指已批准项目建议书，正在做可行性研究或者进行初步设计（或扩初设计）的项目。

（2）预备项目：是指已批准可行性研究报告和初步设计（或扩初设计），正在进行施工准备待转入正式计划的项目。

（3）新开工项目：是指施工准备已经就绪，经批准，报告期内计划新开工建设的项目。

（4）续建项目（包括报告期建成投产项目）：是指在报告期之前已开始建设，跨入报告期继续施工的项目。

6. 按项目隶属关系划分

（1）中央项目：亦称部直属项目，是指中央各主管部门直接安排和管理的企业、事业和行政单位的建设项目。这些项目的基本建设计划由中央各主管部门编制、报批和下达。所需的统配物资和主要设备以及建设过程中存在的问题均由中央各主管部门直接供应和解决。

（2）地方项目：是指由省、市、自治区和地（市）、县等各级地方直接安排和管理的企业、事业、行政单位的建设项目。这些项目的基本建设计划由各级地方主管部门编制、报批和下达，所需物资和设备由各地的地方主管部门直接供应。

1.1.3 基本建设程序

基本建设程序，也就是在基本建设工作中必须遵循的先后次序，是指基本建设项目从决策、设计、施工到竣工验收整个工作过程中各个阶段的工作顺序。基本建设涉及面广、内外协作配合的环节多，其中有些是前后衔接的；有些是左右配合的；有些是相互交叉的，这些工作必须按照一定的程序进行，才能达到预期的效果。基本建设程序既是对以往基本建设实践经验的总结，也是项目建设过程的综合描述，正确反映了基本建设全过程的客观规律性。

我国的基本建设程序，最初是在1952年由政务院正式颁布的，基本上是苏联管理模式和方法的翻版。几十年来，随着各项建设事业的不断发展，特别是近些年来管理体制进行的一系列改革，建设程序也在不断调整，逐步完善和走向科学化、法制化。

我国工程基本建设各阶段的划分不尽相同，但大致划分为以下几个阶段：项目建议书阶段，可行性研究阶段，初步设计阶段，施工图设计阶段，建设准备阶段，建设实施阶段，竣工验收阶段，后评价阶段。其中，项目建议书阶段与可行性研究阶段统称为立项阶段；初步设计阶段与施工图设计阶段统称为设计阶段；建设准备阶段、建设实施阶段与竣工验收阶段统称为建设阶段。这几个大的阶段中的每一阶段都包含着许多环节。主要的工作内容介绍如下：

1. 项目建议书阶段

项目建议书(又称立项申请)是项目建设筹建单位，根据国民经济和社会发展的长远规划、行业规划、产业政策、生产力布局、市场、所在地的内外部条件等要求，经过调查、研究分析后，提出的某一具体项目的建议文件，既是基本建设程序中最初阶段的工作，又是对拟建项目的框架性设想，也是政府选择项目和进行可行性研究的依据。

项目建议书的主要作用是为了推荐一个拟进行建设的项目的初步说明，论述建设的必要性、重要性、条件的可行性和获得的可能性，为项目是否进行下一步工作提供决策依据。

项目建议书阶段的主要工作包括：编制项目建议书，办理项目选址规划意见书，办理建设用地规划许可证和工程规划许可证，办理土地使用审批手续，办理环保审批手续。

在完成以上工作的同时，还应做好以下工作：进行拆迁摸底调查，并请有资质的评估单位评估论证；做好资金来源及筹措准备；做好建设选址的测绘准备工作。

项目建议书的内容一般应包括：① 建设项目提出的必要性和依据；② 拟建规模、建设方案；③ 建设的主要内容；④ 建设地点的初步设想情况、资源情况、建设条件、协作关系等的初步分析；⑤ 投资估算和资金筹措及还贷方案；⑥ 项目进度安排；⑦ 经济效益和社会效益的估计；⑧ 环境影响的初步评价。

对于大中型项目，有的工艺技术复杂、涉及面广、协调量大，在提出项目建议书之前，还增加了初步可行性研究工作。对拟进行建设的项目初步论证后，再行编制项目建议书，并将初步可行性研究报告作为项目建议书的主要附件之一。项目建议书按要求编制完成后，按照建设总规模和限额划分的审批权限报批。

2. 可行性研究阶段

项目建议书经批准后，即着手进行可行性研究。通过对建设项目在技术、工程和经济上的合理性进行全面分析论证和多种方案比较，提出评价意见。这是决策科学化、民主化的不可或缺的重要环节。

可行性研究阶段的主要工作是对项目在技术上是否可行和经济上是否合理进行科学的分析和论证。对项目在技术上是否先进、适用、可靠，在经济上是否合理，在财务上是否盈利，做出多方案比较，提出评价意见，推荐最佳方案，作为建设项目立项决策的依据，也是项目办理资金筹措、签订合作协议、进行初步设计等工作的依据和基础。可行性研究阶段的工作也是我国借鉴世界银行和西方国家的经验和惯例，从1982年起开展起来的。项目可行性研究报告还应由工程咨询公司进行评估论证。

可行性研究由具有相应资质并适合本项目等级和专业范围的规划、设计、工程咨询单位承担项目可行性研究，并完成可行性研究报告。报告编制完成后，项目建设筹建单位应委托有资质的单位进行评估、论证。项目建设筹建单位提交书面报告并附可行性研究报告文本、其他附件（如建设用地规划许可证、工程规划许可证、土地使用手续、环保审批手续、拆迁评估报告、可研报告的评估论证报告、资金来源和筹措情况等）上报原项目审批部门审批。

3. 初步设计阶段

初步设计是对拟建工程在技术上和经济上所进行的全面而详尽的安排；是基本建设计划的具体化；是把先进技术和科研成果引入建设的渠道；是整个工程的决定性环节；是组织施工的依据。它直接影响工程质量和将来的使用效果。经可行性研究报告批准的建设项目应委托或通过招标选定设计单位，按照可行性研究报告的内容和要求进行设计，编制设计文件。我国现行规定，设计一般包括三个阶段的工作：初步设计及工程概算，技术设计（或扩大初步设计）及修正概算；施工图设计及工程预算。对于中小型项目，可按两阶段进行：初步设计、施工图设计。对重大项目和技术复杂项目，可根据不同行业的特点和需要，增加技术设计阶段。

初步设计是根据已批准的可行性研究报告和必要而准确的设计基础资料，对设计对象进行通盘研究，在指定的地点、时间和投资控制范围内，初步拟定项目建设方案，并论证拟建工程在技术上的可能性和经济上的合理性。初步设计除了要解决建设项目的技术可靠性和经济合理性问题外，还应对设计对象做出基本技术规定，编制项目的总概算。具体内容如下：确定建设指导思想，产品方案，总体规划，工艺流程，设备选型，主要建筑物、构筑物和公用辅助设施，"三废"治理，占地面积，主要设备材料清单和材料用量，劳动定员，主要技术经济指标，建设工期，总概算。

根据国家现行规定，如果初步设计提出的总概算超过可行性研究报告确定的总投资估算 10% 以上或其他主要指标需要变更时，应重新报批可行性研究报告。

初步设计文本完成后，应报规划管理部门审查，并报原科研审批部门审查批准。

当需要进行技术设计（或扩大初步设计）时，本阶段的工作重点则是编制拟建工程的各有关工种图纸、说明书和修正总概算。技术设计是初步设计的深化，使建设项目的设计工作更具体、更完善，对初步设计所采用的工艺流程和建筑结构中的重大问题做出进一步的确定，或校正设备选型与数量。技术设计应包括：逐项落实各项工艺方案，主要关键生产工艺设备的规格、型号、数量；提供建筑安装和有关土建、公用工程必要的技术数据，为编制施工组织总设计提供依据；编制修正总概算，并提出符合建设总进度的分年度所需资金的数额；确定配套工程项目、内容、规模、要求以及配合建成的期限；为项目建成投产的各项组织和技术准备提供必要的数据。

4. 施工图设计阶段

通过招标、比选等方式择优选择设计单位进行施工图设计。施工图设计的主要内容是根据批准的初步设计（或技术设计），绘制出正确、完整和尽可能详尽的建筑安装图纸。其设计深度应满足设备、材料的安排和非标设备的制作，以及建筑工程施工要求等。

本阶段的主要工作内容包括：根据批准的初步设计或技术设计，绘制建筑安装工程和非标准设备需要的图纸；完整地表现建筑物外形、内部空间的分割、结构体系、构造状况以及建筑群的组成和周围环境的配合，应具有详细的构造与尺寸；各种运输、通信、管道系统、建筑设备的设计；在工艺方面，应具体确定各种设备的型号、规格及各种非标准设备的施工图。

施工图文件完成后，应将施工图报有资质的设计审查机构审查，并报建设单位(业主)管理部门备案。聘请有预算资质的单位编制施工图预算。

5. 建设准备阶段

建设准备阶段的主要工作包括：

(1) 编制项目投资计划书，并按现行的建设项目审批权限进行报批。

(2) 建设工程项目报建备案。我国境内兴建的所有工程建设项目，以及外国独资、合资、合作的工程建设项目，都必须实行报建制度，接受当地建设行政主管部门或其授权机构的监督管理。报建备案的工程建设项目包括各类房屋建筑、土木工程设备安装、管道线路敷设、装饰装修等固定资产投资的新建、扩建、改建以及技改等建设项目等。

建设单位或其代理机构在工程建设项目可行性研究报告或其他立项文件批准后，须向当地建设行政主管部门或其授权机构进行报建，交验工程项目立项的批准文件，建设项目的报建内容主要包括：工程名称，建设地点，投资规模，资金来源，当年投资额，工程规模，开工、竣工日期，发包方式和工程筹建情况等。

凡未报建的工程建设项目，不得办理招标手续和发放施工许可证，设计、施工单位不得承接该项工程的设计和施工任务。

(3) 建设工程项目招标。建设单位通过招标或比选等竞争性方式择优选择招标代理机构；通过招标或比选等方式择优选定设计单位、勘察单位、施工单位、监理单位和设备供货单位，签订设计合同、勘察合同、施工合同、监理合同和设备供货合同。

6. 建设实施阶段

项目在开工建设之前，首先要切实做好以下准备工作：① 征地、拆迁和场地平整；② 完成"三通一平"，即通路、通电、通水，修建临时生产和生活设施；③ 组织设备、材料订货，做好开工前准备，包括计划、组织、监督等管理工作的准备，以及材料、设备、运输等物质条件的准备；④ 准备必要的施工图纸，新开工的项目必须至少有3个月以上的工程施工图纸。

同时办理相关手续，如办理工程质量监督手续、施工许可证、项目开工前审计和报批开工等手续。

按规定进行了建设准备并具备了各项开工条件以后，建设单位向主管部门提出开工申请。建设项目经批准新开工建设，项目即进入了建设实施阶段。项目新开工时间，是指建设项目设计文件中规定的任何一项永久性工程(无论生产性或非生产性)第一次正式破土开槽开始施工的日期。不需要开槽的工程，以建筑物的正式打桩作为正式开工。公路、水库需要进行大量土、石方工程的，以开始进行土方、石方工程作为正式开工。

项目建设实施阶段，对建设单位来说既是项目固定资产形成的阶段，也是生产能力形成的阶段；对建筑安装企业来说，是产品的生产阶段。这一阶段是周期最长，占用和耗费财力、物力和人力最多的一个阶段，各项工作要依靠参与项目建设的各个单位通力协作、共同完成，才能达到质量高、投资省和工期短的目的。要对工程投资、建设材料、施工图纸、施工人员予以逐项落实和滚动跟进，严格管理，加强技术监督和经济核算，如期保质保量地完成施工任务。

7. 竣工验收阶段

竣工验收是指为了检查竣工项目是否符合设计要求而进行的一项工作。竣工验收阶段是项目建设实施全过程的最后一个阶段，是考核项目建设成果、检验设计和施工质量的重要环节，也是建设项目能否由建设阶段顺利转入生产或使用阶段的一个标志性阶段。

根据国家现行规定，凡新建、扩建、改建的基本建设项目和技术改造项目，按批准的设计文件所规定的内容建成，符合验收标准的，必须及时组织验收，办理固定资产移交手续。

竣工验收必须符合以下要求：① 项目已按设计要求完成，能满足生产使用；② 主要工艺设备配套设施经联动负荷试车合格，形成生产能力，能够生产出设计文件所规定的产品；③ 生产准备工作能适应投产需要；④ 环保设施、劳动安全卫生设施、消防设施已按设计要求与主体工程同时建成使用。正式验收前，建设单位组织设计、施工等单位进行初验，并系统地整理技术资料、图纸，正式验收时作为技术档案移交给建设单位。建设单位要编制好工程竣工决算，报上级主管部门审查。

根据建设项目的规模大小和复杂程度，整个项目的验收可分为初步验收和竣工验收两个阶段进行。规模较大、较为复杂的建设项目，应先进行初验，然后进行全部项目的竣工验收。规模较小、较简单的项目可以一次进行全部项目的竣工验收。

建设项目在竣工验收之前，由建设单位组织施工，设计及使用等单位进行初验。初验前，由施工单位按照国家规定，整理好文件、技术资料，向建设单位提出交工报告。建设单位接到报告后，应及时组织初验。

建设项目全部完成，经过各单项工程的验收，符合设计要求，并具备竣工图表、竣工决算、工程总结等必要文件资料的，由项目主管部门或建设单位向负责验收的单位提出竣工验收申请报告。

竣工验收单位由环保、劳动、统计、消防及其他有关部门组成，建设单位、施工单位、勘察设计单位等参加验收工作。验收委员会或验收组负责审查工程建设的各个环节，听取各有关单位的工作报告，审阅工程档案资料，并实地察验建筑工程和设备安装情况，并对工程设计、施工和设备质量等方面做出全面的评价。不合格的工程不予验收；对遗留问题提出具体解决意见，限期落实完成。

8. 后评价阶段

对于一些重大建设项目，规定在竣工验收并正常运行一段时间后，要进行后评价工作。这一阶段主要是为了总结项目建设成功或失误的经验教训，供以后的项目决策借鉴；同时，也可以为决策和建设中的各种失误找出原因，明确责任；还可以对项目投入生产或使用后还存在的问题，提出解决办法，弥补项目决策和建设中的缺陷。

项目后评价包括建设单位自评和投资方评价两个阶段，一般内容包括：评估项目的实际成效；确定项目是否达到了预期目标和设计要求；检查设计和施工各个环节的实际质量；重新计算实际财务效益和国民经济效益；指出项目建设工程中所存在的主要问题，并分析问题的成因；提出改进工作的意见。

基本建设各阶段的划分不尽相同，本教材按照一般情况分成了以上8个阶段，在实际过程中，可根据具体情况进行相应的删减与增加，以适合具体工程建设项目的需要。从上述8个阶段的工作内容可以看出，建设程序中的每一阶段都是以前一阶段的工作成果为依据，同时又为后一阶段创造条件。后一阶段工作是以前一阶段工作为基础，前一阶段工作的好坏必定在后一阶段工作中表现出来。总之，基本建设程序是不可违背的科学程序，无论客观需要与主观意志如何，违反建设程序办事，都会给国家和社会带来损失。因此，在所有基本建设活动中，必须按照基本建设程序办事。

1.1.4 我国基本建设投资体制的改革

投资体制是经济体制的重要组成部分，经济体制模式决定投资体制模式，一定时期的投资体制又反映一定时期的经济体制情况。按照改革开放以来经济体制模式的变化与发展来划分投资体制改革历程，可以将我国投资体制的变迁大致划分为以下五个阶段：

1. 第一阶段(1979—1983年)

(1)改革资金使用模式，开展"拨改贷"试点，将建设投资由财政拨款方式改为贷款方式。推行改革首先是以提高政府投资建设的效益为目标而开始的。1979年8月，为了提高基本建设项目的投资效益，国务院批准了《关于基本建设投资试行贷款办法的报告》，开始在基本建设领域进行"拨改贷"的试点，打破了基本建设由政府财政无偿拨款的计划经济模式。

(2)推行经济责任制，提高投资建设的效益。从1979年开始，在基本建设中试行了合同制、设计单位实行企业化管理、改进国有企业折旧费使用办法、开征企业固定资产税等工作。1980年在全国基本建设会议上提出了扩大施工企业经营管理自主权，实现利润留成制度。1981年在国有施工企业试行经济责任制。1982年试行工程招投标制度。1983年原国家计委颁布了《建设项目进行可行性研究的试行管理办法》，规定国家基本建设大中型项目要进行可行性论证，同年开始对基本建设项目试行"包干经济责任制"，实施建设前期工作"项目经理制"等，为提高政府投资建设的效益发挥了重要作用。

(3)改革审批程序，实行两级管理。在投资宏观调控方面，为了更加有效地管理国家的投资建设，1982年将原国家建委的投资管理职能并入原国家计委，其他职能并入原城乡建设环境保护部。1983年，国务院决定把"技术改造作为扩大再生产主要手段"，并把基本建设和技术改造分别由原国家计委和原国家经委管理。在地方财政不断扩大，基本建设项目数量不断增多之后，为了有效发挥地方政府投资建设的积极性，对投资建设实行两级(中央和省级)管理，大中型项目由国家部门审批，小型(1000万元以下)项目下放给地方政府审批，1亿元以上的项目由原国家计委核报国务院审批。

(4)开拓资金渠道，增加投资规模。随着1980年开始的特区建设，开始让外资直接进入我国的项目建设。1981年国家开始发行国债，部分用于基本建设。1982年原国家计委等部门颁发了《关于试行国内合资建设暂行办法》。1983年开始征收国家能源重点建设基金和建筑税，用于国家能源等重点建设。

2. 第二阶段(1984—1988年)

随着国家把经济体制改革的重点转向城市,投资体制改革出现了一个高潮,除了前一阶段进行试点的改革措施在这一时期都得到广泛推广外,又出台了许多改革措施。

(1)改革投资管理体制,扩大地方与企业的自主权。1984年,国务院颁布了《关于改革建筑业和基本建设管理体制的若干问题的暂行规定》,并批转了原国家计委《关于改进计划体制的若干暂行规定》,对政府投资的多方面进行了改革。除没有偿还能力的公益性项目,如教育投资项目等,仍为政府拨款外,其他预算内基本建设投资全部由拨款改为贷款,并对不同行业采取差别利率。

1987年,国务院批转原国家计委《关于大型工业联营企业在国家计划中实行单列的暂行规定》,规定计划单列企业的基本建设、技术改造的投资和重大项目在国家计划中单独列出,建设项目所需的中央投资(包括拨改贷、银行贷款、利用外资)和统配物资由原国家计委直接安排。

1988年,国务院同意有关部门制定《关于投资管理体制的近期改革方案》,在加大地方的重点建设责任、扩大企业投资决策权、建立基本建设基金、成立国家和地方投资公司、改进投资计划管理、强化投资主体自我约束机制、充分发挥市场和竞争机制等七个方面提出了改革的思路,是改革开放之后第一个较为系统的改革方案。其中,国家基本建设基金在当年开始启动,建立投资公司的方案在当年实施,成立了国家农业、林业、能源、交通、原材料、机电轻纺六大专业投资公司,作为国家经营性项目投资主体,管理政府经营性项目投资,各地也纷纷成立隶属于地方政府的投资公司。

(2)简化基本建设审批程序,提高资金使用效率。简化基本建设审批程序,由原来的审批项目建议书、可行性研究报告、设计任务书、初步设计和开工报告等五道程序改为只批项目建议书和设计任务书。进一步扩大地方的投资项目审批权限,由1000万元提高到3000万元,投资2亿元以上的项目由原国家计委核报国务院审批。1987年,国务院明确规定,限额以下的技术改造项目,在计划规模内,由企业自主确定。把基础设施和基础产业的地方项目审批权限扩大到5000万元。

(3)充分调动企业积极性,全面推行经济责任制。在施工建设领域全面推行"工程招标承包制",建立工程承包公司,承担工业交通等领域生产性建设;建立城市综合开发公司,对城市土地、房屋进行综合开发;勘察设计全面推行技术经济承包责任制;建筑安装企业普遍推行百元产值工资含量包干;推行住宅建设商品化,等等。

(4)改革银行体制,为企业建设开辟多种融资渠道。1984年,中国人民银行被确定为中央银行,一般业务交由新成立的工商银行办理,承担各类存款和企业流动资金的贷款业务。将中国人民建设银行从财政部划出,主要承担基本建设贷款任务,兼有政策性银行和商业银行的职能。在上海、北京等地开始股份制试点,为企业建设开辟了直接融资的渠道。

1986年,国务院下达《关于控制固定资产投资规模的若干规定》,规定全社会固定资产投资都必须纳入全国和分部门、分地区的固定资产投资计划,根据不同情况,分别实行指令性计划和指导性计划。国家开始"企业债"试点,为企业直接融资开辟了新渠道。

1987年,国务院颁布《企业债券管理暂行条例》并实施。全国第一家住宅储蓄银行在烟台成立，全国第一个股份制企业集团——中国嘉陵工业股份有限公司(集团)建立。

(5)全面推行工程招投标制度，施行项目咨询评估和建设监理。1985年，原国家计委、原城乡建设环境保护部联合颁发了《工程设计招标投标暂行办法》，招投标制度首先在政府投资建设领域全面推开。同年，国务院批准了《关于加强中国国际工程咨询公司的报告》，决定新建大中型基本建设项目和限额以上技术改造项目的可行性研究报告及大型工程设计，进行评估审议后再决定是否可以列入国家计划，促进了投资决策科学化、民主化。

1988年，原国家建设部颁布《关于开展建设监理工作的通知》，开始了我国政府投资项目建设监理试点的工作，对我国建设项目质量的提高起到了重要作用。

3. 第三阶段(1991—2003年)

(1)加强投资宏观调控，形成合理的经济结构。1991年，一项重要措施是取消"建筑税"，开征"固定资产投资方向调节税"，其指导思想是通过对不同产业投资项目的不同税率，达到调控投资结构的目的。当年，成立国务院生产办(后发展为国家经贸委)，把技术改造的管理从原国家计委划归生产办管理。

(2)谁投资谁决策，扩大企业自主权。原国家计委所规定的不需要国家投资的城市基础设施等五类投资项目，按照"谁投资，谁决策"的原则实施，地方政府出资由地方计划部门审批；企业投资由企业自主决策。

(3)实行项目法人责任制，建立投资责任与风险约束机制。1992年，原国家计委颁布《关于建设项目实行建设单位责任制的暂行规定》，确定在64个国有大中型项目中开始试点，初步改善了建设筹资与经营还贷脱节的弊端。1996年，原国家计委颁布了《关于实行建设项目法人责任制的暂行规定》，对投资项目由项目法人进行全过程管理做出了明确规定，取代之前"建设单位责任制"相关规定。1996年，《关于固定资产投资项目试行资本金制度的通知》规范了经营性投资项目的资金使用。项目法人责任制与资本金制度，强化了"谁投资、谁决策、谁承担风险"的原则。

(4)建立项目分类管理投资体制，明确项目投资的主体地位。1993年，中共十四届三中全会通过了《关于建立社会主义市场经济体制若干问题的决定》，确立了我国经济体制向社会主义市场经济体制转变，同时提出经济增长方式要从粗放型向集约型转变，在投资领域要实现市场对资源配置的基础性作用。为了改进投资管理体制，提出把投资项目分为公益性、基础性和竞争性三类，即公益性项目由政府投资建设；基础性项目以政府投资为主，并广泛吸引企业和外资参与投资；竞争性项目由企业投资建设。确立了企业为基本的投资主体地位，明确了三大类项目相对应的融资方式，体现了市场经济体制过渡时期的特点。

(5)完善宏观调控体系，改善宏观调控方式。投资结构上，1994年国务院印发的《90年代国家产业政策纲要》规定了国家制定产业政策、技术政策和装备政策，以及重要产品的经济规模标准和技术标准。投资总量上则从资金源头入手，对预算内投资、银行贷款投资、证券投资和借用国外贷款投资的总量继续加强管理。完善项目审批制度，建立投资信息反馈系统，对一般项目逐步取消审批制度，通过及时发布投资信息加以引导，建立项目申报登记和备案制度。

(6)完善银行体系,明确金融机构职能分工。剥离工、农、中、建四大专业银行政策性金融业务与商业性金融业务,成立三大政策性银行,形成四大商业银行与三大政策性银行专业分工、各司其职的格局。在原六大投资公司重组合并基础上组建国家开发银行,负责国家重大建设项目股权投资。此外,1997年,原国家计委与中国建设银行等四大银行联合发布《关于完善和规范商业银行基本贷款管理的若干规定》,允许建设单位和贷款商业银行进行互相选择,商业银行运作更加体现市场化。

(7)招投标制度立法,规范市场竞争行为。1997年,原国家计委颁布《国家基本建设大中型项目实行招标投标暂行规定》,要求国有大中型项目实现全面招标。2000年正式实施《中华人民共和国招标投标法》,为配套公开招标制度切实执行,颁布了《工程建设项目招标范围和规模标准规定》《招标公告发布暂行办法》,公开招标制度通过立法的形式确定下来,加强了市场化竞争环境建设,有助于进一步规范招投标活动,提高经济效益,保证项目质量,保护国家利益、社会公众利益以及投标当事人合法权益。

(8)加强项目投资建设的监督,完善配套服务体系。为完善投资建设服务,保证建设项目工程质量、资金安全,提高投资效益,建立健全了工程咨询、设计、施工、审计、监理等的市场服务体系。1994年原国家计委颁布《工程咨询管理暂行办法》,对工程咨询行业规范发展和管理进行了规定。1995年发布的《关于内部审计工作的规定》提出国家大型建设项目的建设单位必须设立独立的内审机构要求。1997年发布的《关于建设项目大中型开工条件的暂行规定》对项目法人、资本金、设计、监理等条件做了严格规定。1998年原国家计委设立"国家重点项目稽查特派员办公室",对国债项目和国家大型项目进行稽查。1999年发布《关于加强基础设施建设资金管理和监督的通知》,强调加强资金源头管理,确保建设资金及时、足额到位,认真做好工程概算审查。此外,原国家计委还发布了《重大项目违规问题举报办法》,为各有关单位和群众发现重大项目在建设过程中发现违法违规行为进行举报提供了支撑与途径。

4. 第四阶段(2004—2012年)

2004年《国务院关于投资体制改革的决定》颁布后,我国投资体制的改革全面展开,确立了通过深化改革和扩大开放,最终建立起市场引导投资、企业自主决策、银行独立审贷、融资方式多样、中介服务规范、宏观调控有效的投资体制目标,按照"谁投资、谁决策、谁收益、谁承担风险"的原则,围绕完善社会主义市场经济体制的要求,在确立企业投资主体地位、规范政府投资行为、完善宏观调控措施、改善投资监督管理等方面实施了各项改革措施。

(1)进一步确立企业投资主体地位,为企业投资排除障碍。改革企业投资管理制度,对企业一律不再实行审批制,区别不同情况实行核准制和备案制,利用政府补助、贷款贴息等方式投资建设的项目,政府只审批资金申请报告。

(2)转变政府职能,改善政府投资项目管理。

① 把政府投资限定在"主要用于国际安全和市场不能有效配置资源的经济和社会领域",合理划分了中央政府与地方政府的投资事权,并通过《政府核准投资项目目录》以"清单化"的形式明确政府核准项目的范围边界。

② 对非经营性政府投资项目加快推行"代建制",通过公开招标等方式选择专业化管

理单位负责建设，竣工验收合格后移交使用，同时严格控制项目投资、质量和工期。

③ 严禁"带资承包"，规范了建筑市场竞争行为，杜绝建筑企业以带资承包作为竞争手段干扰市场竞争，以及拖欠工程款和农民工工资的行为。

④ 制止"形象工程"，对党政机关办公楼等楼堂馆所建设管理中违反审批程序、越权审批、擅自提高标准、扩大建筑面积等行为加强规范。

⑤ 对中央政府投资项目实行后评价，并对后评价工作程序、部门职责分工、项目选择、后评价内容要求、后评价管理和监督、后评价成果应用等方面做出了详细规定和要求。

（3）规范政府投资资金管理，实施财政投资评审制度。加强政府投资资金规范使用和管理，保证政府投资资金安全、有效运用，提高政府投资收益。

① 根据资金来源、项目性质和调控需要，将政府资金使用方式分为直接投资、资本金注入、投资补助、转贷和贷款贴息等方式，并确定不同资金类型和运用方式的管理办法。

② 实施财政投资评审制度，对财政预算内基本建设资金安排的建设项目、财政预算内专项资金安排的建设项目、政府性基金、预算外资金等安排的建设项目、政府性融资安排的建设项目的评审内容、评审方法、操作程序做了详细规定，明确了财政部门、评审机构、主管部门和建设单位的义务与职责。

（4）加强融资管理，规范融资行为。2006年，国家发展改革委员会、中国银监会等部门联合发布《关于加强宏观调控、整顿和规范各类打捆贷款的通知》，制止和打击地方政府及政府部门违规担保和金融机构违规发放贷款的行为，切实规范地方政府以回购方式举借政府性债务并加强对融资平台注资和融资行为管理。规定了企业债券不得用于弥补亏损和非生产性支出，不得用于房地产买卖、股票、期货等高风险投资，限制企业债券用途，规范融资行为。2009年中国银监会发布《固定资产贷款管理办法》对金融机构完善内部控制提出要求，实行贷款全流程管理，建立贷款风险管理制度和有效的岗位制衡机制，将固定资产贷款纳入对借款人及借款人所在集团客户的统一授信额度管理等措施，同时结合颁布的《项目融资业务指引》，加强固定资产贷款审慎经营管理，规范金融机构固定资产贷款业务经营行为。

（5）拓宽项目融资渠道，简化融资管理程序。针对国内企业融资情况，国家发展改革委员会于2008年发布《关于推进企业债券市场发展、简化发行核准程序有关事项的通知》，改革企业债券发行程序，将原先的"核定规模"与"核准发行"先后两个程序，简化为直接核准发行一个环节。

进一步扩大了企业债券发行品种，允许企业发行无担保信用债券、资产抵押债券、第三方担保等债券。

为提高利用外资质量和水平，充分发挥利用外资的积极作用，2007年国家发展改革委员会下发《关于境外投资项目备案证明的通知》，简化了境外投资项目管理程序；2010年国务院颁布了《国务院关于进一步做好利用外资工作的若干意见》，有利于创造更加开放、更加优化的投资环境，进一步提高利用外资的工作水平。

（6）加强民间投资管理，为民间投资发展创造良好环境。在民间投资发展、管理和调控等方面制定了相应的政策和完善的实施细则，在行业准入、融资问题、民间投资能力与水平、民间投资政策环境等方面大大减少了民间投资发展的困难和障碍。2012年，国家发展改革委、财政部发布《关于安排政府性资金对民间投资主体同等对待的通知》，明确了安排政府性资金支持民间投资发展的主要方式，通过政府性资金的安排和使用，引导民间投资投向国家鼓励发展的领域，为民间投资发展创造了更好的政策环境。

(7)完善宏观管理模式，推进诚信与法治建设。2007年，国务院办公厅颁布《关于加强和规范新开工项目管理的通知》，严格规范投资项目新开工条件，建立和健全新开工项目管理联动机制，加强新开工项目统计和信息管理，强化新开工项目监督检查。国家发展改革委员会颁布《国家电子政务工程建设项目管理暂行办法》，对使用中央财政性资金的国家电子政府工程建设项目的申报和审批管理、建设管理、资金管理、监督管理、验收评价管理和运行管理六个环节进行了规范，并建立信息共享机制。原建设部颁布《建筑市场诚信行为信息管理办法》，提出制定全国统一建筑市场各主体诚信标准，建立建筑市场各主体信用档案，建立全国联网统一建筑市场信用管理平台，对外发布各主体诚信行为记录信息和开展对建筑市场各方主体信用评价工作。

2008年，国家发展改革委员会等十部门联合印发《招标投标违法行为记录公告暂行办法》，要求对招投标活动中参与主体的招投标违法行为记录进行公告，有关行政主管部门按职责分工建立各自的招投标违法行为记录公告平台，并逐渐实现互联互通、互认共用，通过公开招投标违法行为，形成有效失信惩戒机制，促进企业自律守信，推动了全国统一的招投标信用体系的建立。

5. 第五阶段(2013年至今)

2013年党的十八届三中全会通过《中共中央关于全面深化改革若干重大问题的决定》，提出"建立统一开放、竞争有序的市场体系"，使市场在资源配置中起决定作用。2014年《全国人民代表大会常务委员会关于修改〈中华人民共和国预算法〉的决定》规定地方政府融资职能只能采取发行地方政府债券方式进行。2015年首次提出"加强供给侧结构性改革"，显示出国内经济调控思路的重大转折，后续改革重点开始围绕优化供给体系以激发新的经济增长点和驱动力。2016年《中共中央、国务院关于深化投融资体制改革的意见》作为我国历史上第一份由党中央国务院印发实施的投融资体制改革文件，确定了投融资体制改革的顶层设计。

(1)进一步大力推进简政放权，扩大企业自主权。修订政府核准的投资项目目录，中央层面核准的企业投资项目削减比例累计达原总量90%左右；境外投资和外商投资由原核准制改为视情况采用核准制或备案制，98%以上的境外投资项目与95%以上的外商投资项目改为网上备案管理。精简项目核准前置性审批事项，取消银行贷款承诺、电网接入意见、供水协议等属于企业经营自主权的事项。取消企业投资项目前置核准条件，以法律手段规范和引导企业投资活动。清理规范投资项目报建审批事项，不再保留"非行政许可审批"，继续取消和下放国务院部门行政审批事项，拟定地方政府部门权力清单和责任清单手册等。

(2)创新投资监管方式，建立协同监管机制。对企业投资采取分级监管、在线监测、现场核查、联合惩戒的事后监管办法，政府投资管理重心从事前审批转向过程服务和事中事后监管。取消工程咨询单位资格认定、执业限制、中央投资项目招标代理机构资格认定，建立工程咨询单位资信评价制度，推动信用体系建设，利用市场和用户以事后评价引领行业发展，推进行业自律管理。

建立协同监管机制。运用互联网和大数据，依托在线审批监管平台，实现"制度+技术"的有效监管以及健全守信激励和失信惩戒机制，建立纵横联动的监管体系。

（3）构建宽容开放的融资体制，创新投融资模式。大力发展直接融资，强化政、银、企、社之间合作和信息共享，加强信贷管理和金融创新。完善股票、债券等多层次资本市场与相关法律规则。完善保险投资机构对项目建设的投资机制，放宽保险资金投资范围，并创新鼓励保险资金运用方式。完善固定资产投资项目资本金制度，下调一些行业最低资本金比例。精简外商投资准入负面清单内容，减少投资领域限制，放宽外资股权比例。推广政府与社会资本合作（PPP）模式，通过进一步放开市场准入，创新投资运营机制，推进投资主体多元化。

（4）注重地方政府债务风险防范，提高财政资金使用效益。推进预算管理制度改革，完善政府预算体系。清理存量债务、甄别政府债务，为地方政府债务分门别类纳入全口径预算管理奠定基础。加强和规范中央预算内直接投资项目的管理，健全科学、民主的投资决策机制。将概算作为项目建设实施和控制投资的依据，提高中央预算内投资效益和项目管理水平。

优化政府投资适用方向，规范政府举债行为，明确直接投资、投资补助、贷款贴息适用条件。推动财政专项资金以引导基金的方式进行市场化运作，支撑产业发展。规范地方政府融资行为，制止"异化"的政府购买服务，赋予地方政府依法举债权限，强调一般性债券由一般公共预算收入偿还，有收入的项目发行专项债券，由政府性基金或专项收入偿还。明确企业和政府责任，彻底剥离地方政府平台融资职能。

规范财政资金使用，加强财政管理绩效评价，建立问责机制，落实日常监管责任，压实主体责任，规范监管程序做出了规定。

（5）倡导绿色发展理念，构建绿色金融体系。修改和完善相关法律法规，2018年颁布的《节约能源法》规定国家实行固定资产投资项目节能评估和审查制度，不断完善资源环境价格机制，提出完善污水处理收费政策，健全固体废物处理收费机制，建立有利于节约用水的价格机制，健全促进节能环保的电价机制，积极发挥价格杠杆在引导资源优化配置，加快绿色环保产业发展方面的积极作用。

构建绿色金融体系，引导和激励更多社会资本投入绿色产业。积极支持符合条件的绿色企业上市融资和再融资，支持开发绿色债券指数、绿色股票指数以及相关产品，逐步建立和完善上市公司和发债企业强制性环境信息披露制度。支持发展各类碳金融产品，推动建立环境权益交易市场，发展各类环境权益的融资工具。

（6）注重国家战略需求，发展新产业，支持新基建。战略性新兴产业是指以重大技术突破和重大发展需求为基础，对经济社会全局和长远发展具有重大引领带动作用，成长潜力巨大的产业，是新兴科技和新兴产业的深度融合，既代表着科技创新的方向，也代表着产业发展的方向，具有科技含量高、市场潜力大、带动能力强、综合效益好等特征。

战略性新兴产业是以重大技术突破和重大发展需求为基础，对经济社会全局和长远发展具有重大引领带动作用、知识技术密集、物质资源消耗少、成长潜力大、综合效益好的产业，包括新一代信息技术产业、高端装备制造产业、新材料产业、生物产业、新能源汽车产业、新能源产业、节能环保产业、数字创意产业、相关服务业等9大领域。

2020年5月22日，《2020年国务院政府工作报告》指出，重点支持"两新一重"建设，即新型基础设施建设（简称"新基建"），新型城镇化建设，交通、水利等重大工程建设。

2020年6月，国家发展改革委员会明确新基建范围，提出"以新发展理念为引领、以技术创新为驱动、以信息网络为基础，面向高质量发展的需要，打造产业的升级、融合、创新的基础设施体系"的目标。

新型基础设施建设主要包括以下三方面内容：

① 信息基础设施建设。主要指基于新一代信息技术演化生成的基础设施建设，如以5G、物联网、工业互联网、卫星互联网为代表的通信网络基础设施；以人工智能、云计算、区块链等为代表的新技术基础设施；以数据中心、智能计算中心为代表的算力基础设施建设等。

② 融合基础设施建设。主要指深度应用互联网、大数据、人工智能等技术，支撑传统基础设施转型升级，进而形成的融合基础设施建设，如智能交通基础设施、智慧能源基础设施建设等。

③ 创新基础设施建设。主要指支撑科学研究、技术开发、产品研制的具有公益属性的基础设施建设，如重大科技基础设施、科教基础设施、产业技术创新基础设施建设等。

伴随技术革命和产业变革，新型基础设施建设的内涵、外延也不是一成不变的，随着科技进步和社会发展的需求，新型基础设施建设的发展更快、要求更高。

适度超前的新型基础设施建设能够夯实经济长远发展的基础，显著提高经济社会运行效率，为我国经济长期稳定发展提供有力支撑。

1.2 建筑业概述

1.2.1 建筑业的概念

建筑业是以建筑产品生产为对象的物质生产部门，是从事建筑生产经营活动的行业。按照我国国民经济行业原分类标准，建筑业由从事土木建筑工程活动的规划、勘察、设计、施工、维修、管理、监督、咨询和建筑产品的生产经营的单位和企业构成。

《辞海》中定义："建筑业是国民经济中的一个物质生产部门。主要从事建筑安装工程度生产活动，为国民经济各部门建造房屋和构筑物，并安装机器设备。建筑业的生产活动范围包括建筑工业和自营建设单位的建筑生产活动以及相关的勘察设计工作。"《中国大百科全书·土木工程》："建筑业是国民经济重要的物质生产部门。它从事勘察、设计、制品、维修等生产经营活动。它的物质产品是房屋建筑和构筑物。"《经济大辞典》："建筑业是国民经济中专门从事建筑安装施工的物质生产部门。其生产活动范围是：各种生产和非生产用的房屋、建筑物和构筑物的建造；各种机器设备的安装；各种房屋、建筑物和构筑物的大修；某些非标准设备的现场制作。"

《迈依尔斯百科全书》中解释："建筑业指从事建筑工程的行业，其任务是使建造的房屋和建筑物，尽可能符合用途并纳入规划。"其包括的范围有：城市建设、道路、铁路、桥梁、隧道、堤坝、水电站的建设等。《日本建筑大辞典》："建筑业是以建造建筑物为目的的大企业或集团。"

综上所述，建筑业是国民经济的一个重要的物质部门，主要从事建筑产品的生产经营活动，其工作范围包括：各种生产和非生产的房屋、建筑物与构筑物的建造；各种机械设备的安装工程；各种房屋、建筑物和构物的拆除和大修理作业；与建设工程对象有关的工程地质勘探与设计；某些非标准设备的现场作业。

国家标准《国民经济行业分类》(GB/T 4754—2017)，对建筑业的内部构成重新进行了细分和明确的范围界定，主要由以下四部分构成：

(1)房屋建筑业，包括住宅房屋建筑、体育场馆建筑、其他房屋建筑业等。

(2)土木工程建筑业，包括铁路、道路、隧道和桥梁工程建筑；水利和水运工程建筑；工矿工程建筑；架线和管道工程建筑；节能环保工程施工；电力工程施工和其他土木工程建筑。

(3)建筑安装业，包括电气安装、管道和设备安装和其他建筑安装业等。

(4)建筑装饰、装修和其他建筑业，包括建筑装饰和装修业、建筑物拆除和场地准备活动和提供施工设备服务等。

传统的建筑行业建设单位主要包括：

(1)勘察设计业：包括持有工程勘察、工程设计资质证书，从事各行业的工程勘察与设计的独立经营单位。

(2)建筑安装业：包括各种从事土木工程建筑业、线路、道路和设备安装业以及装修装饰业的独立经营单位。

(3)建筑工程管理、监督和咨询服务业：包括从事工程监理、工程承包、工程质量监督和工程咨询的独立经营单位。

实际上，与建筑业联系的产业比较多，如房地产业、建筑材料行业、交通运输业等，它们直接影响国民经济的发展，在国民经济中占有重要地位。

1.2.2　建筑业的特点

(1)建设工程企业总的规模大，其中，中、小型企业占绝大多数。目前我国从事建筑产品生产的总人数超过4500万人，建设工程企业属于劳动密集型企业。但由于建筑产品的多样性和建筑生产的单件性，难以大规模批量生产，所以多以专业化分工进行承包生产，这就使得建设工程企业中、小型企业在数量上占绝大多数。由于中、小型企业的规模小，制约了企业的发展，使建设工程企业在国际市场中的竞争处于劣势地位。

(2)建设工程企业用工制度是以固定工、合同工和临时工相结合的用工制度，合同工与临时工所占比例比其他产业要高。由于建筑生产没有固定的生产对象和稳定的生产条件，建筑产品生产技术的要求比其他高新技术产业要简单得多，导致建设工程企业大量使用合同工和临时工。

（3）生产经营方式采用多层次分包制。按照我国现阶段建设施工企业的资质等级管理办法，建设工程企业的承包方式分为工程总包、专业分包和劳务承包三种方式。由于一个建设项目是由多项专业工程所组成的综合体，有条件由各专业工程企业或班组分别承包而共同完成。实践证明，由各专业工程企业来分别承包，有利于提高各专业机械的生产效率和劳动生产率。在一般情况下，一项建筑工程由一个企业总包后，可以按该企业的具体情况，将工程按单位工程或单项工程分包给其他各专业企业，各分包单位对总包企业负责。

（4）建设工程企业必须建立预付款制度。这是由于建筑产品体积庞大、生产周期长、材料耗用多、需用建设资金多，必须有大量资金作为保证，以使工程建设顺利进行。因此，应给承包方支付预付款，形成建设工程企业的流动资金。

（5）设计和施工分别发包。建设工程一般是由设计单位和施工单位分别来承担设计和施工任务。建筑产品不同于一般工业的产品，其设计和制造是在一个企业中进行的。

1.2.3 建筑业在国民经济中的地位和作用

（1）建设工程是全社会固定资产投资构成的最重要的组成部分，建筑业是固定资产投资转化为生产能力的必经环节，在这个过程中转化速度、转化质量、转化的经济性和先进性发挥着重要作用。同时，建筑业的发展质量和发展水平，直接关系每一个国民的日常工作、生活品质，直接关系社会公众的生命财产安全。

我国全社会固定资产投资处于不断发展的时期，2001—2018年我国年度固定资产投资总额如表1.2.1所示。

表1.2.1　　　　　　　　　　我国固定资产投资年度总额

年　份	年度固定资产投资总额（亿元）	年　份	年度固定资产投资总额（亿元）
2001	2351.9	2010	13363.9
2002	3123.2	2011	13934.2
2003	4462.4	2012	15296.4
2004	4762.2	2013	16350.0
2005	5602.2	2014	16245.0
2006	5765.1	2015	16204.4
2007	6418.9	2016	17460.0
2008	7368.2	2017	19327.6
2009	10641.5	2018	20123.2

（2）为发展生产及改善人民生活提供物质技术基础。建筑业是一个重要的物质生产部

门,它为提高生产能力、改善人民生活提供基础设施。中华人民共和国成立以来,我国兴建了数以万计的各类工业项目,为发展社会生产建立了初步的基础;兴建了各种住宅、学校、医院、影剧院等,初步改善了城乡人民的居住条件和文化福利生活。国家统计局发布的信息,2017年房屋竣工面积286336.03万平方米;2014—2019年建筑企业合同额和竣工产值如表1.2.2所示。

表1.2.2　　　　　　　　　　建筑企业合同额和竣工产值

指　标	2014年	2015年	2016年	2017年	2018年	2019年
签订合同额(亿元)	323486	337836	372158	439461	487844	545039
新签合同额(亿元)	184627	184339	211497	254620	267928	289235
竣工产值(亿元)	100755	110097	112882	116744	120555	123834

(3)为社会创造新的财富,给国家提供巨额国民收入。建筑业为全社会增加财富,以2019年为例,建筑业总产值248445.77亿元。建筑业的增值效应明显,建筑业全年增加值70904亿元,比上年增长5.6%。2015—2019年建筑业增加值及其增长速度如图1.2.1所示。

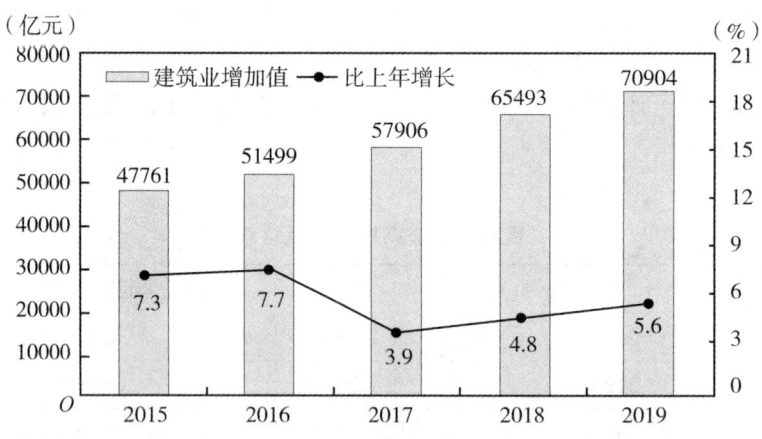

图1.2.1　2015—2019年建筑业增加值及其增长速度

随着"一带一路"建设的不断发展,国际经济交往增加,国际间建筑工程承包将迅猛增长,对建筑业自身的发展提供了难得的机遇,带动了资本、技术、劳务、设备、商品的输出,促进了我国建筑业的发展,同时也为世界的共同进步与繁荣昌盛做出了贡献。

(4)容纳大量就业人口。建筑业是劳动密集型产业,它在国民经济中占有相当比例的劳动力。从发达资本主义国家现状来看,建筑业的就业人口占全部就业人口的6%~8%。按照国家统计局发布的相关统计,建筑业城镇单位就业人员,2014年,2921.2万人;2015年,2796.0万人;2016年,2724.7万人;2017年,2643.2万人;2018年,2710.9

万人。

（5）促进其他产业部门的发展。建筑业一方面以自身的建筑产品直接为国民经济服务，另一方面又在生产过程中消耗其他产业部门的大量产品，作为其他产业部门的重要市场，间接地促进了国民经济的发展。一般来讲，建筑业约消耗全国钢材的50%、木材的90%、水泥的90%。正因为建筑业是国民经济其他部门的重要市场，所以建筑业的景气与否，是国民经济萧条与繁荣的晴雨表。当国民经济各行业处于繁荣时期，由于固定资产需求的增加，建筑业自然处于繁荣状态；当国民经济处于萧条时期，资本投资减少，必将影响到建筑业的工程总量，使建筑业呈现不景气状态。也正是因为这一点，当国民经济处于萧条时期，国家可以通过增加公用事业投资，使建筑业首先发展，从而刺激其他产业部门的螺旋式发展，起到调节国民经济各部门有序发展的作用。

1.2.4 基本建设与建筑业的关系

作为投资行为的基本建设活动和作为物质生产部门的建筑业，两者之间有着密切的关系，它们互相依赖、互相影响、互相制约。两者既有联系，又有区别。

1. 基本建设和建筑业的联系

（1）基本建设的主要内容由建筑业来完成。建筑安装工作量在基本建设投资中占有相当大的比重，一般为60%左右。建筑业技术进步和生产效率的提高直接关系着基本建设工作的进程和效果。事实已充分证明，没有强大的建筑业，就无法进行大规模的基本建设。

（2）基本建设投资是促进建筑业发展的客观需要。基本建设投资的多少直接影响着建筑业工程任务的大小，如果基本建设投资忽高忽低，建筑业的日子就时好时坏。所以，只有基本建设规模得到健康发展，才能促进建筑业的发展。

2. 基本建设和建筑业的区别

（1）性质不同。基本建设是一种投资行为，是一种综合性的经济活动。而建筑业则是一个物质生产部门，主要从事建筑安装等物质生产活动。

（2）内容不同。基本建设除了包括建筑业完成的建筑安装工程内容之外，还包括对设备的购置。而建筑业的生产任务除了基本建设投资形成的建筑安装任务外，还有更新改造和维修资金形成的建筑安装生产任务。

（3）任务不同。基本建设的主要任务是在一定期限和资金限额内完成投资活动，得到足够需用的固定资产。而建筑业的主要任务则是为社会提供更多、更好、更经济的建筑产品，并获取盈利。

1.2.5 建筑产品生产的技术经济特点

建筑产品由于其产品表现为具有一定的功能和美学要求的房屋建筑或构筑物，与其它工业产品相比，具有完全不同的技术经济特征，使得建筑产品的生产具有一定的特殊性。

1. 建筑产品的技术经济特点

（1）建筑产品在空间上的固定性。由于建筑产品的基础都要和土地直接联系，与大地密不可分，因而建筑产品在建造中和建成后是不能移动的。建筑产品建在哪里，就在哪里发挥作用。由于建筑产品的固定性，导致生产的流动性，即劳动者和劳动工具必须在不同的生产场地流动作业；以及市场的不均衡性，无法在异地之间进行商品的调节。

(2)建筑产品的个别性。除了少量同时建筑成片的住宅外，由于对建筑产品的功能要求是多种多样的，使得每个建筑产品都有其独特的形式和独特的结构，因而需要单独设计。即使功能要求相同、建筑类型相同，但由于地形、地质、水文、气象等自然条件不同及交通运输、材料供应等社会条件不同，其设计图纸、施工组织与施工方法等都存在一定的差异。由于建筑产品的这种多样性，因而可以说建筑产品具有个别性的特点。

(3)建筑产品体积庞大。建筑产品的主要形式是房屋或构筑物等，所消耗材料是十分惊人的，不仅数量大，而且品种复杂、规格繁多、产品的价值高。要在房屋内部布置各种生产和生活需要的设备与用具，并且要在其中进行生产与生活，与其它产品相比较，建筑产品所占据的空间大。

(4)建筑产品的耐用性。一幢合格的建筑物或构筑物的耐用年限都有数十年之久，有些建筑物或构筑物经历了几百年，至今仍在发挥作用。由此可见，建筑产品的耐用年限要求比其它产品要高得多，为了满足耐久性的要求，任何建筑产品的设计、施工都应满足坚固、安全、美观和实用的原则。

2. 建筑生产的特点

(1)建筑产品多样性(或称个体性)和固定性，使建筑产品生产要个别地组织，单个地实施，故称建筑生产具有单件性。建筑生产没有一个通用定型的施工方案，要因工程而异，个别地编制施工组织设计指导施工。随着建筑科学技术水平的提高，新材料、新结构、新技术、新工艺的不断出现以及建筑艺术的推陈出新，建筑产品生产的单件性特点更为突出。

(2)建筑产品的固定性和体积的庞大，决定了建筑施工生产的流动性。人、材料、机械设备都围绕着建筑产品从一个施工段流向另一个施工段，从一个施工层流向另一个施工层，空间位置不断交换与变化，使得许多不同的工种在同一对象上进行作业，不可避免地产生了施工空间和时间的矛盾，因而，必须充分地利用施工空间来争取施工时间和充分地利用施工时间来争取施工空间，进行科学施工。

生产设备、材料、生产技术人员和附属生产加工企业和生活服务设施因建筑地点的变化而经常迁移，这必然要对工时和设备的利用产生影响，影响建筑产品生产的技术经济效益。

(3)建筑产品生产的影响因素多。首先，建筑产品的生产受到国家基建政策、投资环境和建筑市场变化等大环境的影响，没有稳定的劳动对象，生产处于一种被动状态；其次，受到设计变更、情况变化、资金和物资供应条件、专业化协作状况、城市交通、环境和自然条件，如风、雨、雪、温度等气候条件等的影响，生产条件艰苦，难以做到全年均衡生产，同时亦影响到工人的劳动效率。

(4)建筑生产过程的不可间断性。一个基本建设项目从选择地点、勘察设计、征地拆迁、购置设备和材料、土建和安装施工、试车验收，直到竣工投产(或使用)，是一个不可间断的、完整的周期性生产过程。它要求产品在生产过程中各阶段、各环节、各项工作必须有条不紊地组织起来。在时间上不间断，在空间上不脱节，要求生产过程的各项工作必须合理组织、统筹安排，遵守基本建设程序和施工程序。

(5)建筑产品的生产周期长。建筑产品的生产周期是指建设项目或单位工程在建设过程所耗用的时间，即从开始施工起，到全部建成投产或交付使用、发挥效益时止所经历的时间。建筑产品生产周期长，一般建设项目，少则1~2年，多则5~6年，甚至10多年。由于它所占有和消耗的资源量大、时间长，如果科学地组织生产活动、缩短生产周期，将会显著提高投资技术经济效果。

1.3 建筑业的行业管理

建筑业是一个大行业，肩负着形成扩大再生产能力的建设任务，涉及的行政管理部门多，全国从事建筑业的职工达几千万人。建筑产品具有固定性、分散性；施工队伍具有流动性以及企业隶属关系的复杂性；各种所有制成分并存；建筑施工力量随国家基建规模的变化而不断变化。建筑业的这些特点都决定了必须不断加强对建筑业的行业管理。

1.3.1 建筑业行业管理的主要目标

建筑业行业管理的主要目标是：适应建立社会主义市场经济体制的需要，使建筑业提供更多的质量优、工期短、投资省的建筑产品，成为国民经济的支柱产业；建立对建筑业进行有效宏观调控的体系，促进建筑业持续稳定协调发展；积极推动国有建筑安装企业转换经营机制，建立现代企业制度，使各种不同所有制企业在市场中公平竞争；逐步将政府行业主管部门的部分职能转移给行业协会，发挥行业协会的作用。

1.3.2 建筑业行业管理的职能和任务

1. 行政管理部门

行业管理的主体是政府的行业主管部门，该部门是各层行业管理最权威的形式，行使政府职能，对全行业行为进行立法、指导、监督；研究产业经济，制定产业政策，规划发展战略，促进生产力发展。主要通过法律的、经济的、行政的手段进行管理。

基本建设涉及面广，涉及的部门较多，各自职责与管理范围存在一定差异。

(1)国家及地方发展改革委员会。负责全国基础设施建设工程的规划和审批，负责指导和规范全国工程咨询行业发展及对工程咨询单位的监督管理。

(2)住房和城乡建设部及地方建设主管部门。对工程设计及建筑业企业进入市场的资格资质进行审批和监督管理，对建设施工业务的安全生产工作实施监督管理，并负责建设施工企业安全生产许可证的颁发和行业标准规范的建立，以及行业质量监督管理。

(3)自然资源部。负责地质勘查类企业资质的审批、监督和管理工作，全国测绘项目的组织和管理、测绘资质资格的管理，以及测绘成果质量和测绘活动的监督管理等。

(4)交通运输部及地方交通运输主管部门。负责配合相关部门实施相关行业的工程勘察、工程设计的资质管理工作，以及相关行业建设工程勘察设计活动、建设工程勘察质量的监督管理等。

(5)应急管理部。负责对全国建设工程的安全生产工作实施监督管理。

(6)环境保护部及地方环境保护主管部门。负责建设工程的环境保护管理工作,对建设工程的环境影响评价文件进行审批,对建设工程的环境保护设施进行验收。

2. 行业协会

行业协会是指介于政府、企业之间,商品生产者与经营者之间,并为其提供服务、咨询、沟通、监督的公正、自律、协调的社会中介组织。行业协会是一种民间性组织,它不属于政府的管理机构系列,而是政府与企业的桥梁和纽带。建筑业的行业协会主要有中国建筑业协会与中国施工企业管理协会,及其这两个协会的下属组织。

(1)中国建筑业协会,是全国各地区、各产业部门从事土木工程、建筑工程、线路管道和设备安装工程及装修工程活动的企事业单位、教育科研机构、地区建筑业协会、产业部门建设协会,以及有关专业人士自愿参加组成的全国性行业组织,是在民政部注册登记的具有法人资格的非营利性社会团体。

(2)中国施工企业管理协会,是国家发展和改革委员会直属联系单位。主要从事冶金、有色、煤炭、石油、石化、化工、电力、水利、核工业、林业、航空航天、建材、铁路、公路、市政、水运、通信和房屋建筑等行业(专业)的工程施工。

3. 建筑业行业管理的主要任务

建筑业行业管理的主要任务包括:调查收集行业发展存在的问题和情况、企业的愿望和要求及时向政府反映,作为政府制定法规和政策的依据,保护行业的合法权益;贯彻传达方针政策,加强对企业的引导,实现政府的管理意图;制定行规,规范企业行为,协调企业间的关系,调解处理企业的争议和纠纷;收集发布行业动态及市场信息,组织经验交流;开展培训工作,促进企业人员素质的提高和新技术、先进管理方法的采用等。

1.3.3 建筑业行业管理层次

建筑业行业的管理分为以下三个层次:

(1)建筑业的中央一级的行业管理的主要部门是住房和城乡建设部。作为中央一级的行业管理,主要侧重于宏观控制。通过调查建筑市场与产品的状况,研究制定与国民经济总目标相一致的行业战略目标和规划;制定相应的方针、政策、法规来保证这些目标和规划的实现,指导、协调、平衡全行业的发展。

(2)省一级的建筑行业管理部门是住房与城乡建设厅。其主要职能是在国家总体安排下规划本地区的行业发展;在贯彻执行国家的行业发展方针、政策、法规的同时,结合本地区的实际情况,制定切合当地的实施办法,制定区域性的政策法规。

(3)大、中城市一级的行业管理是最实际、最具体的管理,其主要职能是计划安排本市、本地区的行业发展;通过检查、监督,保证国家的方针政策、经济法规的落实,为企业提供一个公平竞争的良好环境;组织协调行业内外的关系,为企业的生产经营提供良好条件;加强对工程质量的检查监督和指导。

分布在各个层次的企业协会及各种咨询服务机构,也承担了一部分行业管理的工作,例如,建筑企业协会、施工企业协会、设计协会等;律师、会计师、审计师事务所等公证机构;计量、检测、鉴定检验等生产服务机构;情报、咨询、报刊等信息服务机构;福利、保险等社会保障公益机构。

1.3.4　建筑业行业管理的对象

建筑业行业管理的对象是建筑产品和市场，这是管理体制改革的方向，是建立社会主义市场经济体制的必要前提，也是行业管理区别于部门管理的主要特点。部门管理的特点是直接管理企业，束缚了企业的自主经营意识，扼杀了企业自我发展的愿望，严重抑制了企业作为国民经济发展细胞的生机与活力。建筑业行业管理则主要是通过健全市场机制，保证市场秩序，提供良好服务，培育发展一个完善的市场，为建筑业的发展提供必要的条件。通过加强资质管理，推行监理制度，制定完善标准规范和质量认证制度，严格竣工验收等工作，在市场机制作用下，为社会提供更多质量优良、造价合理的建筑产品，保证经济的高速发展。

1.3.5　建筑业行业管理的目标和内容

建筑业行业管理的主要目标是迅速提高建设工程企业的技术和管理水平，全面增强整个建筑行业的素质，达到国际先进水平；迅速发展建筑业的生产力，使建筑业净产值、建筑业为国家提供的财政收入，以及建筑业容纳的就业人员在国民收入、国家财政收入、就业人员总量中，都能够达到一个与国民经济支柱产业相应的比重；在高效优质为国家提供经济建设需要的工业设施和满足人民生活水平提高的民用建筑方面，在扩大对外承包、为国家增加外汇收入和带动设备制造、建筑材料的出口方面，发挥重要的作用；使建筑业真正成为国民经济的支柱产业。

建筑业行业管理内容主要包括以下四个方面：

(1)根据国家经济发展需要和要求，制定行业发展规划和行业政策，制定、颁发法律法规，保证这些规划目标和政策意图的实现。

(2)对建筑市场和建筑产品实行有效的政府监督，规范市场行为，强化企业生存与发展意识，维护市场正常秩序，保护企业合法权益，创造良好的外部条件。

(3)对行业内部和各综合管理部门及其他行业管理部门的组织和协调，促进行业的发展。建筑业的行业发展涉及计划、工商、司法、劳动、金融等许多综合管理部门，加强与这些部门之间的协调与配合，调整部门和行业之间的关系，解决行业发展中存在的问题，保护行业的利益，保证行业规划目标的实现，这是行业管理的职能和责任。

(4)加强对行业发展的指导与服务，推动行业的发展与进步。行业管理不直接作用于企业，但通过信息引导，对先进经验的宣传和新技术的推广，促进行业内部的交流。通过对全行业管理干部和职工培训的组织和规划，提高全行业的人员素质。

第2章 建设项目投资估算与资金时间价值

2.1 建设项目投资、成本、利润、税金估算

2.1.1 建设项目总投资估算

社会的进步和发展总是与投资密切相连，在人类所有的经济活动中，投资是其中最重要的活动之一。广义的投资，是指一切为了将来的所得而事先垫付的资金及其经济行为；狭义的投资，是指为建造和购置固定资产、购买和储备流动资产而事先垫付的资金及其经济行为。工程经济学中所说的投资，通常是指基本建设投资，属狭义的投资，是指在工程建设活动过程中为实现预定的生产、经营目标而预先垫付的资金及其经济行为。

建设项目总投资是指为完成工程项目建设并达到使用要求或生产条件，在建设期内预计或实际投入的总费用。生产性建设项目总投资包含固定资产投资（含建设投资、固定资产投资方向调节税、资金筹措费）和流动资金两部分，而非生产性建设项目总投资则只包括固定资产投资（含建设投资、固定资产投资方向调节税、资金筹措费）。

建设项目总投资费用内容和费用标准随社会的发展和有关收费政策的变化而变化，其内容构成较为繁杂。我国现阶段建设项目总投资费用构成如表2.1.1所示。

表2.1.1　　　　　　　　　　建设项目总投资费用构成

费用名称及组成主要内容			
建设项目总投资	固定资产投资	建设投资	工程费	建筑安装工程费
^	^	^	^	设备、工器具及生产家具购置费
^	^	^	工程建设其他费	与土地使用有关的费用 与工程建设有关的其他费用 与未来企业生产经营有关的其他费用
^	^	^	预备费	基本预备费 涨价预备费
^	^	固定资产投资方向调节税		2000年1月1日暂停征收
^	^	资金筹措费		
^	流动资产投资——流动资金			用于购买原材料、燃料、动力，支付职工工资和其他有关费用

建设项目总投资按照费用项目性质，又分为静态投资和动态投资。静态投资是以某一基准年、月的建设要素的价格为依据所计算出的建设项目投资的瞬时值。项目基本确定后，在总投资中相对固定的部分，如建筑安装工程费用、设备和工器具购置费用、工程建设其他费用、预备费中的基本预备费等构成静态投资。动态投资是指为完成一个工程项目的建设，预计投资需要量的总和，是在静态投资的基础上再加上涨价预备费、资金筹措费和经营性项目铺底流动资金等费用。动态投资适应了市场价格运行机制的要求，使投资的计划、估算、控制更加符合实际，符合经济运动规律。

静态投资和动态投资虽然内容有所区别，但二者具有密切联系。动态投资包含静态投资，静态投资是动态投资最主要的组成部分，也是动态投资的计算基础。静态投资估算是建设项目投资估算的基础，必须全面、准确地进行分析计算。

建设项目总投资按其形成真实资产内容的不同，又可分为固定资产投资、流动资产投资、无形资产投资及递延资产投资。

2.1.1.1 固定资产投资估算

1. 固定资产的概念

固定资产是指使用年限在 1 年以上，单位价值在规定标准以上，并在使用过程中保持原有物质形态的资产。其特点是：从实物形态上看，固定资产能以同样的实物形态为连续多次的生产周期服务，而且在长期的使用过程中始终保持原有的物质形态。从价值形态上看，固定资产由于可以同样的实物形态为连续多次的生产过程服务，因此固定资产的价值应当随着固定资产的使用磨损，以折旧的形式分期分批地转移到新产品的价值中去，构成新产品价值的组成部分。从资金运动来看，固定资产所占用的资金循环一次周期较长，通过折旧得到补偿与回收的部分将转化为货币资金。企业的固定资产包括使用年限在 1 年以上的房屋、建筑物、机械、运输设备和其他与生产经营相关的设备、器具、工具等。不属于生产经营主要设备的物品，单位价值在 2000 元以上，使用期限超过 2 年的，也应作为固定资产；否则，只能算做低值易耗品。

2. 建设投资估算方法

固定资产投资包含建设投资、固定资产投资方向调节税、资金筹措费，其中，建设投资由工程费、工程建设其他费和预备费三部分组成。建设投资估算的方法很多，采用哪种方法，取决于要求达到的精确度，而投资精确度又是由投资项目研究和设计所处的不同阶段和数据资料的可靠性决定的。建设投资常用的估算方法有指标估算法、生产能力指数法、资金周转率法、朗格系数法、设备系数法、比例估算法等。

1）指标估算法

指标估算法是根据拟建投资项目的初步设计和相关资料，按单项工程和费用测算投资，最后汇总估算项目建设投资总额的一种方法。主要依据建筑安装工程定额指标、取费标准、设备材料价格以及国家有关规定等资料进行建设投资额估算。

(1) 第一部分：工程费。

工程费是指设计范围内的建筑安装工程费和设备及工器具购置费等组成工程造价的直接费用。

① 建筑安装工程费，是指各类房屋建筑、一般建筑安装工程、室内外装饰装修、各

类设备基础、室外构筑物、道路、绿化、铁路专用线、码头、围护等工程费。一般建筑安装工程是指建筑物(构筑物)附属的室内供水、供热、卫生、电气、燃气、通风孔、弱电设备的管道安装及线路敷设工程。

安装工程费包括专业设备安装工程费和管线安装工程费。专业设备安装工程费是指在主要生产、辅助生产、公用等单项工程中需安装的工艺、电气、自动控制、运输、供热、制冷等设备、装置及各种工艺管道安装及衬里、防腐、保温等工程费。管线安装工程费是指供电、通信、自控等管线安装工程费。

建筑工程费估算一般可采用以下三种方法:

一是单位建筑工程投资估算法,是以单位建筑工程量投资乘以建筑工程总量来估算建筑工程投资费用的方法。

二是单位实物工程量投资估算法,是以单位实物工程量的投资乘以实物工程总量来计算建筑工程投资费用的方法。

三是概算指标投资估算法。在估算建筑工程费时,对于没有上述估算指标,或者建筑工程费占建设投资比例较大的项目,可采用概算指标估算法。

安装工程费通常按行业有关安装工程定额、取费标准和指标估算投资。具体计算可按安装费率、每吨设备安装费或者每单位安装实物工程量的费用估算,即:

$$安装工程费 = 设备原价 \times 安装费率$$

或

$$安装工程费 = 设备吨位 \times 每吨安装费$$

或

$$安装工程费 = 安装工程实物量 \times 安装费用指标$$

② 设备工具、器具费用构成与计算。具体如下:

a. 设备购置费,是指为工程建设项目购置或自制的达到固定资产设备标准的设备、工具器具的费用。新建项目和扩建项目的新建车间购置或自制的全部设备、工器具,不论是否达到固定资产标准,均计入设备、工器具购置费用中。设备购置费由设备原价与设备运杂费组成。

设备原价:是指国产标准设备、国产非标准设备、进口设备的原价。设备运杂费是指除设备原价之外的关于设备采购、运输、途中包装及仓库保管等方面支出的费用。如果设备是由设备成套公司供应的,则成套公司的服务费也应计入设备运杂费之中。

国产设备原价:是指设备制造厂的交货价,即出厂价,或设备成套供应公司的订货合同价。它一般根据生产厂或供应商的询价、报价或合同价确定,或采用一定的方法计算确定。

进口设备原价:进口设备有内陆交货价、目的地交货价和装运港交货价三种交货方式。其中,装运港交货方式是我国进口设备采用较多的一种方式,它有三种交货价:装运港船上交货价(FOB),习惯称为离岸价;运费在内价(C&F);运费、保险费在内价(CIF),习惯称为到岸价。

$$进口设备原价 = 货价(FOB) + 国际运费 + 运输保险费 + 银行财务费 + 外贸手续费 + 关税 + 增值税 + 消费税 + 海关监管手续费 + 车辆购置附加费 \qquad (2.1.1)$$

设备运杂费:由运费和装卸费、包装费、设备供销部门的手续费及采购与仓库保管费等构成。

$$\text{设备运杂费} = \text{设备原价} \times \text{设备运杂费率} \quad (2.1.2)$$

其中，设备运杂费率按有关规定计取。

b. 工器具及生产家具购置费，是指新建项目初步设计规定所必须购置的不够固定资产的设备、仪器、工卡模具、器具、生产家具和备品备件等的费用，其一般计算公式为：

$$\text{工器具及生产家具购置费} = \text{设备购置费} \times \text{定额费率} \quad (2.1.3)$$

(2)第二部分：工程建设其他费用。

工程建设其他费用，是指上述费用以外的，根据设计文件要求和国家有关规定应在工程建设投资中支付的并列入建设项目总概算或单项工程综合概(预)算的一些费用。它的特点是不属于建设项目中的任何一个工程项目，而是属于建设项目范围内的工程费用。

工程建设其他费用一般由下列内容组成：

① 与土地使用有关的费用，具体如下：

a. 土地使用费：是指建设项目通过土地使用权出让或划拨方式取得土地使用权，所需土地使用权出让金及土地征用及拆迁补偿费。

b. 土地使用权出让金：是指建设项目通过土地使用权出让方式取得有限期的土地使用权，依照《中华人民共和国城市房地产管理法》《中华人民共和国土地管理法》等法规的规定，支付的土地使用权出让金。

c. 土地征用及拆迁补偿费：是指建设项目通过划拨方式取得无限期的土地使用权，依照《中华人民共和国土地管理法》等规定所支付的费用，包括土地补偿费、征用耕地安置补助费、征地动迁费、水利水电工程库区淹没处理补偿费。

土地使用费的计算应根据授权单位批准的建设用地、临时用地面积，按国家、省、自治区、直辖市人民政府制定颁发的各项补偿费、安置补助费标准计算。大中型水利水电工程建设移民安置办法，按有关专业规定执行。此项费用除预备费外，不作为其他费用计取的基础。

② 与工程建设有关的其他费用，具体如下：

a. 建设单位管理费，是指建设项目从项目筹建之日起至办理竣工财务决算之日止发生的管理性质的支出，包括不在原单位发工资的工作人员工资及相关费用、办公费、办公场地租用费、差旅交通费、劳动保护费、工具用具使用费、固定资产使用费、招募生产工人费、技术图书资料费(含软件)、业务招待费、竣工验收费和其他管理性质开支。实行代建制管理的项目，计列代建管理费等同建设单位管理费，不得同时计列建设单位管理费。委托第三方行使部分管理职能的，其技术服务费列入技术服务费项目。

建设单位管理费按照单项工程费之和(包括设备、工器具购置费和建筑安装工程费用)乘以建设单位管理费费率计算。

b. 研究试验费，是指为本建设项目提供或验证设计数据、资料进行必要的研究试验，按照设计规定在施工过程中必须进行试验所需的费用，以及支付科技成果、先进技术和一次性技术转让的费用。它不包括：应由科技三项费用(即新产品试制费、中间试验费和重要科学研究补助费)开支的项目；应由其他直接费开支的施工企业对建筑材料、构件和建筑物进行一般鉴定、检查所发生的费用及技术革新的研究试验费；应由勘察设计费、勘察设计单位的事业费或工程建设投资中开支的项目。该项费用按照设计单位根据本工程项目的需要提出的研究试验内容和要求计算。

c. 勘察设计费，是指委托勘察设计单位进行勘察设计时，按规定应支付的工程勘察设计费；为本建设项目进行可行性研究而支付的费用，以及在规定范围内由建设单位自行勘察设计工作所需的费用。勘察设计费按国家计委颁发的工程勘察设计收费标准和有关规定计算。

d. 场地准备及临时设施费，是指建设场地准备费和建设单位临时设施费。场地准备费是指建设工程项目为达到工程开工条件所发生的场地平整和对建设场地遗留的有碍于施工建设的设施进行拆除清理的费用。临时设施费是指为满足施工建设需要而供到场地界区的、未列入工程费用的临时水、电、路、信、气等其他工程费用和建设单位的现场临时建（构）筑物的搭设、维修、拆除、摊销或建设期间租赁费用，以及施工期间专用公路或桥梁的加固、养护、维修等费用。此项费用不包括已列入建筑安装工程费用中的施工单位临时设施费用。

场地准备及临时设施应尽量与永久性工程统一考虑。建设场地的大型土石方工程应计入工程费用中的总图运输费用中。新建项目的场地准备和临时设施费应根据实际工程量估算，或按工程费用的比例计算。改扩建项目一般只计拆除清理费。发生拆除清理费时，可按新建同类工程造价或主材费、设备费的比例计算。凡可回收材料的拆除工程，采用以料抵工方式冲抵拆除清理费。

e. 市政公用配套设施费，是指使用市政公用设施的工程项目，按照项目所在地政府有关规定建设或缴纳的市政公用设施建设配套费用。

f. 特殊设备安全监督检验费，是指在施工现场组装的锅炉及压力容器、压力管道、消防设备、燃气设备、电梯等特殊设备和设施，由安全监察部门按照有关安全监察条例和实施细则以及设计技术要求进行安全检验，应由建设工程项目支付的，向安全监察部门缴纳的费用。

特殊设备安全监督检验费按照建设工程项目所在省（市、自治区）安全监察部门的规定标准计算。无具体规定的，在编制投资估算和概算时可按受检设备现场安装费的比例估算。

g. 引进技术和进口设备其他费用，是指本建设项目因引进技术和进口设备而发生的相关费用，主要包括以下费用：

出国人员费用：为引进技术和进口设备派出人员在国外培训和进行设计联系，以及材料、设备检验等的差旅费、服装费、生活费等，一般按照设计规定的出国培训和工作的人数、时间、派往的国家，按财政部和外交部规定的临时出国人员费用开支标准进行计算。

国外工程技术人员来华费用：为引进国外技术和安装进口设备等聘用国外工程技术人员进行技术指导工作所发生的技术服务费、工资、生活补贴、差旅费、住宿费、招待费等，一般按照签订合同所规定的人数、期限和有关标准进行计算。

技术引进费：引进国外先进技术而支付的专利费、专有技术费、国外设计及技术资料费等，一般按照合同规定的价格进行计算。

担保费：国内金融机构为买方出具保函的担保费，一般按照有关金融机构规定的担保费率进行计算。

分期或延期付款利息：利用出口信贷引进技术或进口设备采取分期或延期付款的办法所支付的利息。

进口设备检验鉴定费：进口设备按规定必须交纳的商品检验部门的进口设备检验鉴定费，一般按照进口设备货价的百分比计算。

h. 工程监理费，是指委托工程监理单位对工程实施监理工作所需的费用。按国家物价局、建设部《关于发布工程建设监理费用有关规定的通知》等文件的规定计算。

i. 工程保险费，是指建设项目在建设期间根据需要实施工程保险所需的费用。包括工程一切险、施工机械险、第三者责任险、机动车辆保险、人身意外险等。根据不同的工程类别，分别以其建筑、安装工程费乘以建筑、安装工程保险费率计算。

j. 专利及专有技术使用费，其内容包括：国外设计及技术资料费、引进有效专利、专有技术使用费和技术保密费；国内有效专利、专有技术使用费；商标权、商誉和特许经营权费等。

建设投资中只估算需在建设期支付的专利及专有技术使用费。在专利及专有技术使用费计算时应注意，按专利使用许可协议和专有技术使用合同的规定计列；专有技术的界定应以省、部级鉴定批准为依据；协议或合同规定在生产期支付的使用费应在生产成本中核算；一次性支付的商标权、商誉及特许经营权费按协议或合同规定计列，协议或合同规定在生产期支付的商标权或特许经营权费应在生产成本中核算；为项目配套的专用设施投资，包括专用铁路线、专用公路、专用通信设施、送变电站、地下管道、专用码头等，如由项目建设单位负责投资但产权不归属本单位的，应作无形资产处理。

③ 与未来企业生产经营有关的其他费用，具体如下：

a. 联合试运转费，是指新建项目或新增加生产能力的工程在竣工验收前，按照设计文件所规定的工程质量标准和技术要求，进行整个生产线或装置的负荷联合试运转或局部联动试车所发生的费用净支出。当试运转有收入时，则计列收入与支出相抵后的亏损部分。试运转费用包括：试运转所需的原料、燃料、油料和动力的消耗费用，机械使用费用，低值易耗品及其他物品的费用和施工单位参加联合试运转人员的工资，以及专家指导费等；不包括：应由设备安装费用开支的试车调试费用，以及在试运转中暴露出来的因施工原因或设备缺陷等发生的处理费用。试运转收入包括试运转产品销售收入和其他收入。不发生试运转费的工程或者试运转收入和支出相抵销的工程，不列此费用项目。

b. 生产准备费，是指新建企业或新增生产能力的企业，为保证竣工交付使用进行必要的生产准备所发生的费用，费用内容包括：

生产人员培训费：包括自行培训、委托其他单位培训的人员的工资、工资性补贴、职工福利费、差旅交通费、学习资料费、学习费、劳动保护费等。

生产单位提前进场参加施工、设备安装、调试等以及熟悉工艺流程及设备性能等人员的工资、工资性补贴、职工福利费、差旅交通费、劳动保护费等。

生产准备费一般根据需要培训和提前进厂人员的人数及培训时间按生产准备费指标进行估算。

c. 办公和生活家具购置费，是指为保证新建、改建、扩建项目初期正常生产、使用和管理所必须购置的办公和生活家具、用具的费用。改、扩建项目所需的办公和生活用具购置费应低于新建项目。其范围包括办公室、会议室、资料档案室、阅览室、文娱室、食堂、浴室、理发室和单身宿舍等。这项费用按照设计定员人数乘以综合指标计算。

(3)第三部分：预备费。

预备费又称不可预见费，我国现行规定的预备费包括基本预备费和涨价预备费。

① 基本预备费，是指初步设计概算内难以预料的工程费用。其内容包括：在批准的初步设计范围内，技术设计、施工图设计以及施工过程中所增加的工程相应的费用；设计变更、局部地基处理等增加的费用；一般自然灾害造成的损失和为了预防自然灾害所采取的措施费用；办理了工程保险的项目，基本预备费可适当降低；竣工验收时为鉴定工程质量对隐蔽工程进行必要的破损检测或挖掘的费用和修复费用。

$$基本预备费 = (工程费 + 工程建设其他费) \times 基本预备费费率 \quad (2.1.4)$$

② 涨价预备费，是指建设项目在建设期间内，对由于各种资源价格等变化引起工程造价变化的预测预留费用。其内容包括：人工、设备、材料、施工机械价差，建筑安装工程量、工程建设其他费用调整，以及利率、汇率调整等增加的费用。

涨价预备费的测算，一般根据国家规定的投资综合价格指数，依估算年份价格水平的投资额为基数，采用复利方法计算。计算公式为

$$PF = \sum_{t=1}^{n} I_t [(1+f)^m (1+f)^{0.5} (1+f)^{t-1} - 1] \quad (2.1.5)$$

式中：PF——涨价预备费；

n——建设期年份数；

I_t——建设期中第 t 年的投资计划额，包括工程费用、工程建设其他费用及基本预备费，即第 t 年的静态投资；

f——年均投资价格上涨率；

m——建设前期年限(从编制估算到开工建设，单位：年)。

2)生产能力指数法

生产能力指数法根据已建成的、性质类似的建设项目或生产装置的投资额和生产能力及拟建项目或生产装置的能力估算拟建项目的投资额。计算公式为

$$I_2 = I_1 \left(\frac{C_2}{C_1}\right)^n f \quad (2.1.6)$$

式中：I_1，I_2——已建和拟建工程或装置的投资额；

C_1，C_2——已建和拟建工程或装置的生产能力；

n——生产能力指数，根据不同类型企业的统计资料确定，采用增加相同设备(装置)容量扩大生产规模时，n 取 0.6~0.7；采用增加相同设备(装置)数量扩大生产规模时，n 取 0.8~1.0；高温高压的工业生产项目，n 取 0.3~0.5；

f——不同时期、不同地点的定额、单价费用变更等的调整系数。

采用这种方法计算简单、速度快，但要求类似工程的资料可靠，条件基本相同，否则误差就会加大。

3)资金周转率法

资金周转率法是一种用资金周转率来推测投资的简便方法。其公式为

$$I = \frac{QP}{t_r} \tag{2.1.7}$$

式中：I——拟建项目投资额；
Q——产品的年产量；
P——产品的单价；
t_r——资金周转率，即

$$t_r = \frac{年销售总额}{总投资} = \frac{产品的年产量 \times 产品单价}{总投资}$$

拟建项目的资金周转率可以根据已建相似项目的有关数据进行估计，然后再根据拟建项目的预计产品的年产量单价，估算拟建项目的投资额。这种方法比较简便，计算速度快，但精度较低，可用于第一阶段的估算。

4）朗格系数法

朗格系数法是以设备费用为基础，乘以适当的系数来估算建设项目的费用的方法，其公式为

$$I = E(1 + \sum K_i)K_n \tag{2.1.8}$$

式中：I——拟建项目的总投资；
E——拟建项目的主要设备费用；
K_i——管线、仪表、建筑物等项工程费用的估算系数；
K_n——管理费、合同费、应急费等间接费在内的总估算系数。

总建设费用 I 与主要设备费用 E 之比称为朗格系数 K_L，即

$$K_L = (1 + \sum K_i)K_n \tag{2.1.9}$$

此法比较简单，但没有考虑设备规格及材质的差异，不同地区自然条件和经济条件的差异等，所以精确度不高，估算误差在 10%～15%。

5）设备系数法

以拟建项目的设备费为基数，根据已建成的同类项目的建筑安装费和其他工程费等占设备价值的百分比，求出拟建项目建筑安装工程费和其他工程费，进而求出建设项目总投资。其计算公式为

$$C = E(1 + f_1 p_1 + f_2 p_2 + f_3 p_3 + \cdots) + I \tag{2.1.10}$$

式中：C——拟建项目投资额；
E——拟建项目设备费；
$p_1, p_2, p_3, \cdots$——已建项目中建筑安装费及其他工程费等占设备费的比重；
$f_1, f_2, f_3, \cdots$——由于时间因素引起的定额、价格、费用标准等变化的综合调整系数；
I——拟建项目的其他费用。

6）比例估算法

以拟建项目中投资比重较大，并与生产能力直接相关的工艺设备投资为基数，根据已建同类项目的有关统计资料，计算出拟建项目各专业工程(总图、土建、采暖、给排水、管道、电气、自控等)占工艺设备投资的百分比，据以求出拟建项目各专业投资，然后加

总即为项目总投资。其计算公式为

$$C = E(1 + f_1 p_1 + f_2 p_2 + f_3 p_3 + \cdots) + I \tag{2.1.11}$$

式中：p_1，p_2，p_3，$\cdots$——已建项目中各专业工程费用占设备费的比重；

其他符号同前。

3. 固定资产投资方向调节税

为贯彻国家产业政策，控制投资规模，引导投资方向，调整投资结构，加强重点建设，促进国民经济持续稳定协调发展，对在我国境内进行固定资产投资的单位和个人（不含中外合资经营企业、中外合作经营企业和外商独资企业）征收固定资产投资方向调节税（简称投资方向调节税）。

投资方向调节税以固定资产投资项目实际完成投资额（包括设备及工器具购置费、建筑安装工程费、工程建设其他费用及预备费）为计税依据。但更新改造项目则是以建筑工程实际完成的投资额为计税依据。根据国家产业政策和项目经济规模实行差别税率，税率分为0%、5%、10%、15%、30%五个档次。差别税率按两大类设计，一是基本建设项目投资；二是更新改造项目投资。前者设计了0%、5%、15%、30%四档税率；后者设计了0%、10%两档税率。对于国家急需发展的基础产业和薄弱环节的部门项目投资，适用零税率；对国家鼓励发展，但受能源、交通等制约的项目投资，实行5%的税率；对城乡个人修建、购买住宅的投资实行零税率；对单位修建、购买一般性住宅投资，实行5%的低税率；对单位用公款修建、购买高标准独门独院、别墅式住宅投资，实行30%的高税率；对楼堂馆所以及国家严格限制发展的项目投资，课以重税，税率为30%；对不属以上的其他项目投资，实行中等税负政策，税率为15%。对于更新改造项目，急需发展的项目投资和对单纯工艺改造和设备更新的项目投资，适用零税率；对不属于上述内容的更新改造项目投资，一律按建筑工程投资适用10%的税率。

固定资产投资方向调节税于2000年暂停征收，目前国际税率为0。但税法里只是暂停征收，并没有废除，所以建议读者也要了解掌握。

4. 资金筹措费估算

资金筹措费包括各类借款利息、债券利息、贷款评估费、国外借款手续费及承诺费、汇兑损益、债券发行费及其他债务利息支出或融资费用。自有资金额度应符合国家或行业有关规定，其他方式资金筹措费用按照发生额度或相关规定计算。

建设期利息包括向国内银行和其他非银行金融机构贷款、出口信贷、外国政府贷款、国际商业银行贷款以及在境内外发行的债券等在建设期间内应偿还的借款利息。国外贷款利息的计算中，还应包括国外贷款银行根据贷款协议向贷方以年利率的方式收取的手续费、管理费、承诺费，以及国内代理机构经国家主管部门批准的以年利率的方式向贷款单位收取的转贷费、担保费、管理费等。

建设期利息实行复利计算。

当总贷款是分年均衡发放时，建设期利息的计算可按当年借款在年中支用考虑，即当年借款按半年计息，上年借款按全年计息。每年的建设期利息计算公式为

$$q_j = \left(P_{j-1} + \frac{1}{2} A_j\right) i \tag{2.1.12}$$

式中：q_j——建设期第 j 年应计利息；

P_{j-1}——建设期第 $j-1$ 年末借款累计金额与利息累计金额之和；

A_j——建设期第 j 年借款金额；

i——年利率。

2.1.1.2 流动资产与流动资金估算

1. 流动资产

流动资产是指可以在一年内或者超过一年的一个营业周期内变现或者耗用的资产，包括现金、各种存款、短期投资、应收及预付款项、存货等。在流动资产中，现金及各种存款是企业在生产经营过程中停留于货币形态的那部分资产。它具有流动性大的特点。企业要进行生产经营活动，首先必须拥有一定数量的现金和各种存款，以支付劳动对象、劳动手段和活劳动等方面的费用，通过生产经营过程，将劳动产品销售出去，又获得了这部分资金。存货是指企业在生产经营过程中为销售或者耗用而储备的物资，如材料、燃料、低值易耗品、在产品、半成品、产成品、协作件和商品等。流动资产中存货的价值占有较大的比重，它包括为企业销售或制造产品所耗用而储备的一切物资。其特点是不断处于销售和重置或耗用和重置之中。一般情况下，其价值一次转移，并随着产品销售的实现，被耗用的价值一次得到补偿。

经营性项目铺底流动资金是指生产经营性项目，如新建工厂、公路、铁路等，在竣工交付使用后，为保证在投产初期正常运营所需流动资金有可靠来源，根据原国家发改委的规定，计列本项费用。主要用于购买原材料、燃料、动力，支付职工工资和其他有关费用。

2. 流动资金投资的估算

(1) 扩大指标估算法，一般可参照同类生产企业流动资金占销售收入、经营成本、固定资产投资的比率，以及单位产量占用流动资金的比率来确定。这种方法估算的准确度不高，适用于项目建议书阶段投资估算。

$$流动资金额 = 年产值（或年销售收入额）\times 产值（销售收入）资金率 \quad (2.1.13)$$

或

$$流动资金额 = 年经营成本（总成本）\times 经营成本（总成本）资金率 \quad (2.1.14)$$

或

$$流动资金额 = 固定资产价值总额 \times 固定资产价值资金率 \quad (2.1.15)$$

或

$$流动资金额 = 年生产能力 \times 单位产量资金率 \quad (2.1.16)$$

(2) 分项详细估算法，也称为分项定额估算法，即指按流动资金的构成分项计算并汇总。分项估算的思路是：先按照方案各年生产运行的强度，估算出各大类的流动资产的最低需要量，汇总以后减去该年估算出的正常情况下的流动负债，就是该年所需的流动资金，再减去上年已注入的流动资金，就得到该年流动资金的增加额。当项目达到正常生产运行水平后，流动资金就可不再注入。

流动资金分项详细估算方法是按流动资产与流动负债差额来估算，计算公式为

$$流动资金 = 流动资产 - 流动负债 \quad (2.1.17)$$

其中：

$$流动资产 = 应收账款 + 预付账款 + 存货 + 现金$$

$$流动负债 = 应付账款 + 预收账款$$

$$流动资金本年增加额 = 本年流动资金 - 上年流动资金 \quad (2.1.18)$$

流动资金估算首先要确定各分项资金的最低周转天数，计算出各分项的年周转次数，然后再分项估算占用资金额。流动资产和流动负债各项的计算公式为

$$年周转次数 = \frac{360 天}{最低周转天数} \tag{2.1.19}$$

其中，各类流动资产和流动负债的最低周转天数参照同类企业的平均周转天数并结合项目特点确定，或按照部门或行业的规定执行。

$$应收账款 = \frac{年经营成本}{应收账款年周转次数} \tag{2.1.20}$$

$$预付账款 = \frac{预付的各类原材料、燃料或服务年费用}{预付账款年周转次数} \tag{2.1.21}$$

$$存货 = 外购原材料 + 外购燃料 + 其他材料 + 在产品 + 产成品 \tag{2.1.22}$$

其中：

$$外购原材料 = \frac{年外购原材料费用}{外购原材料年周转次数}$$

$$外购燃料 = \frac{年外购燃料费用}{外购燃料年周转次数}$$

$$其他材料 = \frac{年外购其他材料费用}{外购其他材料年周转次数}$$

$$在产品 = \frac{年外购原材料、燃料及动力费 + 年工资及福利费 + 年修理费 + 年其他制造费用}{在产品年周转次数}$$

$$产成品 = \frac{年经营成本 - 年其他营业费用}{产成品年周转次数}$$

$$现金 = \frac{年工资及福利费 + 年其他费用}{现金年周转次数} \tag{2.1.23}$$

其中：年其他费用为制造费用、管理费用、营业费用之和，减去这三项费用中所含的工资及福利费、折旧费、摊销费、修理费。

$$应付账款 = \frac{年外购原材料、燃料、动力费用和其他材料费用}{应付账款年周转次数} \tag{2.1.24}$$

$$预收账款 = \frac{预收的营业收入年金额}{预收账款年周转次数} \tag{2.1.25}$$

分项详细估算法虽然工作量较大，但是准确度较高，一般项目在可行性研究阶段应采用。

2.1.1.3 无形资产与递延资产估算

1. 无形资产的含义及特点

无形资产是指没有物质实体，但却可使拥有者长期受益的资产。它是企业拥有的一种特殊权利，有助于企业取得高于一般水平的收益，主要包括专有技术、专利权、商标权、著作权、土地使用权、经营特许权、商誉权等。

与其他资产相比，无形资产具有以下特点：

（1）无实物形态。无形资产不具备实物形态，但往往要依附于一定的实体或观念表现其存在和效能，如商誉依附于企业而存在，土地使用权依附于土地而存在等。

(2)未来收益具有高度的不确定性。无形资产所能提供的未来经济利益一般难以准确地计量。而且某些无形资产(如商誉)的有效期间又是无法确定的。

(3)具有高度垄断性和独占性。无形资产的产生与特定的主体有关,并受到法律、制度的保护,任何非所有者均不得无偿取得与占用。

(4)使用时间较长。无形资产将在长时期内为企业提供经济利益,由于有效期不同,各种无形资产提供的经济利益的期限也不一样。

(5)变现性较差。无形资产的产生与企业本身或企业组织所发生的某种能力有关,与企业获取的收益有密切联系。

2. 无形资产的计价原则

无形资产是具有价值和使用价值的特殊商品,企业在取得或转让无形资产时,必须对其价值进行估计,其估价原则有:

(1)成本计价原则。以无形资产取得时的实际耗费或开支成本计价。例如土地,使用权是以取得时支付的征用费计价;企业自行开发的专用技术等,按照研制开办费用,如增添的专用设备支出、对原有设备改造支出、试制人员工资、材料损耗及设备折旧费、其他费用等计价。

(2)效益计价原则。以无形资产应用后可能带来的经济效益确定其价值,这是无形资产估价的基本方法。广泛适用于商标权、专利权、专有技术等计价。

(3)行业对比计价原则。这是将无形资产与国内外同行业企业对比确定价值的方法,如商誉就是在比较本企业与外企业综合获利能力后确定价值。

(4)技术寿命计价原则。以无形资产有效寿命周期长短为计算因素,参照其效益情况确定无形资产价值,如专利权等。

无形资产在计价时,必须具备详细资料,包括所有权或使用权证书的复印件、作价的依据和标准等。其中,非专利技术、商誉的计价,应经法定的评估机构评估确定;商誉只有在企业合并或接受商誉投资时才能评估计价,否则不能作为无形资产管理。

无形资产没有残值,其作用于企业生产经营过程不直观,它所具有的价值的权利总会在持续一个阶段后终结或消失。因此,无形资产应从开始使用之日起,逐步地在有效使用期限内摊销。无形资产摊销的关键是确定摊销期限。摊销期限应按下列原则确定:

(1)法律、法规、合同或企业申请书分别规定有法定有效期限和使用年限的,按照法定有效期限与合同或企业申请书规定的使用年限孰短的原则确定。

(2)法律、法规无规定有效期限,企业合同或企业申请书中规定使用年限的,按照合同或企业申请书规定的使用年限确定。

(3)法律、法规、合同或企业申请书均没有规定期限的无形资产,按预计使用期限确定。

(4)使用期限难以预计的无形资产,按不少于10年的期限作为摊销期限,如商誉摊销期限一般为10年。

各种无形资产应当在摊销期限内,采用分期等额摊销法平均摊销。

3. 递延资产的概念及估算

递延资产是指不能全部计入当年损益,应当在以后年度内分期摊销的各项费用,包括开办费、固定资产改良支出、租入固定资产的改良支出以及摊销期限在一年以上的其他待摊费用。

（1）开办费，是指企业在筹建期内发生的各项费用，包括筹建期间人员工资、办公费、培训费、差旅费、注册登记费，以及不计入固定资产和无形资产购建成本的汇兑损益和利息支出。企业发生的下列费用，不应计入开办费：应由投资者负担的费用支出；为取得各项固定资产、无形资产所发生的支出，以及应计入资产价值的汇兑损益、利息支出等。开办费应按照不短于 5 年的期限分期摊销。

（2）租入固定资产改良支出，是指以经营租赁方式租入的固定资产，只有使用权，没有所有权，因此企业对租入的固定资产进行改良的支出不能计入企业的固定资产，由于改良支出的数额较大，不能一次计入当期费用成本，而应作为递延资产摊销。

应当注意的是，增加租入固定资产的效用或延长使用寿命的改装、翻修、改建等支出才应计入固定资产改良支出，而安装在租入固定资产上可以移动的独立设备，如暖气设备、通风设备等，则不包括在租入固定资产的改良支出之内。

（3）超过一年的待摊费用管理，如果生产经营期间发生的待摊费用的摊销期不超过一年，则属于流动资产，超过一年的属递延资产。例如固定资产的大修理支出，因为数额较大，为均衡费用负担，便在数年摊销，应按实际发生的支出正确计价，按其受益期平均摊销。

2.1.2 成本估算

成本作为一个综合性的经济指标，可以比较清楚地分析项目的经济效果，得出经济评价的结论，提供投资决策依据。

2.1.2.1 固定成本与可变成本

按各种费用与产品产量的关系，可将产品成本划分为固定成本与可变成本两部分。

固定成本是指在一定生产规模限度内不随产品产量变动的费用，如按平均年限法计提的固定资产折旧费、行政管理费、管理人员工资费用，以及实行固定基本工资制的生产工人的工资等。应该指出，固定成本并非永远固定不变，固定成本的概念只在产品产量发生短期波动或经营条件发生变化而企业还来不及根据这种变化调整固定生产要素存量条件下使用。

可变成本是指产品成本中随产量变动而变动的费用，如构成产品实体的原材料、燃料、动力、实行计件工资制的工资等。

2.1.2.2 总成本

现行财务会计制度对成本的核算办法是采用制造成本法，而不是完全成本法。按照制造成本法计算产品成本时，只计算与生产经营最直接和关系最密切的费用，而将与生产经营没有直接关系和关系不密切的费用计入当期损益。总成本由直接费用、间接费用和期间费用组成。

直接费用是指企业直接为生产产品和提供劳务等发生的各项费用，包括直接的材料、人工和耗费的燃料、动力等支出。间接费用是指企业内部各生产经营单位为组织和管理生产活动而发生的制造费用和不能直接进入产品成本的各项费用，包括企业内各个生产单位管理人员工资、职工福利费，生产设备和建筑等的折旧，矿山维简费，以及修理费、办公费、差旅费、劳动保护费、保险费、试验检验费等费用，它按一定的标准分配计入生产成本，又称为制造费用。期间费用是指企业行政管理部门等发生的管理费用，如企业总部管理人员工资及职工福利费，工会经费，职工教育经费，劳动保险费，无形资产摊销，递延资产摊销，非生产设备、建筑物等折旧等；财务费用，如生产经营期间发生的利息支出、汇兑净损失、筹资时发生的其他费用；销售费用，如企业负担的运输费、装卸费、包装费、保险费、广告费、销售服务费，销售部门人员工资、福利费、办公费、折旧费、修理费等费用。

制造成本法的特点在于，同一投入要素分别在不同的项目中加以记录和核算。其优点在于简化了核算过程，便于成本核算的管理；其缺点是看不清各种投入要素的比例，为了解决这一问题，总成本费用也可由生产要素为基础构成，国家规定的生产费用要素分为以下几项：外购材料、外购燃料、外购动力、工资、职工福利基金、折旧费、摊销费、大修理基金、利息支出、其他支出(邮电费、旅差费、租赁费等)。

1. 外购原材料、燃料及动力费

外购原材料、燃料及动力费包括生产经营过程中外购的原材料、辅助材料、备品配件、半成品、燃料、动力及其他材料。

原材料、燃料和动力费用估算时要明确材料的名称、规格、单位产品的耗用量，以及单位价格，然后分别确定。

$$\text{单位产品原材料(燃料、动力)消耗费用} = \text{单位产品原材料(燃料、动力)消耗定额} \times \text{原材料(燃料、动力)单价} \tag{2.1.26}$$

$$\text{总的消耗费用} = \text{单位产品的消耗费用} \times \text{产品产量} \tag{2.1.27}$$

2. 工资及福利费

工资及福利费包括直接从事生产人员、管理人员和销售部门人员的工资、津贴和补贴。

工资及福利费估算按全企业定员人数和年人均工资及福利标准来估算。

3. 折旧费

折旧费是指固定资产由于损耗逐渐将其价值转移到产品中去的费用。

折旧费计算按所采取的固定资产折旧方法来计算。

(1) 平均年限法：将固定资产的损耗价值均衡地分摊到规定的折旧年限内。其计算公式为：

$$\text{固定资产年折旧额} = \frac{\text{固定资产原始价值} + \text{清理费用} - \text{残值}}{\text{规定的折旧年限}} \times 100\% \tag{2.1.28}$$

在实际工作中，通常利用折旧率计算固定资产的折旧额。折旧率指折旧额占原始价值的比率，反映固定资产的损耗程度，其计算公式为

$$\text{固定资产年折旧率} = \frac{\text{年折旧额}}{\text{固定资产原值}} \times 100\% = \frac{1 - \text{净残值率}}{\text{固定折旧年限}} \times 100\% \tag{2.1.29}$$

(2) 工作量法：根据固定资产完成的工作量或工作时间计算折旧，适用于运输汽车和

大型精密设备的折旧计算。

① 按行使里程计算折旧：

$$单位里程折旧额 = \frac{原始价值 \times (1-预计净残值率)}{规定的总行使里程} \quad (2.1.30)$$

② 按工作小时计算折旧：

$$每工作小时折旧额 = \frac{原始价值 \times (1-预计净残值率)}{规定的总工作小时} \quad (2.1.31)$$

③ 按台班计算折旧：

$$每台班折旧额 = \frac{原值 \times (1-预计净残值率)}{规定的总工作台班数} \quad (2.1.32)$$

(3) 快速折旧法：在固定资产投入使用的早期多提折旧，而在使用后期少提折旧，在整个折旧期间，折旧额呈逐年递减趋势。常用的快速折旧法主要有年数总和法、余额递减法和双倍余额递减法。

① 年数总和法：用一个递减的分数乘以固定资产应计提折旧额来计算折旧额。其中，递减的分数即第 n 年的折旧率等于固定资产的尚可使用年数与逐年使用年数总和之比。

假设固定资产的原值为 P，预计净残值为 F，预计可使用年限为 n，则第 t 年的折旧率为

$$第 t 年折旧率 = \frac{尚可使用年数}{逐年使用年数之和} \times 100\% = \frac{n-t+1}{1+2+\cdots+n} \times 100\%$$

$$= \frac{2(n-t+1)}{n(n+1)} \times 100\% \quad (2.1.33)$$

$$第 t 年折旧额 = (P-F) \times \frac{2(n-t+1)}{n(n+1)} \times 100\% \quad (2.1.34)$$

② 余额递减法：以固定资产的净值作为计算折旧的基数，固定资产折余价值逐年递减，在每年折旧率不变的条件下，每年提取的折旧额逐年下降。

设固定资产的原值为 P，年折旧率为 R，净残值为 F_n，预计使用年限为 n，则

$$R = 1 - \sqrt[n]{\frac{F_n}{P}} \quad (2.1.35)$$

第 t 年的折旧额为

$$D_t = P(1-R)^{t-1}R \quad (2.1.36)$$

余额递减折旧法的特点是，随着固定资产年折余价值的逐年下降，年折旧额也相应逐年减少，并且是等比例递减。由于该法使用的折旧率相等，所以又称为定率递减法。

③ 双倍余额递减法：其计算折旧的原理与余额递减法相同，也是用固定的折旧率，乘以各年年初的折余价值来计算折旧额。该法的固定折旧率采用的是双倍于直线法的折旧率。计算公式为

$$年折旧率 = \frac{2}{折旧年限} \times 100\% \quad (2.1.37)$$

$$年折旧额 = 固定资产账面净值 \times 年折旧率 \quad (2.1.38)$$

在采用双倍余额递减法计算折旧时，不能使折余价值小于预计残值。同时，在固定资

产使用的后期，一旦发现折旧额小于按平均年限法计算的折旧额，可以改用平均年限法计提折旧。为操作方便，实行双倍余额递减法的固定资产，应当在其折旧年限到期前两年内，将固定资产账面净值扣除预计净残值后的净额平均摊销。

双倍余额递减折旧法的计算原理与余额递减法的计算原理基本相同。其特点也与余额递减法相似，只是其折旧速度比余额递减法略慢，但快于直线法的折旧速度。

4. 修理费

修理费包括生产单位、行政管理部门和销售部门发生的费用。

修理费估算按固定资产折旧额的一定百分比来估算。

5. 摊销费

摊销费包括无形资产摊销费和递延资产摊销费。一般无形资产按规定期限分期摊销，没有规定期限的，按不少于10年分期摊销。递延资产中开办费按照不短于5年的期限分期摊销。

6. 利息支出

利息支出包括长期借款利息和流动资金借款利息两部分，根据资金筹措和使用安排计划估算。

7. 其他费用

其他费用是指总成本费用中剔除上述成本和费用以及折旧费、摊销费和利息支出后的费用，包括制造费用、管理费用和销售费用中的办公费、差旅费、运输费、保险费、工会经费、职工教育经费、土地使用费、技术转让费、咨询费、业务招待费、坏账损失和在成本费用中列支的税金、租赁费、广告费、销售服务费用等。

2.1.2.3 经营成本

经营成本是为经济分析方便，从产品总成本中分离出来的一部分费用，是在一定时间内（通常为1年）由于生产和销售产品或提供劳务而实际发生的现金支出。它不包括虽计入产品成本费用中但实际没有发生现金支出的费用项目，如折旧、利息、摊销费。计算公式为

$$经营成本 = 总成本费用 - 固定资产折旧 - 计入成本的贷款利息 - 摊销费$$

(2.1.39)

在进行工程经济分析时，必须考察特定经济系统的现金流入与流出，从前面所做的成本分析可以看出，产品的销售成本包含固定资产折旧费和部分贷款利息（国有企业流动资金贷款利息可计入成本）。而实际上，固定资产折旧是对固定资产磨损的价值补偿，并不是真正发生的现金流出，在工程经济分析中，固定资产投资是计入现金流出的，如再将折旧随成本计入现金流出，会造成现金流出的重复计入。贷款利息是使用借贷资金所要付出的代价，对于企业来说是实际的现金流出，但在评价工程项目全部投资的经济效果时，并不考虑资金的来源问题，在这种情况下不考虑贷款利息和支出。为了计算与分析的方便，将经营成本作为一个单独的现金支出项目。

2.1.3 利润

利润是企业在一定时期内全部生产经营活动所取得的最终财务成果。利润的实现表明

企业生产耗费得到了补偿，并取得了盈利。追求利润最大化是投资者的主要经济目标，评价投资项目经济效益应以利润为主要依据。企业利润既是国家财政收入的基本来源，又是企业扩大再生产的重要资金来源。工程经济分析中涉及的利润包括利润总额和税后利润。

$$利润总额=销售利润+投资净收益+营业外收入-营业外支出 \qquad (2.1.40)$$

其中： 销售利润=产品销售利润+其他销售利润

产品销售利润=产品销售收入-销售税金及附加-总成本费用

其他销售利润=其他销售收入-其他销售成本-其他销售税金及附加

投资净收益=对外投资利润+股息+债券利息-投资作价损失-投资到期收回或中途转让的损失

营业外收入或支出是指企业生产经营无直接关系的各项收入和支出。

税后利润是利润总额扣除企业所得税后的余额。

$$税后利润=利润总额-所得税 \qquad (2.1.41)$$

企业的税后利润按我国《企业财务通则》规定，一般采用下列顺序进行分配：① 提取法定盈余公积金；② 提取公益金；③ 弥补超过 5 年未弥补的亏损；④ 交纳违法经营罚款；⑤ 弥补没收财产的损失；⑥ 弥补自然灾害或意外事故损失；⑦ 向投资者分配利润；⑧ 偿还借款本金；⑨ 未分配利润。

法定盈余公积金按税后利润的 10% 提取，其累计额达到项目法人注册资本的 50% 以上时可不再提取。法定盈余公积金可用于弥补亏损、扩大企业生产经营或按照国家规定转增资本金等。

公益金主要用于企业职工的集体福利设施支出。公益金按税后利润的 5%~10% 提取。

向投资者(国家投资、其他单位投资和个人投资)分配利润，应按项目当年盈利而定。无盈利不得向投资者分配利润；企业上年度未分配的利润，可以并入当年向投资者分配。

对于股份制企业，利润以股利的形式分配。通常先支付优先股股利，然后按公司章程或者股东会议决议提取任意盈余公积金，再分配普通股股利。当年无利润时，不得分配股利，但在盈余公积金弥补亏损后，经股东会议特别决议，可以按照不超过股票面值 6% 的比例用盈余公积金分配股利。在分配股利后，企业法定盈余公积金不得低于注册资金的 25%。盈余公积金可以用于转增资本金，以送配股或再发行的方式扩大资本金，但转增资本金后，企业的法定盈余公积金一般不低于注册资金的 25%。

2.1.4 税金

税收是依据法律对有纳税义务的单位和个人征收的财政资金。税收是政府凭借政治权力参与国民收入分配和再分配的一种方式，具有强制性、无偿性和固定性的特点。税收是一种成本，这个成本有时大到足以影响方案的取舍，因而构成了一个重要的决策因素。这样就使得基于税前分析所做的决策，在很多情况下变得不再可靠。了解投资项目建设或经营应交纳的各种税金，将有助于识别投资项目的收入与支出或现金流入与现金流出，从而能够对投资项目做出准确和科学的评价。现行税收制度包含了数十种税种，主要包括流转税类、资源税类、所得税类、财产税类、行为税与特定目的税类五大类。

2.1.4.1 流转税类

流转税又称为流转课税、流通税，是指以纳税人商品生产、流通环节的流转额或者数量以及非商品交易的营业额为征税对象的一类税收，是政府财政收入的重要来源，主要有增值税、消费税、营业税、关税等。

1. 增值税

增值税以商品生产、流通和劳动服务各个环节的增值额为征税对象。在我国境内销售货物或提供加工、修理劳务以及进口货物的单位或个人都应缴纳增值税。

我国从2009年开始实施增值税转型改革，由生产型增值税转变为消费型增值税，允许从销项税额中抵扣部分固定资产增值税，同时该可抵扣固定资产进项税额不得计入固定资产原值。经国务院批准，自2016年5月1日起在全国范围内全面推开营业税改征增值税试点，由缴纳营业税改为缴纳增值税。根据《中华人民共和国增值税暂行条例》（国务院令第538号）、《国务院关于废止〈中华人民共和国营业税暂行条例〉和修改〈中华人民共和国增值税暂行条例〉的决定》（国务院令第691号）、《中华人民共和国增值税暂行条例实施细则》（财政部、国家税务总局令第50号）、《财政部、税务总局关于调整增值税税率的通知》（财税〔2018〕32号）、《关于全面推开营业税改征增值税试点的通知》（财税〔2016〕36号）等规定，工程项目投资构成中的建筑安装工程费、设备购置费、工程建设其他费用中所含增值税进项税额，应根据国家增值税相关规定实施抵扣。但是，为了满足筹资的需要，必须足额估算技术方案建设投资，为此，技术方案建设投资估算应按含增值税进项税额的价格进行。同时，要将可抵扣固定资产进项税额单独列示，以便于在财务分析中正确计算固定资产原值和应纳增值税。

在我国境内销售货物或者加工、修理修配劳务（以下简称劳务），销售服务、无形资产、不动产以及进口货物的单位和个人，为增值税的纳税人。纳税人分为一般纳税人和小规模纳税人。应税行为的年应征增值税销售额超过财政部和国家税务总局规定标准的纳税人为一般纳税人，未超过规定标准的纳税人为小规模纳税人。

纳税人销售货物、劳务、服务、无形资产、不动产（以下统称应税销售行为），应纳税额为当期销项税额抵扣当期进项税额后的余额。应纳税额计算公式为

$$应纳税额 = 当期销项税额 - 当期进项税额 \tag{2.1.42}$$

当期销项税额小于当期进项税额而不足抵扣时，其不足部分可以结转下期继续抵扣。

纳税人发生应税销售行为，按照销售额和增值税暂行条例规定的税率计算收取的增值税额，为销项税额。销项税额计算公式为

$$销项税额 = 销售额 \times 税率 \tag{2.1.43}$$

根据《关于深化增值税改革有关政策的公告》（财税〔2019〕39号），调整后的增值税税率为：

（1）纳税人销售货物、劳务、有形动产租赁服务或者进口货物，除本条第二项、第四项、第五项另有规定外，税率为13%。

（2）纳税人销售交通运输、邮政、基础电信、建筑、不动产租赁服务，销售不动产，转让土地使用权，销售或者进口下列货物，税率为9%：

① 粮食等农产品、食用植物油、食用盐；

② 自来水、暖气、冷气、热水、煤气、石油液化气、天然气、二甲醚、沼气、居民用煤炭制品；

③ 图书、报纸、杂志、音像制品、电子出版物；

④ 饲料、化肥、农药、农机、农膜；

⑤ 国务院规定的其他货物。

(3) 纳税人销售服务、无形资产，除本条第一项、第二项、第五项另有规定外，税率为6%。

(4) 纳税人出口货物，税率为零；但是，国务院另有规定的除外。

(5) 境内单位和个人跨境销售国务院规定范围内的服务、无形资产，税率为零。

小规模纳税人发生应税销售行为，实行按照销售额和征收率计算应纳税额的简易办法，并不得抵扣进项税额。应纳税额计算公式为

$$应纳税额 = 销售额 \times 征收率 \tag{2.1.44}$$

小规模纳税人的标准由国务院财政、税务主管部门规定。小规模纳税人增值税征收率为3%，国务院另有规定的除外。

2. 消费税

消费税的纳税义务人为在我国境内生产、委托加工和进口某些消费品的单位和个人。征收消费税的消费品大体分为五类：第一类是一些过度消费会对人类健康、社会秩序、生态环境等造成危害的特殊消费品，如烟、酒、鞭炮等；第二类是奢侈品、非生活必需品；第三类是高能耗及高档消费品；第四类是不可再生稀缺资源消费品；第五类是消费普遍、税基宽广、征税不会明显影响人民生活水平但有一定财政意义的产品。对于应税消费品，既要征收消费税，又要征收增值税。增值税是普遍征收的税种，而消费税只针对规定的消费品。对于符合国家规定的出口产品，国家免征或退还已征的增值税和消费税。

3. 关税

关税是主权国家根据本国经济和政治的需要，按照国家制定的方针、政策，用法律形式确定，由海关对进出境的货物、物品所征收的一种税收。我国关税分为进口关税、出口关税及行李和邮递物品进口税。技术方案经济效果评价中涉及引进设备、技术和进口原材料时，应按有关税法和国家的税收优惠政策，正确估算进口关税。进口货物关税以从价计征、从量计征或者国家规定的其他方式征收。我国仅对少数货物征收出口关税，而对大部分货物免征出口关税。若技术方案的出口产品属于征税货物，则应按规定估算出口关税。

2.1.4.2 资源税类

这类税是指以被开发或占用的资源为征收对象的各种税，包括资源税、土地使用税。

1. 资源税

资源税是对在我国境内开采原油、天然气、煤炭、其他非金属矿原矿、黑色金属矿原矿、有色金属矿原矿及生产盐的单位和个人征收的一种税。征收此税的目的在于调节因资源条件差异而形成的资源级差收入，促使国有资源的合理开采与利用，同时为国家取得一定的财政收入。

2. 土地使用税

土地使用税是国家在城市、农村、城镇和工矿区，对使用土地的单位和个人征收的一种税。国家规定，对农、林、牧、渔业的生产用地和国家机关、人民团体、军队及事业单位的自用土地免征土地使用税。

纳税人开采或者生产不同税目产品的，应当分别核算不同税目应税产品的销售额或者销售数量。纳税人开采或者生产应税产品自用的，应当依照规定缴纳资源税，但自用于连续生产应税产品的，不缴纳资源税。

依照《中华人民共和国资源税法》的原则，国务院根据国民经济和社会发展需要，对取用地表水或是地下水的单位和个人试点征收水资源税。征收水资源税的，停止征收水资源费。

2.1.4.3 所得税类

所得税是以企业、单位、个人在一定时期内的纯所得额为征收对象的一种税，包括企业所得税、外商投资企业和外国企业所得税、个人所得税等。

技术方案经济效果评价中的所得税是指企业所得税，即针对企业应纳税所得额征收的税种。企业所得税是指对企业的生产经营所得和其他所得而征收的一种税。企业所得税从企业的销售利润中扣除。

$$所得税 = 销售利润 - 税后利润 \tag{2.1.45}$$

在计算所得税时，对销售利润为负的年度，即企业发生亏损的年度，可用下一年度的税前利润弥补，下一年度税前利润不足以弥补的，可以在5年内延续弥补，按弥补后的应纳税所得额计算所得税。5年内不足以弥补的，用税后利润弥补。企业所得税的计算公式为

$$应纳所得税额 = 应纳税所得额 \times 适用税率 - 减免税额 - 抵免税额 \tag{2.1.46}$$

式中，应纳税所得额为纳税人纳税年度收入总额减去准予扣除项目后的余额。企业所得税的税率为25%的比例税率，内资企业和外资企业一致，国家需要重点扶持的高新技术企业为15%，小型微利企业为20%，非居民企业为20%。上述税费如有减征、免征和抵免的优惠，应说明政策依据以及减免、抵免的方式，并按相关规定估算减免、抵免金额。

我国的企业所得税实行按年计征、分期预缴的征税办法。具体是：企业所得按年计算，分月或者分季预缴，月份或者季度终了后15日内预缴，年度终了后4个月内汇算清缴，多退少补。

2.1.4.4 财产税类

财产税是以企业和个人拥有及转移的财产的价值或增值额为征收对象的各种税，包括车船税、房产税和契税等。

1. 车船税

车船税是对行驶于公共道路的车辆和航行于国内河流、湖泊、领海口岸船舶按其种类、吨位征收的一种税。纳税义务人为拥有车船的单位和个人。车船税是指对在中国境内应依法到公安、交通、农业、渔业、军事等管理部门办理登记的车辆、船舶，根据其种类，按照规定的计税依据和年税额标准计算征收的一种财产税。从2007年7月1日开始，有车族需要在投保交强险时缴纳车船税。

2018年7月，财政部、税务总局、工业和信息化部、交通运输部下发《关于节能新能源车船享受车船税优惠政策的通知》，要求对符合标准的新能源车船免征车船税，对符合标准的节能汽车减半征收车船税。

2. 房产税

房产税是以房屋为征收对象的一种税。纳税义务人为拥有房屋产权的单位和个人。对房产征税的目的是运用税收杠杆，加强对房产的管理，提高房产使用效率，控制固定资产投资规模和配合国家房产政策的调整，合理调节房产所有人和经营人的收入。

2011 年 1 月 28 日，上海、重庆开始房产税试点改革，上海征收对象为本市居民新购房且属于第二套及以上住房和非本市居民新购房，税率暂定 0.6%；重庆征收对象是独栋别墅高档公寓，以及无工作户口无投资人员所购二套房，税率为 0.5%～1.2%。

3. 契税

契税是土地、房屋权属转移时向其承受者征收的一种税收。现行的《中华人民共和国契税暂行条例》于 1997 年 10 月 1 日起施行。在中国境内取得土地、房屋权属的企业和个人，应当依法缴纳契税。上述取得土地、房屋权属包括下列方式：国有土地使用权出让，土地使用权转让（包括出售、赠与和交换），房屋买卖、赠与和交换。以下列方式转移土地房屋权属的，视同土地使用权转让、房屋买卖或者房屋赠与征收契税：以土地、房屋权属作价投资、入股，以土地、房屋权属抵偿债务，以获奖的方式承受土地、房屋权属，以预购方式或者预付集资建房款的方式承受土地、房屋权属。契税实行 3%～5% 的幅度比例税率。

2.1.4.5 行为税与特定目的税类

这类税是指国家为了对某些特定行为进行限制或国家为达到某种特定目的而设计的各种税，如针对一些奢侈性的社会消费行为征收娱乐税、筵席税；针对牲畜交易和屠宰等行为征收交易税、屠宰税；针对财产和商事凭证贴花行为征收印花税，等等。收入零星分散，一般作为地方政府筹集地方财政资金的一种手段，行为课税的最大特点是征纳行为的发生具有偶然性或一次性。主要包括固定资产投资方向调节税、城乡维护建设税、教育费附加、地方教育附加、耕地占用税、土地增值税、环境保护税、车辆购置税、城镇土地使用税、印花税、屠宰税、筵席税、证券交易税、燃油税等。其中，固定资产投资方向调节税、屠宰税、筵席税已暂停征收。

1. 城市维护建设税

城市维护建设税是为保证城乡维护和建设有稳定的资金来源而征收的一种税。凡有经营收入的单位和个人，除另有规定外，都是城市维护建设税的纳税义务人。城市维护建设税以纳税人实际缴纳的增值税和消费税税额为计税依据，分别与增值税和消费税同时缴纳。城市维护建设税税率根据纳税人所在地不同分为三个等级：市区为 7%，县城和镇为 5%，市区、县城和镇以外为 1%。

2. 教育费附加

教育费附加是国家为发展地方教育事业，扩大地方教育经费来源，计征用于教育的政府性基金，是地方收取的专项费用。以各单位和个人实际缴纳的增值税和消费税税额为计征依据，教育费附加费率为 3%，分别与增值税和消费税同时缴纳。

3. 地方教育附加

地方教育附加是各省、自治区、直辖市根据国家有关规定，为实施"科教兴国"战略，增加地方教育的资金投入开征的一项地方政府性基金，主要用于各地方教育经费的投入补充。地方教育附加征收标准统一为单位和个人实际缴纳的增值税和消费税税额，费率为2%，分别与增值税和消费税同时缴纳。

4. 耕地占用税

耕地占用税是为了合理利用土地资源，加强土地管理，保护耕地，对在我国境内占用用于种植农作物的土地建设建筑物、构筑物或者从事非农业建设的单位和个人征收的税金。耕地占用税的纳税人应当依照规定缴纳耕地占用税。对占用耕地建设农田水利设施的，不缴纳耕地占用税。耕地占用税以纳税人实际占用的耕地面积为计税依据，按照规定的适用税额一次性征收。

5. 土地增值税

土地增值税的征收对象为有偿转让国有土地使用权及地上建筑物和其他附着物产权并取得收入的单位和个人。土地增值税的计价依据是转让房地产所取得的增值收益，即以转让房地产取得的收入减除法定扣除项目金额后的增值额作为计税依据，并按照四级超率累进税率进行征收。

$$应纳税额 = 增值额 \times 适用税率 - 扣除项目金额 \times 速算扣除系数 \quad (2.1.47)$$

按照土地增值税税率表，增值额未超过扣除项目金额50%的部分，税率为30%；增值额超过扣除项目金额50%、未超过扣除项目金额100%的部分，土地增值税税率为40%；增值额超过扣除项目金额100%、未超过扣除项目金额200%的部分，土地增值税税率为50%；增值额超过扣除项目金额200%的部分，税率为60%。

6. 车辆购置税

车辆购置税是对中华人民共和国境内购置应税车辆的单位和个人征收的一种税。车辆购置税为中央税，专用于国道、省道干线公路建设和支持地方道路建设。《中华人民共和国车辆购置税法》所称购置，是指以购买、进口、自产、受赠、获奖或者其他方式取得并自用应税车辆的行为。在我国境内购置汽车、有轨电车、汽车挂车、排气量超过150毫升的摩托车的单位和个人，为车辆购置税的纳税人，应当依照《中华人民共和国车辆购置税法》的规定缴纳车辆购置税。车辆购置税的纳税人为购置（包括购买、进口、自产、受赠、获奖或以其他方式取得并自用）应税车辆的单位和个人，税率为10%，除汽车外，摩托车、电车、挂车、农用运输车也要缴纳车辆购置税。自2015年10月1日到2017年12月31日，对购买1.6升及以下排量乘用车实施减半征收车辆购置税的优惠政策。新能源汽车至2022年都免征购置税，新能源免征是从2014年9月开始的，有效到2017年12月31日，而后该政策又延后了3年，2020年时又再度延长2年。

7. 印花税

印花税是对经济活动和经济交往中书立、领受具有法律效力的凭证的行为所征收的一种税。因采用在应税凭证上粘贴印花税票作为完税的标志而得名。印花税的纳税人包括在中国境内书立、领受规定的经济凭证的企业、行政单位、事业单位、军事单位、社会团体、其他单位、个体工商户和其他个人。现行印花税只对印花税条例列举的凭证征税，具体有五类：购销、加工承揽、建设工程勘察设计、建设工程承包、财产租赁、货物运输、仓储保管、借款、财产保险、技术合同或者具有合同性质的凭证；产权转移书据；营业账簿；房屋产权证、工商营业执照、商标注册证、专利证、土地使用证、许可证照；经财政部确定征税的其他凭证。纳税人根据应纳税凭证的性质，分别按比例税率或者按件定额计算应纳税额。具体税率、税额的确定，依照印花税条例所附《印花税税目税率表》执行。

8. 环境保护税

环境保护税是为了保护和改善环境，减少污染物排放，推进生态文明建设，对在我国领域和我国管辖的其他海域，直接向环境排放应税污染物的企事业单位和其他生产经营者征收的税金。《中华人民共和国环境保护税法》自2018年1月1日起施行。环境保护税所称的应税污染物是指《中华人民共和国环境保护税法》中的《环境保护税税目税额表》《应税污染物和当量值表》规定的大气污染物、水污染物、固体废物和噪声。环境保护税应纳税额按照应税污染物分别计算。

以上简单介绍了企业应交纳的各种税金的概念，这对识别企业投资项目的收入与支出或现金流入与现金流出有很大的帮助，从而能够对投资项目做出准确和科学的评价。

除了以上知识，我们还应知道，有的税金是允许计入成本的，有的税金直接从销售收入中扣除，而有的税金则是从利润中扣除。可以计入产品成本的税金有房产税、土地使用税、车船使用税、印花税、环境保护税及进口原材料和备品备件的关税。从销售收入中直接扣除的税金及附加有消费税、资源税、土地增值税、城乡维护建设税和教育费附加、地方教育附加。从销售利润中扣除的税金为所得税。

2.2 资金时间价值计算

2.2.1 资金时间价值的概念

所谓资金时间价值，是指资金随着时间的推移，其数额将日益增加而发生的增值现象。货币如果作为储藏手段保存起来，不论经过多少时间，仍为同名同量货币，其金额不会发生变化。但货币如果作为社会生产资金（或资本）参与再生产过程，就有可能带来利润，即得到增值。这就说明资金随时间的推移而增值并非资金的本能。资金只有作为一种资源，投入到商品生产或流通领域的经济活动中去，随着时间的推移，由劳动者的劳动创造出剩余价值，才会使资金得到增值。因此，资金的时间价值我们可这样定义：在商品经济条件下，一定量的资金在商品生产经营过程中，通过劳动所产生出的新的价值。

对于资金的时间价值，可以从以下两个方面来理解：

一方面，资金属于商品经济的范畴，在商品经济中，资金参与社会的再生产过程而不断运动着，资金的运动伴随在生产与流通的过程中。由于劳动者在生产过程中创造了剩余价值，从而使资金增值，给投资者带来利润。因此，从投资者的角度来看，资金的时间价值表现为资金在运动中的增值特性。

另一方面，资金一旦用于投资，就不能用于现期消费，牺牲现期消费是为了在将来得到更多的消费。因此，从消费者的角度来看，资金的时间价值表现为牺牲现期消费的损失所应得到的必要补偿。

从投资角度来看，投资利润率、通货膨胀率、风险等因素都对资金的时间价值有所影响。利率越高，通货膨胀率越高，风险因素越大，则资金的时间价值越大。

2.2.2 资金时间价值的重要意义

(1)资金价值随时间的推移而变化是客观存在的,它的变化有一定的规律性。只要商品生产和货币存在,就必须考虑资金的时间价值。

(2)考虑资金的时间价值,可以促使合理有效地利用建设资金,提高投资的经济效益。

过去很长一段时期,我国基本建设投资一直实行财政拨款、固定资产和流动资金无偿使用的办法。这种资金管理的办法,助长了各地区、各企业之间盲目争投资、争项目的倾向,随意拖延施工项目工期,大量积压某些长线产品,造成资金长期占用不能流通,从而不能带来增值。在现代的生产规模和技术进步的条件下,资金的无偿使用会给国民经济带来严重的损失。因此,我国投资体制进行了改革,由过去的无偿供给制改为有偿贷款,贷款要支付利息,使人们认识到资金具有时间价值,从而推动了企业资金的周转和固定资产的利用,促进企业重视合理有效利用资金,节约使用资金,获得较好的经济效益。

(3)考虑资金的时间价值,可加速资金周转,提高资金利用效率。

任何一项投资方案的实施都要占用一定的资金,占用资金的数量相当重要。实现同样的目标,占用资金越少,占用时间越短,资金周转越快,其资金利用效率就越高,经济效益就越好,带来的利润就越大。因此,在建设过程中,要千方百计地缩短建设期,压缩库存贮备周期,以减少资金因处于"停滞"和"积压"状态而造成的损失,从而提高资金的使用效率。

(4)考虑资金时间价值,有利于国际贸易,为国争利。

随着我国对外经济交往的日益扩大,如何合理利用外资已成为一项很重要的课题。我国已加入世界贸易组织,正式进入国际市场。在国际贸易中,各国都讲求资金的时间价值。国外资本家在进行贸易和投资时已附加了极其苛刻的资金时间价值,因此我国要开拓国际市场,实行对外开放,从国外贷款,搞补偿贸易、合资经营等,都要考虑资金的时间价值这一极其重要的因素。

当进行建设工程项目的技术经济分析,比较投资方案的经济效益时,不论是向国内银行贷款还是向国外银行贷款,都要给付利息,根据投资使用额的多少及占用时间的长短不同,其经济效益也是不相同的。所以,在工程项目的技术经济分析中,必须考虑资金的时间价值,否则便不会得到正确的结论。

2.2.3 利息与利率

在商品社会中,当资金所有权和使用权分离时,经营者要从资金所有者那里获得借贷资金,才能开展生产经营活动,获得收益。资金所有者将资金提供给他人使用时,就丧失了使资金增值,获得收益的机会,因而有权要求得到补偿。因此,作为对资金所有者的回报,经营者应当付出一定的报酬,作为对取得其经营资金所付出的代价。这种为借贷资金所付出的代价即为利息。显然,利息并非资金增值的全部效果,因为经营者也要获取利益。但就资金所有者而言,利息即为他所借贷出的资金的增值。因此我们也可以认为,利息就是资金的时间价值,它是在一定时期内,资金的所有者放弃资金的使用权而得到的补偿或借贷者为获得资金的使用权所付出的代价。

通常情况下,利息的多少用利率来表示。利率是指在一个计息周期内所得的利息额与借贷金额(即本金)之比,一般用百分数表示。它是衡量资金时间价值的相对尺度。

计算利息的时间单位称为计息周期。利率根据计息周期的不同,有日利率、月利率、季利率、半年利率、年利率等。在工程经济分析中,如无特殊说明,一般均指年利率。

1. 单利计息与复利计息

利息的计算,有单利计息和复利计息两种。

单利计息只对本金计算利息,不计算利息的利息,即利息不再生息。单利计算利息的公式为

$$I_n = P \cdot i \cdot n \tag{2.2.1}$$

n 个计息周期后的本利和为

$$F_n = P(1 + i \cdot n) \tag{2.2.2}$$

目前,我国的银行储蓄存款、国库券等的利息都是以单利计算的。

复利计息不仅本金要计算利息,而且先前的利息也要计息,即用本金和前期累计利息总额之和进行计算利息,即"利滚利"。复利计算本利和的公式为

$$F_n = P(1 + i)^n \tag{2.2.3}$$

我国只有基本建设贷款按复利计息,西方国家的存款和贷款都是以日为计息周期计取复利。复利计息比单利计息更能反映资金的时间价值和扩大再生产过程中资金运动的实际情况。因此,在工程经济分析中一般都采用复利计算。

复利计息按计息周期是间断还是连续,又可分为间断复利和连续复利。若计息周期为一定的时间区间(如年、季、月等),为间断复利;若计息周期无限缩短,则为连续复利。从理论上讲,资金是在不停运动着的,每时每刻都通过生产和流通在增值,因而应采用连续复利计息。但是在实际经济活动中,为便于计算,一般都采用较简单的间断复利计息。

2. 名义利率与实际利率

在工程经济分析中,通常采用年利率表示利息的高低,但是在实际经济活动中,利息可以按年计算,也可以按半年、月甚至按日计算。当利率的时间单位与计息期不一致时,就出现了名义利率和实际利率的概念。

所谓名义利率,又称挂名利率、非有效利率,它等于每一计息周期的利率与每年的计息周期数的乘积。

实际利率又称有效利率,是指考虑资金的时间价值,从计息期计算得到的年利率。

例如,某人现在向银行存款 1000 元,定期 1 年,月利率为 6‰,若按单利计算,则 1 年后可获本利和为

$$F = 1000 \times (1 + 12 \times 0.006) = 1072 \text{ (元)}$$

这里,利息周期数为 12。若改为按年计息,要使本利和保持不变,则

$$P(1 + i_{年}) = P(1 + i_{月} \times 12)$$

即

$$i_{年} = 12 \times i_{月} = 7.2\%$$

若按复利计息,则有

$$F = 1000 \times (1 + 0.006)^{12} = 1074.4 \text{ (元)}$$

当改为按年计息时，可得
$$i_{年} = 7.44\%$$

可见，由于计息方式的不同，得到的年利率也不相同。为便于分析，在经济计算中通常把按单利计息所得到的年利率称为名义利率，把按复利计息所得到的年利率称为实际利率。

名义利率与实际利率之间的关系为：设名义利率为 r，一年中计息次数为 m，则一个计息周期的利率应为 r/m，一年后本利和为

$$F = P\left(1 + \frac{r}{m}\right)^m$$

利息为：
$$I = F - P = P\left(1 + \frac{r}{m}\right)^m - P$$

按利率定义得实际利率 i 为：

$$i = \frac{P\left(1 + \frac{r}{m}\right)^m - P}{P} = \left(1 + \frac{r}{m}\right)^m - 1$$

即名义利率与实际利率的换算公式为

$$i = \left(1 + \frac{r}{m}\right)^m - 1 \tag{2.2.4}$$

当 $m = 1$ 时，名义利率等于实际利率；当 $m > 1$ 时，实际利率大于名义利率。

当 $m \to \infty$ 时，即按连续复利计算时，i 与 r 的关系为

$$i = \lim_{m \to \infty}\left[\left(1 + \frac{r}{m}\right)^m - 1\right] = \lim_{m \to \infty}\left[\left(1 + \frac{r}{m}\right)^{\frac{m}{r}}\right]^r - 1 = e^r - 1 \tag{2.2.5}$$

在进行工程方案的比较时，若各方案在一年中计息次数不同，就难以比较各方案的经济效益的优劣，需要将各方案计息的名义利率换算成实际利率，然后进行比较，方能得出正确的结论。

2.2.4 现金流量与现金流量图

1. 现金流量

在工程经济分析中，把某一投资活动作为一个独立系统，在计算期内，把各个时间点上实际发生的资金流出或资金流入称为现金流量。流出系统的资金称为现金流出，流入系统的资金称为现金流入，现金流入与现金流出的代数和称为净现金流量。因此，净现金流量有正有负。正值表示在一定研究周期内的净收入，负值表示在一定研究周期内的净支出。例如，从企业角度对某项工程项目进行经济分析，在其经济寿命年限内，现金流出包括总投资、经营成本（销售成本减去折旧）、上缴税金、利息；现金流入包括销售收入、流动资金回收价值、工程项目的残值（已扣除清理费）。

2. 现金流量图

由于资金具有时间价值，一定量的资金必须赋予相应的时间，才能表达其确切的价值概念。为了便于对工程项目进行经济评价和对多方案进行比较，正确反映项目方案费用、

收益大小和相应发生的时间，引入现金流量图来反映系统活动的全过程。如图 2.2.1 所示。

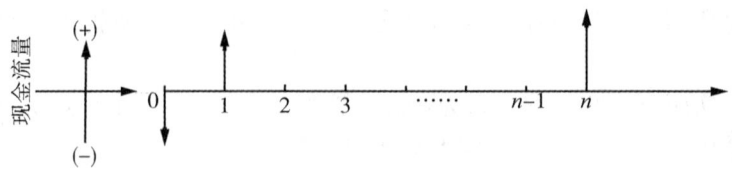

图 2.2.1　现金流量图

图中横坐标表示时间，其时间单位为计息周期，通常用年表示。时点"0"为基期，从 1 到 n 分别代表各计息期的终点。与横轴各时间点相连的垂线代表流入或流出系统的现金流量，正现金流量箭头方向向上，负现金流量箭头方向向下，箭杆长短不需要严格按比例绘制，但在箭头方向上应标明现金流量的数值。为了使问题简化和便于计算，常规定在计息周期内发生的收入和支出，如销售收入、经营成本等均发生在期末，投资发生在期初，残值回收和流动资金回收发生在寿命期末。

3. 资金等值的概念

资金等值是指在考虑资金时间价值的情况下，不同时间点的等量资金的价值并不相等，而不同时间点发生的不等量的资金则可能具有相等的价值。因此，资金等值的概念在工程经济评价中具有十分重要的作用。由这一概念出发，可以把不同时间点的现金流量在保持其经济价值不变的情况下，分别换算成同一时间点的现金流量，进行计算和比较，这一换算过程叫资金等值计算。它为工程经济评价提供了有利的工具和基础。

在资金运动过程中，处于某一时刻的价值，称为资金的时值。计算时值的那个时间的点称为时点。把将来某一时点的资金金额换算成现在时点的等值金额称为折现或贴现，所用的利率称为折现率或贴现率。

发生在（或折算到）某一特定时间序列起点的效益或费用称为现值，用 P 表示。如图 2.2.1 中，各计息期终点的费用或效益都按某一既定的折现率折算到 0 点年末的效益或费用，称为现值。

发生在（或折算到）某一特定时间序列终点的效益或费用，称为终值、将来值或未来值，用 F 表示。如图 2.2.1 中，各计息期终点的费用或效益都按某一既定的折现率计算到 n 年末的效益或费用的复利，称为终值、将来值或未来值。

发生在（或折算到）某一特定时间序列各计息期末（不包括零期）的等额序列，称为等额年金，用 A 表示。

2.2.5　资金时间价值的计算方法

在工程经济分析中，为了考察投资项目的经济效益，必须对项目寿命周期内不同时间点上所发生的全部收益与费用进行计算和分析。不同时间点上发生的收益与费用，在考虑资金时间价值的情况下，不能简单地直接加减，而必须通过等值计算，将它们换算到同一时间点上再进行分析。资金等值计算公式是以复利计算公式为基础的，下面介绍主要计算公式。

2.2.5.1 一次支付类型

一次支付又称整付，是指所分析的系统的现金流量，无论是流入还是流出，均在某一个时点上一次发生。它又包括两个计算公式：

1. 一次支付终值公式

如果有一项资金，按年利率 i 进行投资，按复利计息，问：n 年末其本利和应该是多少？也就是已知 P、i、n，求终值 F。计算公式为

$$F = P(1+i)^n \tag{2.2.6}$$

一次支付终值公式的现金流量图如图 2.2.2 所示。

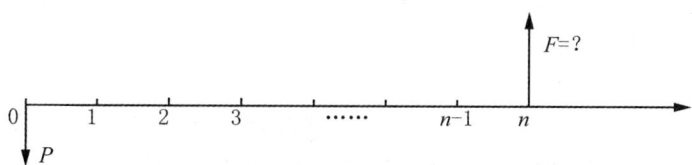

图 2.2.2　一次支付终值公式现金流量图

在式(2.2.6)中，$(1+i)^n$ 称为一次支付终值系数，记为 $(F/P, i, n)$。

这样式(2.2.6) 又可写为

$$F = P(F/P, i, n)$$

【例 2.2.1】假设某企业向银行贷款 100 万元，年利率为 6%，借期 5 年，问：5 年后一次归还银行的本利和是多少？

解：由式(2.2.6) 可得

$$F = P(1+i)^n = 100 \times (1+6\%)^5 = 100 \times 1.338 = 133.8(万元)$$

或　$F = P(F/P, i, n) = 100(F/P, 6\%, 5) = 100 \times 1.338 = 133.8(万元)$

2. 一次支付现值公式

如果我们希望在 n 年后得到一笔资金 F，在年利率为 i 的情况下，问：现在应该投资多少？即已知 F，i，n，求现值 P。其计算公式为

$$P = F(1+i)^{-n} \tag{2.2.7}$$

其现金流量图如图 2.2.3 所示。

在式(2.2.7) 中，$(1+i)^{-n}$ 又称为一次支付现值系数，记为 $(P/F, i, n)$。它与终值系数互为倒数，可通过查表求得。因此公式(2.2.7) 又可写为

$$P = F(P/F, i, n)$$

【例 2.2.2】如果银行利率是 5%，为在 3 年后获得 10000 元存款，问：现在应向银行存入多少元？

解：由公式(2.2.7) 可得

$$P = F(1+i)^{-n} = 10000 \times (1+5\%)^{-3} = 10000 \times 0.8638 = 8638(元)$$

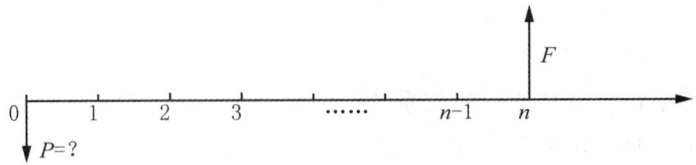

图 2.2.3 一次支付现值公式现金流量

或 $P = F(P/F, i, n) = 10000(P/F, 5\%, 3) = 10000 \times 0.8638 = 8638(元)$

2.2.5.2 等额支付类型

等额支付是指所分析的系统中现金流入与现金流出可在多个时间点上发生,而不是集中在某一个时间点上,即形成一个序列现金流量,并且这个序列现金流量数额的大小是相等的。它包括四个基本公式:

1. 等额支付序列年金终值公式

其含义是:在一个时间序列中,在利率为 i 的情况下连续在每个计息期末支付一笔等额的资金 A,求 n 年后由各年的本利和累积而成的终值 F,即已知 A, i, n, 求 F。类似于我们平常储蓄中的零存整取。其现金流量图如图 2.2.4 所示。

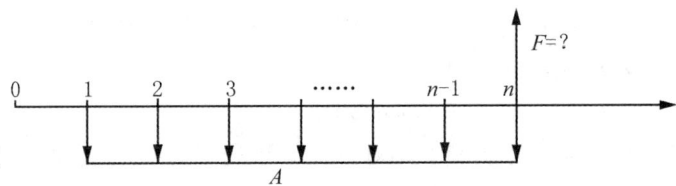

图 2.2.4 等额年金终值公式现金流量图

利用一次支付终值公式推导等额支付终值计算公式,得

$$F = A + A(1 + i) + A(1 + i)^2 + A(1 + i)^3 \cdots + A(1 + i)^{n-1}$$
$$= A[1 + (1 + i) + (1 + i)^2 + (1 + i)^3 + \cdots + (1 + i)^{n-1}]$$

利用等比数列求和公式,得

$$F = A \frac{(1 + i)^n - 1}{i} \tag{2.2.8}$$

式中,$\frac{(1 + i)^n - 1}{i}$ 为年金终值系数,记为 $(F/A, i, n)$。上式又可写为

$$F = A\left(\frac{F}{A}, i, n\right)$$

【例 2.2.3】某校为设立奖学金,每年年末向银行存入 2 万元,假设存款利率为 5%,问:第 5 年末可得到的本利和是多少?

解:由公式(2.2.8)可得

$$F = A\frac{(1+i)^n - 1}{i} = 2 \times \frac{(1+5\%)^5 - 1}{5\%} = 2 \times 5.526 = 11.05(万元)$$

或 $$F = A(F/A, i, n) = 2(F/A, 5\%, 5) = 2 \times 5.526 = 11.05(万元)$$

2. 偿债基金公式

其含义是：为了筹集未来 n 年后需要的一笔偿债资金，在利率为 i 的情况下，求每个计息期末应等额存储的金额，即已知 F, i, n，求 A，类似于我们日常商业活动中的分期付款业务。其现金流量图如图 2.2.5 所示。其计算公式可根据公式(2.2.8) 推导得出，即

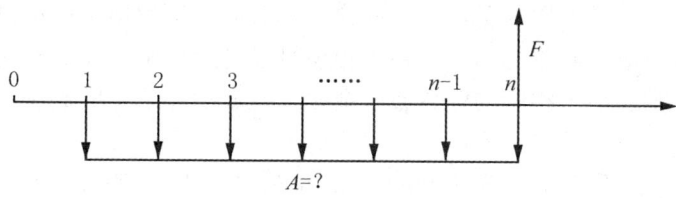

图 2.2.5 偿债基金公式现金流量图

$$A = F\frac{i}{(1+i)^n - 1} \tag{2.2.9}$$

式中，$\frac{i}{(1+i)^n - 1}$ 称为偿债基金系数，记为 $(A/F, i, n)$，它与年金终值系数互为倒数。上式又可写为

$$A = F(A/F, i, n)$$

【例 2.2.4】 如果预计在 5 年后得到一笔 100 万元的资金，在年利率 6% 条件下，问：从现在起每年年末应向银行支付多少资金？

解： 由式(2.2.9) 可得

$$A = F\frac{i}{(1+i)^n - 1} = 100 \times \frac{6\%}{(1+6\%)^5 - 1} = 100 \times 0.17740 = 17.74(万元)$$

或 $A = F(A/F, i, n) = 100(A/F, 6\%, 5) = 100 \times 0.17740 = 17.74(万元)$

3. 资金回收公式

其含义是：期初一次投资数额为 P，欲在 n 年内将投资全部收回，则在利率为 i 的情况下，求每年应等额回收的资金，即已知 P, i, n，求 A。其现金流量图如图2.2.6所示。

资金回收公式可根据偿债基金公式和一次支付终值公式来推导出，即已知 $F = A\frac{(1+i)^n - 1}{i}$，又 $P = F(1+i)^{-n}$，将 F 代入 P 可得

$$A = P\frac{i(1+i)^n}{(1+i)^n - 1} \tag{2.2.10}$$

式中，$\frac{i(1+i)^n}{(1+i)^n - 1}$ 称为资金回收系数，记为 $(A/P, i, n)$。上式又可写为

$$A = P(A/P, i, n)$$

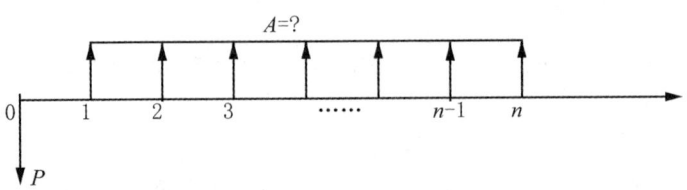

图 2.2.6 资金回收公式现金流量图

资金回收系数是一个重要的系数,它的含义是对应于工程项目的单位初始投资,在项目寿命期内每年至少应该回收的金额。在工程项目经济分析中,如果对应于单位初始投资的每年的实际回收金额小于相应的资金回收金额,就表示在给定的利率 i 的条件下,在项目的寿命期内不可能将全部投资收回。

【例2.2.5】若某工程项目投资 1000 万元,年利率为 8%,预计 5 年内全部收回,问:每年年末等额回收多少资金?

解: 由式(2.2.10)可得

$$A = P \frac{i(1+i)^n}{(1+i)^n - 1} = 1000 \times \frac{8\%(1+8\%)^5}{(1+8\%)^5 - 1} = 1000 \times 0.25046 = 250.46(万元)$$

或

$$A = P(A/P, i, n) = 1000 \times 0.25046 = 250.46(万元)$$

4. 年金现值公式

其含义是:在 n 年内每年等额收支一笔资金 A,则在利率为 i 的情况下,求此等额年金收支的现值总额,即已知 A,i,n,求 P。其现金流量图如图 2.2.7 所示。

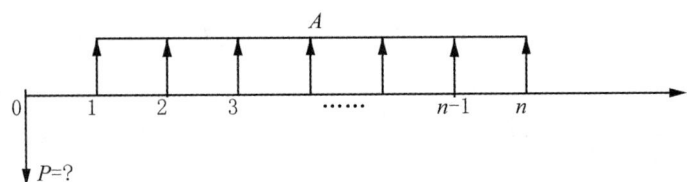

图 2.2.7 年金现值公式现金流量图

其计算公式可由式(2.2.10)直接导出,表示为

$$P = A \frac{(1+i)^n - 1}{i(1+i)^n} \tag{2.2.11}$$

式中,$\frac{(1+i)^n - 1}{i(1+i)^n}$ 称为年金现值系数,它恰好是资金回收系数的倒数,记为 $(P/A, i, n)$。式又可写为

$$P = A(P/A, i, n)$$

【例2.2.6】假定预计在 5 年内,每年年末从银行提取 100 万元,在年利率为 6% 的条件下,问:现在至少应存入银行多少资金?

解：由式(2.2.11)可得

$$P = A\frac{(1+i)^n - 1}{i(1+i)^n} = 100 \times \frac{(1+6\%)^5 - 1}{6\%(1+6\%)^5} = 100 \times 4.212 = 421.2(万元)$$

或　　　$P = A(P/A, i, n) = 100(P/A, 6\%, 5) = 100 \times 4.212 = 421.2(万元)$

2.2.5.3　等差支付类型

在实际工程的经济分析中，有些费用或收益是逐年变化的，例如，机械设备保养维修费可能逐年有所增加，年效益逐年有所递增等，这就形成了等差支付的资金系列。每年的等量变化量，即等量差额用 G 表示。等差序列现金流量如图2.2.8所示。

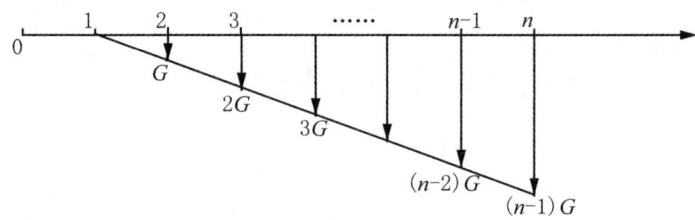

图2.2.8　等差序列现金流量图

1. 等差序列终值计算公式

类似等值终值计算公式推导过程，利用等差数列求和公式，得等差序列终值计算公式为

$$F = \frac{G}{i}\left[\frac{(1+i)^n - 1}{i} - n\right] \tag{2.2.12}$$

2. 等差序列现值公式

由式(2.2.7)和式(2.2.12)，得出等差序列现值公式为

$$P = G \cdot \frac{1}{i}\left[\frac{(1+i)^n - 1}{i(1+i)^n} - \frac{n}{(1+i)^n}\right] \tag{2.2.13}$$

3. 等差序列年值公式为

由式(2.2.10)和式(2.2.13)，得出等差序列年值公式

$$A = G\left[\frac{1}{i} - \frac{n}{(1+i)^n - 1}\right] \tag{2.2.14}$$

2.2.5.4　等比序列支付类型

在某些工程经济分析问题中，其费用常以某一固定百分数 p 逐年增长，如某些设备的动力与材料消耗等。其现金流量图如图2.2.9所示。

1. 等比序列终值公式

如图2.2.9所示，设 $G_1 = 1.0$，假设其以后每期增长的百分率为 p，则有

$$F = n(1+i)^{n-1} = n(1+p)^{n-1} \quad (i = p) \tag{2.2.15}$$

或

$$F = \frac{(1+i)^n - (1+p)^n}{i - p} \quad (i \neq p) \tag{2.2.16}$$

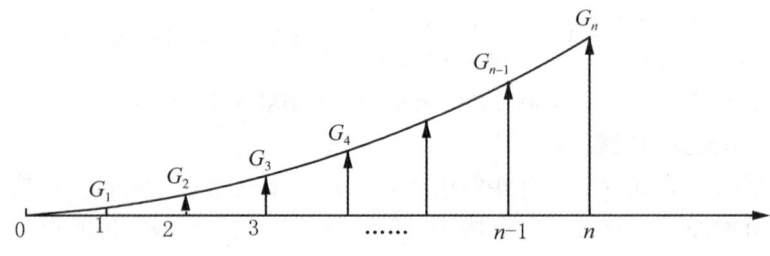

图 2.2.9　等比序列现金流量图

2. 等比序列现值公式

由式(2.2.7)和式(2.2.15)、式(2.2.16),可得

$$P = \frac{n}{1+i} \quad (i=p) \tag{2.2.17}$$

或

$$P = \frac{(1+i)^n - (1+p)^n}{(i-p)(1+i)^n} \quad (i \neq p) \tag{2.2.18}$$

3. 等比序列年值公式

由式(2.2.10)和式(2.2.15)、式(2.2.16),可得

$$A = \frac{ni(1+i)^{n-1}}{(1+i)^n - 1} \quad (i=p) \tag{2.2.19}$$

或

$$A = \frac{i[(1+i)^n - (1+p)^n]}{(i-p)[(1+i)^n - 1]} \quad (i \neq p) \tag{2.2.20}$$

上述等比序列计算公式是在单位资金的条件下推得的,因此上述 6 个公式的右端即为等比序列复利系数因子。当 $G_1 \neq 1$ 时,则以相应的系数因子乘以 G_1 即可求得 F、P 和 A。

2.2.5.5　计息期与支付期相同的计算

1. 计息期为一年的等值计算

计息期为一年时,实际利率与名义利率相同,可利用等值公式直接计算。

2. 计息期小于一年的等值计算

计息期小于一年时,实际利率与名义利率不相同,要先求出计息期的实际利率后,再利用等值公式计算。

【**例 2.2.7**】年利率 12%,每季度计息一次,从现在起每季度末支付 1000 元,问:与其等值的第 3 年年末的将来值为多少?

解:先求出每计息期的实际利率,$i = \frac{12\%}{4} = 3\%$。

$n = 4 \times 3 = 12$,由 $F = A\frac{(1+i)^n - 1}{i}$,得

$$F = 1000 \times \frac{(1+3\%)^{12}-1}{3\%} = 14192(元)$$

2.2.5.6 计息期与支付期不相同的计算

计息期与支付期不相同的计算，通常先转换，使计息期与支付期相同后再利用等值公式进行计算。

1. 计息期短于支付期

【例 2.2.8】 按年利率12%，每季计息一次，从现在起连续3年的等额年末借款为1000元，问：与其等值的第3年年末的借款金额为多少？

解： 先求出支付期的实际利率 $i = \left(1+\dfrac{r}{m}\right)^m - 1 = \left(1+\dfrac{12\%}{4}\right)^4 - 1 = 12.55\%$。

由 $F = A\dfrac{(1+i)^n-1}{i}$，得

$$F = 1000 \times \frac{(1+12.55\%)^3-1}{12.55\%} = 3392(元)$$

2. 计息期长于支付期

计息期长于支付期的等值计算，通常按如下规定进行处理：存款必须存满一个计息期时才计算利息，也就是说，在计息期间存入（或借入）的款项在该期不计算利息，要到下一期才计算利息，因此，计息期间的存款或借款应放在期末，而计息期间的提款（或还款）应放在期初。

【例 2.2.9】 假定有某项财务活动，其现金流量如图 2.2.10 所示，问：按季度计息的等值将来值为多少？（假定年利率为8%）

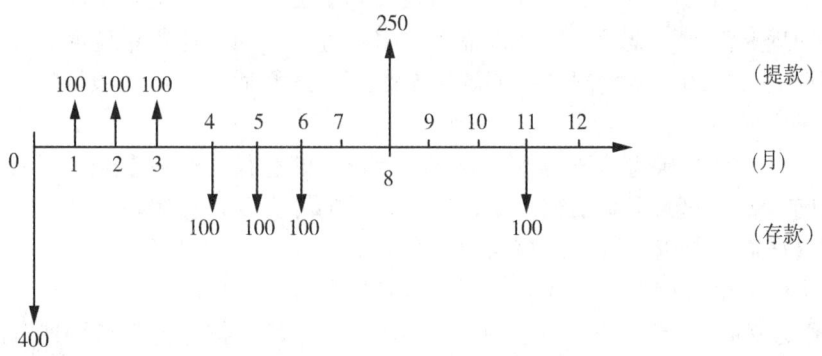

图 2.2.10 现金流量图（单位：元）

解： 按照计算期长于支付期的等值计算处理原则，将图 2.2.10 加以整理，得到等值的现金流量图，如图 2.2.11 所示。

年利率为8%，则 $i_{季} = \dfrac{r}{m} = \dfrac{8\%}{4} = 2\%$。

假定存入为正，取出为负，则按季计息的等值将来值为

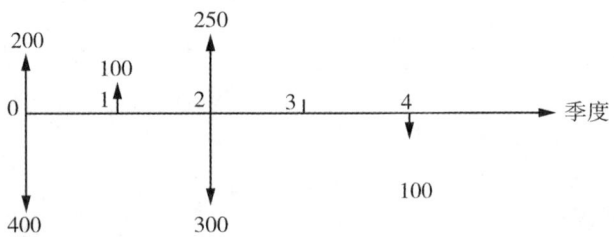

图 2.2.11　按季度计息整理后的现金流量图（单位：元）

$$F = (400 - 200) \times (1 + 2\%)^4 - 100 \times (1 + 2\%)^3 + (300 - 250) \times (1 + 2\%)^2 + 100$$
$$= 262.30(元)$$

即该财务活动完成后，还存有现金 262.30 元。

在建设项目经济评价中，资金筹措和还本付息方案是重要内容，为了科学地决策，必须制定资金偿还方案，供比较和选择，其中，等值概念和计算方法是关键。

2.3　建设项目资金筹措

2.3.1　资金筹措渠道与方式

在项目管理的整个周期中，一个重要的环节就是项目的资金筹措。资金筹措是依据企业生产经营状况及资金现状，根据项目未来发展需要，通过对项目的估算，采用一定的方式，通过一定的渠道，向项目的投资人及债权人筹集资金，组织资金供应，以保证项目资金需要的一项理财活动。显然，资金筹措有很多种方式，项目业主单位或者其上级部门的决策者应当根据项目的具体情况和可能的资金来源，选择适合于自己项目的筹资方式。

1. 资金筹措渠道

资金筹措渠道是指从何处取得资金，即取得资金的途径。企业资金包括自有资金和借入资金，它们有着不同的来源渠道。认识筹资渠道的种类及每种渠道的特点，有利于企业充分利用筹资渠道，以满足资金筹措需要。

概括地讲，资金筹措渠道主要有以下几种：

（1）国家财政资金。国家对企业的投资，历来是国有企业，包括国有独资公司的主要资金来源。国家财政资金具有广阔的源泉和稳固的基础，今后仍然是国有独资和国家控股企业筹集资金的重要渠道。随着国家产业所有制结构调整的深入，国家财政资金将主要用于关乎国计民生和国家安全的项目。

（2）银行信贷资金。银行对企业的各种贷款，是各类企业重要的资金来源。银行一般分为商业银行和政策性银行。商业银行为各类企业提供商业性贷款，政策性银行主要为特定企业提供政策性贷款。银行信贷资金有居民储蓄、单位存款等经常性的资金源泉，贷款方式多种多样，可适应各类企业的多种资金需要。

（3）非银行金融机构资金。非银行金融机构主要有信托投资公司、租赁公司、保险公司、证券公司等。他们有的承销证券，有的融资融物，有的为了一定的目的而集聚资金，可以为一些企业直接提供部分资金或为企业筹资提供服务。这种筹资渠道的财力比银行小，但具有广阔的发展前景。

（4）其他企业资金。企业在其生产经营过程中，往往形成部分暂时闲置资金，同时为了一定的目的也需要相互投资。这便为筹资企业提供了资金来源。

（5）企业自留资金。企业自留资金是在企业内部形成的资金，主要是通过计提折旧、提取公积金和未分配利润而形成的资金。这是企业的"自动化"筹资渠道。

（6）民间资金。企业职工和城乡居民的节余货币可以对企业进行投资，形成民间资金渠道，为企业所利用。在我国民间沉淀着大量资金，随着投资融资体制改革和产业政策、产业结构调整，民间资本渠道会越来越宽。

（7）外商资金。外商资金是外国投资者以及我国香港、澳门和台湾地区投资者投入的资金，是外商投资企业的重要资金来源。

2. 资金筹措方式

资金筹措方式是指如何取得资金，即取得资金的具体方法和形式。认识筹资方式的种类及特点，有利于企业选择适宜的筹资方式和最佳的筹资组合。企业的筹资方式可归纳为以下几种：

（1）吸收直接投资。吸收直接投资是指企业以协议等形式吸收国家、其他企业、个人和外商等直接投入资金，形成企业资金的一种筹资方式。吸收直接投资不以股票为媒介，适用于非股份制企业。它是非股份制企业筹措自有资金的一种基本方式。

吸收直接投资可以有多种类型，企业可根据规定选择采用，筹措所需的自有资金。可以吸收国家直接投资，主要为国家财政拨款，由此形成国家资本金；吸收企业、事业单位等法人的直接投资，由此形成法人资本金；吸收企业内部职工和城乡居民的直接投资，由此形成个人资本金；吸收外国投资者和我国港澳台地区投资者的直接投资，由此形成外商资本金。

（2）发行股票。股票是股份公司为筹措自有资金而发行的有价证券，是公司发给股东作为已投资入股的证书和索取股息的凭证，是可作为买卖对象及质押品的有价证券。它代表股东在公司中拥有的股权。公司股东作为出资人按持有的公司的股份享有出资者的资产受益、公司重大决策和选择管理者的权利，并以其为限对公司承担责任。发行股票是股份公司筹措自有资金的基本方式。

股票按股东的权利和义务分为普通股股票和优先股股票。普通股股票是公司发行的对股东的权利、义务不加特别限制的股票。普通股股票是最基本的股票。优先股股票是公司发行的优先于普通股股东分取股利和剩余财产的股票。

（3）银行借款。银行借款是企业根据借款合同向银行或其他金融机构借入的款项。银行借款按期限分为短期借款和长期借款。短期银行借款指期限在一年以内的借款。我国目前短期借款的用途分为周转借款、临时借款、结算借款、贴现借款等。长期借款是指企业向银行等金融机构以及向其他单位借入的，期限在一年以上的各种借款。按提供的机构，长期借款可分为政策性银行贷款、商业性银行贷款和保险公司贷款。长期银行借款与短期银行借款在借款信用条件方面基本相同。

(4)商业信用。商业信用是指商品交易中以延期付款或预收货款进行购销活动而形成的信用借贷关系。它是企业之间的直接信用行为。企业利用商业信用筹资的具体形式,一般包括应付账款、应付票据、预收账款。应付账款是由赊购商品形成的,这种关系完全由买方的信用来维系,是最典型、最常见的商业信用形式。应付票据可分为带息票据和不带息票据。我国目前实务中,应付票据一般为不带息票据。对于生产周期长、成本售价高的货物,如电梯、房地产等,供货方往往向订货方预收货款,取得一定的短期资金来源。

此外,企业在生产经营活动中往往还形成一些应付费用,如应付水电费、应付工资、应付税金、应付利息等。这些项目的发生受益在先,支付在后,支付期晚于发生期,故为企业形成一种自动性筹资。这些短期筹资项目通常不花费代价。

(5)发行债券。债券是债务人为筹集借入资本而发行的,约定在一定期限内以确定的利率向债权人还本付息的有价证券。发行债券是企业筹集借入资本的重要方式。债券根据发行范围,分为国内(企业)债券、国际债券;根据能否转换为股票,分为纯债券和可转换债券。

(6)租赁筹资。租赁筹资是指出租人作为买受人与出卖人订立买卖合同,购买承租人指定的租赁物,并提供给承租人使用而获得收益的租赁方式,包括融资租赁、经营租赁、服务出租等形式。

融资租赁是租赁筹资的重要形式,它将贷款、贸易和出租三者有机结合在一起,是一种融资与融物相结合的筹资方式。融资租赁有利于及时引进设备,加速技术改造,但融资租赁的成本相对较高。经营租赁是指出租人将自己经营的出租设备进行反复出租,直到设备报废或淘汰为止的租赁业务。服务出租主要用于车辆的租赁,即租赁公司向用户出租车辆时,还提供保养、维修、检车、处理等业务。

3. 筹资类型

筹集资金的方式很多,筹资类型可以按照不同的标准来分类,按照筹资主体不同,可分为企业筹资和项目融资;按照筹资期限的不同,可分为短期筹资和长期筹资,其中短期筹资最常用的方式是商业信用和短期借款,长期筹资方式有长期借款、债券、股票、融资租赁等;按照筹资性质不同,可以分为权益资金筹集、负债资金筹集和混合资金筹集,其中权益资金筹资方式有吸收直接投资、发行普通股、利用留存收益,负债资金筹资方式有向银行借款、发行债券、融资租赁和商业信用等,混合资金筹资方式有发行优先股、发行可转换债券、发行认股权证等;按其是否以金融机构为媒介,可分为直接筹资和间接筹资;按照资金的来源范围不同,可分为内部筹资和外部筹资。

2.3.2 资金成本

在市场经济条件下,企业筹措和使用资金都要付出代价。资金成本就是指企业为筹集和使用资金而付出的代价。资金按照其来源分为自有资金和长期借入资金两种。因此,资金成本由资金筹措成本和资金使用成本两部分组成。资金筹措成本是指在资金筹措过程中支付的各项费用,主要包括:向银行借贷的手续费;发行股票、债券而支付的各项代理发行费用,如印刷费、手续费、公证费、担保费、广告费等。资金筹措成本通常在筹措资金时一次支付,在使用资金过程中不再发生,因此筹资费用可作为筹资金额的一项扣除,一一般属于一次性费用，筹资次数越多，资金筹措成本就越大。资金使用成本又称资金占用费，是企业在投资和经营过程中因获得资金的使用和收益权而付出的费用，主要包括：支付给股东的各种股利、向债权人支付的贷款利息，以及支付给其他债权人的各种利息费用等。资金使用成本是在资金使用过程中发生的，一般与所筹资的多少以及所筹资金的使用时间的长短有关，具有经常性、定期性支付的特征，是资金成本的主要内容。

资金成本也称资本成本，它是在商品经济社会由于资金所有权和资金使用权分离而产生的，是企业理财的一个重要概念，在国际上将其列为一项"财务标准"。资金成本对于企业筹资管理、投资管理，乃至整个经营管理都有重要意义。它是选择资金来源、拟订筹资方案的主要依据，也是评价投资项目可行性的主要经济指标。企业都希望以最小的资金成本获取所需要的资金数额，因此分析资金成本将有助于企业选择筹资方案，确定筹资结构以及最大限度提高筹资的效益。

2.3.2.1 资金成本计算的一般方式

资金成本可用绝对数表示，也可以用相对数表示。为便于分析比较，资金成本一般用相对数表示，即资金使用成本与筹得的资金之比，称之为资金成本率。其一般计算公式为

$$K = \frac{D}{P - F} \tag{2.3.1}$$

或

$$K = \frac{D}{P(1-f)} \tag{2.3.2}$$

式中：K——资金成本率，一般通称为资金成本；

P——筹集资金金额；

D——使用费；

F——筹资费；

f——筹资费费率，即筹资费占筹集资本总额的比率。

2.3.2.2 各种资金来源的资金成本

1. 优先股成本

优先股成本是指公司发行优先股股票筹集资金需支付的发行费用，包括注册费、代销费等。优先股股利通常是固定的，其股息也要定期支付，但它是公司用税后利润来支付的，不会减少公司应上缴的所得税。因此，优先股资金成本率可按照下式来计算：

$$K_P = \frac{D_P}{P_0(1-f)} \tag{2.3.3}$$

或

$$K_P = \frac{P_0 i}{P_0(1-f)} = \frac{i}{1-f} \tag{2.3.4}$$

式中：K_P——优先股成本率；

D_P——优先股每年股息；

P_0——优先股票面值；

i——股息率。

2. 普通股成本

由于普通股的股利往往是不固定的，因此普通股资金成本的方法有股利增长模型法和

资本资产定价模型法。

（1）股利增长模型法。用该法计算普通股成本，一般假定其收益以固定的年增长率递增，则普通股成本的计算公式为

$$K_C = \frac{D_C}{P_C(1-f)} + g = \frac{i_C}{1-f} + g \tag{2.3.5}$$

式中：K_C——普通股成本率；

P_C——普通股票总面值或市场发行总额；

D_C——普通股预计年股利额；

i_c——固定预计年股利率；

g——收益年增长率。

（2）资本资产定价模型法。这是根据投资者对股票的期望收益来确定资金成本的一种方法。在这种前提下，普通股成本的计算公式为

$$K_C = R_F + \beta(R_m - R_F) \tag{2.3.6}$$

式中：R_F——无风险报酬率；

β——股票的贝塔系数；

R_m——平均风险股票必要报酬率。

3. 债券成本

债券的筹资费用即债券发行费用，包括申请发行债券的手续费、债券注册费、印刷费、上市费以及推销费用等。企业发行债券以后，所支付的债券利息列入企业的费用开支，因而使企业少缴一部分所得税。债券成本中的利息虽在所得税前列支，但发行债券的筹资费用一般较高，应予充分考虑。因此，债券成本率可以按照下式计算：

$$K_B = \frac{I(1-T)}{B_0(1-f)} \tag{2.3.7}$$

或

$$K_B = i \times \frac{1-T}{1-f} \tag{2.3.8}$$

式中：K_B——债券成本率；

B_0——债券的票面价值；

I——债券年利息总额；

T——所得税税率；

i——债券年利息利率。

债券的发行价格有等价、溢价、折价三种。债券利息按面额（即本金）和票面利率确定，但债券的筹资额应按具体发行价格计算，以便正确计算债券成本。如果债券是溢价或折价发行，则应该将发行差额按年进行摊销，这时债券成本率计算公式为

$$K_B = \frac{\left[I + (B_0 - B_1) \times \frac{1}{n}\right](1-T)}{B_1 - F} \tag{2.3.9}$$

式中：B_1——发行价；

n——债券的偿还年限；

F —— 发行债券的筹资费。

4. 银行借款

向银行借款,企业所支付的利息和费用一般可作为企业的费用开支,相应减少部分利润,会使企业少缴纳一部分所得税,因而使企业的实际支出相应减少。对每年年末支付利息、贷款期末一次全部还本的借款,其借款成本率计算公式为

$$K_g = \frac{I(1-T)}{G-F} = i \times \frac{1-T}{1-f} \qquad (2.3.10)$$

式中:K_g—— 借款成本率;
G—— 贷款总额;
I—— 贷款年利息;
i—— 贷款年利率;
F—— 贷款费用。

5. 租赁成本

企业租入某项资产获得其使用权,需要定期支付租金,租金可列入企业成本,减少应付所得税。因此,其租金成本率计算公式为

$$K_L = \frac{E}{P_L}(1-T) \qquad (2.3.11)$$

式中:K_L—— 租赁成本率;
P_L—— 租赁资产价值;
E—— 年租金额。

6. 保留盈余成本

保留盈余又称为留存收益,其所有权属于股东,是企业资金的一种重要来源。公司的留用利润是由公司税后净利形成的,从表面上看,公司使用留用利润似乎不花费什么成本,而实际上,股东愿意将其留用于公司而不作为股利取出投资于别处,总是要求与普通股等价的报酬。因此,留用利润也有成本,不过是一种机会成本。留用利润成本的确定方法与普通股成本基本相同,只是不考虑筹资费用。其计算公式为

$$K_R = \frac{D_1}{P_0} + g = i + g \qquad (2.3.12)$$

式中:K_R—— 保留盈余成本率。

2.3.2.3 资本结构分析与决策

项目从不同来源取得的资金,其成本各不相同。由于种种条件的制约,项目不可能只从某种资金成本较低的来源筹集资金,而是各种筹资方式有机组合。

资本结构是指企业各种资本的构成及其比例关系。广义的资本结构是指企业全部资金的来源构成,狭义的资本结构是指企业长期资本的构成及其比例关系,尤其是指长期权益资本与债务资本的构成及其比例关系。在狭义资本结构下,短期债务资本是作为营运资金来管理的。

资本结构优化就是通过合理选择资金来源和数量而达到增加收益和弱化风险的目的。实质上就是选择最佳资本结构,在这种资本结构下,财务杠杆的有利效应和不利效应在一

定条件下取得合理平衡。最佳资本结构指企业在一定时期内，使加权平均资本成本最低、企业价值最大的资本结构。

资本结构决策有不同的方法，常用的有资金成本比较法和每股收益无差别点法。

1. **资金成本比较法**

资金成本比较法是指在适度财务风险的条件下，测算可供选择的不同资本结构或筹资组合方案的综合资本成本率，并以此为标准相互比较确定最佳资本结构的方法。

综合资金成本计算公式为

$$K = \sum \omega_i \times K_i \tag{2.3.13}$$

式中：K——平均资金成本率；

　　　ω_i——第 i 种资金来源占全部资产的比重；

　　　K_i——第 i 种资金来源的资金成本率。

在实际计算平均资金成本时，可分为三个步骤进行：第一步，先计算个别资金成本；第二步，计算各资金来源在全部资产的比重；第三步，利用上述公式计算出综合资金成本。

在市场经济条件下，只有在投资项目的资金利润率高于其资金成本率时，项目才具有投资的价值。因此，在进行筹资方案的选择时，应将不同方案的平均资金成本率进行比较，在满足企业生产经营对资金需要的前提下，力求综合资金成本达到最低水平。

项目有时会因故需要追加筹措新资，也就是追加融资。因追加融资以及融资环境的改变，项目原有的最佳资本结构需要进行调整，在不断变化中寻求新的最佳资本结构，实现资本结构的最优化。选择追加融资方案可用两种方法：一种是直接测算各备选方案追加融资方案的边际资金成本率，从中比较选择最佳融资组合方案；另一种是分别将各备选追加融资方案与原有的最佳资本结构汇总，测算比较各个追加融资方案下汇总资金结构的加权资金成本率，从中选择最佳融资方案。

2. **每股收益无差别点法**

每股收益无差别点法是利用净资产收益率或普通股每股收益无差别点来进行资本结构决策的方法。所谓净资产收益率或普通股每股利润无差别点，是指两种或两种以上筹资方案下净资产收益率或普通股每股利润相等时的息税前利润点，亦称息税前利润平衡点，有时亦称筹资无差别点。其计算公式为

$$\text{EPS} = \frac{(\text{EBIT} - I)(1 - T)}{N} \tag{2.3.14}$$

$$\frac{(\text{EBIT}_0 - I_1)(1 - T) - D_{P_1}}{N_1} = \frac{(\text{EBIT}_0 - I_2)(1 - T) - D_{P_2}}{N_2} \tag{2.3.15}$$

式中：EPS——普通股每股利润；

　　　EBIT_0——每股收益无差别点的息税前利润；

　　　I——债务利息；

　　　T——所得税率；

　　　D_P——优先股年股利；

N—— 普通股股数；

下角标"1""2"表示两个方案。

项目融资是一种以项目的未来收益和资产作为偿还贷款的资金来源和安全保障的融资方式。一般为无追索权的项目融资，也称为纯粹的项目融资，在这种融资方式下，贷款的还本付息完全依靠项目本身的经营效益。同时，贷款银行为保障自身的利益必须从该项目拥有的资产中取得物权担保。如果该项目由于种种原因未能建成或经营失败，其资产或收益不足以清偿全部的贷款，则贷款银行无权向该项目的主办人追索。因此，利用项目融资，项目本身必须有比较稳定的现金流量和较强的盈利能力。依据式(2.3.15)计算出不同融资方案间的无差别点后，通过比较相同息税前利润情况下的每股利润值大小，分析各种每股利润值与临界点之间的距离及其发生的可能性，来选择最佳的融资方案。这种方法既适用于既有法人项目融资决策，也适用于新设法人项目融资决策。对于既有法人项目融资，应结合公司整体的收益状况和资金结构，分析何种融资方案能够使每股利润最大；对于新设法人项目，可以直接分析不同融资方案对每股利润的影响，从而选择适合的资金结构。

2.4 案例分析

2.4.1 案例一

某建设项目建设期 2 年，运营期 6 年。

(1)项目建设投资 2400 万元，第 1 年投资 1400 万元，全部为自有资金，第 2 年投资 1000 万元，为银行贷款，贷款年利率为 6%，贷款偿还方式为：第 3 年不还本付息，以第 3 年年末的本息和为基准，从第 4 年开始，分 4 年等额还本利息照付方式偿还。

(2)项目建设投资中预计形成无形资产 420 万元，其余形成固定资产。固定资产使用年限为 10 年，预计净残值率为 5%，按直线法折旧。无形资产在运营期 6 年中均匀摊入成本。

(3)建设项目达到设计能力后，全厂定员为 500 人，工资和福利费按照每人每年 2 万元估算。每年其他费用为 160 万元(其中：其他制造费用为 100 万元)。年外购原材料、燃料、动力费用估算为 2700 万元。年均经营成本为 1700 万元，年营业费用为 300 万元，年修理费占年均经营成本 10%，预付账款 126.1 万元。各项流动资金最低周转天数分别为：应收账款为 30 天，现金为 40 天，各项存货均为 40 天，应付账款为 30 天。

(4)项目流动资金投资全部为自有资金。

(5)项目第 3 年的总成本费用为 1500 万元，第 4 年至第 8 年的总成本费用均为 2000 万元。

问题：

(1)用分项详细估算法估算项目的流动资金。

(2)计算项目各年的建设投资贷款还本付息额，并编制还本付息表。

(3)计算各年固定资产折旧额、无形资产摊销额和经营成本。

解：（1）用分项详细估算法估算项目的流动资金。

存货＝外购原材料、燃料＋其他材料＋在产品＋产成品

外购原料、燃料＝年外购原料、燃料费÷分项周转次数＝2700÷（360÷40）＝300（万元）

在产品＝（年外购原料燃料动力费＋年工资及福利费＋年修理费＋年其他制造费用）÷在产品周转次数＝（2700＋2×500＋2400×10%＋100）÷（360÷40）＝448.89（万元）

产成品＝（年经营成本－年营业费用）÷产成品周转次数＝（1700－300）÷（360÷40）＝155.56（万元）

应收账款＝年经营成本÷应收账款周转次数＝1700÷（360÷30）＝141.67（万元）

预付账款＝外购商品或服务年费用金额÷预付账款周转次数＝126.10（万元）

现金＝（年工资福利费＋年其他费用）÷现金周转次数＝（2×500＋160）÷（360÷40）＝128.89（万元）

应付账款＝外购原料、燃料动力及其他材料年费用÷应付账款周转次数＝2700÷（360÷30）＝225（万元）

预收账款＝预收的营业收入年金额÷预收账款周转次数流动资金＝流动资产－流动负债＝300＋448.89＋155.56＋141.67＋126.1＋128.89－225＝1076.11（万元）

（2）计算各年的建设投资贷款还本付息额，并编制还本付息表。

第2年贷款利息＝（1000/2）×6%＝30（万元）

第3年累计借款＝1000＋30＝1030（万元）

第3年应计利息为＝1030×6%＝61.8（万元）

第4～7年每年还本金＝（1030＋61.8）/4＝272.95（万元）

计算结果填入表2.4.1。

表2.4.1　　　　　　　　　　项目建设投资贷款还付息表　　　　　　　　　　（单位：万元）

序号	名称	2	3	4	5	6	7
1	年初累计借款		1030	1091.8	818.85	545.9	272.95
2	本年新增借款	1000					
3	本年应计利息	30	61.8	65.508	49.131	32.754	16.377
4	本年应还本金			272.95	272.95	272.95	272.95
5	本年应付利息			65.508	49.131	32.754	16.377

（3）计算各年固定资产折旧额、无形资产摊销额和经营成本。

项目建设投资＋建设期利息＝2400＋30＝2430（万元）

固定资产原值＝2430－420＝2010（万元）

固定资产年折旧额＝2010（1－5%）÷10＝190.95（万元）

无形资产年摊销额＝420÷6＝70（万元）

项目投资总额＝项目建设投资＋建设期利息＋项目流动资金
　　　　　　＝2430＋1076.11＝3506.11（万元）

其中，自有资金=1400+1076.11=2476.11(万元)
年经营成本=总成本费用-折旧费-摊销费-利息费用，见表2.4.2。

表2.4.2　　　　　　　　　　项目年经营成本计算表　　　　　　　　（单位：万元）

序号	项目	3	4	5	6	7	8
1	总成本费用	1500	2000	2000	2000	2000	2000
2	折旧费	190.95	190.95	190.95	190.95	190.95	190.95
3	摊销费	70	70	70	70	70	70
4	建设投资贷款利息	61.8	65.508	49.131	32.754	16.377	
5	经营成本	1177.25	1673.542	1698.919	1706.296	1722.673	1739.05

2.4.2　案例二[①]

某城市拟建设一条免费通行的道路工程，与项目相关的信息如下：

(1)根据项目的设计方案及投资估算，该项目建设投资为100000万元，建设期2年，建设投资全部形成固定资产。

(2)该项目拟采用PPP模式投资建设，政府与社会资本出资人合作成立了项目公司。项目资本金为项目建设投资的30%，其中，社会资本出资人出资90%，占项目公司股权90%；政府出资10%，占项目公司股权10%。政府不承担项目公司亏损，不参与项目公司利润分配。

(3)除项目资本金外的项目建设投资由项目公司贷款，贷款年利率为6%(按年计息)，贷款合同约定的还款方式为项目投入使用后10年内等额还本付息。项目资本金和贷款均在建设期内均衡投入。

(4)该项目投入使用(通车)后，前10年年均支出费用2500万元，后10年年均支出费用4000万元。用于项目公司经营，项目维护和修理。道路两侧的广告收益权归项目公司所有，预计广告业务收入每年为800万元。

(5)固定资产采用直线法折旧；项目公司适用的企业所得税税率为25%；为简化计算，不考虑销售环节相关税费。

(6)PPP项目合同约定，项目投入使用(通车)后连续20年内，在达到项目运营绩效的前提下，政府每年给项目公司等额支付一定的金额作为项目公司的投资回报，项目通车20年后，项目公司需将该道路无偿移交给政府。

问题：

(1)列式计算项目建设期贷款利息和固定资产投资额。

(2)列式计算项目投入使用第1年项目公司应偿还银行的本金和利息。

(3)列式计算项目投入使用第1年的总成本费用。

---

① 2017年全国造价工程师执业资格考试试题一。

(4) 项目投入使用第 1 年,政府给予项目公司的款项至少达到多少万元时,项目公司才能除广告收益外不依赖其他资金来源,仍满足项目运营和还款要求?

(5) 若社会资本出资人对社会资本的资本金净利润率的最低要求为:以贷款偿还完成后的正常年份的数据计算不低于 12%,则社会资本出资人能接受的政府各年应支付给项目公司的资金额最少应为多少万元?

(计算结果保留两位小数)

解: (1) 列式计算项目建设期贷款利息和固定资产投资额。

项目建设期贷款总额:100000×70%=70000(万元)

第 1 年建设期贷款利息=70000×50%×1/2×6%=1050(万元)

第 2 年建设期贷款利息=(70000×50%+1050+70000×50%×1/2)×6%=3213(万元)

建设期贷款利息=1050+3213=4263.00(万元)

固定资产投资额=100000+4263=104263.00(万元)

(2) 列式计算项目投入使用第 1 年项目公司应偿还银行的本金和利息。

项目投入使用第 1 年项目公司应偿还银行的本利和=(70000+4263)(A/P,6%,10)
$$=10089.96(万元)$$

项目投入使用第 1 年项目公司应偿还银行的利息=(70000+4263)×6%
$$=4455.78(万元)$$

项目投入使用第 1 年项目公司应偿还银行的本金=10089.85−4455.78
$$=5634.18(万元)$$

(3) 列式计算项目投入使用第 1 年的总成本费用。

政府出资=100000×30%×10%=3000.00(万元)

固定资产折旧费=(104263−3000)/20=5063.15(万元)

总成本费用=经营成本+折旧+摊销+利息+维持运营投资
$$=2500+5063.15+4455.78=12018.93(万元)$$

(4) 项目投入使用第 1 年,政府给予项目公司的款项至少达到多少万元时,项目公司才能除广告收益外不依赖其他资金来源,仍满足项目运营和还款要求?

设政府给予的补贴应至少为 X 万元。

净利润 = $(800 + X − 12018.93) × (1 − 25\%)$

净利润 + 折旧 + 摊销 ≥ 该年应偿还的本金

$(800 + X − 12018.93) × (1 − 25\%) + 5063.15 ≥ 5634.18$

计算得 $X ≥ 11980.30$(万元)

项目投入使用第 1 年,政府给予项目公司的款项至少达到 11980.30 万元时,项目公司才能除广告收益外不依赖其他资金来源,仍满足项目运营和还款要求。

(5) 若社会资本出资人对社会资本的资本金净利润率的最低要求为:以贷款偿还完成后的正常年份的数据计算不低于 12%,则社会资本出资人能接受的政府各年应支付给项目公司的资金额最少应为多少万元?

假设政府各年应支付的金额为 Y(万元)。

正常年份的每年总成本费用 = 4000 + 5063.15 = 9063.15(万元)

正常年份的净利润 = [(800 + Y) − 9063.15] × (1 − 25%)
社会资本的资本金 = 100000 × 30% × 90% = 27000(万元)
社会资本的资本金净利润率 = 正常年份的净利润／社会资本的资本金 × 100%
$$= [(800 + Y) − 9063.15] × (1 − 25\%)/27000 × 100\% = 12\%$$
故 Y = 12583.15(万元)

社会资本出资人能接受的政府各年应支付给项目公司的资金额最少应为 12583.15 万元。

习 题

一、问答题

1. 简述建设项目投资费用构成。
2. 简述固定资产、流动资产、无形资产及递延资产的概念。
3. 简述工程经济中有关成本的概念。
4. 简述静态投资估算常用方法有几种，各有何特点。
5. 简述动态投资估算的特点。
6. 简述流动资金估算方法。
7. 简述建筑产品要素成本包含的内容。
8. 简述资金筹措渠道及方式有哪些。

二、计算题

1. 某套装置投资为 12 万元，前 3 年每年保养费为 1 万元，以后每年均为 1.5 万元，每年还需付出工资 2 万元，第 10 年累计收益为 40 万元。画出资金流量图。
2. 名义利率为 12%，每月计息 1 次，求其实际利率。
3. 如果实际利率为 12%，每年计息 4 次，求其名义利率。
4. 甲银行利率为 16%，1 年计息 1 次；乙银行利率为 15%，但每月计息 1 次，假定存款时间相同，问：哪个银行利息高？各为多少？
5. 某企业获得 10000 元贷款，偿还期为 5 年，按照 10% 的年利率计息，有四种还款方式：

(1) 每年年末还 2000 元本金和所欠利息；
(2) 每年年末只付所欠利息，本金到第 5 年末一次还清；
(3) 在 4 年中每年年末还相等的款额；
(4) 在第 4 年一次付还全部本金和利息。

分别计算每年利息、到期前欠、到期偿付、每年到期尚欠及 5 年总付款额。

6. 某化工厂从银行贷款 1200 万元，每年可以偿还 250 万元，在 6% 的利率下，问：大约需要多少年才能还清？
7. 某种机器现值为 60000 元，估计可用 6 年，若残值不计，每年开支包括保险、保养、燃料及润滑等费用，第 1 年需 19000 元，以后每年递增 200 元，按年利率 12% 计算，问：其现值为多少？

8. 若某企业设备的维修费第 1 年末为 10000 元,此后 5 年内,逐年增加 6%,又假定该企业资金的贴现率为 10%,问:该等比序列的现值、终值和等额年金各为多少?

三、案例分析①

某企业拟新建一工业产品生产线,采用同等生产规模的标准化设计资料,项目可行性研究相关基础数据如下:

1. 按现行价格计算的该项目生产线设备购置费为 720 万元,当地已建同类同等生产规模生产线项目的建筑工程费用、生产线设备安装工程费用、其他辅助设备购置及安装费用占生产线设备购置费的比重分别为 70%、20%、15%。根据市场调查,现行生产线设备购置费较已建项目有 10% 的下降,建筑工程费用、生产线设备安装工程费用较已建项目有 20% 的上涨,其他辅助设备购置及安装费用无变化。拟建项目的其他相关费用为 500 万元(含预备费)。

2. 项目建设期 1 年,运营期 10 年,建设投资(不含可抵扣进项税)全部开成固定资产。固定资产使用年限为 10 年,残值率为 5%,折线法折旧。

3. 项目投产当年需要投入运营期流动资金 200 万元。

4. 项目运营期达产年份不含税销售收入为 1200 万元,适用的增值税税率为 16%,增值税附加按增值税的 10% 计取。项目达产年份的经营成本为 760 万元(含进项税 60 万元)。

5. 运营期第 1 年达到产能的 80%,销售收入、经营成本(含进项税)均按达产年份的 80% 计。第 2 年及以后年份为达产年份。

6. 企业适用的所得税税率为 25%,行业平均投资收益率为 8%。

问题:

1. 列式计算拟建项目的建设投资。

2. 若该项目的建设投资为 2200 万元(包含可抵扣进项税 200 万元),建设投资在建设期均衡投入。

(1) 列式计算运营期第 1 年、第 2 年的应纳增值税额。

(2) 列式计算运营期第 1 年、第 2 年的调整所得税。

(计算结果保留两位小数)

---

① 2018 年全国造价工程师执业资格考试试题一。

第3章 建设项目经济评价

3.1 概 述

3.1.1 建设项目投资经济效果的基本概念

3.1.1.1 经济效果

人类所从事的任何社会经济活动都有一定的目的性，而且都可以获取一定的效果，这些效果称为该项活动的劳动成果，如各种产品、服务等。但是，要取得这些劳动成果必然要付出一定的代价，即必须投入一定数量的物化劳动（生产过程中消耗的生产资料）和活劳动（生产过程中劳动者体力和脑力的直接耗费），付出的代价通常称为劳动消耗。

所谓经济效果，是指人们在工程建设领域中的劳动成果与劳动消耗的比较。这种比较可以用比率法、差值法或差值-比率法三种方法表示。

1. 比率法

用比率法表示经济效果，就是用比值的大小来反映经济效果的高低，其数学表达式为

$$E = \frac{B}{C} \tag{3.1.1}$$

式中：E——经济效果；
B——劳动成果；
C——劳动消耗。

式(3.1.1)实际上是单位投入产出比，其比值越大越好。投入产出比可以用四种形式表示：① 劳动成果和劳动消耗均以价值形态表示，如劳动成果可以用国民生产总值、国内生产总值、销售收入、利润总额等指标表示，劳动消耗可以用固定资产投资、总成本、工资总额等指标表示；② 劳动成果以价值形态表示，劳动消耗以实物形态表示；③ 劳动成果与劳动消耗均以实物形态表示；④ 劳动成果以实物表示，劳动消耗以价值表示。

2. 差值法

差值法是以减法的形式表示经济效果的大小，其数学表达式为

$$E = B - C \tag{3.1.2}$$

在差值法中，无论是劳动成果还是劳动消耗，都必须用价值的形式表示，劳动成果用财政收入、销售收入等价值形态表示；劳动消耗用财政支出、成本支出等价值形态表示。计算出来的收支差额用纯收入、利润等价值形态表示，要求 $E \geq 0$，而且差额越大越好。

3. 差值-比率法

除比率法和差值法两种表示方法外，还可以将两者结合起来表示经济效果，即

$$E = \frac{B-C}{C} \qquad (3.1.3)$$

式(3.1.3)反映单位消耗所创造的净收益，如每百元固定资产创造的利润等。这种表示方法综合了比率法和差值法的优点，其应用也非常广泛。

经济效果按照效果性质的不同，可分为两大类，即生产活动领域的经济效果和非生产活动领域的经济效果；按生产和非生产领域中的不同部门，又可分为农业经济效果、冶金工业经济效果、建筑业经济效果、化学工业经济效果、邮电业经济效果、教育经济效果等；按其评价的立足点不同，还可分为全国、地区、部门、企业、车间等各种不同的经济效果。

3.1.1.2 建设项目投资经济效果

建设项目投资经济效果主要指建设项目投资与形成的固定资产、生产能力、经济效益及社会效益等。它不仅反映在建设项目建设过程中，而且反映在投产后的生产(使用)过程中。因此，建设项目投资经济效果具有两重含义：一是表现在价值成果上，即形成固定资产和生产能力；二是表现在使用价值成果上，即项目建成后所产生的经济效益与社会效益。建设项目投资不是单纯为了形成固定资产和生产能力，所以，应把这两个方面的效果结合起来对建设项目投资经济效果进行评价。

建设项目投资经济效果包含的因素主要有：① 个别建设项目的投资经济效果和整个国民经济的投资经济效果，即包括微观经济效果和宏观经济效果；② 建设项目投资经济效果要统一考虑建设过程中和投产使用后两方面的效果，尤其是后者，所以建设项目投资经济效果包括近期效果与远期效果两个方面；③ 建设项目投资经济效果不是用某一单个方面指标就能反映整个项目的效果的，即这种经济效果不仅反映在工程造价上，而且还反映在工程质量、建设速度上，因此它是一个综合的、全面的经济效果。

建设项目投资经济效果，既包含可以计量的因素，也包含不可计量的因素。对整个社会来说，建设项目投资经济效果所包含的各种因素，不是完全可以直接地用实物或货币来表示的，有的因素很难用数字来计量其经济效果。所以，评价建设项目投资经济效果时，不仅要考虑可以计量的经济效果，还要考虑那些不能直接计量的经济效果。

3.1.1.3 经济效益

效果指某种活动产生的结果，可称为凝固的效率。经济效果反映劳动消耗转化为劳动成果的程度，实际上是人们从事经济活动的一种必然结果。这种结果可能符合社会需要，也可能不符合社会需要。

效益则是指有益的效果，即社会需要或为社会所接受的成果。经济效益反映劳动消耗转化为有用或有效的劳动成果的程度，即

$$经济效益 = \frac{有用的劳动成果}{劳动消耗} \qquad (3.1.4)$$

讲求经济效益，就是要以尽量少的活劳动消耗和物化劳动消耗，生产出更多符合社会需要的产品。在社会主义市场经济中，就是生产出更多为市场或用户所接受的产品。作为

建设项目投资来说，经济效益就是指投资建设的项目，是发展国民经济和改善人民生活所需要的，也是符合市场需求的，所付出的投资是节约的。

经济效果与经济效益是两个既有联系又有区别的不同概念，不应该将其等同起来。但由于技术经济评价的预测性，这二者在许多场合往往是通用的。例如，在评价某项拟建建设项目的经济效益时，是假定它的产品适销对路，其全部劳动成果都是有效的。在这样的情况下，经济效益和经济效果便没有区别。以后若无特别说明，就认为这两个术语可以通用。

3.1.2 建设项目经济评价

1. 建设项目经济评价的概念

建设项目经济评价是在完成市场需求预测、厂址选择、工艺技术方案选择等可行性研究的基础上，对拟建项目投入产出的各种经济因素进行调查、研究、预测、计算及论证，运用定量分析与定性分析相结合、动态分析与静态分析相结合、宏观效益分析与微观效益分析相结合的方法，比选推荐最佳方案。

建设项目经济评价源于西方国家。我国从20世纪80年代初期开始对建设项目经济评价的理论和方法进行研究，各行业及建设银行、投资银行都先后制定了各自的评价方法，如《关于建设项目经济工作的若干规定》《建设项目经济评价方法》《中外合资经营项目经济评价方法》和《建设项目经济评价参数》等。建设项目经济评价已作为基本建设程序中的一个重要环节。

建设项目经济评价分两个层次，即财务评价和国民经济评价。财务评价是在国家现行财税制度和价格体系的前提下，从项目的角度出发，计算项目范围内的财务效益和费用、分析项目的盈利能力和清偿能力，评价项目在财务上的可行性，属于微观经济效果评价。国民经济评价是在合理配置社会资源的前提下，从国家经济整体利益的角度出发，计算项目对国民经济的贡献，分析项目的经济效率、效果和对社会的影响，评价项目在宏观经济上的合理性。对于大中型工业项目，一般都要进行两种评价；对于费用效益计算比较简单、建设期和运营期比较短、不涉及进出口平衡等一般项目，如果财务评价的结果能够满足最终投资决策需要，也可不进行国民经济评价。

财务评价和国民经济评价都可行的项目可以通过，反之应予否定。国民经济评价结论不可行的项目，一般应予否定。对某些国计民生急需的项目，如国民经济评价结论好，但财务评价不可行，可考虑放宽条件和补贴等优惠政策，使财务评价得到可行。

国民经济评价和财务评价是相互联系的，既有相同之处，又有不同之处。对于大中型工业项目，一般都要进行两种评价，相辅相成，缺一不可。

两种评价的相同之处为：① 总目标都是使项目以最小的费用取得最大的效益，即使项目净效益最大；② 基本分析方法都是采用现金流量分析方法求出内部收益率、净现值等评价指标，以考查项目可行性；③ 依据的基础经济数据有许多是相同的，如产品销售收入、固定资产投资、流动资金、经营成本等。

两种评价的主要区别为：① 评价角度不同。财务评价从项目角度考查货币收支和盈利状况及借款偿还能力，以确定项目本身的财务可行性。国民经济评价是从国家整体角度考查项目的国民经济净效益,以考查项目的经济合理性。② 效益与费用的含义及划分范围不同。财务评价是根据项目的实际收支来确定项目的效益和费用,补贴计为效益,税金和利息计为费用。国民经济评价是着眼于项目对社会提供的有用产品和服务及项目所耗费的全社会有用资源,来考查项目的效益和费用,故补贴不计为项目效益,税金和国内借款利息均不计为项目的费用。另外,财务评价只计算项目的直接效益和直接费用,国民经济评价除计算项目直接效益和直接费用外,还要考查分析间接效益和间接费用。③ 评价采用的价格不同。财务评价对投入物和产出物采用财务价格,国民经济评价采用比较能反映投入物和产出物真实价值的影子价格。影子价格是根据机会成本和消费者支付意愿来确定的。④ 评价依据的主要参数和判据不同。财务评价依据的是官方汇率,并以行业基准收益率作为主要判据。国民经济评价依据的是影子汇率,以社会折现率作为主要判据。

2. 建设项目经济评价的步骤

建设项目经济评价的主要步骤为:

(1)收集整理基础经济数据并填列辅助报表。要收集整理的主要经济数据有:① 项目总投资、分年投资使用计划和资金筹措来源,递延资产和无形资产以及它们的分年摊销额;② 项目投产后年生产成本;③ 项目投产后的年销售量和年销售收入;④ 项目投产后年税金;⑤ 项目投产后利润分配和偿还贷款计划,等等。这些数据有的来自市场预测,有的来自估算,有的根据现行财税制度和国家公布的有关参数进行计算。基础经济数据用辅助报表填列。

(2)编制相关评价基本报表。评价的基本报表包括国民经济评价和财务评价的报表。

(3)进行财务评价和国民经济评价。具体工作是计算每项评价指标,并进行投资风险分析(不确定性分析)。

(4)提出综合分析评价意见。具体工作是根据财务评价和国民经济评价的结果,综合分析项目经济效果,作出项目是否可行的结论。

3. 经济效果评价的原则

对建设项目的经济效果评价,一般应遵守以下原则:

(1)建设项目的经济评价要体现严肃性、科学性、真实性和现实性,实事求是地反映基本建设的客观情况。

(2)建设项目的经济评价必须符合国家的经济建设的方针、政策,严格执行国家制定的各项技术经济政策和有关经济工作的各项规章制度和规定。

(3)宏观经济效益分析与微观经济效益分析相结合,以宏观经济效益分析为主。宏观经济效益是指从国家整体利益出发考察技术方案的经济效果,微观经济效益则是从项目或企业本身利益的角度出发考察技术方案的经济效果。在多数情况下,二者是统一的,因为局部利益是全局利益的基础,全局包含局部,但有时也有矛盾。对项目进行经济评价,不仅要看项目本身获利多少,有无财务生存能力,还要考察项目的建设和经营对国民经济有多大贡献,以及需要国民经济付出多大代价。现行项目经济评价方法规定,财务评价与国民经济评价结论均可行的项目才予以通过。如果财务评价结论可行,国民经济评价结论不可行,则应予以否定。如果财务评价结论不可行,但国民经济评价结论可行,则可进行"再设计",必要时可提出采取经济优惠措施的建议(如减免税收等),使财务评价结论也可行。这就体现了宏观经济效益分析与微观经济效益分析相结合，宏观经济效益分析为主的原则。

（4）动态分析与静态分析相结合，以动态分析为主。传统的评价方法是以静态分析为主，不考虑投入-产出资金的时间价值，其评价指标很难反映未来时期的变动情况。应该强调，考虑资金时间因素，进行动态的价值判断，即将项目建设和生产不同时间段上资金的流入、流出折算成同一时点的价值，变成可加性函数，从而为不同项目或方案的比较提供同等的基础，这对于提高决策的科学性和准确性有重要的作用。

（5）定量分析与定性分析相结合，以定量分析为主。经济评价的基本要求是通过效益-费用的计算，对项目建设和生产过程中诸多经济因素给出明确、综合的数量概念，从而运行经济分析和比较。现行项目经济评价方法采用的评价指标力求能正确反映项目效益和费用之间的关系，尽可能对项目或方案的优劣给出明确的数量结论，但是一个复杂的项目总是会有一些经济因素不能量化，不能直接进行数量分析，对此则应实事求是地进行准确的定性描述。

（6）价值量分析与实物量分析相结合，以价值量分析为主。不论是财务评价还是国民经济评价，都要设立若干实物指标和价值指标。在市场经济条件下，应把投资、劳动力、信息、资源和时间等因素都量化为用货币表示的价值因素，对任何项目或方案都用具备可比性的价值量去分析，以便于项目或方案的取舍和判别。

（7）全过程效益分析与阶段效益分析相结合，以全过程效益分析为主。传统的经济评价方法重建设、轻生产，在经济评价时偏重建设期效益，忽视生产期效益，造成有些项目建成后效益低下甚至亏损。现行经济评价方法强调评价分析包括建设期和生产经营期的全过程经济效益，采用了能够反映项目整个计算期内经济效益的内部收益率、净现值等指标，并用这些指标作为判别项目取舍的依据。

（8）预测分析与统计分析相结合，以预测分析为主。现行经济评价方法强调既要以现有状况水平为基础，又要对未来情况进行科学预测，在对效益费用流入流出的时间、数额进行常规预测的同时，还要对某些不确定因素和风险进行估计，做出投资风险分析。

（9）经济效果与社会效果相结合。经济效果是可以进行定量计算其价值量大小的经济活动后果，而社会效果是指经济活动对于人口素质、伦理道德、生活质量、社会安全等方面带来的后果，一般难以计算。因此，对方案进行评价时，既要考虑其经济效果，也要考虑其社会效果。如果方案的经济效果与社会效果一致，则方案的好坏容易判断；如果两者不一致，则情况就比较复杂。从当前看，应当在尽量不危害社会的前提下，依据经济效果进行评价；从长远看，则应当在可能提高经济效果的同时，以社会效果的好坏决定取舍。

4. 技术方案经济效果评价的可比条件

为了在对各项技术方案进行评价和选优时，能全面、正确地反映实际情况，必须使各方案的条件等同化，这就是所谓的"可比性问题"。由于各个方案涉及的因素是极其复杂且多样化的，不可能做到绝对的等同化，因此，在实际工作中只能做到受经济效果影响较大的主要方面达到可比性的要求。一般要求在各方案之间达到以下四个可比性要求：

（1）满足需要的可比性。技术方案的主要目的就是为了满足一定的需要。但需要的对象是多种多样的，因此从技术分析的观点来看，方案之间的比较必须具备满足相同需要或使用价值的条件，才能比较，即功能或使用价值的等同化是方案比较的共同基础。如不同建筑体系的住宅建筑可以互相比较，因为它们的功能或使用价值是等同的，但相同建筑体系的住宅和厂房之间就不具有可比性，因为它们在满足需要方面是不同的。各种技术方案一般都是以其产品数量、质量等技术经济指标来满足社会需要的，因此对满足相同需要的不同技术方案进行比较时，必须要求不同方案的产品数量和质量等指标具有可比性。当技术方案在产量不相同或效率不相同时，应通过适当方法进行修正，使之在数量上具有可比性。

(2)消耗费用的可比性。消耗费用的可比性主要是指各种消耗费用的计算范围、计算基础的一致性，以及计算原则和方法的统一性。消耗费用的计算范围和计算基础的一致性表现为：一是应从整个社会总的全部消耗观点来综合考虑，不仅要计算实现技术方案本身的直接消耗费用，还应计算与现实方案密切相关的相关部门的投资或费用；二是用系统的方法计算方案全过程的全部费用，例如计算某工厂方案的消耗费用，不仅计算该厂的建设投资费用，还应包括与之密切相关的原材料供应、加工、运输、成品储存运输等相关项目或设施所消耗的费用。计算原则和方法的统一性，主要指采用统一的计算方法，即各项费用(如投资、生产成本等)的估算应采用相同的计算公式，采用统一的定额和取费标准等。

(3)价格的可比性。价格的可比性要求所使用的价格必须满足价格性质相当及价格的时期相当两方面的要求。价格性质相当是指技术方案计算收入或支出时使用的价格应当真实反映价格和供求关系。如在计算方案消耗时，主要自然资源及人力资源应当采用受市场调节可真实反映其价值的市场价格或国家统一拟定的影子价格，而不应当使用国家计划调节下的受政策因素影响的规定价格；在计算方案收益时，生产的供销售的产品也应当采用市场价格或影子价格；在进行国民经济评价时，各方案应一律采用影子价格。价格的时期相当是指各方案在计算经济效益时，应采用同一时期的价格。由于技术的进步和劳动生产率的提高，以及通货膨胀的影响，不同时期的价格标准是不一样的，各备选方案应当在相同时期的价格标准基础上，按方案的使用期适当换算，这样才能使经济效益值具有可比性。

(4)时间的可比性。时间的可比性包括两方面的内容。首先，要求各备选方案应具有统一的计算期。计算期是根据经济评价要求，考虑了方案的服务年限、国民经济需要和技术进步的影响，以及经济资料的有效期等因素后综合分析得出的，它不同于方案的使用寿命或服务期。如果备选方案的计算期不同，必须经过适当换算，使计算期相同后再互相比较。其次，必须考虑投入的时间先后与效益发挥的迟早对经济效果的影响。

3.2 建设项目经济评价方法

在进行建设项目经济评价时，按是否考虑资金时间价值，可以有两种方法：静态分析方法和动态分析方法。不考虑资金时间价值的评价分析方法和指标为"静态"，考虑资金时间价值的评价分析方法和指标为"动态"。由于考虑了资金时间价值，动态分析决策要比静态分析决策科学。但静态分析的评价指标计算简单、直观，使用也十分方便。因此，在建设项目经济评价过程中，在以动态分析为主进行评价时，同时计算一些静态指标进行辅助分析。

3.2.1 静态分析方法

静态分析方法具有简捷易行、节省时间、能够较快得出评价结论的优点。但由于该方法未考虑资金时间价值带来的误差，所以不能准确地反映建设项目寿命期间的全面情况。因此，用静态分析方法对若干个方案进行粗略评价或对短期投资项目做经济分析比较适宜。静态分析的指标与计算方法，主要有以下几种：

1. 单位生产能力投资

单位生产能力投资是指建设每单位生产能力所耗用的建设项目平均投资。其计算公式为

$$A = \frac{I}{Q} \tag{3.2.1}$$

式中：A——单位生产能力投资；
I——投资总额；
Q——生产能力。

单位生产能力投资主要反映投资节约效果，适用于对同类项目进行大致比较的情况。该指标值越低，表明项目经济效果越好。

2. 静态投资回收期

静态投资回收期是指在不考虑资金时间价值的条件下，以项目净收益抵偿项目全部投资（包括固定资产投资和流动资金）所需要的时间。静态投资回收期自建设开始年算起，其计算表达式为

$$\sum_{t=0}^{P_t} (\text{CI} - \text{CO})_t = 0 \tag{3.2.2}$$

式中：P_t——静态投资回收期；
CI、CO——现金流入量和现金流出量；
$(\text{CI} - \text{CO})_t$——第 t 年的净现金流量。

静态投资回收期 P_t 是反映项目财务上投资回收能力的主要指标，它通过判断初始投资得到补偿的速度快慢来评价方案的优劣。

由式（3.2.2）所求出的项目静态投资回收期 P_t 要与基准静态投资回收期 T_c 进行比较，若 $P_t \leq T_c$，认为该方案是合理的；否则，该方案不可行。T_c 可以是国家或相关部门制定的标准，也可以是企业自己的标准，其确定的主要依据是全社会或全行业投资回收期的平均水平，或者是企业期望的投资回收期水平。

静态投资回收期 P_t 一般通过计算累计现金流量来求得，其计算公式为

$$P_t = T - 1 + \frac{U_{T-1}}{V_T} \tag{3.2.3}$$

式中：T——累计净现金流量开始出现正值的年份数；
U_{T-1}——第 $T-1$ 年末累计净现金流量的绝对值；
V_T——第 T 年的净现金流量。

【例 3.2.1】 某项投资方案各年份净现金流量如表 3.2.1 所示。如果基准回收期 T_c = 3.5 年，问：该项目是否可行？

表 3.2.1　　　　　　　某项投资方案各年份净现金流量　　　　　　（单位：万元）

年份数	0	1	2	3	4	5	6
净现金流量	-1500	600	400	400	300	300	300

解：由式(3.2.2)可得

$$\sum_{t=0}^{P_t}(CI-CO)_t = -1500 + 600 + 400 + 400 + 300 = 200 > 0$$

由上式可知 $3 < P_t < 4$；再由式(3.2.3)可得

$$P_t = T - 1 + \frac{U_{T-1}}{V_T} = 4 - 1 + \frac{|-100|}{300} = 3.3(年)$$

由于 $P_t < T_c$，故方案可以接受。

静态投资回收期指标直观、简单，表明投资需要多少年才能收回，便于为投资者衡量风险。投资者关心的是用较短的时间收回全部投资，减少投资风险。但是，该指标最大的缺点是没有反映投资回收期以后方案的情况，因而不能全面反映项目在整个寿命期内真实的经济效果，故一般用于粗略评价，需要和其他指标结合起来使用。

3. 投资收益率

投资收益率是指项目在正常生产年份的净收益与投资总额的比值。其一般表达式为

$$R = \frac{NB}{I} \tag{3.2.4}$$

式中：R——投资收益率；
　　　NB——正常生产年份或者年平均净收益；
　　　I——投资总额。

根据分析目的的不同，NB 可以是利润、利税总额、年净现金流入等，I 可以是全部投资额、投资者的权益投资额等，故投资收益率 R 常用的具体形式有投资利润率(又称投资效果系数)、投资利税率、资本金利润率等。

投资收益率指标主要反映投资项目的盈利能力。评价方案经济效果时，需要与本行业的平均水平(行业平均投资收益率)对比，以判别项目的盈利能力是否达到本行业的平均水平。

4. 追加投资回收期法

追加投资是指不同投资方案所需资金的差额。追加投资回收期是指一个建设项目的追加投资方案利用成本的节约来回收追加投资所需的时间。其计算公式为

$$P_a = \frac{I_1 - I_2}{C_2 - C_1} = \frac{\Delta I}{\Delta C} \tag{3.2.5}$$

式中：P_a——追加资金投资回收期；

I_1、I_2——第一方案和第二方案的投资($I_1 > I_2$);

C_1、C_2——第一方案和第二方案的生产成本($C_2 > C_1$)。

当追加投资回收期 P_a 不大于基准投资回收期 T_c 时,投资多的方案是合理的;反之则投资多的方案不可取。

运用追加投资回收期对方案进行评价时,要先按投资从小到大将方案排序,然后从投资额最小的投资方案开始,两两进行比较。每次可选取一个较好的方案,再依次与后面的方案比较,最终能选出一个最优方案。它适用于对两个或多个方案的比较,有助于对采用新技术及技术改造的经济效果进行分析和评价。

【例3.2.2】某建设项目有两个方案可供选择。甲方案采用一般工艺设备,投资4000万元,年生产成本2000万元;乙方案采用自动化较高的工艺设备,投资5500万元,年生产成本为1500万元。该部门的基准投资回收期为4年,问:应采用哪种方案?

解:由式(3.2.5)可得

$$P_a = \frac{I_1 - I_2}{C_2 - C_1} = \frac{5500 - 4000}{2000 - 1500} = 3(年)$$

因为 $P_a < T_c = 4$,所以采用乙方案。

3.2.2 动态分析法

动态分析法不仅考虑了资金的时间价值,而且考虑了项目在整个寿命期内收入与支出的全部经济数据。因此,该方法比静态分析法更全面、更科学。

1. 净现值法

所谓净现值(Net Present Value,NPV),是指在项目的经济寿命周期内,依据某一规定的基准收益率 i_c 将各期的净现金流量折算为基准期(第0年)的现值的代数和。利用现值进行方案评价的方法就是净现值法。净现值的计算公式为

$$\text{NPV} = \sum_{t=0}^{n} \frac{(\text{CI} - \text{CO})_t}{(1+i)^t} \tag{3.2.6}$$

式中:$(\text{CI} - \text{CO})_t$——第 t 年的净现金流;

i——折现率,一般取 i 等于基准收益率 i_c;

n——服务期年限,或经济寿命。

若将每年的收入与支出划分为均匀现金流与非均匀现金流,则式(3.2.6)又可改写为

$$\text{NPV} = P_0 + \sum_{t=1}^{n} \frac{F_t}{(1+i)^t} + A \frac{(1+i)^n - 1}{i(1+i)^n} \tag{3.2.7}$$

式中:P_0——第0年的现金流;

F_t——第 t 年的非均匀现金流;

A——从第1年到第 n 年的均匀现金流。

用净现值指标评价单个方案的判别准则是:对于单个方案,当 NPV ≥ 0 时,方案可行,应采纳该方案;当 NPV < 0 时,方案不可行,应放弃该方案。

【例3.2.3】某建筑机械,可以用150000元购得,净残值是35000元,年净收益是30000元,建筑公司期望使用该机械至少10年,若基准收益率为15%,问:是否购买此

机械?

解：$NPV = -150000 + 30000 \times \dfrac{(1+0.15)^{10}-1}{0.15 \times (1+0.15)^{10}} + \dfrac{35000}{(1+0.15)^{10}} = 9214.5(元)$

由于 NPV > 0，所以建筑公司可以购买该机械。

若对多个方案进行比较，各方案的经济效果应在时间上具有可比性。当对不同寿命期的各方案进行比较时，为满足时间可比性条件，应以各备选方案寿命期的最小公倍数作为进行方案比选的共同计算期，并假设各个方案均在这样一个共同的计算期内重复进行，对各个方案计算期内各年的净现金流量进行重复计算，直至与共同的计算期相等。

用净现值指标评价进行多方案比选的判别准则是：在各方案的净现值大于零的条件下进行比选，以净现值最大者作为实施方案。

【例 3.2.4】 有两个可供选择的设备购置方案，如表 3.2.2 所示。预定基准收益率为 15%。试确定哪个方案较优。

表 3.2.2　　　　　　　　　设备购置与安装费及运行费用

设备购置方案	A	B
设备购置与安装费(元)	110000	180000
年运营费(元/年)	35000	31000
残值(元)	10000	20000
服务期(年)	6	9

解：由于两个方案的服务期不同，应以其最小公倍年限作为计算服务期。取 18 年作为计算服务期。

现金流量图如图 3.2.1 所示。

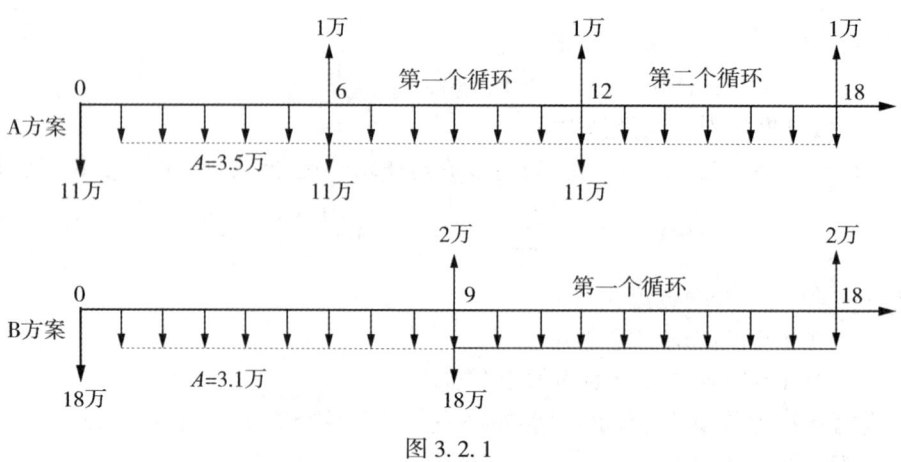

图 3.2.1

各方案的净现值为

$$\begin{aligned}
\text{NPV}_A &= P_0 + A\frac{(1+i)^n - 1}{i(1+i)^n} + \sum_{t=1}^{n} F_t \frac{1}{(1+i)^t} \\
&= -110000 - 35000\frac{(1+0.15)^{18} - 1}{0.15(1+0.15)^{18}} - \frac{110000 - 10000}{(1+0.15)^6} - \\
&\quad \frac{110000 - 10000}{(1+0.15)^{12}} + \frac{10000}{(1+0.15)^{18}} \\
&= -385594(\text{元})
\end{aligned}$$

$$\begin{aligned}
\text{NPV}_B &= P_0 + A\frac{(1+i)^n - 1}{i(1+i)^n} + \sum_{t=1}^{n} F_t \frac{1}{(1+i)^t} \\
&= -180000 - 31000\frac{(1+0.15)^{18} - 1}{0.15(1+0.15)^{18}} - \frac{180000 - 20000}{(1+0.15)^9} + \frac{20000}{(1+0.15)^{18}} \\
&= -413833(\text{元})
\end{aligned}$$

由于 $\text{NPV}_A > \text{NPV}_B$，所以 A 方案较优。

在多方案比较时，若几个方案的 NPV 值都大于零且投资规模相差较大，则应进一步用净现值指数（Net Present Value Rate，NPVR）作为净现值的辅助评价指标。净现值指数是项目净现值与项目投资总额的现值之比，其含义是单位投资现值所带来的净现值。净现值指数计算式为

$$\text{NPVR} = \frac{\text{NPV}}{|I_P|} = \frac{\sum_{t=0}^{n}(\text{CI} - \text{CO})_t(1+i)^{-t}}{\left|\sum_{t=0}^{n} I_t(1+i)^{-t}\right|} \tag{3.2.8}$$

式中：I_P——项目总投资的现值；

I_t——第 t 年的投资。

基准收益率 i_c 是经济评价中一个非常重要的参数，是投资者对资金时间价值的最低期望值。i_c 不仅取决于资金来源的构成，而且还取决于项目未来风险的大小和通货膨胀的高低。一般应考虑以下四个方面的因素：

（1）加权平均资本成本或投资的机会成本（用 i_1 表示）。加权平均资本成本是项目从各种渠道取得的资金所平均付出的代价，其大小取决于资金来源的构成及其各种筹资渠道的资本成本。

投资的机会成本是指投资者可筹集到的有限资金如果不用于拟建项目而用于其他最佳投资机会所能获得的盈利。为了保证资金的最有效利用，项目的最低期望收益率既不能低于资金的机会成本，也不能低于加权平均资金成本。

基准收益率 i_c 不能低于加权平均资金成本和资金机会成本之中最高者。

（2）风险贴补率（i_2）。对于投资项目的决策阶段而言，未来是不确定的。这种不确定性就是项目投资者所承担的风险，只有对风险给予足够的报酬时，投资者才会心甘情愿地承担风险；否则，他就会投资于无风险的银行定期存款或政府公债。风险贴补率就是对可能发生的风险损失的补偿。

（3）年通货膨胀率（i_3）。在预期未来存在通货膨胀的情况下，如果项目的支出费用

和收入金额是按预期各年的当时价格(时价)计算的，项目资金的收益已包含通货膨胀率。为使所选项目的实际收益率不低于实际期望水平，就应在真实最低期望收益率水平上，加上通货膨胀的影响。如果项目支出和收入是按不变价格计算的，就不需要考虑通货膨胀对基准收益率的影响了。

综合以上四个因素，基准收益率 i_c 可以按照下式确定：

$$i_c = i_1 + i_2 + i_3 \tag{3.2.9}$$

基准收益率还可采用资本资产定价模型法、加权平均资金成本法、典型项目模拟法和德尔菲(Delphi)专家调查法等方法进行测定。

由基准收益率的上述含义可知，所谓净现值，就是项目资金的盈利超出最低期望盈利的超额净收益。

2. 净年值法

净年值(Net Annual Value，NAV)是把项目经济寿命期中发生的净现金流量，通过基准收益率换算成项目服务期各年(从第1年到第 n 年)的净等额年值。净年值法就是利用净等额年值进行方案评价，净年值越大，表示项目的经济效益越好。

计算净年值时，先将一个项目的净现金流量折算成净现值，然后用等额支付序列资金回收复利系数将其换算成净年值，其计算公式为

$$\mathrm{NAV} = \left[\sum_{t=0}^{n} \frac{(\mathrm{CI} - \mathrm{CO})_t}{(1+i)^t} \right] \frac{i(1+i)^n}{(1+i)^n - 1} \tag{3.2.10}$$

若将每年的收入与支出划分为均匀现金流与非均匀现金流，则上式又可改写为

$$\mathrm{NAV} = \left[P_0 + \sum_{t=1}^{n} \frac{F_t}{(1+i)^t} \right] \frac{i(1+i)^n}{(1+i)^n - 1} + A \tag{3.2.11}$$

用净年值指标评价单个方案的判别准则是：若 NAV ≥ 0，则项目在经济效果评价上是可行的；否则，项目在经济效果评价上不可行。净年值与净现值代表相同的评价尺度，但净年值法用于选择服务期不同的方案时比较方便。

【例3.2.5】某项目投资100万元，年净收益50万元，使用期为5年，净残值5万元，设基准收益率为10%，试求其净年值。

解：
$$\mathrm{NAV} = \left[P_0 + \sum_{t=1}^{n} \frac{F_t}{(1+i)^t} \right] \frac{i(1+i)^n}{(1+i)^n - 1} + A$$

$$= \left[-100 + \frac{5}{(1+0.1)^5} \right] \frac{0.1(1+0.1)^5}{(1+0.1)^5 - 1} + 50 = 24.44(万元)$$

【例3.2.6】用净年值法比较例3.2.4的两个方案。

解：绘制现金流量图，如图3.2.2所示。

计算净年值：

$$\mathrm{NAV}_A = \left[P_0 + \sum_{t=1}^{n} F_t \frac{1}{(1+i)^t} \right] \frac{i(1+i)^n}{(1+i)^n - 1} + A$$

$$= -\left[110000 - \frac{10000}{(1+0.15)^6} \right] \frac{0.15(1+0.15)^6}{(1+0.15)^6 - 1} - 35000$$

$$= -62923(元)$$

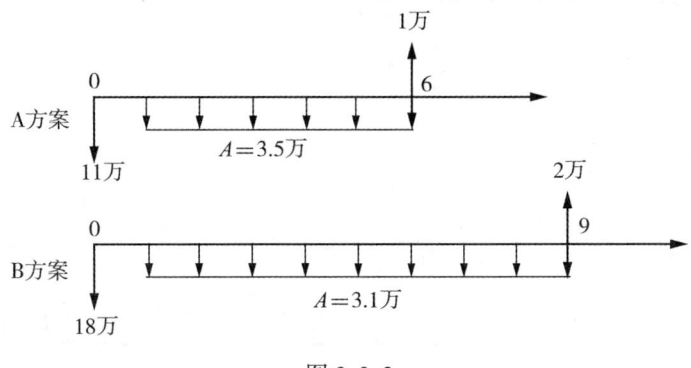

图 3.2.2

$$\text{NAV}_B = \left[P_0 + \sum_{t=1}^{n} F_t \frac{1}{(1+i)^t} \right] \frac{i(1+i)^n}{(1+i)^n - 1} + A$$

$$= -\left[180000 - \frac{20000}{(1+0.15)^9} \right] \frac{0.15(1+0.15)^9}{(1+0.15)^9 - 1} - 31000$$

$$= -667531(\text{元})$$

评价：由于 $\text{NAV}_A > \text{NAV}_B$，所以 A 方案较优。

净年值法常用于确定设备的经济寿命。所谓设备的经济寿命，是指设备在使用年限内，平均年度使用成本最低的年限。一般情况下，设备的费用主要由一次性购置费和日常维护使用费等构成。设备在使用过程中，随着使用年限的增加，一次性购置费的年摊销减少；而年维护使用费则相应增加，因此，存在着平均年度使用成本达到最低的年限。设备的年均使用成本按照下式计算：

$$\text{AC}_m = \left[P_0 + \sum_{t=1}^{m} \frac{F_t}{(1+i)^t} \right] \frac{i(1+i)^m}{(1+i)^m - 1} \quad (m = 1, 2, \cdots, k) \quad (3.2.12)$$

式中：AC_m——设备使用为 m 年的年均成本；

P_0——设备的一次性投资；

k——设备的使用寿命。

设备的经济寿命就是与 $\max(\text{AC}_1, \text{AC}_2, \cdots)$ 相对应的使用年限。

例题参见第 12 章 12.3 节机械设备管理中动态方法计算设备经济寿命期例题。

3. 内部收益率法

内部收益率(Internal Rate of Return，IRR) 就是项目在经济寿命期内的净现值或净年值等于零时的折现率。在所有的经济评价指标中，内部收益率是最重要的评价指标之一。内部收益率法就是将项目的内部收益率与基准收益率进行比较，说明其经济可行性。

若利用现值法求解内部收益率，其表达式为

$$\text{NPV} = \sum_{t=0}^{n} \frac{(\text{CI} - \text{CO})_t}{(1+\text{IRR})^t} = 0 \quad (3.2.13)$$

或

$$\text{NPV} = P_0 + \sum_{t=1}^{n} \frac{F_t}{(1+\text{IRR})^t} + A \frac{(1+\text{IRR})^n - 1}{\text{IRR}(1+\text{IRR})^n} = 0 \quad (3.2.14)$$

式(3.2.14)实际上是一个关于 IRR 的 n 次多项式,一般不容易直接求解,通常采用"试算内插法"求 IRR 的近似解,其原理如图 3.2.3 所示。

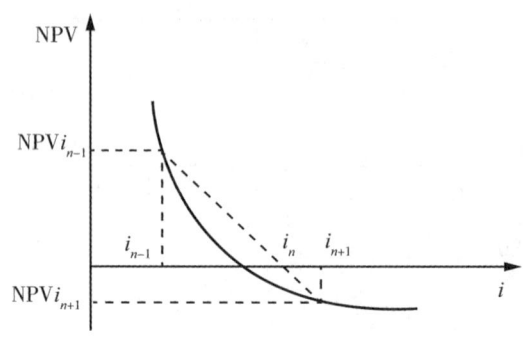

图 3.2.3　试算内插法求 IRR 图解

从图 3.2.3 可以看出,IRR 在 i_{n-1} 与 i_{n+1} 之间,用 i_n 近似代替 IRR,当 i_{n-1} 与 i_{n+1} 的距离控制在一定范围内(一般控制在 2%～5%以内),就可以达到要求的精度。具体计算步骤如下:

(1) 选定初始折现率值 i_{n-1}(一般可取 i_{n-1} 为行业的基准收益率),并按照式(3.2.13)或式(3.2.14)计算相应的净现值 $NPV_{i_{n-1}}$,$NPV_{i_{n-1}}$ 应大于或等于零;否则,应重新选定 i_{n-1}。

(2) 选定折现率值 i_{n+1}(一般应取 $i_{n+1} > i_{n-1}$,但不应大于 $i_{n-1} + 5\%$),并计算相应的净现值 $NPV_{i_{n+1}}$,$NPV_{i_{n+1}}$ 应小于或等于零;否则,应重新选定 i_{n+1}。

(3) 按照内插法计算 i_n。

$$i_n = i_{n-1} + \frac{NPV_{i_{n-1}}}{NPV_{i_{n-1}} - NPV_{i_{n+1}}}(i_{n+1} - i_{n-1}) \quad (3.2.15)$$

取
$$IRR \approx i_n \quad (3.2.16)$$

设基准收益率为 i_c,用内部收益率指标 IRR 评价单个方案的判别准则是:若 IRR $\geq i_c$,则项目在经济效果上可以接受;否则,该项目在经济效果上应予以否定。内部收益率法一般用于投资方案的可行性评价,确定方案经济上是否可行。该方法不宜直接用于方案的比选。

一般情况下,当 IRR $> i_c$ 时,NPV 也会大于零;反之,当 IRR $< i_c$ 时,NPV 也会小于零。因此,对于单个方案的评价,用内部收益率准则与净现值准则所得评价结论是一致的。

【例 3.2.7】 某增值项目现在投资 5000 万元,预计今后 10 年中,每年年末可获利 100 万元,并在第 10 年年末还可获利 7000 万元,试求出该投资的内部收益率(IRR)。

解: 画出现金流量图,如图 3.2.4 所示。

假定 $i_{n-1} = 5\%$,求出相应的 NPV。

$$NPV_{i_{n-1}} = -5000 + \frac{7000}{(1+0.05)^{10}} + 100 \times \frac{(1+0.05)^{10} - 1}{0.05(1+0.05)^{10}} = 69.5 > 0$$

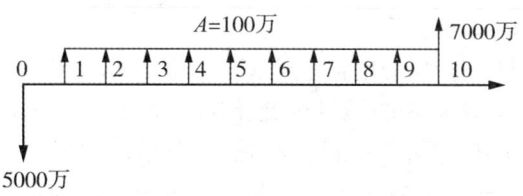

图 3.2.4

假定 $i_{n+1} = 6\%$，求出相应的 NPV。

$$\text{NPV}_{i_{n+1}} = -5000 + \frac{7000}{(1+0.06)^{10}} + 100 \times \frac{(1+0.06)^{10}-1}{0.06(1+0.06)^{10}} = -355.2 < 0$$

按照内插法计算 IRR。

$$\text{IRR} \approx i_n = i_{n-1} + \frac{\text{NPV}_{i_{n-1}}}{\text{NPV}_{i_{n-1}} - \text{NPV}_{i_{n+1}}}(i_{n+1} - i_{n-1})$$
$$= 0.05 + \frac{69.5}{69.5 + 355.2}(0.06 - 0.05) = 0.05164$$

内部收益率是项目投资的盈利率，由项目现金流量决定，反映了投资的使用效率。其经济含义是指项目寿命期内没有回收的投资盈利率。也就是说，当资金投入到项目后，其回收方式是通过项目的年净收益，其中尚未回收的部分将以 IRR 的尺度增值，直到在项目寿命结束时，投资恰好被全部收回。由此可知，在项目寿命期内，项目始终处于"偿付"未被收回的投资的状况，内部收益率正是反映了项目"偿付"未被收回投资的能力。若项目属于贷款建设，则 IRR 就是项目对贷款利率的最大承受能力。

需要指出的是，内部收益率计算适用于常规投资方案，否则会出现 IRR 的多个解，方案评价失效。所谓常规投资方案，是在寿命期内除建设期或者投产初期的净现金流量为负值之外，其余年份均为正值，项目寿命期内净现金流量的正负号只从负到正变化一次，且所有负现金流量都出现在正现金流量之前。

由式(3.2.15)和式(3.2.16)可知，求解 IRR 的过程实际上是求关于 IRR 的 n 次多项式的根的过程。从理论上讲该多项式有 n 个根(可能是重根)，但 IRR 的有效根应为正的实数根。根据笛卡儿符号规则，方程正实数根的个数不大于多项式系数符号改变的次数。因此，对于常规投资方案，IRR 只有唯一解。

对于非常规投资方案，也就是方案寿命期内净现金流量的正负号不止变化一次，此时就可能出现多解，这时应根据具体情况进行分析，但一般情况下，IRR 为多项式的最小根。

内部收益率法一般不直接用于多方案的比选，通常采用增量内部收益率(IRR_{A-B})指标进行比选。所谓增量内部收益率，简单地说是增量净现值等于零的折现值。增量内部收益率的计算表达式为

$$\Delta \text{NPV} = \sum_{t=0}^{n} \frac{(\Delta \text{CI} - \Delta \text{CO})_t}{(1 + \text{IRR}_{A-B})^t} = 0 \quad (3.2.17)$$

式中：ΔNPV——增量净现值；

IRR_{A-B}——增量内部收益率；

ΔCI——方案 A 与方案 B 的增量现金流入，即 $\Delta \text{CI} = \text{CI}_A - \text{CI}_B$；

ΔCO——方案 A 与方案 B 的增量现金流出，即 $\Delta \text{CO} = \text{CO}_A - \text{CO}_B$。

IRR_{A-B} 的解法与 IRR 的解法一样，都是采用试算内插法求解。

用增量内部收益率比选两个方案的准则是：比选方案的内部收益率 IRR 均应大于或等于基准收益率 i_c，若 $\text{IRR}_{A-B} \geq i_c$，则增量投资部分达到了规定的要求，增加投资有利，投资大的方案为优；若 $\text{IRR}_{A-B} < i_c$，则投资小的方案为优。

4. 动态投资回收期

动态投资回收期是指在考虑资金时间价值的条件下，以项目净收益抵偿项目全部投资（包括固定资产投资和流动资金）所需要的时间。动态投资回收期克服了静态投资回收期计算中未考虑资金时间价值的缺陷，是反映项目财务上投资回收能力的指标。

动态投资回收期自建设开始年算起，其计算表达式为

$$\sum_{t=0}^{P'_t} \frac{(\text{CI} - \text{CO})_t}{(1+i)^t} = 0 \qquad (3.2.18)$$

式中：P'_t——动态投资回收期。

用动态投资回收期指标 P'_t 评价单个方案的判别准则是：若 $P'_t \leq T'_c$，认为该方案是可行的；否则，该方案不可行。基准动态投资回收期 T'_c 与 T_c 一样，是国家或相关部门或企业制定的标准，其确定的主要依据是全社会或全行业投资回收期的平均水平，或者是企业期望的投资回收期水平。

动态投资回收期 P'_t 一般是根据全部投资财务现金流量表中累计净现值计算来求得的。表中累计净现值等于零或开始出现正值的年份，即为项目投资回收的截止年份。其计算公式为

$$P'_t = T' - 1 + \frac{U'_{T-1}}{V'_T} \qquad (3.2.19)$$

式中：T'——累计净现值开始出现正值的年份数；

U'_{T-1}——第 $T-1$ 年末累计净现值的绝对值；

V'_T——第 T 年的净现金流的折现值。

3.2.3 多方案的比较与选择

投资方案经济性评价中，采用一系列评价指标分析每个方案是否达到了标准要求，以检验其自身经济性的工作，称为绝对经济效果评价；通过方案对比确定哪一个方案相对最优，称为相对经济效果评价。实际工作中，通常存在不同技术或不同规模的多种设计方案，即存在若干个备选方案，因此，除了要进行绝对经济效果评价之外，往往还需要进行相对经济效果比较，即在多个备选方案中进行比选。

3.2.3.1 备选方案及其类型

在项目投资决策过程中，通常是先制定多个备选方案，通过对方案的评价和比选，最后选定某一个方案或方案组合。多方案比选的方法与备选方案之间的类型有关。通常备选

方案之间的相互关系可分为如下四种类型：

(1)独立型方案：是指各个方案的现金流量是独立的，不具有相关性，且任一方案的采用与否都不会影响其他方案的选用。独立型方案的特点是具有可加性。如个人投资，可以购买国库券，也可以购买股票，还可以购房增值等；可以选择其中一个方案，也可选其中两个或三个，方案之间的效果与选择不受影响，互相独立。

(2)互斥型方案：是指各方案之间具有排他性，在各方案当中只能选择一个。比如，同一地域的土地利用方案是互斥方案，是建居民住房，还是建写字楼等，只能选择其中之一。厂址选择问题、建设规模问题也是互斥方案的选择问题。

(3)混合型方案：是指独立方案与互斥方案混合的情况。比如，在有限的资源制约条件下，有几个独立的投资方案，在这些独立方案中又分别包含着若干互斥方案，那么所有方案之间就是混合型的关系。

(4)相关型方案：是指在多个方案之间选择时，如果接受(或拒绝)某一方案，会显著改变其他方案的现金流量，或者接受(拒绝)某一方案会影响对其他方案的接受(或拒绝)。若某方案的实施要求以另一方案(或另几个方案)的实施为条件，则该方案与其他方案之间就是从属关系。汽车零件的制造厂与汽车总装厂之间显然是从属关系。

3.2.3.2 互斥型方案选择

互斥型方案比选时，要求比选方案具有可比性，主要包括满足需求具有可比性，计算的时间具有可比性，计算的收益与费用的范围、口径一致，计算的价格可比。

互斥型方案的比选可以采用不同的评价指标，有许多方法，包括净现值法、净年值法和内部收益率法等。

1. 净现值法

对于非成本比较的方案，采用净现值指标比选互斥型方案时，判别准则为：净现值最大且大于零的方案为最优方案。当净现值指标用于多方案比较时，没有考虑各方案投资额的大小，不能直接反映资金的利用效率。因而在投资制约的条件下，方案净现值的大小一般不能直接评定投资额不同的方案的优劣，通常还用净现值率(NPVR)作为辅助指标。

利用净现值法比较不同寿命期的方案时，为满足时间可比性条件，应以各备选方案寿命期的最小公倍数作为进行方案比选的共同计算期，并假设各个方案均在这样一个共同的计算期内重复进行，对各个方案计算期内各年的净现金流量进行重复计算，直至与共同的计算期相等。

当互斥型方案的效果一样或者满足相同的需要时，仅需计算费用现金流，采用费用现值指标比较。其判别准则为：费用现值最小的方案为最优方案。

2. 净年值法

对于非成本比较的方案，净年值最大且大于零的方案为最优方案。净年值指标在寿命期不等的多方案比选中有着重要的作用。当互斥方案的效果一样或者满足相同的需要时，仅需计算费用现金流，采用费用年值指标，其判别准则为：费用年值最小的方案为最优方案。

3. 内部收益率法

如果各比选方案的内部收益率 IRR 均大于或等于基准收益率 i_c，若增量内部收益率

$IRR_{A-B} \geq i_c$,则选择投资大的 A 方案;否则选择投资小的 B 方案。投资额不等的互斥方案比选的实质是判断增量投资的经济效果。若投资额小的方案达到了标准的要求,增量投资又能带来满意的增量收益(也达到标准的要求),那么增加投资显然是有利的,投资额大的方案可以看成是投资额小的方案与增量投资方案的组合。

需要说明的是,在采用增量内部收益率法时一定要注意,IRR_{A-B} 只能说明增加投资部分的经济合理性,并不能说明全部投资的效果。因此,在采用该方法前,应该先对备选方案进行检验,只有可行的方案才能作为比较的对象。

3.2.3.3 独立型方案选择

独立型方案的采用与否,只取决于方案自身的经济性,且不影响其他方案的采用与否。因此,在无其他制约条件的情况下,多个独立方案的比选与单一方案是相同的,即用经济效果评价标准(如净现值法、净年值法和内部收益率法等)直接判别该方案是否可以接受。

独立型方案的比选,最常见的是受到资源限制的情况,如投资总量限制等。在有资源制约条件下独立型方案的比选常采用互斥方案组合法,即将可行的方案组合列出来,每个方案组合可以看成一个满足约束条件的互斥方案。按互斥方案的经济评价方法,就可以选择一个符合评价准则的方案组合,该方案组合就是独立方案的选择结果。

【例 3.2.8】 现有独立方案 A、B、C 的投资分别为 100 万元、80 万元和 120 万元,计算各方案的净年值分别为 35 万元、30 万元和 40 万元。若要求资金总量不超过 250 万元,问:如何选择方案?

解:(1)方案组合及计算净年值。三个方案可能的组合数为 $2^3 = 8$ 种(包括不投资这一组合),各方案组合的投资及净年值计算列于表 3.2.3。

表 3.2.3　　　　　　　　　**A、B、C 方案组合及净年值**　　　　　　　　(单位:万元)

序　号	方案组合	投资	净年值	序　号	方案组合	投资	净年值
1	A	100	35	5	B+C	200	70
2	B	80	30	6	A+C	220	75
3	C	120	40	7	A+B+C	300	105
4	A+B	180	65				

(2)选择方案。从表 3.2.3 中可以看出,第 7 种方案组合的投资总额超过了资金总量 250 万元,不可行,其他 6 个方案组合均可行。在可行的 6 个方案组合中,按互斥方案选择的准则,第 6 种方案组合 A+C 为最优选择,即选择 A 和 C 方案组合,净年值总额为 75 万元。

上述方法要求先计算出各种方案的净现值率,再根据判别准则筛选出通过检验标准的项目,依次将这些方案按净现值率排序,最后选取接近于投资总额的项目。

3.2.3.4 混合型方案选择

混合型方案其比选方法是分析各方案的类型,寻找一种组合的方案,使其净现值比任何其他的组合方式净现值都大。混合型方案选择按以下步骤进行：

(1) 按不同方案组之间互相排斥、组内方案互相独立的原则，形成所有可能的组合；

(2) 组内方案筛选；

(3) 在总的投资限额下，方案组之间进行比选，选出最优方案组。

3.2.3.5 相关型方案选择

常见的现金流量相关型方案也可采用互斥方案组合法，将各方案组合成互斥方案组，分别计算各组的现金流量，再按其评价方法进行评价与选择。

【例 3.2.9】 有 5 个投资建议方案 A_1、A_2、B_1、B_2 及 C，各方案的现金流量及净现值如表 3.2.4 所示。已知 A_1 及 A_2 互斥，B_1 及 B_2 相斥，B_1 及 B_2 都从属于 A_2，C 从属于 B_1。设定资金限额为 220 万元，试选择出最优的投资组合方案，其基准收益率为 10%。

表 3.2.4　　　　　　　各方案的现金流量及净现值　　　　　　（单位：万元）

投资建议方案	现金流量					NPV
	第0年	第1年	第2年	第3年	第4年	
A_1	−200	80	80	80	80	53.6
A_2	−120	48	48	48	48	32.2
B_1	−56	18	18	18	18	1.1
B_2	−60	20	20	20	20	3.4
C	−40	24	24	24	24	36.1

解： (1) 方案组合。5 项投资方案建议共可组成 5 个互斥的投资方案组合，如表 3.2.5 所示。

表 3.2.5　　　　　　　方案组合、投资总额及净现值

组合序号	组合方案					投资(万元)	NPV(万元)
	A_1	A_2	B_1	B_2	C		
1	1	0	0	0	0	200	53.6
2	0	1	0	0	0	120	32.2
3	0	1	1	0	0	176	33.3
4	0	1	0	1	0	180	35.6
5	0	1	1	0	1	216	69.4

(2) 方案选择。从表 3.2.5 中可以看出，第 5 个方案组合的总投资为 216 万元，净现值之和为 69.4 万元，是众多方案组合中的最优组合。

3.3 建设项目财务评价

3.3.1 概述

1. 财务评价的含义

财务评价应在项目财务效益与费用估算的基础上进行。财务评价的内容应根据项目的性质和目标确定。

对于经营性项目，财务评价应通过编制财务报表（包括现金流量表、利润与利润分配表、财务计划现金流量表、资产负债表和借款还本付息估算表），计算评价指标，分析项目的盈利能力、偿债能力和财务生存能力，判断项目的财务可接受性，明确项目对财务主体及投资者的价值贡献，为项目决策提供依据。

对于非经营性项目，财务评价应主要分析项目的财务生存能力。

2. 财务评价的目的

(1) 衡量项目的财务盈利能力。企业是一个自负盈亏的独立经济实体，企业负责人要对企业的经营状况负责。企业是国民经济的基本单位，企业要对国家做出贡献。项目盈利水平能否达到国家规定的基准收益率，项目清偿能力是否低于国家规定的投资回收期，能否按银行要求期限归还贷款等，不仅企业负责人关心，国家、地方各级决策部门、财政部门、贷款部门也关心。为了保证拟建项目在财务上的可行性，就要进行财务评价。

(2) 为企业制订资金规划。建设项目的实施需要多少投资，这些资金的可能来源，选择合理的筹资方案和适宜的用款计划等，都是财务评价要解决的问题。为了保证项目所需资金能按时提供，项目经营者、投资者和贷款部门都需知道拟建项目的投资额，并据此安排投资计划。

(3) 为协调企业和国家利益提供依据。当项目的财务效果和国民经济效果发生矛盾时，国家要用经济手段进行调节。财务分析可以通过考察价格、税收、利率等有关经济参数变动对分析结果的影响，寻找经济调节方式和幅度，使企业利益和国家利益趋于一致。对于非营利或微利项目，如公益性项目和基础性项目，在项目决策中，为了权衡项目在多大程度上要由国家或地方政府给予必要的支持，如进行政策性的补贴或实行减免税等经济优惠政策。所有这些同样需要财务评价。

3. 财务评价的主要内容

(1) 财务效益和费用的识别和计算。企业财务效益和费用都是具体体现在每一个项目上的，因此，正确识别项目的财务效益和费用应以项目为界，以是否属于项目的直接收入和支出为划定标准。项目的财务效益主要表现为生产经营的产品销售收入、各种补贴、固定资产余值和流动资金回收；财务费用主要表现为建设项目的总投资、经营成本、税金等。在计算效益和费用的价值量时，财务评价所采用的价格应以能反映项目产出物和投入物对企业财务的实际货币收支效果为原则选定。因此，所采用的价格应是项目企业财务活动中使用的实际价格，即投入物和产出物的现行价格或计划销售价格。

(2) 财务报表的编制。在项目财务效益和费用的识别和计算的基础上，可进行项目财务报表的编制，其中包括基本报表和辅助报表。基本报表包括现金流量表、利润与利润分配表、财务计划现金流量表、资产负债表和借款还本付息估算表等。辅助报表包括建设投资估算表、建设期利息估算表、流动资金估算表、项目总投资使用计划与资金筹措表、营业收入、税金及附加和增值税估算表、总成本费用估算表等。

(3)财务评价指标的计算和评价。根据财务报表可计算出各种财务评价指标。通过与评价标准对比分析，即可对项目的盈利能力、清偿能力和财务生存能力等财务状况做出评价，判断项目的财务可行性。

4. 财务评价的工作步骤

(1)收集、预测财务分析的基础数据。首先熟悉拟建项目的基本情况，如建设目的、意义、建设条件、投资环境等，在此基础上收集、预测财务分析的基础数据。这些数据包括项目投资、生产成本、利润、税金等的估算数，然后将所得数据编制成辅助财务报表。

(2)编制基本财务报表。在收集、预测财务分析的基础数据及辅助财务报表基础上，分别编制反映项目盈利能力、清偿能力和财务生存能力的基本财务报表。

(3)计算各项评价指标并进行财务状况评价。根据基本财务报表计算各项评价指标，并分别与对应的评价标准进行对比，做出项目的财务状况评价。

(4)进行不确定性分析。不确定性分析包括盈亏平衡分析、敏感性分析及概率分析等。

3.3.2 财务评价的基础数据

1. 生产规模与产品品种方案

生产规模与产品品种方案必须通过市场调查(国内和国外)，各种产品的供求情况的分析，以及对未来发展趋势作出的有根据的预测才能确定。

2. 销售收入

计算销售收入时，假设生产出来的产品全部售出，销售量等于生产量。销售价格采用经市场预测的出厂价格，也可根据需要采用送达用户的价格或离岸价。

3. 总投资估算及资金筹措资料

这包括固定资产投资估算和流动资金估算；按资金来源的分项构成及总投资的分年度使用计划；资金筹措方案及贷款条件，包括贷款利率及偿还条件(偿还方式及偿还时间)。

4. 产品成本费用

这包括总成本和单位生产成本，固定资产折旧，借款利息等费用的估算。

5. 维持运营投资

在运营期内发生固定资产更新费用和矿产资源开发项目的开拓延伸费用等时，应计为维持运营投资费用，并在现金流量表中将其作为现金流出，同时应适当调整相关报表。维持运营投资指的是某些项目在运营期需要投入一定的固定资产才能得以维持正常运营，如设备更新费用、油田的开发费用、矿山的井巷开拓延伸费用等。不同类型和不同行业的项目其投资内容可能不同，如发生维持运营投资应将其列入现金流量表作为现金流出。按照《企业会计准则——固定资产》，该项投资能否予以资本化，取决于其是否能为企业带来经济利益且该固定资产的成本是否能够可靠地计量。项目评价中，如果该投资投入后延长了固定资产的使用寿命,或使产品质量实质性提高,或成本实质性降低等,使可能流入企业的经济利益增加,那么该固定资产投资应该予以资本化,即应计入固定资产原值并计提折旧;否则,该投资只能费用化,不形成新的固定资产原值。

6. 职工人数、工资及福利费

7. 项目实施进度

这包括项目建设时间及投产、达到设计生产能力进度。

8. 财会、金融、税务及其他有关规定

财务分析涉及的税种主要包括增值税、消费税、资源税、城市维护建设税和教育费附加、地方教育附加、环境保护税、关税、耕地占用税、土地增值税、所得税等,有些行业还包括车船税、房产税、土地使用税、印花税、契税等。财务分析时,应说明税种、征税方式、计税依据、税率等,如有减免税优惠,则应说明减免税依据及减免方式。在会计处理上,消费税、资源税、土地增值税、城乡维护建设税和教育费附加、地方教育附加等包含在"税金及附加"科目中。

3.3.3 财务评价的基本报表

财务评价的基本报表包括现金流量表、利润与利润分配表、财务计划现金流量表、资产负债表和借款还本付息计划表等。

1. 现金流量表

现金流量表是用以反映项目计算期内各年的现金流入和现金流出的表格,用以计算各种动态和静态的评价指标,进行项目盈利能力分析。现金流量表可分为项目投资现金流量表、项目资本金现金流量表和投资各方现金流量表。

(1)项目投资现金流量表参见表3.3.1,用于计算项目投资内部收益率及净现值等财务评价指标。

表3.3.1 项目投资现金流量表 (人民币单位:万元)

序号	项 目	合计	计 算 期					
			1	2	3	4	……	n
1	现金流入							
1.1	营业收入							
1.2	销项税额							
1.3	补贴收入							
1.4	回收固定资产余值							
1.5	回收流动资金							
2	现金流出							
2.1	建设投资							
2.2	流动资金							

续表

序号	项 目	合计	计算期 1	2	3	4	……	n
2.3	经营成本							
2.4	进项税额							
2.5	应纳增值税							
2.6	税金及附加							
2.7	维持运营投资							
3	所得税前净现金流量(1-2)							
4	累计所得税前净现金流量							
5	调整所得税							
6	所得税后净现金流量(3-5)							
7	累计所得税后净现金流量							

计算指标：
项目投资财务内部收益率(%)(所得税前)
项目投资财务内部收益率(%)(所得税后)
项目投资财务净现值(所得税前)($i_c=$ %)
项目投资财务净现值(所得税后)($i_c=$ %)
项目投资回收期(年)(所得税前)
项目投资回收期(年)(所得税后)

注：1. 本表适用于新设法人项目与既有法人项目的增量和"有项目"的现金流量分析。

2. 调整所得税为以息税前利润为基数计算的所得税，区别于"利润与利润分配表""项目资本金现金流量表"和"财务计划现金流量表"中的所得税。

(2)项目资本金现金流量表参见表3.3.2，用于计算项目资本金财务内部收益率。

表3.3.2　　　　　　　　　　**项目资本金现金流量表**　　　　　　（人民币单位：万元）

序号	项 目	合计	计算期 1	2	3	4	……	n
1	现金流入							
1.1	营业收入							
1.2	销项税额							
1.3	补贴收入							

续表

序号	项 目	合计	计 算 期					
			1	2	3	4	……	n
1.4	回收固定资产余值							
1.5	回收流动资金							
2	现金流出							
2.1	项目资本金							
2.2	借款本金偿还							
2.3	借款利息支付							
2.4	经营成本							
2.5	进项税额							
2.6	应纳增值税							
2.7	税金及附加							
2.8	所得税							
2.9	维持运营投资							
3	净现金流量(1-2)							

计算指标：

资本金财务内部收益率(%)：

注：1. 项目资本金包括用于建设投资、建设期利息和流动资金的资金。

2. 对外商投资项目，现金流出中应增加职工奖励及福利基金科目。

3. 本表适用于新设法人项目与既有法人项目"有项目"的现金流量分析。

(3)投资各方现金流量表参见表3.3.3，用于计算投资各方内部收益率。

表3.3.3　　　　　　　　　　投资各方现金流量表　　　　　　　(人民币单位：万元)

序号	项 目	合计	计 算 期					
			1	2	3	4	……	n
1	现金流入							
1.1	实分利润							
1.2	资产处置收益分配							
1.3	租赁费收入							
1.4	技术转让或使用收入							
1.5	其他现金流入							

续表

序号	项 目	合计	计算期				
			1	2	3	4	……	n
2	现金流出							
2.1	实缴资本							
2.2	租赁资产支出							
2.3	其他现金流出							
3	净现金流量(1-2)							

计算指标：
投资各方财务内部收益率(%)

2. 利润与利润分配表

利润与利润分配表参见表3.3.4，该表反映项目计算期内各年的营业收入、总成本费用、利润总额等情况，以及所得税后利润的分配，用于计算总投资收益率、项目资本金净利润率等指标。

表3.3.4　　　　　　　　　利润与利润分配表　　　　　　　(人民币单位：万元)

序号	项 目	合计	计算期				
			1	2	3	4	……	n
1	营业收入							
2	税金及附加							
3	总成本费用							
4	补贴收入							
5	利润总额(1-2-3+4)							
6	弥补以前年度亏损							
7	应纳税所得额(5-6)							
8	所得税							
9	净利润(5-8)							
10	期初未分配利润							
11	可供分配的利润(9+10)							
12	提取法定盈余公积金							
13	可供投资者分配的利润(11-12)							

续表

序号	项 目	合计	计算期					
			1	2	3	4	……	n
14	应付优先股股利							
15	提取任意盈余公积金							
16	应付普通股股利（13-14-15）							
17	各投资方利润分配：其中：××方 ××方							
18	未分配利润（13-14-15-17）							
19	息税前利润（利润总额+利息支出）							
20	息税折旧摊销前利润（息税前利润+折旧+摊销）							

3. 财务计划现金流量表

财务计划现金流量表见表3.3.5，该表反映项目计算期各年的投资、融资及经营活动的现金流入和流出，用于计算累计盈余资金，分析项目的财务生存能力。

表3.3.5　　　　　　　　　　**财务计划现金流量表**　　　　　　　（人民币单位：万元）

序号	项 目	合计	计算期					
			1	2	3	4	……	n
1	经营活动净现金流量（1.1-1.2）							
1.1	现金流入							
1.1.1	营业收入							
1.1.2	增值税销项税额							
1.1.3	补贴收入							
1.1.4	其他流入							
1.2	现金流出							
1.2.1	经营成本							
1.2.2	增值税进项税额							

续表

序号	项 目	合计	计 算 期					
			1	2	3	4	……	n
1.2.3	税金及附加							
1.2.4	增值税							
1.2.5	所得税							
1.2.6	其他流出							
2	投资活动净现金流量（2.1-2.2）							
2.1	现金流入							
2.2	现金流出							
2.2.1	建设投资							
2.2.2	维持运营投资							
2.2.3	流动资金							
2.2.4	其他流出							
3	筹资活动净现金流量（3.1-3.2）							
3.1	现金流入							
3.1.1	项目资本金投入							
3.1.2	建设投资借款							
3.1.3	流动资金借款							
3.1.4	债券							
3.1.5	短期借款							
3.1.6	其他流入							
3.2	现金流出							
3.2.1	各种利息支出							
3.2.2	偿还债务本金							
3.2.3	应付利润（股利分配）							
3.2.4	其他流入							
4	净现金流量(1+2+3)							
5	累计盈余资金							

4. 资产负债表

资产负债表见表3.3.6,用于综合反映项目计算期内各年年末资产、负债和所有者权益的增减变化及对应关系,计算资产负债率。

表 3.3.6　　　　　　　　　　　　资产负债表　　　　　　　　(人民币单位:万元)

序号	项目	计算期					
		1	2	3	4	……	n
1	资产						
1.1	流动资产总额						
1.1.1	货币资金						
1.1.2	应收账款						
1.1.3	预付账款						
1.1.4	存货						
1.1.5	其他						
1.2	在建工程						
1.3	固定资产净值						
1.4	无形及其他资产净值						
2	负债及所有者权益(2.4+2.5)						
2.1	流动负债总额						
2.1.1	短期借款						
2.1.2	应付账款						
2.1.3	预收账款						
2.1.4	其他						
2.2	建设投资借款						
2.3	流动资金借款						
2.4	负债小计(2.1+2.2+2.3)						
2.5	所有者权益						
2.5.1	资本金						
2.5.2	资本公积金						
2.5.3	累计盈余公积金						
2.5.4	累计未分配利润						

计算指标:
资产负债率(%)

5. 借款还本付息计划表

借款还本付息计划表见表3.3.7，该表反映项目计算期内各年借款本金偿还和利息支付情况，用于计算偿债备付率和利息备付率指标。

表3.3.7　　　　　　　　　　借款还本付息计划表　　　　　　（人民币单位：万元）

序号	项目	合计	计算期					
			1	2	3	4	……	n
1	借款1							
1.1	期初借款余额							
1.2	当期还本付息							
	其中：还本							
	付息							
1.3	期末借款余额							
2	借款2							
2.1	期初借款余额							
2.2	当期还本付息							
	其中：还本							
	付息							
2.3	期末借款余额							
3	债券							
3.1	期初债务余额							
3.2	当期还本付息							
	其中：还本							
	付息							
3.3	期末债务余额							
4	借款和债券合计							
4.1	期初余额							
4.2	当期还本付息							
	其中：还本							
	付息							
4.3	期末余额							
计算指标	利息备付率							
	偿债备付率							

6. 财务生存能力分析

进行财务生存能力分析时应在财务辅助报表和利润与利润分配表的基础上编制财务计划现金流量表，通过考察项目计算期内的投资、融资和经营活动所产生的各项现金流入和流出，计算净现金流量和累积盈余资金，分析项目是否有足够的净现金流量维持正常运营，以实现财务可持续性。

财务可持续性应首先体现在有足够大的经营活动净现金流量，其次各年累计盈余资金不应出现负值。若出现负值，则应进行短期借款，同时分析该短期借款的年份长短和数额大小，进一步判断项目的财务生存能力。短期借款应体现在财务计划现金流量表中，其利息应计入财务费用。为维持项目正常运营，还应分析短期借款的可靠性。

3.3.4 财务评价指标体系

3.3.4.1 财务盈利性分析评价指标

对财务盈利能力的分析主要是考察项目的盈利水平，其主要评价指标为财务内部收益率和财务净现值、项目资本金财务内部收益率、投资回收期、总投资收益率、项目资本金净利润率等，可以根据项目的特点及财务分析的目的、要求等选用。

1. 财务内部收益率（Financial Internal Rate of Return，FIRR）

财务内部收益率是指能使项目计算期内净现金流量现值累计等于零时的折现率，是主要动态评价指标。财务内部收益率可以通过现金流量表中的净现金流量用试算法计算。财务内部收益率的计算方法参见本章3.2节中相关内容。

求出的FIRR应与行业基准收益率或设定的基准收益率i_c比较，当FIRR$\geq i_c$时，项目盈利能力已满足最低要求，在财务上可以考虑接受。项目投资财务内部收益率、项目资本金财务内部收益率和投资各方财务内部收益率都可依据上述计算方法计算，但所用的现金流入和现金流出不同，且三者也可以有不同的判别基准。

2. 财务净现值（Financial Net Present Value，FNPV）

财务净现值是反映项目在计算期内获利能力的动态评价指标，它是指按基准收益率i_0或设定的收益率（当未制定基准收益率时），将各年的净现金流量折现到建设起点（建设期初）的现值之和。财务净现值可以通过现金流量表计算求得。计算方法参见本章3.2节中相关内容。

一般情况下，财务盈利能力分析只计算项目投资财务净现值，可以根据需要选择计算所得税前净现值或所得税后净现值。

当FNPV≥ 0时，表明项目获利能力达到或超过基准收益率（或设定的收益率）要求的获利水平，应认为项目是可以考虑接受的。

3. 项目投资回收期P_t

项目投资回收期是指以项目的净收益回收项目投资（固定资产投资、投资方向调节税和流动资金）所需要的时间，一般以年为单位，是反映项目财务上投资回收能力的主要静态指标。投资回收期自建设开始年算起，也可以注明自投产开始年算起的投资回收期。净收益是税后利润、折旧与摊销及利息。

将投资回收期P_t和行业基准投资回收期T_c比较，当$P_t \leq T_c$时，应认为项目在财务上是可以考虑接受的。投资回收期短，表明项目投资回收快、抗风险能力强。

4. 总投资收益率（Return On Investment，ROI）

总投资收益率表示总投资的盈利水平，是指项目达到设计能力后正常年份的年息税前利润或运营期内年平均息税前利润（Earnings Before Interest and Tax，EBIT），与项目总投资（TI）的比率。总投资收益率应按下式计算：

$$ROI = \frac{EBIT}{TI} \times 100\% \tag{3.3.1}$$

式中：TI——项目总投资。

总投资收益率高于同行业的收益率参考值，表明用总投资收益率表示的盈利能力满足要求。

5. 项目资本金净利润率（Return On Equity，ROE）

项目资本金净利润率表示项目资本金的盈利水平，是指项目达到设计能力后正常年份的年净利润或运营期内年平均净利润（NP）与项目资本金（EC）的比率。项目资本金净利润率应按下式计算：

$$ROE = \frac{NP}{EC} \times 100\% \tag{3.3.2}$$

3.3.4.2 项目清偿能力分析评价指标

项目清偿能力分析主要考察计算期内各年财务状况及偿债能力。反映项目清偿能力的评价指标有利息备付率、偿债备付率、资产负债率、流动比率和速动比率。判断项目偿债能力的参数，应依据行业同类项目历史数据进行统计分析测定。项目财务评价时应结合行业特点和项目的实际情况选用。

1. 利息备付率（Interest Coverage Ratio，ICR）

利息备付率是指在借款偿还期内的息税前利润（EBIT）与应付利息（PI）的比值，该比值从付息资金来源的充裕性角度反映项目偿付债务利息的保障程度和支付能力，应按下式计算：

$$ICR = \frac{EBIT}{PI} \times 100\% \tag{3.3.3}$$

利息备付率应分年计算。利息备付率高，表明利息偿付的保障程度高。

利息备付率应当大于1，并结合债权人的要求确定。

2. 偿债备付率（Debt Service Coverage Ratio，DSCR）

偿债备付率是指在借款偿还期内，用于计算还本付息的资金（EBITDA-T_{AX}）与应还本付息金额（PD）的比值，该比值表示可以用于计算还本付息的资金偿还借款本息的保障程度和支付能力，应按下式计算：

$$DSCR = \frac{EBITDA - T_{AX}}{PD} \tag{3.3.4}$$

如果项目在运营期内有维持运营的投资，可以用于还本付息的资金应扣除维持运营的投资。

偿债备付率应分年计算，偿债备付率高，表明可以用于还本付息的资金保障程度高。

偿债备付率应大于1，并结合债权人的要求确定。

3. 资产负债率(Liability On Asset Ratio，LOAR)

资产负债率是指各期末负债总额(TL)同资产总额(TA)的比率，应按下式计算：

$$LOAR = \frac{TL}{TA} \times 100\% \tag{3.3.5}$$

适度的资产负债率，表明企业经营安全、稳健，具有较强的筹资能力，也表明企业和财权人的风险较小。对该指标的分析，应结合国家宏观经济状况、行业发展趋势、企业所处竞争环境等具体条件判定。项目财务分析中，在长期债务还清后，可以不再计算资产负债率。

4. 流动比率

流动比率是反映项目各年偿还流动负债能力的评价指标。其计算公式为

$$流动比率 = \frac{流动资产总额}{流动负债总额} \times 100\% \tag{3.3.6}$$

流动比率表明项目每一元钱流动负债有多少流动资产作为支付的保障。项目的流动资产在偿还流动负债后应该还有余力去应付日常经营活动中其他资金需要。特别对债权人来说，这项比率越高，债权越有保障。根据经验判定，一般这项指标要求在200%以上。但是，各行各业的经营性质不同，营业周期不同，对资产流动性要求并不一样，对该项指标应该有不同的衡量标准。

5. 速动比率

速动比率是反映项目快速偿还流动负债能力的指标。其计算公式为

$$速动比率 = \frac{流动资产总额 - 存货}{流动负债总额} \times 100\% \tag{3.3.7}$$

式中："流动资产总额-存货"为速动资产，它包括流动资产中的现金、短期投资(有价证券)、应收票据及应收账款等项目。这类项目流动性较好、变现时间短。速动比率是对流动比率的补充，如果流动比率高，而流动资产的流动性低，则企业的偿债能力仍然不高。一般要求速动比率在100%以上，但是，不同的行业应该有所差别。流动比率和速动比率用资产负债表计算。

3.3.5 通货膨胀对财务评价的影响

1. 通货膨胀的概念

通货膨胀是指物价水平的持续、普遍的提高。通货膨胀使货币贬值，单位货币的购买力降低。通货膨胀引起不同商品和劳务的价格升降幅度不同，变化的时间也不一样，所以，对通货膨胀的度量是困难的，通常是以各种物价指数的变化情况来衡量其大小。主要的物价指数有消费品价格指数(Consumer Price Index，CPI)和生产资料物价指数(Producer Price Indexes，PPI)等，价格指数的增长率基本反映了通货膨胀率的大小。

2. 通货膨胀对财务评价的影响

在建设项目财务评价中，假定价格在整个计算期内都保持不变。这只是一种假设情况，实际上，价格并不是固定不变的，既有由供求关系引起的上下波动及地区之间的价

差,又有由通货膨胀引起的总价格水平持续的上升。对价格的上下波动,在长期预测中只要选择比较适中的价格就可以了,而对通货膨胀引起的价格总水平的上升,就要根据情况来分析和处理。

在建设项目的财务评价中,为了简化计算,当通货膨胀率较小时,一般在2%~4%时,可以不予考虑。因为所有方案及同一方案的产品价格、投入物价格都存在通货膨胀,各种因素相互抵消后其影响较小,不致影响可行性分析结果和方案的选择。通货膨胀率较大时,建设项目现金流入量比现金流出量变化更快,采用固定价格的评价方法,其计算结果和实际情况差异较大,从而有可能影响建设项目的决策。

通货膨胀对建设项目财务评价的影响,主要有以下几个方面:

(1) 对固定资产投资的影响。固定资产投资是以基年的价格水平为依据来估算的,在数年的建设中,由于存在通货膨胀,实际的投资额高于基年的固定资产投资。为了使投资不留缺口,通常的做法是,在通货膨胀率不高的情况下,结合投资构成中的不可预见费一并考虑;在通货膨胀率较高的情况下,除去不可预见费外,再加一项专门应付通货膨胀的涨价预备费。

(2) 对产出物价格的影响。通货膨胀会使产品市场价格(时价)持续升高,从而直接影响销售收入的大小。

(3) 对投入物价格的影响。通货膨胀对原材料、辅助材料、燃料、动力等价格都产生影响,从而直接影响产品的成本估算。

(4) 对贷款利率的影响。发生通货膨胀后,扣除通货膨胀后的利率等于银行执行利率减去通货膨胀率。所以考虑通货膨胀后,可能有三种情况:

① 银行执行利率大于通货膨胀率,则银行贷款除回收本金外,还可以得到部分利息;
② 银行执行利率等于通货膨胀率,则银行贷款只能收回本金,利息为零;
③ 银行执行利率小于通货膨胀率,则银行贷款不仅得不到利息,而且要亏本。

(5) 对建设项目财务盈利能力分析结果的影响。当建设项目净现金流量在计算期内各年按相同通货膨胀率增加时,由于通货膨胀对建设项目税前分析没有实际影响,所以在有通货膨胀和无通货膨胀两种情况下的所得税税前内部收益率的货币实际值是相同的。由于通货膨胀影响,税前内部收益率的实际值(IRR_r)将低于其名义值(IRR_n)。二者的换算公式为

$$IRR_r = IRR_n - f \tag{3.3.8}$$

式中:f——通货膨胀率。

由于发生通货膨胀,未来的收益将因通货膨胀而增加,但是各年的折旧费却是一个固定值,并不因通货膨胀而增加。因此,应纳税所得额和所得税额将因通货膨胀而增加,从而使各年税后净现金流量减少,进而税后内部收益率降低。通货膨胀率愈高,税后内部收益率的实际值愈小。

3. 考虑通货膨胀时的价格问题

(1) 不变价格法。该方法采用基年(或建设初期)不变价格,投入物和产出物都不考虑通货膨胀率。其优点是:在经济稳定通货膨胀率较小时,可以获得较可靠的评价数据,且简单易行;其缺点是:在通货膨胀率较高情况下,按不变价格计算的各项收支金额既不能

反映建设期的费用，也不能反映生产期的收益、利息和税金等各项收支。

（2）考虑建设期通货膨胀的评价方法。该方法只考虑建设期的通货膨胀因素，不考虑生产期各种通货膨胀因素。该方法仅考虑到建设期价格变动，其通货膨胀率较易预测，其缺点是通货膨胀因素考虑得不全面。

（3）简单时价法。该方法同时考虑建设期和生产期的通货膨胀因素。以基年数据为基础，投入物和产出物均考虑通货膨胀因素。其优点是克服了前两种方法的不足，其缺点是整个计算期的通货膨胀率不易预测。

3.4 建设项目国民经济评价

国民经济评价是从国家整体角度考察建设项目的效益和费用，用影子价格、影子工资、影子汇率和社会折现率，计算分析建设项目给国民经济带来的净效益，从而评价投资建设项目在经济上的合理性，为投资决策提供宏观上的决策依据。建设项目的国民经济评价，主要包括效益费用的识别、效益和费用的计量、效益及费用的比较、无形效果评价及综合评价等内容。

3.4.1 概述

1. 国民经济评价的意义

由于建设项目对整个国民经济的影响不仅仅表现在建设项目自身的财务效果上，还会对国民经济其他行业和单位产生影响，从项目局部利益出发的财务分析不能确保资源的合理配置和有效利用。因此，我国现行的建设项目评价标准规定，投资项目的经济评价既要进行企业财务评价，又要进行国民经济评价。在某些项目中，国民经济评价的结论作为主要的决策依据，而企业财务评价只起辅助作用。建设项目国民经济评价的意义主要表现在以下三个方面：

（1）国民经济评价能够客观地估算出投资项目为社会做出的贡献和社会为其付出的代价。在国民经济评价中，投资项目效益、费用都是按其真正的投资产出值来计算的。国民经济评价不仅计算其盈利大小，资金回收多少，而且还考虑了对其他行业和部门的影响、就业能力、环境保护与生态平衡、资源充分利用与合理分配等因素，国民经济评价的结果更为全面和合理。

（2）运用国民经济评价方法对投资项目进行评价，能够对资源和投资的合理流动起到导向的作用，在国民经济评价中采用了影子价格和社会贴现率。影子价格是在资源最优分配状态下的边际产出的价值，因此能够对资源合理分配加以引导，达到宏观调控的目的。采用统一的社会贴现率，可以使投资最终流向投资效率高、资金回收比率大的行业，从而促进资源高效利用，提高社会整体效益。

（3）国民经济评价可以达到统一标准的目的。由于国民经济评价不仅统一采用影子价格，而且采用统一的评价参数（社会贴现率、影子汇率、影子工资、贸易费用率等），这样就能使不同地区、不同行业的投资项目具有可比性，而这种横向可比性对于宏观上选择最优投资方向是非常重要的。

项目的国民经济评价在项目决策中有着重要的作用。财务评价与国民经济评价均可行的项目，可以通过；国民经济评价结论不可行的项目，一般应予以否定。对一些国计民生急需的项目，若国民经济评价合理，而财务评价不可行，应重新考虑方案，必要时可以提出相应的财务政策方面的建议，如在税收上或贷款利率上给予优惠、放松价格管制、允许部分产品以较高价格出售等，使项目在财务上也可行；反之，对企业财务评价结论很好、企业利润很高，而国民经济评价不可行的项目，国家必然加以限制，或采用以经济手段为主的措施来抑制其发展。正确运用国民经济评价方法，在项目决策中可以有效地察觉盲目建设、重复建设项目，可以有效地将企业利益、地区利益与全社会和国家整体利益有机地结合起来。

2. 我国现行国民经济评价方法的基本思路

国际上推荐和使用的国民经济评价方法很多，其中比较有代表性的有两种，一是联合国工业发展组织(United Nations Industrial Development Organization，UNIDO)出版的《项目评价手册》中介绍的方法，称为 UNIDO 法；另一种是世界银行(World Bank，WB)出版的《项目经济分析》中介绍的方法，称为 WB 法。UNIDO 法与 WB 法的共性是：认为项目投资者通过项目所获得的利益并不能代表项目的国民经济效益，因此提出需要用效益-费用分析方法对项目进行经济评价。此外，要求全面考虑项目对国民经济的影响，在计算时，要考虑外部效果和公平分配，要进行项目的社会评价。我国采用的国民经济评价方法是在参考了 UNIDO 法并考虑了我国国情后，在效益分析方法的基础上发展而来的。

一个项目对整个国民经济的影响是多方面的，不仅创造了经济效益，带来国民生产总值的增长，还会给人们社会生活的许多方面带来影响，会在就业、消费、文化教育、文学艺术等方面产生影响，还会对生态环境、科学技术、社会意识形态、国家的社会结构、生产力配置等方面产生影响。

国民经济评价究竟对哪方面的影响进行分析和评价，存在着两种看法：一种对国民经济评价的狭义理解，认为经济评价应与社会评价分开，经济评价仅仅分析和评价项目对国民经济产生的影响，而对社会生活方面的影响则单独进行分析和评价；另一种广义的理解，认为可以将费用和效益的比较方法用于项目影响的各个方面，将各种影响的费用和效益转化为统一的可比较量，进行总的费用与效益的比较。这种广义的理解，就是要将项目对国民经济各个方面产生的影响，用统一的货币计量单位表示，然后用效益费用法进行比较。UNIDO 法和 WB 法就是采用的这种广义的经济评价概念。我国现在采用的国民经济评价法，基本上采取广义的国民经济的评价概念。但考虑必要性和可能性，在具体处理方法上采用了简化的评价方法。例如，当难以统一用货币衡量某些效果的影响价值时，可以用其他的量化方法比较，或者用定性的方法对效果进行描述。

3. 国民经济评价的具体步骤

国民经济评价一般是在财务评价基础上进行的，其主要步骤为：

(1) 效益和费用范围的调整。

① 剔除已计入财务效益和费用中的转移支付；

② 识别项目的间接效益和间接费用，对能定量的应进行定量计算；对不能定量的，应作定性描述。

(2)效益和费用数值的调整。

① 固定资产投资的调整。剔除属于国民经济内部转移支付的引进设备、材料的关税和增值税,并用影子汇率、影子运费和贸易费用对引进设备价值进行调整;对于国内设备价值则用其影子价格、影子运费和贸易费用进行调整。根据建筑工程消耗的人工、三材(钢材、木材和水泥)、其他大宗材料、电力等,用影子工资、货物和电力的影子价格调整建筑费用,或通过建筑工程影子价格换算系数直接调整建筑费用。若安装费中的材料费占很大比重,或有进口安装材料,也应按材料的影子价格调整安装费用。用土地的影子费用代替占用土地的实际费用。剔除涨价预备费,调整其他费用。

② 流动资金的调整。调整由于流动资金估算基础的变动引起的流动资金占用量的变动。

③ 经营费用的调整。可以先用货物的影子价格、影子工资等参数调整费用要素,然后再加总求得经营费用。

④ 销售收入的调整。先确定项目产出物的影子价格,然后重新计算销售收入。

⑤ 在涉及外汇借款时,用影子汇率计算外汇借款本金与利息的偿付额。

(3)编制有关报表并计算评价指标。编制项目投资经济费用效益流量表、经济费用效益分析投资费用估算调整表、经济费用效益分析经营费用估算调整表、项目直接效益估算调整表、项目间接费用估算表和项目间接效益估算表,并据此计算经济内部收益率、经济净现值和经济效益费用比等指标。

对于产出物出口(含部分出口)或替代进口(含部分替代进口)的项目,还应进行外汇效果分析,计算经济外汇净现值、经济换汇成本、经济节汇成本等指标。

3.4.2 效益和费用的识别

3.4.2.1 识别效益和费用的原则

1. 基本原则

国民经济分析以社会资源的最优配置从而使国民收入最大化为目标,凡是增加国民收入的就是国民经济效益,凡是减少国民收入的就是国民经济费用。

2. 边界原则

边界是指效益与费用的计算范围。国民经济分析从国民经济的整体利益出发,其系统分析的边界是整个国家。国民经济分析不仅要识别项目自身的直接经济效果,而且需要识别项目对国民经济其他部门和单位产生的间接效果,即外部效果。

3. 资源变动原则

在计算财务收益和费用时,依据的是货币的变动。凡是流入项目的货币就是财务收益,凡是流出项目的货币就是财务费用。国民经济分析以实现资源最优配置从而保证国民收入最大增长为目标。由于经济资源的稀缺性,就意味着一个项目的资源投入会减少这些资源在国民经济其他方面的可用量,从而减少了其他方面的国民收入,所以,从这种意义上说,该项目对资源的使用产生了国民经济费用。同理,项目的产出是国民经济收益,是由于项目的产出能够增加社会资源——最终产品的缘故。因此,在考察国民经济费用和效益的过程中,依据的不是货币,而是社会资源的真实变动量。凡是减少社会资源的项目投入都产生国民经济费用，凡是增加社会资源的项目产出都产生国民经济收益。

3.4.2.2 建设项目的效益

1. 建设项目的直接效益

直接效益主要是用影子价格计算的项目的产出物产生，并在项目范围内计算的经济效益。投入物的节约亦视为效益，即释放到社会上的资源的经济效益。直接效益可能是增加该产出物数量来满足国内消费需求所产生效益；也可能是替代其他相同或类似企业的产出物，使被替代企业减产，从而减少国家资源消耗所产生的效益；还可能是项目产出物为出口（或替代进口）货物，从而增加了出口量（或减少进口量）所产生的外汇效益。

2. 建设项目的间接效益

间接效益亦称外部效果，是指项目为社会做出了贡献，而在直接效益中未得到反映的那部分效益。"外部效果"通常较难计量，为了减少计量上的困难，首先应力求明确项目的"边界"。可以通过以下两种处理方法来使"外部效果"内部化：

（1）扩大项目范围法。把一些相互关联的项目合成一个"联合体"进行评价。如兴建一个炼钢厂，可以把铁矿山、炼铁厂、炼钢厂、轧钢厂等作为一个联合体。

（2）影子价格法。调整项目投入物和产出物价格，用影子价格来计算项目的效益和费用，在很大程度上使项目的外部效果在项目内部得到了体现。

通过扩大项目范围和调整价格可以使大部分"外部效果"内部化，但可能仍有某些"外部效果"需要单独分析。如建设技术先进的项目，由于技术人员流动、技术推广传播等所带来的间接效益，未在影子价格中得到反映，并且无法计量，只能进行定性说明。又如由于项目的投产使其上、下游企业（上游企业是指为该项目提供投入物的企业，下游企业是指把该项目产出物作为投入物的企业）原来闲置的生产能力得以发挥或达到经济规模所产生的效果，也是该项目的间接效益。计算"外部效果"时还应注意，某些"外部效果"已经计入项目投入物和产出物的影子价格，这些效果不得重复计算。项目外部效果一般只计算一次相关效果，不考虑连续扩展的乘数效果。

3.4.2.3 建设项目的费用

1. 建设项目的直接费用

直接费用主要是用影子价格计算的项目投入物所产生，并在项目范围内计算的经济费用。直接费用的主要表现形式为：国内其他行业为供应该项目投入物而扩大生产规模所消耗的资源费用；或减少其他项目（或最终消费者）的投入物供应而给其他项目造成的损失；或增加进口量（或减少出口量）所消耗外汇（或减少外汇收入）等。

2. 建设项目的间接费用

间接费用亦称外部费用是指社会为项目付出了代价，而在项目的直接费用中未得到反映的那部分费用。典型的例子是工业项目的"三废"引起的环境污染和对生态平衡的破坏，社会付出了代价，而项目并不支付任何费用。

间接费用的计算与间接效益计算一样，采用"扩大项目范围法"和"影子价格法"。但可能仍有某些"外部效果"需要单独分析。如工业项目造成的环境污染和对生态的破坏，是一种比较明显的间接费用，可以参照现有同类企业所造成的损失来计算，至少也应做定性分析。又如拟建项目的产出增加了出口量，造成原出口产品出口价格下降，减少了创汇效益，则应计为该项目的间接费用。项目外部效果一般只计算一次相关效果，不考虑连续扩展的乘数效果。

3.4.2.4 对转移支付的处理

1. 税金

在财务分析中，税金包括销售税和所得税。对企业来说，这些税金都是财务支出。但是，对国民经济整体而言，企业纳税并未减少国民经济收入，只不过是将企业的这笔货币收入转移到政府手中而已，是收入的再分配。考察项目的国民经济评价系统，是从资源增减的角度区别收益和费用的，税金既然是国民收入的再分配，并不伴随生产资源的变动，因而，在国民经济评价中既不能把税金列为收益，也不能把税金列为费用。

2. 补贴

补贴是一种货币流动方向与税金相反的转移支付。政府如果对某些产品实行价格补贴，可能会降低项目投入的支付费用，或者会增加项目的收入，从而增加项目的净收益。但是这种收益的增加仍然是国民经济收入从政府向企业的一种转移，这种转移只是资源的支配权发生变动，实际上既未增加社会资源，也未减少社会资源，因而补贴不被视为国民经济评价中的费用和收益。

3. 国内贷款的还本付息

项目的国内贷款及其还本付息也是一种转移支付。在企业评价中被视为财务支出。但从国民经济角度看，情况则不同。还本付息并没有减少国民经济收入，这种货币流动过程仅仅代表资源支配权力的转移，社会实际资源并未增加或减少，因而在国民经济评价中，不被视为费用。

3.4.3 国民经济评价的参数与价格体系

3.4.3.1 影子汇率

汇率是指两个国家不同货币之间的比价或交换比率。影子汇率（Shadow Exchange Rate，SER）是反映外汇真实价值的汇率。实际上，影子汇率也就是外汇的机会成本，即项目投入或产出所导致的外汇的减少或增加给国民经济带来的损失或效益。影子汇率的确定主要是依据一个国家或地区一段时期内进出口的结构和水平、外汇的机会成本及发展趋势、外汇供需状况等因素的变化。当这些因素发生较大变化时，影子汇率值需做相应的调整。

我国目前外汇管理体制实行的是以市场供求为基础的有管理的单一的浮动汇率制度。影子汇率是以市场价格（市场牌价）为基点，经过影子汇率换算系数修正的市场浮动汇率，2006年公布的影子汇率换算系数为1.08。

影子汇率以美元与人民币的比价表示。对于美元以外的其他国家货币，需要参照中国银行定期公布的该种外币对美元之比价，先折算为美元，再用影子汇率换算为人民币。

3.4.3.2 社会折现率

社会折现率是资金的影子利率，是国民经济评价中重要参数之一。社会折现率是国民经济评价中经济内部收益率的基准值。适当的社会折现率有利于合理分配建设资金，指导资金投向对国民经济贡献大的项目,调节资金供需关系。

在我国,社会折现率是一个重要的通用参数,由国家统一测定发布。原国家计委1987年首次公布的社会折现率为10%;1993年公布的社会折现率为12%;2006年公布的社会折现率为8%,对于受益期长的建设项目,如果远期效益较大,效益实现的风险较小,社会折现率可以适当降低,但不得低于6%。

3.4.3.3 影子价格

为使社会资源能够合理配置和有效利用,就必须使价格能够真实反映其经济价值,这样才能正确地计算项目的投入和产出,才能正确地进行收益和费用的比较。为此,在项目的国民经济分析中采用一种新的价格体系,即影子价格体系。

影子价格是在完善的市场经济条件下,某种资源处于最佳分配状态时的边际产出价值。影子价格是根据国家经济增长的目标和资源的可获性来确定的。如果某种资源数量稀缺,同时又有许多用途完全依靠它,那么它的影子价格就高。如果这种资源的供应量增多,那么它的影子价格就会下降。市场价格一般也能正确反映出资源的稀缺程度,但是"不完全"的市场机制可以造成市场价格与影子价格之间的巨大差别,因此,国民经济评价不能简单地采用市场价格。但是,市场价格毕竟是对资源价值的一种估算,而且普遍存在于现实经济活动中,所以获得影子价格的途径仍是以市场价格为基础,把市场价格调整为影子价格。影子价格不用于实际的交换,而是用于经济评价、预测、计划等工作。

确定影子价格时,对于投入物和产出物,首先要区分为外贸货物、非外贸货物和特殊投入物三大类别,然后根据投入物和产出物对国民经济的影响分别处理。

3.4.3.4 外贸货物的影子价格

在项目经济评价中,确定影子价格的实用方法,是以国际市场价格为基础来调整国内市场价格而得到影子价格。国际市场价格虽然不是理想的影子价格,但是由于它是在国际范围的市场竞争中形成的,不受任何国家的控制,比较真实地反映了商品的价值。而且,以国际市场价格为基础来确定影子价格,方法简单实用。

外贸货物是指其生产或使用会直接或间接影响国家出口或进口的货物。外贸货物中的进口品应满足国内生产成本大于到岸价格,否则不应进口;外贸货物中的出口品应满足国内生产成本小于离岸价格,否则不应出口。

到岸价格是指进口货物到达本国口岸的价格,包括国外购货成本(即国外的离境交货价格)及货物运到本国口岸所需要的运输费用和保险费,简称 CIF(Cost Insurance & Freight)。离岸价格是指出口货物的离境交货价格,如为海港交货,则指"船上交货价格",简称 FOB(Free On Board)。到岸价格与离岸价格统称口岸价格。

原则上,石油、金属材料、金属矿物、木材及可出口的商品煤,一般都划为外贸货物,这样做主要是由于调价方便的需要,而且考虑到这些货物或者有较大的出口潜力,或者因国内紧缺而需要大量进口。

1. 项目产出物的影子价格(出厂影子价格)

(1)直接出口的产出物影子价格(Shadow Pride,SP)。直接出口的产出物指直接外销产品,其影子价格计算如下:

$$SP = FOB \times SER - (T_1 + T_{r1}) \tag{3.4.1}$$

式中：T_1、T_{r1}——国内运输费用和贸易费用。

(2)间接出口的产出物影子价格(SP)。间接出口的产出物主要指内销产品，拟建项目的产品替代其他产品的国内销售，使其他产品增加出口。间接出口的产出物影子价格的计算如下：

$$SP = FOB \times SER - (T_2 + T_{r2}) + (T_3 + T_{r3}) - (T_4 + T_{r4}) \tag{3.4.2}$$

式中：T_2、T_{r2}——从原供应厂到口岸的运输费用和贸易费用；

T_3、T_{r3}——从原供应厂到用户的运输费用和贸易费用；

T_4、T_{r4}——从项目到用户的运输费用和贸易费用。

其中，原供应厂是指被替代产品的生产厂家，用户是指使用该产品的国内用户。当原供厂和用户难以确定时，可以按照直接出口产出物计算。

(3)替代进口的产出物影子价格(SP)。替代进口的产出物指内销产品，以项目的产品替代进口产品，减少了该产品的进口。替代进口的产出物影子价格计算如下：

$$SP = CIF \times SER + (T_5 + T_{r5}) - (T_4 + T_{r4}) \tag{3.4.3}$$

式中：T_5、T_{r5}——从口岸到用户的运输费用和贸易费用。

2. 项目投入物的影子价格(到厂影子价格)

(1)直接进口的投入物影子价格(SP)。直接进口的投入物的影子价格计算如下：

$$SP = CIF \times SER + (T_1 + T_{r1}) \tag{3.4.4}$$

(2)间接进口的投入物影子价格(SP)。某产品的国内产量供不应求，需要进口才能满足国内市场的需求，拟建项目虽然使用国内某厂的产品，但相应增加了该产品的进口。间接进口物影子价格计算如下：

$$SP = CIF \times SER + (T_5 + T_{r5}) - (T_3 + T_{r3}) + (T_6 + T_{r6}) \tag{3.4.5}$$

式中：T_6、T_{r6}——从供应厂到项目的运输费用和贸易费用。

当原供厂和用户难以确定时，可以按照直接进口的投入物计算。

(3)减少出口的投入物影子价格(SP)。拟建项目使用了国内产品，减少了该产品的出口。减少出口的投入物影子价格计算如下：

$$SP = FOB \times SER - (T_2 + T_{r2}) + (T_6 + T_{r6}) \tag{3.4.6}$$

贸易费用是指物资系统、外贸公司、各级商业批发站等部门花费在货物流通过程中以影子价格计算的除长途运输费以外的费用。贸易费用按照贸易费用率计取。我国1993年公布的国民经济评价参数规定：贸易费用率取值6%。

3.4.3.5 非贸易货物影子价格

1. 项目产出物的影子价格

(1)增加供应数量满足国内消费的产出物。供求均衡的，按财务价格定价；供不应求的，参照国内市场价格定价，但不应高于相同质量产品的进口价格。

(2)不增加国内供应数量，只是替代其他相同或类似企业的产出物，致使被替代企业停产或减产的。质量与被替代产品相同的，应按被替代企业相应的产品可变成本分解定价；提高产品质量的，原则上按被替代产品的可变成本加提高产品质量带来的国民经济效益定价,其中,提高产品质量带来的效益,可以近似地按国际市场价格与被替代产品的价格之差确定。

(3)产出物按上述原则定价后,再计算出厂价格。

2. 项目投入物的影子价格

(1)通过原供企业挖潜(不增加投资)增加供应的投入物,按可变成本分解定价。

(2)通过增加企业生产规模,以满足拟建项目需要的投入物,按全部成本(包括可变成本和固定成本)分解定价。

(3)通过减少原用户的供应量来对项目的供应的投入物,参照国内市场价格、国家统一价格加补贴中较高者定价。

(4)投入物按上述原则定价后,再计算到厂价格。

3.4.3.6 特殊投入物的影子价格

1. 劳动力的影子工资

在国民经济评价中,劳动力的影子价格(劳务费用)用影子工资来反映。影子工资是国家和社会因项目使用劳动力而付出的代价。影子工资包括两个方面:

(1)劳动力的机会成本,是指劳动力不被项目使用时,在原来岗位上为社会创造的净效益,即由于项目使用劳动力而使社会为此而放弃的原有效益。

(2)由于项目使用劳动力而使社会增加的(未付给职工)资源消耗,如搬迁费、培训费、城市交通费等。

影子工资的计算公式为

$$影子工资 = 财务工资 \times 影子工资换算系数 \qquad (3.4.7)$$

影子工资应根据项目所在地劳动力就业状况、劳动力就业或转移成本测定。技术劳动力的工资报酬一般由市场供求决定,影子工资一般按财务实际支出确定;对于非技术劳动力,其影子工资换算系数一般取 0.25~0.8,对于非技术劳力富余的地区取较低值,反之取较高值,中间状况取 0.5。

2. 土地的影子费用

土地的影子价格是指项目占用土地而使国民经济付出的代价。土地的影子费用包括两个方面:

(1)土地的机会成本,是指土地不被项目使用时,作其他用途为社会创造的净效益,即由于项目使用土地,而使社会为此而放弃的原有效益。

(2)由于项目使用土地而使社会增加的资源消耗,如居民搬迁费、剩余农业劳动力安置费等。

土地影子费用计算公式为

$$土地影子费用 = 土地机会成本 + 新增资源消耗 \qquad (3.4.8)$$

土地机会成本按拟建项目占用土地而使国民经济为此放弃该土地"最佳替代用途"的净效益计算;土地改变用途而发生的新增资源消耗主要包括拆迁补偿费、农民安置补助费等。土地平整等开发成本通常计入工程建设费用中,在土地影子价格中不再重复计算。

3.4.4 国民经济评价的基本报表

国民经济评价的基本报表分为项目投资经济费用效益流量表、经济费用效益分析投资费用估算调整表、经济费用效益分析经营费用估算调整表、项目直接效益估算调整表、项目间接费用估算表和项目间接效益估算表。

1. 项目投资经济费用效益流量表(表3.4.1)

表3.4.1　　　　　　　　项目投资经济费用效益流量表　　　　　　（人民币单位：万元）

序号	项　目	合计	计　算　期					
			1	2	3	4	……	n
1	效益流量							
1.1	项目直接效益							
1.2	资产余值回收							
1.3	项目间接效益							
2	费用流量							
2.1	建设投资							
2.2	维持运营投资							
2.3	流动资金							
2.4	经营费用							
2.5	项目间接费用							
3	净效益流量(1-2)							

计算指标：
经济内部收益率(%)
经济净现值（$i_s=$　　%）

2. 经济费用效益分析投资费用估算调整表(表3.4.2)

表3.4.2　　　　　　经济费用效益分析投资费用估算调整表　　　　　　（人民币单位：万元）

序号	项目	财务分析			经济费用效益分析			经济费用效益分析比财务分析增减
		外币	人民币	合计	外币	人民币	合计	
1	建设投资							
1.1	建筑工程费							
1.2	设备购置费							
1.3	安装工程费							

续表

序号	项目	财务分析			经济费用效益分析			经济费用效益分析比财务分析增减
		外币	人民币	合计	外币	人民币	合计	
1.4	其他费用							
1.4.1	其中：土地费用							
1.4.2	专利及专有技术费							
1.5	基本预备费							
1.6	涨价预备费							
1.7	建设期利息							
2	流动资金							
	合计（1+2）							

注：若投资费用是通过直接估算得到的，本表应略去财务分析的相关栏目。

3. 经济费用效益分析经营费用估算调整表（表3.4.3）

表3.4.3　　　　　**经济费用效益分析经营费用估算调整表**　　　（人民币单位：万元）

序号	项目	单位	投入量	财务分析		经济费用效益分析	
				单价(元)	成本	单价(元)	费用
1	外购原材料						
1.1	原材料A						
1.2	原材料B						
1.3	原材料C						
1.4	……						
2	外购燃料及动力						
2.1	煤						
2.2	水						
2.3	电						
2.4	重油						
2.5	……						
3	工资及福利费						
4	修理费						
5	其他费用						
	合计						

注：若经营费用是通过直接估算得到的，本表应略去财务分析的相关栏目。

4. 项目直接效益估算调整表(表3.4.4)

表3.4.4　　　　　　　　　　　项目直接效益估算调整表　　　　　　　(人民币单位：万元)

产出物名称			投产第一期负荷(%)				投产第二期负荷(%)				……	正常生产年份(%)			
			A产品	B产品	……	小计	A产品	B产品	……	小计		A产品	B产品	……	小计
年产出量		计算单位													
		国内													
		国际													
		合计													
财务分析	国内市场	单价(元)													
		现金收入													
	国际市场	单价(美元)													
		现金收入													
经济费用效益分析	国内市场	单价(元)													
		直接效益													
	国际市场	单价(美元)													
		直接效益													
合计(万元)															

5. 项目间接费用估算表(表3.4.5)

表3.4.5　　　　　　　　　　　项目间接费用估算表　　　　　　　(人民币单位：万元)

序号	项目	合计	计算期					
			1	2	3	4	……	n
1								
2								
3								
4								
……								

6. 项目间接效益估算表(表 3.4.6)

表 3.4.6 项目间接效益估算表 (人民币单位：万元)

序号	项 目	合计	计 算 期					
			1	2	3	4	……	n
1								
2								
3								
4								
……								

上述报表中所列效益和费用项均按影子价格、影子工资、影子汇率计算，并应剔除属于国民经济内部转移支付部分，如税金、补贴、国内借款利息等。

3.4.5 国民经济评价指标

国民经济评价包括国民经济盈利分析和外汇效果分析，以经济内部收益率作为主要评价指标。根据项目的特点和实际需要，也可以计算经济净现值等指标。产品出口创汇及替代进口节汇的项目，应计算经济外汇净现值、经济换汇成本和经济节汇成本等指标。此外，还可以对难以量化的外部效果进行定性分析。

3.4.5.1 国民经济盈利性分析评价指标

国民经济盈利性分析评价指标为经济内部收益率、经济净现值和经济效益费用比。

1. 经济内部收益率(Economic Internal Rate of Return，EIRR)

经济内部收益率是反映项目对国民经济净贡献的相对指标。该指标是使项目计算期内的经济净效益流量的现值累计等于 0 时的折现率。其计算公式为

$$\sum_{t=1}^{n} \frac{(B-C)_t}{(1+\text{EIRR})^t} = 0 \qquad (3.4.9)$$

式中：B——经济效益流量；

C——经济费用流量；

$(B-C)_t$——第 t 期的经济净效益流量；

n——项目计算期，或经济寿命。

经济内部收益率可以通过经济现金流量表用试差法进行计算。求出的 EIRR 和社会折现率 i_s 进行比较，如果 EIRR $\geq i_s$，项目应考虑可以接受。

2. 经济净现值(Economic Net Present Value，ENPV)

经济净现值是反映项目对国民经济所作净贡献的绝对指标。该指标是用社会折现率将项目计算期内各年的净效益流量折算到建设期初的现值之和。当经济净现值大于 0 时，表明国家为项目付出代价后，除得到符合社会折现率的社会盈余外，还可以得到以现值计算

的超额社会盈余。其计算公式为

$$\text{ENPV} = \sum_{t=1}^{n} \frac{(B-C)_t}{(1+i_s)^t} \qquad (3.4.10)$$

式中：i_s—— 社会折现率。

一般情况下，经济净现值 ENPV ≥ 0 的项目是可以考虑接受的。经济净现值通过经济现金流量表计算。

3. 经济效益费用比 R_{BC}

经济效益费用比是指项目在计算期内效益流量的现值与费用流量现值之比，其计算公式为

$$R_{BC} = \frac{\sum_{t=1}^{n} B_t (1+i_s)^{-t}}{\sum_{t=1}^{n} C_t (1+i_s)^{-t}} \qquad (3.4.11)$$

式中：B_t—— 第 t 期的经济效益；

C_t—— 第 t 期的经济费用。

如果经济效益费用比大于 1，表明项目资源配置的经济效率达到了可以被接受的水平。

3.4.5.2 外汇效果分析评价指标

涉及产品出口创汇或替代进口节汇的项目，应进行外汇效果分析，计算经济外汇净现值、经济换汇成本、经济节汇成本等指标。

1. 经济外汇净现值($ENPV_F$)

经济外汇净现值是反映项目实施后对国家外汇收支造成直接或间接影响的重要指标，用以衡量项目对国家外汇的真正净贡献(创汇)或净消耗(用汇)。经济外汇净现值可以通过经济外汇流量表计算求得，其计算公式为

$$\text{ENPV}_F = \sum_{t=0}^{n} \frac{(\text{FI} - \text{FO})_t}{(1+i_s)^t} \qquad (3.4.12)$$

式中：FI—— 外汇流入量；

FO—— 外汇流出量；

$(\text{FI} - \text{FO})_t$—— 第 t 年的净外汇流量；

n—— 项目计算期，或经济寿命。

当有产品替代进口时，可以按净外汇效果计算经济外汇净现值。

2. 经济换汇成本

当有产品直接出口时，应计算经济换汇成本。该指标是用影子价格、影子工资和社会折现率计算出口产品投入的国内资源(包括投资、原材料、工资、其他投入和贸易费用)现值(用人民币表示)与出口产品的经济外汇净现值(用美元表示)之比，即换取 1 美元外汇所需要的人民币金额，是分析评价项目实施后在国际上的竞争力，进而判断该产品应否出口的重要指标。其计算公式为

$$\text{经济换汇成本} = \frac{\sum_{t=0}^{n} \text{DR}_t (1+i_s)^{-t}}{\sum_{t=0}^{n} (\text{FI}' - \text{FO}')_t (1+i_s)^{-t}} \tag{3.4.13}$$

式中：DR_t——项目在第 t 年生产出口产品投入的国内资源，用人民币表示；

FI'——出口产品的外汇流入量，用美元表示；

FO'——生产出口产品的外汇流出量，用美元表示。

经济换汇成本(元／美元)小于或等于影子汇率，表明该项目产品的国际竞争力强，出口或替代进口是有利的。

3．经济节汇成本

当有产品替代进口时，应计算经济节汇成本。该指标等于项目计算期内生产替代进口产品所投入的国内资源(包括投资、原材料、工资、其他投入和贸易费用)的现值与生产替代进口产品的经济外汇净现值之比，即节约 1 美元外汇所需的人民币金额，其计算公式为

$$\text{经济节汇成本} = \frac{\sum_{t=1}^{n} \text{DR}''_t (1+i_s)^{-t}}{\sum_{t=1}^{n} (\text{FI}'' - \text{FO}'')_t (1+i_s)^{-t}} \tag{3.4.14}$$

式中：DR''_t——项目在第 t 年为生产替代进口产品投入的国内资源，用人民币表示；

FI''——生产替代进口产品所节约的外汇，用美元表示；

FO''——生产替代进口产品的外汇流出，用美元表示。

经济节汇成本(元／美元)小于或等于影子汇率，表明该项目产品的国际竞争力强，出口或替代进口是有利的。

3.4.6 国民经济评价中的费用效果分析

费用效果分析是通过比较项目预期的效果与所支付的费用，判断项目的费用有效性或经济合理性。当效果难以或不能货币化，或货币化的效果不是项目目标的主体时，在国民经济评价中应采用费用效果分析法，其结论作为项目投资决策的依据之一。

费用效果分析中的费用是指为实现项目预定目标所付出的财务代价或经济代价，采用货币计量；效果是指项目的结果所起的作用、效应或效能，是项目目标的实现程度。按照项目要实现的目标，一个项目可以选用一个或几个效果指标。

费用应包含从项目投资开始到项目终结的整个期间内所发生的全部费用。费用可以按现值公式或按年值公式计算。

1．费用现值(PC)

$$\text{PC} = \sum_{t=0}^{n} \frac{(\text{CO})_t}{(1+i)^t} \tag{3.4.15}$$

式中：$(\text{CO})_t$——第 t 期现金流出量；

n——计算期；

i—— 折现率。

2. 费用年值(AC)

$$AC = \left[\sum_{t=0}^{n} \frac{(CO)_t}{(1+i)^t}\right] \frac{i(1+i)^n}{(1+i)^n - 1} \tag{3.4.16}$$

项目效果计量单位的选择，应能切实度量项目目标实现的程度，且便于计算。若项目的目标不止一个，或项目的效果难以直接度量，需要建立次级分解目标加以度量时，则需要用科学的方法确定权重，借助层次分析法对项目的效果进行加权计算，形成统一的综合指标。

费用效果分析可以采用效果费用比 $R_{E/C}$ 为基本指标，其计算公式为

$$R_{E/C} = \frac{E}{C} \tag{3.4.17}$$

式中：E—— 项目效果；

C—— 项目的计算期费用，用现值或年值表示。

有时为了方便起见，也可以采用费用效果比指标 $R_{C/E}$，其计算公式为

$$R_{C/E} = \frac{C}{E} \tag{3.4.18}$$

费用效果分析可以采用下列基本方法：

(1)最小费用法，也称固定效果法，在效果相同的条件下，应选取费用最小的备选方案。

(2)最大效果法，也称固定费用法，在费用相同的条件下，应选取效果最大的备选方案。

(3)增量分析法，当效果与费用均不固定，且分别具有较大幅度的差别时，应比较两个备选方案之间的费用差额和效果差额，分析获得增量效果所付出的增量费用是否值得，不可盲目选择效果费用比 $R_{E/C}$ 大的方案或费用效果比 $R_{C/E}$ 小的方案。

采用费用效果增量分析时，应先确定基准指标(截至指标) $[E/C]_0$ 或 $[C/E]_0$。如果增加的效果能够抵补增加的费用，则选择费用高的方案；否则，选择费用低的方案。

如果项目有两个以上的备选方案进行增量分析，宜按下列步骤选优：

(1)将方案费用由小到大排序；

(2)从费用最小的两个方案开始比较，通过增量分析选择优势方案；

(3)将优势方案与紧邻的下一个方案进行增量分析，并选出新的优势方案；

(4)重复第(3)步，直至最后一个方案。最终被选定的优势方案为最优方案。

费用效果分析回避了效果定价的难题，直接用非货币化的效果指标与费用进行比较，方法相对简单，最适用于效果难于货币化的领域。另外，在可行性研究的不同技术经济环节，如场址选择、工艺比较、设备选型、总图设计、环境保护、安全措施等，无论进行财务评价，还是国民经济费用效益评价，都很难直接与项目最终的货币效益直接挂钩测算，这些情况下，都适宜采用费用效果分析。

费用效果分析既可以应用于财务现金流量，也可以用于经济费用效益流量。用于前者，主要用于项目各个环节的方案比选，项目总体方案的初步筛选；用于后者，除了可以

用于上述方案比选、筛选以外，对于主体效益难以货币化的，则取代费用效益分析，并作为国民经济评价的最终结论。

3.5 经济评价中的不确定性分析

建设项目的经济评价中，所研究的问题都发生于未来，所引用的数据，如投资规模、建设工期、产品产量、生产成本、销售收入等，都是来源于预测或估计。由于缺乏足够的信息，对相关因素和未来情况无法做出精确的预测，或者是因为没有全面考虑所有可能的情况，因此，项目实施后的实际情况难免与预测或估计的情况有所差异，从而使经济评价带来不可避免的不确定性。为了尽量避免投资决策失误，有必要进行不确定性分析，以估计投资项目可能承担的风险，确定其经济上的可靠性。

所谓不确定性分析，就是分析投资规模、建设工期、产品产量、生产成本、销售收入等因素变化时，对项目经济效果评价结果所带来的影响。这些影响越强烈，表明所评价的项目及其方案对某个或某些因素越敏感。对于这些敏感因素，要求项目决策者和投资者予以充分的重视和考虑。

不确定性分析主要包括盈亏平衡分析、敏感性分析及概率分析(也称为风险分析)等。盈亏平衡分析只适用于财务评价，敏感性分析和概率分析可以同时用于财务评价和国民经济评价。

3.5.1 盈亏平衡分析

盈亏平衡分析是在一定的市场、生产能力的条件下，研究成本与收益的平衡关系的方法，也称为量本利分析。对于一个投资项目而言，盈利与亏损之间一般至少有一个转折点，这种转折点称为盈亏平衡点 BEP(Break Even Point)，在这个点上，税后销售收入与总成本相等，对于所研究的项目方案来说，既不亏损也不盈利。盈亏平衡点通常根据正常生产年份的产品产量或销售量、固定成本、可变成本、产品价格和销售税金及附加等数据计算。

盈亏平衡分析就是要找出投资方案的盈亏平衡点。一般来说，盈亏平衡点越低，项目实施所评价方案盈利的可能性就越大，造成亏损的可能性就越小，对某些不确定因素变化所带来的风险的承受能力就越强。盈亏平衡分析一般可以通过损益表和盈亏平衡图进行。

根据生产成本、销售收入与产量(或销售量)之间是否呈线性关系，盈亏平衡分析可以分为线性盈亏平衡分析及非线性盈亏平衡分析。因此，盈亏平衡图一般也分为线性盈亏平衡图和非线性盈亏平衡图。

3.5.1.1 线性盈亏平衡分析

线性盈亏平衡分析是基于以下基本假定的条件进行分析的：
(1)产品的产量等于销售量；
(2)单位产品的可变成本不变；
(3)单位产品的销售单价不变；
(4)生产的产品可以换算为单一产品计算。

1. 不考虑销售税金时线性盈亏平衡点的确定

若从国家角度考虑,可以在成本中不计入税收,直接进行线性盈亏平衡分析。

设企业生产某产品,产销量为 Q,产品的单位售价为 P。为进行盈亏平衡分析,应将生产成本分解为固定成本和可变成本。固定成本是指在一定的生产规模限度内不随产量的变动而变动的费用,如企业管理费、固定资产折旧费等。可变成本是指随产量的变动而变动的费用,如生产工人的计件工资、原材料成本等,与产量成正比。用 C 表示年总成本,C_F 表示年总固定成本,C_V 表示年总可变成本,C_q 表示单位产品的可变成本,则有

销售收入: $$S = PQ \tag{3.5.1}$$

产品成本: $$C = C_F + C_V = C_F + C_q Q \tag{3.5.2}$$

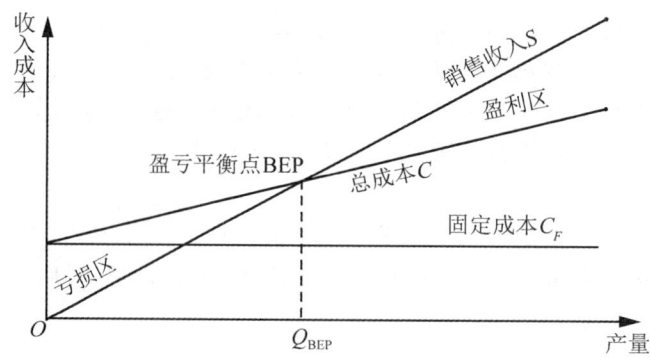

图 3.5.1 线性盈亏平衡分析示意图

图 3.5.1 中销售收入线 S 与总成本线 C 的交点称为盈亏平衡点(BEP),或称为保本经营点,Q_{BEP} 为盈亏平衡点的产量。

不考虑销售税金时,线性盈亏平衡点可以按照下列方式确定:

(1) 平衡点的产量 Q_{BEP}。根据盈亏平衡的条件,即收入与成本相等,利润为零,则盈亏平衡点产量为

$$Q_{BEP} = \frac{C_F}{P - C_q} \tag{3.5.3}$$

(2) 平衡点的生产能力利用率 E_{BEP}。设项目设计生产能力为 R,则盈亏平衡点的生产能力利用率为

$$E_{BEP} = \frac{Q_{BEP}}{R} \times 100\% = \frac{C_F}{(P - C_q)R} \times 100\% \tag{3.5.4}$$

$$Q_{BEP} = E_{BEP} \times R \tag{3.5.5}$$

(3) 盈亏平衡点的销售单价 P_{BEP}。若按设计能力进行生产和销售,则盈亏平衡点的销售单价为

$$P_{BEP} = \frac{S}{R} = \frac{C}{R} = \frac{C_F}{R} + C_q \tag{3.5.6}$$

(4) 平衡点的单位产品变动成本 C_q(BEP)。若按设计能力进行生产和销售,且销售价

格已定，则盈亏平衡点的单位产品变动成本为

$$C_q(\text{BEP}) = P - \frac{C_F}{R} \qquad (3.5.7)$$

2. 考虑销售税金时盈亏平衡点的确定

若从企业角度考虑，则应考虑税收问题，设建设项目的销售税率为 v，则盈亏平衡点可以按照下列方式确定。

（1）平衡点的产量 Q'_{BEP}。考虑销售税金时盈亏平衡点产量为

$$Q'_{\text{BEP}} = \frac{C_F}{P(1-v) - C_q} \qquad (3.5.8)$$

（2）平衡点的生产能力利用率 E'_{BEP}。考虑销售税金时盈亏平衡点的生产能力利用率为

$$E'_{\text{BEP}} = \frac{Q'_{\text{BEP}}}{R} \times 100\% = \frac{1}{R} \cdot \frac{C_F}{P(1-v) - C_q} \times 100\% \qquad (3.5.9)$$

$$Q'_{\text{BEP}} = E'_{\text{BEP}} \times R \qquad (3.5.10)$$

（3）盈亏平衡点的销售单价 P'_{BEP}。考虑销售税金时盈亏平衡点的销售单价为

$$P'_{\text{BEP}} = \frac{C_F + C_q R}{(1-v)R} \qquad (3.5.11)$$

（4）平衡点的单位产品变动成本 $C'_q(\text{BEP})$。考虑销售税金时盈亏平衡点的单位产品变动成本为

$$C'_q(\text{BEP}) = P(1-v) - \frac{C_F}{R} \qquad (3.5.12)$$

3. 利用盈亏平衡分析进行风险评价

盈亏平衡分析是一种定性的风险分析方法。一般情况下，盈亏平衡点的产量值越低，则盈利区越大，亏损区越小，项目能取得较好的经济效益，说明项目抗风险能力大。较低的产量就可以保本，易适应市场和生产的变化，说明该项目的生命力强，有较高的竞争力。

盈亏平衡点也可以评价经营状况，企业经营状况一般以经营安全率来表示。

$$经营安全率 = \frac{R - Q_{\text{BEP}}}{R} \times 100\%$$

经营安全率的数值越大，说明企业经营活动越安全；相反，如果经营安全率的数值是负数或是很小的正数，则说明企业已发生亏损或已接近亏损。企业的经营情况可以参考表 3.5.1 中的数值判断。

表 3.5.1　　　　　　　　　　　　　经营安全率

经营状况	安全	较安全	不太好	要警惕	危险
经营安全率	不低于 30%	25% ~ 30%	15% ~ 25%	10% ~ 15%	小于 10%

【例 3.5.1】某项目的设计生产能力为每年 2.5 万件。生产每件产品的可变成本为 55

元,工厂固定成本每年为25万元,据预测每件产品的售价为110元,销售税率为10%。试计算该厂盈亏平衡点的年产量和生产能力利用率,并分析企业经营状况。

解: 已知 $P = 110$ 元/件,$C_F = 25$ 万元,$C_q = 55$ 元/件,$R = 2.5$ 万件/年,$v = 10\%$,则盈亏平衡点的产量和生产能力利用率分别为

$$Q'_{BEP} = \frac{C_F}{P(1-v) - C_q} = \frac{250000}{110(1-0.1) - 55} = 5682(件/年)$$

$$E'_{BEP} = \frac{Q'_{BEP}}{R} \times 100\% = \frac{5682}{25000} \times 100\% = 22.7\%$$

该项目的经营安全率为

$$经营安全率 = \frac{R - Q_{BEP}}{R} \times 100\% = \frac{25000 - 5682}{25000} \times 100\% = 77.3\%$$

经营安全率计算结果表明,该项目的经营状况是安全的。

3.5.1.2 非线性盈亏平衡分析

一般情况下,线性关系只是在生产产量较低的情况下成立,当销售量超过一定范围,市场需求趋向饱和,销售收入随产量增加而增加的幅度就越来越小了,两者之间呈下凹非线性的关系。同样单位产品的可变成本也是在一定产量范围内才近似为常数,超过这个产量范围,由于生产条件的逐渐恶化,如设备磨损,环境变差,原材料、动力和燃料的价格上涨,单位产品可变价格也会有所提高,造成生产成本的增加速度超过产量增加的速度,生产成本与产量之间呈上凸的非线性关系。图3.5.2所示为非线性盈亏平衡分析示意图。

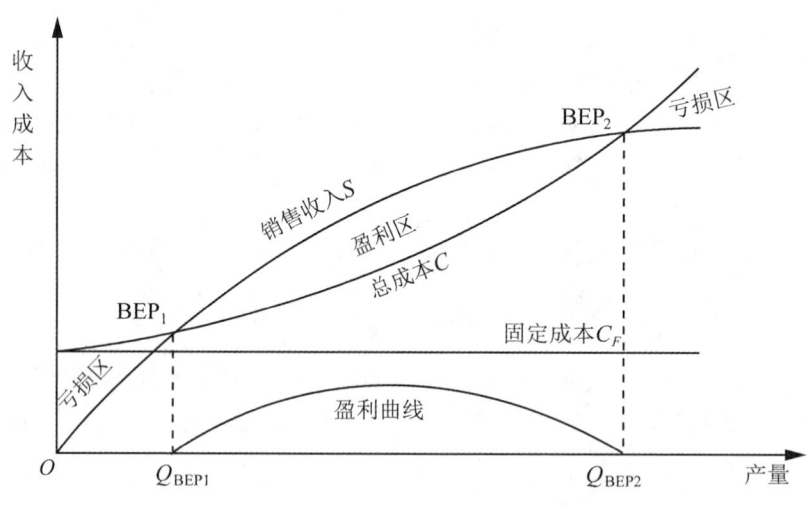

图 3.5.2 非线性盈亏平衡分析示意图

非线性盈亏平衡分析最重要的是根据实际情况建立成本与产量、销售收入与产量之间的函数关系。而这种函数关系可能具有多种形式。

设销售收入函数为 $\quad\quad\quad S = f_1(Q) \quad\quad\quad\quad\quad (3.5.13)$

成本函数为 $\quad\quad\quad\quad\quad C = f_2(Q) \quad\quad\quad\quad\quad (3.5.14)$

由 $$f_1(Q) - f_2(Q) = 0 \tag{3.5.15}$$
可以求出相应的 Q 就是非线性盈亏平衡产量。非线性盈亏平衡分析可能存在多个盈亏平衡点，即存在多个盈亏平衡产量。

从图 3.5.2 可以看出，第一个盈亏平衡点的产量值越低，盈利区越大，项目的生产能力适中，能够取得较好的经济效益，项目抗风险能力大。若项目的生产能力定得太高，反而会降低效益。

非线性盈亏平衡分析中项目的利润可以简化表示为
$$M = f_1(Q) - f_2(Q) \tag{3.5.16}$$
由 $$\frac{dM}{dQ} = 0 \tag{3.5.17}$$
求出最大利润时的产量 $Q_{M\max}$。

【例 3.5.2】某项目的设计生产能力为每年 5000 件。税后销售收入函数（单位：元）为 $S = 260Q - 0.01Q^2$；生产总成本函数（单位：元）为 $C = 280000 + 80Q + 0.01Q^2$。试计算该厂盈亏平衡点的年产量和利润最大时的产量。

解：由题意可知：

税后销售收入函数　　　$S = f_1(Q) = 260Q - 0.01Q^2$

生产总成本函数　　　$C = f_2(Q) = 280000 + 80Q + 0.01Q^2$

由收入等于成本求出盈亏平衡点。
$$f(Q) = f_1(Q) - f_2(Q) = -0.02Q^2 + 180Q - 280000 = 0$$
相应盈亏平衡点产量为：　　$Q_{BEP1} = 2000$ 件

$Q_{BEP2} = 7000$ 件

求由 $\frac{dM}{dQ} = 0$ 求最大利润时的产量。

$$\frac{dM}{dQ} = \frac{d}{dQ}(-0.02Q^2 + 180Q - 280000) = -0.04Q + 180 = 0$$

相应利润最大时的产量为 $Q_{M\max} = 4500$ 件。

从以上计算结果可见，该项目的第一个盈亏平衡点的产量值越低，盈利空间越大，且生产能力比较接近最大利润时的产量 $Q_{M\max}$，经营风险相对较小。

3.5.1.3　盈亏平衡分析的作用

盈亏平衡分析的作用主要有以下几点：

(1) 可以用于对项目进行定性风险分析，考察项目承受风险的能力；

(2) 可以用于进行多方案的比较和选择，在其他条件相同的情况下，盈亏平衡点值最低的方案为最优方案；

(3) 可以用于分析价格、产销量、成本等因素变化对项目盈利能力的影响，寻求提高盈利能力的途径。一般来说，价格和销量主要由市场决定，难以控制，所以降低成本是提高盈利能力的主要途径。

3.5.1.4　盈亏平衡分析的局限性

盈亏平衡分析是一种简单适用的风险分析方法，但也存在如下局限性：

(1)盈亏平衡分析只能对项目风险进行定性分析,无法定量测度风险大小;

(2)由于盈亏平衡分析所假设的条件往往和实际情况有出入,加上盈亏平衡分析没有考虑资金时间价值和项目整个寿命期内现金流量变化,所以分析欠准确;

(3)盈亏平衡分析只是分析了价格、产销量、成本等因素变化对盈利能力的影响,而不能确定盈利能力的大小。

因此,在项目投资风险分析时,盈亏平衡分析需要和其他方法结合使用,才能提高分析效果。

3.5.2 敏感性分析

1. 敏感性分析的概念

所谓敏感性分析,是指分析建设项目主要因素发生变化时,项目经济效益发生的相应变化,以判断这些因素对项目经济目标的影响程度。这些可能发生变化的因素称为不确定性因素。敏感性分析的目的就是要找出项目的敏感因素,并确定其敏感程度,以预测项目承担的风险,考察项目承受风险的能力。

在项目计算期内可能发生变化的因素有产品产量(生产负荷)、产品价格、主要原材料或动力价格、可变成本、固定资产投资、建设工期及外汇汇率等,通常是分析这些因素单独变化或多因素同时变化对内部收益率的影响,必要时也可以分析对静态投资回收期的影响和借款偿还期的影响。

在进行敏感性分析时,项目经济参数(因素)的变动可以用敏感度系数 S_{AF} 表示(又称相对值法),也可以用临界点表示(又称绝对值法)。

相对值法的关键是计算敏感度系数 S_{AF},敏感度系数是指项目评价指标变化率与不确定性因素变化率之比。不确定因素从其原始值变动一定的幅度(如±10%,±20%,…),然后计算每次变动引起效益评价指标如内部收益率、净现值等的变动幅度的相对变化率,再计算敏感度系数 S_{AF}。根据敏感度系数 S_{AF} 的绝对值大小排序。S_{AF} 的绝对值大,则项目评价指标对该不确定因素的敏感程度高;反之敏感程度低。

敏感度系数 S_{AF} 按照下式计算:

$$S_{AF} = \frac{\Delta A/A}{\Delta F/F} \tag{3.5.18}$$

式中:$\Delta F/F$——不确定因素 F 的变化率;

$\Delta A/A$——不确定因素 F 发生 ΔF 变化时,评价指标 A 的相对变化率。

相对值法一般采用列表表示。

绝对值法是通过计算因素变化使项目经济效益指标由可行变为不可行的临界点的因素值,从而得到因素的最大允许变动幅度,允许变动幅度小,则项目对该因素的敏感程度高;反之敏感程度低。也可以把这个幅度与估计可能发生的幅度相比,如果所得的值小于或等于1,则表示项目风险不大,项目经济效益指标对该因素的变动不敏感。用这种方法一般应绘出敏感性分析图。

项目对某因素敏感程度高,则该因素为项目的风险因素。项目的风险因素越多,项目对风险因素的敏感程度越高,则项目的风险程度越大。必要时,需对若干最敏感的因素重新预测和估算，进行项目投资风险估计。

根据项目国民经济评价指标(如经济净现值或经济内部收益率等)所做的敏感性分析，称为经济敏感性分析。而根据项目财务评价指标所做的敏感性分析，称为财务敏感性分析。

进行敏感性分析，可以一次只变动一个因素，使其他因素保持不变，来研究项目经济效益指标的变化，这时称为单因素的敏感性分析；也可以一次同时变动几个因素，而使其余因素保持不变，来研究项目经济效益指标的变化，这时称为多因素的敏感性分析。

2. 敏感性分析的作用

敏感性分析的主要作用有以下几点：

(1)可以用来对项目进行敏感性分析，可以使决策者了解不确定因素对项目评价指标的影响，提高决策的准确性。

(2)可以用来进行多方案选择，从中选择风险最小的方案。一般来说，不同的项目方案对同一不确定因素的敏感程度是不相同的，敏感程度小的方案即为风险小的方案。因此，如果几个方案的经济评价指标都达到要求，且它们的经济效益基本相同，应取敏感性程度小的方案。

(3)可以用来找出项目的风险因素，以便采取措施控制风险因素的变动范围，降低其变化量，从而降低项目的风险。例如，通过敏感性分析知项目对经营成本很敏感，即经营成本是风险因素，就可以加强成本管理，努力把成本增加控制在最小限度，这样就可以把由于成本的不确定性引起项目的风险降低到最低程度。

(4)敏感性分析可以揭示项目的各不确定因素与项目经济效益之间的因果关系，找出影响项目经济效益的最主要因素，进一步提高与之相关数据预测或估算的可靠程度，从而提高项目评价质量。

3. 敏感性分析(相对值法)的主要步骤

敏感性分析计算过程比较复杂，一般应遵循以下步骤进行：

(1)选择具体经济评价指标(A)为敏感性分析对象。衡量建设项目经济效果的指标较多，而且不同特点的项目，反映经济效益的指标也不完全相同，如果要进行全部分析，则敏感性分析的工作量太大，因此，在进行敏感性分析时，并不要求对所有的经济评价指标都进行分析，而是只选择最能反映项目经济效益的指标作为分析对象。通常是把内部收益率作为分析对象，必要时也可以分析净现值、静态投资回收期和借款偿还期。由于敏感性分析是在确定性经济效果评价的基础上进行的，故选作敏感性分析的指标应与确定性经济效果评价所采用的指标相一致。

(2)选择不确定因素(F)作为敏感性分析变量。项目的不确定因素一般有产品产量、产品价格、主要原材料价格或动力价格、可变成本、固定资产投资、建设工期及外汇汇率等。其中，产量、价格、成本、投资等因素是最常被选择的变量。

要慎重地挑选做敏感性分析的因素。首先，要把很少发生变化的因素事先剔除在外。对于不同行业、不同规模和不同技术水平的项目，选择的因素应有所不同。一般发生在项目寿命期初、金额大的因素比发生在寿命期后期、金额小的因素对项目的经济评价指标影响要大得多。例如，投资一般都列为应作敏感性分析的因素，而固定资产残值则通常不用做敏感性分析。同样，对项目自始至终起作用的效益以及成本(费用)构成中所占比例大的因素以及在项目实施过程中有可能发生较大变化的因素，如寿命期，应当做敏感性分析。

(3)估计不确定因素(F)的变化范围。不确定因素的变化范围一般是根据历史的统计资料和对市场的调查预测来进行估计，估计值可以比历史统计资料和预测值略偏大。例如，假定某产品的销售价格在过去几年的波动幅度为±15%，则可以把该产品售价的变化范围定为±20%。

(4)计算由于各不确定因素的变化，引起敏感性分析的分析对象的变动幅度。一般就各选定的不确定因素，设若干级变动幅度(通常用变化率 $\Delta F/F$ 表示)。然后计算每级 $\Delta F/F$ 变动时相应的经济效果评价指标的变化率 $\Delta A/A$ 值，建立一一对应的数量关系，并用图或表的形式表示。

(5)计算敏感度系数 S_{AF}，按照各不确定因素的敏感度系数的绝对值从大到小排序，判定敏感因素。所谓敏感因素，是指该不确定因素的数值有很小的变动就能使项目经济效果评价指标出现较显著改变的因素。

4. 单因素敏感性分析

单因素敏感性分析既要用相对值法求出每个因素都变动对经济效益指标(如内部收益率或静态投资回收期、借款偿还期等)的影响程度，确定其敏感程度，还应求出导致项目由可行变为不可行的不确定因素变化的临界值。

单因素敏感性分析的具体做法是：将不确定因素变化率作为横坐标，以某个经济效益指标，如内部收益率为纵坐标作图，由每种不确定因素的变化可以得到内部收益率随之变化的曲线。每条曲线与基准收益率线的交点称为该不确定因素变化的临界点，该点对应的横坐标即为不确定因素变化的临界值。

【例3.5.3】设某项目基本方案的初期投资 $P_0 = 1500$ 万元，销售收入 $S = 650$ 万元，经营成本 $C = 280$ 万元，项目服务期为8年，估计预测误差不超过 ±10%，基准收益率 $i_c = 12\%$。试进行敏感性分析。

解：(1)选择项目的内部收益率为敏感性分析对象。

(2)以销售收入、经营成本和投资拟作为不确定因素。

(3)本方案的内部收益率 IRR 由下式确定：

$$\text{NPV} = P_0 + (S - C)\frac{(1 + \text{IRR})^n - 1}{\text{IRR}(1 + \text{IRR})^n} = -1500 + (650 - 280)\frac{(1 + \text{IRR})^8 - 1}{\text{IRR}(1 + \text{IRR})^8} = 0$$

采用试算内插法可以求得：

$$i_{n-1} = 18\% \quad \text{NPV}_{i_{n-1}} = 8.70 > 0$$
$$i_{n+1} = 19\% \quad \text{NPV}_{i_{n+1}} = -36.88 < 0$$

根据式(3.2.15)可得

$$i_n = 18\% + \frac{8.7}{8.7 - (-36.88)}(19\% - 18\%) = 18.19\%$$

即 IRR = 18.19%。

同理，计算销售收入、经营成本和投资变化时相应内部收益率的变化值，结果如表

3.5.2 所示。

表 3.5.2　　　　　　　不确定因素变化时内部收益率 IRR 的变化　　　　　（单位：%）

变化率($\Delta F/F$) 不确定因素(A)	-10%	-5%	基本方案	+5%	+10%
销售收入(S)	12.29	15.30	18.19	20.99	23.72
经营成本(C)	20.61	19.42	18.19	16.95	15.71
投资(P_0)	21.73	19.88	18.19	16.64	15.19

（4）计算销售收入、经营成本和投资变化率 $\Delta F/F$ 变化时，内部收益率指标的变化率 $\Delta A/A$，计算结果如表 3.5.3 所示。

表 3.5.3　　　内部收益率 IRR 对销售收入、经营成本和投资的敏感性分析表

变化率($\Delta F/F$) 不确定因素(A)	-10%	-5%	基本方案	+5%	+10%
销售收入(S)	-32.44	-15.89	0	15.39	30.40
经营成本(C)	13.30	6.76	0	-6.82	-13.63
投资(P_0)	19.46	9.29	0	-8.52	-16.49

内部收益率对销售收入、经营成本和投资变化的敏感性分析如图 3.5.3 所示。

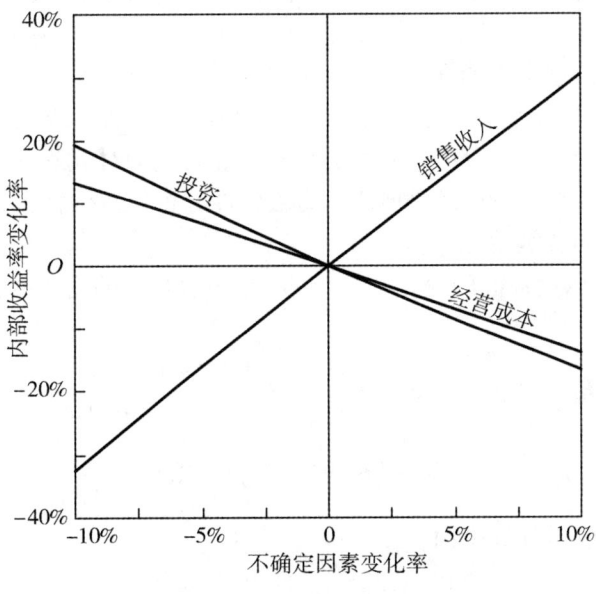

图 3.5.3　单因素敏感性分析图

(5) 计算敏感系数 S_{AF}。销售收入从 -10% 变化至 $+10\%$，变化率为 0.2 时，内部收益率从 12.29% 变化到 23.72%，相应变化率为 0.628。此时敏感系数 S_{AF} 为

$$S_{AF}(S) = \frac{\Delta A/A}{\Delta F/F} = \frac{0.628}{0.2} = 3.14$$

同理，可以计算得出内部收益率对经营成本和投资的敏感系数分别为

$$S_{AF}(C) = \frac{\Delta A/A}{\Delta F/F} = \frac{-0.269}{0.2} = -1.35$$

$$S_{AF}(P_0) = \frac{\Delta A/A}{\Delta F/F} = \frac{-0.360}{0.2} = -1.80$$

按照敏感系数的绝对值从大到小排序，可以得出各因素的敏感程度依次为：销售收入→投资→经营成本。

5. 双因素敏感性分析

单因素敏感性分析的方法简单，但其不足之处在于忽略了因素之间的相关性。实际上，一个因素的变动往往也伴随着其他因素的变动，多因素敏感性分析考虑了这种相关性，因而能反映几个因素同时变动对项目产生的综合影响，弥补了单因素分析的局限性，更全面地揭示了事物的本质。因此，在对一些有特殊要求的项目进行敏感性分析时，除进行单因素敏感性分析外，还应进行多因素敏感性分析。

设方案的其他因素不变，每次仅考虑两个因素同时变化对经济效益指标的影响，则称为双因素敏感性分析。双因素敏感性分析是在单因素敏感性分析的基础上进行的，即先通过单因素分析确定两个敏感性较大的因素，然后通过双因素敏感性分析来考察这两个因素同时变化时对项目经济效益的影响。单因素敏感性分析可以得到一条敏感曲线，若分析两个因素同时变化的敏感性，则可以得到一个敏感曲面。

双因素敏感性分析的做法是：首先建立直角坐标系(xOy)，横轴(x)与纵轴(y)表示两个因素的变化率；然后建立项目经济效益指标(如 NPV、NAV 或 IRR)与两个变化因素 x、y 之间的函数关系，令该指标值为临界值(即 NPV=0、NAV=0 或 IRR=0)，即可以得到一个关于 x、y 的临界方程，该方程确定了一条临界线；临界线把 xOy 平面分成两个部分，一部分是可行区域，另一部分是不可行区域，据此对具体情况进行分析。

【例 3.5.4】在例 3.5.3 中选择净现值作为敏感性分析经济效益指标，试做关于初期投资额和销售收入的双因素敏感性分析。

解： 设 x 表示初期投资额的变化率，y 表示年销售收入的变化率，若折现率为 i_c，则净现值 NPV 为

$$\text{NPV} = P_0(1+x) + [S(1+y) - C]\frac{(1+\text{IRR})^n - 1}{\text{IRR}(1+\text{IRR})^n}$$

$$= -1500(1+x) + [650(1+y) - 280]\frac{(1+0.12)^8 - 1}{0.12(1+0.12)^8}$$

将上式简化后可以得临界平面：

$$\text{NPV} = 338 - 1500x + 3229y$$

令 NPV = 0，可以得临界平面与 xOy 平面相交的临界线：

$$y = 0.465x - 0.105$$

如图3.5.4所示，临界线将xOy平面分为两个区域，xOy平面上任意一点(x, y)代表初期投资和销售收入的一种变化组合。临界线左上方的所有变化组合点都能满足NPV > 0，即IRR > i_c，该区域为可行区域；该线右下方所有变化组合点的NPV < 0，即IRR < i_c，因此该区域为不可行区域。由此可见，投资方案的初期投资和销售收入变化组合点在交线上方，方案是可行的，但变化组合点越接近交线，其风险越大。

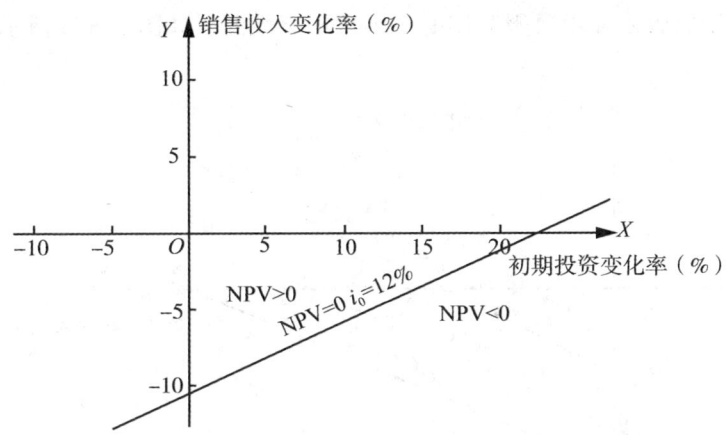

图 3.5.4　双因素敏感性分析图

6. 三因素敏感性分析

三因素敏感性分析主要是在其他因素不变的条件下，研究三个因素同时变化时对项目经济效益的影响。对于三因素敏感性分析，一般需列出三维的数学表达式，但也可以采用降维的方法来简单地表示。其做法是：在三个因素A、B、C中选定一个因素A，令A在一定范围内间断取值；因素A每次取值后，用双因素敏感性分析方法对因素B和C进行敏感性分析，由此可以得到一条临界曲线；经过多次计算，最终可以得到一组与A取值对应的双因素临界方程和临界曲线。

【例3.5.5】 在例3.5.3中选择净现值作为敏感性分析经济效益指标，试做关于初始投资、销售收入和项目服务期三个因素同时变化的敏感性分析。

解： 设x表示初期投资额的变化率，y表示年销售收入的变化率，n表示项目的服务期，若折现率为i_c，则净现值NPV为

$$\text{NPV} = P_0(1 + x) + [S(1 + y) - C]\frac{(1 + \text{IRR})^n - 1}{\text{IRR}(1 + \text{IRR})^n}$$

$$= -1500(1 + x) + [650(1 + y) - 280]\frac{(1 + 0.12)^n - 1}{0.12(1 + 0.12)^n}$$

依题意，项目服务期的估计预测误差不超过±10%，则可以依次取$n = 7, 8, 9$进行初期投资额与销售收入的敏感性分析。取$n = 7, 8, 9$将上式简化后可以得到三个临界平面：

$n = 7$ 时　　　　　　NPV = 189 − 1500x + 2966y
$n = 8$ 时　　　　　　NPV = 338 − 1500x + 3229y
$n = 9$ 时　　　　　　NPV = 471 − 1500x + 3463y

令 NPV = 0，可以得到临界平面与 xOy 平面相交的临界线：

$n = 7$ 时　　　　　　$y = 0.506x - 0.064$
$n = 8$ 时　　　　　　$y = 0.465x - 0.105$
$n = 9$ 时　　　　　　$y = 0.433x - 0.136$

初始投资、销售收入和项目服务期的三因素敏感性曲线如图 3.5.5 所示。

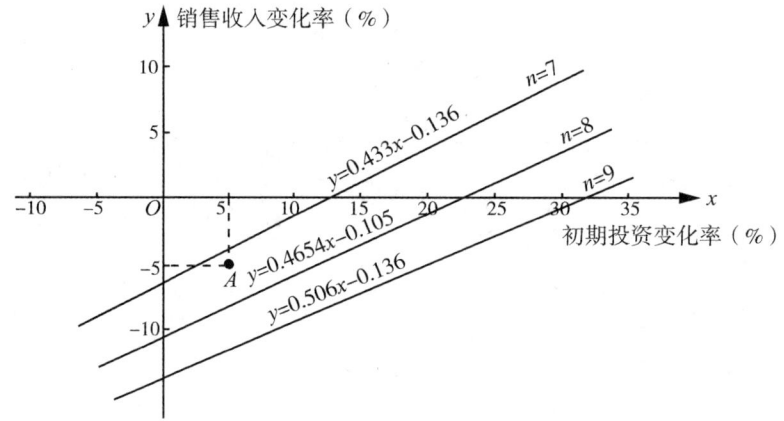

图 3.5.5　三因素敏感性分析图

如图 3.5.5 所示，服务期为 9 年时，由 $y = 0.506x - 0.064$ 所确定的临界线左上方为可行区域，右下方为不可行区域。其他情况的意义也一样。从图 3.5.5 中可以看出，随着项目服务期的缩短，临界线上移，其可行区域变小；随着项目服务期的增加，临界线下移，其可行区域变大。若初期投资增加 5%，销售收入减少 5%，如图 3.5.5 中的 A 点，该点位于 $n = 7$ 的临界线下方，其他临界线的上方，由此可见，只要服务期超过 7 年，该方案就可行了。

7. 敏感性分析的局限性

敏感性分析是一种重要的风险分析方法，但是也存在如下局限性：

(1) 敏感性分析只能对项目风险进行定性评价，而不能对风险大小进行定量化。

(2) 仅在进行多方案比选时，敏感性分析的结果才可以成为项目取舍的依据。在单一方案情况下，敏感性分析结果的作用只是用于对项目实施的风险进行评价，一般情况下不能作为项目取舍的依据。

(3) 变化方向和变化范围是人为假定的，没有结合诸因素发生的概率，影响评价结论的准确性。在运用敏感性分析来对项目进行风险分析时，各不确定因素的变化方向和变化范围被认为是确定的，而实际上其变化方向和范围也是不确定的，而敏感性分析不能给出诸因素发生的概率，由此得出的有关项目风险的评价结论的准确性存在一定问题。

(4)考虑因素多,计算变化值多,计算工作量大,给分析带来困难。一个项目的不确定因素往往有多个,每个不确定因素都要取几个变化值来分别计算其引起的内部收益率、净现值、贷款偿还期等指标的变化幅度。另外,在计算和分析时,往往要综合考虑几个方案或几个项目。这样,涉及的数据很多,计算工作量十分大。因此,在挑选敏感性分析因素时要仔细选择,事先要把很少有可能发生变化的因素事件的组合排除掉,尽可能进行合并。

3.5.3 概率分析法

3.5.3.1 概率分析法的概念

1. 概率分析法

任何一个拟建项目的所有未来结果都是未知的,这是因为项目的现金流量(销售收入、经营费用等)、寿命期限和资金成本等不但要受控制变量(如产量、成本等)的制约,而且还要受客观状态(也称自然状态,如市场需求、产品价格和市场利率等)的影响。所以说,不确定性是所有项目固有的内在特性,只不过对不同的项目来讲,其不确定性的程度有大有小而已。当不确定性比较小时,可以近似地按照确定性项目来处理,并用盈亏平衡分析法、敏感性分析法来研究项目的不确定性。当不确定性较大时,就需要用概率分析方法来进行分析和处理了。

所谓概率分析法,是基于概率理论来研究各种不确定因素发生变化时对方案经济效益的影响的方法,称为概率分析或风险分析。一般是通过计算出项目净现值小于零的概率来定量测定项目风险大小,为投资者决策提供重要依据的。其具体计算过程是:由现金流量表中的各年可能发生的现金流(或其他基础数据)及其概率求出各年净现金流量的可能值及其概率,再进一步求出净现值小于零的概率。

根据求净现值小于零概率分布的方法不同,概率分析法又可以分成随机现金流分析法和决策树分析法等。前者适用于项目净现值的概率分布呈正态分布或近似正态分布的情况;后者是应用决策树图来分析计算净现值小于零的概率。

2. 客观概率分析法与主观概率分析法

根据对基础数据和其发生概率的估算方法不同,概率分析法又可以分成客观概率分析和主观概率分析。对于一些项目,历史年代基础数据的取值和其发生概率会以同样规律出现在未来的时间的项目服务期内,那么就可以根据历史统计资料来估计项目服务期内的现金流(或其他基础数据)取值和其发生概率,并以此为基础计算净现值的概率分布。这种建立在历史客观数据基础上的概率分析称为客观概率分析。如水利工程是一类典型的可以用客观概率分析的项目,因为历史洪水水位、径流量等基础数据和其发生概率也会以同样规律出现在未来。但对投资项目来说,一般没有完全相同的前例,当然不可能通过无数次相同的实践得出一个稳定的相对频率即客观概率,大量项目未来的情况与历史不相同,此时基础数据值及其发生概率只能凭有关专家主观预测、分析和估计,这种概率分析方法称为主观概率分析法。主观概率虽然要受预测者或估计者知识和经验的影响,是因人而异的,但是实践已经证明,主观概率的置信程度也是符合客观事物的一般规律的,所以在缺乏充分资料的情况下,主观概率也同客观概率一样是有效的。

主观概率分析法的要点是主观概率的得出和整理。一般来讲，一位专家对其专业领域是有丰富知识和经验的，但这并不意味着他对一事件容易做出概率的判断。这就要求项目评价人员帮助专家们把主观感觉转换成概率数字。为此可以采用的方法是：一是让专家回答某些变量值出现概率的大小；二是让专家回答累计概率为某值时相对应的变量值。由于专家不一定对概率论很熟悉，因此在访问中常常采用间接提问的方法。

例如，为了解某一随机事件的平均数及其概率分布，可以用直接提问的办法先得到平均数。由于专家不一定曾针对你提出的问题的概率做过仔细研究，所以不可能直接回答出"标准差"是多大。这时就可以采取间接提问的方法，即在平均数的两侧各标出相等的距离，从而得到一个区间，再问专家平均数落入这个区间的可能性有多大。这个问题专家容易理解，也好回答。有了专家们的回答，就不难利用正态分布表计算出这个"标准差"的值。

通过专家咨询得到的概率数值还需要进行逻辑检查和一致性检查。逻辑检查是为了核对访问专家所得到的概率分布曲线与常用的概率分布曲线形状是否大体相符。一致性检查则是为了核对专家在回答问题过程中前后是否一致，有无矛盾。为此，可以用数学分析的办法和用不同的方法再次向专家提问，看其回答是否与原来的回答有较大的出入。用上述方法得到的主观概率只有在通过逻辑检查和一致性检查确认没有问题后，才可以用于评价不确定性问题。

设方案在服务期内可能出现 m 种状态，若第 j 种状态可能出现的概率用 P_j 表示，则 P_j 应满足：

$$0 \leqslant P_j \leqslant 1 \quad (j = 1, 2, \cdots, m) \tag{3.5.19}$$

$$\sum_{j=1}^{m} P_j = 1 \tag{3.5.20}$$

当 $P_j = 0$ 时，表示该状态不可能发生；当 $P_j = 1$ 时，则表示该状态必定发生。式(3.5.20)则表示方案所出现的状态肯定在这 m 种内。

3.5.3.2 随机现金流分析法

随机现金流分析法假设现金流量相互独立的情况，并且其概率分布服从正态分布或近似正态分布。所谓现金流相互独立，是指每一笔现金流的发生并不影响其他现金流的发生，现金流之间不相互依赖。净现值发生的概率是各年现金流量发生概率的联合概率，由于净现值是各年度现金流量的线性函数，所以净现值的概率分布是各年度现金流量概率分布的线性组合。

1. 随机现金流分析法的主要步骤

(1) 选定要考虑的各种不确定因素。如投资、经营成本、销售价格等。

(2) 分析与确定每一个不确定因素可能发生的几种状态及数值发生变化范围，如第 t 年现金流量可能出现 m_t 种状态，每一种状态的现金流量的大小。

(3) 分别估计各种状态可能出现的概率，每个不确定因素可能发生的状态的概率之和应等于1，如第 t 年现金流量共出现 m_t 状态，那么这 m_t 种状态的概率之和应等于1。

(4) 分别求出各种不确定因素发生变化时，方案净现金流量各状态发生的概率和相应状态下的净现值 NPV。

(5) 求方案净现值的期望值和标准差。

(6) 求出方案净现值非负的累计概率。

(7) 对概率分析结果做出说明。

2. 随机现金流分析法的计算方法

(1) 计算净现值的期望值。为了计算净现值的期望值，首先可以计算各年度的净现金流量的期望值，然后将净现金流量的期望值折现，即可以得到净现值的期望值。

各年度的净现金流量的期望值可以按照下式计算：

$$E(X_t) = \sum_{j=1}^{m_t} X_{tj} P_{tj} \quad (t = 1, 2, \cdots, n) \tag{3.5.21}$$

式中：$E(X_t)$——第 t 年净现金流量期望值；

X_{tj}——第 t 年第 j 个可能的净现金流量的值；

P_{tj}——X_{tj} 发生的概率，其中 $0 \leqslant P_{tj} \leqslant 1$，$\sum_{j=1}^{m_t} P_{tj} = 1$；

m_t——第 t 年净现金流量可能出现的状态种数；

n——项目服务期，或经济寿命。

项目在服务期内的净现值的期望值可以按照下式计算：

$$E(\text{NPV}) = \sum_{t=0}^{n} \frac{E(X_t)}{(1+i)^t} \tag{3.5.22}$$

式中：$E(\text{NPV})$——项目净现值的期望值；

i——无风险折现率，对于财务评价，$i = i_c$；对于国民经济评价，$i = i_s$。

(2) 标准差计算。标准差计算分两步进行，首先可以计算各年度的净现金流量的标准差，然后计算净现值的标准差。

各年的净现金流量标准差可以按照下式进行计算：

$$\sigma_t = \sqrt{\sum_{j=1}^{m_t} [X_{tj} - E(X_t)]^2 P_{tj}} \tag{3.5.23}$$

净现值的标准差可以按照下式进行计算：

$$\sigma(\text{NPV}) = \sqrt{\sum_{t=0}^{n} \left[\frac{\sigma_t}{(1+i)^t}\right]^2} \tag{3.5.24}$$

(3) 计算净现值小于零的概率。由于净现值 NPV 服从正态分布，且期望值为 $E(\text{NPV})$，标准差为 $\sigma(\text{NPV})$，则发生净现值 $\text{NPV} < \text{NPV}^*$ 的概率 $P(\text{NPV} < \text{NPV}^*)$ 可以由 Z 值求得：

$$Z = \frac{\text{NPV}^* - E(\text{NPV})}{\sigma(\text{NPV})} \tag{3.5.25}$$

$$P(\text{NPV} < \text{NPV}^*) = \Phi(Z) \tag{3.5.26}$$

式中：$\Phi(Z)$——标准正态分布的累计概率函数值，依据 Z 值可以由标准正态分布表查出，参见本章附录。

若求 $\text{NPV} < 0$ 的概率 $P(\text{NPV} < 0)$，则 Z 值为

$$Z = -\frac{E(\text{NPV})}{\sigma(\text{NPV})} \tag{3.5.27}$$

$$P(\text{NPV} < 0) = \Phi(Z) \tag{3.5.28}$$

NPV ≥ 0 的概率 $P(\text{NPV} \geq 0)$ 为

$$P(\text{NPV} \geq 0) = 1 - P(\text{NPV} < 0) = 1 - \Phi(Z) \tag{3.5.29}$$

根据概率论的理论知识知道,对净现值等指标的概率分析,项目方案可以接受的条件是 NPV ≥ 0,即净现值大于零;$P(\text{NPV} \geq 0)$ 越大,即项目效益出现非负的可能性越大。如 $P(\text{NPV} \geq 0) = 0.85$,表明该项目 NPV ≥ 0 的保证率为 85%。因此,该方法能定量描述建设项目的风险。

下面举例说明随机现金流分析法的应用。

【例 3.5.6】现有一个投资项目,预计其服务期为 3 年,由于受环境的影响,各年度的现金流量及相应的概率如表 3.5.4 所示,预计利率为 10%,试计算该项目净现值大于或等于零的概率及净现值达到 10000 元的概率。

表 3.5.4　　　　　　　　　各年度的现金流量及相应的概率表

状态	第 0 年		第 1 年		第 2 年		第 3 年	
	X_{0j}(元)	P_{0j}	X_{1j}(元)	P_{1j}	X_{2j}(元)	P_{2j}	X_{3j}(元)	P_{3j}
1	-100000	1	35000	0.20	40000	0.25	35000	0.30
2	0	0	40000	0.60	50000	0.50	45000	0.40
3	0	0	45000	0.20	60000	0.25	55000	0.30

解:(1) 计算各年现金流量的期望值。

$$E(X_t) = \sum_{j=1}^{m_t} X_{tj} P_{tj}$$

$E(X_0) = -100000 \times 1.00 = -100000(元)$
$E(X_1) = 35000 \times 0.20 + 40000 \times 0.60 + 45000 \times 0.20 = 40000(元)$
$E(X_2) = 40000 \times 0.25 + 50000 \times 0.50 + 60000 \times 0.25 = 50000(元)$
$E(X_3) = 35000 \times 0.30 + 45000 \times 0.40 + 55000 \times 0.30 = 45000(元)$

(2) 计算净现值的期望值。

$$E(\text{NPV}) = \sum_{t=0}^{n} \frac{E(X_t)}{(1+i)^t} = -100000 + \frac{40000}{(1+0.1)} + \frac{50000}{(1+0.1)^2} + \frac{45000}{(1+0.1)^3} = 11495(元)$$

(3) 计算各年净现金流量的标准差。

$$\sigma_t = \sqrt{\sum_{j=1}^{m_t} [X_{tj} - E(X_t)]^2 P_{tj}}$$

$$\sigma_0 = 0$$

$$\sigma_1 = \sqrt{(35000-40000)^2 \times 0.2 + (40000-40000)^2 \times 0.6 + (45000-40000)^2 \times 0.2}$$
$$= 3162(元)$$

$$\sigma_2 = \sqrt{(40000-50000)^2 \times 0.25 + (50000-50000)^2 \times 0.50 + (60000-50000)^2 \times 0.25}$$
$$= 7071(元)$$

$$\sigma_3 = \sqrt{(35000-45000)^2 \times 0.3 + (45000-45000)^2 \times 0.4 + (55000-45000)^2 \times 0.3}$$
$$= 7746(元)$$

(4) 计算净现值的标准差。

$$\sigma(NPV) = \sqrt{\sum_{t=0}^{n}\left[\frac{\sigma_t}{(1+i)^t}\right]^2} = \sqrt{\frac{3162}{(1+0.1)^2} + \frac{7071}{(1+0.1)^4} + \frac{7746}{(1+0.1)^6}}$$
$$= 8734(元)$$

(5) 计算净现值小于零的概率。

$$Z = -\frac{11495}{8734} = -1.32$$

$$P(NPV < 0) = \Phi(-1.32)$$

查标准正态分布表(见本章附录)得 $\Phi(-1.32) = 0.0934$，即

$$P(NPV < 0) = 0.0934$$
$$P(NPV \geq 0) = 1 - 0.0934 = 0.9066$$

(6) 计算净现值达到 10000 元的概率。

$$Z = \frac{10000 - 11455}{8730} = -0.17$$

查标准正态分布表(见本章附录)得 $\Phi(-0.17) = 0.4325$，即

$$P(NPV < 10000) = 0.4325$$
$$P(NPV \geq 10000) = 1 - 0.4325 = 0.5675$$

由上述计算结果可知，该项目出现亏损的概率非常小，因此其风险相当小。由此可见，利用随机现金流分析法，不仅可以定量测定项目发生亏损的风险大小，还可以估算实现各种盈利的可能性大小，这对于项目决策无疑是十分有益的。

但是，正态分布图像法应用的前提是净现值必须呈正态分布或近似正态分布，但对于一般投资项目，很难判断净现值是否呈正态分布，因此这种方法的应用受到一定局限。

3.5.3.3 决策树分析法

决策树分析法是根据给出的现金流量数据和其概率，用决策树图列出现金流量序列，并用无风险折现率(行业基准收益率或社会折现率)和概率乘法公式求出每一现金流量序列的净现值及其概率。最后求出净现值期望值和净现值小于零的累计概率，从而估算出项目亏损风险的大小。这是一种不管净现值是否呈正态分布都适用的概率法。

决策树分析法的做法是：先选定要考虑的各种不确定因素，如投资、经营成本、销售价格等，分析与确定每一个不确定因素可能发生的几种状态及数值发生变化范围，估计各种状态可能出现的概率；然后分别求出各种不确定因素发生变化时，方案净现金流量各状态发生的概率和相应状态下的净现值 NPV；再计算方案净现值的期望值、标准差、净现值的累计概率以及方案净现值非负的累计概率；最后对概率分析结果做出说明。

求方案净现值非负的累计概率时，应根据接近 NPV=0 的左右两点的累计概率用内插

法求得。

下面举例说明决策树分析法的应用。

【**例 3.5.7**】某开发项目的现金流量如表 3.5.5 所示，根据预测和经验判断，开发成本、销售收入可能发生的变化率及其概率如表 3.5.6 所示，假设开发成本与销售收入二者相互独立。试对此项目进行概率分析并求净现值大于或等于零的概率，取基准收益率为 12%。

表 3.5.5　　　　　　　　　　项目的现金流量表　　　　　　　　　　（单位：万元）

年　份	1	2	3	4	5
销售收入		6400	8800	7800	6000
开发成本	2500	5900	6900	2800	1000
净现金流量	−2500	500	1900	5000	5000

表 3.5.6　　　　开发成本、销售收入可能发生的变化率及其概率

因素 \ 变化率	−20%	0	+20%
销售收入	0.3	0.6	0.1
开发成本	0.1	0.4	0.5

解：（1）依题意，选择开发成本和租售收入为不确定因素。这两个不确定因素可能发生的变化及其概率如表 3.5.5 所示。

（2）由于不确定因素开发成本和租售收入的变化各出现 3 种状态，因此本项目净现金流量序列的全部可能状态为 3×3＝9 种，如图 3.5.6 所示。

（3）计算每一种可能状态下的净现金流量 $(CI-CO)_{tj}$（$t=1,2,\cdots,5$；$j=1,2,\cdots,9$），计算结果如表 3.5.7 所示。

表 3.5.7　　　　　　每一种可能状态下的净现金流量　　　　　　（单位：万元）

序号	可能出现的状态	第 1 年	第 2 年	第 3 年	第 4 年	第 5 年
1	开发成本增加 20%，销售收入增加 20%	−3000	600	2280	6000	6000
2	开发成本增加 20%，销售收入保持不变	−3000	−680	520	4440	4800
3	开发成本增加 20%，销售收入减少 20%	−3000	−1960	−1240	2880	3600
4	开发成本保持不变，销售收入增加 20%	−2500	1780	3660	6560	6200
5	开发成本保持不变，销售收入保持不变	−2500	500	1900	5000	5000
6	开发成本保持不变，销售收入减少 20%	−2500	−780	140	3440	3800

续表

序号	可能出现的状态	第 t 年的净现金流量				
		第1年	第2年	第3年	第4年	第5年
7	开发成本减少20%，销售收入增加20%	-2000	2960	5040	7120	6400
8	开发成本减少20%，销售收入保持不变	-2000	1680	3280	5560	5200
9	开发成本减少20%，销售收入减少20%	-2000	400	1520	4000	4000

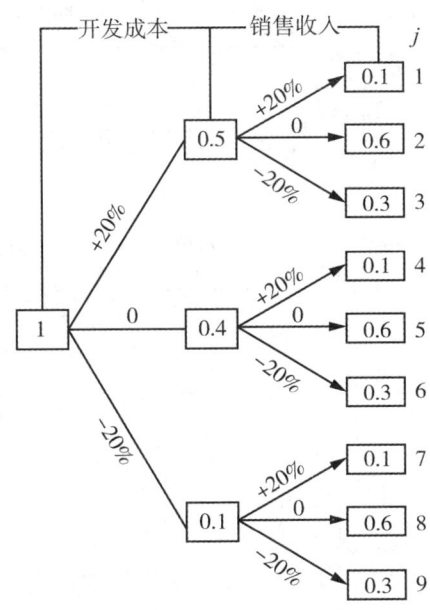

图 3.5.6　开发项目的概率树分析图

（4）分别计算项目净现金流量序列各状态的概率 $P_j(j=1,2,\cdots,9)$。

$$P_1 = 0.5 \times 0.1 = 0.05$$
$$P_2 = 0.5 \times 0.6 = 0.30$$
$$P_3 = 0.5 \times 0.3 = 0.15$$

其余类推，结果如表 3.5.8 所示。

表 3.5.8　**各状态的概率、净现值和净现值的期望值计算结果**

状态编号	P_j	NPV_j	$NPV_j \cdot P_j$
1	0.05	6640.27	332.01
2	0.30	2694.81	80.84
3	0.15	-1250.65	-187.60
4	0.04	9479.02	379.16

续表

状态编号	P_j	NPV_j	$NPV_j \cdot P_j$
5	0.24	5533.56	1328.05
6	0.12	1588.10	190.57
7	0.01	12317.77	123.18
8	0.06	8372.31	502.34
9	0.03	4426.85	132.81
合计	1.00		2881.36

(5) 根据 $NPV_j = \sum_{t=0}^{n} \frac{(CI-CO)_{tj}}{(1+i)^t}$，分别计算各状态下的项目净现值 $NPV_j (j=1, 2, \cdots, 9)$。

$$NPV_1 = \frac{-3000}{1+0.12} + \frac{600}{(1+0.12)^2} + \frac{2280}{(1+0.12)^3} + \frac{6000}{(1+0.12)^4} + \frac{6000}{(1+0.12)^5}$$
$$= 6640.27(万元)$$

$$NPV_2 = \frac{-3000}{1+0.12} + \frac{-680}{(1+0.12)^2} + \frac{520}{(1+0.12)^3} + \frac{4440}{(1+0.12)^4} + \frac{4800}{(1+0.12)^5}$$
$$= 2694.81(万元)$$

其余类似可得，结果列于图 3.5.8 中。

(6) 计算净现值的期望值。先计算 $NPV_j \cdot P_j (j=1, 2, \cdots, 9)$，然后求和即得 $E(NPV)$，其结果如表 3.5.8 所示。求得项目净现值的期望值 $E(NPV) = 2881.36$ 万元，净现值的标准差为 1556.77 万元。

(7) 将净现值按照从小到大排序，就可以得到净现值的分布规律，如表 3.5.9 所示。然后计算累计概率及净现值大于或等于零的概率。

表 3.5.9　　　　　　　　净现值排序及累计概率计算结果

排序规律	按照净现值从小到大的规律排列								
净现值 (NPV)	-1250.65	1588.10	2694.81	4426.85	5533.56	6640.27	8372.31	9479.02	12317.77
概率	0.15	0.12	0.30	0.03	0.24	0.05	0.06	0.04	0.01
累计概率	0.15	0.27	0.57	0.60	0.84	0.89	0.95	0.99	1.00

从表 3.5.9 中的累计概率可见，$P(NPV < -1250.65) = 0.15$，$P(NPV < 1588.10) = 0.27$，$P(NPV \leq 0)$ 应按照内插法确定。项目净现值大于或等于零的概率为

$$P(NPV \leq 0) = 0.15 + (0.27 - 0.15) \frac{1250.65}{1250.65 + 1588.10} = 0.20$$

$$P(\text{NPV} \geq 0) = 1 - P(\text{NPV} < 0) = 1 - 0.2 = 0.8$$

从计算结果可知，$E(\text{NPV}) = 2881.36$ 万元 > 0，且 $P(\text{NPV} \geq 0) = 0.8$，说明该项目是可行的，效益较好，具有较高的可靠性。

3.6 建设工程设计与施工方案技术经济评价

3.6.1 建设工程设计与施工方案技术经济评价的目的与要求

所谓建设工程技术经济评价，就是对建设工程技术方案(包括工程设计、施工及其他技术措施等)的经济效益进行计算评价和分析比较。任何一个建设工程，都可以采用不同的设计方案、施工方案，使用不同的机械设备和建筑材料，可以形成多个技术方案，而采用不同的方案会得到不同的经济效益，因此，为了达到最优的目标，就必须对各方案进行技术经济比较，从中选择一个技术经济效果相对较优的方案作为实施方案。

1. 建设工程设计与施工方案技术经济评价的目的

(1)鉴别各种方案在功能上的适用性，在技术上的先进性和可行性，以及在经济上的合理性。通过对方案的技术经济评价，可以使方案不断地得到改进和完善。

(2)通过对拟定方案的定性、定量以及综合性分析，选择出技术上先进、工程上可行、经济上合理的方案，从而降低成本，提高经济效益。

(3)通过一系列的技术经济评价，可以积累经验，提高方案的设计和分析能力，促进设计和施工水平的不断提高。

2. 建设工程设计与施工方案技术经济评价的基本要求

(1)技术经济评价应体现社会必要劳动消耗的价值指标。建设产品的经济效果是劳动成果与社会必要劳动量之比，即使用价值与社会劳动消耗之比。使用价值表现为质和量两个方面。例如，住宅建筑的使用价值就是在相同的使用功能情况下的使用面积和数量或户数。使用价值是以相同的建筑功能质量、相同的舒适程度和建筑标准等作为可比条件。因此，住宅建筑的技术经济评价应以更能体现使用价值量的使用面积或有效面积为主要的指标。

(2)以国家的建设方针为总标准，注意方案的总体经济效果，尽可能使经济、适用、美观三者统一。在评价建筑物的诸因素中"适用"是首要的，占主导地位。评价一个建筑物在经济上是否合理，首先要看该建筑物是否适用。一个适用的建筑，能降低成本，提高效率，提高技术经济效益；不合理的建筑则利用率低下，增加使用成本，降低经济效益。因此，适用是讲求经济的前提，离开了这个前提，就谈不上经济合理性。在方案评价中既要注重建筑的美学地位，也要反对片面追求美观的浮华奢侈观点。好的建筑物应是实用的、经济的，其艺术效果也是好的。

(3)应满足方案的可比性条件。比选方案时，如果缺乏可比性，就等于失去分析比较的标准，结果会使工作无法进行或得出错误的结论。可比性包括功能上的可比性，消耗上的可比性，价格上的可比性和时间上的可比性。在多种技术方案之间进行比较时，由于各个技术方案的技术经济的构成因素不同，就需要在诸方案之间找出内在因子，将不可比的条件转化为可比的条件，达到可比性目的。

(4) 定性分析与定量分析相结合。在定量分析中，利用主要指标和辅助指标等多指标体系进行综合评价时，应权衡主次，突出主要指标。

(5) 对建设工程项目的技术经济评价应纵观设计、施工和管理等方面，进行全面、综合评价。

(6) 在得出技术经济评价结论时，既要着眼于建设工程项目的目前效果，也要考虑长期效果；既要注重局部效果，又要注重宏观效果，切忌片面性。

3.6.2 建设工程设计与施工方案技术经济评价的主要方法

3.6.2.1 多指标评价法

多指标评价法就是使用一系列适用的指标体系，将各个对比方案的相应指标值列出，然后一一进行对比分析，根据指标的高低分析判断其优劣。这是目前采用比较多的一种方法。

利用多指标比较法评价方案，需要解决两个问题：

(1) 将对比指标分成主要指标和辅助指标。主要指标是能够较充分地反映工程技术经济特点的指标，如工程造价、民用建筑设计方案的平面指标、物理性能、工业建筑设计方案的建设投资、工期、单位产品成本等，是确定建设项目经济效果大小、优劣的主要依据。辅助指标可以用来作为主要指标的补充，尤其是当主要指标不足以说明技术经济效果优劣时，可以用辅助指标来做进一步的技术经济分析。有些辅助指标可以在一定条件下转化为主要指标。

(2) 解决可比性问题。两种方案进行对比的必要条件是：建筑标准与使用功能基本相同，建筑层数和层高相同或相似，建筑结构的抗震设防等级相同，采用统一的定额和价格标准，建筑的质量标准和要求应相近。如果不完全符合可比条件，可以用调整局部方案或修正系数法进行调整，使其满足可比条件后再进行对比，并在综合分析时予以说明。

多指标评价法的优点是指标全面，可以通过各种技术经济指标定性或定量地直接反映方案技术经济性能的主要方面。其缺点是不便于对某一功能评价，不便于定量的综合分析。

用多指标作为方案比较时，如果某一方案的全部指标都优于其他方案，无疑是最佳方案，但实际上这是很少见的。如果各个方案中其他指标都相同，而只比较一个指标就能决定方案的优势，或突出一个指标就可以选择最佳方案，这也比较简单。可是在实际工作中，往往各个方案中有些指标较优，另一些指标较差，而且各种指标对方案经济效果的影响也是不等同的，在这种情况下，采用多指标评价法选优就比较困难了。有时，也会因方案的可比性差而产生客观标准不统一的现象，因此，在进行多指标评价法时，要特别注意检查对比方案在使用功能和工程质量方面的差异，并分析这些差异对各指标的影响，避免导致错误的结论。可以采用如下方法对某些指标进行调整，使其具备可比性：

① 修正系数法。根据对指标影响因素的不同，制定出不同的修正系数，使各方案的同一指标具备可比性。

② 局部调整法。对工程设计作局部调整以消除各比选方案之间的差异，以便于分析

比较。如层数不同的建筑物,可以采取增减层数的办法使层数相同(同时要注意对基础的影响等)。

③ 平面布置固定法。这种方法适于结构体系分析比较时采用。对同样建筑布置的建筑物,采用不同结构体系时,各种指标之间具备了较高的可比性。这给指标的分析、评价带来了很大的方便。

通过分析,最后应给出如下结论:分析对象的主要技术经济特点和适用条件;现阶段实际达到的经济效果水平;找出提高经济效果的潜力和途径以及相应采取的主要技术组织措施;预期经济效果;能否推广(或采用)和如何推广(或采用)的具体意见。

3.6.2.2 单指标评价法

单指标综合分析法是将方案比较的各项目分析指标换算成同一指标进行比较的方法,将多指标换算成同一指标,一般有以下三种方法:

1. **价值指标综合法**

价值指标基本上反映了可以用价值体现的全部经济因素,价值指标可以解决不同因素在实物形态上难以综合的问题。但价值指标能反映的仅仅是物化在建设产品中的劳动消耗或生产过程中的劳动消耗、生产成果等,如投资、生产成本、总产值等,而无法反映质量、功能等不同的具体劳动消耗所创造的有用效果的差异。这就无法在比较中综合考虑有用效果和劳动消耗两个方面的情况。应用价值指标进行综合评价时,需在产品功能一致的条件下方有可比性。

2. **综合评分法**

综合评分法是指将各项分析指标,根据其重要程度给出权重值,在分析时对各方案评定分数,计算各方案的总分值,然后进行评价。其计算公式如下:

$$R_i = \sum_{j=1}^{m} C_{ij} W_j \quad (i = 1, 2, \cdots, n) \tag{3.6.1}$$

$$\sum_{j=1}^{m} W_j = 1$$

式中:R_i——第 i 个方案的总分;

C_{ij}——第 i 个方案的第 j 项指标的分值;

W_j——第 j 项指标的权重数值;

n,m——方案的个数和指标的个数。

【例 3.6.1】 某建设项目有 4 个设计方案,按适用性、平面布置、经济性、美观 4 项指标评定。各项指标的权重值和各方案的分值(每项指标最低为 1 分,最高为 10 分)如表 3.6.1 所示,试选择最优方案。

解: 按式(3.6.1) 计算,计算过程如下:

方案 1:$R_1 = \sum_{j=1}^{4} C_{1j} W_j = 9 \times 0.4 + 9 \times 0.2 + 8 \times 0.3 + 7 \times 0.1 = 8.5$

方案 2:$R_2 = \sum_{j=1}^{4} C_{2j} W_j = 8 \times 0.4 + 7 \times 0.2 + 7 \times 0.3 + 9 \times 0.1 = 7.6$

方案 3:$R_3 = \sum_{j=1}^{4} C_{3j} W_j = 7 \times 0.4 + 8 \times 0.2 + 9 \times 0.3 + 8 \times 0.1 = 7.9$

方案4： $R_4 = \sum_{j=1}^{4} C_{4j} W_j = 7 \times 0.4 + 9 \times 0.2 + 8 \times 0.3 + 9 \times 0.1 = 7.9$

表3.6.1 各方案权重值及分值

方案\指标	适用 0.4	平面布置 0.2	经济 0.3	美观 0.1
1	9	9	8	7
2	8	7	7	9
3	7	8	9	8
4	7	9	8	9

根据综合评价的总分，最优方案为方案1。

综合评分法在分析时强调了使用价值指标体系的作用，比价值指标综合法全面，在一定程度上克服了忽视使用价值在比较中的地位的缺点，由于避免了多指标评价法可能发生相互矛盾的现象，并且由于是定量性的指标，也可以利用电子计算机求解。但其缺点是确定权重值和评分难免存在主观臆断成分；同时，分值是相对的，因而就不能直接判断各方案的各项功能。

3. 价值系数综合分析法

运用价值分析中的价值系数，综合反映功能与成本两种相关因素的数量关系，以对方案进行评价。在方案比较时，由于功能包含一系列指标，各指标的量纲和标准不一样，不能直接叠加，应将各指标转化成[0, 1]的无量纲功能系数综合值；成本指标也应根据比选方案的成本情况转化成相对成本系数，只有计算所得的价值系数才具有可比性。

(1) 功能系数综合值计算。功能系数综合值(FV)为[0, 1]区间的无量纲的数值，其中0表示综合功能最差，1表示综合功能最好。一般情况，各方案的功能系数综合值位于(0, 1)内，即0<FV<1。其做法为：先求出每一个方案的每一项指标的功能系数相对值，然后计算每个方案的功能系数综合值。具体做如下：

① 计算功能系数相对值。当评价指标越大越好时，可以按照下式将指标值转化为功能系数相对值：

$$F_{ij} = \frac{R_{ij}}{\max_i \{R_{ij}\}} \quad (i = 1, 2, \cdots, n; j = 1, 2, \cdots, m) \quad (3.6.2)$$

或

$$F_{ij} = \frac{R_{ij} - \min_i \{R_{ij}\}}{\max_i \{R_{ij}\} - \min_i \{R_{ij}\}} \quad (i = 1, 2, \cdots, n; j = 1, 2, \cdots, m) \quad (3.6.3)$$

式中：F_{ij}——第i个方案的第j个指标的功能系数相对值；

R_{ij}——第i个方案的第j个指标的指标值；

$\max_i \{R_{ij}\}$——n个方案中第j个指标的指标值的最大值；

$\min_i \{R_{ij}\}$——n个方案中第j个指标的指标值的最小值；

n—— 方案的个数;

m—— 指标的个数。

当评价指标越小越好时,可以按照下式将指标值转化为功能系数相对值:

$$F_{ij} = \frac{\min_i\{R_{ij}\}}{R_{ij}} \quad (i=1,2,\cdots,n; j=1,2,\cdots,m) \quad (3.6.4)$$

或

$$F_{ij} = \frac{\max_i\{R_{ij}\} - R_{ij}}{\max_i\{R_{ij}\} - \min_i\{R_{ij}\}} \quad (i=1,2,\cdots,n; j=1,2,\cdots,m) \quad (3.6.5)$$

或

$$F_{ij} = 1 - \frac{R_{ij}}{\max_i\{R_{ij}\}} \quad (i=1,2,\cdots,n; j=1,2,\cdots,m) \quad (3.6.6)$$

当评价指标越接近适中值 R_0 越好时,可以按照下式将指标值转化为功能系数相对值:

$$F_{ij} = \frac{R_0}{|R_{ij} - R_0| + R_0} \quad (i=1,2,\cdots,n; j=1,2,\cdots,m) \quad (3.6.7)$$

式中:R_0—— 评价的标准值。

② 计算功能系数综合值。功能系数综合值的计算公式为

$$FV_i = \frac{1}{m}\sum_{j=1}^{m} F_{ij}w_j \quad (i=1,2,\cdots,n) \quad (3.6.8)$$

式中:w—— 权重值,$0<w<1$,$\sum_{j=1}^{m} w_j = 1$。

(2) 计算成本系数(CV)。各方案的成本系数相对值可以按照下式确定:

$$CV_i = \frac{C_i}{\max_i\{C_i\}} \quad (i=1,2,\cdots,n) \quad (3.6.9)$$

式中:CV_i—— 第 i 个方案的成本系数。

(3) 计算价值系数(VE)。各方案的价值系数可以按照下式确定:

$$VE_i = \frac{FV_i}{CV_i} \quad (i=1,2,\cdots,n) \quad (3.6.10)$$

式中:VE_i—— 第 i 个方案的价值系数。

价值系数相对越大,说明方案的技术经济性越好。

3.6.3 建设工程设计与施工方案技术经济评价的步骤

(1) 根据项目的要求,列出各种可行的技术方案。一个建设工程项目的设计和施工,可以有多种不同的方案。例如,设计具有基本相同功能的住宅,可以设计成砖混结构、框架结构等。同一个建设工程项目的施工方案也可以有许多种,如施工方法的不同和选择施工机械的不同等,都能造成施工方案的差异。

(2) 根据评价的要求拟定所需的指标或指标体系,并据此收集有关资料,将其制成表格,加以说明,以备进行分析。

(3) 将收集的指标资料按规则或要求,经加工整理成真实、可靠的指标数据,以便进

行分析。

(4)进行技术经济评价。根据技术经济评价的要求,选用适当的方法进行分析。在此基础上对方案的可行性和取舍做出结论。下结论时一定要立足于科学依据和辩证的分析,防止主观、片面和行政命令式的做法。

3.6.4 建筑设计方案技术经济评价指标

1. 建筑设计方案技术经济评价指标分类

建筑设计方案技术经济的评价指标,根据不同的要求,可以分为以下几大类:

(1)按指标范围,可以分为综合指标和局部指标。综合指标是概括一个工程设计方案经济性的指标,如工程的总造价、总面积、用地等;局部指标是只表明某个方面经济性的指标,如单方材料用量、层高等。

(2)按指标表现形态,可以分为实物指标和货币指标。实物指标能直接地、较准确地反映经济效益,但其形态千差万别,使用性质不同的资料在数量上难以相互比较,故在评价中有局限性;货币指标也叫做价值指标,它可以综合地反映工程在建设和使用过程中所消耗的社会劳动,在数量上有对比性。

(3)按指标应用,可以分为建设指标和使用指标。建设指标是应用在工程建设阶段,表示工程在建造过程中的一次性消耗指标,如工程造价、各种材料的用量等;使用指标是工程交付使用后,直到其经济寿命终止之前,全部使用过程中经常性消耗指标,如维修费、能源耗用量等。

(4)按指标性质,可以分为定量指标和定性指标。建筑设计技术经济评价指标以定量为主,但定性的评价也是不可缺少的。前者如造价、用工、材料等的耗用量,后者如平面布置的合理性等。

2. 民用建筑设计方案技术经济评价指标

(1)小区规划设计技术经济评价指标有用地指标、密度指标、造价指标等。

(2)住宅平面设计技术经济评价指标有建筑面积、有效面积、平面系数、辅助面积系数、结构面积系数、外墙周长系数、工程总造价、每平方米建筑造价、主要材料耗用指标、劳动耗用指标、能源耗用指标、施工工期指标等。

3. 工业建筑设计方案技术经济评价指标

评价一个工业建筑项目设计方案的优劣,常常不是根据一个或几个经济指标就可以解决问题的,有时不仅要有几个经济指标,而且还要一些技术指标作为参考。对于一个工业建筑项目而言,评价用的主要经济效果指标有基建投资效果系数、单位生产能力投资额、建设成本、建设工期、建设质量、劳动生产率、单位产品成本、生产年限、投资回收期等。

工业建筑设计方案在具体评价中,常常用到以下一些指标:

(1)总平面图设计技术经济评价指标:建筑面积、厂区占地面积、建筑系数、土地利用系数、工程量指标、总产值、总产量、运营费用指标等。

(2)空间平面设计技术经济评价指标:工程造价、建设工期、主要实物工程量、建筑面积、材料消耗指标、用地指标等。

另外，还有主要原材料消耗、全厂用水、用电、用气量、全年货物运输量、全厂设备数量等指标。

3.6.5 施工方案的技术经济评价

1. 施工方案的技术经济评价基本要求与步骤

建设项目的施工阶段，一般都应事先编制施工方案或施工组织设计。施工方案的技术经济评价是编制施工方案的重要环节和内容之一，是管理的一项重要工作。工期的长短，质量的好坏，材料的节约或浪费，人力能否合理安排使用，工程成本的高低，乃至企业的经营管理，都和施工方案有极大的关系，因此，必须对建设工程项目的施工方案做技术经济评价。施工方案的技术经济评价包括施工组织方案和施工工艺方案，以及采用新结构、新材料的技术经济评价。技术经济评价既有为选择方案提供依据的事前分析，也有方案实施后的效果评价。后者的目的在于确定该项技术方案的实际效果，为下一次制定技术方案提供依据。

1) 施工方案技术经济评价的基本要求

(1) 施工方案的技术经济评价应以施工方法、进度计划、总平面图和技术组织措施为主要内容，采用一系列的技术经济指标进行方案的对比，并作出评价。

(2) 在评价施工方案的经济效果时，一般是不计算生产使用过程(部门)的经济效果的。如果由于施工方案的不同，而对工程今后的使用有影响时，就要考虑这方面的因素。

(3) 对施工方案的技术经济评价要注重技术方法和组织管理方法的可行性与经济效果，注重局部效益与整体效益的关系，同时还应有相应的各项技术组织措施。

(4) 施工方案的分析，既要用定性分析，也要用定量分析。定性分析主要是根据施工经验对施工方案的优缺点进行分析，例如工期是否适当，分段流水方法是否合理，总平面设计是否充分利用场地，是否体现文明施工，是否有浪费，是否先进可行等。定量分析强调用数据说明问题，是对各项主要指标进行科学的计算，然后进行量的分析比较，从而确定方案的优劣。

2) 施工方案技术经济评价的一般程序

(1) 明确方案分析的任务和范围，即明确方案是群体工程的施工方案、单位工程的施工方案，还是工种工程的施工方案，同时收集有关资料。

(2) 拟定两个以上可行的备选方案。若评价新工艺、新技术方案时应以传统方案作为对比依据。

(3) 确定反映方案特征的技术经济指标体系。

(4) 计算各项技术经济指标。

(5) 方案的分析、评价与选择。

对施工方案的技术经济评价，一般采用多指标体系进行方案间的比较(有时也采用单指标评价)，以选出最佳方案。

2. 施工方案技术经济评价指标体系

施工方案也需要运用一系列的指标来进行技术经济分析与评价。目前，常见的主要指标有总工期指标、劳动生产率指标、质量指标、安全指标、造价指标、材料耗用指标、降低成本指标、机械台班耗用指标及费用指标等。

3.7 建设项目后评价

3.7.1 建设项目后评价概述

1. 建设项目后评价概念

关于建设项目后评价,国内外理论与实际工作者有不同的理解。结合我国的实际情况,本章中所指的项目后评价可以这样表述:在项目建成投产并达到设计生产能力后,通过对项目前期工作、项目实施、项目运营情况的综合研究,衡量和分析项目的实际情况及其与预测(计划)情况的差距,确定有关项目预测和判断是否正确并分析其原因,从项目完成过程中吸取经验教训,为今后改进项目的准备、决策、管理、监督等工作创造条件,并为提高项目投资效益提出切实可行的对策措施。

2. 建设项目后评价的特点

项目后评价有其内在的规律和特点,在原理、作用和实施步骤上都有别于项目可行性研究、项目前评价、项目中间评价、竣工验收、项目审计检查和一般性的工作总结,虽然这些工作的进行有利于后评价工作的开展,但替代不了后评价的作用和要求。

(1)公正性和独立性。公正性标志着后评价及评价者的信誉,避免在发现问题、分析原因和下结论时避重就轻,做出不客观的评价。独立性标志着后评价的合法性,后评价应从项目投资者和受援者或项目业主以外的第三者的角度出发,独立地进行,特别要避免项目决策者和管理者自己评价自己的情况发生。

(2)可信性。后评价的可信性取决于评价者的独立性和经验,取决于资料信息的可靠性和评价方法的适用性。为增强评价者的责任感和可信度,评价报告要注明评价者的名称或姓名。评价报告要说明所用资料的来源或出处,报告的分析和结论应有充分可靠的依据。评价报告还应说明评价所采用的方法。

(3)实用性。为了使后评价成果对决策能产生作用,后评价报告必须针对性强,文字简练明确,避免引用过多的专业术语。报告应能满足多方面的要求。另外,报告不应面面俱到,应突出重点,报告所提的建议应与报告其他内容分开表述,建议应能提出具体的措施和要求。

(4)透明性。从可信度来看,要求后评价的透明度越大越好,因为后评价往往需要引起公众的关注,对国家预算内资金和公众储蓄资金的投资决策活动及其效益和效果实施更有效的社会监督。从后评价成果的扩散和反馈的效果来看,成果及其扩散的透明度也是越大越好,使更多的人能够借鉴过去的经验教训。

(5)反馈特性。项目后评价的结果需要反馈到决策部门,作为新项目的立项和评估的基础,以及调整投资规划和政策的依据,这是后评价的最终目标。因此,后评价结论的扩散和反馈机制、手段和方法成为后评价成败的关键环节之一。

3. 项目后评价与前评价的区别

(1)评价主体不同。前评价主要由投资主体(企业、部门或银行)及其主管部门组织实施；而后评价则是以投资运行的监督管理机构或后评价权威机构或上一层的决策机构为主，组织主管部门会同计划、财政、审计、银行、设计、质量、司法等有关部门进行，按照项目单位自我评价、行业主管部门评价和国家评价三个层次组织实施，以确保后评价的公正性和客观性。

(2) 评价的性质不同。前评价是以定量指标为主侧重于经济效益的评价，评价结果直接作为项目投资决策的重要依据；而后评价要结合行政、法律、经济、社会、建设、生产、决策与实施等各个方面进行综合性评价，要求以事实为依据，以提高效益为目的，以法律为准绳，对项目实施的结果进行鉴定，并间接作用于未来项目的投资决策，为其提供反馈信息。

(3) 评价的内容不同。前评价主要是通过对项目建设的必要性、可能性和技术方案与建设条件等评价，对项目未来经济和社会效益进行科学预测；而后评价除了对上述内容进行评价外，还要对项目立项决策和实施效率进行评价，对项目实施运行状况进行深入的分析。

(4) 评价的依据不同。前评价主要以历史资料和经验性资料，以及国家和部门颁布的政策、规定和参数等文件为依据；而后评价则主要依据建成投产后项目实施的现实资料，并把历史资料和现实资料结合起来进行对比分析，力求准确。

(5) 评价的阶段不同。前评价是在项目决策前的前期工作阶段进行，作为投资决策的依据；而后评价则是在项目投产运营一段时间后，对项目全过程(包括建设期和生产期)的效益进行评价。

4. 建设项目后评价的作用

建设项目后评价对于提高项目决策科学化水平，促进投资活动规范化，弥补拟建项目从决策到实施完成整个过程中出现的缺陷，改进项目管理和提高投资效益等方面，发挥着极其重要的作用。具体表现在以下几个方面：

(1) 总结项目管理的经验教训，提高项目管理水平；

(2) 提高项目决策科学化水平；

(3) 为国家投资计划、政策的制订提供依据；

(4) 为银行部门及时调整信贷政策提供依据；

(5) 对项目本身监督和改进有重要意义，促使项目运营状态的正常化。

5. 建设项目后评价的程序

(1) 组织评估机构。由谁来组织项目后评价工作，是具体实施项目后评价首先要解决的问题。根据项目后评价的概念、特点和职能，项目后评价的组织机构应符合以下两方面的基本要求：

① 满足客观性、公正性要求。只有项目后评价组织机构具有客观性、公正性，才能保证项目后评价的客观、公正性。这就要求后评价组织机构要排除人为干扰，独立地对项目实施及其结果做出评估。

② 具有反馈检查功能。项目后评价的作用主要是通过项目全过程的再评价并反馈信息，为投资决策科学化服务。因此，要求后评价组织机构具有反馈检查功能，也就是要求后评价组织机构与计划决策部门具有通畅的反馈回路，以使后评价有关信息迅速地反馈到

决策部门。

因此,项目后评价的组织机构不能由项目原可行性研究单位、前评价单位及项目实施过程中的项目管理机构来担任,而应由一个独立的后评价组织机构来担任。

(2)项目后评价对象的选择。原则上,对所有竣工投产的投资项目都要进行后评价,项目后评价应纳入项目管理程序之中。但由于客观条件所限,不可能对所有投资项目都及时地进行后评价。现阶段,进行项目后评价的项目主要有:

① 项目投产后本身经济效益明显不好的项目。

② 国家急需发展的产业部门的投资项目,其中主要是国家重点投资项目,如能源、通信、交通运输、农业等项目。

③ 国家限制发展的产业部门的投资项目,如某些家用电器投资项目等。

④ 投资额巨大、对国计民生有重大影响项目,如三峡工程项目等。

⑤ 一些特殊项目,如国家重点投资的新技术开发项目、技术引进项目等。

(3)收集资料和选取数据。项目后评价是以大量的资料和数据为依据的。这些资料和数据的来源要可靠。一般应由后评价者亲自调查整理。需要收集的资料和数据如下:

① 档案资料。主要有建设项目的规划方案、项目建议书和批文、可行性研究报告、评估报告、设计任务书、初步设计材料和批文、施工图设计和批文、竣工验收报告、工程大事记、各种协议书和合同及有关厂址选择、工艺方案选择、设备方案选择的论证材料。

② 项目生产经营资料。主要是生产、销售、供应、技术、财务、劳动工资等部门的统计年度报告。

③ 供分析预测用的基础资料。主要是建设项目开工以来的有关利率、汇率、价格、税种税率、物价指数变化的有关资料。

④ 与项目有关的其他资料。如国家及地方的产业结构调整政策、发展战略和长远规划;国家和地方颁布的规定和法律文件等。

(4)资料的分析加工。对所收集的资料和数据进行汇总、加工和分析,对需要调整的数据和资料要调整。此时往往需要进一步补充测算有关的资料,以满足验证的需要。

(5)评价及编制后评价报告。编制各种评价报表及计算评价指标,并与前评价进行对比分析,找出差异及其原因。由评价组编制后评价报告。

(6)上报评价报告。把编制的详细后评价报告和其重点摘要上报给组织后评价的部门。

3.7.2 建设项目后评价的方法与内容

3.7.2.1 建设项目后评价的方法

建设项目后评价的分析方法总体上要坚持定量分析和定性分析相结合。在实际过程中,基本的评价方法有以下几种:

1."前后对比"和"有无对比"评价法

建设项目后评价的"前后对比"法是将项目可行性研究和评价时所预测的效益,与项目竣工投产运行后的实际结果相比较,找出差异和原因。这也是项目过程评价应遵循的原则之一。"有无对比"法是将项目投产后实际发生的情况与没有运行的投资项目可能发生的情况进行对比,以度量项目的真实效益、影响和作用,对比的重点主要是分清项目本身的作用和项目以外的作用。

2. 逻辑框架法(LFA)

逻辑框架结构矩阵,简称逻辑框架法,是1970年由美国国际发展署提出的一种开发项目的工具,用于项目的规划、实施、监督和评价。逻辑框架法是项目后评价进行综合分析时常用的方法,目前已成为国外进行后评价所采用的主要方法。逻辑框架法可以用来分析和评价项目的目标层次之间的因果关系,它把后评价与项目周期联系起来,通过分析其间的关系,从设计、策划到目的、目标等方面来评价一项活动或工作,可以适用于不同层次的管理需要。它有助于评价者"思考和策划",侧重于分析项目的运作。

3. 成功度分析法

成功度分析法是项目后评价的一种综合分析方法,应用此法的条件是,要首先对项目实现预期目标的成败程度,即所谓成功度给出一个定性的结论。作为用于衡量成败程度的标准——成功度,通常可以将其分为五个等级,各个等级的标准如下:

(1)完全成功的,有时用 AA 来表示,表明项目的各项目标都已全面实现或超过;相对于成本而言,项目取得了巨大的效益和影响。

(2)成功的,有时用 A 来表示,表明项目的大部分目标已经实现;相对于成本而言,项目达到了预期的效益和影响。

(3)部分成功的,有时用 B 来表示,表明项目实现了原定的部分目标;相对于成本而言,项目只取得了一定的效益和影响。

(4)不成功的,有时用 C 来表示,表明项目实现的目标非常有限;相对于成本而言,项目几乎没有取得什么效益和影响。

(5)失败的,有时用 D 来表示,表明项目的目标是不现实的,根本无法实现;相对于成本而言,项目不得不终止。

成功度评价等级确定程序:确定评议专家;选定综合评价指标并确定其权重;专家个人打分;专家集体评议;进行数据处理,从而确定各项指标的重要程度;得出成功度评价的等级。

3.7.2.2 建设项目后评价的评价指标

不同类型项目的后评价应选用不同的评价指标,主要指标有:

(1)工程技术评价指标:包含设计能力,技术或工艺的合理性、可靠性、先进性、适用性,设备性能,工期、进度、质量等。

(2)财务和经济评价指标,具体如下:

项目投资指标,包含项目总投资、建设投资、预备费、财务费用、资本金比例等。

运营期财务指标,包含单位产出成本与价格、财务内部收益率、借款偿还期、资产负债率等。

项目经济评价指标,包含内部收益率、经济净现值等。

(3)项目生态与环境评价主要指标:包含物种、植被、水土保持等生态指标,环境容量、环境控制、环境治理与环保投资,以及资源合理利用和节能减排指标等。

(4)项目社会效益评价主要指标:包含利益相关群体、移民和拆迁、项目区贫困人口、最低生活保障线等。

（5）管理效能评价指标：包含前期工作相关程序、采购招标、施工组织与管理、合同管理、组织机构与规章制度等。

（6）项目目标和可持续性评价指标，具体如下：

项目目标评价指标，包含项目投入、项目产出、项目直接目的、项目宏观影响等。

项目可持续性评价指标，包含财务可持续性指标、环境保护可持续性指标、项目技术可持续性指标、管理可持续性指标、需要的外部政策支持环境和条件等。

3.7.2.3 建设项目后评价报告的内容

通常，项目后评价报告应按照国家规定的条例和格式要求进行编写，应涵盖总论、项目前期工作后评价、项目实施后评价、项目生产运行后评价、项目效益后评价和后评价综合结论等六个部分内容。

现以工业投资项目为例，说明项目后评价报告中所应涉及的主要内容。

1. 总论

在此部分要说明项目后评价的目的、后评价工作的组织管理、后评价报告编制单位、后评价工作的起始和完成时间、评价资料来源和依据、后评价方法，以及建设项目实施总体概况。

2. 项目前期工作的后评价

（1）项目筹备工作。包括筹备单位的名称、组织机构、筹备计划及筹备工作效率等的分析和评价。

（2）项目决策工作。包括项目可行性研究单位的名称、资格、项目可行性研究报告的编制依据，可行性研究的起始和完成时间，项目决策单位、决策程序、决策效率和决策质量等的分析评价。

（3）项目委托设计与施工。包括设计单位的名称及资格审查、委托设计的方式与设计费用、勘测设计与施工的相互衔接协调和满足程度、设计方案的优化情况、技术上的先进性和经济上的合理性、设计标准与质量、委托施工的方式、施工队伍资格审查的情况及施工合同等的分析评价。

（4）建设物资、资金等落实情况的分析评价。

3. 项目实施后评价

（1）项目开工评价。

（2）施工准备评价，包括设备采购、投标招标的评价。

（3）项目变更评价，包括对项目范围变更、设计变更、变更的原因及其影响的评价。

（4）施工管理评价，包括施工组织方式、实际施工进度、施工项目成本、工程质量及其控制、施工技术与方案等的评价。

（5）项目建设资金供应情况评价。

（6）项目建设工期评价，包括对实际建设工期、工期提前和延续原因的评价。

（7）项目建设成本评价，包括对项目实际建设成本、实际成本超支与节约的原因进行评价。

（8）项目施工验收与试生产的评价。

(9)工程监理以及各种合同执行情况的评价。

(10)项目实际生产能力与单位生产能力的投资评价。

4. 项目生产运行后评价

(1)项目达产情况的评价。

(2)项目投入所需的原材料、燃料供应情况、资源综合利用情况的评价。

(3)项目产出物的种类与数量、产品销售情况等的评价。

(4)项目生产能力利用情况的评价。

(5)企业的性质与职权、主管机关情况的评价。

(6)企业经营管理评价,包括对机构设置、管理网络、管理人员配备、管理规章制度、组织管理效率等进行的分析评价。

(7)劳动组织与人员培训评价,包括对管理人员的工作水平、有效管理能力、人才资源利用等的评价。

5. 项目效益后评价

(1)项目财务效益后评价。包括项目财务状况及预测、项目实际财务指标评价、主要财务指标对比分析及对财务状况的前景与措施的评价。

(2)项目国民经济后评价。包括项目国民经济效益状况与预测、项目国民经济实际效益指标与计算、评价指标的对比分析及对国民经济效益的前景及其措施的评价。

(3)社会效益后评价。包括项目对改善生产力布局、本地区社会经济发展、环保的生态平衡、交通设施和城市建设以及本行业的技术进步、资源配置和综合利用等的分析评价,评价指标的对比分析,以及对项目社会效益的前景及其措施的评价。

6)后评价的综合结论

这是在对以上各项内容进行总概括后得出的基本结论。包括项目准备、决策、实施和运行各阶段的主要经验教训,对可行性研究及评价决策水平的综合评价,项目发展前景,提高项目未来经济效益的主要对策和措施。

3.8 案例分析

3.8.1 背景

某企业拟投资建设一项生产性项目,各项基础数据如下:

(1)项目建设期1年,第2年开始投入生产经营,运营期8年。

(2)建设期间一次性投入建设投资额为850万元,全部形成固定资产。固定资产使用年限为8年,到期预计净残值率为4%,按照平均年限法计算折旧。

(3)建设期贷款500万元,贷款年利率为6.6%,经营期前6年按照等额本息法偿还。

(4)流动资金投入为200万元,在运营期的前2年均匀投入,运营期末全额回收,流动资金来源全部为银行贷款,贷款年利率为3.5%,还款方式为运营期内每年末支付利息,项目期末一次性偿还本金。

(5)运营期第1年生产负荷为60%,第2年达产。

(6)运营期内正常年份各年的销售收入为450万元,经营成本为200万元。运营期第1年营业收入和经营成本按照正常年份的60%计算。

(7)企业所得税税率为33%,上述各项费用及收入均为不含增值税价格,不考虑增值税及相关附加税的影响。

(8)该行业基准收益率为10%,基准投资回收期为7年。

(9)折现系数取三位小数,其余各项计算保留两位小数。

3.8.2 问题

(1)编制借款还本付息计划表。

(2)列式计算运营期各年的总成本费用。

(3)编制该项目投资现金流量表及其延长表。

(4)计算所得税前和所得税后项目静态、动态投资回收期。

(5)计算所得税前和所得税后项目投资财务净现值。

(6)从财务评价角度分析该项目的可行性及盈利能力。

3.8.3 解答

列表见表3.8.1。

1. 问题(1)

建设期贷款利息 = (0+500/2)×6.6% = 16.5(万元)

长期借款每年应还本息和 = (500+16.5)×(A/P,6.6%,6) = 107.03(万元)

表3.8.1　　　　　　　　　借款还本付息计划表　　　　　　　　(单位:万元)

序号	项目＼年份	建设期 1	运营期 2	3	4	5	6	7	8	9
1	长期借款									
1.1	年初累计借款		516.5	443.56	365.8	282.91	194.56	100.37		
1.2	本年新增借款	500								
1.3	本年应计利息	16.5	34.09	29.27	24.14	18.67	12.84	6.62		
1.4	本年应还本息		107.03	107.03	107.03	107.03	107.03	107.03		
1.4.1	本年应还本金		72.94	77.76	82.89	88.36	94.19	100.41		
1.4.2	本年应还利息		34.09	29.27	24.14	18.67	12.84	6.62		
2	流动资金借款									
2.1	年初累计借款			100	200	200	200	200	200	200
2.2	本年新增借款		100	100						
2.3	本年应计利息		3.5	7	7	7	7	7	7	7

续表

序号	项目 \ 年份	建设期 1	运营期 2	3	4	5	6	7	8	9
2.4	本年应还利息		3.5	7	7	7	7	7	7	7
2.5	本年应还本金									200
3	应还利息合计		37.59	36.27	31.14	25.67	19.84	13.62	7.00	7.00

2. 问题(2)

年折旧费=(850+16.5)(1-4%)/8=103.98(万元)

第2年总成本费用=120+103.98+37.59=261.57(万元)

第3年总成本费用=200+103.98+36.27=340.25(万元)

第4年总成本费用=200+103.98+31.14=335.12(万元)

第5年总成本费用=200+103.98+25.67=329.65(万元)

第6年总成本费用=200+103.98+19.84=323.82(万元)

第7年总成本费用=200+103.98+13.62=317.60(万元)

第8年总成本费用=200+103.98+7.00=310.98(万元)

第9年总成本费用=200+103.98+7.00=310.98(万元)

3. 问题(3)

列表见表3.8.2。

调整所得税=息税前利润×所得税税率

息税前利润=营业收入-经营成本-折旧费

第2年调整所得税=(270-120-103.98)×33%=15.19(万元)

第3~9年调整所得税=(450-200-103.98)×33%=48.19(万元)

表3.8.2　　　　　　　　　　　项目投资现金流量表及其延长表　　　　　　　　　　(单位：万元)

序号	项目	建设期 1	运营期 2	3	4	5	6	7	8	9
	生产负荷(%)		60	100	100	100	100	100	100	100
1	现金流入		270.00	450.00	450.00	450.00	450.00	450.00	450.00	684.66
1.1	营业收入		270.00	450.00	450.00	450.00	450.00	450.00	450.00	450.00
1.2	回收固定资产余值									34.66
1.3	回收流动资金									200.00
2	现金流出	850.00	220.00	300.00	200.00	200.00	200.00	200.00	200.00	200.00
2.1	建设投资	850.00								
2.2	流动资金		100.00	100.00						

续表

序号	项目	建设期	运营期							
		1	2	3	4	5	6	7	8	9
2.3	经营成本		120.00	200.00	200.00	200.00	200.00	200.00	200.00	200.00
3	所得税前净现金流量	-850.00	50.00	250.00	250.00	250.00	250.00	250.00	250.00	484.66
4	累计所得税前净现金流量	-850.00	-800.00	-650.00	-400.00	-150.00	100.00	350.00	600.00	1084.66
5	折现系数($i_c=10\%$)	0.909	0.826	0.751	0.683	0.621	0.564	0.513	0.467	0.424
6	所得税前折现净现金流量	-772.73	41.32	112.70	170.75	155.23	141.12	128.29	116.63	205.54
7	累计所得税前折现净现金流量	-772.73	-731.40	-618.71	-447.95	-292.72	-151.61	-23.32	93.31	298.85
8	调整所得税		15.19	48.19	48.19	48.19	48.19	48.19	48.19	48.19
9	所得税后净现金流量	-850.00	34.81	101.81	201.81	201.81	201.81	201.81	201.81	436.47
10	累计所得税后净现金流量	-850.00	-815.19	-713.38	-511.57	-309.76	-107.95	93.86	295.67	732.14
11	折现系数($i_c=10\%$)	0.909	0.826	0.751	0.683	0.621	0.564	0.513	0.467	0.424
12	所得税后折现净现金流量	-772.73	28.77	76.49	137.84	125.31	113.92	103.56	94.15	185.11
13	累计所得税后折现净现金流量	-772.73	-743.96	-667.47	-529.63	-404.32	-290.40	-186.84	-92.70	92.41

4. 问题(4)

所得税前项目投资静态投资回收期=6-1+150.00/250.00=5.60(年)

所得税后项目投资静态投资回收期=7-1+107.95/250.00=6.53(年)

所得税前项目投资动态投资回收期=8-1+23.32/116.63=7.20(年)

所得税后项目投资动态投资回收期=9-1+92.70/185.11=8.50(年)

5. 问题(5)

所得税前项目投资财务净现值=298.85(万元)

所得税后项目投资财务净现值=92.41(万元)

6. 问题(6)

所得税前及所得税后项目投资静态投资回收期均小于行业基准投资回收期7年,说明项目投资回收期满足要求。所得税前及所得税后项目投资财务净现值均大于0,所得税前及所得税后项目投资动态投资回收期均小于计算期9年,从动态角度分析,项目盈利能力满足要求。项目投资在财务上可行。

习 题

一、计算题

1. 求下表所列投资方案的静态和动态投资回收期（$i_c = 10\%$）。

各年净现金流量表

年份数	0	1	2	3	4	5	6
净现金流量(万元)	−60	−40	30	50	50	50	50

2. 某项目初始投资为8000元，在第一年年末现金流入2000元，第二年年末现金流入3000元，第三、四年年末的现金流入均为4000元，请计算该项目的净现值、净年值、净现值率、内部收益率、动态投资回收期（$i_c = 10\%$）。

3. 在某一项目中，有两种机器可以选用，都能满足生产需要。机器A买价为10000元，在第6年年末的残值为4000元，前三年的年运行费用为5000元，后三年为6000元。机器B买价为8000元，第6年年末的残值为3000元，其运行费用前三年为每年5500元，后三年为每年6500。运行费用增加的原因是，维护修理工作量及效率上的损失随着机器使用时间的增加而提高。基准收益率$i_c = 15\%$。试用费用现值和费用年值法选择机器。

4. 用增额内部收益率法比选下表所列两个方案（$i_c = 10\%$）。

项目现金流量表 （单位：元）

投资＼时间	第0年	第1年	第2年	第3年
A	−100000	40000	40000	50000
B	−120000	50000	50000	60000

5. 某厂拟购置机器设备一套，有A、B两种型号可供选择，两种型号机器的性能相同，但使用年限不同，有关资料如下表所示。

设备购置与使用费用表 （单位：元）

设备	设备售价	维修及操作成本								残值
		第1年	第2年	第3年	第4年	第5年	第6年	第7年	第8年	
A	20000	4000	4000	4000	4000	4000	4000	4000	4000	3000
B	10000	3000	4000	5000	6000	7000				1000

如果该企业的资金成本为10%，问：应选用哪一种型号的设备？

6. 某制造厂考虑下表所列三个投资计划。在 5 年计划期中，这三个投资方案的现金流情况如下（基准收益率为 10%）：

项目计划的现金流量表　　　　　　　　　　　　　　　（单位：元）

方　案	A	B	C
最初成本	65000	58000	93000
年净收入（1~5 年年末）	18000	15000	23000
残　值	12000	10000	15000

（1）假设这三个计划是独立的，且资金没有限制，那么应选择哪个方案或哪些方案？
（2）假定资金限制在 160000 元，试选出最好的方案。
（3）假设计划 A、B、C 是互斥的，试用增量内部收益率法来选出最合适的投资计划。并说明增量内部收益率的含义。

7. 某建筑物有四种备选的高度如下表所列，该建筑物的经济寿命为 40 年，到那时将予以拆毁，残值为零。表中所有费用均针对建筑本身而言。在所有的情况下，土地的费用为 3000 元，在寿命周期结束时保持不变。税金与保险费已包括在运行费用中，基准收益率为 15%，问：若要建造，则需建多少层？

备选方案费用表　　　　　　　　　　　　　　　（单位：元）

层　数	2	3	4	5
建筑的初始成本	200000	250000	310000	385000
年运行费用	15000	25000	30000	42000
年收益	40000	60000	90000	106000

8. 某企业现有若干互斥型投资方案，有关数据如下表所列。

各方案数据表　　　　　　　　　　　　　　　（单位：万元）

方　案	初始投资	年净收入
0	0	0
A	2000	500
B	3000	900
C	4000	1 100
D	5000	1 380

以上各方案寿命期均为 7 年,试问:
(1)当折现率为 10%时,资金无限制,哪个方案最佳?
(2)折现率在什么范围内时,B 方案在经济上最佳?
(3)若 $i_c=10\%$,实施 B 方案企业在经济上的损失是多少?

9. 某城市拟建一套供水系统,有两种方案可供选择:第一种方案是先花费 350 万元建一套系统,供水能力可满足近十年的需要,年运行费用 26 万元。到第十年年末由于用水量增加,需要再花费 350 万元另建一套同样的系统,两套系统年总运行费用 52 万元。可以认为供水系统的寿命无限长,但每套系统每隔 20 年需要花费 125 万元更新系统中的某些设备。第二种方案是一次花费 500 万元建一套比较大的供水系统,近 10 年仅利用其能力的一半,年运行费用 28 万元。10 年后其能力全部得到利用,年运行费用 50 万元。可以认为系统寿命无限长,但每隔 20 年需要花费 200 万元更新系统中的某些设备。若基准收益率为 15%,试分析应采用哪种方案。

10. 有 5 个备选投资项目,各项目的净现金流序列见下表所列。这些项目之间的关系是:A 与 B 互斥,C 与 D 互斥,接受项目 C 与项目 D 均要以接受项目 B 为前提,接受项目 E 要以接受项目 C 为前提。基准收益率为 10%,试分别就:(1)资金无限制;(2)资金限额为 500 万元这两种情况选择最优项目组合。

各项目净现金流量表 (单位:万元)

年　份	0	1~4
项　目 A	−500	200
项　目 B	−300	120
项　目 C	−140	40
项　目 D	−150	50
项　目 E	−110	70

二、案例分析

某项目建设期为 2 年,生产期为 8 年。项目建设投资(含工程费、其他费用、预备费用)3100 万元,预计全部形成固定资产。固定资产折旧年限为 8 年,按平均年限法计算折旧,残值率为 5%。在生产期末回收固定资产残值。

建设期第 1 年投入建设资金的 60%,第 2 年投入 40%,其中每年投资的 50%为自由资金,50%由银行贷款,贷款年利率为 7%,建设期只计息不还款。生产期第 1 年投入流动资金 300 万元,全部为自有资金,流动资金在计算期末全部回收。

建设单位与银行约定:从生产期开始的 6 年间,按照每年等额本金偿还法进行偿还,同时偿还当年发生的利息。

预计生产期各年的经营成本均为 2600 万元,其中,可抵扣的进项税额为每年 300 万元，不含税营业收入在计算期第 3 年为 3800 万元，第 4 年为 4320 万元，第 5 年至第 10 年均为 5400 万元。假定增值税税率为 11%，增值税附加综合税率为 10%，所得税税率为 33%，行业基准投资回收期为 $P_c = 8$ 年，行业基准收益率为 $i_c = 10\%$。

问题：

1. 列式计算项目计算期第 3 年初的累计借款。
2. 编制项目借款还本付息计划表。
3. 列式计算固定资产残值及各年固定资产折旧额。
4. 编制项目资本金现金流量表。
5. 列式计算资本金财务内部收益率，资本金财务净现值，静态、动态投资回收期，并评价本项目是否可行。

（计算结果保留小数点后 2 位）

附录　标准正态分布概率

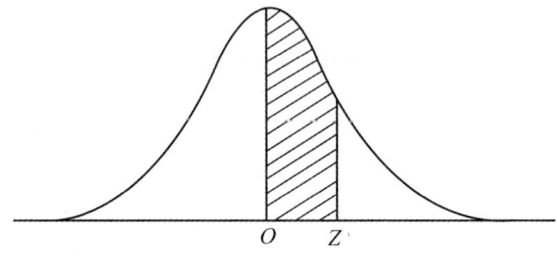

表中的数据是 $Z = 0$ 与一个正的 Z 值之间曲线下面积的大小。$Z = 0$ 与 Z 为负值时，曲线下面积等于其对称面积，面积表示累计概率。如 $Z = 0$ 与 $Z = 2$ 之间的曲线下面积是 0.4772，因此在正态分布时，表示 $Z > 2$ 的概率是 $0.500 - 0.4472 = 0.0228$。通过对称法，$Z < -2$ 的概率也是 $0.5000 - 0.4772 = 0.0228$。$\Phi(Z)$ 为小于 Z 值的所有面积之和，如 $\Phi(2) = 0.5 + 0.4472 = 0.9472$，如 $\Phi(-2) = 0.5 - 0.4472 = 0.0228$。

Z	0.00	0.01	0.02	0.03	0.04	0.05	0.06	0.07	0.08	0.09
0.0	0.0000	0.0040	0.0080	0.0120	0.0160	0.0199	0.0239	0.0279	0.0319	0.0359
0.1	0.0398	0.0438	0.0478	0.0517	0.0557	0.0596	0.0636	0.0675	0.0714	0.0753
0.2	0.0793	0.0832	0.0871	0.0910	0.0948	0.0987	0.1026	0.1064	0.1103	0.1141
0.3	0.1179	0.1217	0.1255	0.1293	0.1331	0.1368	0.1406	0.1443	0.1480	0.1517
0.4	0.1554	0.1591	0.1628	0.1664	0.1700	0.1736	0.1772	0.1808	0.1844	0.1879
0.5	0.1915	0.1950	0.1985	0.2019	0.2054	0.2088	0.2123	0.2157	0.2190	0.2234

续表

Z	0.00	0.01	0.02	0.03	0.04	0.05	0.06	0.07	0.08	0.09
0.6	0.2257	0.2291	0.2324	0.2357	0.2389	0.2422	0.2454	0.2486	0.2517	0.2549
0.7	0.2580	0.2614	0.2642	0.2673	0.2703	0.2734	0.2764	0.2794	0.2823	0.2852
0.8	0.2881	0.2910	0.2939	0.2967	0.2995	0.3023	0.3051	0.3078	0.3106	0.3133
0.9	0.3159	0.3186	0.3212	0.3238	0.3264	0.3289	0.3315	0.2240	0.3365	0.3389
1.0	0.3413	0.3438	0.3461	0.3485	0.3508	0.3531	0.3554	0.3577	0.3599	0.3621
1.1	0.3643	0.3665	0.3686	0.3708	0.3729	0.3749	0.3770	0.3790	0.3810	0.3630
1.2	0.3849	0.3869	0.3888	0.3907	0.3925	0.3944	0.3962	0.3980	0.3997	0.4015
1.3	0.4032	0.4049	0.4066	0.4082	0.4099	0.4115	0.4131	0.4147	0.4162	0.4177
1.4	0.4192	0.4207	0.4222	0.4236	0.4251	0.4265	0.4279	0.4292	0.4306	0.4319
1.5	0.4332	0.4345	0.4357	0.4370	0.4382	0.4394	0.4406	0.4418	0.4429	0.4441
1.6	0.4452	0.4463	0.4474	0.4484	0.4495	0.4505	0.4515	0.4525	0.4535	0.4545
1.7	0.4554	0.4564	0.4573	0.4582	0.4591	0.4599	0.4608	0.4616	0.4625	0.4633
1.8	0.4641	0.4649	0.4656	0.4664	0.4671	0.4678	0.4686	0.4693	0.4699	0.4706
1.9	0.4713	0.4719	0.4726	0.4732	0.4738	0.4744	0.4750	0.4756	0.4761	0.4767
2.0	0.4772	0.4778	0.4783	0.4788	0.4793	0.4798	0.4803	0.4808	0.4812	0.4817
2.1	0.4821	0.4826	0.4830	0.4834	0.4838	0.4842	0.4846	0.4850	0.4854	0.4857
2.2	0.4861	0.4864	0.4868	0.4871	0.4875	0.4878	0.4881	0.4884	0.4887	0.4890
2.3	0.4893	0.4896	0.4898	0.4901	0.4904	0.4906	0.4909	0.4911	0.4913	0.4916
2.4	0.4918	0.4920	0.4922	0.4925	0.4927	0.4929	0.4931	0.4932	0.4934	0.4936
2.5	0.4938	0.4940	0.4941	0.4943	0.4945	0.4946	0.4948	0.4949	0.4951	0.4952
2.6	0.4953	0.4955	0.4956	0.4957	0.4959	0.4960	0.4961	0.4962	0.4963	0.4964
2.7	0.4965	0.4966	0.4967	0.4963	0.4969	0.4970	0.4971	0.4972	0.4973	0.4974
2.8	0.4974	0.4975	0.4976	0.4977	0.4977	0.4978	0.4979	0.4979	0.4980	0.4981
2.9	0.4981	0.4982	0.4982	0.4983	0.4984	0.4984	0.4985	0.4985	0.4986	0.4986
3.0	0.4987	0.4987	0.4987	0.4988	0.4988	0.4989	0.4989	0.4989	0.4990	0.4990

第4章 技术经济预测与决策

4.1 技术经济预测方法

4.1.1 概述

1. 预测的基本概念

技术经济预测是根据技术经济发展的历史和现实，以准确的调查统计资料和技术经济信息为依据，运用定性和定量的科学分析方法，揭示出技术经济发展过程中的客观规律，并对各类技术经济现象之间的联系以及作用机制做出科学的分析，指出各类技术经济现象和技术经济过程未来发展的可能途径及结果。

技术经济预测是为技术经济决策服务的，通过预测来把握技术经济未来的发展和变化的有关动态，减少未来的不确定性，降低决策可能遇到的风险，从而减少技术经济决策的盲目性，提高决策的正确性。

2. 技术经济预测的分类

(1) 按技术经济预测目标范围划分，可分为宏观技术经济预测和微观技术经济预测。宏观技术经济预测是指对整个国民经济或一个地区、一个行业的技术、经济发展前景的预测，是对大系统的、总体的、综合的预测，如对国民生产总量及其增长速度的预测。微观技术经济预测是指对小系统、或某个局部事物的预测，如一个企业的产品供求市场及其价格变化趋势的预测。

(2) 按技术经济预测时期的长短划分，可分为近期预测、短期预测、中期预测和长期预测。对于不同的预测对象，其具体期限的划分是各不相同的，并无固定的标准。一般可按以下标准划分：

近期预测：3个月以下的经济预测或1年以下的技术预测；

短期预测：3个月以上1年以下的经济预测或1~5年的技术预测；

中期预测：1~5年的经济预测或5~15年的技术预测；

长期预测：5年以上的经济预测或15~30年的技术预测。

(3) 按技术经济预测的方法划分，可分为定性预测、定量预测和综合预测。定性预测也称为直观预测，主要利用直观资料，依靠个人经验、专业知识和判断分析能力，对事物未来的发展状况进行预测。定量预测是根据历史资料和数据，应用数理统计方法或利用事物发展的因果关系，建立数学模型，用以预测事物未来的状况或发展趋势。综合预测是指采用两种以上不同的预测方法进行预测。任何一种预测方法都有一定的适用范围，都有一定的近似性和局限性。综合预测可以弥补各自不足，提高预测的精度和可靠性。综合预测可以是几种定量方法的组合，也可以是几种定性方法的组合，实践中多采用的是定性方法和定量方法综合。

3. 预测的基本原理

预测的对象是客观事物，事物的发展变化是复杂的，但其发展变化仍然遵循一定的客观规律。认识这些客观规律，充分利用客观规律的必然性，有利于提高预测的质量。

(1) 惯性原理。任何事物的发展都有一定的延续性，这种延续性就称为"惯性"。惯性越大，表示过去对未来的影响越大，研究过去所得到的信息对研究未来越有帮助；惯性越小，表示过去对未来的影响越小。

影响技术经济系统惯性大小的主要因素有两个：一是技术经济系统的规模与范围，规模愈大，范围愈广，其惯性就愈大；二是技术经济系统的"年龄"，年龄越轻，其内在结构及外部联系就越不稳定，从而惯性也就较小。

技术经济系统稳定时，其内在联系及基本特征才可能延续下去，但绝对的稳定是不存在的。因此，利用惯性对技术经济系统进行预测时，就要求技术经济系统处于相对稳定状态。

(2) 类推原理。某些技术经济系统间在发展变化上常常具有类似之处，利用这种时间上的前后不同，但表现形式上有相似之处的特点，有可能把先发展的技术经济系统的表现过程类推到后发展的技术经济系统中去，从而对后发展的技术经济系统进行预测。

利用类推原理进行预测，首要的条件是技术经济系统间的发展变化要有类似性；否则，就不能进行类推预测。当由局部去推断整体时，必须注意局部特征能反映整体的特征；否则，就不能进行类推预测。

(3) 相关原理。技术经济系统与技术经济系统之间，以及技术经济系统内部各部门之间的发展变化是相互联系、相互影响、相互制约的，这就是相关性。利用相关性进行预测，是技术经济预测中常用的一种十分重要的方法。相关性有多种表现形式，其中应用最广、最重要的是因果关系。

(4) 概率推断原理。在技术经济系统中，由于各种随机因素的干扰，常常使得技术经济变量呈随机变化的形式。为了对这种具有不确定性结果的预测对象给出较确定的结论，就需要应用概率推断的原理。该原理就是当推断预测结果能以较大的概率出现时，就认为这个结论是成立的、可用的。在实际应用中，概率应伴随预测结果同时给出。

4. 预测的程序

预测过程可以看成一个输入、处理、输出的系统，一般按照图4.1.1的程序进行。

4.1.2 定性预测方法

定性预测法是在历史数据不足或事物发展变化过程难于定量描述时，利用直观材料，依靠个人经验进行主观判断，对事物未来的状况进行估计的方法。

定性预测有专家判断预测法、抽样调查法、历史类比法等，其中，判断预测法是预测方法库中占有重要位置的一类预测方法，其特点是简便直观，只依赖于专家判断，不需建立烦琐的预测模型，常常在历史数据资料不全的情况下使用。

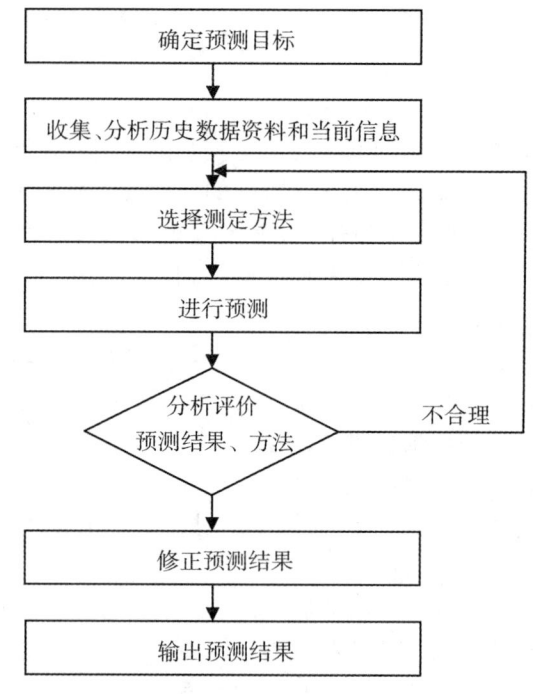

图 4.1.1　预测程序

专家评估法主要包括专家个人判断法、专家会议法、德尔菲法等。

4.1.2.1　专家个人判断法

该方法是依靠单个专家判断做出预测，其优点是可以最大限度地利用个人的创造力，不受外界干扰，但仅依靠个人的判断，其准确性受到专家知识面、经验的广度和深度、占有资料的全面程度以及对预测问题是否感兴趣等因素的影响，预测结果难免带有片面性。

4.1.2.2　专家会议法

专家会议法主要体现在所有专家在完成预测的过程中都有机会与其他专家一起面对面地交换意见，相互启发，弥补个人不足。专家会议与专家个人判断相比，其占有的信息量大，考虑的因素多，提供的方案更具体。专家会议法的不足主要表现在集体讨论容易被个别权威或大多数人的意见所左右，常有正确的意见不能得到充分发表。

专家会议法程序如下：

(1)挑选内部、外部的专家组成专家小组，全组专家们会面并共同起草预测调查内容。

(2)针对调查内容，全组所有专家均在会议中发表自己的意见，并将这些意见记录在表格中，每个意见都在组内进行充分的讨论。

(3)每位专家对所提出的意见进行排序，优先选择最好的一个，并用数学方法排列出来。如有必要，第(2)(3)步可重复进行。

(4)做出预测报告。根据专家的意见进行分析和综合处理，形成预测结果。

4.1.2.3 德尔菲法

1. 德尔菲法的基本原理

德尔菲法的应用过程是由主持预测的机构确定预测的课题并选定专家，人数的多少视具体情况而定，一般是 10~50 人。预测机构与专家联系的主要方式是函询，专家之间彼此匿名，不发生任何横向联系。通过函询收集专家意见，加以综合、整理后，再反馈给各位专家，征求意见。这样反复进行 4~5 轮，尽管每个专家的意见各有差异，但由于参与讨论的专家人数较多，会出现一种统计的稳定性，使专家的意见趋于一致，作为最后预测的根据。几次函询的程序和内容概述如下：

第一次函询：一方面向专家寄去预测目标的背景资料，另一方面提出所需预测的具体项目。这轮调查，任凭专家回答，完全没有设定框框。专家可以各种形式回答有关问题，也可以向预测单位索取更详细的统计材料。预测单位对专家的各种回答进行综合整理，把相同的事件、结论统一起来，剔除次要的、分散的事件，用准确的术语进行统一的描述，然后反馈给各位专家，进行第二次函询。

第二次函询：要求专家对于预测目标有关的各种事件发生的时间、空间、规模大小等提出具体的预测，并说明理由。预测单位对专家的意见进行处理，统计出每一事件可能发生日期的中位数，再次反馈给有关专家。

第三次函询：是各位专家再次得到函询综合统计报告后，对预测单位提出的综合意见和论据进行评价，重新修正原来各自的预测值，对预测目标重新进行预测。

上述步骤，一般通过四轮，预测的主持者应要求各位专家根据提供的全部预测资料，提出最后的预测意见。若这些意见收敛或者基本一致，即可以此为根据进行预测。

2. 函询表的设计

首先，要把调查预测的问题讲清楚，尽量避免模糊语言；其次，表格要力求简明，提出的问题不能太多，使填表者不致因填表而厌烦；再次，提出的问题不要脱离预测目标，也不要对专家的回答提出任何附加条件，要让专家自由地回答问题；最后，要明确专家寄回表格的最晚时间。

3. 专家意见的统计处理

(1) 对数量答案的处理。当预测结果用数量表示时，专家们的预测结果将是一系列可以比较大小的数据。通常采用四分位点法，取中位数作为有代表性的预测值，把上、下四分位数作为有 50% 以上把握的预测区间。下面为中位数和上、下四分位数的简单算法。

设有 n 个专家，其预测结果可按从小到大的顺序排列成一序列 $\{x_i\}$，$i = 1, 2, \cdots, n$。

① 序列 $\{x_i\}$ 的中位数：

当 n 为奇数时，$\{x_i\}$ 序列的中点数即为其中位数，即

$$x_{中} = x_{\frac{n+1}{2}} \tag{4.1.1}$$

当 n 为偶数时，$\{x_i\}$ 序列中最接近中心点的两个数的平均值即为其中位数，即

$$x_{中} = \frac{x_{\frac{n}{2}} + x_{\frac{n}{2}+1}}{2} \tag{4.1.2}$$

② 序列 $\{x_i\}$ 的上、下四分位数：在 $\{x_i\}$ 序列中，上、下四分位数分别记为 $x_{上}$、$x_{下}$，它们可按下式求出近似值：

$$x_{上} = x_{中} + \frac{1}{2}(x_n - x_{中}) \tag{4.1.3}$$

$$x_{下} = x_{中} - \frac{1}{2}(x_1 - x_{中}) \tag{4.1.4}$$

四分位区间的大小可以反映专家意见的离散程度,四分位区间越小,说明专家意见越集中。函询过程中,可以根据预测区间的大小确定是否需要进行下一轮函询。

(2) 对排序答案的处理。有时需要请专家对某些项目的重要性进行排序,最简单的方法就是采用评分法进行处理。

若有 m 个项目进行排序,由 n 个专家进行,第 i 个专家对第 j 个项目进行排序,记为 x_{ij},记分规则为:第1名记 m 分,第2名记 $m-1$ 分,…,最后一名记1分。然后对每个项目计算其总分,即 $x_j = \sum_{i=1}^{n} x_{ij}$,$(j = 1, 2, \cdots, m)$,以总分 x_j 多少决定排序的顺序。

(3) 对择一答案的处理。如果需要专家们从预测对象发展的多种可能性中,选择一个最为可能的结果时,可简单地用专家回答各种可能结果的频率来预测其出现的概率,概率最大者即为最可能者。

(4) 对专家预测能力的加权。由于专家的背景各异,对问题了解的程度各不相同,故对同一个问题,其预测能力也就有所不同。为反映这种差异,就必须给不同的专家以不同的权数,去处理各专家的预测结论。

各专家权数的确定,可由预测组织者根据对专家的了解来决定,也可以在预测调查表中由专家自己评定。

若每个专家的预测结果为 x_i,其权重为 w_i,则 n 个专家预测值的加权平均值为

$$X = \frac{\sum_{i=1}^{n} w_i x_i}{\sum_{i=1}^{n} w_i} \tag{4.1.5}$$

4.1.3 定量预测方法

定量预测方法可分为两类:一类是利用因果关系分析进行预测的方法,包括回归分析法、经济计量法和投入产出法。这种方法在有足够的历史数据且能够找出预测对象与有关的影响因素的相关关系时,通过建立它们之间的因果关系的数学模型,对事物的未来状况进行预测。另一类是利用时间序列分析进行预测的方法,称为趋势外推法,包括移动平均法和指数平滑法。这种方法仅从过去按时间顺序排列的客观数据中,即可找出预测对象随时间推移而发展变化的基本规律,并用此来预测事物的未来状况。

4.1.3.1 回归预测法

回归分析是处理变量之间相关关系的一种数理统计方法。在自然界和人类社会活动中存在着很多变量,其中某些变量之间有一定的依赖关系,这些依赖关系可以分为两类:函数关系和相关关系。变量之间的关系可以用函数来表达的,叫做函数关系(确定性关系)。变量之间存在一定的关系,但又不能由一个或几个变量的值精确地确定另一变量的值的,

叫做相关关系(非确定性关系)。

回归预测法,按回归方程所含的变量多少划分,可分为一元回归和多元回归;按回归方程的性质划分,可分为线性回归和非线性回归。

回归分析的步骤如下:

(1)根据因变量与自变量的试验数据,确定预测目标(因变量)与影响因素(自变量)之间的数学关系式(称为经验公式或回归方程);

(2)对回归方程中的参数进行估计和统计检验,分析影响因素与预测目标之间的相关程度;

(3)利用回归模型,根据未来自变量的值,预测因变量的值;

(4)分析预测结果的精度和误差范围。

1. 一元线性回归预测

一元线性回归分析,又称简单线性回归分析,适用于预测对象主要受一个相关变量影响且两者间呈线性关系的预测问题。一元线性回归分析是回归预测的基础。

(1)建立一元线性回归模型。将预测对象作为因变量 y,主要影响因素为自变量 x,当它们之间有大致的线性关系时,可以建立一元线性回归分析预测模型。

$$\hat{y} = \hat{a} + \hat{b}x \tag{4.1.6}$$

式中:参数 $\hat{a}$,$\hat{b}$ 为回归系数。

(2) 参数估计。设已有 n 组实际数据 (x_i, y_i),这些数据并不一定全部为回归线上的点,而是实际值与估计值之间有一定的离差 e_i。

$$|e_i| = |y_i - \hat{y}_i| = |y_i - (\hat{a} + \hat{b}x_i)| \tag{4.1.7}$$

显然,当实际值与估计值之间离差的总和为最小时,直线与所有数据点最"接近"。根据最小二乘法原理,要使误差 $\sum_{i=1}^{n} |e_i|$ 最小,应使 $\sum_{i=1}^{n} e_i^2$ 最小,即

$$\sum_{i=1}^{n} e_i^2 = \sum_{i=1}^{n} (y_i - \hat{y}_i)^2 = \sum_{i=1}^{n} (y_i - \hat{a} - \hat{b}x_i)^2 \to \min \tag{4.1.8}$$

根据多元函数求极值的原理,式(4.1.8)分别对 a、b 求偏导,并令其等于零,即

$$2\sum_{i=1}^{n} (\hat{a} + \hat{b}x_i - y_i) = 0 \tag{4.1.9}$$

$$2\sum_{i=1}^{n} (\hat{a} + \hat{b}x_i - y_i) \cdot x_i = 0 \tag{4.1.10}$$

对式(4.1.9)、式(4.1.10)整理、求解得

$$\hat{b} = \frac{\sum_{i=1}^{n} x_i y_i - n\bar{x} \cdot \bar{y}}{\sum_{i=1}^{n} x_i^2 - n\bar{x}^2} \tag{4.1.11}$$

$$\hat{a} = \bar{y} - \hat{b}\bar{x} \tag{4.1.12}$$

式中:$\bar{x} = \frac{1}{n}\sum_{i=1}^{n} x_i$,$\bar{y} = \frac{1}{n}\sum_{i=1}^{n} y_i$,分别为自变量、因变量实际数据的算术平均值。

当一元线性回归的自变量 x 为时间序列时，可以用相对坐标代替实际时间，通过巧妙的设计，可使 $\bar{x}$ 等于零。若时间序列的年数（或月数、天数）为奇数时，相对坐标设计为：…，-3，-2，-1，0，1，2，3，…；若时间序列的年数（或月数、天数）为偶数时，相对坐标设计为：…，-5，-3，-1，1，3，5，…。式(4.1.11)和式(4.1.12)可改写为

$$\hat{b} = \frac{\sum_{i=1}^{n} x_i y_i}{\sum_{i=1}^{n} x_i^2} \tag{4.1.13}$$

$$\hat{a} = \bar{y} \tag{4.1.14}$$

（3）相关检验。相关系数是指描述变量 x 与 y 之间的线性关系密切程度的一个数量指标，用 r 表示，其计算公式为

$$r = \frac{L_{xy}}{\sqrt{L_{xx} L_{yy}}} \tag{4.1.15}$$

式中：

$$L_{xx} = \sum_{i=1}^{n} (x_i - \bar{x})^2 = \sum_{i=1}^{n} x_i^2 - n\bar{x}^2 \tag{4.1.16}$$

$$L_{yy} = \sum_{i=1}^{n} (y_i - \bar{y})^2 = \sum_{i=1}^{n} y_i^2 - n\bar{y}^2 \tag{4.1.17}$$

$$L_{xy} = \sum_{i=1}^{n} (x_i - \bar{x})(y_i - \bar{y}) = \sum_{i=1}^{n} x_i y_i - n\bar{x}\bar{y} \tag{4.1.18}$$

其中，L_{xx} 称为 x 的离差平方和，它反映自变量 x 波动的程度，L_{xx} 越大，说明 x 的波动越大，反之越小；L_{yy} 称为 y 的离差平方和，它反映变量 y 波动的程度，L_{yy} 越大，说明 y 的波动越大，反之越小；L_{xy} 称为 x、y 的离差乘积和。

显然，$-1 \leq r \leq 1$，并且：

当 r 在 $(-1, 0)$ 之间时，表明因变量随自变量增加而减少，二者呈负相关；

当 r 在 $(0, 1)$ 之间时，表明因变量随自变量增加而增加，二者呈正相关；

当 $|r| = 1$ 时，因变量和自变量完全相关，x 与 y 的关系变为确定性关系；

当 $r = 0$ 时，仅表明因变量与自变量之间不存在线性相关关系，但并不排斥 x 与 y 之间存在其他关系。通常认为 $r > 0.75$ 时，x 与 y 高度相关；$r > 0.5$ 时则可判断 x 与 y 相关。

（4）显著性检验。相关系数 r 反映了变量 x 和 y 的线性相关程度，若要进行绝对评价，还必须进行显著性检验。常用的显著性检验有三种：t 检验、F 检验和 r 检验。对于一元回归，主要是 t 检验。t 检验的目的是检验回归方程中参数 b 的估计值 $\hat{b}$ 在某一显著性水平下（一般取显著水平 $\alpha = 0.05$）是否为零。该检验是在假设 $\hat{b} = 0$ 的情况下进行的，如果存在 $\hat{b}$ 为零，则说明 y 与 x 的变化无关，因此该方法根据样本数 n 查 $t_{1-\alpha/2}(n-2)$ 分布表，确定 t 的临界值 t_α，与根据实际问题计算的 t 值进行比较，如果 $t > t_\alpha$，则说明相关显著，回归方程有实用价值；反之，原假设成立，即 $b = 0$，则回归方程无实用价值。

t 的计算公式为

$$t = \frac{\hat{b} \cdot \sqrt{\sum_{i=1}^{n}(x_i - \bar{x})^2}}{\sqrt{\frac{1}{n-2}\sum_{i=1}^{n}(y_i - \hat{y}_i)^2}} \qquad (4.1.19)$$

【例 4.1.1】 2004—2017 年某种商品的社会需求量以及 A 生产企业该商品的销售量的历史数据见表 4.1.1，试建立该商品的社会需求量和 A 企业销售量之间的回归模型，并进行相关性检验。

表 4.1.1　　　**某商品的社会需求量与 A 企业销售量历史数据表**　　　（单位：万件）

年份	社会需求量 x	A 企业销售量 y	年份	社会需求量 x	A 企业销售量 y
2004	546	24	2011	857	38
2005	585	26	2012	904	40
2006	662	29	2013	937	43
2007	691	32	2014	985	46
2008	739	34	2015	1079	49
2009	762	36	2016	1148	53
2010	832	37	2017	1229	57

解： 首先绘出表 4.1.1 中的某商品的社会需求量 x 与 A 企业销售量 y 的散点图，如图 4.1.2 所示。从图中可以看出，该商品的社会需求量与 A 企业销售量成线性关系，可以建立线性回归模型。

$$\hat{y} = \hat{a} + \hat{b}x \qquad (4.1.20)$$

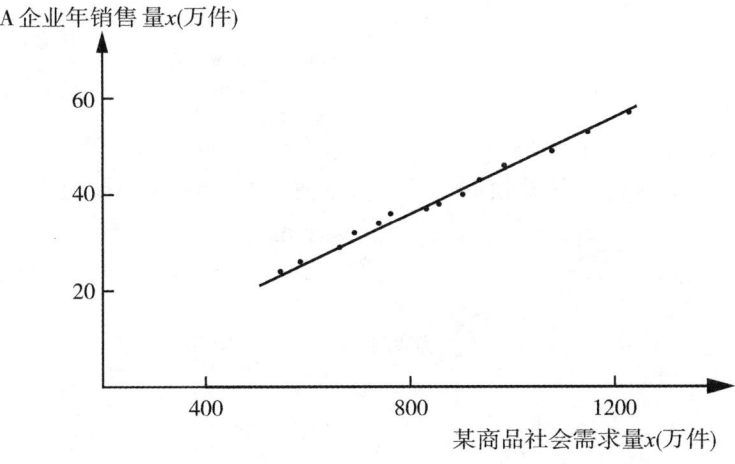

图 4.1.2　某商品社会需求量 x 与 A 企业销售量 y 的散点图

表 4.1.2　　　　　　　　　　　一元线性回归分析数据表

n	x	y	xy	x^2	$x_i - \bar{x}$	$y_i - \bar{y}$	$(x_i - \bar{x})^2$	$(y_i - \bar{y})^2$
1	546	24	13104	298116	-308	-14.86	94864	220.82
2	585	26	15210	342225	-269	-12.86	72361	165.38
3	662	29	19198	438244	-192	-9.86	36864	97.22
4	691	32	22112	477481	-163	-6.86	26569	47.06
5	739	34	25126	546121	-115	-4.86	13225	23.62
6	762	36	27432	580644	-92	-2.86	8464	8.18
7	832	37	30784	692224	-22	-1.86	484	3.46
8	857	38	32566	734449	3	-0.86	9	0.74
9	904	40	36160	817216	50	1.14	2500	1.30
10	937	43	40291	877969	83	4.14	6889	17.14
11	985	46	45310	970225	131	7.14	17161	50.98
12	1079	49	52871	1164241	225	10.14	50625	102.82
13	1148	53	60844	1317904	294	14.14	86436	199.94
14	1229	57	70053	1510441	375	18.14	140625	329.06
∑	11956	544	491061	10767500			557076	1267.72

计算数据见表 4.1.2。

则

$$\bar{x} = \frac{1}{n}\sum_{i=1}^{n} x_i = \frac{11956}{14} = 854, \quad \bar{y} = \frac{1}{n}\sum_{i=1}^{n} y_i = \frac{544}{14} = 38.86$$

$$\hat{b} = \frac{\sum_{i=1}^{n} x_i y_i - n\bar{x}\cdot\bar{y}}{\sum_{i=1}^{n} x_i^2 - n\bar{x}^2} = \frac{491061 - 14 \times 854 \times 38.86}{10767500 - 14 \times 854^2} = 0.0475$$

$$\hat{a} = \bar{y} - \hat{b}\bar{x} = 38.86 - 0.0475 \times 854 = -1.705$$

因此，可以得到该商品的社会需求量与 A 企业销售量的预测模型为

$$\hat{y} = -1.705 + 0.0475x$$

进行相关性检验：

$$L_{xx} = \sum_{i=1}^{n}(x_i - \bar{x})^2 = 557076$$

$$L_{yy} = \sum_{i=1}^{n}(y_i - \bar{y})^2 = 1267.72$$

$$L_{xy} = \sum_{i=1}^{n}(x_i - \bar{x})(y_i - \bar{y}) = 26485$$

$$r = \frac{L_{xy}}{\sqrt{L_{xx}L_{yy}}} = 0.997 > 0.75$$

可见，二者高度相关，用线性回归拟合效果好。

2. 多元线性回归预测法

如果在预测中，因变量 y 并非只与一个自变量线性相关，而是与多个自变量（如 x_1，x_2，…）相关，那就要用到多元线性回归分析。多元线性回归分析，与一元线性回归分析的原理完全相同，但在计算上要复杂得多。下面以二元线性回归分析为例加以说明。

包含两个自变量的二元回归方程的一般形式为

$$\hat{y} = \hat{b}_0 + \hat{b}_1 x_1 + \hat{b}_2 x_2 \tag{4.1.21}$$

常数项 $\hat{b}_0$、回归系数 $\hat{b}_1$、$\hat{b}_2$ 的估计仍用最小二乘法。设已有 n 组实际数据（x_{1i}，x_{2i}，y_i），则实际值与预测值的误差的平方和为

$$Q = \sum_{i=1}^{n} (y_i - \hat{b}_0 - \hat{b}_1 x_{1i} - \hat{b}_2 x_{2i})^2 \tag{4.1.22}$$

求函数 Q 的极值，则

$$\frac{\partial Q}{\partial a} = -2 \sum_{i=1}^{n} (y_i - \hat{b}_0 - \hat{b}_1 x_{1i} - \hat{b}_2 x_{2i}) = 0 \tag{4.1.23}$$

$$\frac{\partial Q}{\partial b_1} = -2 \sum_{i=1}^{n} (y_i - \hat{b}_0 - \hat{b}_1 x_{1i} - \hat{b}_2 x_{2i}) x_{1i} = 0 \tag{4.1.24}$$

$$\frac{\partial Q}{\partial b_2} = -2 \sum_{i=1}^{n} (y_i - \hat{b}_0 - \hat{b}_1 x_{1i} - \hat{b}_2 x_{2i}) x_{2i} = 0 \tag{4.1.25}$$

解此三元一次方程组，即可得到 $\hat{b}_0$、$\hat{b}_1$、$\hat{b}_2$，即得到了所求的二元线性回归方程。

多元线性回归同一元线性回归一样，也必须进行假设检验和预测区间估计。其基本原理与一元线性回归的假设检验和区间估计的原理相似，只不过复杂得多而已，在此不作介绍。

回归分析的实用性很强，大量应用于生产或实验数据的处理、寻求经验公式等方面，是目前应用最为广泛的一种数理统计方法，既可用于短期技术经济预测，也可用于中、长期短期技术经济预测。

4.1.3.2 移动平均法

移动平均法是通过时间序列分析进行预测的一种方法。所谓时间序列，就是按时间顺序排列起来的历史数据。我们对历史数据进行统计时，常采用算术平均法。这种简单平均的方法，由于对不同时期的数据没有区别对待，反映不出数据演变过程的发展趋势。移动平均法是在算术平均法基础上发展起来的，这种方法是将历史数据进行分段平均，在每段间距保持不变的情况下，逐次后移一位求其平均值。

1. 一次移动平均法

一次移动平均法，又称简单移动平均法，是利用时间序列前 N 期的平均值作为下一期预测值的方法。其计算公式为

$$M_t^{[1]} = \frac{y_t + y_{t-1} + \cdots + y_{t-N+1}}{N} \tag{4.1.26}$$

式中：$M_t^{[1]}$ —— 第 t 周期的一次移动平均值；

y_t —— 第 t 期的数据；

N —— 移动平均的项数。

为计算方便，将上式作如下变换：

$$M_t^{[1]} = \frac{y_t + y_{t-1} + \cdots + y_{t-N+1}}{N} = \frac{y_t + (y_{t-1} + y_{t-2} + \cdots + y_{t-N+1} + y_{t-N}) - y_{t-N}}{N}$$

即

$$M_t^{[1]} = M_{t-1}^{[1]} + \frac{y_t - y_{t-N}}{N} \tag{4.1.27}$$

将第 t 时期的移动平均值 $M_t^{[1]}$ 作为第 $t+1$ 期的预测值，即

$$\hat{y}_{t+1} \approx M_t^{[1]} \tag{4.1.28}$$

【例 4.1.2】某企业 2017 年 1—12 月份的产值统计数据见表 4.1.3，当移动平均的项数分别为 3 和 5 时，试采用一次移动平均法预测 2018 年 1 月的产值。

表 4.1.3　　　　　　某企业 2017 年 1—12 月份的产值统计表　　　　（单位：万元）

月份	周期数	产值	$M_t^{[1]}(N=3)$	$M_t^{[1]}(N=5)$
1	1	285.0		
2	2	267.0		
3	3	291.0	281.0	
4	4	310.0	289.3	
5	5	296.0	299.0	289.8
6	6	321.0	309.0	297.0
7	7	316.0	311.0	306.8
8	8	302.0	313.0	309.0
9	9	319.0	312.3	310.8
10	10	310.0	310.3	313.6
11	11	315.0	314.7	312.4
12	12	308.0	311.0	310.8

解：先计算 $N=3$ 时的一次移动平均值。

由式(4.1.26) 可得

$$M_3^{[1]} = \frac{y_3 + y_2 + y_1}{3} = \frac{285.0 + 267.0 + 291.0}{3} = 281.0$$

由式(4.1.27) 可得

$$M_4^{[1]} = M_3^{[1]} + \frac{y_4 - y_1}{3} = 281.0 + \frac{310.0 - 285.0}{3} = 289.3$$

同理，求出 $M_5^{[1]}$，$M_6^{[1]}$，…，$M_{12}^{[1]}$，填入表 4.1.3。

按 $N = 3$ 时，预测 2018 年 1 月的产值为 $\hat{y}_{13} = M_{12}^{[1]} = 311.0$（万元）。

按上述方法求出 $N = 5$ 时的一次移动平均值，填入表 4.1.3。

按 $N = 5$ 时，预测 2018 年 1 月的产值为 $\hat{y}_{13} = M_{12}^{[1]} = 310.8$（万元）。

由此可见，一次移动平均法是按数据的顺序逐点推移，将近期的 N 个实测数据进行算术平均，每当向前推移一个周期计算移动平均值时，计入新的实测数据，而将包括新的实测数据在内的共 N 个实测数据之外的其他实测数据舍弃在外。

一次移动平均法的预测值只与近期的 N 个实测值有关，且它是由 N 个实测数据的平均值来作为预测值的，因此，该方法适用于长期趋势变化不大、短期有波动的时间序列资料。

采用这种方法时，移动平均项数 N 值的大小和预测也有关系，当 N 值较大时，信息的损失较多，但能够消除偶然因素的影响，反映变化的灵敏度低；当 N 值较小时，信息的损失较少，反映变化的灵敏度高。移动平均项数 N 值的选取，应根据预测的目的和实际数据的特点来确定，一般情况下，N 的取值可以在 3～20 之间。当时间序列的基本趋势变化不大时，N 值可取大一些；否则，N 值应取小一些。

2. 加权移动平均法

简单移动平均法将各历史时期的实际数据同等对待。而实际上，往往近期的数据对预测值的影响较大，远期的数据对预测值的影响较小。加权平均法正是基于这样的思想对不同时期的实际值赋予不同的权重来进行平均的。以 W_1，W_2，…，W_N 分别作为实际值 y_t，y_{t-1}，…，y_{t-N+1} 的权重，则第 t 期的加权平均值为

$$M_t = \frac{W_1 y_t + W_2 y_{t-1} + \cdots + W_N y_{t-N+1}}{W_1 + W_2 + \cdots + W_N} \tag{4.1.29}$$

于是，第 $t + 1$ 期的预测值为

$$\hat{y}^{t+1} = M_t \tag{4.1.30}$$

加权移动平均法比简单移动平均法预测效果好，但权重的确定缺乏科学依据。当取 N 项做加权平均时，通常可取 $W_1 = N$，$W_2 = N - 1$，…，$W_N = 1$ 进行预测。

3. 二次移动平均法

二次移动平均是把一次移动平均值再一次进行移动平均，因此又称为双重移动平均。其计算公式为

$$M_t^{[2]} = \frac{1}{N}(M_t^{[1]} + M_{t-1}^{[1]} + \cdots + M_{t-N+1}^{[1]}) = M_{t-1}^{[2]} + \frac{1}{N}(M_t^{[1]} - M_{t-N}^{[1]}) \tag{4.1.31}$$

利用一次移动平均值作为预测值，当实际数据具有线性上升趋势时，预测值对于实际值来说总是连续存在滞后偏差。因此，在这种情况下就不宜采用一次移动平均值作为预测值，而是利用滞后偏差的规律，把一次移动平均值和二次移动平均值结合起来，建立移动平均线性模型来预测。

二次移动平均线性模型为

$$\hat{y}_{t+T} = a_t + b_t T \tag{4.1.32}$$

式中：t——本周期数；

T——所要预测的周期数与本周期数之差；

a_t，b_t——平滑系数，其确定过程如下：

假定时间序列没有随机变化而完全呈直线上升趋势，且直线的斜率为 b_t，则有

$$M_t^{[1]} = \frac{y_t + y_{t-1} + y_{t-2} + \cdots + y_{t-N+1}}{N}$$

$$= \frac{y_t + (y_t - b_t) + (y_t - 2b_t) + \cdots + [y_t - (N-1)b_t]}{N}$$

$$= y_t - \frac{N-1}{2} b_t$$

所以，$M_t^{[1]}$ 与 y_t 之间的滞后偏差为

$$y_t - M_t^{[1]} = \frac{N-1}{2} b_t \tag{4.1.33}$$

同理可得 $M_t^{[2]}$ 与 $M_t^{[1]}$ 之间的滞后偏差为

$$M_t^{[1]} - M_t^{[2]} = \frac{N-1}{2} b_t \tag{4.1.34}$$

则有

$$y_t - M_t^{[1]} = M_t^{[1]} - M_t^{[2]} \tag{4.1.35}$$

所以

$$y_t = 2M_t^{[1]} - M_t^{[2]} \tag{4.1.36}$$

以目前的实际数据 y_t 作为 a_t，即

$$a_t = 2M_t^{[1]} - M_t^{[2]} \tag{4.1.37}$$

由公式(4.1.34)可得

$$b_t = \frac{2}{N-1}(M_t^{[1]} - M_t^{[2]}) \tag{4.1.38}$$

【例 4.1.3】 某公司 2006—2017 年 12 个年份完成的年产值见表 4.1.4，取 $N = 5$，计算全部的一次移动平均值和二次移动平均值。试建立移动平均线性模型，并预测 2020 年的年产值。

表 4.1.4　　　　　　　　　年产值及移动平均值的计算　　　　　　　（单位：万元）

年份	周期数	年产值	$M_t^{[1]}(N=5)$	$M_t^{[2]}(N=5)$
2006	1	580		
2007	2	652		
2008	3	725		
2009	4	790		
2010	5	866	722.6	
2011	6	943	795.2	
2012	7	1025	869.8	
2013	8	1105	945.8	

续表

年份	周期数	年产值	$M_t^{[1]}(N=5)$	$M_t^{[2]}(N=5)$
2014	9	1192	1026.2	871.9
2015	10	1273	1107.6	948.9
2016	11	1365	1192.0	1028.3
2017	12	1456	1278.2	1110.0

解：(1) 一次移动平均值和二次移动平均值的计算结果见表4.1.4。

(2) 假设移动平均线性模型为

$$\hat{y}_{12+T} = a_{12} + b_{12}T$$

由式(4.1.37) 有

$$a_{12} = 2M_{12}^{[1]} - M_{12}^{[2]} = 2 \times 1278.2 - 1110.0 = 1446.4$$

由式(4.1.38) 有

$$b_{12} = \frac{2}{N-1}(M_{12}^{[1]} - M_{12}^{[2]}) = \frac{2}{5-1}(1278.2 - 1110.0) = 84.1$$

则移动平均线性模型为

$$\hat{y}_{12+T} = 1446.4 + 84.1T$$

则2020年预测的年产值为 $\hat{y}_{12+3} = 1446.4 + 84.1 \times 3 = 1698.7$ 万元。

移动平均法的优点是简单易行，缺点是结果比较粗糙。该方法重视近期的实际数据，这是合理的，但又假设过去的趋势延续到未来，这就势必与实际情况有出入。此外，它不能像回归分析那样，对预测值给出一个置信区间。

4.1.3.3 指数平滑法

移动平均法对最近 N 期数据等权看待，而 $t-N$ 期以前的数据则完全不考虑。实际上，一般来说越靠近现在的数据，所含有关于预测对象未来状况的信息越大。指数平滑法改进了移动平均法的这些不足，在实际工作中应用较为广泛。

指数平滑法根据平滑次数的不同，分为一次指数平滑法、二次指数平滑法和三次指数平滑法等。指数平滑法确定预测值的数学模型是从移动平均法的数学模型演变而来的。

1. 一次指数平滑法

(1) 预测模型。一次指数平滑法也称简单指数平滑法。其数学模型从简单移动平均法演变而来。其计算公式为

$$S_t^{[1]} = \alpha y_t + (1-\alpha)S_{t-1}^{[1]} \tag{4.1.39}$$

式中：$S_t^{[1]}$——第 t 期的一次平滑值，作为第 $t+1$ 期的预测值；

$S_{t-1}^{[1]}$——第 $t-1$ 期的一次平滑值；

α——平滑系数，$0 \leq \alpha \leq 1$；

y_t——第 t 期的数据。

由公式(4.1.39)，有 $S_{t-1}^{[1]} = \alpha y_{t-1} + (1-\alpha)S_{t-2}^{[1]}$

连续递推可得

$$S_t^{[1]} = \alpha y_t + (1-\alpha)S_{t-1}^{[1]} = \alpha y_t + (1-\alpha)[\alpha y_{t-1} + (1-\alpha)S_{t-2}^{[1]}] = \cdots$$
$$= \alpha y_t + \alpha(1-\alpha)y_{t-1} + \alpha(1-\alpha)2y_{t-2} + \cdots + \alpha(1-\alpha)^{t-1}y_1 + (1-\alpha)^t S_0^{[1]}$$
$$= \alpha \sum_{k=0}^{t-1}(1+\alpha)^k y_{t-k} + (1+\alpha)^t S_0^{[1]} \tag{4.1.40}$$

式中：$S_0^{[1]}$——初始值。

上式表明，$t+1$ 周期的预测值 $\hat{y}_{t+1} = S_t$ 是全部历史实际数据的加权平均，其加权系数分别为

$$\alpha, \alpha(1-\alpha), \alpha(1-\alpha)^2, \cdots, \alpha(1-\alpha)^{t-1}, (1-\alpha)^t$$

显然有

$$\sum_{t=0}^{\infty}\alpha(1-\alpha)^t = \frac{\alpha}{1-(1-\alpha)} = 1 \tag{4.1.41}$$

可见，加权系数序列呈指数函数衰减，即各历史数据 y_i 离 y_{t+1} 愈久远，其加权系数就愈小，对预测值的影响就愈小。除此之外，加权平均还能消除或减弱历史数据中随机干扰的影响，这也是此方法名称的由来。

（2）平滑系数 α 的选择。在指数平滑法中，平滑系数 α 值的大小直接影响预测结果，因此 α 值的选择十分重要。平滑系数 α 的大小决定了新预测值中新数据和原预测值所占的比重。α 值越大，新数据所占的比重就越大，原预测值所占的比重就越小，反之亦然。α 的选取一般可遵循下列原则：

① 如果时间序列波动不大，比较平稳，则 α 宜取较小的值，如取 0.1 ~ 0.3，以减少修正幅度，使预测模型包含较长时间序列的信息。

② 如果时间序列具有迅速且明显的趋势变动时，则 α 宜取较大的值，如取 0.6 ~ 0.8，以使近期数据对现时的指数平滑值中有较大的作用，从而将近期的变化趋势充分地反映在预测值中。

在实际应用中，可多取几个值进行试算，取使预测误差较小的 α 值。

（3）初始值 $S_0^{[1]}$ 的确定。初始值由预测者估计或指定，如果时间序列的数据较多，如在 20 个以上时，由于加权后初始值对以后的预测值影响很小，可选用第一期数据作为初始值，或用最早几期数据的算术平均值为初始值。如果时间序列的数据较少，如在 20 个以下时，初始值对以后的预测值影响很大，这时就必须认真研究如何正确确定初始值。

【例 4.1.4】 利用例 4.1.2 中的历史数据，采用指数平滑法，预测 2018 年 1 月的产值。

表 4.1.5　　**某企业 2017 年 1—12 月份的产值及一次指数平滑计算表**　　（单位：万元）

月份	产值	预测值（α = 0.2）	预测值（α = 0.5）	预测值（α = 0.8）
1	285.0	—	—	—
2	267.0	285.0	285.0	285.0
3	291.0	281.4	276	270.6

续表

月份	产值	预测值($\alpha=0.2$)	预测值($\alpha=0.5$)	预测值($\alpha=0.8$)
4	310.0	283.3	283.5	286.9
5	296.0	288.6	296.8	305.4
6	321.0	290.1	296.4	297.9
7	316.0	296.3	308.7	316.4
8	302.0	300.2	312.4	316.1
9	319.0	300.6	307.2	304.8
10	310.0	304.3	313.1	316.2
11	315.0	305.4	311.6	311.2
12	308.0	307.3	313.3	314.2
2018年1月		307.4	310.7	309.2

解：分别取 $\alpha=0.2$、0.5、0.8 进行计算。取初始值 $S_0^{[1]}=285$。

由式(4.1.39)，$\alpha=0.2$ 时：

$$S_1^{[1]}=\alpha y_1+(1-\alpha)S_0^{[1]}=0.2\times285+(1-0.2)\times285=285$$

$$S_2^{[1]}=\alpha y_2+(1-\alpha)S_1^{[1]}=0.2\times267+(1-0.2)\times285=281.4$$

同理依次计算出各平滑值，计算数据见表4.1.5。

由计算结果可知，α 值分别为0.2、0.5、0.8，2018年1月的预测值分别为307.4万元、310.7万元、309.2万元。究竟 α 取何值为好？可通过计算它们的均方误差，选取使均方误差最小的那个 α 值。

2. 二次指数平滑法

二次指数平滑法也称双重指数平滑法，它是对一次指数平滑法的结果再进行一次平滑。其计算公式为

$$S_t^{[2]}=\alpha S_t^{[1]}+(1-\alpha)S_{t-1}^{[2]} \tag{4.1.42}$$

与移动平均法相类似，当时间序列呈线性趋势时，利用一次指数平滑值和二次指数平滑值建立线性预测模型，故二次指数平滑法也称为线性指数平滑法。

设时间序列存在线性趋势，假定该模型为

$$\hat{y}_{t+T}=a_t+b_t T \tag{4.1.43}$$

式中：t—— 本周期数；

T—— 预测超前期数；

a_t，b_t—— 二次指数平滑系数。

利用一次和二次指数平滑计算 a_t 和 b_t：

$$a_t=\hat{y}_t=S_t^{[1]}+(S_t^{[1]}-S_t^{[2]})=2S_t^{[1]}-S_t^{[2]} \tag{4.1.44}$$

$$b_t=S_t^{[2]}-S_{t-1}^{[2]}=\frac{\alpha}{1-\alpha}(S_t^{[1]}-S_t^{[2]}) \tag{4.1.45}$$

从而得到线性平滑模型

$$\hat{y}_{t+T} = a_t + b_t T = \left(2 + \frac{\alpha T}{1-\alpha}\right)S_t^{[1]} - \left(1 + \frac{\alpha T}{1-\alpha}\right)S_t^{[2]} \quad (4.1.46)$$

由于二次指数平滑法考虑了数据的发展趋势,因而可用于作较长期的预测,如中期预测等。

二次指数平滑模型只适用于时间序列呈线性趋势,当时间序列的发展趋势近似二次曲线时,则应进行三次指数平滑,利用一次、二次、三次指数平滑值建立二次曲线预测模型。

4.2 技术经济决策方法

所谓决策,是指在现代社会和经济活动中,针对某些宏观和微观问题,采用一定的科学理论、方法和手段,指定若干可供选择的行动方案,并从中选定最满意的方案,然后实施方案,直到目标实现的动态工作过程。

4.2.1 决策问题构成的条件

决策往往受决策主体、决策目标、决策对象以及决策环境所左右。构成一个决策问题,通常应具有如下几个条件:

(1) 存在决策者希望达到的一个明确目标,如收益最大或损失最小等;

(2) 存在两个或两个以上不以决策者的主观意志为转移的自然状态 θ_j;

(3) 存在两个或两个以上可供选择的行动方案 A_i;

(4) 在各种自然状态下,不同行动方案将导致不同的结果,而其损益值 a_{ij} 是可以计算出来的;

(5) 决策者对各种自然状态的发生,有的可以肯定(确定型决策);有的不能肯定,也无法知道其发生的概率 $P(\theta_j)$ (非确定型决策);有的虽不能肯定哪种自然状态发生,但决策者可以预先估计或计算出其发生的概率 $P(\theta_j)$ (风险型决策)。

4.2.2 决策的分类

根据不同的分类方法,决策可进行如下分类:

(1) 按决策问题的目标的性质划分,可分为战略决策和战术决策。战略决策是涉及全局性的、长期性的、带方向性和根本性的一类决策。这种决策产生的影响是深远的,对决策系统的各个方面都在较长时间范围内产生影响。战术决策是为了保证战略决策的实施对一些局部的、暂时性的或其他执行性质的问题所做的决策。它具有局部性、短期性和具体性特征。

(2) 按决策问题是否重复出现划分,可分为程序化决策和非程序化决策。程序化决策又称为常规决策,是对经常重复出现问题的决策。它的最大特点是有一定的规律,有一套常规的处理办法和程序,企业管理中的大多数决策均属此范畴。非程序化决策又称为非常规决策,通常是指那些无法用常规决策程序处理的且无先例可循的、初次出现的或偶然发生的非例行活动所做出的决策。

(3) 按决策方法的不同划分,可分为定性决策和定量决策。定性决策是指决策者无法用数量来表现决策目标和决策变量、状态变量的问题的决策。此种决策严重依赖于决策者的理论水平和现实经验,对决策结果通常只能做抽象的概括和定性的描述。定量决策是指决策者对决策问题中的决策变量、状态变量和目标函数都可以用数量来描述的决策。此种决策一般运用数学模型来帮助人们寻求实施方案。与预测问题一样,定性决策与定量决策也并非是对立的,人们在决策过程中对这两种决策往往结合使用。

(4) 按掌握的决策信息的完整程度划分,可分为确定型决策、风险型决策、非确定型决策。确定型决策是指在决策时,其决策所需的信息是完备的决策,即决策者对决策问题的发展状况已经掌握,决策时可选择最满意的方案。此种决策相对比较容易,其决策所冒的风险也较小。风险型决策是指在决策时,其决策所需的决策信息不完备,即认为未来事件的各种自然状态的发生具有不确定性,但可以估计各种自然状态发生的可能程度(概率)。此种类型的决策,不论选取何种方案,都有一定的风险。非确定型决策是指决策时,其决策所需的信息是未知的,即对未来可能发生的情况既无法确定其状态,又无法估计其发生的概率。此种决策大多根据决策者的主观判断,因此其决策后果是不确定的,决策的风险也更大。

(5) 还可根据其他分类方法对决策问题进行分类。例如,根据决策者的地位,可分为高层决策、中层决策和低层决策;根据决策目标的多少,可分为单目标决策和多目标决策;根据决策期限的长短,可分为长期决策和短期决策;根据决策实施的层次,可分为单级决策和多级决策,等等。

4.2.3 决策的基本原则

1. 满意原则

满意原则是针对"最优化"原则提出来的,即最优是不存在的,存在的只有满意。"最优化"的理论假设把决策者作为完全理性的人,以"绝对的理性"为指导,按最优化准则行事。但是,处于复杂多变环境中的企业和决策者,要对未来做出"绝对理性"的判断是不可能的。所谓满意,就是满意的资源、通过满意的组合和利用、获得满意的效果,而这才是合理的,也是能实现的。

2. 系统原则

决策环境本身就是一个大系统,处于多层次、复杂的结构中,包含许多相互联系、相互制约的子系统。因此,决策时要应用系统工程的理论和方法,以系统的总体目标为核心,以满足系统优化为准绳,强调系统配套、系统完整和系统平衡,从整个系统出发来权衡利弊。

3. 信息准全原则

信息是决策成功的物质基础。不仅决策前要尽可能地收集、运用内外部有关决策目标的信息,而且决策后也要通过信息反馈,了解决策实施后与目标的偏离情况,以便提高决策的准确性,并进行反馈调节。

4. 可行性原则

决策必须可行，否则就不能实现决策目标。因此，决策前必须进行可行性研究，包括目标的可行性和方案的可行性。可行性研究必须从技术上、经济上和社会环境上等方面全面加以考虑。

5. 集团决策原则

利用智囊团决策是决策科学化的重要组织保证，是集团决策的重要体现。依靠和充分运用智囊团，对决策问题进行全面系统的调查研究，弄清历史和现状，掌握第一手资料，然后通过方案论证和综合评估，对比优选，为决策者提供有价值的参考意见。

4.2.4 决策的基本过程

决策是一个过程，合理的决策过程是确保决策合理性的一个重要方面。它通常由以下四个阶段构成：

1. 明确问题，确定决策目标

决策是针对所需要解决的问题而进行的工作过程，问题的提出及其性质的确定是制定决策目标的前提。决策目标是技术经济决策的依据和方向，同时也是决策者期望达到的标准。确定决策目标一定要从客观实际出发，经过反复、充分的论证。决策目标必须满足针对性、明确性和层次性的要求。确定决策目标需明确主要目标和次要目标、近期目标和远期目标，以及它们的衔接关系。

2. 拟定备选方案

收集有关决策目标的资料，通过科学的预测获得更多、更准确的未来信息，在此基础上，拟定可供选择的各种可行方案。方案的拟定，必须尽可能满足整体上的详尽性和齐全性，也必须注意个体间的排他性，即各方案应彼此排斥，决策的结论不可能同时执行多个方案。

3. 方案评选

决策即选择，因此，方案的评估、选择是决策的关键。在评选之前，应正确地确定评选的标准、评选的方法。根据决策准则，对每一个备选方案进行技术、经济等各方面的分析，并结合决策目标进行综合评价，选取最佳方案作为决策的实施方案。

4. 方案实施及反馈

方案确定后，就进入实施阶段。通常，在普遍实施之前，还要经过试验证实，以避免决策失误。决策的正确与否要以实施结果来判断，在方案实施的过程中，应建立有效的控制与反馈体系，发现偏差，及时采取措施。当客观条件发生较大变化时，应及时暂停实施，并应根据变化了的情况，修正决策目标，重新予以决策。

4.2.5 确定型决策

确定型决策，又称肯定型决策，这类决策问题的特点是决策者对决策目标未来发展状态十分了解，其有关条件都能准确地列举，每种决策只可能有一种后果。因此，决策者只要按照既定的目标在该状态下分别计算各个行动方案的损益值，然后选择其中的最佳方案即可。

【例 4.2.1】某公司欲投资建一新产品的生产车间，有 A_1、A_2、A_3 三个建设方案，经预测，方案 A_1、A_2、A_3 的预算投资分别为 3500 万元、4200 万元、4800 万元，运营期内净收益的现值分别为 6500 万元、7800 万元、8000 万元。试进行决策。

解：各方案的净收益分别为

A_1：6500-3500＝3000（万元）；

A_2：7800-4200＝3600（万元）；

A_3：8000-4800＝3200（万元）。

因此，方案 A_2 净收益值最大，是最优方案。

在实际工作中，并非所有确定型决策都如此简单。当模型的变量很多，组合起来的备选方案的数目就很大，此时，从中选优就不那么简单了。很多确定型决策问题要用到运筹学或其他数学方法并借助计算机的帮助才能得以解决。常用的解决确定型决策问题的方法较多，如盈亏分析法、微分极值法、线性规划法等，实际工作中应根据具体情况选用。

4.2.6　风险型决策

风险型决策也称为随机型决策，是指决策者对未来何种自然状态会发生无法作出肯定的判断，但可判明各自然状态可能发生的概率的情况下的决策。

自然状态 θ_j 发生的概率为 $0 \leqslant P(\theta_j) \leqslant 1$。

$$\sum_{j=1}^{n} P(\theta_j) = 1 \tag{4.2.1}$$

式中：n 为自然状态的数目。

风险型决策常用的方法有最大概率法、损益期望值法和决策树法。

1. 最大概率法

最大概率法以自然状态中出现概率最大的自然状态作为事物未来发展的肯定状态，并据此进行决策的方法。最大概率法的实质是将风险型决策转化为确定型决策来求解，即将风险型决策中出现概率最大的自然状态作为肯定自然状态，从而进行求解。

通常，当某一自然状态发生的可能性较其他自然状态发生的可能性大得多时，采用此法较为合理和简便。但若事物今后发展的各个自然状态的概率较接近时，采用此方法则效果较差，有时甚至会出现严重失误。

2. 损益期望值法

损益期望值法是将每一个可行方案视为随机变量，计算出每个方案的收益或损失的期望值再进行比较，以收益期望值最大或损失期望值最小的方案作为最优方案。

自然状态 $\theta_j(j=1, 2, \cdots, n)$ 发生的概率为 $P(\theta_j)$，方案 A_i 在 θ_j 状态发生时的收益值为 a_{ij}，则方案 $A_i(i=1, 2, \cdots, m)$ 的期望值为

$$E(A_i) = \sum_{j=1}^{n} a_{ij} P(\theta_j) \tag{4.2.2}$$

决策准则：当决策目标为使收益最大时，最优方案为 $\max\{E(A_i) \mid i=1, 2, \cdots, m\}$ 所对应的行动方案；当决策目标为使损失最小时，最优方案为 $\min\{E(A_i) \mid i=1, 2, \cdots, m\}$ 所对应的行动方案。

【例 4.2.2】 某项目有 A_1、A_2、A_3 三种开发方案，每种方案投入运营后收益有较好、一般、较差三种状况，预测其发生的概率分别为 0.2、0.5、0.3。三种方案各状况下的收益值见表 4.2.1。试用期望值法进行决策。

表 4.2.1　　　　　　　　　方案的收益值及期望值计算表　　　　　　　（单位：万元）

收益状况 方案	收益值			各方案 期望值
	较好(0.3)	一般(0.5)	较差(0.2)	
A_1	800	400	50	450
A_2	1000	500	-100	530
A_3	1300	600	-300	630

解：根据式(4.2.1)，计算得

$$E(A_1) = 800 \times 0.3 + 400 \times 0.5 + 50 \times 0.2 = 450(万元)$$
$$E(A_2) = 1000 \times 0.3 + 500 \times 0.5 - 100 \times 0.2 = 530(万元)$$
$$E(A_3) = 1300 \times 0.3 + 600 \times 0.5 - 300 \times 0.2 = 630(万元)$$

因此，$\max\{E(A_i)\} = 630(万元)$，根据期望值法决策准则，选择方案 A_3。

3. 决策树法

决策树方法是风险型决策问题中常用的方法。应用上述几种决策方法，在单级决策时，简单有效。但有的决策问题比较复杂，需要多次决策才能解决，这种决策问题称为多级决策。在多级风险决策问题中，采用决策树方法有时更为直观。

(1) 决策树的画法。树，本是图论中的一种图的形式，又称为树形图。在风险型决策中，常用这种树形图进行决策，此时，这种树形图就称为决策树，对应的方法就称为决策树法。如图 4.2.1 所示，以方框"□"作为出发点，称为决策点，由决策点引出若干线条，称为方案分枝，每条线代表一个方案，每个方案的末端画一个圆圈"○"，圆圈内标明相应的数字，称为方案节点，又称为自然状态点或概率分叉点，从每个方案节点又引出若干条线，称为概率枝，每条线代表一个自然状态，在概率枝上标明其自然状态发生的概率，并在其末端画个三角形"△"，称为结果点，又称为收益点，在结果点后面标明其自然状态下的损益值。为了表述方便，对决策树中的决策点和方案节点均进行编号，编号的顺序是从左到右、从上到下。

(2) 损益值计算和决策准则。

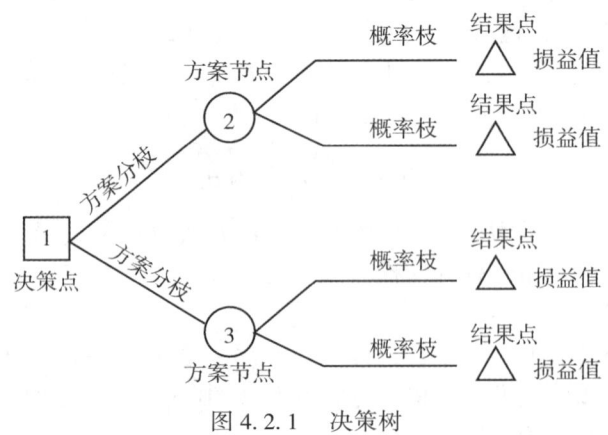

图 4.2.1　决策树

损益期望值的计算：自然状态 $\theta_j(j=1, 2, \cdots, n)$ 发生的概率为 $P(\theta_j)$，方案 A_i 在 θ_j 状态发生时的损益值为 a_{ij}，则方案 $A_i(i=1, 2, \cdots, m)$ 的损益期望值为

$$E(A_i) = \sum_{j=1}^{n} a_{ij} P(\theta_j), \quad i = 1, 2, \cdots, m \quad (4.2.3)$$

决策准则：$\max\{E(A_i), i = 1, 2, \cdots, m\}$。

由此可见，决策树法仍是以计算损益期望值为依据，所不同的是，在作图的基础上计算，能直接形象地反映决策过程，尤其适合于解决复杂决策问题，如多阶段决策问题。

【例 4.2.3】 某承包商拟参与某工程项目投标，根据资料分析，认为该工程项目以 10%、7%、4% 的利润率投标的中标概率分别为 0.3、0.6、0.9。中标后可能的经营效果见表 4.2.2，未中标的损失为 5 万元。试进行投标决策。

表 4.2.2　　　　　　　　　不同投标方案的中标概率与预测利润

方　案	效果	概率	利润（万元）
高利润率（10%）	好	0.6	150
	差	0.4	120
中利润率（7%）	好	0.6	105
	差	0.4	75
低利润率（4%）	好	0.6	60
	差	0.4	30

解： 根据题意，决策步骤如下：

（1）根据已知资料，画出决策树，如图 4.2.2 所示。

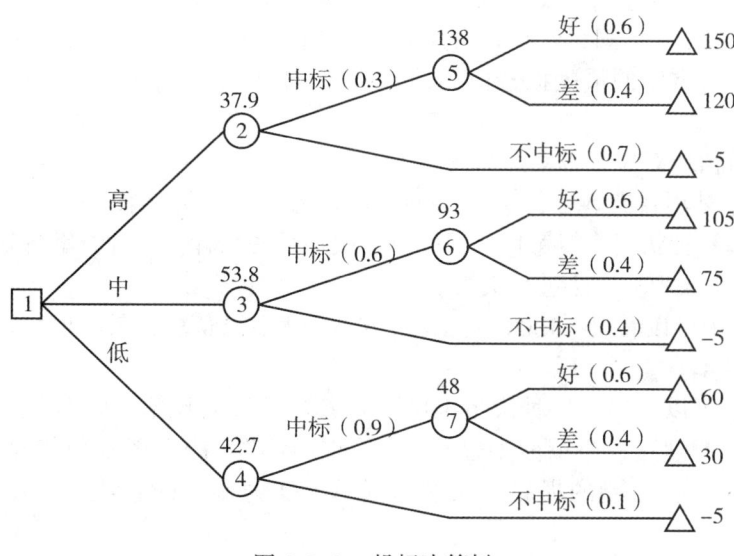

图 4.2.2　投标决策树

(2) 计算各方案节点的期望损益值，如表 4.2.3 所示。

表 4.2.3　　　　　　　　　　　　期望损益值计算表

方案节点	计算过程	期望损益值
5	$150 \times 0.6 + 120 \times 0.4$	138
6	$105 \times 0.6 + 75 \times 0.4$	93
7	$60 \times 0.6 + 30 \times 0.4$	48
2	$138 \times 0.3 - 5 \times 0.7$	37.9
3	$93 \times 0.6 - 5 \times 0.4$	53.8
4	$48 \times 0.9 - 5 \times 0.1$	42.7

(3) 投标决策。根据计算结果，按 7% 的利润率投标能获得最大的期望利润，根据决策准则，选择 7% 的利润率投标。

4.2.7　非确定型决策

非确定型决策，又称非肯定型决策。非确定型决策由于既无法确定事物未来的发展状态，又无法估计其发生的概率，所以决策时，往往受决策者的经验、价值观、心理状态等因素的影响较大。常用的决策方法有最大最大收益值法、最大最小收益值法、最小最大后悔值法等。

1. 最大最大收益值法（大中取大法）

决策者采用此方法进行决策时，完全以各方案可能产生的最大收益为准。即决策者总是根据最好的客观条件选择方案，采取行动。其决策过程为：

(1) 求出方案 i 在不同自然状态下的最大损益值 $\max\{a_{ij}, j = 1, 2, \cdots, m\}$；

(2) 求出所有方案的最大损益值的最大值 $\max\{\max(a_{ij}, j = 1, 2, \cdots, m), i = 1, 2, \cdots, n\}$。

其最大损益值所对应的方案即为决策方案。

【例 4.2.4】某项目有 A_1、A_2、A_3 三种开发方案，每种方案投入运营后市场状况有较好、一般、较差三种状况，但每种状况发生的概率无法估计，三种方案各状况下的收益值见表 4.2.4。试用大中取大法进行决策。

从表 4.2.4 中可以看出，1300 万元是各方案最大收益值中的最大值，因此，按此决策准则，选择方案 A_3。

从上述例题可以看出，这种决策准则只是着眼于最大收益，而不考虑可能的损失，具有较大的进取心。这种决策准则也称为"乐观准则"，决策者在应用这一准则时，必须有足够的财力承担可能的损失，一般情况下，实力雄厚的企业才可用这一准则进行决策。

表4.2.4　　　　　　　　　不同方案在不同市场状况下的收益值　　　　　　（单位：万元）

市场状况 方案	收益值			各方案最大收益值 $\max\{a_{ij}\}$
	较好	一般	较差	
A_1	800	400	50	800
A_2	1000	500	-100	1000
A_3	1300	600	-300	1300
决策	$\max\{\max(a_{ij})\}=1300$			

2. 最大最小收益值法（小中取大法）

采用最大最小收益值法进行决策时，完全以各方案可能产生的最小收益为准。即决策者总是根据最坏的客观条件选择方案，采取行动，这种决策准则也称为"悲观准则"。其决策过程为：

（1）求出方案 i 在不同自然状态下的最小损益值 $\min\{a_{ij}, j=1,2,\cdots,m\}$；

（2）求出所有方案的最小损益值的最大值 $\max\{\min(a_{ij}, j=1,2,\cdots,m), i=1, 2, \cdots, n\}$。

其最小损益值的最大值所对应的方案即为决策方案。

【例4.2.5】 对例4.2.4用最大最小收益值法进行决策。

表4.2.5　　　　　　　　　不同方案在不同市场状况下的收益值　　　　　　（单位：万元）

市场状况 方案	收益值			各方案最大收益值 $\min\{a_{ij}\}$
	较好	一般	较差	
A_1	800	400	50	50
A_2	1000	500	-100	-100
A_3	1300	600	-300	-300
决策	$\max\{\min(a_{ij})\}=50$			

从表4.2.5中可以看出，结果值50万元对应的是方案 A_1，因此，按此决策准则，选择方案 A_1。可以看出，采用此准则进行决策时，决策者的出发点是尽可能地缩小最大可能的损失，虽然规避了风险，但也放弃了可能的最大收益，因而该法显得较为消极。这种决策方法适用于小型企业或对损失非常敏感的企业。

3. 最小最大后悔值法（大中取小法）

在每一确定的自然状态下，一定存在一个最优的行动方案，其损益值最大，当实际没有采用这个最优方案时，决策者就会感到后悔。为度量这种后悔程度，引入"后悔值"的概念，后悔值是指在每一自然状态下，各方案的最大损益值与其他方案的损益值之差。最小最大后悔值法，就是以未来后悔值最小为原则来进行方案的择优选择。其决策过程为：

（1）求出后悔值表。各自然状态 j 下各方案 i 的后悔值

$$b_{ij} = \max(a_{ij}, i = 1, 2, \cdots, n) - a_{ij}, j = 1, 2, \cdots, m \quad (4.2.4)$$

（2）求出各方案对应的最大后悔值 $\max(b_{ij}, j = 1, 2, \cdots, m)$；

（3）求出最小最大后悔值 $\min\{\max(b_{ij}, j = 1, 2, \cdots, m), i = 1, 2, \cdots, n\}$，对应的方案即为选择方案。

【例 4.2.6】 对例 4.2.4 用最小最大后悔值法进行决策。

表4.2.6　　　　　　　　　方案的后悔值计算表　　　　　　　　　（单位：万元）

收益状况 方案	后悔值			各方案最大 后悔值
	较好	一般	较差	
A_1	500	200	0	500
A_2	300	100	150	300
A_3	0	0	350	350
决策	$\min\{\max(b_{ij})\} = 300$			

从表 4.2.6 中可以看出，300 万元是各方案最大后悔值中的最小值，因此，按此决策准则，选择方案 A_2。

4. 等概率法

这种方法是假定各自然状态发生的概率全部相等，从而将非确定型决策转化为风险型决策。其决策过程为：对每一方案的 n 种自然状态，假定每一自然状态发生的概率为 $1/n$，计算其期望值。选择期望值最大的方案为决策方案。

【例 4.2.7】 对例 4.2.4 用等概率法进行决策。

表4.2.7　　　　　　　　　方案期望值计算表　　　　　　　　　（单位：万元）

自然状况 方案	收益值			各方案期望值
	较好(1/3)	一般(1/3)	较差(1/3)	
A_1	800	400	50	1250/3
A_2	1000	500	−100	1400/3
A_3	1300	600	−300	1600/3
决策	$\max\{E(A_i)\} = 1600/3$			

从表 4.2.7 中可以看出，期望值最大的是方案 A_3，因此，按决策准则，选择方案 A_3。

4.2.8　多目标决策

客观世界的多元性使得人类需求具有多重性，人类需求的多重性导致了满足这些需求所进行的社会经济活动的多目标性。例如，在这些经济管理活动中，通常需要考虑"费用""质量""利润""进度"等评价准则，并依据这些准则建立管理工作的目标，如"费用最低""质量最高""利润最大""进度最快"等。然而,同时满足这些目标的理想状态一般来说是不可能达到的,也就是说,人类社会活动的多重目标之间通常具有冲突性,多目标决策分析就是指决策者在多个目标之间及在各种限制条件的基础上,寻求一种合理的平衡,找到"满意"的方案。

层次分析法(AHP)是指将一个复杂的多目标决策问题作为一个系统,将目标分解为多个目标或准则,进而分解为多指标(或标准、约束)的若干层次,通过定性指标模糊量化方法算出层次单排序(权数)和总排序,以此作为多目标(多指标)、多方案优化决策的系统方法。AHP 较适合于具有分层交错评价指标的目标系统,而且目标值又难以定量描述的决策问题。层次分析法在使用过程中具有简单、系统、实用的优点,层次分析法的实施过程主要分成以下四步:

1. 层次结构的构建

层次结构的构建是层次分析的重要环节,涉及的指标系统需要根据某些属性进行分类和分组。这里,上部元件需要支配下部元件。一般来说,以这种方式形成的层次结构可以从上到下分为:

目标层:整个研究的目的;
准则层:可能对目标层产生影响的因素;
方案层:针对目标层和准则层所需要运用的方案或措施,具体见图 4.2.3。

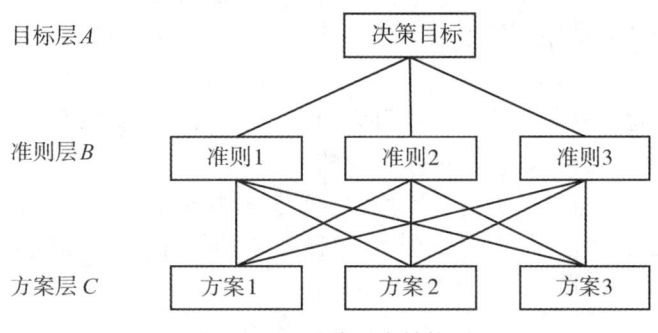

图 4.2.3 递阶层次结构图

2. 构造判断矩阵

层次分析法的研究结果,直接取决于构建的判断矩阵。在运用层次分析法时,最关键的是获得元素之间的权重关系,而所谓的权重,是用数值表示出来的,写成矩阵的形式就是所谓的判断矩阵。假设某层上有 n 个因素 $w_1, w_2, \cdots, w_n$,记判断矩阵为 $A = (a_{ij})_{n \times n}$,其中 $a_{ij} = \dfrac{a_i}{a_j}$,表示 w_i 相当于 w_j 的重要程度,则判断矩阵为

$$A_{n \times n} = \begin{bmatrix} a_{11} & \cdots & a_{1n} \\ \vdots & & \vdots \\ a_{n1} & \cdots & a_{nn} \end{bmatrix} = \begin{bmatrix} \dfrac{w_1}{w_1} & \cdots & \dfrac{w_1}{w_n} \\ \vdots & & \vdots \\ \dfrac{w_n}{w_1} & \cdots & \dfrac{w_n}{w_n} \end{bmatrix} \quad (4.2.5)$$

其中，取值 a_{ij} 范围为 1～9，如表 4.2.8 所示。

表 4.2.8　　　　　　　　　　判断矩阵之元素 a_{ij} 的取值

a_{ij} 的取值	含　　义
1	w_i 与 w_j 同等重要
3	w_i 较 w_j 稍微重要
5	w_i 较 w_j 更重要
7	w_i 较 w_j 十分重要
9	w_i 较 w_j 极端重要
2、4、6、8	w_i 较 w_j 的重要性介于两个相邻行

判断矩阵 A 中，元素 a_{ij} 具有如下性质：

$$a_{ij} > 0, \quad a_{ij} = \frac{1}{a_{ji}}, \quad a_{ii} = 1 \tag{4.2.6}$$

3. 层次单排序以及一致性检验

（1）层次单排序。单排序的目的是衡量出本层次的所有元素，对上一层中有关联的某个元素，给出重要性的排序，这里所谓的重要性，也是以数值的形式给出，重要程度用数值的大小来表示。

当构建好某一层次判断矩阵后，就可以给出这一层次的单排序。其中，计算权值的方法主要包括：和积法、特征根法、最小二乘法等。

（2）一致性检验。这里所谓的一致性检验是针对判断矩阵的。为控制系统误差，检验判断矩阵给出的是否合理，能否确认层次单排序，需要进行一致性检验。通常运用一致性指标进行检验。首先计算 CI，运用公式：

$$\mathrm{CI} = \frac{\lambda_{\max} - n}{n - 1} \tag{4.2.7}$$

式中：n 为判断矩阵 A 的阶数，$\lambda_{\max}$ 为判断矩阵 A 的最大特征值。获得 CI 之后，查找相应的随机一致性指标 RI，如表 4.2.9 所示。

表 4.2.9　　　　　　　　　　判断矩阵的随机一致性指标

阶数	1	2	3	4	5	6	7	8	9
RI	—	—	0.5	0.8	1.1	1.2	1.3	1.4	1.4

然后，进一步确定一致性指标 CR，运用公式：

$$\mathrm{CR} = \frac{\mathrm{CI}}{\mathrm{RI}} \tag{4.2.8}$$

若计算得到的 CR < 0.1，则认为判断矩阵 A 可接受，它具有一致性；反之，重新构

造判断矩阵 A。

4. 层次总排序和一致性检验

上述得到的是一组元素对其上一层中某元素的权重向量。最终需要获得各元素,特别是最底层中各方案对于目标的排序权重,从而进行方案选择。总排序权重要自上而下地将单准则下的权重进行合成。

设上一层次(A 层)包含 $A_1,\cdots,A_m$ 共 m 个因素,它们的层次总排序权重分别为 $a_1,\cdots,a_m$。又设其后的下一层次(B 层)包含 n 个因素 $B_1,\cdots,B_n$,它们关于 A_j 的层次单排序权重分别为 $b_{1j},\cdots,b_{nj}$(当 B_i 与 A_j 无关联时,$b_{ij}=0$)。现求 B 层中各因素关于总目标的权重,即求 B 层中各因素的层次总排序权重 $b_1,\cdots,b_n$,按表 4.2.10 所示的方式进行计算。

表 4.2.10 综合重要度的计算

B 层因素及权重	A 层因素及权重				C 层总排序权重
	A_1	A_2	$\cdots$	A_n	
	a_1	a_2	$\cdots$	a_n	
B_1	b_{11}	b_{12}	$\cdots$	b_{1m}	$w_1 = \sum_{j=1}^{m} b_{1j} a_j$
B_2	b_{21}	b_{22}	$\cdots$	b_{2m}	$w_2 = \sum_{j=1}^{m} b_{2j} a_j$
$\vdots$	$\vdots$	$\vdots$		$\vdots$	$\vdots$
B_n	B_{n1}	B_{n2}	$\cdots$	B_{nm}	$w_n = \sum_{j=1}^{m} b_{nj} a_j$

对层次总排序也需做一致性检验,检验仍像层次总排序那样由高层到底层逐层进行。这是因为虽然各层次均已经过层次单排序的一致性检验,各层对比较判断矩阵都已具有较为满意的一致性。但当综合考察时,各层次的非一致性仍有可能积累起来,引起最终分析结果较严重的非一致性。

设 B 层中与 A_j 相关因素的成对比较判断矩阵在单排序中经一致性检验,求得单排序一致性指标为 $\mathrm{CI}(j)(j=1,\cdots,m)$,相应的平均随机一致性指标为 $\mathrm{RI}(j)$ [$\mathrm{CI}(j)$,$\mathrm{RI}(j)$ 已在层次单排序时求得],则 B 层总排序一致性比率为

$$\mathrm{CR} = \frac{\sum_{j=1}^{m} \mathrm{CI}(j) a_j}{\sum_{j=1}^{m} \mathrm{RI}(j) a_j} \tag{4.2.9}$$

当 CR < 0.10 时,认为 B 层次总排序结果具有较满意的一致性并接受该分析结果。

【例 4.2.8】某高校毕业生有三个愿意录取他的工作单位可供选择,试确定一个最满意的工作单位。

(1) 建立层次结构模型。在此问题中，某高校毕业生根据诸如发展、待遇、声誉、文化、位置等一些准则反复比较三个候选工作单位，建立如图 4.2.4 所示的层次结构模型。

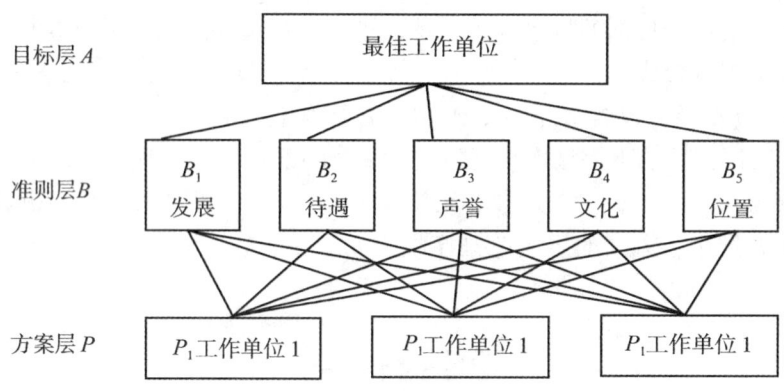

图 4.2.4　工作单位选择的层次结构模型

(2) 构建判断矩阵。设通过准则层 B 的因素间两两对比，建立准则层对目标层的判断矩阵如下：

$$A = \begin{pmatrix} 1 & 1/2 & 4 & 3 & 3 \\ 2 & 1 & 7 & 5 & 5 \\ 1/4 & 1/7 & 1 & 1/2 & 1/3 \\ 1/3 & 1/5 & 2 & 1 & 1 \\ 1/3 & 1/5 & 3 & 1 & 1 \end{pmatrix}$$

由 A 确定 $B_1, \cdots, B_n$ 对目标层的权向量，如 $a_{23} = 7$ 表明待遇 B_2 和声誉 B_3 对目标的影响程度是 7∶1。

类似的，由方案层对每个准则层的因素建立判断矩阵。设方案层对准则层 B_1(发展)、B_2(待遇)、B_3(声誉)、B_4(文化)、B_5(位置)的判断矩阵分别为

$$B_1 = \begin{pmatrix} 1 & 2 & 5 \\ 1/2 & 1 & 2 \\ 1/5 & 1/2 & 1 \end{pmatrix}, B_2 = \begin{pmatrix} 1 & 1/3 & 1/8 \\ 3 & 1 & 1/3 \\ 8 & 3 & 1 \end{pmatrix}, B_3 = \begin{pmatrix} 1 & 1 & 3 \\ 1 & 1 & 3 \\ 1/3 & 1/3 & 1 \end{pmatrix}$$

$$B_4 = \begin{pmatrix} 1 & 3 & 4 \\ 1/3 & 1 & 1 \\ 1/4 & 1 & 1 \end{pmatrix}, B_5 = \begin{pmatrix} 1 & 1 & 1/4 \\ 1 & 1 & 1/4 \\ 4 & 4 & 1 \end{pmatrix}.$$

(3) 层次单排序及一致性检验。第 2 层元素相对于第 1 层元素的权向量计算及一致性检验。

由矩阵 A 求得最大特征根，其权向量(特征向量)分别为

$$\lambda = 5.0721, \omega = (0.2636, 0.4758, 0.0538, 0.0981, 0.1087)^T$$

一致性指标为

$$CI = \frac{\lambda_{max} - n}{n - 1} = \frac{5.073 - 5}{5 - 1} = 0.018$$

由 $n = 5$ 查随机一致性指标值表 4.2.9，得 $RI = 1.1$。

因一致性比率 $CR = \dfrac{CI}{RI} = \dfrac{0.018}{1.1} = 0.016 < 0.1$，通过一致性检验。

第 3 层元素相对于第 2 层元素的权向量计算及一致性检验。

类似的，对每个判断矩阵计算权向量，并计算层次总排序，同时做一致性检验，如表 4.2.11 所示。

表 4.2.11 B_k 所对应的权向量、最大特征值及一致性比率表

k	1	2	3	4	5
$w_k^{(3)}$	0.5954	0.0819	0.4286	0.6337	0.1667
	0.2764	0.2363	0.4286	0.1919	0.1667
	0.1283	0.6817	0.1429	0.1744	0.6667
λ_k	3.0055	3.0015	3.000	3.009	3.000
CI_k	0.003	0.001	0	0.005	0
CR_k	0.0052	0.0017	0	0.0086	0

由于表中的 CR_K 值均小于 0.01，可以得出 B_K 均通过一致性检验。

(4) 层次总排序及一些检验。

层次总排序：工作单位 1 对目标的组合权重应为相应权向量的两两乘积之和，即

$$W_1 = \sum_{j=1}^{m} b_{1j} a_j$$
$$= 0.5954 \times 0.2636 + 0.0819 \times 0.4758 + 0.4286 \times 0.0538$$
$$+ 0.6337 \times 0.0981 + 0.1667 \times 0.1087 = 0.299$$

类似的，可以求出工作单位 2、工作单位 3 对目标的组合权重 w_2、w_3，各元素总权重的计算结果如表 4.2.12 所示。

表 4.2.12   综合重要度的计算

B 层因素及权重	A 层因素及权重					C 层对 A 层总权重 W
	A_1	A_2	A_3	A_4	A_5	
	0.2636	0.4758	0.0538	0.0981	0.1087	
B_1	0.5954	0.0819	0.4286	0.6337	0.1667	$W_1 = 0.299$
B_2	0.2764	0.2363	0.4286	0.1919	0.1667	$W_2 = 0.245$
B_3	0.1283	0.6817	0.1429	0.1744	0.6667	$W_3 = 0.456$

组合一致性检验：进行组合一致性检验，以确定组合权向量是否可以作为最终的决策依据。组合一致性可逐层进行，第 3 层的组合一致性指标为

$$CR^{(3)} = \frac{\sum_{j=1}^{5} CI(j) a_j}{\sum_{j=1}^{5} RI(j) a_j}$$

$$= \frac{0.003 \times 0.2636 + 0.001 \times 0.4758 + 0 \times 0.0538 + 0.005 \times 0.0981 + 0 \times 0.1087}{0.58 \times (0.2636 + 0.4758 + 0.0538 + 0.0981 + 0.1087)}$$

$$= \frac{0.001757}{0.58} = 0.003$$

因此第 3 层通过组合一致性检验。由表 4.2.12，方案层对目标的组合权向量为 $W = (0.299, 0.245, 0.456)^T$，因此工作单位 3 为首选的工作单位。

4.2.9 综合决策

模糊综合评价法是一种基于模糊数学的综合评价方法。该综合评价法根据模糊数学的隶属度理论把定性评价转化为定量评价，即用模糊数学对受到多种因素制约的事物或对象做出一个总体的评价。它具有结果清晰、系统性强的特点，能较好地解决模糊的、难以量化的问题，适合各种非确定性问题的解决。

模糊综合评价方法评价步骤如下：

(1) 确定评价对象的因素论域：m 个评价指标 $U = \{u_1, u_2, \cdots, u_m\}$。

(2) 确定评价等级论域：n 个评价等级 $V = \{v_1, v_2, \cdots, v_n\}$。$n$ 为评价等级的个数，一般划分为 3 ~ 5 个等级。V 为等级集合，每一个等级可对应一个模糊子集。

(3) 建立模糊关系矩阵。在构造了等级模糊子集后，要逐个对被评价事物从每个因素 $u_i (i = 1, 2, \cdots, m)$ 上进行量化，即确定从单因素来看被评价事物对等级模糊子集的隶属度 $(R \mid u_i)$，进而得到模糊关系矩阵：

$$R = \begin{pmatrix} R \mid u_1 \\ R \mid u_2 \\ \vdots \\ R \mid u_m \end{pmatrix} = \begin{pmatrix} r_{11} & r_{12} & \cdots & r_{1n} \\ r_{21} & r_{22} & \cdots & r_{2n} \\ \vdots & \vdots & & \vdots \\ r_{m1} & r_{m2} & \cdots & r_{mn} \end{pmatrix} \quad (4.2.10)$$

式中：r_{ij} 表示因素 u_i 被评为 v_j 的隶属度 $(i = 1, 2, \cdots, m; j = 1, 2, \cdots, n)$，$\sum r_{ij} = 1$。

(4) 确定评价因素的权重向量。在模糊综合评价中，确定评价因素的权重向量 $A = (a_1, a_2, \cdots, a_m)$。权重向量 A 中的元素 a_i 本质上是因素 u_i 对模糊子集｛对被评事物重要的因素｝的隶属度。

求权重是综合评价的关键。权重 A 的确定方法很多，在实际运用中常用的方法有层次分析法、德尔菲法、专家调查法、加权平均法。

层次分析法是一种行之有效的确定权重的有效方法，特别适宜于那些难以用定量指标进行分析的复杂问题。它把复杂问题中的各因素划分为互相联系的有序层使之条理化，根据对客观实际的模糊判断，就每一层次的相对重要性给出定量的表示，再利用数学方法确定全部元素相对重要性次序的权重。确定权重后，在合成之前归一化。

(5) 合成模糊综合评价结果向量。利用合适的算子将 A 与各被评价事物的 R 进行合

成，得到各被评价事物的模糊综合评价结果向量 B，即

$$B = (b_1, b_2, \cdots, b_m) = A \circ R = (a_1, a_2, \cdots, a_m) \circ \begin{pmatrix} r_{11} & r_{12} & \cdots & r_{1n} \\ r_{21} & r_{22} & \cdots & r_{2n} \\ \vdots & \vdots & & \vdots \\ r_{m1} & r_{m2} & \cdots & r_{mn} \end{pmatrix} \quad (4.2.11)$$

（6）对模糊综合评价结果向量进行分析。实践中最常用的方法是最大隶属度原则，但在某些情况下，使用这种方法会有些勉强，损失很多信息，甚至得出不合理的评价结果。此时使用加权平均求隶属等级的方法，对于多个被评价事物可以依据其等级位置进行排序。

4.3 案例分析 —— 某超高层建筑项目安全管理的综合评价

安全生产不但关系到社会稳定发展和经济的良好运行，也直接影响社会及人民的生命财产安全，因此无论对于建筑企业还是国民经济整体，都是非常重要的。近年来，随着我国经济的高速发展，超高层项目层出不穷，且高度不断挑战记录，我国也已经成为世界上250米以上超高层项目最多的国家。与此同时，更高、更复杂、难度更大的超高层项目仍在不断建设中，彰显着中国经济发展的高度。一般情况下，超高层建筑都是具备较大社会影响力的地标性项目，多是省级甚至国家级的重点项目，代表国家房建领域的最高建造水平，对工程所在地的经济发展和城市信心建立具有重要的意义。

本案例以某超高层建筑项目作为研究对象，通过分析该项目在施工过程中遇到的风险以及可能会导致安全事故的事件，总结其中存在的不足，旨在能够构建一套适合我国超高层项目实际情况的安全管理系统，以提高超高层项目的安全管理水平，降低事故发生的可能性。

4.3.1 基于 AHP 的安全管理评价指标体系的构建

本项目安全管理的评价指标体系如表 4.3.1 所示。

表 4.3.1 该项目经营安全因素分类表

一级指标	二级指标
管理安全	公司组织结构
	库存管理
	安全意识缺失安全
财务安全	项目材料供应成本偏高
	盲目规模扩张资金
供应链安全	延迟交付项目材料
	供应商合作终止
	材料配送延迟

续表

一级指标	二级指标
市场安全	经济环境变化
	项目材料质量
	需求波动

4.3.2 判断矩阵和指标权重的计算

邀请相关领域专家进行问卷调查建立判断矩阵，使用 Matlab 工具确定各项目的比例标度，得出不同安全因子的权重系数。具体结果如表 4.3.2 所示。

表 4.3.2 一级指标判断矩阵及权重分布

因素	CR	CI	权重 W_i	市场安全	供应链安全	财务安全	管理安全
市场安全	—	—	0.292	1	3	2	1/2
供应链安全	—	—	0.108	1/3	1	1/2	1/3
财务安全	—	—	0.187	1/2	2	1	1/2
管理安全	—	—	0.413	2	3	2	1
—	0.027	0.024	—	—	—	—	—

RI = 0.900，λ_{max} = 4.071

从表 4.3.2 可以看出一级判断矩阵是有效的，因为 RI = 0.900，λ_{max} = 4.071，符合一致性检验。

同样对表 4.3.3 ~ 表 4.3.6 分别建立各项二级指标判断矩阵并进行检验，可以看出二级安全因素指标矩阵是有效的，均符合一致性检验。

表 4.3.3 管理安全判断矩阵

管理安全	公司组织结构	库存管理	安全意识缺失安全	权重 W_i	CI	CR
公司组织结构	1	1/3	4	0.280	—	—
库存管理	3	1	5	0.627	—	—
安全意识缺失安全	1/4	1/5	1	0.094	—	—
—	—	—	—	—	0.043	0.074

λ_{max} = 3.086，RI = 0.580

4.3 案例分析——某超高层建筑项目安全管理的综合评价

表4.3.4 财务安全判断矩阵及权重分布

财务安全	盲目扩张资金安全	供应商成本偏高安全	权重W_i	CI	CR
盲目扩张资金安全	1	4	0.8	—	—
供应商成本偏高安全	1/4	1	0.2	—	—
—	—	—	—	0	0
$\lambda_{max}=2$,RI = 0					

表4.3.5 供应链安全判断矩阵及权重分布

供应链安全	延迟交付项目材料	供应商合作终止	材料配送延迟	权重W_i	CI	CR
延迟交付项目材料	1	3	6	0.095	—	—
供应商合作终止	1/3	1	3	0.250	—	—
材料配送延迟	1/6	1/3	1	0.665	—	—
—	—	—	—	—	0.009	0.016
$\lambda_{max}=3.018$,RI = 0.580						

表4.3.6 市场安全判断矩阵及权重分布

市场安全	需求波动	项目材料质量	经济环境变化	权重W_i	CI	CR
需求波动	1	1/5	1/4	0.280	—	—
项目材料质量	5	1	3	0.627	—	—
经济环境变化	4	1/3	1	0.094	—	—
—	—	—	—	—	0.043	0.074
$\lambda_{max}=3.086$,RI = 0.580						

4.3.3 指标组合权重

根据4.2.8节中一级指标及二级指标两两判断矩阵及权重计算结果,通过计算,形成该项目各指标组合权重结果。从表4.3.7中可以得知,管理安全因素的组合权重系数为0.413,表示与其他安全因素相比,该指标带来的安全程度要更高。

表4.3.7 各指标组合权重w_j

	管理安全	财务安全	供应链安全	市场安全	组合权重w_j
	0.413	0.187	0.108	0.292	
公司组织结构	0.280	0	0	0	0.116
库存管理	0.627	0	0	0	0.259

续表

	管理安全 0.413	财务安全 0.187	供应链安全 0.108	市场安全 0.292	组合权重 w_j
安全意识缺失安全	0.094	0	0	0	0.039
盲目扩张资金安全	0	0.8	0	0	0.150
供应商成本偏高安全	0	0.2	0	0	0.037
延迟交付项目材料	0	0	0.095	0	0.010
供应商合作终止	0	0	0.250	0	0.027
材料配送延迟	0	0	0.665	0	0.072
政策安全	0	0	0	0.280	0.082
经济安全	0	0	0	0.627	0.183
需求波动	0	0	0	0.094	0.027

4.3.4 基于模糊综合分析法的项目经营安全管理系统评价

1. 确定评价分类

在评价该项目的安全程度时，将安全程度定级为安全高、安全较高、安全中等、安全低四个层次。相应的，以 $V = [V_1、V_2、V_3、V_4]$ 来表示。研究过程中，邀请与项目有关岗位人员参与评价，见表4.3.8。

表4.3.8　　　　　　　　　　评定专家基本情况表

专家序号	专业领域	职称职务
1	结构设计	高级工程师
2	工艺设计	高级工程师
3	机电安装	高级工程师
4	水电操作	高级工程师
5	环境工程	高级工程师
6	弱电工程	高级工程师
7	强电工程	高级工程师
8	工程经济	高级经济师
9	项目管理	高级工程师
10	体系管理	审核员

4.3 案例分析——某超高层建筑项目安全管理的综合评价

研究过程中,组织召开该项目安全因素评定会议,该项目经营安全综合清单及安全管理系统评价调查表,如表4.3.9所示。

表4.3.9　　　　　　　　　　安全管理系统评价调查表

目标层	一级指标层	二级指标层	评价评语集			
			V_1	V_2	V_3	V_4
该项目经营安全管理系统评价	管理安全(0.413)	工程管理安全(0.280)				
		库存管理(0.627)				
		安全意识缺失安全(0.094)				
	财务安全(0.187)	盲目扩张资金安全(0.8)				
		供应商成本偏高安全(0.2)				
	供应链安全(0.108)	延迟交付项目材料(0.095)				
		供应商合作终止(0.250)				
		材料配送延迟(0.665)				
	市场安全(0.292)	政策安全(0.280)				
		经济安全(0.627)				
		需求波动(0.094)				

表4.3.10　　　　　　　　　　各个指标的评定结果

二级指标	评定结果			
	V_1	V_2	V_3	V_4
工程管理安全	4	4	2	0
库存管理	4	2	2	2
安全意识缺失安全	3	2	4	1
盲目扩张资金安全	1	4	5	0
供应商成本偏高安全	1	2	5	2
延迟交付项目材料	2	2	4	2
供应商合作终止	2	3	5	0
材料配送延迟	2	2	4	2
政策安全	1	2	4	3
经济安全	1	2	5	2
需求波动	2	3	4	1

表4.3.10中，横轴中的数值（$V_1 \sim V_4$）代表对不同安全层级持有观点的专家数量，表中汇总了10位专家对于各项安全因素的打分。根据表中结果，可以计算向量矩阵R，该向量表示所有安全指标的隶属度。

$$R_{11\times 4} = \begin{bmatrix} 0.4 & 0.4 & 0.2 & 0 \\ 0.4 & 0.2 & 0.2 & 0.2 \\ 0.3 & 0.2 & 0.4 & 0.1 \\ 0.1 & 0.4 & 0.5 & 0 \\ 0.1 & 0.2 & 0.5 & 0.2 \\ 0.2 & 0.2 & 0.4 & 0.2 \\ 0.2 & 0.3 & 0.5 & 0 \\ 0.2 & 0.2 & 0.4 & 0.2 \\ 0.1 & 0.2 & 0.4 & 0.3 \\ 0.1 & 0.2 & 0.5 & 0.2 \\ 0.2 & 0.3 & 0.4 & 0.1 \end{bmatrix} \tag{4.3.1}$$

2. 综合评判项目的总体安全

应用模糊评价法计算安全隶属度矩阵S，可采用$M(\cdot, \oplus)$算子，确定模糊评判集S，即

$$S_K = \min\left(1, \sum_{j=1}^{m} w_j \gamma_{jk}\right), \quad k = 1, 2, \cdots, n$$

$$S = W^T \circ R = \begin{bmatrix} 0.116 \\ 0.259 \\ 0.039 \\ 0.150 \\ 0.037 \\ 0.010 \\ 0.027 \\ 0.072 \\ 0.082 \\ 0.183 \\ 0.027 \end{bmatrix} \circ \begin{bmatrix} 0.4 & 0.4 & 0.2 & 0.0 \\ 0.4 & 0.2 & 0.2 & 0.2 \\ 0.3 & 0.2 & 0.4 & 0.1 \\ 0.1 & 0.4 & 0.5 & 0.0 \\ 0.1 & 0.2 & 0.5 & 0.2 \\ 0.2 & 0.2 & 0.4 & 0.2 \\ 0.2 & 0.3 & 0.5 & 0.0 \\ 0.2 & 0.2 & 0.4 & 0.2 \\ 0.1 & 0.2 & 0.4 & 0.3 \\ 0.1 & 0.2 & 0.5 & 0.2 \\ 0.2 & 0.3 & 0.4 & 0.1 \end{bmatrix} = [0.234, 0.259, 0.366, 0.143]$$

(4.3.2)

分析以上结果，判断其最大隶属度指标，安全由低到高的指标分别是0.143，0.366，0.259，0.234。"中等安全"指标对应数值最大，所以该项目的安全程度为中等。

3. 模糊评判项目的一级指标

为确定一级指标的安全度高低，对该项目安全的一级指标进行模糊综合评价。计算方法如下：

（1）管理安全指标的模糊评价。上述计算结果得到的管理安全指标的权重向量为

$$W_i = [0.280, 0.627, 0.094] \tag{4.3.3}$$

一级指标中管理安全管理系统评价指标集的隶属度向量矩阵为

$$R_{3\times4} = \begin{bmatrix} 0.4 & 0.4 & 0.2 & 0 \\ 0.4 & 0.2 & 0.2 & 0.2 \\ 0.3 & 0.2 & 0.4 & 0.1 \end{bmatrix} \quad (4.3.4)$$

因为 $S_1 = W_1 \circ R_{3\times4}$，即

$$S_1 = [0.280\ 0.627\ 0.094] \circ \begin{bmatrix} 0.4\ 0.4\ 0.2\ 0.0 \\ 0.4\ 0.2\ 0.2\ 0.2 \\ 0.3\ 0.2\ 0.4\ 0.1 \end{bmatrix} = [0.391\ 0.256\ 0.219\ 0.135]$$

(4.3.5)

按照最大隶属度原则，最大值为 0.391，说明管理安全等级为"安全高"。

(2) 财务安全指标的模糊评价。在以上分析基础上确定出的此指标相关权重向量可具体表示为

$$W_2 = [0.8,\ 0.2] \quad (4.3.6)$$

一级指标中财务安全管理系统评价指标集的隶属度向量矩阵为

$$R_{2\times4} = \begin{bmatrix} 0.1 & 0.4 & 0.5 & 0 \\ 0.1 & 0.2 & 0.5 & 0.2 \end{bmatrix} \quad (4.3.7)$$

因为 $S_2 = W_2 \circ R_{2\times4}$，即

$$S_2 = [0.8\ 0.2] \circ \begin{bmatrix} 0.1\ 0.4\ 0.5\ 0.0 \\ 0.1\ 0.2\ 0.5\ 0.2 \end{bmatrix} = [0.100\ 0.360\ 0.500\ 0.040] \quad (4.3.8)$$

按照最大隶属度原则进行判断分析，由于所得的最大值为 0.500，由此可判断出财务安全属于"安全中等"相应的等级。

(3) 供应链安全评价。基于以上的方法确定出此指标的权重向量，对应的表达式为

$$W_3 = [0.095,\ 0.250,\ 0.665] \quad (4.3.9)$$

一级指标中供应链安全管理系统评价指标集的隶属度向量矩阵为

$$R_{3\times4} = \begin{bmatrix} 0.2 & 0.2 & 0.4 & 0.2 \\ 0.2 & 0.3 & 0.5 & 0.0 \\ 0.2 & 0.2 & 0.4 & 0.2 \end{bmatrix} \quad (4.3.10)$$

因为 $S_3 = W_3 \circ R_{3\times4}$，即

$$S_3 = [0.095\ 0.250\ 0.665] \circ \begin{bmatrix} 0.2\ 0.2\ 0.4\ 0.2 \\ 0.2\ 0.3\ 0.5\ 0.0 \\ 0.2\ 0.2\ 0.4\ 0.2 \end{bmatrix} = [0.202\ 0.227\ 0.429\ 0.152]$$

(4.3.11)

代入参数确定出最大值为 0.429，由此分析可知此指标的安全性为"中等"。

(4) 市场安全指标评价。代入数据确定出此指标的权重向量具体如下：

$$W_4 = [0.280,\ 0.627,\ 0.094] \quad (4.3.12)$$

一级指标中市场安全管理系统评价指标集的隶属度向量矩阵为

$$R_{3\times4} = \begin{bmatrix} 0.1 & 0.2 & 0.4 & 0.3 \\ 0.2 & 0.3 & 0.4 & 0.1 \\ 0.2 & 0.2 & 0.4 & 0.2 \end{bmatrix} \quad (4.3.13)$$

因为 $S_4 = W_4 \circ R_{3\times 4}$，即

$$S_4 = [0.280 \quad 0.627 \quad 0.094] \circ \begin{bmatrix} 0.1 & 0.2 & 0.4 & 0.3 \\ 0.2 & 0.3 & 0.4 & 0.1 \\ 0.2 & 0.2 & 0.4 & 0.2 \end{bmatrix} = [0.110 \quad 0.210 \quad 0.463 \quad 0.219] \tag{4.3.14}$$

按照最大隶属度原则，最大值为 0.463，说明供应链安全等级为"安全中等"。

4.3.5 结论

具体分析以上总体和各分项工程安全性模糊综合评价结果，汇总得到该项目的安全管理系统评价结果，如表 4.3.11 所示。

表 4.3.11 该项目经营安全管理系统评价表

一级指标	市场安全	供应链安全	财务安全	管理安全
程度评价	中等	中等	中等	高安全
安全值	0.463	0.429	0.500	0.391
总体	总体安全			
安全值	0.366			
安全管理系统评价	安全中等			

以上安全管理系统评价结果表明，该项目经营安全管理系统评价等级为"安全中等"，在项目进行过程中管理安全因素较大。安全管理系统评价的具体作用是使项目组认识到安全管理在该项目经营中是非常必要的。要特别注意解决安全，最大限度地降低项目安全影响因素，保证项目的顺利进行。

习 题

1. 某企业为了以企业的年度人均建安价值预测其年度管理费用，收集了 1—12 月份的 12 组数据如下表所示，试据此进行相关性分析与回归分析，建立预测模型。

月份	1	2	3	4	5	6	7	8	9	10	11	12
管理费(千元)	3.1	2.6	2.9	2.7	3.0	3.4	3.8	2.7	3.5	2.5	2.9	3.0
人均建安价值(千元/人)	3.9	3.5	3.8	3.9	3.9	4.0	4.2	3.6	4.0	3.4	3.2	3.8

2. 某房地产公司历年的商品房开发面积如下表所示。试用二次指数平滑法模拟该时间系列，并预测 2008 年的开发面积。

某公司商品房开发面积统计

年份	2001	2002	2003	2004	2005	2006	2007
开发面积($10^4 m^2$)	0.79	2.82	2.59	8.15	9.79	5.46	10.21

3. 某房地产开发企业拟在外地投资兴建一住宅小区，3年建完。由于缺乏资料，企业对该城市住宅商品房需求量只能估计为较高、一般、较低等三种情况，但对每种情况出现的概率无法预测。企业提出了原地集资建设，独资建设，与当地有关部门集资建设，与外商合资建设四个方案。并计算出每个方案在3年内的收益值如下表所示。试据此进行方案决策。

各方案的损益值表 （单位：万元）

自然状态	本地集资	独资	外地集资	与外商合资
需求量较高	600	800	350	300
需求量一般	400	350	220	250
需求量较低	-150	-300	50	90

4. 某建筑施工企业下个季度要进行混凝土施工，每天完成$1m^3$可收入40元。计划采购商品混凝土，合同要求：如按合同计划供应的混凝土，施工企业少要$1m^3$，需赔偿搅拌站20元损失。已知去年同期施工队浇筑混凝土的日完成量情况（见表），而今年下个季度的日浇筑量尚不确定。根据去年的情形，该施工企业与搅拌中心如何签订合同，才能使施工队收益最大？（要求绘制决策树）

日完成量天数

日完成工程量(m^3)	100	110	120	130
日完成工程量天数（天）	20	35	25	10

第5章 建设项目可行性研究

5.1 可行性研究的概念

5.1.1 可行性研究的含义及其发展过程

1. 可行性研究的含义

项目可行性研究是项目前期工作中最重要的内容,它是在项目投资决策前对工程建设项目进行全面的技术经济分析论证的科学方法和工作阶段。

所谓可行性研究(feasibility study),是运用多种科学手段(包括技术科学、社会学、经济学及系统工程学等)对拟建工程项目的必要性、可行性、合理性进行技术经济论证的综合科学。其基本任务是通过广泛的调查研究,综合论证一个工程项目在技术上是否先进、实用和可靠,在经济上是否合理,在财务上是否盈利,为投资决策提供科学的依据,是决策科学化的必要步骤和手段。

可行性研究的通常逻辑是在投资决策前,对与拟建项目有关的社会、经济和技术等各方面情况进行深入细致的调查研究;对各种可能拟定的技术方案和建设方案进行认真的技术经济分析与比较论证;对项目建成后的经济效益进行科学的预测和评价。在此基础上,综合研究建设项目的技术先进性、适用性、经济合理性和有效性,以及建设可能性和可行性,从而确定该项目是否值得投资,以及如何开展投资。因此,项目可行性研究是保证建设项目以最少的投资耗费取得最佳经济效果的科学手段,也是实现建设项目在技术上先进、经济上合理和建设上可行的科学方法。

2. 可行性研究的发展过程

可行性研究从20世纪初诞生以来(20世纪30年代美国在制定田纳西流域开发项目时最早采用了可行性研究方法)到现在,大致经历了三个发展阶段:

第一阶段是从20世纪初到20世纪50年代前期。在这一阶段,项目的可行性研究主要采用财务分析方法,即从企业角度出发,通过对项目的收入与支出的比较来判断项目的优劣。

第二阶段是从20世纪50年代初到20世纪60年代末期。在这一阶段,可行性研究从侧重于财务分析发展到同时从微观和宏观角度评价项目的经济效益,费用-效益分析(或称经济分析)作为一种项目选择的方法被普遍接受。

第三阶段是从20世纪60年代末期到现在。在这一阶段,可行性研究的分析方法中产生了社会分析方法,即把增长目标和公平目标(二者可统称为国民福利目标)结合在一起作为选择项目的标准。

我国进行可行性研究起步比较晚，20世纪80年代初，随着对外开放和经济体制改革，西方的可行性研究方法被引入到国内。1981年3月3日国务院在《关于加强基本建设体制管理、控制基本建设规模的若干规定》中明确规定：所有新建、扩建大中型项目以及利用外资项目都要有可行性研究报告。1983年，原国家计委正式颁发了《关于建设项目进行可行性研究的试行管理办法》，重申"建设项目的决策和实施必须严格遵守国家规定的基本建设程序"，"可行性研究是建设前期工作的重要内容，是基本建设程序中的组成部分"。国家发改委(或与建设部联合)于1987年、1993年、2006年分别发布了《建设项目经济评价方法与参数》第一版、第二版、第三版。原国家计委于2002年颁发了《投资项目可行性研究指南(试用版)》。这些文件使可行性研究成为我国投资决策的重要工具，为正确进行项目的可行性研究、科学决策项目投资提供了指导原则。

5.1.2 可行性研究的作用

对建设项目进行可行性研究的主要目的在于为项目投资决策从技术、经济等多方面提供科学依据，以提高项目投资决策的水平，提高项目的投资经济效益。具体来说，项目的可行性研究具有以下作用：

(1)作为投资者进行工程项目决策的依据。可行性研究是项目投资建设的首要环节，它对与建设项目有关的各个方面都进行了调查研究和分析，并以大量数据论证了项目的必要性、可实现性以及实现后的结果，项目投资者或政府主管部门正是根据项目可行性研究的评价结果，并结合国家财政经济条件和国民经济长远发展的需要，才能做出是否应该投资和如何进行投资的决定。

(2)作为筹集资金和向银行申请贷款的依据。我国的建设银行、国家开发银行和投资银行等，以及其他境内外的各类金融机构，在接受项目建设贷款时，首先会对贷款项目进行全面、细致的分析评估。银行等金融机构只有在确认项目具有偿还贷款的能力、不承担过大风险的情况下才会同意贷款。

(3)项目拟采用的新技术、新设备以及大型专用设备生产预安排的依据。项目拟采用的重大新技术、新设备必须经过周密慎重的技术经济论证，确认可行的，方能拟订研究和制造计划。

(4)作为从国外引进技术、设备以及与国外厂商谈判签约的依据。利用外资项目，不论是申请国外银行贷款，还是与合资、合作方进行技术谈判和商务谈判，编制可行性研究报告都是一项至关重要的基础工作，甚至决定了谈判的成功与否。

(5)与项目协作单位签订经济合同的依据。根据批准的可行性研究报告，项目法人可以与有关协作单位签订原材料、燃料、动力、运输、土建工程、安装工程、设备购置等方面的合同或协议。

(6)作为向当地政府、规划部门、环境保护部门申请有关建设许可文件的依据。可行性研究报告经审查，符合相关规定或经济立法，对污染处理得当，不造成环境污染时，方能取得有关部门的许可。

(7)作为该项目工程建设的基础资料。建设项目的可行性研究报告，是项目工程建设的重要基础资料。项目建设过程中的任何技术性和经济性更改，都可以在原可行性研究报告的基础上，通过认真分析得出项目经济效益指标变动程度的信息。

（8）作为项目科研试验、机构设置、职工培训、生产组织的依据。根据批准的可行性研究报告，进行与建设项目有关的生产组织工作，包括设置相应的组织机构，进行职工培训，以及合理地组织生产等工作安排。

（9）作为施工组织、工程进度安排及竣工验收的依据。项目可行性研究报告对拟建工程项目的施工组织、工程进度安排及竣工验收工作都必须有明确的要求。所以，可行性研究报告可以作为检查施工进度及工程质量的依据。

（10）作为对项目考核和后评价的依据。在项目后评估时，以项目可行性研究报告所制定的生产纲领、技术标准以及经济效果指标作为考核标准，将项目的预期效果与实际效果进行对比考核，可对项目的运行进行全面评价。

5.1.3 可行性研究的阶段划分

在联合国工业发展组织（UNIDO）编写的《工业项目可行性研究手册》中，把投资前期的可行性研究工作分为投资机会研究、初步可行性研究、可行性研究和项目评估决策四个阶段，由于基础资料的占有程度、研究深度与可靠程度要求不同，可行性研究的各个工作阶段的研究性质、工作目标、工作要求、工作时间与费用各不相同。一般来说，各阶段的研究内容由浅入深，项目投资和成本估算的精度要求由粗到细，研究工作量由小到大，研究目标和作用逐步提高，因此，工作时间和费用也逐渐增加，如表5.1.1所示。

表5.1.1　　　　　　　　　　可行性研究各阶段工作的目的和要求

研究阶段	投资机会研究	初步可行性研究	可行性研究	项目评估决策
研究性质	项目设想	项目初选	项目准备	项目评估
研究目的和内容	鉴别投资方向，寻求投资机会（含地区、行业、资源和项目的机会研究），选择项目，提出项目投资建议	对项目做初步评价，进行专题辅助研究，广泛分析、筛选方案，确定项目的初步可行性	对项目进行深入细致的技术经济论证，重点对项目的技术方案和经济效益进行分析评价，进行多方案比选，提出结论性意见	综合分析各种效益，对可行性研究报告进行全面审核和评估，分析判断可行性研究的可靠性和真实性
研究要求	编制项目建议书	编制初步可行性研究报告	编制可行性研究报告	提出项目评估报告
研究作用	为初步选择投资项目提供依据，批准后列入建设前期工作计划，作为国家对投资项目的初步决策	判定是否有必要进行下一步详细可行性研究，进一步判明建设项目的生命力	作为项目投资决策的基础和重要依据	为投资决策者提供最后决策依据，决定项目取舍和选择最佳投资方案

续表

研究阶段	投资机会研究	初步可行性研究	可行性研究	项目评估决策
估算精度	±30%	±20%	±10%	±10%
研究费用（占总投资的百分比）	0.2%~1.0%	0.25%~1.25%	大项目 0.2%~1.0% 中小项目 1.0%~3.0%	—
需要时间（月）	1~3	4~6	8~12 或更长	—

1. 机会研究阶段

机会研究阶段也称投资鉴定，即寻求最佳投资机会的活动。机会研究分为一般机会研究和具体机会研究。其中，一般机会研究又可划分为三种：一是地区研究，旨在通过研究某一地区自然地理状况，这一地区在国民经济体系中的地位以及自身的优势、劣势而寻求投资机会；二是部门（或行业）研究，旨在分析某一部门（或行业）由于技术进步、国内外市场变化而出现的新的发展和投资机会；三是以资源为基础的研究，旨在分析由于自然资源开发和综合利用而出现的投资机会。在进行一般机会研究时，可参考国内外同类项目、同类地区和同类投资环境的成功案例。在发展中国家，一般机会研究通常由政府部门或专业机构进行，并可作为中央政府制定国民经济长远发展规划的依据。

根据一般机会研究的结论，当某项目具有投资条件时，就可进行具体机会研究，即具体研究某一项目得以成立的可能性，将项目设想转变为投资建议。

投资机会研究是项目可行性研究的第一阶段，如果投资机会研究的结论表明投资项目是可行的，则可进入下一阶段，即进行更深入的研究。投资机会研究是比较粗略的，投资费用和生产（或经营）成本一般根据同类项目加以推算，其误差一般要求控制在±30%以内，而研究费用一般占总投资额的0.2%~1.0%，时间一般为1~3个月。

2. 初步可行性研究阶段

初步可行性研究也称预可行性研究，是指在投资机会研究的基础上对项目可行与否所做的较为详细的分析论证。初步可行性研究是介于投资机会研究与详细可行性研究之间的一个中间阶段，起着承上启下的作用，对于大型复杂项目而言是一个不可缺少的阶段。一般来讲，继续深入的可行性研究需要收集大量的基础资料，花费较长的时间，支出较多的费用，因此，在此之前进行项目初步可行性研究是十分必要和科学的。初步可行性研究与继续深入的详细可行性研究相比，除研究的深度与准确度有差异外，其内容大致相同。初步可行性研究得出的投资额和生产（或经营）成本误差一般要求控制在±20%以内，而研究费用一般占总投资额的0.25%~1.25%，时间一般为4~6个月。

3. 可行性研究阶段

可行性研究阶段也称为详细可行性研究阶段，属于深入的可行性研究，它是投资决策的重要阶段。在该阶段，要全面分析项目的组成部分和可能遇到的各种问题，并最终形成可行性研究的书面成果——《可行性研究报告》。详细可行性研究得出的投资额和生产（或经营)成本误差一般要求控制在±10%以内,而研究费用一般占总投资额的1.0%~3.0%(小型项目)或0.2%~1.0%(大型项目)时间一般为8~12个月或更长。

此外,对某些特定的大型复杂项目还要进行辅助研究。辅助研究也称功能研究,是指对项目某一个或几个方面的关键问题进行的专门研究。辅助研究并不是一个独立的阶段,而是作为初步可行性研究和详细可行性研究的一部分。辅助研究一般包括产品市场研究、原材料和其他投入物研究、实验室和中间实验研究、厂址选择研究、规模经济研究、设备选择研究等。

4. 评估决策阶段

项目评估是由投资决策部门组织和授权给诸如国家开发银行、建设银行、投资银行、国防工程咨询公司或有关专家,代表国家或投资方(主体)对上报的建设项目可行性研究报告所进行的全面审核和再评价。项目评估决策应在可行性研究报告的基础上进行,其主要内容包括:

(1)全面审核可行性研究报告中所反映的各项情况是否属实;

(2)分析项目可行性研究报告中各项指标计算是否正确,包括各种参数、基础数据、定额费率的选择;

(3)从企业、国家和社会等方面综合分析和判断工程项目的经济效益和社会效益;

(4)分析和判断项目可行性研究的可靠性、真实性和客观性,对项目做出最终的投资决策;

(5)最后写出项目的评估报告。

5.1.4 可行性研究的一般工作程序

根据项目的投资建设程序和原国家计委颁发的《关于建设项目进行可行性研究的试行管理办法》,我国可行性研究一般要经历如下工作程序:

1. 建设单位提出项目建议书和初步可行性研究报告

各部、省、自治区、直辖市或计划单列市和全国性工业公司以及现有的企事业单位,根据国家和地区经济发展的长远规划、经济建设的方针任务和技术经济政策,结合资源情况、建设布局等条件。在广泛调查研究、收集资料、踏勘建设地点、初步预测投资效果的基础上,提出需要进行可行性研究的项目建议书和初步可行性研究报告。跨地区、跨行业的建设项目以及对国计民生有重大影响的大型项目,应由相关部门和地区联合提出项目建议书和初步可行性研究报告。

2. 项目业主、承办单位委托有资格的工程咨询或设计单位进行可行性研究工作

各级计划部门汇总和平衡项目建议书。当项目建议书经国家或地区的计划部门、贷款单位或有关部门授权的工程咨询单位评估同意,并经审定批准后,该项目即可立项,分别纳入各级的前期工作计划和贷款计划。项目业主或承办单位可委托经过资格审定的工程咨询公司(或设计单位)着手编制拟建项目的可行性研究报告。委托方式可由国家计划部门或主管部门直接给工程设计咨询公司下达计划任务,也可由各主管部门、国家专业投资公司、项目业主采用签订合同的方式委托有资格的设计咨询单位承担可行性研究工作。在主管部门下达的委托任务或双方签订的合同中,应规定研究工作的依据、研究的范围和内

容、前提条件、研究工作的质量和进度安排、费用支付办法以及合同双方的责任、协作方式及关于违约处理的方法等。

3. 设计单位或(有资质的)咨询单位进行可行性研究工作

设计单位或(有资质的)咨询单位与委托单位签订合同承担可行性研究任务以后，就可以开展工作了。通常有以下五方面的工作：

(1) 组织班子与制订计划。承担项目可行性研究的单位在承接任务后，需获得项目建议书和有关项目的背景与指示文件，摸清委托者的目标意见和要求，明确研究内容之后，方可组成项目可行性研究工作小组或项目组，确定项目负责人和专业负责人。项目组根据书面任务书研究工作范围和要求，制订项目工作计划，安排具体实施进度。

(2) 调查研究与收集资料。项目组在摸清委托单位对项目建设的意图和要求后，首先应组织收集和查阅与项目有关的自然环境、经济与社会等基础资料和文件资料，并拟定调研提纲，组织人员赴现场进行实地踏勘与调查，收集整理得到设计基础资料，必要时还需进行专题调查和研究。

此阶段主要通过实际调查和技术经济研究，进一步明确拟建项目的必要性和现实性。调查研究主要从市场调查和资源调查两方面着手。市场调查要查明和预测社会对产品需求量、产品的价格和竞争能力，以便确定项目产品方案和经济规模；资源调查包括原材料、能源、厂址、工艺技术、劳动力、建材、运输条件、外围基础设施、环境保护、组织管理和人员培训等自然、社会、经济方面的调查，为选定建设地点、生产工艺、技术方案、设备选型、组织机构和定员等提供确切的技术经济分析资料，通过论证分析，研究项目建设的必要性。

(3) 方案设计和优化。根据项目建议书要求，结合市场和资源调查，在收集一定的基础资料和数据的基础上，建立几种可供选择的技术方案和建设方案，结合实际条件进行多次反复的方案论证比较，会同委托部门明确选择方案的重大原则问题和优化标准，从若干方案中选择或推荐最优及次优方案，研究论证项目在技术上的可行性，进一步确定产品方案、生产经济规模、工艺流程、设备选型、车间组成、组织机构和人员配备等总体建设方案，以备进行进一步的综合经济评价。在方案设计和优化过程中，对重大问题或有争论的问题，要会同委托单位共同讨论决定。

(4) 经济分析和评价。项目的调研与经济分析人员应根据调查资料和有关规定，选定与本项目有关的经济评价基础数据和定额指标参数，列表并注明数据来源。

在论证了项目建设的必要性和可能性以及技术方案的可行性之后，应对所选择确定的最佳建设总体方案进行详细的财务预测、财务效益分析、国民经济评价和社会效益评价，从测算项目建设投资、生产成本和销售利润入手，进行项目盈利性分析、费用效益分析和社会效益与影响分析，研究论证项目在经济上和社会上的盈利性和合理性，进一步提出资金筹集建议，制订项目实施总进度计划。

当项目的经济评价结论达不到国家或投资者规定的标准时，可对建设方案进行调整或重新设计。

(5) 编写项目可行性研究报告。在对建设项目进行了认真的技术经济分析论证，证明了项目建设上的必要性、技术上的可行性和经济上与社会上的合理性后，即可编制详尽的项目可行性研究报告，推荐一个以上项目建设可行性方案和实施计划，提出结论性意见和重大措施建议，为决策部门的最终决策提供科学依据。

经过技术经济分析论证，也可以在报告中提出项目不可行的结论意见或项目改进的建议。

5.2 可行性研究的内容及大纲

5.2.1 可行性研究的主要内容

项目可行性研究是在对项目进行深入细致的技术经济论证的基础上，对多种方案所作的比较和优选，以及对项目投资最后决策提的结论性意见。因此，其在内容上应能满足作为项目投资决策的基础和重要依据的基本要求。通常，项目可行性研究报告应由有资格的设计（咨询）单位编制。项目可行性研究的基本内容和深度应按国家的有关规定确定，一般建设项目的可行性研究应包括以下内容：

1. 总论

总论包括综述项目概况、项目可行性研究的主要结论、概要和存在的问题与建议。总论中应阐明对推荐方案在论证过程中曾有的重要争论问题、不同意见和观点，并对建设项目的主要技术经济指标列表说明；说明建设项目提出的背景、投资环境、项目建设投资的必要性和经济意义、项目投资对国民经济的作用和重要性；提出或说明项目调查研究的主要依据、工作范围和要求；说明项目的历史发展概况、项目建议书及有关审批文件。

2. 项目兴建的理由与目标

项目兴建理由与目标的研究，是根据已确定的初步可行性研究报告（或者项目建议书），从总体上进一步论证项目提出的依据、背景、理由和预期目标，即进行项目建设必要性分析。这种分析，一般应从项目本身和国民经济两个层次综合分析，以确定项目建设的必要性。与此同时，分析论证项目建设和生产运营必备的基本条件及其获得的可能性，即进行项目建设可能性分析。对于确实必要又有可能建设的项目，继续进行可行性研究，开展技术、工程、经济、环境等方案的论证、比选和优化工作。

3. 市场预测

市场预测是对项目的产出品和所需的主要投入品的市场容量、价格、竞争力以及市场风险进行分析预测。市场预测的结果为确定项目建设规模与产品方案提供依据。

市场预测的研究内容主要有：市场现状调查、产品供应与需求预测、产品价格预测、目标市场与市场竞争力分析以及市场风险分析；市场预测的时间跨度应根据产品的生命周期、市场变化规律，以及占有数据资料的时效性等情况综合确定；市场预测范围应包括国内外两个市场，并应进行区域市场分析；市场预测深度应满足确定项目建设规模与产品方案的需求。

4. 建设规模与产品方案

建设规模与产品方案研究是在市场预测的基础上，论证比选拟建项目的建设规模和产品方案（主要包括产品和辅助产品及其组合），作为确定项目技术方案、设备方案、工程方案及投资估算的依据。

(1)确定建设规模一般应研究的主要内容：合理经济规模、市场容量对项目规模的影响、环境容量对项目规模的影响、资金和原材料以及主要外部协作条件等对项目规模的满足程度。

(2)确定产品方案一般应研究的主要内容：市场需求、产业政策、专业化协作、资源综合利用、环境条件、技术设备条件和生产储运条件。

5. 场址选择

可行性研究阶段的场址选择，是在初步可行性研究(或者项目建议书)规划选址已确定的建设地区和地点范围内，进行具体坐落位置选择，习惯上称为工程选址。

场址选择一般应研究的主要内容：场址位置、占地面积、地形地貌气象条件、地震情况、工程地质及水文地质条件、征地拆迁移民安置条件、交通运输条件、水电等供应条件、环境保护条件、法律支持条件、生活设施依托条件以及施工条件等。

6. 技术方案、设备方案和工程方案

项目的建设规模与产品方案确定后，应进行技术方案、设备方案和工程方案的具体研究论证工作。技术、设备与工程方案构成项目的主体，体现项目的技术和工艺水平，也是决定项目是否经济合理的重要基础。

技术方案的选择需要满足先进性、适用性、可靠性、安全性以及经济合理性这五方面的要求；设备方案的选择主要考察设备方案对建设方案的满足程度、对产品质量和生产工艺要求的保证程度、设备使用寿命、物料消耗指标、备品备件保证程度以及所需设备投资等；一般工业项目的工程方案，主要研究其建筑特征、建筑物的结构型式、特殊建筑要求(防火、防爆、防腐蚀、隔音、隔热等)、基础工程方案和抗震设防等。

在研究技术方案、设备方案和工程方案时，对能量消耗量大的项目，应提出节能措施，并对能耗指标进行分析；对水资源消耗量大的项目，应提出节水措施，并对水耗指标进行分析。

7. 原材料、燃料供应

在研究确定项目建设规模、产品方案、技术方案和设备方案的同时，还应对项目所需的原材料、辅助材料和燃料的品种、规格、成分、数量、价格、来源及供应方式，进行研究论证，以确保项目建成后正常生产运营，并为计算生产运营成本提供依据。主要包括：主要原材料供应方案、燃料供应方案和主要原材料燃料供应方案比选等步骤。

8. 总图运输与公用辅助工程

总图运输与公用辅助工程是在已选定的场址范围内，研究生产系统、公用工程、辅助工程及运输设施的平面和竖向布置，以及工程方案。

首先应根据项目的生产工艺流程或者使用功能的需要及其相互关系，结合场地和外部环境条件，对项目各个组成部分的位置进行合成，使整个项目形成布置紧凑、流程顺畅、经济合理、使用方便的格局。进而根据建设规模、产品方案、技术方案确定的主要投入品和产出品的品种、数量、特性、流向，研究提出项目内外部运输方案。

针对公用辅助工程，在可行性研究阶段，公用工程和辅助工程应与主体工程同时进行研究。公用工程与辅助工程的设置，应尽可能依托社会进行专业化协作。技术改造项目应充分利用企业现有的公用和辅助设施。

9. 环境影响评价

建设项目一般会引起项目所在地自然环境、社会环境和生态环境的变化，对环境状况、环境质量产生不同程度的影响。环境影响评价是在研究确定场址方案和技术方案中，调查研究环境条件，识别和分析拟建项目影响环境的因素，研究提出治理和保护环境的措施，比选和优化环境保护方案。

工程建设项目应注意保护场址及其周围地区的水土资源、海洋资源、矿产资源、森林植被、文物古迹、风景名胜等自然环境和社会环境。项目环境影响评价应坚持以下原则：

(1) 符合国家环境保护法律、法规和环境功能规划的要求；

(2) 坚持污染物排放总量控制和达标排放的要求；

(3) 坚持"三同时"原则，即环境治理设施应与项目的主体工程同时设计、同时施工、同时投产使用；

(4) 力求环境效益与经济效益相统一，在研究环境保护治理措施时，应从环境效益与经济效益相统一的角度进行分析论证，力求环境保护治理方案技术可行和经济合理；

(5) 注重资源综合利用，对环境治理过程中项目产生的废气、废水、固体废弃物，应提出回水处理和再利用方案。

10. 劳动安全卫生与消防

拟建项目劳动安全卫生与消防的研究是在已确定的技术方案和工程方案的基础上，分析论证在建设和生产过程中存在的对劳动者和财产可能产生的不安全因素(如工伤和职业病、火灾隐患)，并提出相应的防范措施。

劳动安全卫生的研究主要是分析在生产或者作业过程中可能对劳动者身体健康和生产安全造成危害的物品、部位、场所，以及危害范围和程度。针对不同危害和危险性因素的场所、范围以及危害程度，研究提出相应的安全措施方案。

消防设施研究，主要是分析项目在生产运营过程中可能存在的火灾隐患和重点消防部位，根据消防安全规范确定消防等级，并结合当地公安消防设施状况，提出消防监控报警系统和消防设施配置方案。

11. 组织机构和人力资源配置

合理、科学地确定项目组织机构和配置人力资源，是保证项目建设和生产运营顺利进行，提高劳动效率的重要条件。在可行性研究阶段，应对项目的组织机构设置、人力资源配置、员工培训等内容进行研究，比选和优化方案。

根据拟建项目的特点和生产运营的需要，应研究提出项目组织机构的设置方案，并对其适应性进行分析。项目建设规模和生产运营方式不同，机构设置的模式和运转方式也不尽相同。根据拟建项目出资者特点，研究确定相适应的组织机构模式；根据拟建项目的规模大小，研究确定项目的管理层次；根据建设和生产运营特点和需要，设置相应的管理职能部门。

经过比选提出推荐方案，并应进行适应性分析，主要分析项目法人的组建方案是否符合《公司法》和国家有关规定的要求；项目执行机构是否具备指挥能力、管理能力和组织协调能力；组织机构的层次和运作方式能否满足建设和生产运营管理的要求；项目法人代表及主要经营管理人员的素质能否适应项目建设和生产运营管理的要求，能否承担项目筹资建设、生产运营、偿还债务等责任。

在组织机构设置方案确定后，应研究确定各类人员，包括生产人员、管理人员和其他人员的数量和配置方案，满足项目建设和生产运营的需要，为提高劳动生产率等创造条件。

12. 项目实施进度

项目工程建设方案确定后，应研究提出项目的建设工期和实施进度方案，科学组织建设过程中各阶段的工作，按工程进度安排建设资金，保证项目按期建成投产，发挥投资效益。其中，建设工期一般是指从拟建项目永久性工程开工之日，到项目全面建成投产或交付使用所需的全部时间；建设工期主要包括土建施工、设备采购与安装、生产准备、设备调试、联合试运转、交付使用等阶段。项目建设工期确定后，应根据工程实施各阶段工作量和所需时间，对时序做出大体安排，使各阶段工作相互衔接，并编制项目实施进度表横线图。

13. 投资估算

投资估算是在对项目的建设规模、技术方案、设备方案、工程方案及项目实施进度等进行研究并基本确定的基础上，估算项目投入总资金（包括建设投资和流动资金）并测算建设期内分年资金需要量。投资估算作为制定融资方案、进行经济评价以及编制初步设计概算的依据。

建设投资可分为静态投资和动态投资两部分。静态投资部分由建筑工程费、设备及工器具购置费、安装工程费、工程建设其他费用、基本预备费构成；动态投资部分由涨价预备费和建设期利息构成。其中，建筑工程费、设备及工器具购置费、安装工程费形成固定资产；工程建设其他费用可分别形成固定资产、无形资产、递延资产。基本预备费、涨价预备费、建设期利息，在可行性研究阶段为简化计算方法，一并计入固定资产。

14. 融资方案

融资方案是在投资估算的基础上，研究拟建项目的资金渠道、融资形式、融资结构、融资成本、融资风险，比选推荐项目的融资方案，并以此研究资金筹措方案和进行财务评价。

研究融资方案时，首先应明确融资主体，由融资主体进行融资活动，并承担融资责任和风险。项目融资主体的组织形式主要有既有项目法人融资和新设项目法人融资两种形式。在估算出项目所需要的资金量后，应根据资金的可得性、供应的充足性、融资成本的高低，选择资金渠道，如国内外银行等金融机构的信贷资金、国内外证券市场资金和国内外非银行金融机构的资金等。然后根据新设项目法人融资或是既有项目法人融资组织形式的特点，研究资本金筹措方案。在可行性研究报告中，应说明资本金的各种来源和数量，应考察主要投资方的出资能力。

在初步确定项目的资金筹措方式和资金来源后，应进一步对融资方案进行分析，比选并推荐资金来源可靠、资金结构合理、融资成本低、融资方案小的方案。

15. 财务评价

财务评价是在国家现行财税制度和市场价格体系下，分析预测项目的财务效益与费用，计算财务评价指标，考察拟建项目的盈利能力、偿债能力，据以判断项目的财务可行性。一般是在确定的建设方案、投资估算和融资方案的基础上进行财务可行性研究。财务评价的主要内容与步骤如下：

(1) 选取财务评价基础数据与参数，包括主要投入品和产出品财务价格、税率、利率、汇率、计算期、固定资产折旧率、无形资产和递延资产摊销年限、生产负荷及基准收益率等基础数据和参数；

(2) 计算销售(营业)收入，估算成本费用；

(3) 编制财务评价报表，主要有财务现金流量表、损益和利润分配表、资金来源与运用表、借款偿还计划表；

(4) 计算财务评价指标，进行盈利能力分析和偿债能力分析；

(5) 进行不确定性分析，包括敏感性分析和盈亏平衡分析；

(6) 编写财务评价报告。

16. 国民经济评价

国民经济评价按合理配置资源的原则，采用影子价格等国民经济评价参数，从国民经济的角度考察投资项目所耗费的社会资源和对社会的贡献，评价投资项目的经济合理性。需要进行国民经济评价的项目主要是铁路、公路等交通运输项目，较大的水利水电项目，国家控制的战略性资源开发项目，动用社会资源和自然资源较大的中外合资项目，以及主要产出物和投入物的市场价格不能反映其真实价值的项目。

国民经济评价主要用来识别国民经济效益与费用，计算和选取影子价格，编制国民经济评价报表，计算国民经济评价指标，并进行方案比选。

17. 社会评价

社会评价是分析拟建项目对当地社会的影响和当地社会条件对项目的适应性和可接受程度，评价项目的社会可行性。

社会评价旨在系统调查和预测拟建项目的建设、运营产生的社会影响与社会效益，分析项目所在地区的社会环境对项目的适应性和可接受程度。通过分析项目涉及的各种社会因素，评价项目的社会可行性，提出项目与当地社会协调关系，规避社会风险，促进项目顺利实施，保持社会稳定的方案。进行社会评价有利于国民经济发展目标与社会发展目标协调一致，防止单纯追求项目的财务效益；有利于项目与所在地区利益协调致，减少社会矛盾和纠纷，防止可能产生不利的社会影响和后果，促进社会稳定；有利于避免或减少项目建设和运营的社会风险，提高投资效益。

社会评价适用于那些社会因素较为复杂、社会影响较为久远、社会效益较为显著、社会矛盾较为突出、社会风险较大的投资项目。其中，主要包括需要大量移民搬迁或者占用农田较多的水利枢纽项目、交通运输项目、矿产和油气田开发项目、扶贫项目、农村区域开发项目，以及文化教育、卫生等公益性项目。

18. 风险分析

投资项目风险分析是在市场预测、技术方案、工程方案、融资方案和社会评价论证中已进行的初步风险分析的基础上，进一步综合分析识别拟建项目在建设和运营中潜在的主要风险因素，揭示风险来源，判别风险程度，提出规避风险对策，降低风险损失。项目风险分析贯穿于项目建设和生产运营的全过程，而在可行性研究阶段应着重识别以下风险：市场风险、资源风险、技术风险、工程风险、资金风险、政策风险、外部协作条件风险、社会风险等。

19. 研究结论及建议

在前述各项研究论证的基础上，归纳总结，择优选出推荐方案，并对推荐方案进行总体论证。在肯定拟推荐方案优点的同时，还应指出可能存在的问题和可能遇到的主要风险，并做出项目和方案是否可行的明确结论，为决策者提供清晰的建议。

5.2.2 可行性研究报告编制步骤与要求

可行性研究报告(以下简称《报告》)是投资项目可行性研究工作成果的体现，是投资者进行项目最终决策的重要依据。为保证《报告》的质量，应切实做好编制前的准备工作，掌握充分的信息资料，进行科学分析比选论证，做到编制依据可靠、结构内容完整，《报告》文本格式规范、附图附表附件齐全，《报告》表述形式尽可能数字化、图表化，《报告》深度能满足投资决策和编制成项目初步设计的需要。

1. 编制步骤

(1) 签订委托协议。可行性研究报告编制单位与委托单位，就项目可行性研究报告编制工作的范围、重点、深度要求、完成时间、费用预算和质量要求交换意见，并签订委托协议，据以开展可行性研究各阶段的工作。

(2) 组建工作小组。根据委托项目可行性研究的工作量、内容、范围、技术难度、时间要求等组建项目可行性研究工作小组。一般工业项目和交通运输项目可分为市场组、工艺技术组、设备组、工程组、总图运输及公用工程组、环保组、技术经济组等专业组。为使各专业组协调工作，保证《报告》总体质量，一般应由总工程师、总经济师负责统筹协调。

(3) 制订工作计划。内容包括研究工作的范围、重点、深度、进度安排、人员配置、费用预算及《报告》编制大纲，并与委托单位交换意见。

(4) 调查研究收集资料。各专业组根据《报告》编制大纲进行实地调查，收集整理有关资料，包括向市场和社会调查，向行业主管部门调查，向项目所在地区调查，向项目涉及的有关企业、单位调查收集项目建设、生产运营等各方面所必需的信息资料和数据。

(5) 方案编制与优化。在调查研究收集资料的基础上，对项目的建设规模与产品方案、场址方案、技术方案、设备方案、工程方案、原材料供应方案、总图布置与运输方案、公用工程与辅助工程方案、环境保护方案、组织机构设置方案、实施进度方案以及项目投资与资金筹措方案等研究编制备选方案。进行方案论证比选优化后，提出推荐方案。

(6) 项目评价。对推荐方案进行环境评价、财务评价、国民经济评价、社会评价及风险分析，以判别项目的环境可行性、经济可行性、社会可行性和抗风险能力。当有关评价指标结论不足以支持项目方案成立时，应对原设计方案进行调整或重新设计。

(7) 编写《报告》。项目可行性研究各专业方案，经过技术经济论证和优化之后，由各专业组分工编写。经项目负责人衔接协调综合汇总，提出《报告》初稿。

(8) 与委托单位交换意见。初稿形成后，与委托单位交换意见，修改完善，形成正式

《报告》。

2. 编制依据

(1) 项目建议书(初步可行性研究报告)及其批复文件;

(2) 国家和地方的经济和社会发展规划;

(3) 行业部门发展规划,如江河流域开发治理规划、铁路公路路网规划、电力电网规划、森林开发规划等;

(4) 国家有关法律、法规、政策;

(5) 有关机构发布的工程建设方面的标准、规范、定额;

(6) 中外合资、合作项目各方签订的协议书或意向书;

(7) 编制《报告》的委托合同;

(8) 其他有关依据资料。

3. 信息资料采集与应用

编制可行性研究报告应有大量的、准确的、可用的信息资料作为支持。一般工业项目在可行性研究工作中,应逐步收集积累整理分析市场分析资料、自然资源条件资料、原材料燃料供应资料、工艺技术资料、场(厂)址条件资料、环境条件资料、财政税收资料、金融贸易资料等方面的信息资料,并用科学的方法对占有资料进行整理加工。信息资料收集与应用一般应达到如下要求:

(1) 充足性要求。占有的信息资料的广度和数量,应能满足各方案设计比选论证的需要。

(2) 可靠性要求。对占有的信息资料的来源和真伪进行辨识,以保证可行性研究报告准确可靠。

(3) 时效性要求。对占有的信息资料发布的时间、时段进行辨识,以保证可行性研究报告,特别是有关预测结论的时效性。

4. 深度要求

(1)《报告》应能充分反映项目可行性研究工作的成果,内容齐全、结论明确、数据准确、论据充分,满足决策者定方案定项目要求。

(2)《报告》选用主要设备的规格、参数应能满足预订货的要求。引进技术设备的资料应能满足合同谈判的要求。

(3)《报告》中的重大技术、经济方案,应有两个以上方案的比选。

(4)《报告》中确定的主要工程技术数据,应能满足项目初步设计的要求。

(5)《报告》构造的融资方案,应能满足银行等金融部门信贷决策的需要。

(6)《报告》中应反映在可行性研究过程中出现的某些方案的重大分歧及未被采纳的理由,以供委托单位与投资者权衡利弊进行决策。

(7)《报告》应附有评估、决策(审批)所必需的合同、协议、意向书、政府批件等。

5. 编制单位及人员资质要求

可行性研究报告的质量取决于编制单位的资质和编写人员的素质。承担可行性研究报告编写单位和人员,应符合下列要求:

(1) 编制单位应具有经国家有关部门审批登记的资质等级证明;

(2)编制单位应具有承担编制可行性研究报告的能力和经验；

(3)可行性研究人员应具有所从事专业的中级以上专业职称，并具有相关的知识、技能和工作经历；

(4)编制单位及人员，应坚持独立、公正、科学、可靠的原则，实事求是，对提供的可行性研究报告质量负完全责任。

6. 文本格式

(1)《报告》文本排序：

① 封面，包括：项目名称、研究阶段、编制单位、出版年月，并加盖编制单位印章；

② 封一，包括：编制单位资格证书，如工程咨询资质证书、工程设计证书；

③ 封二，包括：编制单位的项目负责人、技术管理负责人、法人代表名单；

④ 封三，包括：编制人、校核人、审核人、审定人名单；

⑤ 目录；

⑥ 正文；

⑦ 附图、附表、附件。

(2)《报告》文本的外形尺寸统一为 A4（210mm×297mm）。

5.3 案例分析——某省统一供销物流园项目的可行性分析

5.3.1 项目兴建理由

该项目的建设非常必要，通过该项目的建设，能够提升中原经济区综合竞争力，完善日用消费品物流网络、降低物流通成本，促进产业结构调整等。

5.3.2 市场预测

我国现代物流产业起步较晚，但随着本国交通运输业一日千里的发展以及市场的需求缺口不断扩大，物流产业在中国得以迅猛发展。2017年，我国社会物流总费用超过12万亿元，成为全球最大的物流市场；社会物流总额高达252.8万亿元，物流需求规模世界领先；全国货运量达到479亿吨，快递业务量突破400亿件，多年稳居世界第一；物流相关法人单位数近40万家，从业人员超过5000万人，占全国就业人员总量的6.5%，物流业是吸纳就业的重要行业之一，我国已成为实际上的"物流大国"。

某省是一个人口大省，无论是总体的生活消费量还是人均消费量都占据全国很大的比例。目前，日常消费品产量与需求的不断增加与某省物流运输配送体系的滞后和不足形成巨大的现实矛盾。就某省现有的物流体系来看，分散的物流经营方式和较少的货物承载量，不仅会降低产品本身的价值，也制约着人民群众生活水平的进一步提高。因此，为积极响应国家物流产业政策，紧抓建设中原经济区的发展机遇，立足省会城市郑州，面向全省整合利用好供销社系统的7万多个经营网点设施资源，实现信息资源共享、供销标识统一、物流配送统一，倡导兴建现代化的供销物流园，将有极大的市场发展潜力。

5.3.3 资源条件评价

项目位于该省会城市经济技术开发区国际物流园区,地处航海大道以北,横跨第二十二大街两侧。项目区地势平坦,周边配套设施完善,交通便利,区位优势十分明显,完全符合物流配送园区的建设运营要求,建设条件十分优秀。

5.3.4 建设规模与内容

本项目总用地面积约500亩,根据供销市场需求与统一供销管理的工作特点,主要建设有行政办公区、仓储物流区和配套服务区等三大区域,总建筑面积518170m^2。

项目主要经济技术指标详见表5.3.1。

表5.3.1　　　　　　　　　　主要经济技术指标表

序号	项目	单位	数量	备注
1	用地面积	m^2	333333.33	500亩
2	总建筑面积	m^2	518170.00	
2.1	行政办公区建筑面积	m^2	44990.00	
	行政办公大楼	m^2	24990.00	15层
	线路运营大楼	m^2	12000.00	12层
	商务信息中心	m^2	8000.00	8层
2.2	仓储物流区建筑面积	m^2	338117.00	
	理货加工一体仓库	m^2	158127.00	3层
	冷藏库	m^2	31059.00	1层
	冷冻库	m^2	22374.00	1层
	分拨理货储运中心	m^2	48195.00	3层
	分拨中心	m^2	24000.00	4层
	商品展示	m^2	49362.00	2、3、12层
	会展中心	m^2	5000.00	1层
2.3	配套服务区建筑面积	m^2	135063.00	
	酒店	m^2	71763.00	19层
	附属用房	m^2	5426.00	2层
	餐厅	m^2	8000.00	4层
	宿舍	m^2	43938.00	17层
	机械设备维修车间	m^2	5936.00	2层
3	建筑基底面积	m^2	161028.59	

续表

序号	项目	单位	数量	备注
4	建筑密度	%	48.31	
5	容积率	—	1.55	
6	停车场	m²	54000.00	
7	绿地率	%	18.00	

5.3.5 环境影响评价

1. 环境影响分析

根据2017年6月29日原环境保护部令第44号《建设项目环境影响评价分类管理名录》及2018年4月28日公布的《关于修改〈建设项目环境影响评价分类管理名录〉部分内容的决定》的有关文件规定：有毒、有害及危险品的仓储、物流配送项目应当编制环境影响评价报告表，其他类应当编制登记表。环境影响评价研究主体供销物流园主要涵盖生产资料流通、日用消费品运输、农产品储存销售、再生资源回收管理等多个方面，不涉及有毒、有害及危险品仓储物流，对项目的环境影响问题进行分析，具体参见表5.3.2。

2. 环境影响评价

本项目不属于《产业结构调整指导目录（2011年本）》（2013修正）中鼓励类、限制类及淘汰类，为允许项目，项目建设符合国家产业政策。项目不属于《限制用地项目名录（2012年本）》和《禁止用地项目目录（2012年本）》中所列限制类和禁止类项目，建设项目符合国家有关用地项目建设要求。

（1）环境质量现状评价结论：项目所处地理位置，环境质量状况较好。

（2）污染物排放及环境影响评价结论如下：

废水：本项目废水主要是运营期所产生的生活污水，通过雨污分流，生活污水经化粪池处理后，能够满足污水处理厂收纳水质标准。

废气：本项目废气主要是施工期施工扬尘、汽车尾气等。通过规范作业，能够避免施工过程中粉尘对周边环境造成不良影响。

固体废物：本项目固体废物主要是运营期产生的边角废料、过期产品等。按照"资源化、减量化、无害化"要求，落实固体废物分类收集、处置措施，能够有效防范固体废物造成的环境污染问题。

噪声：本项目噪声主要是施工期噪声和物流交通及货物装卸噪声。通过合理布置备用柴油发电机、水泵、风机等产噪设备，选用低噪声设备，采取消声、减震、隔声等有效措施，能够确保厂界噪声达到《社会生活环境噪声排放标准》（GB 22337—2008）相关要求。

综上所述，该项目建成后，对周围环境质量影响较小。

表 5.3.2　　　　　　　　　　　　　项目环境影响评价表

项目名称	某省统一供销物流园项目		
建设地点	××经济技术开发区国际物流园区	占地面积(亩)	500
项目投资(万元)	182500	环保投资(万元)	500
项目性质	☑新建　□改建　□扩建		
备案依据	该项目属于《建设项目环境影响评价分类管理名录》中应当填报环境影响登记表的建设项目，属于第 180 仓储(不含油库、气库、煤炭储存)项中其他。		
建设内容及规模	项目建设有三大区域，各区域含若干配套设施，具体如下： (1)行政办公区，其中包含行政办公大楼一栋(15F)，建筑面积 24990.00m²；商务信息大楼一栋(8F)，建筑面积 8000.00m²；线路运营大楼一栋(12F)，建筑面积 12000.00m²。 (2)仓储物流区，包括理货加工一体仓库，建筑面积 158127.00m²；冷藏库，建筑面积 31059.00m²；冷冻库，建筑面积 22374.00m²；分拨理货储运中心，建筑面积 48195.00m²；分拨中心，建筑面积 24000.00m²；商品集中展示区，建筑面积 49362.00m²；会展中心，建筑面积 5000.00m²。 (3)配套服务区，包括一栋酒店(19F)，建筑面积 71763.00m²；附属用房两栋，建筑面积 5426.00m²；餐厅一栋，建筑面积 8000.00m²；宿舍楼若干，建筑面积约 43938.00m²；机械设备维修车间建筑面积 5936.00m²。		
主要环境影响	☑废气	采取的环境措施及污染物排放去向	加强环境教育与管理。按照文明施工、清洁生产要求，制定并落实施工期间环境管理措施，杜绝违章作业，严格控制工地扬尘污染，避免施工过程中粉尘对周边环境造成不良影响。
	☑废水 ☑生活废水		项目排水建设应实行雨污分流制。按要求落实化粪池、初期雨水收集池、风险应急池等设施，工作人员生活污水通过化粪池处理后排入市政管网，进入污水处理厂处理，本项目主要是仓储物流，不涉及生产废水。
	☑固废		按照"资源化、减量化、无害化"要求，落实固体废物分类收集、处置措施。按技术规范建设危险废物暂存场所，废润滑油等危险废物由有危废处理资质的单位进行处理处置。
	☑噪声		加强物流交通及货物装卸噪声的治理和环境管理，合理布置备用柴油发电机，水泵、风机等产噪设备，选用低噪声设备，并采取消声、减震、隔声等有效措施，确保厂界噪声达到《社会生活环境噪声排放标准》(GB 22337—2008)相关要求。办公楼应采取安装隔声窗等有效的隔声措施，使其满足建筑物室内声环境质量相关标准要求。

5.3.6 投资估算

本项目总投资 182500.00 万元，其中：工程费用 143262.21 万元，工程建设其他费用 26293.52 万元，工程预备费 5086.67 万元，铺底流动资金 7857.60 万元。投资构成如表 5.3.3 所示，投资估算表见附表 1，流动资金估算见附表 2。

表 5.3.3　　　　　　　　　　　　　总投资构成表

工程或费用名称	估算金额（万元）						合计（万元）
	建筑工程费	安装工程费	设备购置费	其他费用	预备费	铺底流动资金	
投资总额	99746.96	27480.46	16034.79	26293.52	5086.67	7857.60	182500.00
占比	54.65%	15.05%	8.79%	14.41%	2.79%	4.31%	100.00%

5.3.7 资金筹措

本项目总投资 182500.00 万元，建设项目所需资金均由项目单位自筹解决，资金筹措及使用计划见附表 3，财务计划现金流量表见附表 8。

5.3.8 财务评价

5.3.8.1 费用与效益估算

1. 成本费用估算

(1) 项目成本中的原材料、燃料、动力价格，均按现行市场价及工艺各专业提供消耗量计算。经计算，项目年均外购原材料、辅料费用 1007753.85 万元，外购燃料及动力费用为 4164.47 万元。

(2) 工资及福利费：本项目劳动定员 1200 人，项目福利费按工资总额的 14% 估算，项目年均职工工资及福利费合计 7660.80 万元。

(3) 固定资产折旧：按分类法进行直线折旧，房屋建筑物按 20 年平均折旧，设备按 15 年平均折旧，残值率取 5%，年均折旧费用 8238.94 万元。

(4) 摊销费：无形资产按 10 年摊销，其他资产按 5 年摊销，无形资产年均摊销费用 1780.00 万元，其他资产年均摊销费用 25.60 万元。

(5) 维修费用：按固定资产原值的 8% 计取，年均维修费用 12514.58 万元。

(6) 其他费用：管理费用按工资的 80% 计算，年均管理费用 6128.64 万元。营业费用按收入的 8% 计算，年均营业费用 95341.57 万元。

本项目年均总成本费用 1143181.92 万元，其中：年均固定成本 131263.60 万元，年均可变成本 1011918.32 万元。

总成本费用的估算见附表 5。

2. 经营收入估算

经营收入测算见表 5.3.4。

表 5.3.4　　　　　　　　　　　　　经营收入测算表

序号	项目名称	单位	数量	单价(元)	总价(万元)
1	农副产品销售收入	万吨	510.00	1900.00	969000.00
2	日用消费品销售收入	万件	2300.00	15.00	34500.00
3	农资销售收入	万吨	80.00	2000.00	160000.00
4	百货等其他销售收入	万件	2100.00	18.00	37800.00
5	冷藏、冷冻库租赁收入	m²	42746.40	1200.00	5129.57
6	理货加工一体仓库、分拨理货储运中心租赁收入	m²	165057.60	240.00	3961.38
	合计				1210390.95

3. 增值税税金及附加

本项目城建维护费、教育附加费及地方教育附加费分别为增值税的 7%、3% 及 2%，年均增值税 30856.40 万元，税金附加 3702.77 万元。

具体见附表 4 营业收入、税金及附加估算表。

5.3.8.2　利润分析

项目年均利润总额 44884.86 万元，所得税按 25% 计，年均所得税 11221.22 万元，年均净利润 33663.64 万元，法定盈余公积金按税后利润提取 10% 计取，详见附表 7 利润与利润分配表。

1. 投资利润率

按照《建设项目经济评价方法与参数》的规定，投资利润率是指项目达到设计规定的一个正常年份的年利润总额与项目总投资的比率。其计算公式如下：

$$投资利润率 = \frac{年利润总和或年平均利润总额}{项目总投资} \times 100\% = 24.59\%$$

2. 盈利能力分析

本项目编制了项目投资现金流量表，详见附表 6，由该表可得出各项盈利能力分析指标见表 5.3.5。

表 5.3.5　　　　　　　　　　　　　盈利能力分析指标

序号	指标名称	单位	指标	备注
1	全部投资内部收益率	%	22.83	所得税前
2	全部投资投资回收期	年	5.90	所得税前
3	全部投资财务净现值	万元	120124.14	所得税前
4	全部投资内部收益率	%	18.06	所得税后
5	全部投资投资回收期	年	6.81	所得税后
6	全部投资财务净现值	万元	64224.07	所得税后

可由表 5.3.5 看出，所得税前财务内部收益率为 22.83%，所得税后财务内部收益率 18.06%，FIRR$\geq i_c$，表明项目的盈利性能够满足要求，财务效益可以被接受。所得税前财务净现值与所得税后财务净现值均大于零，表明项目的盈利能力超过了设定折现率所要求的盈利水平。所得税前静态投资回收期 5.90 年(含建设期)，税后静态投资回收期 6.81 年，均低于行业基准回收期，项目方案设计合理，项目相关方面可据此做出投资决策。

3. 偿债能力分析

本项目在计算期内各年负债水平，可以在资产负债表中得到说明。项目建设第一年资产负债率最高以后逐年下降，各项指标较好。

详见附表 9 资产负债表。

5.3.9 不确定性分析

1. 盈亏平衡分析

本项目建成后，以生产能力利用率计算的盈亏平衡点：

$$\text{BEP} = \frac{\text{固定成本}}{\text{经营收入} - \text{税金} - \text{可变成本}} \times 100\% = 74.52\%$$

盈亏平衡计算结果表明，项目盈亏平衡点为 74.52%，说明项目实现盈亏平衡的能力是很强的，详细情况可参看图 5.3.1。

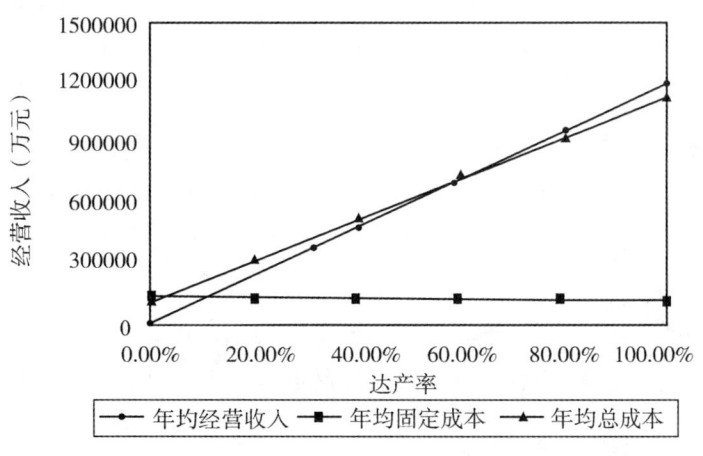

图 5.3.1 盈亏平衡分析图

2. 敏感性分析

考虑到决策过程中的投资、成本等诸多变量在项目实施以后，可能因某种原因而出现一定的偏差，敏感性分析就是要对这些不确定因素予以充分估计，分析其对项目经济效益的影响，以便为项目最终决策提供依据。现将经营收入、经营成本、建设投资等因素发生变化时对本项目的财务评价指标进行系统计算，计算结果详见表 5.3.6 及图 5.3.2。

表 5.3.6　　　　　　　　　　　　敏感性分析表

不同因素变化率	-3%	-1%	0%	1%	3%
经营收入	5.56%	14.22%	18.06%	21.68%	28.39%
经营成本	32.35%	23.11%	18.06%	12.62%	-0.24%
建设投资	18.75%	18.29%	18.06%	17.84%	17.41%
行业基准收益率	12.00%	12.00%	12.00%	12.00%	12.00%

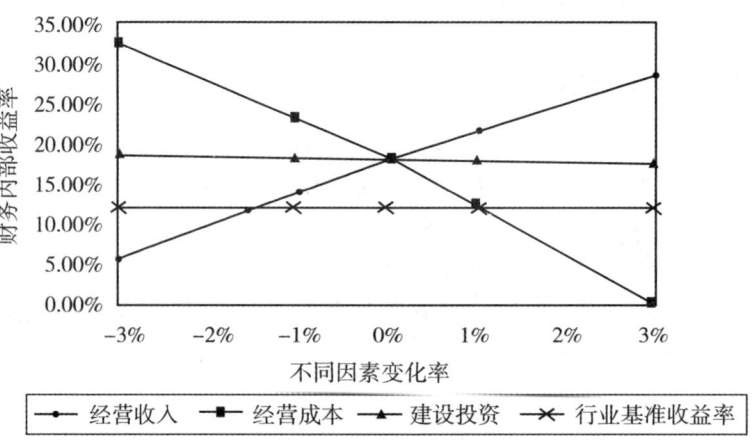

图 5.3.2　敏感性分析图

由敏感性分析计算可知，当各因素增加或减少1%时，财务内部收益率仍高于行业基准收益率，说明项目抗风险能力较强。由表5.3.6看出，项目最敏感因素为经营成本，其次为经营收入、建设投资，建议项目实施后要注意控制成本、稳定价格。

3. 财务评价结论

综上所述，本项目投资利润率、投资利税率较高，投资回收期低于行业基准投资回收期，在财务上是可行的。应注意市场变化，控制成本，提高项目抗风险能力。

5.3.10　社会风险分析

1. 社会影响分析

项目的兴建将为供销系统和其他入驻企业提供配套良好的经营环境，对完善全省供销物流服务体系、简化产品流通流程、降低运营成本、提高配送效率等将发挥十分重要的推进作用，对本区其他建设工程也起着积极的促进作用和推动作用。具体分析见表5.3.7。

表5.3.7　　　　　　　　　　　　　　　项目社会影响分析表

序号	社会因素	影响的范围、程度	可能出现的后果	措施建议
1	对当地居民就业及收入的影响	正面影响	物流园的建设，将增加大量就业机会，可增加居民收入	
2	对外来务工者	正面影响	创造产业集群效应，吸引外来务工者来工作	
3	入驻企业	影响较大	为入驻企业创造良好的生产环境，是企业正常运转的保障	
4	对弱势群体（妇女、儿童、残疾人员）的影响	无直接影响		
5	对地区文化、教育、卫生的影响	无直接影响		
6	对地区基础设施、社会服务容量和城市化进程的影响	有一定正面影响	物流园的建设，将带动周围基础设施的建设，可加速城市化进程	
7	对少数民族风俗习惯和宗教的影响	无直接影响		

2. 社会风险评价管理

社会风险的种类可以分为两大类：一是人为的风险；二是自然风险。社会风险主要指的是人为因素而对经济活动产生的风险，如施工安全、意外事故、政治、项目所在地周围的其他人为事故等。社会风险有可能导致社会冲突，危及社会稳定和社会秩序。对社会风险进行评价，并提出管理预防措施，进一步减少社会风险发生几率，降低负面影响。

本项目建设运营中环境影响很小，环境基础设施良好，具有较好的社会影响，并且采取适当的措施后，不会对资源和环境造成较大影响，有较好的社会适应性和较小的社会风险。可参考表5.3.8。

表5.3.8　　　　　　　　　　　　　　　项目社会风险分析表

序号	社会风险种类	可能出现的后果	引发矛盾可能性	防范措施
1	施工扰民风险	影响周边居民生产生活环境	低	在施工中尽量采用低噪音的施工工艺和方法，加强施工过程管理。保证施工现场周围的居民有一个良好的工作、学习和生活环境
2	环境风险	由于靠近道路，空气浑浊、噪音大	高	减少污染源，提高现场的绿地率

续表

序号	社会风险种类	可能出现的后果	引发矛盾可能性	防范措施
3	项目承建单位选择风险	承建单位能力不足，造成后期众多矛盾发生	中	依据公平、公开的原则择优选择施工承包单位，项目所使用的各种管件和设备均应采取公开招标的方式采购，保证工程质量合格
4	安全风险	施工过程安全	高	提供安全施工环境，倡导安全施工意识与技术，把安全事故发生率降到最低

同时对项目施工过程也提出建议：

（1）对施工中产生的任何问题，按照群众利益无小事、实事求是和"谁损害、谁负责"的原则进行处理，启动快速处理机制。

（2）各有关部门紧密配合，做好工程建设的秩序稳定工作，针对企业煽动群众干扰正常工程建设的，应加强监控。

附表1　　　　　　　　　　　项目投资估算表　　　　　　　　　（单位：万元）

序号	工程或费用名称	估算金额				合计
		建筑工程费	安装工程费	设备购置费	其他费用	
一	第一部分工程费用	99746.96	27480.46	16034.79	5000.00	148262.21
1	建筑安装工程	97245.47	23931.75	0.00	0.00	121177.22
1.1	行政办公楼	4298.28	624.75	0.00	0.00	4923.03
	土建工程	4298.28				4298.28
	安装工程		624.75			624.75
1.2	商务信息大楼	1280.00	208.00	0.00	0.00	1488.00
	土建工程	1280.00				1280.00
	安装工程		208.00			208.00
1.3	线路运营大楼	2016.00	312.00	0.00	0.00	2328.00
	土建工程	2016.00				2016.00
	安装工程		312.00			312.00
1.4	分拨中心	3504.00	444.00	0.00	0.00	3948.00
	土建工程	3504.00				3504.00
	安装工程		444.00			444.00
1.5	冷冻库	3311.35	492.23	0.00	0.00	3803.58
	土建工程	3311.35				3311.35

续表

序号	工程或费用名称	估算金额				合计
		建筑工程费	安装工程费	设备购置费	其他费用	
	安装工程		492.23			492.23
1.6	冷藏库	4596.73	683.30	0.00	0.00	5280.03
	土建工程	4596.73				4596.73
	安装工程		683.30			683.30
1.7	理货加工一体仓库	22928.42	3162.54	0.00	0.00	26090.96
	土建工程	22928.42				22928.42
	安装工程		3162.54			3162.54
1.8	分拨理货储运中心（理货平台）	6988.28	963.90	0.00	0.00	7952.18
	土建工程	6988.28				6988.28
	安装工程		963.90			963.90
1.9	商品展示	7799.20	1283.41	0.00	0.00	9082.61
	土建工程	7799.20				7799.20
	安装工程		1283.41			1283.41
1.10	附属用房	732.51	97.67	0.00	0.00	830.18
	土建工程	732.51				732.51
	安装工程		97.67			97.67
1.11	会展中心	650.00	130.00	0.00	0.00	780.00
	土建工程	650.00				650.00
	安装工程		130.00			130.00
1.12	宿舍	7689.15	878.76	0.00	0.00	8567.91
	土建工程	7689.15				7689.15
	安装工程		878.76			878.76
1.13	餐厅	1168.00	168.00	0.00	0.00	1336.00
	土建工程	1168.00				1168.00
	安装工程		168.00			168.00
1.14	机械设备维修车间	860.72	130.59	0.00	0.00	991.31
	土建工程	860.72				860.72
	安装工程		130.59			130.59

续表

序号	工程或费用名称	估算金额				合计
		建筑工程费	安装工程费	设备购置费	其他费用	
1.15	宾馆酒店	29422.83	14352.60	0.00	0.00	43775.43
	土建工程	29422.83				29422.83
	安装工程		14352.60			14352.60
2	设备工程	0.00	1994.19	9816.75	5000.00	16810.94
2.1	电子商务				5000.00	5000.00
2.2	冷藏保鲜设备	0.00	1604.19	6416.75	0.00	8020.94
2.2.1	冷冻设备-20~-18℃	0.00	812.43	3249.71	0.00	4062.14
	库体保温板		268.00	1072.00		1340.00
	冷库手拉门		0.33	1.32		1.65
	内、外包边		0.76	3.02		3.78
	密封胶		2.02	8.06		10.08
	发泡剂		1.95	7.81		9.76
	拉铆钉		8.20	32.80		41.00
	冷凝机组		360.00	1440.00		1800.00
	排管		160.00	640.00		800.00
	电磁阀		0.60	2.40		3.00
	膨胀阀		0.39	1.56		1.95
	制冷管道		5.25	21.00		26.25
	管道保温		1.68	6.72		8.40
	制冷剂		0.94	3.76		4.70
	安装耗材		0.37	1.48		1.85
	温度控制箱		0.33	1.34		1.67
	电线		0.37	1.48		1.85
	灯具		1.24	4.96		6.20
2.2.2	保鲜设备-2~4℃	0.00	791.76	3167.04	0.00	3958.80
	库体保温板		299.20	1196.80		1496.00
	冷库手拉门		0.33	1.32		1.65
	钢柱		14.42	57.68		72.10
	钢梁		23.40	93.60		117.00

续表

序号	工程或费用名称	估算金额				合计
		建筑工程费	安装工程费	设备购置费	其他费用	
	内、外包边		0.86	3.46		4.32
	密封胶		2.72	10.88		13.60
	发泡剂		10.54	42.16		52.70
	拉铆钉		10.08	40.32		50.40
	冷凝机组		400.00	1600.00		2000.00
	冷风机		11.00	44.00		55.00
	电磁阀		0.90	3.60		4.50
	膨胀阀		1.72	6.88		8.60
	制冷管道		8.00	32.00		40.00
	管道保温		2.56	10.24		12.80
	制冷剂		1.12	4.46		5.58
	安装耗材		0.50	1.98		2.48
	温度控制箱		0.64	2.57		3.21
	电线		2.16	8.64		10.80
	灯具		1.61	6.45		8.06
2.3	仓储货架		390.00	1560.00		1950.00
2.4	搬运设备	0.00	0.00	1840.00	0.00	1840.00
	物流箱			184.00		184.00
	全自动电走式平台理货车			64.00		64.00
	厢式冷藏车			936.00		936.00
	普通厢式运输车			656.00		656.00
3	公用工程	2501.49	1554.52	6218.04	0.00	10274.05
3.1	给排水工程		259.09	1036.34		1295.43
3.2	电气工程		1036.34	4145.36		5181.70
3.3	消防工程		259.09	1036.34		1295.43
3.4	道路广场工程	1049.49				1049.49
3.5	绿化工程	480.00				480.00
3.6	停车场	972.00				972.00
二	第二部分 其他费用	0.00	0.00	0.00	21293.52	21293.52
1	建筑用地费				12800.00	12800.00

续表

序号	工程或费用名称	估算金额				合计
		建筑工程费	安装工程费	设备购置费	其他费用	
	征地费用				12800.00	12800.00
2	建设管理费				2924.39	2924.39
	建设单位管理费				843.00	843.00
	建设工程监理费				2081.39	2081.39
3	建设项目前期工作咨询费				128.00	128.00
4	勘察设计费				4572.45	4572.45
	工程勘察费				1186.10	1186.10
	工程设计费				3386.35	3386.35
5	环境影响咨询服务费				34.40	34.40
6	劳动安全卫生评审费				148.26	148.26
7	工程保险费				444.79	444.79
8	招标代理服务费				71.91	71.91
9	施工图审查费				169.32	169.32
	第一、第二部分费用合计	99746.96	27480.46	16034.79	26293.52	169555.73
三	预备费				5086.67	5086.67
四	铺底流动资金				7857.60	7857.60
五	总投资	99746.96	27480.46	16034.79	39237.79	182500.00

附表2　　　　　　　　　　流动资金估算表　　　　　　　　　（单位：万元）

序号	项目	建设期		经营期					
		1	2	3	4	5	6	7	8
	经营负荷			80%	100%	100%	100%	100%	100%
1	流动资产			158808.23	197480.26	197480.26	197480.26	197480.26	197480.26
1.1	应收账款			77162.72	95905.40	95905.40	95905.40	95905.40	95905.40
1.2	存货			76575.82	95429.26	95429.26	95429.26	95429.26	95429.26
1.2.1	原辅材料			34116.67	42645.83	42645.83	42645.83	42645.83	42645.83
1.2.2	燃料动力			187.98	234.97	234.97	234.97	234.97	234.97
1.2.3	在产品			21058.98	26197.62	26197.62	26197.62	26197.62	26197.62
1.2.4	产成品			21212.19	26350.84	26350.84	26350.84	26350.84	26350.84
1.3	货币资金			5069.69	6145.60	6145.60	6145.60	6145.60	6145.60
2	流动负债			137030.61	171288.26	171288.26	171288.26	171288.26	171288.26

续表

序号	项目	建设期		经 营 期					
		1	2	3	4	5	6	7	8
2.1	应付账款			137030.61	171288.26	171288.26	171288.26	171288.26	171288.26
3	流动资金(1-2)			21777.62	26192.00	26192.00	26192.00	26192.00	26192.00
4	流动资金当期增加额			21777.62	4414.38				

序号	项目	经 营 期						
		9	10	11	12	13	14	15
	经营负荷	100%	100%	100%	100%	100%	100%	100%
1	流动资产	197480.26	197480.26	197480.26	197480.26	197480.26	197480.26	197480.26
1.1	应收账款	95905.40	95905.40	95905.40	95905.40	95905.40	95905.40	95905.40
1.2	存货	95429.26	95429.26	95429.26	95429.26	95429.26	95429.26	95429.26
1.2.1	原辅材料	42645.83	42645.83	42645.83	42645.83	42645.83	42645.83	42645.83
1.2.2	燃料动力	234.97	234.97	234.97	234.97	234.97	234.97	234.97
1.2.3	在产品	26197.62	26197.62	26197.62	26197.62	26197.62	26197.62	26197.62
1.2.4	产成品	26350.84	26350.84	26350.84	26350.84	26350.84	26350.84	26350.84
1.3	货币资金	6145.60	6145.60	6145.60	6145.60	6145.60	6145.60	6145.60
2	流动负债	171288.26	171288.26	171288.26	171288.26	171288.26	171288.26	171288.26
2.1	应付账款	171288.26	171288.26	171288.26	171288.26	171288.26	171288.26	171288.26
3	流动资金(1-2)	26192.00	26192.00	26192.00	26192.00	26192.00	26192.00	26192.00
4	流动资金当期增加额							

附表3　**项目总投资使用计划与资金筹措表**　（单位：万元）

序号	项目	合计	建设期		经 营 期										
			1	2	3	4	5	6	7	8	9	10	11	12	13	14	15
			0.60	0.40													
1	总投资	200834.40	104785.44	69856.96	21777.62	4414.38											
1.1	建设投资	174642.40	104785.44	69856.96													
1.2	建设期利息																
1.3	流动资金				21777.62	4414.38											
2	资金筹措	200834.40	104785.44	69856.96	21777.62	4414.38											
2.1	项目资本金	200834.40	104785.44	69856.96	21777.62	4414.38											
2.1.1	用于建设投资		104785.44	69856.96													
2.1.2	用于流动资金				21777.62	4414.38											
2.1.3	用于建设期利息																

续表

序号	项目	合计	建设期		经营期												
			1	2	3	4	5	6	7	8	9	10	11	12	13	14	15
2.2	债务资金																
2.2.1	用于建设投资																
2.2.2	用于流动资金																
2.2.3	用于建设期利息																
2.3	其他资金																

附表4　　营业收入、税金及附加估算表　　（单位：万元）

序号	项目	建设期		经营期					
		1	2	3	4	5	6	7	8
	经营负荷			80%	100%	100%	100%	100%	100%
1	经营收入			968312.76	1210390.95	1210390.95	1210390.95	1210390.95	1210390.95
1.1	农副产品销售收入			775200.00	969000.00	969000.00	969000.00	969000.00	969000.00
	单价(元/吨)			1900.00	1900.00	1900.00	1900.00	1900.00	1900.00
	数量(万吨)			408.00	510.00	510.00	510.00	510.00	510.00
	销项税额(13%)			89182.30	111477.88	111477.88	111477.88	111477.88	111477.88
1.2	日用消费品销售收入			27600.00	34500.00	34500.00	34500.00	34500.00	34500.00
	单价(元/件)			15.00	15.00	15.00	15.00	15.00	15.00
	数量(万件)			1840.00	2300.00	2300.00	2300.00	2300.00	2300.00
	销项税额(13%)			3175.22	3969.03	3969.03	3969.03	3969.03	3969.03
1.3	农资销售收入			128000.00	160000.00	160000.00	160000.00	160000.00	160000.00
	单价(元/吨)			2000.00	2000.00	2000.00	2000.00	2000.00	2000.00
	数量(万吨)			64.00	80.00	80.00	80.00	80.00	80.00
	销项税额(13%)			14725.66	18407.08	18407.08	18407.08	18407.08	18407.08
1.4	百货等其他销售收入			30240.00	37800.00	37800.00	37800.00	37800.00	37800.00
	单价(元/件)			18.00	18.00	18.00	18.00	18.00	18.00
	经营负荷			80%	100%	100%	100%	100%	100%
	数量(万件)			1680.00	2100.00	2100.00	2100.00	2100.00	2100.00
	销项税额(13%)			3478.94	4348.67	4348.67	4348.67	4348.67	4348.67
1.5	冷藏、保鲜库租赁收入			4103.65	5129.57	5129.57	5129.57	5129.57	5129.57
	单价[元/(m²·年)]			1200.00	1200.00	1200.00	1200.00	1200.00	1200.00
	数量(m²)			34197.12	42746.40	42746.40	42746.40	42746.40	42746.40
	销项税额(13%)			472.10	590.13	590.13	590.13	590.13	590.13

续表

序号	项目	建设期		经营期					
		1	2	3	4	5	6	7	8
1.6	理货加工一体仓库及分拨理货储运中心租赁收入			3169.11	3961.38	3961.38	3961.38	3961.38	3961.38
	单价[元/(m²·年)]			240.00	240.00	240.00	240.00	240.00	240.00
	数量(m²)			132046.08	165057.60	165057.60	165057.60	165057.60	165057.60
	销项税额(13%)			364.59	455.73	455.73	455.73	455.73	455.73
2	增值税			25070.83	31338.53	31338.53	31338.53	31338.53	31338.53
	销项税额			164613.17	205766.46	205766.46	205766.46	205766.46	205766.46
	进项税额			139542.34	174427.93	174427.93	174427.93	174427.93	174427.93
3	税金及附加			3008.50	3760.63	3760.63	3760.63	3760.63	3760.63
3.1	城市维护建设税(7%)			1754.96	2193.70	2193.70	2193.70	2193.70	2193.70
3.2	教育费附加(3%)			752.12	940.16	940.16	940.16	940.16	940.16
3.3	地方教育费附加(2%)			501.42	626.77	626.77	626.77	626.77	626.77

序号	项目	经营期						
		9	10	11	12	13	14	15
	经营负荷	100%	100%	100%	100%	100%	100%	100%
1	经营收入	1210390.95	1210390.95	1210390.95	1210390.95	1210390.95	1210390.95	1210390.95
1.1	农副产品销售收入	969000.00	969000.00	969000.00	969000.00	969000.00	969000.00	969000.00
	单价(元/吨)	1900.00	1900.00	1900.00	1900.00	1900.00	1900.00	1900.00
	数量(万吨)	510.00	510.00	510.00	510.00	510.00	510.00	510.00
	销项税额(13%)	111477.88	111477.88	111477.88	111477.88	111477.88	111477.88	111477.88
1.2	日用消费品销售收入	34500.00	34500.00	34500.00	34500.00	34500.00	34500.00	34500.00
	单价(元/件)	15.00	15.00	15.00	15.00	15.00	15.00	15.00
	数量(万件)	2300.00	2300.00	2300.00	2300.00	2300.00	2300.00	2300.00
	销项税额(13%)	3969.03	3969.03	3969.03	3969.03	3969.03	3969.03	3969.03
1.3	农资销售收入	160000.00	160000.00	160000.00	160000.00	160000.00	160000.00	160000.00
	单价(元/吨)	2000.00	2000.00	2000.00	2000.00	2000.00	2000.00	2000.00
	数量(万吨)	80.00	80.00	80.00	80.00	80.00	80.00	80.00
	销项税额(13%)	18407.08	18407.08	18407.08	18407.08	18407.08	18407.08	18407.08
1.4	百货等其他销售收入	37800.00	37800.00	37800.00	37800.00	37800.00	37800.00	37800.00
	单价(元/件)	18.00	18.00	18.00	18.00	18.00	18.00	18.00
	数量(万件)	2100.00	2100.00	2100.00	2100.00	2100.00	2100.00	2100.00
	销项税额(13%)	4348.67	4348.67	4348.67	4348.67	4348.67	4348.67	4348.67

续表

序号	项目	经营期						
		9	10	11	12	13	14	15
	经营负荷	100%	100%	100%	100%	100%	100%	100%
1.5	冷藏、保鲜库租赁收入	5129.57	5129.57	5129.57	5129.57	5129.57	5129.57	5129.57
	单价[元/(m²·年)]	1200.00	1200.00	1200.00	1200.00	1200.00	1200.00	1200.00
	数量(m²)	42746.40	42746.40	42746.40	42746.40	42746.40	42746.40	42746.40
	销项税额(13%)	590.13	590.13	590.13	590.13	590.13	590.13	590.13
1.6	理货加工一体仓库及分拨理货储运中心租赁收入	3961.38	3961.38	3961.38	3961.38	3961.38	3961.38	3961.38
	单价[元/(m²·年)]	240.00	240.00	240.00	240.00	240.00	240.00	240.00
	数量(m²)	165057.60	165057.60	165057.60	165057.60	165057.60	165057.60	165057.60
	销项税额(13%)	455.73	455.73	455.73	455.73	455.73	455.73	455.73
2	增值税	31338.53	31338.53	31338.53	31338.53	31338.53	31338.53	31338.53
	销项税额	205766.46	205766.46	205766.46	205766.46	205766.46	205766.46	205766.46
	进项税额	174427.93	174427.93	174427.93	174427.93	174427.93	174427.93	174427.93
3	税金及附加	3760.63	3760.63	3760.63	3760.63	3760.63	3760.63	3760.63
3.1	城市维护建设税(7%)	2193.70	2193.70	2193.70	2193.70	2193.70	2193.70	2193.70
3.2	教育费附加(3%)	940.16	940.16	940.16	940.16	940.16	940.16	940.16
3.3	地方教育费附加(2%)	626.77	626.77	626.77	626.77	626.77	626.77	626.77

附表5　　　　　　　　　　　　　　**总成本费用估算表**　　　　　　　　　　　（单位：万元）

序号	项目	建设期		经营期					
		1	2	3	4	5	6	7	8
	经营负荷			80%	100%	100%	100%	100%	100%
1	外购原辅材料费			818800.00	1023500.00	1023500.00	1023500.00	1023500.00	1023500.00
2	外购燃料及动力费			3383.63	4229.54	4229.54	4229.54	4229.54	4229.54
3	工资及福利费			7660.80	7660.80	7660.80	7660.80	7660.80	7660.80
4	维修费			12514.58	12514.58	12514.58	12514.58	12514.58	12514.58
5	其他费用			83593.66	102959.92	102959.92	102959.92	102959.92	102959.92
5.1	管理费用			6128.64	6128.64	6128.64	6128.64	6128.64	6128.64
5.2	营业费用			77465.02	96831.28	96831.28	96831.28	96831.28	96831.28
6	经营成本			925952.67	1150864.84	1150864.84	1150864.84	1150864.84	1150864.84
7	折旧费			8238.94	8238.94	8238.94	8238.94	8238.94	8238.94
8	摊销费			1805.60	1805.60	1805.60	1805.60	1805.60	1780.00

续表

序号	项目	建设期		经 营 期					
		1	2	3	4	5	6	7	8
9	总成本费用合计			935997.21	1160909.38	1160909.38	1160909.38	1160909.38	1160883.78
	其中：可变成本			822183.63	1027729.54	1027729.54	1027729.54	1027729.54	1027729.54
	固定成本			113813.58	133179.84	133179.84	133179.84	133179.84	133154.24

序号	项目	经 营 期						
		9	10	11	12	13	14	15
	经营负荷	100%	100%	100%	100%	100%	100%	100%
1	外购原辅材料费	1023500.00	1023500.00	1023500.00	1023500.00	1023500.00	1023500.00	1023500.00
2	外购燃料及动力费	4229.54	4229.54	4229.54	4229.54	4229.54	4229.54	4229.54
3	工资及福利费	7660.80	7660.80	7660.80	7660.80	7660.80	7660.80	7660.80
4	维修费	12514.58	12514.58	12514.58	12514.58	12514.58	12514.58	12514.58
5	其他费用	102959.92	102959.92	102959.92	102959.92	102959.92	102959.92	102959.92
5.1	管理费用	6128.64	6128.64	6128.64	6128.64	6128.64	6128.64	6128.64
5.2	营业费用	96831.28	96831.28	96831.28	96831.28	96831.28	96831.28	96831.28
6	经营成本	1150864.84	1150864.84	1150864.84	1150864.84	1150864.84	1150864.84	1150864.84
7	折旧费	8238.94	8238.94	8238.94	8238.94	8238.94	8238.94	8238.94
8	摊销费	1780.00	1780.00	1780.00	1780.00	0.00		
9	总成本费用合计	1160883.78	1160883.78	1160883.78	1160883.78	1159103.78	1159103.78	1159103.78
	其中：可变成本	1027729.54	1027729.54	1027729.54	1027729.54	1027729.54	1027729.54	1027729.54
	固定成本	133154.24	133154.24	133154.24	133154.24	131374.24	131374.24	131374.24

附表 6　　　　　　　　　　　项目投资现金流量表　　　　　　　　（单位：万元）

序号	项目	建设期		经 营 期				
		1	2	3	4	5	6	7
	经营负荷			80%	100%	100%	100%	100%
1	现金流入	0.00	0.00	968312.76	1210390.95	1210390.95	1210390.95	1210390.95
1.1	经营收入			968312.76	1210390.95	1210390.95	1210390.95	1210390.95
1.2	补贴收入							
1.3	回收固定资产余值							
1.4	回收流动资金							
2	现金流出	104785.44	69856.96	950738.79	1159039.85	1154625.47	1154625.47	1154625.47
2.1	建设投资	104785.44	69856.96					
2.2	流动资金			21777.62	4414.38			

231

续表

序号	项目	建设期		经 营 期				
		1	2	3	4	5	6	7
2.3	经营成本			925952.67	1150864.84	1150864.84	1150864.84	1150864.84
2.4	税金及附加			3008.50	3760.63	3760.63	3760.63	3760.63
2.5	维持运营投资							
3	所得税前净现金流量	-104785.44	-69856.96	17573.97	51351.10	55765.48	55765.48	55765.48
	经营负荷			80%	100%	100%	100%	100%
4	累计所得税前净现金流量	-104785.44	-174642.40	-157068.43	-105717.33	-49951.85	5813.63	61579.11
5	所得税			7326.76	11430.24	11430.24	11430.24	11430.24
6	所得税后净现金流量	-104785.44	-69856.96	10247.21	39920.86	44335.24	44335.24	44335.24
7	累计所得税或净现金流量	-104785.44	-174642.40	-164395.19	-124474.33	-80139.09	-35803.85	8531.39
	指标计算	所得税前	所得税后					
项目投资财务内部收益率(%)		22.83%	18.06%					
项目投资财务净现值($i_c=12\%$)		120124.14	64224.07					
项目投资回收期(年)静态		5.90	6.81					

序号	项目	经 营 期							
		8	9	10	11	12	13	14	15
	经营负荷	100%	100%	100%	100%	100%	100%	100%	100%
1	现金流入	1210390.95	1210390.95	1210390.95	1210390.95	1210390.95	1210390.95	1210390.95	1285909.01
1.1	经营收入	1210390.95	1210390.95	1210390.95	1210390.95	1210390.95	1210390.95	1210390.95	1210390.95
1.2	补贴收入								
1.3	回收固定资产余值								49326.06
1.4	回收流动资金								26192.00
2	现金流出	1154625.47	1154625.47	1154625.47	1154625.47	1154625.47	1154625.47	1154625.47	1154625.47
2.1	建设投资								
2.2	流动资金								
2.3	经营成本	1150864.84	1150864.84	1150864.84	1150864.84	1150864.84	1150864.84	1150864.84	1150864.84
2.4	税金及附加	3760.63	3760.63	3760.63	3760.63	3760.63	3760.63	3760.63	3760.63
2.5	维持运营投资								
3	所得税前净现金流量	55765.48	55765.48	55765.48	55765.48	55765.48	55765.48	55765.48	131283.54
	经营负荷	100%	100%	100%	100%	100%	100%	100%	100%
4	累计所得税前净现金流量	117344.59	173110.07	228875.55	284641.03	340406.51	396171.99	451937.47	583221.01
5	所得税	11436.64	11436.64	11436.64	11436.64	11436.64	11881.64	11881.64	11881.64
6	所得税后净现金流量	44328.84	44328.84	44328.84	44328.84	44328.84	43883.84	43883.84	119401.90

续表

序号	项目	经营期							
		8	9	10	11	12	13	14	15
7	累计所得税或净现金流量	52860.23	97189.07	141517.91	185846.75	230175.59	274059.43	317943.27	437345.17
	指标计算	所得税前	所得税后						
	项目投资财务内部收益率(%)	22.83%	18.06%						
	项目投资财务净现值($i_c = 12\%$)	120124.14	64224.07						
	项目投资回收期(年)静态	5.90	6.81						

附表7　　　　　　　　　　　　利润与利润分配表　　　　　　　　　　　（单位：万元）

序号	项目	建设期		经营期				
		1	2	3	4	5	6	7
	经营负荷			80%	100%	100%	100%	100%
1	经营收入			968312.76	1210390.95	1210390.95	1210390.95	1210390.95
2	税金及附加			3008.50	3760.63	3760.63	3760.63	3760.63
3	总成本费用			935997.21	1160909.38	1160909.38	1160909.38	1160909.38
4	利润总额			29307.05	45720.94	45720.94	45720.94	45720.94
5	应纳所得税额			29307.05	45720.94	45720.94	45720.94	45720.94
6	所得税			7326.76	11430.24	11430.24	11430.24	11430.24
7	净利润			21980.29	34290.70	34290.70	34290.70	34290.70
8	可供分配利润			21980.29	34290.70	34290.70	34290.70	34290.70
9	提取法定盈余公积金			2198.03	3429.07	3429.07	3429.07	3429.07
	累计盈余公积金			2198.03	5627.10	9056.17	12485.24	15914.31
10	可供投资者分配的利润			19782.26	30861.63	30861.63	30861.63	30861.63
11	未分配利润			19782.26	30861.63	30861.63	30861.63	30861.63
	累计未分配利润			19782.26	50643.89	81505.52	112367.15	143228.78
12	息税前利润			29307.05	45720.94	45720.94	45720.94	45720.94
13	息税折旧摊销前利润			39351.59	55765.48	55765.48	55765.48	55765.48

序号	项目	经营期							
		8	9	10	11	12	13	14	15
	经营负荷	100%	100%	100%	100%	100%	100%	100%	100%
1	经营收入	1210390.95	1210390.95	1210390.95	1210390.95	1210390.95	1210390.95	1210390.95	1210390.95
2	税金附加	3760.63	3760.63	3760.63	3760.63	3760.63	3760.63	3760.63	3760.63
3	总成本费用	1160883.78	1160883.78	1160883.78	1160883.78	1160883.78	1159103.78	1159103.78	1159103.78
4	利润总额	45746.54	45746.54	45746.54	45746.54	45746.54	47526.54	47526.54	47526.54

续表

序号	项目	经营期							
		8	9	10	11	12	13	14	15
5	应纳所得税额	45746.54	45746.54	45746.54	45746.54	45746.54	47526.54	47526.54	47526.54
6	所得税	11436.64	11436.64	11436.64	11436.64	11436.64	11881.64	11881.64	11881.64
7	净利润	34309.90	34309.90	34309.90	34309.90	34309.90	35644.90	35644.90	35644.90
8	可供分配利润	34309.90	34309.90	34309.90	34309.90	34309.90	35644.90	35644.90	35644.90
9	提取法定盈余公积金	3430.99	3430.99	3430.99	3430.99	3430.99	3564.49	3564.49	3564.49
	累计盈余公积金	19345.30	22776.29	26207.28	29638.27	33069.26	36633.75	40198.24	43762.73
10	可供投资者分配的利润	30878.91	30878.91	30878.91	30878.91	30878.91	32080.41	32080.41	32080.41
11	未分配利润	30878.91	30878.91	30878.91	30878.91	30878.91	32080.41	32080.41	32080.41
	累计未分配利润	174107.69	204986.60	235865.51	266744.42	297623.33	329703.74	361784.15	393864.56
12	息税前利润	45746.54	45746.54	45746.54	45746.54	45746.54	47526.54	47526.54	47526.54
13	息税折旧摊销前利润	55765.48	55765.48	55765.48	55765.48	55765.48	55765.48	55765.48	55765.48

附表8　　财务计划现金流量表　　（单位：万元）

序号	项目	建设期		经营期				
		1	2	3	4	5	6	7
	经营负荷			80%	100%	100%	100%	100%
1	经营活动净现金流量（1.1-1.2）			32024.83	44335.24	44335.24	44335.24	44335.24
1.1	现金流入			1132925.93	1416157.41	1416157.41	1416157.41	1416157.41
1.1.1	营业收入			968312.76	1210390.95	1210390.95	1210390.95	1210390.95
1.1.2	增值税销项税额			164613.17	205766.46	205766.46	205766.46	205766.46
1.2	现金流出			1100901.10	1371822.17	1371822.17	1371822.17	1371822.17
1.2.1	经营成本			925952.67	1150864.84	1150864.84	1150864.84	1150864.84
1.2.2	增值税进项税额			139542.34	174427.93	174427.93	174427.93	174427.93
1.2.3	税金附加			3008.50	3760.63	3760.63	3760.63	3760.63
1.2.4	增值税			25070.83	31338.53	31338.53	31338.53	31338.53
1.2.5	所得税			7326.76	11430.24	11430.24	11430.24	11430.24
2	投资活动净现金流量（2.1-2.2）	-104785.44	-69856.96	-21777.62	-4414.38			
2.1	现金流入							
2.2	现金流出	104785.44	69856.96	21777.62	4414.38			
	经营负荷			80%	100%	100%	100%	100%

续表

序号	项目	建设期		经营期				
		1	2	3	4	5	6	7
2.2.1	建设投资	104785.44	69856.96					
2.2.2	流动资金			21777.62	4414.38			
2.2.3	其他流出							
3	筹资活动净现金流量	104785.44	69856.96	21777.62	4414.38			
3.1	现金流入	104785.44	69856.96	21777.62	4414.38			
3.1.1	项目资本金投入	104785.44	69856.96	21777.62	4414.38			
3.2	现金流出							
4	净现金流量	0.00	0.00	32024.83	44335.24	44335.24	44335.24	44335.24
5	累计盈余资金	0.00	0.00	32024.83	76360.07	120695.31	165030.55	209365.79

序号	项目	经营期							
		8	9	10	11	12	13	14	15
	经营负荷	100%	100%	100%	100%	100%	100%	100%	100%
1	经营活动净现金流量(1.1-1.2)	44328.84	44328.84	44328.84	44328.84	44328.84	43883.84	43883.84	43883.84
1.1	现金流入	1416157.41	1416157.41	1416157.41	1416157.41	1416157.41	1416157.41	1416157.41	1416157.41
1.1.1	营业收入	1210390.95	1210390.95	1210390.95	1210390.95	1210390.95	1210390.95	1210390.95	1210390.95
1.1.2	增值税销项税额	205766.46	205766.46	205766.46	205766.46	205766.46	205766.46	205766.46	205766.46
1.2	现金流出	1371828.57	1371828.57	1371828.57	1371828.57	1371828.57	1372273.57	1372273.57	1372273.57
1.2.1	经营成本	1150864.84	1150864.84	1150864.84	1150864.84	1150864.84	1150864.84	1150864.84	1150864.84
1.2.2	增值税进项税额	174427.93	174427.93	174427.93	174427.93	174427.93	174427.93	174427.93	174427.93
1.2.3	税金及附加	3760.63	3760.63	3760.63	3760.63	3760.63	3760.63	3760.63	3760.63
1.2.4	增值税	31338.53	31338.53	31338.53	31338.53	31338.53	31338.53	31338.53	31338.53
1.2.5	所得税	11436.64	11436.64	11436.64	11436.64	11436.64	11881.64	11881.64	11881.64
1.2.6	其他流出								
2	投资活动净现金流量(2.1-2.2)								
2.1	现金流入								
2.2	现金流出								
2.2.1	建设投资								
2.2.2	流动资金								
2.2.3	其他流出								
3	筹资活动净现金流量								

续表

序号	项目	经营期							
		8	9	10	11	12	13	14	15
3.1	现金流入								
3.1.1	项目资本金投入								
3.2	现金流出								
4	净现金流量	44328.84	44328.84	44328.84	44328.84	44328.84	43883.84	43883.84	43883.84
5	累计盈余资金	253694.63	298023.47	342352.31	386681.15	431009.99	474893.83	518777.67	562661.51

附表9　　　　　　　　　　资产负债表　　　　　　　　　　（单位：万元）

序号	项目	合计	建设期		经营期				
			1	2	3	4	5	6	7
	经营负荷				80%	100%	100%	100%	100%
1	资产		104785.44	174642.40	355148.80	428111.53	462402.23	496692.93	530983.63
1.1	流动资产总额				190833.06	273840.33	318175.57	362510.81	406846.05
1.1.1	货币资金				37094.52	82505.67	126840.91	171176.15	215511.39
1.1.2	应收账款				77162.72	95905.40	95905.40	95905.40	95905.40
1.1.3	预付账款								
1.1.4	存货				76575.82	95429.26	95429.26	95429.26	95429.26
1.1.5	其他								
1.2	在建工程		104785.44	174642.40					
1.3	固定资产净值				148193.34	139954.40	131715.46	123476.52	115237.58
1.4	无形及其他资产净值				16122.40	14316.80	12511.20	10705.60	8900.00
2	负债及所有者权益		104785.44	174642.40	355148.80	428111.53	462402.23	496692.93	530983.63
2.1	流动负债合计				137030.61	171288.26	171288.26	171288.26	171288.26
2.1.1	短期借款								
	经营负荷				80%	100%	100%	100%	100%
2.1.2	应付账款				137030.61	171288.26	171288.26	171288.26	171288.26
2.1.3	预收账款								
2.1.4	其他								
2.2	建设投资借款								
2.3	流动资金借款								
2.4	负债小计（2.1+2.2+2.3）		0.00	0.00	137030.61	171288.26	171288.26	171288.26	171288.26
2.5	所有者权益		104785.44	174642.40	218118.19	256823.27	291113.97	325404.67	359695.37

续表

序号	项目	合计	建设期		经 营 期				
			1	2	3	4	5	6	7
2.5.1	资本金		104785.44	174642.40	196420.02	200834.40	200834.40	200834.40	200834.40
2.5.2	资本公积金								
2.5.3	累计盈余公积金				2198.03	5627.10	9056.17	12485.24	15914.31
2.5.4	累计未分配利润				19782.26	50643.89	81505.52	112367.15	143228.78

序号	项目	合计	经 营 期							
			8	9	10	11	12	13	14	15
	经营负荷		100%	100%	100%	100%	100%	100%	100%	100%
1	资产		565293.53	599603.43	633913.33	668223.23	702533.13	738178.03	773822.93	809467.83
1.1	流动资产总额		451174.89	495503.73	539832.57	584161.41	628490.25	672374.09	716257.93	760141.77
1.1.1	货币资金		259840.23	304169.07	348497.91	392826.75	437155.59	481039.43	524923.27	568807.11
1.1.2	应收账款		95905.40	95905.40	95905.40	95905.40	95905.40	95905.40	95905.40	95905.40
1.1.3	预付账款									
1.1.4	存货		95429.26	95429.26	95429.26	95429.26	95429.26	95429.26	95429.26	95429.26
1.1.5	其他									
1.2	在建工程									
1.3	固定资产净值		106998.64	98759.70	90520.76	82281.82	74042.88	65803.94	57565.00	49326.06
1.4	无形及其他资产净值		7120.00	5340.00	3560.00	1780.00				
2	负债及所有者权益		565293.53	599603.43	633913.33	668223.23	702533.13	738178.03	773822.93	809467.83
2.1	流动负债合计		171288.26	171288.26	171288.26	171288.26	171288.26	171288.26	171288.26	171288.26
2.1.1	短期借款									
2.1.2	应付账款		171288.26	171288.26	171288.26	171288.26	171288.26	171288.26	171288.26	171288.26
2.1.3	预收账款									
2.1.4	其他									
	经营负荷		100%	100%	100%	100%	100%	100%	100%	100%
2.2	建设投资借款									
2.3	流动资金借款									
2.4	负债小计(2.1+2.2+2.3)		171288.26	171288.26	171288.26	171288.26	171288.26	171288.26	171288.26	171288.26
2.5	所有者权益		394005.27	428315.17	462625.07	496934.97	531244.87	566889.77	602534.67	638179.57
2.5.1	资本金		200834.40	200834.40	200834.40	200834.40	200834.40	200834.40	200834.40	200834.40
2.5.2	资本公积金									
2.5.3	累计盈余公积金		19345.30	22776.29	26207.28	29638.27	33069.26	36633.75	40198.24	43762.73
2.5.4	累计未分配利润		174107.69	204986.60	235865.51	266744.42	297623.33	329703.74	361784.15	393864.56

习 题

1. 某新建项目建设与运营情况预测如下：

(1)建设期2年，运营期10年，建设投资3600万元，预计全部形成固定资产。

(2)建设投资来源为自有资金和贷款，贷款2000万元，年利率6%（按年计息），贷款合同约定运营期第一年按项目最大偿还能力还款，运营期第2~5年将未偿还贷款等额本息偿还。自有资金和贷款在建设期内均衡投入。

(3)项目固定资产使用年限10年，残值率5%，直线法折旧。

(4)流动资金250万元由自有资金在运营期第1年投入（流动资金不用于建设期贷款偿还）。

(5)运营期间正常年份的营业收入为900万元，经营成本为280万元，产品营业税金及附加税为6%，所得税率为25%。

(6)运营期第一年达到设计产能的80%，该年营业收入经营成本均为正常年份的80%，以后均达到设计产能。

(7)建设期贷款偿还完成之前，不计提盈余公积，不分配股利。

问题：

(1)列示计算项目建设期贷款利息。

(2)列示计算项目运营期第一年偿还的贷款本金和利息。

(3)列示计算项目运营期第二年偿还的贷款本息，并通过计算说明项目能否达到还款要求。

(4)项目资本金现金流量表运营期第一年净现金流量是多少？

(5)项目全部投资现金流量表运营期最后一年净现金流量是多少？

2. 2014年年初，某业主拟建一年产15万吨产品的工业项目。已知2011年已建成投产的年产12万吨产品的类似项目，投资额为500万元。自2011年至2014年每年平均造价指数递增3%。

拟建项目有关数据资料如下：

(1)项目建设期为1年，运营期为6年，项目全部建设投资为700万元，预计全部形成固定资产，残值率为4%，固定资产余值在项目运营期末收回；

(2)运营期第1年投入流动资金150万元，全部为自有资金，流动资金在计算期末全部收回；

(3)在运营期间，正常年份每年的营业收入为1000万元，总成本费用为500万元，经营成本为350万元，营业税及附加税率为6%，所得税率为25%，行业基准投资回收期为6年；

(4)投产第1年生产能力达到设计能力的60%，营业收入与经营成本也为正常年份的60%，总成本费用为400万元，投产第2年及第2年后各年均达到设计生产能力；

(5)为简化起见，将"调整所得税"列为"现金流出"的内容。

问题：

(1)试用生产能力指数法列式计算拟建项目的静态投资额。

(2)编制该项目的全部投资现金流量表，并计算项目投资财务净现值(所得税后)。

(3)列式计算该项目的静态投资回收期(所得税后)，并评价该项目是否可行。

3. 某城市建设一条免费通行的道路工程，与项目相关的信息如下：

(1)根据项目的设计方案及投资估算，该项目建设投资为100000万元，建设期2年，建设投资全部形成固定资产；

(2)该项目拟采用PPP模式投资建设，政府与社会资本出资人合作成立了项目公司。项目资本金为项目建设投资的30%，其中社会资本出资人出资90%，占项目公司股权90%；政府出资10%，占项目公司股权10%，政府不承担项目公司亏损，不参与项目公司利润分配；

(3)除项目资本金外的项目建设投资由项目公司贷款，贷款年利率为6%(按年计息)。贷款合同约定的还款方式为项目投入使用后10年内等额还本付息。项目资本金和贷款均在建设期内均衡投入；

(4)该项目投入使用(通车)后。前10年年均支出费用2500万元，后10年年均支出费用4000万元用于项目公司经营、项目维护和修理，道路两侧的广告收益权归项目公司所有，预计广告业务收入每年为800万元；

(5)固定资产采用直线折旧：项目公司适用的企业所得税税率为25%，为简化计算不考虑销售环节相关税费；

(6)PPP项目合同约定：项目投入使用(通车)后连续20年内，在达到项目运营绩效的前提下，政府每年给项目公司等额支付一定的金额作为项目公司的投资回报，项目通车20年后，项目公司需将该道路无偿移交给政府。

问题：

(1)列式计算项目建设期贷款利息和固定资产投资额。

(2)列式计算项目投入使用第1年项目公司应偿还的银行本金。

(3)列式计算投入使用第1年的总成本费用。

(4)项目投入使用第1年，政府给予项目公司的款项至少达到多少万元，项目公司才能除广告收益外不依赖其他资金来源，仍满足项目运营和还款要求？

(5)若社会资本出资人对社会资本的资本金净利润率的最低要求为：以贷款偿还完成后的正常年份的数据计算不低于12%，则社会资本出资人能接受的政府各年应支付给项目公司的资金额最少应为多少万元？（计算结果保留两位小数）

第6章 价值工程在建设项目评价中的应用

6.1 概 述

6.1.1 价值工程的概念

价值工程(Value Engineering,VE)又称价值分析(Value Analysis,VA),是以产品功能分析为核心,力求以最低的寿命周期成本实现对象(产品、工作、劳务)的必要功能,并致力于功能分析的一种有组织、有计划的创造性活动和科学管理方法。

价值工程起源于20世纪40年代的美国,当时叫做价值分析(VA),后来在世界上一些工业先进国家中都称为价值工程(VE)。价值工程是美国通用电气公司的设计工程师迈尔斯(L.D.Miles)在1947年首先提出来的。迈尔斯当时主持该公司的采购部门工作,由于敷设仓库用的石棉板缺乏,为了寻找可以使用的代用品,从而引起了对产品功能的研究。

他首先提出了购买的不是产品本身而是产品功能的概念,实现了同功能的不同材料之间的代用,进而发展成为在保证产品功能前提下降低成本的技术经济分析方法。他出版了《价值分析》一书,标志了这门学科的正式诞生。迈尔斯等从研究代用材料开始,逐步总结出在保证同样功能前提下,降低成本的一套较完整的科学方法,形成目前所称的价值工程。

价值工程开始于材料的采购和代用品的研究,继而扩展到产品的研究和设计、零部件的生产和改进、工具与装备的改进等方面,后来又发展到改进工作方法、作业程序、管理体系等方面。至今,价值工程已在经济建设中,以及机械、电气、化工、纺织、建材、冶金、物资等多种行业中发挥了重要的作用。

1. 产品的价值

价值工程中的"价值"是一种"评价事物有益程度的尺度",指产品(或劳务等)所具备的功能与获得该功能所花费的全部费用(成本)之比。可以用下述数学公式表达:

$$V = \frac{F}{C} \tag{6.1.1}$$

式中:V——产品(或劳务等)的价值;

F——产品(或劳务等)所实现的功能或用途,即所承担的职能,实质是产品的使用价值;

C——用户为获得该产品(或劳务等)具有的功能在全寿命周期内所付出的费用(成

本)。

一种产品价值的高低,取决于该产品所具有的功能与为取得这种功能所花费的成本二者之比值。凡是费用(成本)低而功能强的产品其价值就高,反之则价值低。价值高的产品是好产品,价值低的产品则是需要改进的或淘汰的产品。价值工程的目的,就是通过对产品价值的思想方法和管理技术进行系统的分析,寻求提高产品价值的途径和方法,以产品的最低寿命周期成本最大化实现产品功能,获取最佳的综合效益。

如果从企业的角度来评价一种产品,通常把"费用(成本)"看成是制造该产品所投入的人力、物力资源等,即"输入",把"功能"看成产品能满足用户的效用,即"输出",则"价值"就是从产品中所获得的经济效益。

由此可见,价值工程是根据功能或费用(成本)的比值来判断产品的经济效益,其目的是提高对象(产品等)的价值,这既是消费者利益的要求,也是企业和国家利益的要求。

根据 $V = F/C$,价值的提高可以通过以下途径来实现:
(1)功能 F 不变,降低费用(成本)C;
(2)费用(成本)C 不变,提高功能 F;
(3)功能 F 提高,降低费用(成本)C;
(4)费用(成本)C 略有提高,功能 F 有更大提高;
(5)功能 F 略有下降,费用(成本)C 有更大下降。

至于企业究竟采用哪种途径,则要从本企业的实际条件出发,加强市场调查,分析消费者心理及产品具有特殊的要求,才能做出正确的决策。

2. 产品的功能

价值工程中的功能是指产品(或劳务等)能够满足用户某种需求的一种属性。具体地说,功能就是产品的具体功用与作用。任何产品和劳务都有功能,比如住宅的功能就是提供居住空间。用户购买产品并非为了占有产品本身,而是为了得到该产品所具有的功能。业主购买商品住宅,实质上是购买住宅的"提供生活空间"的功能。因此,企业生产的目的不在于提供产品给用户,而是通过产品向用户提供他们所需的功能,产品具有了功能,才使其得以使用和生存下去,功能是产品最本质的东西。

功能可分为必要功能和不必要功能,其中必要功能就指的是产品能实现用户需求的功能。价值工程的功能,一般是指必要功能。

3. 寿命周期费用

价值工程中的寿命周期费用是从产品(或劳务等)的研究、形成到退出使用这一过程所发生的全部成本,一般包括生产费用和使用费用两部分。对于建筑产品则由建设费用和使用费用两部分构成。

生产费用是指一般产品在研发、设计及制造过程中的费用。建设费用是指建筑产品从筹建直到竣工验收为止的全部费用,包括勘察设计费、施工建造费等。使用费用是指用户在使用过程中发生的各种费用,包括运输费用、安装费用、维修费用、能源消耗费用、管理费用等。产品寿命周期成本(C)为生产费用(C_1)与使用费用(C_2)之和,即

$$C = C_1 + C_2 \tag{6.1.2}$$

一般情况下，生产费用随产品功能水平的提高而上升，使用费用随产品功能水平的提高而下降，如图 6.1.1 所示，产品寿命周期费用随产品功能水平变化呈开口向上的抛物线变化。显然，寿命周期费用曲线上存在一个最低点 $C_{\min}$。在这点上，产品达到恰当的功能水平 F_0，而使寿命周期费用最小，是理想状态。一般来说，无论是现实的产品或新设计方案都没有完全达到这种状态。若在 C' 与 $C_{\min}$ 之间存在一个成本可以降低的幅度 $A = C' - C_{\min}$，而在 F' 与 F_0 之间存在一个功能可以提高或改善的幅度 $B = F_0 - F'$，则 VE 的目的就在于通过 VE 活动，使产品的 C' 趋向于 $C_{\min}$，而且 F' 趋向于 F_0。

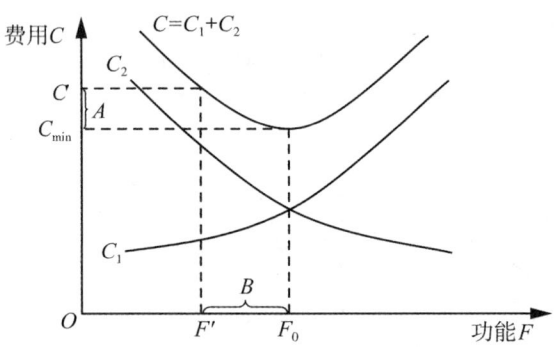

图 6.1.1　寿命周期费用与功能水平之间的关系图

6.1.2　价值工程的特点

（1）价值工程的目标是以最低的寿命周期成本，使产品或劳务具有所必须具有的功能，使用户和企业都得到最大的经济效益。价值工程不是单纯强调提高功能，也不是片面追求降低成本，而是致力于功能与成本的合理结合。

（2）价值工程的核心是功能分析，产品的价值在于满足用户需求的特有功能。在降低成本的众多方法之中，价值工程之所以比其他方法更为有效，关键就在于功能系统分析。价值工程的一个突出观点是"用户需要的是产品的功能，而不是物"。对产品进行分析时，首先要进行功能分析，通过功能分析，明确产品功能中哪些是必要功能和不足功能，哪些是不必要功能和过剩功能。再通过改进方案，去掉不必要的功能，削减过剩功能，补充不足功能，实现必要功能，实现产品功能结构合理化，从而降低产品的费用(成本)。

（3）价值工程是一种有组织的创造性活动，具有群众性和广泛性。价值工程是贯穿于产品整个寿命周期的系统方法，从产品研究、设计到原材料的采购、生产制造以及销售和维修，都有价值工程的工作可做，而且涉及面广，需要许多部门和各种专业人员相互配合。因此，必须依靠有组织的、集体的努力来完成，必须密切配合、协同努力，发挥集体智慧和创造力，打破原有产品结构的框框，提出更多的改进方案，并按一定的工作程序有组织、有计划地进行活动。开展价值工程活动，要组织设计、工艺、供应、加工、管理、财务、销售以至用户等各方面的人员参加，运用各方面的知识，发挥集体智慧，博采众家之长，从产品生产的全过程来确保功能，降低成本。

6.1.3 价值工程的工作程序

价值工程的工作程序，按照问题的一般程序，可划分为分析问题、综合研究、方案评价3个阶段；按照问题的具体实施过程，可分为功能定义、功能评价和制定改进方案3个基本程序；按照具体操作步骤，可分为选择对象、收集信息、功能定义、功能整理、功能成本分析、功能评价、确定对象范围、创造方案、初步评价、具体化调整、详细评价和提出提案12个具体操作步骤，如表6.1.1所示。

表6.1.1　　　　　　　　　　　价值工程的实施程序表

一般程序	设计程序	实施程序		对应问题
		基本程序	操作步骤	
分析问题	对功能要求事项下定义	功能定义	1. 选择对象	这是什么？
			2. 收集信息	
			3. 功能定义	它是做什么用的？
			4. 功能整理	
	规定评价（功能要求事项实现程度的）标准	功能评价	5. 功能成本分析	它的成本是多少？
			6. 功能评价	它的价值是多少？
			7. 确定对象范围	
综合研究	初步设计（各种设计方案）	制定、改进各种方案	8. 创造方案	有无其他方法实现同样的功能？
方案评价	评价各种设计、改进方案，从中选择最理想的方案		9. 初步评价	新方案的成本是多少？新方案能满足要求吗？
			10. 具体化调整	
			11. 详细评价	
	书面化		12. 提出提案	

分析问题是将研究对象进行分析，弄清是否有问题、是什么问题。价值工程以功能为中心来分析问题，采用的功能分析方法包括功能定义、功能整理、功能评价等，对价值工程对象的功能、成本、价值进行定量、定性分析，为价值工程对象的改进提供科学依据。

综合研究是综合各方面情况制定解决问题的方案。

方案评价是对提出的各种设想和方案进行评价、筛选、择优，以确定最优方案。最后提出解决问题的提案，以达到改进价值工程对象、满足用户要求的目的。

上述仅仅是价值工程的一般工作程序。由于价值工程应用范围广泛，其活动形式也不尽相同，因此在实际应用中，需要根据对象的具体情况有针对性地分析，在参照上述工作程序的基础之上，应用价值工程的基本原理和方法确定具体的实施措施和方法步骤，但功能分析与评价、方案创造是不可缺少的。

6.2 价值工程分析对象的选择和情报收集

选择价值工程活动的对象,就是要具体确定功能成本分析的产品与零部件。这是决定价值工程活动收效大小的第一个步骤。

价值工程活动的对象一般是指价值低的、改善期望值大的和十分重要的产品(系统)。能否正确选择价值工程对象,是价值工程活动成效大小,甚至成败的关键。例如,就建筑产品而言,其种类繁多,质量、成本、施工工艺和方法不尽相同,不可能把所有建筑产品作为价值工程对象。即使在一座建筑物的建设过程中,也不可能把所有环节作为价值工程对象。究竟选择哪些作为价值工程对象呢?这就需要根据一定原则和采用一定的方法加以选定。

6.2.1 选择价值工程对象的一般原则

价值工程是针对某个产品根据其具体情况有针对性地进行分析与评价,确定了产品之后,才有相应的分析内容与目标。而这个产品对象确定的过程就是从众多研究对象中,根据相应的需求与原则逐步收缩研究范围、寻找目标对象、确定主攻方向的过程。

(1)一般来说,选择价值工程对象需要遵守以下原则:

① 从设计方面看,对产品结构复杂、性能和技术指标差距大、体积大、体重大的产品进行价值工程活动,可以使产品结构、性能、技术水平得到优化,从而提高产品价值。

② 从生产方面看,对量多面广、关键部件、工艺复杂、原材料和能源消耗高、废品率高的产品或零部件,特别是对量多、产值比重大的产品,只要成本下降,所取得的经济效果就大。

③ 从市场销售方面看,选择用户意见多、系统配套差、维修能力低、竞争力差、利润低、寿命周期较长、市场上畅销但是竞争激烈的产品或零部件,选择新产品、新工艺等。

④ 从成本方面看,选择成本高于同类产品、占总成本比重大,而且对经济效益影响大的产品,如材料费、管理费、分工费等。

(2)对生产企业来说,价值工程活动本身也是一种企业经营活动,因而不可避免要与企业的经营目标发生联系,且二者需保持一致。一般地,企业经营目标有满足社会的需求、符合企业发展的要求和追求最佳的经济效益等三类,企业可以根据一定时期的主要经营目标,有针对地选择对企业经营目标最有利的产品、零部件、工序、作业、工程项目作为价值工程对象。

① 与社会目标相适应。应优先考虑国家急需的重点产品,社会需要大量的产品,国家重点工程建设急需的短缺产品以及公害、污染严重的产品等。

② 与发展目标相适应。应优先考虑研制中的产品,需更新改造的设备,拟改革的工艺流程,竞争激烈的产品,用户意见大的产品以及开辟新市场的产品和出口产品等。

③ 与利益目标相适应。应优先考虑成本高、利润低的产品,材料贵、耗用大的产品,能耗高、性能差、技术水平低的产品,生产周期长、占用资金多的产品,以及笨重、结构

复杂的产品等。

(3) 对由各组成部分组成的产品来说，应优先考虑以下部分作为价值工程对象：
① 造价高的组成部分；
② 占产品成本比重大的组成部分；
③ 数量多的组成部分；
④ 体积或体重大的组成部分；
⑤ 加工工序多的组成部分；
⑥ 废品率高和关键性的组成部分。

在实际工作中，并不是所有产品都能获得理想的价值成果，大幅度地提高价值的可能性一方面取决于产品本身的价值改善潜力大小和难易程度，另一方面取决于企业在分析研究时的人力、物力、财力等一系列的客观条件。因此，只有既考虑价值提高的最大化，又考虑价值提高条件的较容易实现，才可能准确地进行对象选择，进而有利于实现企业的经营目标。

6.2.2 选择价值工程对象的一般方法

关于如何选择价值工程对象，其方法众多，包括定性分析和定量分析两类方法，这里介绍几种常用的方法。

1. 经验分析法

经验分析法，又称为因素分析法，作为一种简单易行的定性分析方法，在目前使用较为普遍。该方法实际上是利用一些有丰富理论知识和实践经验的价值工程人员对所存在问题的直接感受，经过主观判断确定价值工程对象的一种方法。运用该方法时，要对各种影响因素进行综合分析，区分主次轻重，既要考虑需要，也要考虑可能，以保证对象选择的合理性。经验分析法的优点是简便易行、节省时间，其缺点是缺乏定量依据，不够精确可靠。因此，只有在目标单一、产品不多或问题比较简单的情况下使用该方法，在准确性和节约时间方面才具有显著优越性，实际应用中，常将该方法与其他方法结合起来使用。一般可用于下列情况：

(1) 可供选择的对象互相的差距相对比较悬殊，易于判断；
(2) 可预计几种对象对于提高经济效益的效果差异比较明显；
(3) 在众多品类的产品、零部件中，只需要粗略筛选出几类工作对象。

2. ABC 分析法

ABC 分析法也称不均匀定律法、成本比重分析法、重点法或巴雷特(Pareto)分配律法，是根据"关键的少数，次要的多数"的思想，对复杂事物的分析提供一种抓主要矛盾的简明有效的定量方法。该方法是意大利经济学家巴雷特在研究人口收入规律时总结出来的。他发现，占人口百分比不大的少数人的收入占总收入的极大部分，而占人口百分比大的多数人的收入却占总收入的极小部分。类似这种现象在社会生活中也屡见不鲜。比如，在进行产品生产成本分析时发现，数量占零部件总数10%左右的零部件，其成本却占总成本的70%左右；另有占数量20%左右的零部件，其成本占总成本的20%左右；而占总数70%左右的零部件的成本仅占总成本10%左右。产品生产成本分配是如此，各类工程项目、工艺、加工方法、工序工时等的费用分配也是如此。ABC 分析法将数量占 10%且成本占 70%的那部分零部件划为 A 类，将数量占 20%且成本占 20%的零部件划为 B 类，将数量占 70%且成本占 10%的零部件划为 C 类。

一般应用 ABC 分析法选择价值工程对象的步骤如下：

第一步：收集相关数据，编制 ABC 分析表，具体如下：

(1)将全部产品或一种产品的零部件(或工序、项目)，按其成本由大到小依次排队并编号；

(2)按排队的累计件数计算占总产品或零部件(或工序、项目)总数的百分比；

(3)计算总产品或零部件(或工序、项目)累计成本；

(4)按排队的累计成本计算所占总成本的百分比；

(5)按 ABC 分析法的分类原则将全部产品或零部件(或工序、项目)分为 A、B、C 三类，首选 A 类作为价值工程分析的主要研究对象。

第二步：绘制 ABC 分析图。采用直角坐标系，纵轴为成本累计比率(%)，横轴为观测对象累计比率(%)，根据上述分类方法定出 A、B、C 三类的范围。

ABC 分析法能够比较直观地显示哪些产品的成本占总成本的主要部分，便于重点突破。其不足之处是并未联系功能方面的因素来考虑价值分析的对象，因此，有可能忽略所占比重虽然不大但功能却亟待改进的 C 类对象。

【例 6.2.1】 某建筑产品由 10 种零件组成，各种零件的个数和每个零件的成本如表 6.2.1 所示，试用 ABC 分析法选择 VE 对象。

表 6.2.1 　　　　　　　　　　　　零件成本统计表

零件名称	a	b	c	d	e	f	g	h	i	j
零件个数	1	1	2	2	2	1	1	3	3	9
成本(元/个)	3.61	4.42	1.03	0.90	0.8	0.43	0.37	0.12	0.05	0.01

解： (1)编制 ABC 分析表，如表 6.2.2 所示。

表 6.2.2 　　　　　　　　　　　　**ABC 分析表**

零件名称	件数	累计		成本(元)	累计		分类
		件数	占零件总数(%)		金额(元)	占总成本(%)	
b	1	1	4	4.42	4.42	29.68	A
a	1	2	8	3.61	8.03	53.93	A
c	2	4	16	2.06	10.09	67.76	A
d	2	6	24	1.80	11.89	79.85	B
e	2	8	32	1.60	13.49	90.60	B
f	1	9	36	0.43	13.92	93.49	C

续表

零件名称	件数	累计 件数	累计 占零件总数(%)	成本(元)	累计 金额(元)	累计 占总成本(%)	分类
g	1	10	40	0.37	14.29	95.97	C
h	3	13	52	0.36	14.65	98.39	C
i	3	16	64	0.15	14.80	99.40	C
j	9	25	100	0.09	14.89	100	C
合计	25			14.89			

(2)绘制ABC分析图,如图6.2.1所示。

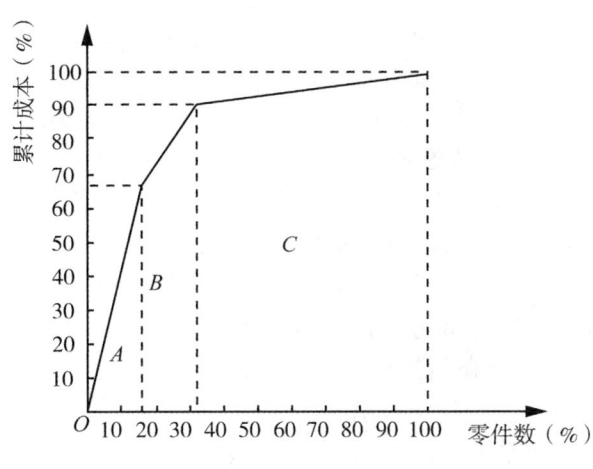

图6.2.1 ABC分析图

3. 百分比分析法

百分比分析法是通过分析产品的两个或两个以上的技术经济指标所占有的百分比,并考查每个产品其指标百分比的综合比率来选择对象的方法。技术经济指标可以考虑采用产值、成本、利润、销售量等。例如,某厂有五种产品,其成本和利润的百分比及相应的综合比率(利润百分比与成本百分比的比值)如表6.2.3所示,通过综合比率排序可以看出产品E的综合比率最低,因此应选择产品E作为重点分析对象。

表6.2.3　　　　　　　　　　百分比分析计算表

产品名称	A	B	C	D	E	合计
成本(万元)	40	55	105	80	60	340
比重(%)	11.8	16.2	30.9	23.5	17.6	100
利润(万元)	10	15	25	20	12	82

续表

产品名称	A	B	C	D	E	合计
比重(%)	12.2	18.3	30.5	24.4	14.6	100
利润(%)/成本(%)	1.034	1.130	0.987	1.038	0.830	
排序	3	1	4	2	5	

在企业管理中，应用百分比分析法对产品进行分析，优化产品结构，对提高产品技术经济价值是十分方便有效的，实践中还常将百分比法与经验法相结合，以便更全面、综合地考察对象。

4. 强制确定法

不同于只按成本比重的大小确定价值分析对象的 ABC 分析法，强制确定法建立在产品的功能和成本应该相互协调一致的基础上，即对产品的某零部件而言，其成本应该与其功能的重要性相匹配。该方法从功能和成本两个方面进行考察，找出成本与功能不相匹配的零部件，将这些零部件作为 VE 的对象。因此，当一个产品（工程项目）由多种部件（分项工程）组成，且这些部件的重要性各不相同时，可以应用强制确定法选择分析对象。具体做法如下：

（1）确定功能评价系数。组织熟悉业务的 5~15 名技术人员，对组成产品的部件按其功能重要性一对一地进行比较，重要程度高的记 1 分，重要程度低的记 0 分，不允许一对一比较时对两者都记 1 分或都记 0 分。自身比较可以记为 0 分或 1 分，按 0 分记是考虑这个部件能否取消或同其他部分合并，若该部件不可以取消或合并，则记 1 分。逐次比较后，将各部件的得分结果进行统计，求出参加评分人员对同一部件的功能评分之和，再将所有部件的评分值累加，两者相比，即得某一部件的功能评价系数，用公式表示即为

$$F_i = \frac{\sum_{j=1}^{m} f_{ij}}{\sum_{i=1}^{n} \sum_{j=1}^{m} f_{ij}} \tag{6.2.1}$$

式中：F_i——第 i 个部件的功能评价系数；

f_{ij}——第 j 位评分者给第 i 个部件的功能评分值；

m——参加评分的人数；

n——部件的个数。

（2）计算成本系数。计算公式为

$$C_i = \frac{\mathrm{CO}_i}{\sum_{i=1}^{n} \mathrm{CO}_i} \tag{6.2.2}$$

式中：C_i——第 i 个部件的成本系数；

CO_i——第 i 个部件的现状成本。

（3）计算价值系数。计算公式为

$$V_i = \frac{F_i}{C_i} \tag{6.2.3}$$

式中：V_i——第 i 个部件的价值系数。

(4) 根据价值系数进行分析。

① 当 $V_i \approx 1$ 时，表明现有功能和现有成本相适应，比较合理，一般可以不列为重点分析对象。但是，要注意有时存在成本比重和功能比重都过高的特殊情况。

② 当 $V_i < 1$ 时，表明对象为实现某功能所付出的成本过高，需要降低成本，因而这个对象应被选为价值工程分析的对象。

③ 当 $V_i > 1$ 时，表明对象的现有功能高，而成本较少，从价值工程的本意来讲，价值系数高，原本是追求的目标，即不必作为重点选择的对象。但是，由于方法本身的特点，价值系数高只是表明该项功能的重要程度高，而不能反映该项功能是否已充分实现，所以要视具体情况而定。若该部件功能很重要，但由于现状成本分配偏低，致使功能未能充分实现，则应适当增加其成本；若该部件功能虽很重要，但本身材料价格低廉，则不必多余增加成本。

【例 6.2.2】 某产品主要由 A、B、C、D、E 部件组成，现状成本分别为 4.76 万元、3.64 万元、3.50 万元、1.12 万元、0.98 万元，现组织 Ⅰ、Ⅱ、Ⅲ、Ⅳ、Ⅴ 5 位评委对各部件的重要性评分，在此基础上分析开展价值工程活动对象的确定。

解：应用强制确定法求解本题，步骤如下：

(1) 对各部件的重要性评分。请 5 位评委各自对本产品的各部件的重要性进行排序。例如，评委 Ⅰ 认为各部件的功能重要性排序是 C>A>E>B>D，同时认为各部件都不可取消或合并，因此评委 Ⅰ 的评分结果如表 6.2.4 所示。其他评委的评分结果分别见表 6.2.5~表 6.2.8。

(2) 确定功能评价系数。综合 5 位评委评分结果，并确定各部件功能评价系数，如表 6.2.9 所示。对部件 A 来说，5 位评委评分合计为 22，除以总计得分 75，即得部件 A 的功能评价系数为 0.293。

(3) 计算成本系数。计算结果如表 6.2.10 所示。

表 6.2.4　评委 Ⅰ 对各部件的评分表

产品部件名称	一对一比较评分					得分累计
	A	B	C	D	E	
A	1	1	0	1	1	4
B	0	1	0	1	0	2
C	1	1	1	1	1	5
D	0	0	0	1	0	1
E	0	1	0	1	1	3

表 6.2.5　评委 Ⅱ 对各部件的评分表

产品部件名称	一对一比较评分					得分累计
	A	B	C	D	E	
A	1	1	1	1	1	5
B	0	1	0	0	0	1
C	0	1	1	1	1	4
D	0	1	0	1	1	3
E	0	1	0	0	1	2

表 6.2.6 评委Ⅲ对各部件的评分表

产品部件名称	A	B	C	D	E	得分累计
A	1	1	0	1	0	3
B	0	1	0	1	0	2
C	1	1	1	1	1	5
D	0	0	0	1	0	1
E	1	1	0	1	1	4

表 6.2.7 评委Ⅳ对各部件的评分表

产品部件名称	A	B	C	D	E	得分累计
A	1	1	1	1	1	5
B	0	1	0	0	1	2
C	0	1	1	0	1	3
D	0	1	1	1	1	4
E	0	0	0	0	1	1

表 6.2.8 评委Ⅴ对各部件的评分表

产品部件名称	A	B	C	D	E	得分累计
A	1	1	1	1	1	5
B	0	1	0	0	0	1
C	0	1	1	1	1	4
D	0	1	0	1	0	2
E	0	1	0	1	1	3

(4)计算价值系数与确定价值工程对象。价值系数计算结果如表 6.2.10 所示。根据价值系数进行对象的选择,优先选择部件 B 作为分析对象;部件 D、E 属于价值系数大于 1 的情况,要视具体情况而定;部件 A、C 属于价值系数接近于 1 的情况,一般不作为活动的对象。

表 6.2.9 评分结果综合与确定功能评价系数表

产品部件名称	Ⅰ	Ⅱ	Ⅲ	Ⅳ	Ⅴ	合计得分	功能评价系数
A	4	5	3	5	5	22	0.293
B	2	1	2	2	1	8	0.107
C	5	4	5	3	4	21	0.280
D	1	3	1	4	2	11	0.147
E	3	2	4	1	3	13	0.173
累计分值						75	1.000

表 6.2.10　　　　　　　　　　　价值系数计算结果表

产品部件名称	现状成本（万元）	成本系数	功能评价系数	价值系数
A	4.76	0.34	0.293	0.86
B	3.64	0.26	0.107	0.41
C	3.50	0.25	0.280	1.12
D	1.12	0.08	0.147	1.84
E	0.98	0.07	0.173	2.47
合计	14	1.00	1.000	

强制确定法由于在确定功能系数时将功能的相对重要性程度分为 0 和 1 的标度，因此又被称为"01"评分法，该方法能把功能与费用联系起来选择价值分析对象，其不足之处是只考虑功能评价系数与成本系数的比值，而未考虑两者本身的大小对价值的影响。

5. 最合适区域法

最合适区域法也是一种通过计算价值系数选择价值工程对象的方法，因为这一方法是由日本东京大学的田中教授于 1953 年在美国价值工程师的国际学术研讨会上提出来的，所以又称为田中法。田中法中价值系数的计算步骤与强制确定法相同，但在根据价值系数选择分析对象时，提出了一个最合适区域。

一般情况下，零部件或功能的价值系数很少恰好等于 1。如果将 $V \neq 1$ 的零部件或功能都选为 VE 对象，工作量可能太大，花费高，而且效果也未必好。因此，可以认为 $V = 1$ 附近的点所代表的零部件或功能是适合的，不必作为 VE 对象。这样就产生了一个适合区域，VE 仅选位于该区域之外的零部件或功能作为其改进对象。

田中法构造的最合适区域如图 6.2.2 所示，由围绕价值标准线 $V = 1$ 的两条曲线包络而成。两条曲线构成方法是从曲线 $y = \sqrt{x_i^2 \pm 2S}$ 上任意一点 $Q(x_i, y_i)$ 至价值标准线 $V = 1$ 的垂线 QP 与 OP 的乘积是一个常数 S。即假定 $QP = r$，$OP = l$，有 $r \times l = S$。当 S 值不变时，l 值增大，则 r 值减小；反之，l 值减小，则 r 值增大。这就是说，当 Q 点距 O 点较远时，则要求 Q 点距价值标准线的距离更小一些；反之，当 Q 点距 O 点较近时，则要求 Q 点距价值标准线的距离大一些。这样绘制的最合适区域图既能满足选择价值工程活动对象的要求，又能降低价值工程分析的成本。曲线中的 S 是人为给定常数，若给定的 S 较大，则两条曲线距标准线距离也大，价值工程对象将选得少一些；反之，若给定的 S 较小，则曲线更逼近标准线，价值工程对象将选得多一些。田中法能够较好地解决应该对距原点远的 VE 对象进行严格控制和对距原点近的 VE 对象作较为放松控制的问题。

6.2.3　情报资料的收集

价值工程的情报是指对实现价值工程目标有益的技术和经济方面的知识、信息和资料，从中得到价值工程活动的依据、标准、对比对象。价值工程的目标是提高价值，为达到或实现这一目标所做出的决策都离不开必要的情报信息，情报收集工作贯穿于价值工程

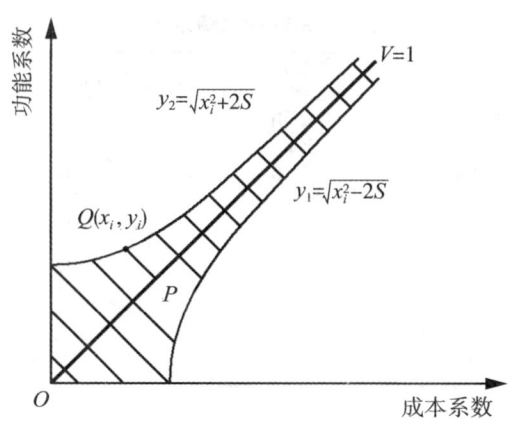

图 6.2.2　最合适区域图

的全过程。

在价值工程的改善对象确定之前，要根据价值工程活动的范围收集情报；在改善对象确定之后，要围绕改善对象收集情报，为进一步开展价值工程活动奠定信息基础。一般来说，必要的或有益的信息越多，价值分析的质量就越高，错误的信息必然会导致错误的决策。因此，价值工程成果的大小在一定意义上取决于情报信息收集的质量、数量和时间。

1. 收集情报的原则

(1)目的性。收集情报信息要事先明确所收集的信息是用来实现价值工程特定目标的，不要盲目地碰到什么就收集什么，要避免无的放矢。

(2)可靠性。信息是正确决策所必不可少的依据，若情报信息不可靠、不准确，将严重影响价值工程的预期结果，还可能最终导致价值工程工作的失败。

(3)完整性。为了保证收集到的情报具有广泛的代表性，情报收集要完整、系统，避免片面性，有时甚至还需要收集本行业外的相关情报。

(4)计划性。在收集情报之前应预先编制计划，加强该工作的计划性，使这项工作在一个统一的计划下进行，具有明确的目的和确定的范围，以便提高工作效率。

(5)时间性。信息的更替是很快的，在收集情报时要收集近期的、较新的信息，才能保证价值工程的实施结果更加符合预期。

(6)及时性。价值工程的每项工作都离不开情报，需要在工作开始之前就及时提供情报。如果在工作已经开始实践后才收集的相关情报，那么就会由于提供不及时而失去了这一情报的价值。

(7)加工性。对取得的情报资料进行加工、分类，最后成为系统信息，通过加工剔除无效的资料，使用有效的资料，以利于价值工程活动的分析研究。

2. 情报收集的内容

价值工程的对象不同，需要收集的情报内容也不同。对产品来说，价值工程情报收集的内容主要有以下几个方面：

(1)用户要求方面的情报：

① 用户对于产品的使用目的、使用环境和使用条件；
② 用户对于产品的性能、用途和质量等方面的要求；
③ 用户对于产品的外观、造型、体积和色彩等方面的要求；
④ 用户在使用产品的过程中，产品发生故障的情况；
⑤ 用户对于产品的价格、交货日期的要求；
⑥ 用户对于产品配套的零配件供应和相关技术服务方面的要求。

(2) 成本方面的情报：
① 实现产品必要功能的最低成本；
② 产品成本构成情况(产品原材料、元器件和外购件的成本方面的情报)；
③ 各种产品原材料的消耗定额、费用定额的情报；
④ 外协件成本方面的情报；
⑤ 产品零部件加工和装配成本方面的情报；
⑥ 产品包装、储藏和运输成本方面的情报；
⑦ 各种产品原材料的市场供求情况变化带来的成本变化情况；
⑧ 其他厂家与价值工程对象相关的成本费用资料。

(3) 供应和生产方面的情报：
① 原材料、元器件的供应与外协情况及存在的问题；
② 产品的装配工艺、零部件的加工工艺及其要求的有关情报；
③ 劳动生产率及行业水平；
④ 废品率及返修率等有关资料；
⑤ 生产中存在的问题，如技术问题、法律问题等；
⑥ 员工生产工作环境和工作态度等方面的情报。

(4) 市场销售方面的情报：
① 各地区的销售特点、销售量与需求预测方面的情报；
② 市场上竞争产品的质量、产量、价格、成本等情况资料；
③ 竞争产品的销售策略、竞争模式等方面的情报；
④ 潜在消费者的消费观念与趋势的情报；
⑤ 市场划分、市场占有率情况。

(5) 科学技术方面的情报：
① 国内外同类产品的有关技术资料，如技术标准、质量标准、图纸、说明书等方面的情报；
② 有关生产该类产品的前沿理论资料；
③ 现有产品研制、设计的历史和演变资料；
④ 与产品相关的新结构、新工艺、新材料、新技术、标准化要求等方面的情报；
⑤ 生产过程中"三废"处理方面的资料。

(6) 企业自身素质方面的情报：
① 企业的设备状况情报；
② 企业的经营规划、技术方针、生产指标等方面的情况；

③ 企业人、财、物等有关情况的统计资料；

④ 企业自身产品研发能力方面的情报。

(7)政府和社会相关部门有关政策、法令、条例、规定方面的情报：这部分的情报相对比较宏观，涉及很多与国家政府相关的资料，如国家的价格政策和有关法令、法规等资料。

3. 收集情报的方法

(1)询问法。通过面谈、电话询问及邮寄书面询问等方法获取情报。这种方法的优缺点见表 6.2.11，应在充分了解这些优缺点的基础上去收集情报。

(2)查阅法。通过查阅专利索引、书籍、刊物、样本、论文、报告、报纸、录音等获取相关情报。这种方法的优缺点见表 6.2.11。

(3)观察法。通过直接到现场观察和调查与价值工程对象有关的研究行为或行为痕迹来收集信息资料。这种方法的优缺点见表 6.2.11。

(4)购买法。购买与产品相关的样品、专利、图纸、技术等，以获取情报。这种方法的优缺点见表 6.2.11。

(5)试销试用法。将样品在小范围内送到用户试销试用，调查用户对产品的反映与喜爱程度，并以此为依据获得情报。这种方法的优缺点见表 6.2.11。

(6)实验法。缩小情报范围，进行实验得到一定结果再推断总体可能的结果。这种方法的优缺点见表 6.2.11。

表 6.2.11 收集情报方法的优缺点

方法	优 点	缺 点
询问法	能够深入用户，了解到表面上看不到的情报 能够根据用户的主观态度和观点推测情报 在收集情报的过程中，不受地点的限制	易受用户的主观影响，导致情报准确性不足 推测过程中易掺杂询问者的特殊情感 有时用户答非所问，很难得到情报
查阅法	得到的情报具有真实性，有理论依据 情报来源广泛，可以得到跨时间跨领域跨国际的情报	要求查阅资料的人员有较广泛的专业知识 需要查阅大量资料，需花费的时间、精力多
观察法	得到的情报有理有据，比较可靠 能够发现主观推测预想不到的情报	要建立在大量观察、研究基础上，花费时间多 观察过程中需要保证客观环境准确，否则情报就不准确
购买法	具有针对性地获取情报，节省时间和精力 能够准确了解到产品的优势与不足	需要大量的资金投入 能购买到的情报有限
试销试用法	该方法成本低、周期短，让竞争者无机可乘 能真实了解到用户对产品的直观态度	在试销与实际推广的这段时间内，市场可能出现变化 只能在部分地区试销，全国推广难度大
实验法	方法科学，可获得较精确的原始资料 可重复验证，不断扩大研究范围	实验时间不宜过长，过长会影响正式推出时的效果 不可避免存在样本不足和选择误差

6.3 功 能 分 析

当价值工程对象确定后,便着手围绕对象收集相关情报资料,然后进行功能分析。包括功能定义、功能分类、功能整理和功能评价四部分内容,是价值工程的基础与核心。

6.3.1 功能定义

1. 功能定义

功能定义就是用简明、准确、抽象的语言来正确地陈述产品或零部件的各种功能。根据收集到的信息资料,通过对象产品或构配件的物理特征(或现象),找出其效用或功用的本质东西,并逐项加以区分和规定,以简洁的语言准确描述出来,这个过程就叫做功能定义。

2. 功能定义的作用

(1)区分各种功能的概念。通过功能定义,把功能的内容及其水平准确地表述出来,这样就可以明确一种产品及其零部件的确切功能,并与其他产品及其零部件的功能相区别。

(2)进一步明确用户所需要的功能。用户对产品的功能要求是产品设计和制造的出发点和归宿。通过功能定义,准确地把握用户对产品的功能要求,使设计的内容和水平充分反映用户的功能要求,从而制造出符合用户要求的产品。

(3)便于进行功能评价。功能评价的最终目的是确定实现功能的最低费用,由于功能费用与功能水平是相关联的,而功能水平又依赖于功能定义,所以只有通过功能定义确定功能的水平,才能进行有效的功能评价。

(4)便于改进产品的方案构思。产品某一种功能的实现是可以通过多种手段来实现的,功能定义有利于设计者摆脱产品结构的约束,把分析问题的着眼点转移到产品的功能上来,在抓住问题本质的基础上,扩大思想的范围,进而设想出各种设计方案。

3. 功能定义的方法

功能定义在实践中常用一个动词和一个名词的动宾词组构成。为了不限制实现产品功能的各种方法,动词常选用比较抽象的词;而为了将实现产品功能的费用与产品功能水平的高低有机地联系在一起,名词最好选用能够计量的词。例如,圈梁的功能定义是加固墙体,基础的功能定义是承受荷载,等等。

功能定义要求描述的是产品的"功能",而不是对象的结构、外形或材质。因此,对产品功能进行定义,必须对产品的作用有深刻的认识和理解,功能定义的过程就是解剖分析的过程,如图 6.3.1 所示。

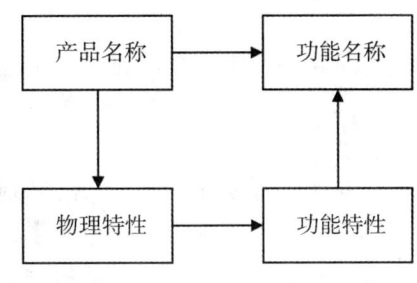

图 6.3.1 功能定义过程

6.3.2 功能分类

为了按类型进行功能分析，需要对功能进行分类，一般有如下六种分类方式：

(1) 按功能的重要程度分，可以分为基本功能和辅助性功能。基本功能是产品达到使用目的不可缺少的功能，是决定产品属性的功能。辅助功能是为了更好地实现基本功能而起辅助作用的功能。如承受荷载是承重外墙的基本功能，保温、隔热、隔声是承重外墙的辅助功能。

(2) 按用户的需要分，可以分为必要功能和不必要功能。必要功能是用户要求的功能。不必要功能是用户不需要的功能，是过剩的或多余的功能。不必要功能不仅造成用户额外的经济负担，而且还造成国家资源的浪费，因此需要在改进设计中加以剔除。据国外相关资料介绍，在产品的功能中，大约有30%是不必要功能。

(3) 按功能使用的性质分，可以分为使用功能和美学功能。使用功能是指产品的特定用途或使用价值，通过产品的基本功能和辅助功能来实现。如承重外墙的使用功能就是承受荷载、隔热、隔声、保温等。美学功能是指产品所具有的外观美化功能。如建筑物上面的图案浮雕，就是为了使建筑物美观大方而增加的部分，其功能就是美学功能。

(4) 按功能的量化标准分类，产品的功能可分为过剩功能与不足功能。过剩功能是指某些功能虽属必要，但满足需要有余，在数量上超过了用户要求或标准功能水平，这将导致成本增加，给用户造成不合理的负担。不足功能是相对于过剩功能而言的，表现为产品整体功能或构配件功能水平在数量上低于标准功能水平，不能完全满足用户需要，将影响产品正常安全使用，最终也将给用户造成不合理的负担。因此，不足功能和过剩功能要作为价值工程的对象，通过设计进行改进和完善。

(5) 按总体与局部分类，产品的功能可分为总体功能和局部功能。总体功能和局部功能是目的与手段的关系，产品各局部功能是实现产品总体功能的基础，而产品的总体功能又是产品各局部功能要达到的目的。

(6) 按功能整理的逻辑关系分类，产品功能可以分为并列功能和上下位功能。并列功能是指产品功能之间属于并列关系，如住宅必须具有遮风、避雨、保温、隔热、采光、通风、隔声、防潮、防火、防震等功能，这些功能之间是属于并列关系的。上下位功能也是目的与手段的关系，上位功能是目的性功能，下位功能是实现上位功能的手段性功能。如住宅的最基本功能是居住，是上位功能；而上述所列的并列功能则是实现居住目的所必需的下位功能。但上下位关系是相对的，如为达到居住的目的必须通风，则居住是目的，是上位功能，通风是手段，是下位功能。而为了通风必须组织自然通风，则通风又是目的，是上位功能；组织自然通风是手段，是下位功能。

6.3.3 功能整理

功能整理是在功能定义的基础上，根据功能之间的逻辑关系，将产品的各功能按照一定的程序进行系统的整理和排序，组成一个体系，以便从局部功能和整体功能的依存关系上分析问题，达到掌握必要功能和发现不必要功能的目的。

1. 功能整理的目的

功能整理的主要目的有以下几个方面：

(1) 建立功能体系，明确功能间相互关系；

(2) 发现和掌握必要功能；

(3) 发现和消除不必要的功能；

(4) 检查功能定义的正确性；

(5) 明确改进对象的等级和功能区域；

(6) 检查原设计的系统性，确定改进的着手点。

2. 功能整理的方法

一般采用由美国兰德公司的查尔斯·拜泽威(Charles Bytheway)提出的功能分析系统技术(Function Analysis System Technique，FAST)，其主要步骤如下：

(1) 把各项功能定义写在小卡片上，每条写一张卡片，便于排列、调整和修改，如图6.3.2所示。

图 6.3.2　功能卡片

(2) 明确产品的基本功能和辅助功能。

(3) 明确产品功能之间的关系(上下关系和并列关系)。

(4) 对功能定义做必要的修改和补充。

(5) 绘功能系统图。按树枝状从左往右排，将上位功能排列在左边，下位功能排列在右边，最上位功能排列在最左边；并列关系功能并排排列；通过"目的-手段"关系，把功能之间关系系统化。功能系统图的一般形式如图6.3.1所示。

在功能系统图6.3.1中，各功能从左向右排列形成功能等级层次。F_0为对象的一级功能；处于并列关系的F_1、F_2、F_3是对象二级功能；处于并列关系的F_{11}，F_{12}，F_{21}，…，F_{32}则是对象三级功能。目的和手段是指两个功能之间具有的直接依存的关系，如果某一功能是另一个功能的目的，而另一个功能是实现这一功能的手段，则前者被称为目的功能，后者被称为手段功能。目的功能也被称为上位功能，相应的手段功能被称为下位功能。上、下位功能强调的是功能在功能系统图中的位置，而目的功能与手段功能强调的是功能之间的关系。上、下关系是相对而言的，如F_0是F_1、F_2、F_3的目的，F_1、F_2、F_3是实现F_0的手段；而F_1是F_{11}与F_{12}的目的，F_{11}与F_{12}是实现F_1的手段。功能领域是指相对于整个功能系统存在的子功能系统，以该领域的最终目的功能为标准划分。如以F_1为最终目的的功能领域由F_1和F_{11}及F_{12}组成，同样F_2、F_3也各自构成功能领域。

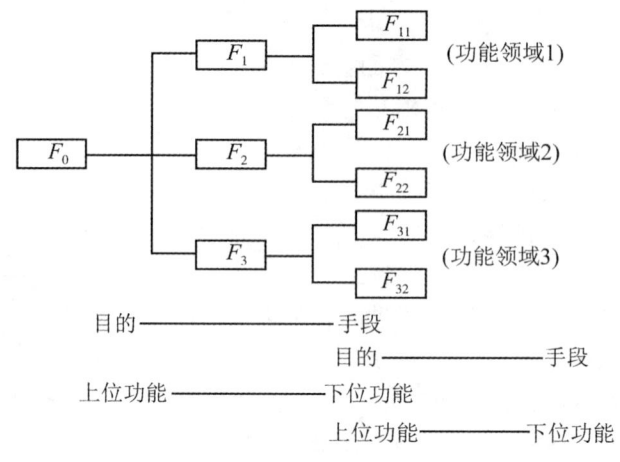

图 6.3.3 功能系统图

现以住宅为例,在功能定义的基础上,通过功能分类和功能整理,得到其功能系统图,如图 6.3.2 所示。

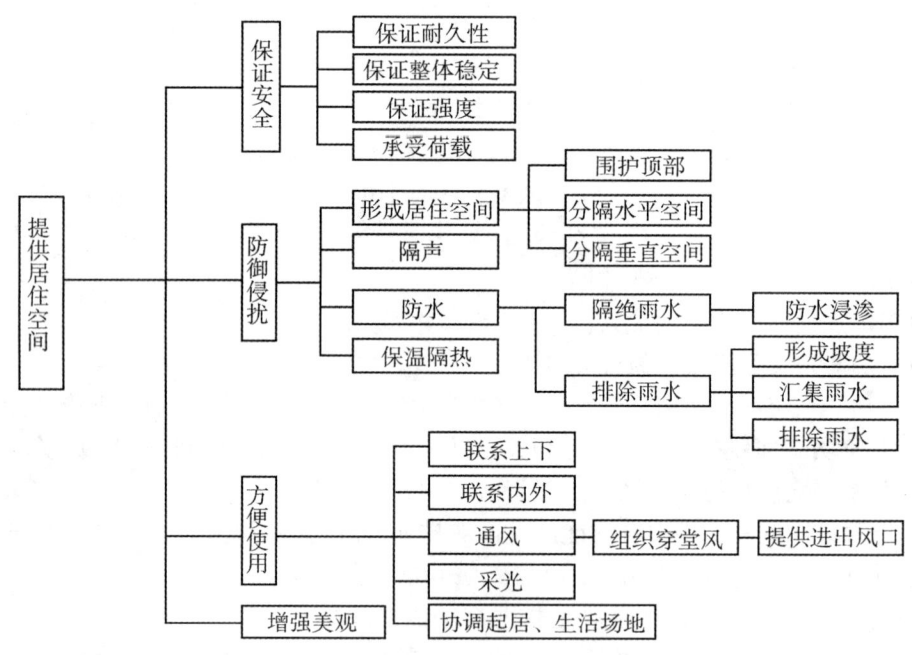

图 6.3.4 住宅功能系统框图

6.3.4 功能评价

功能评价就是确定功能的实际成本、目标成本、目标成本与实际成本的比值以及实际成本与目标成本的差值,根据价值系数或上述差值来选择价值工程对象的功能领域。

功能定义、功能分类和功能整理是对功能做定性分析,而功能评价是对功能做定量分析，是定量地表示功能的大小和重要程度。

1. 功能评价的主要步骤

(1) 确定功能的现状成本 C 或成本系数 CI；

(2) 确定功能评价值 FC 或功能重要性系数 FI；

(3) 确定功能价值 V 或功能价值系数 VI；

(4) 计算改善期望值，即成本降低幅度 $\Delta C = C - FC$；

(5) 根据对象价值的高低及成本降低幅度的大小，确定改进的重点或优先次序。

2. 功能评价的方法

根据功能量化方法的不同，功能评价的方法可以分为两大类：功能评价成本法和功能评价系数法。

1) 功能评价成本法（绝对值法）

功能评价成本法是由迈尔斯最先提出来的，他认为任何功能的获得或实现都要付出一定的费用，因此可以把所有功能都转化为费用（成本），即功能被定量地表示为实现这一功能所需要的成本金额。这样，式(6.1.1)可以表示为

$$V_i = \frac{FC_i}{C_{0i}} \tag{6.3.1}$$

式中：V_i——评价对象 i 的功能价值；

FC_i——评价对象 i 实现功能的最低成本，也称为目标成本或功能评价值；

C_{0i}——评价对象 i 的现状成本，也称为实际成本。

功能评价成本法中功能改进对象的确定是依据功能价值 V 和降低成本幅度 $\Delta C = C_0 - FC$ 两个方面进行的，即综合考虑价值评价和成本评价。成本评价以 $|\Delta C|$ 大者为优先改进对象，而价值评价则依据功能价值 V 的取值，功能价值 V 的取值可能出现以下三种情况：

$V \approx 1$，说明功能的现状成本与实现该功能的最低成本基本一致，是比较理想的，一般无须改进；

$V < 1$，说明功能的现状成本比实现该功能的最低成本高出很多，这时有两种情况：一是此功能过剩；二是虽无功能过剩，但实际功能的手段不佳。这个功能应当成为改进对象；

$V > 1$，说明功能的现状成本小于实现该功能的最低成本，此时需要检查功能价值是否定得合理，因此需要增加成本使之达到用户所要求的功能水平。

(1) 功能现状成本 C_0 的确定。根据收集的产品各零部件的成本数据，将零部件的成本按一定的比例关系分摊到各项功能上去，再将实现同一功能的零部件所分摊的成本累加，即得到功能的现状成本。

(2) 功能评价值 FC 的确定。功能评价值的确定，常用的有以下几种方法：

① 经验估计法：邀请一些有经验的专家，由他们对各种可能方案进行成本估计，各方案的估算成本取专家估计成本的平均值，再从中取最低的估算成本作为功能评价值。

② 理论价值标准法：根据工程计算公式和费用定额资料，对功能成本中的某些费用进行定量计算。例如，对于某个施工方案，根据工时定额和人工费用资料，可以计算出某些加工功能的最低费用。

③ 实际价值标准法(实际调查法)：将企业内、外能达到相同功能的现有产品做详细比较，从中选取能够实现产品功能的最低成本作为功能评价值。该方法的主要步骤是：收集成本资料及功能水平的各项指标资料；统一对比标准，将成本资料按功能条件的实现程度分类；以功能实现程度为横坐标、成本为纵坐标，绘制坐标图，并定出最低成本线；确定功能评价值。如图 6.3.3 所示，C_{0i} 是与功能 F_i 对应的本企业的现状成本点，FC 是实现 F_i 的最低成本，在确保功能的条件下，可以实现成本降低幅度的大小为 $C_{0i} - FC$。

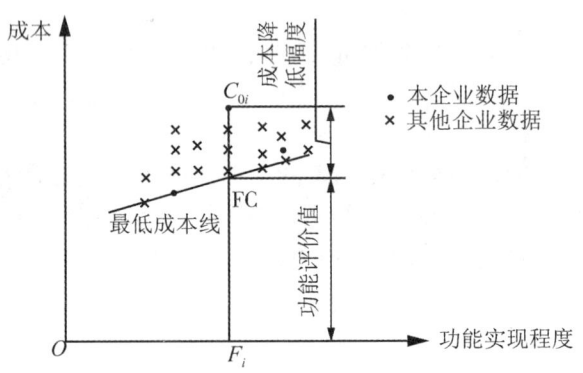

图 6.3.5 实际价值标准分析图

【例 6.3.1】某工程有六项分项工程，各分项工程的目标成本及原设计成本如表 6.3.1 所示。根据表 6.3.1 中的数据计算得到各分项工程的功能价值及成本降低幅度，然后综合这两项指标进行改进对象的选择。从功能价值判断 F_1、F_3、F_4、F_5、F_6 均应成为改进对象，考虑到改进对象的成本降低幅度的数值相差不大，而 F_3 是由于成本偏低造成功能不足，因此从着重提高产品质量的角度出发，将 F_3 列为首先应该被改进的对象。F_1、F_4、F_5、F_6 的功能价值比较接近，可以按 ΔC 的大小进行排序，对 ΔC 相同的 F_4、F_5，则按其功能价值高低排序。从上述分析可以知道，价值工程追求的是功能与成本的合理匹配，而不是一味追求成本的降低。

表 6.3.1 某工程功能评价分析表

分项工程	原设计现状成本(万元)	目标成本(万元)	功能价值	成本降低幅度(万元)	改进次序
F_1	35	32	0.914	3	5
F_2	30	30	1.000	0	—
F_3	24	28	1.167	−4	1
F_4	45	40	0.889	5	3
F_5	55	50	0.909	5	4
F_6	66	60	0.909	6	2
合计	255	240		15	

2)功能评价系数法(相对值法)

功能评价系数法是通过对功能的相对重要程度进行评分来确定其功能重要性系数,然后根据功能重要性系数和成本系数计算功能价值系数,从而进一步确定评价对象目标成本的方法。在功能评价系数法中式(6.1.1)又可以表示为

$$VI_i = \frac{FI_i}{CI_i} \qquad (6.3.2)$$

式中:VI_i——评价对象 i 的价值系数;

FI_i——评价对象 i 的功能重要性系数,$FI_i = \dfrac{FS_i}{\sum FS_i}$,其中 FS_i 为评价对象 i 的功能评分值;

CI_i——评价对象 i 的成本系数,$CI_i = \dfrac{C_i}{\sum C_i}$,其中 C_i 为评价对象 i 的现状成本。

(1)功能重要性系数 FI_i 的确定。其实质是如何确定功能评分值,计算的方法很多,这里介绍"04"评分和环比评分这两种常用的方法。

① "04"评分法:是本章6.2节中"01"评分法的改进方法,克服了"01"评分法不能准确反映评价对象之间相对重要性的差异程度的缺陷。其对"01"评分法的改进体现在评分标准上:

a. 相对非常重要的对象得4分,另一个很不重要的得0分;
b. 相对比较重要的对象得3分,另一个不太重要的得1分;
c. 两个对象相对同等重要时,则各得2分;
d. 自身相比可得1分或不得分,以不得分为常见。

② 环比评分法:也称 DARE(Decision Alternative Ratio Evaluation System)法,现以表6.3.2说明其实施的步骤。表6.3.2中的评价对象可以任意排序,也常以便于对比的顺序排列,如可以按重要性大小排序。然后由上而下确定相邻评价对象的相对重要性比值,如表6.3.2中认为 F_1 比 F_2 重要2.0倍。以末位排序的评分对象为基准,一般设其重要性得分为1,由下而上计算修正比值,如 F_3 的修正比值 = 1×3.5 = 3.5,F_2 的修正比值 = 3.5×0.4 = 1.4。视修正比值为各对象的重要性得分,以各对象修正比值与合计得分相比的方法计算对象的功能重要性系数,如 F_1 的功能重要性系数 = 2.8/8.7 = 0.32。

表6.3.2　　　　　　　　　　**环比评分功能重要性系数计算表**

评价对象	暂定相对比值	修正比值	功能重要性系数
F_1	2.0	2.8	0.32
F_2	0.4	1.4	0.16
F_3	3.5	3.5	0.40
F_4		1	0.12
合计		8.7	1.00

(2) 对象目标成本的确定。分新产品设计和老产品改进设计两种情况：

① 新产品设计：可以依据事先确定的总体目标成本，按功能重要性系数分配各功能对象的目标成本，即采用下式计算：

$$FC_i = TC \cdot FI_i \tag{6.3.3}$$

式中：FC_i——对象 i 的目标成本；

TC——目标成本总额；

FI_i——对象 i 的功能重要性系数。

② 老产品改进设计：将已有的总体现状成本按功能重要性系数进行再分配，可能出现下列三种结果：

a. 新分配成本等于现状成本，则现状成本即为目标成本；

b. 新分配成本小于现状成本，则新分配成本为目标成本；

c. 新分配成本大于现状成本，则要具体分析。

如果是由于现状成本过低而不能保证必要的功能，则应以新分配成本作为目标成本；如果是由于功能重要性系数定得过高而产生了多余的功能，则应调整重要性系数后再次分配成本；如果不是上述两种情况，则以现状成本作为目标成本。

【例 6.3.2】 某老产品改进设计的功能评价，各功能的现状成本及重要性系数如表 6.3.3 所示，试确定各功能的目标成本及其成本改善期望值，并对改进对象的确定进行分析。

表 6.3.3 **某老产品改进设计的功能评价分析表**

功能领域	现状成本	重要性系数	成本系数	价值系数	成本分配	目标成本	改善期望值	改进重点
①	②	③	④=②/1121	⑤=③/④	⑥=1121×③	⑦	⑧=②−⑦	⑨
F_1	495	0.48	0.44	1.091	538.08	538.08	−43.08	√
F_2	372	0.32	0.33	0.970	358.72	358.72	13.28	
F_3	203	0.16	0.18	0.889	179.36	179.36	23.64	√
F_4	51	0.04	0.05	0.800	44.84	44.84	6.16	
合计	1121	1.00	1.00		1121	1121		

解：各功能的目标成本及其改善期望值的计算见表 6.3.3，F_1 属于新分配成本大于现状成本的情况，经具体分析认为是目前成本过低而不能保证必要的功能这一情况，因此以新分配成本作为目标成本。改进对象的确定同样依据价值系数 VI_i 和改善期望值 $|\Delta C|$ 的大小做综合判断。由于各功能的价值系数相差不大且接近于 1，而功能 F_2 和 F_4 的改善余地不大，因此确定的改进重点是功能 F_1 和 F_3。

(3) 基点分析法。在前述功能评价系数法中，当价值系数 $VI_i \approx 1$ 时，对象的功能与成本被认为是相匹配的，而在其他情况下认为对象的功能与成本不匹配，但按这一准则指示的具体改进对象并不准确。这是因为，在计算评价对象 i 的价值系数 VI_i 时，采用的算式是 $VI_i = \dfrac{FI_i}{CI_i} = \dfrac{FS_i / \sum FS_i}{C_i / \sum C_i}$，即 $\sum FS_i$ 和 $\sum C_i$ 对每一个评价对象都产生影响，也就是说，在计算 VI_i 时，功能评价系数法将除评价对象 i 以外的所有 FS 和 C 的偏差都包括进去了。由我国浙江大学的马庆国教授提出的基点分析法克服了这一缺陷，方法要点如下：

① 找出基点功能，计算基点系数 α。所谓基点功能，是指功能重要性程度与其成本水平相符合的功能，那么，可以依据实际成本和功能评分计算其基点系数，即

$$\alpha = \frac{C_{i0}}{FS_{i0}} \tag{6.3.4}$$

式中：C_{i0}—— 基点功能的实际成本；

FS_{i0}—— 基点功能的重要性评分。

在实际工作中，可能会找出多个基点功能，此时可以取它们的平均值来计算基点系数，即

$$\alpha' = \frac{1}{m}\sum_{i=1}^{m}\frac{C_{i0}}{FS_{i0}} \tag{6.3.5}$$

式中：m—— 可能的基点功能的数量；

α'—— 虚基点系数。

② 计算基点价值系数 VI'_i。

$$VI'_i = \alpha \cdot \frac{FS_i}{C_i} \quad \text{或} \quad VI'_i = \alpha' \cdot \frac{FS_i}{C_i} \tag{6.3.6}$$

③ 求目标成本 FC_i 及成本改善期望值 ΔC_i。

$$FC_i = \alpha \cdot FS_i \quad \text{或} \quad FC_i = \alpha' \cdot FS_i \tag{6.3.7}$$

$$\Delta C_i = C_i - \alpha \cdot FS_i \quad \text{或} \quad \Delta C_i = C_i - \alpha' \cdot FS_i \tag{6.3.8}$$

④ 按 VI'_i 和 ΔC_i 进行评价对象选择，判断标准同前。

【例 6.3.3】某建筑产品有 5 个构配件，其功能评分与实际成本如表 6.3.4 所示。试运用基点法计算价值系数和成本改善期望值。

解： 经分析，构配件 B 的成本与功能匹配较合理，因此选其作为基点。其他计算见表 6.3.4。经改进后，各构配件的功能与成本均相匹配，价值系数均达到 1。但如果构配件 D 属于功能特别重要而成本较低的特殊情况，则其目标成本应为 25 元，成本改善期望值为 0，这样构配件 D 的价值系数就不为 1。

表 6.3.4 **某建筑产品功能评价基点法分析表**

构配件	功能评分	实际成本（元）	基点系数	价值系数	目标成本（元）	改善期望值（元）
A	4	100		0.80	80	20
B	3	60	$\alpha = 20$	1.00	60	0
C	5	140		0.71	100	40
D	2	25		1.60	40	−15
E	1	60		0.33	20	40
合计	15	385			300	

6.4 方案的创造和评价

6.4.1 方案的创造

经过功能评价，确定了目标成本之后，就进入改进方案的创造和评价阶段。方案创造是利用掌握的知识和经验，通过分析和综合，构思出新的功能方式，用以更好地实现功能要求的过程。

在价值工程中，要想通过方案创造达到提高价值的目的，要求努力做到：打破旧框框、旧思维定式，善于大胆科学地设计方案；善于综合利用各种情报资料，充分发挥综合分析能力，从各个不同角度提出改进方案；依据价值工程对象的性质，组织各类专业人才参加，相互启发交流，取长补短，发挥集体智慧；以产品功能为核心，并注意抓上位功能，因为上位功能范围广泛、限制较少，容易提出较多方案，而且上位功能的改进比下位功能改进能带来更大的效果。

据相关资料统计，目前世界上已有300多种方案创造的方法应用于各国，下面介绍的是几种有代表性的方法。

1. 头脑风暴法（Brain Storming，简称BS法）

BS法由美国BBDO广告公司的奥斯本于1941年首创。不同于普通的会议法，BS法这种会议法一般由5~10人参加，并且规定了四条规则：不批评别人的意见；鼓励自由奔放的思考；提出的方案越多越好；希望结合别人意见提出设想。利用这种方法，与会者瞬间的见解往往会诱导出创造性的思想火花，因此可能收到极好的效果。

2. 哥顿法（模糊目标法）

哥顿法由美国人哥顿（W. I. J. Gorden）于1964年提出，其特点是将要研究的问题适当抽象，摆脱现有事物对思维的束缚，便于拓展思路，从而得到一些常法难以得到的方案。其要点是：会议开始时，主持人只向专家提出一个抽象化问题，要求大家对抽象的问题自由地提出解决方案，当讨论到适当的程度后，再提出具体问题，与会者再具体思考，舍弃不可行方案，对可行方案做进一步研究。

3. 问题列举法

问题列举法是用列举问题来提示、诱发人们创新构思的一种方法，一般以会议形式进行。根据列举的问题，可以分为：

（1）特性列举法：将产品的特性，如结构、功能、材料等逐项列举出来，然后根据这些特性提出改进方案。

（2）缺点列举法：用调查产品缺点的方法，请各方面专家提出产品的缺点，并针对这些缺点提出改进方案，又称为"专挑毛病法"。

（3）希望列举法：将对产品功能的要求和希望都提出来，作为价值工程的目标，启发人们更好地构思，进而由构思勾画出方案。

4. 专家函询法（德尔菲法）

专家函询法不采用开会的形式，而是由主管人员或部门把预想方案以信函的方式分发给相关的专业人员,征询他们的意见,然后将意见汇总,统计和整理之后再分发下去,希望再次得到补充修改。如此反复若干次,把原来比较分散的意见在一定程度上使其内容集中一致,最终形成统一的集体结论,作为新的代替方案。

5. 专家检查法

专家检查法不是靠大家想办法,而是由主管设计的工程师做出设计,提出完成所需要功能的办法和生产工艺,然后顺序请各方面的专家(材料方面的、生产工艺方面的、工艺装备方面的、成本管理方面的、使用方面的,等等)审查。根据审查结果,不断提出优化建议,不断完善创新方案。这种方法先由熟悉的人进行审查,可以提高效率。

6. 输入输出法

输入输出法是美国通用公司在产品设计阶段使用的一种方法。输入指研究对象的初始状态,输出指对象的功能目的。该方法首先给定实现功能的要求事项,即制约条件,然后设想输入与输出之间有无联系。如果没有联系,就要思考输入能与什么事物联系,通过什么手段才能达到输出的目的,这样逐渐深入地接近所需要达到的目的,对每一步都要做出评价,并随时去掉不可行的方案。

6.4.2 方案评价

方案评价是从技术、经济和社会等方面评价所提出的各种方案,看其能否实现预期的目标,然后从中选择最佳方案的过程。方案评价包括概略评价和详细评价两个层次,初步评价是对众多方案进行初步筛选,选出少数几个方案,以备进行详细评价。因此,初步评价方法力求简便易行,通常采用类比法、优缺点列举法等定性方法。详细评价则要求在技术上和经济上进行深入全面的评价,最终选出最满意方案。详细评价要求尽量采用定量的评价方法。两个评价层次都包括技术评价、经济评价、社会评价、环境评价和综合评价等评价内容,只是深浅程度有别。

技术评价围绕"功能"进行评价,主要是评价方案能否满足功能的要求,以及技术上的完善性和可能性。内容是评价方案能否实现必要功能及实现程度,包括功能实现程度(性能、质量、寿命等)、可靠性、可维修性、安全性、与环境的协调性等。技术评价的主要方法有评分法和功能加权法等,必要时,为检验方案是否可行和取得实际技术资料,还可以采用计算机模拟、试验等方法。

经济评价围绕经济效果进行,主要是评价有无降低成本的可能和能否实现预定的目标成本。内容是以成本为代表的经济可行性,包括节省的费用、对企业或公众产生的效益,同时还应考虑产品的市场情况、产品的适用期限等。经济评价方法主要有总额法和差额法、机会成本法、变动成本法、盈亏分析法等。

社会评价围绕社会效益进行评价,主要是评价是否符合国家规定的各项政策、法令、标准以及与社会其他事业有无矛盾等。环境评价围绕环境效果进行,内容是方案对环境的影响,如污染、噪声、能源消耗等。

综合评价在技术评价、经济评价、社会评价和环境评价的基础上进行,目标是选出最佳方案。用于方案综合评价的方法很多,定性方法常用的有德尔菲法(Delphi)、优缺点法等;定量方法常用的有加权评分法、比较价值法、环比评分法、强制评分法、几何平均值评分法等。

将上述三方面结果加以综合，比较优劣，得出结论，图 6.4.1 展示了方案评价的基本过程。

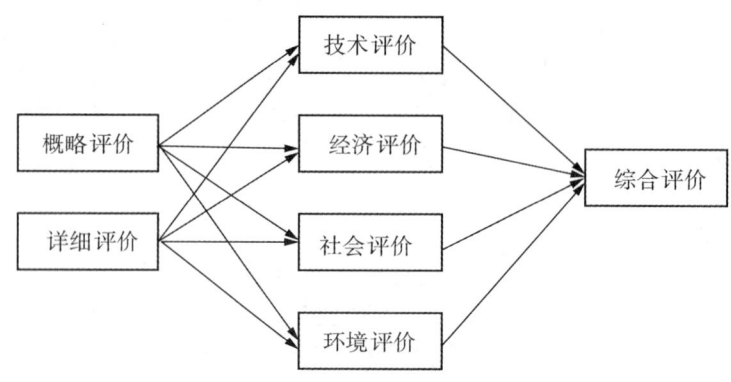

图 6.4.1　方案评价的基本过程

1. 概略评价

概略评价的目的是对方案进行初步筛选，将一些价值明显不高的方案先行排除，保留价值较高的少数方案，以减少进一步评价所耗费的人力和时间。

（1）技术评价：围绕"功能"所进行的评价，主要是评价方案能否满足功能的要求，以及技术上的完善性和可能性。

（2）经济评价：围绕经济效果所进行的评价，主要是评价有无降低成本的可能和能否实现预定的目标成本。

（3）社会评价：围绕社会效益进行评价，主要是评价是否符合国家规定的各项政策、法令、标准以及与社会其他事业有无矛盾等。

（4）综合评价：将上述三方面结果加以综合，比较优劣，得出结论。

优缺点列举法是概略评价常用的方法。该方法是一种定性评价方法，一般用于方案的初步评价。这种方法是把各个方案在技术经济和社会三方面的优缺点一一列出来进行比较，综合权衡优劣，最后确定一个或几个较好的方案。这种方法灵活简便，考虑问题也较全面。

2. 详细评价

将概略评价后保留下来的方案具体化后，就进入详细评价阶段，目的是对具体化的方案做最后的审查和评价，评价内容同样包括技术评价、经济评价、社会评价和综合评价，只是内容和方法上都较为复杂。综合评价有定性评价和定量评价两类方法，由于定性方法缺乏足够的说服力，实践中较多采用的是定量方法，下面介绍几种常用的定量评价方法。

1）加法评分法与连乘评分法

加法评分法与连乘评分法首先要求拟定评价指标，再将每一评价指标分成若干等级，对每一等级规定一个评分标准（重要项目的评分标准要高些）。对拟定的各种方案均按照同样的评分标准打分，最后将所得分数相加或连乘，得出总分，总分最高者为最优方案。加法评分法与连乘评分法所得结果相同，但连乘评分法能把各方案之间的分差拉开，对比明显，便于选择。表 6.4.1 为两种评价方法的示例，4 个方案中确定 A

方案为最优方案。

表 6.4.1　　　　　　　　　　加法评分与连乘评分计算表

评价指标	评价项目		评分标准	评价方案			
	评价等级			A	B	C	D
产品功能	① 满足用户要求		5	5			
	② 基本满足用户要求		4		4		4
	③ 仅能满足用户最低要求		3			3	
成本	① 低于外企业同类产品的成本		3		3		
	② 低于本企业原有产品的成本		2	2		2	2
	③ 与本企业原有产品的成本相同		1				
产品销路	① 产品销路大，地域广		3	3		3	3
	② 销路中等		2		2		
	③ 销路小		1				
产品方向	① 符合国家及企业目标		3	3			
	② 符合当前要求		2		2		
	③ 不符合国家长远规划		1			1	1
	加法合计			13	11	9	10
	连乘合计			90	48	18	24

2）加权评分法

加权评分法用权数大小表示各评价指标的相对重要程度，用满意程度评分表示某方案的某项指标水平的高低，通过满意程度评分与相应的权数相乘后累计求和的方法得到各方案的加权评分和，以加权评分和大的方案为相对优方案。例如，在表 6.4.2 中所示的某一建筑设计的方案优选问题，根据加权评分法确定的最优方案为 A 方案。

表 6.4.2　　　　　　　　　　加权评分计算表

评价指标	适用	美观	安全可靠	维修性	造价	方案的加权评分和
权重系数	0.4	0.1	0.2	0.1	0.2	
方案	满意程度评分（10分制）					
A	9	8	9	7	8	8.5
B	8	7	7	9	7	7.6
C	7	8	9	8	8	7.8
D	6	9	8	9	8	7.4

3) 技术经济价值法

一般而言，技术性指标和经济性指标在方案评价中相对于其他指标而言更为重要，技术经济价值法是用技术价值和经济价值来对方案进行评价的方法，步骤如下：

(1) 确定技术评价值 X。

$$X = \frac{\sum_{j=1}^{n} P_j}{n P_{\max}} \tag{6.4.1}$$

式中：P_j—— 方案的第 j 个技术评价指标的实际得分值；
$P_{\max}$—— 理想方案的技术评价指标得分值；
n—— 技术评价指标的个数。

(2) 确定经济评价值 Y。

$$Y = \frac{H_i - H}{H_i} \tag{6.4.2}$$

式中：H_i—— 原有成本；
H—— 新方案的预计成本。

(3) 确定综合评价值 K。

$$K = \sqrt{XY} \tag{6.4.3}$$

(4) 确定最优方案。以 K 值最高的方案为最优方案。

【例 6.4.1】 已知某产品的生产方案有甲、乙、丙三种，其技术评价指标为 A、B、C、D、E 5 种，技术评价得分如表 6.4.3 所示。该产品原有成本为 20 元一件，新方案预计成本为：甲：18 元；乙：16 元；丙：12 元。试用技术经济价值法确定最优方案。

表 6.4.3 　　　　某产品各生产方案技术得分表

技术评价指标	甲方案	乙方案	丙方案	理想方案
A	3	3	1	4
B	4	3	2	4
C	3	2	1	4
D	3	2	2	4
E	1	3	0	4

解：(1) 确定技术评价值 X：$X_{甲} = \frac{14}{5 \times 4} = 0.7$；同理，$X_{乙} = 0.65$，$X_{丙} = 0.3$。

(2) 确定经济评价值 Y：$Y_{甲} = \frac{20 - 18}{20} = 0.1$；同理，$Y_{乙} = 0.2$，$Y_{丙} = 0.4$。

(3) 确定综合评价值 K：$K_{甲} = \sqrt{0.7 \times 0.1} = 0.26$；同理，$K_{乙} = 0.36$，$K_{丙} = 0.35$。

(4) 确定最优方案：乙方案的综合评价值最大，为最优方案。

4) 综合评价法

综合评价法是根据各方案功能满足程度和成本费用，进行综合评价的方法，主要步骤如下：

(1) 用强制评分法(FD 法)或环比评分法(DARE 法)等对各功能打分(其分值用 W 表示)。

(2) 对各方案功能满足程度打分(其分值用 V 表示)。

(3) 计算各方案功能评分：$f_i = \sum WZ$

(4) 计算各方案功能满足系数：$F_i = \dfrac{f_i}{\sum f_i}$

(5) 计算各方案成本系数：$C_i = \dfrac{C_i}{\sum C_i}$

(6) 计算各方案价值系数：$V_i = \dfrac{F_i}{C_i}$

(7) 选择价值系数最大的为最优方案。以在某一建筑工程项目中为改善某一施工工艺从 3 个方案选择最优方案为例计算，如表 6.4.4 所示。

表 6.4.4　　　　　　　　　　方案综合评价

功能	F_1		F_2		F_3		F_4			
功能评分(W)	15		12		10		9			
方案	满足程度(V)				f_i	F_i	c_i	C_i	V_i	选择
1	80	82	75	70	3.564	0.310	3.500	0.324	0.957	3
2	80	85	84	86	3.834	0.333	3.600	0.333	1.00	2
3	85	90	90	95	4.110	0.357	3.700	0.343	1.041	1
总计					11.508	1.00	10.800	1.00		

6.4.3　提案审批和实施

1. 提案审批

最优方案选定后，为了确保方案的质量并为审批提供依据，对一些复杂的方案要进行试验。试验过程步骤如下：

(1) 确定试验方法、设备、材料、日期、负责人及试验结果的评价标准；

(2) 进行试验；

(3) 对试验结果进行整理和评价，即把试验数据进行处理并同事先制定的试验评价标准比较。

必要时，需对方案进行修改或改变试验方法，再进行试验。试验结果满意，则将其作为正式提案，并附上试验报告，提交主管部门审批。经过综合评价选出的方案，是价值工程人员向主管部门推荐的拟实施的方案。为了使方案得到上级主管部门的认可，需要将方案实施等问题写成提案形式，报送相关部门审批。提案一般包括以下内容：

(1) 价值工程课题、内容摘要及工作小组成员；
(2) 功能分析的结论，新方案与原设计(或产品)在基本功能和辅助功能上的满意程度方面的差别，以及产品质量、结构等方面的区别；
(3) 成本分析结果，对比成本额，预测企业经济效益和社会效益；
(4) 功能评价的结论、价值提高的情况；
(5) 技术、经济上尚存问题的说明；
(6) 重要的实验结果、相关的情报、资料、图纸和数据等，可以附在相关内容之后，或作为提案的附件。

2. 方案实施

正式提案经审查批准后，就要组织实施，由总工程师负责制订实施计划，并层层落实，明确实施进度、质量要求，制定验收标准，检查实施情况，妥善处理实施中出现的问题。

如果提案通过审批，就要拟订计划，组织实施。一般从以下四个方面对方案的实施作出具体的安排和落实：

(1) 组织落实，把具体的实施方案落实到部门和相关人员；
(2) 经费落实，落实经费的来源及使用方法；
(3) 条件落实，做好物资、装备的准备；
(4) 时间落实，妥善安排实施方案的始、末时间及各阶段的时间。

3. 价值工程活动成果的评价

整个价值工程活动结束后，要以经济效果对其成果进行总结和评价，这种总结和评价是改进后产品正式投产的前提条件。

方案实施后，要不断地进行跟踪检查，计算和评价本次价值工程活动的经济效益，这种总结和评价是改进后产品正式投产的前提条件并认真总结经验教训，不断提高价值工程活动的水平。常用的经济评价指标有全年净节约额、成本降低率、节约倍数和价值工程活动单位时间的节约额，其计算式分别为

$$成本降低率 = \frac{改进前单位成本 - 改进后单位成本}{改进前单位成本} \times 100\%$$

$$全年净节约额 = (改进前成本 - 改进后成本) \times 年产量 - 价值工程活动经费$$

$$节约倍数 = \frac{全年净节约额}{价值工程活动经费}$$

$$价值工程活动单位时间节约额 = \frac{全年净节约额}{价值工程延续时间}$$

关于价值工程活动的社会效益评价，能定量化的，也要进行计算；难以定量化计算的，要定性加以表述，最后由 VE 小组负责写出 VE 活动的总结报告，将有待改进的问题反馈到下一个价值工程活动循环中去解决。

6.5 价值工程应用实例

6.5.1 工程概况

辽宁省绥中县某水库大坝是一座以养鱼、农田灌溉以及防洪排涝等功能为一体的综合型小（Ⅰ）型水利枢纽工程。坝上积水面积 6.5km²，设计总库容和正常库容分别为 $280.5×10^4 m^3$、$198.2×10^4 m^3$，坝高 12.6m，修建时间较早为 1962 年。水利枢纽的主要、次要建筑物为 4 级和 5 级，由灌溉涵洞、溢洪道、大坝等组成。水库下游分布有城镇及其辖属 6 个村庄，沿下游有公路、铁路通过，共涉及 2.5 万人、耕地面积 1733.3hm²，一旦发生溃决，将严重威胁到下游居民的防洪安全。根据现场监测资料，该水库大坝存在的病险问题主要有：岸坡、主副坝坝基处理不彻底，岸坡陡峭且坝肩、坝基渗漏问题严重；主坝上游坝坡排水棱体局部变形，波浪侵蚀问题突出，坝坡稳定性达不到工程规范标准；长期运行的灌溉涵管老化严重，闸门启闭不灵，且存在锈蚀老化、漏水现象，主坝坝顶高程无法达到目前的防洪标准要求；溢洪道不符合规范要求，防汛路况差，下游未设置池洪渠道，迎水坡坡石不平整等。经过现场检查和书面鉴定，认为该水库的防洪、金属结构和渗流安全分别为 A、B、C 级，水利枢纽安全鉴定为三类坝，为保证水库功能效益的正常发挥，有必要实施除险加固工程。

水库除险加固初设阶段原方案为：帷幕灌浆处理主副坝坝肩、坝基的渗漏问题，冲抓回填坝体；加固处理坝体上、下游边坡，提高坝体整体稳定性；主副坝的上、下游边坡分别采取混凝土六棱体与草皮护坡，设排水沟；增加防水启闭设施和修建灌溉卧管与隧洞，新建效能设施，加固整修溢洪道；完善通信设施，增设水文观测和大坝安全监测设施；新建防汛仓库和改造防汛公路。为验证初设方案的经济合理性和技术可行性，对加固工程的投资成本现利用价值工程进行分析，从枢纽布置上进一步优化设计方案。

6.5.2 价值工程对象的选择

强制确定法、ABC 法、百分比法、帕累托分析法、成本模型法、决策树法、经验法和生命周期法等为价值工程对象选择的主要方法，根据项目设计专家经验和初始成本模型，综合考虑水库加固的工程特点确定研究对象。统计分析水利枢纽初设加固方案各分部工程的投资费用，见表 6.5.1。从表 6.5.1 可以看出，建设项目总费用的 88.6% 发生在建筑工程，该分部工程的成本最大，因此除险加固方案的优化调整考虑从建筑工程入手。

表 6.5.1　　　　　　水利枢纽初设加固方案各分部工程的投资费用

工程项目	投资成本（万元）	占总项目的比例（%）
建筑工程	368.42	88.6
安装工程及金属结构	6.78	1.6
临时工程	22.65	5.5
其他工程	18.00	4.3
合计	415.85	100.0

6.5.3　功能分析

价值工程的核心技术和关键环节是对研究对象的功能分析，在量化分析水库除险加固各项功能之间重要性关系和功能的同时，比较分析完成该项目的现实成本与目标成本，从而确定通过优化设计功能降低或不降低工程成本的可能，给出功能改进的最佳方案。

（1）功能整理。将建筑工程选用 WBS 法做进一步分析，然后根据价值工程技术和设计专家的讨论分析意见，重新整合和定义建筑工程在水库除险加固项目中的结构及功能，从而得到相应的功能结构图。采用以上方法和流程，将水库除险加固功能共分为 7 项二级，4 项一级功能，具体见图 6.5.1。

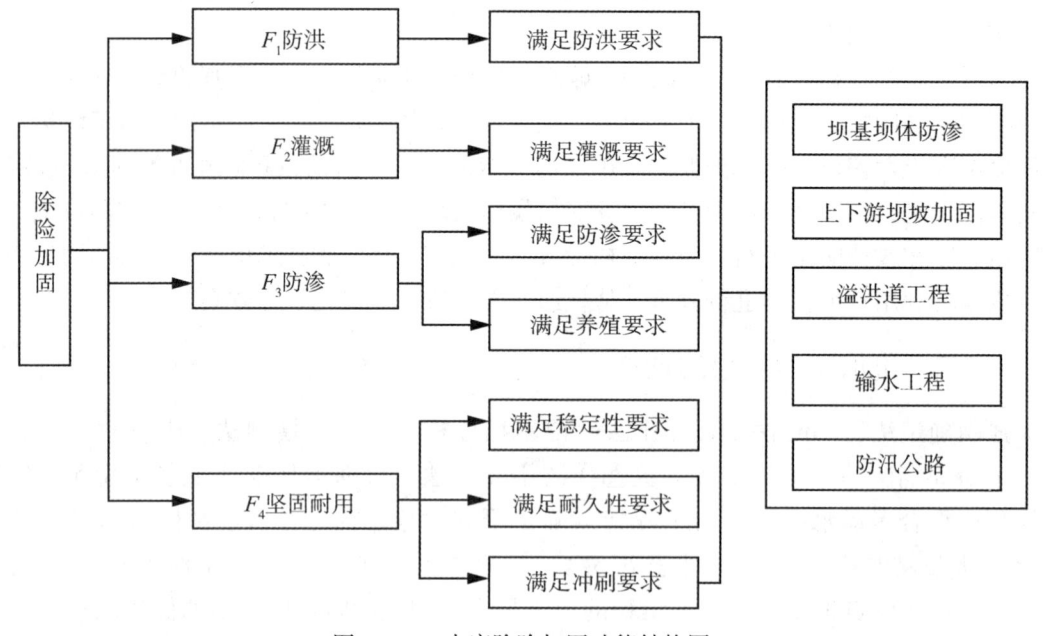

图 6.5.1　水库除险加固功能结构图

(2)功能价值系数的计算。将各项目功能的重要性倍数比利用设计专家评分计算确定,从而得到除险加固各项目暂定重要性系数,对功能系数运用环比评分法计算,结果见表6.5.2。

然后对各一级子项功能分别赋予相应的成本,从而得到除险加固各项功能成本 C_i,对成本系数利用前文所述公式进行计算,结果见表6.5.3。

根据上表计算结果,价值系数小于1的子功能项为 F_3,由此表明在一级功能上该方案的成本较高,应作为优化调整的对象;虽然子功能项 F_4 的价值系数基本趋近于1,但仍然小于1,对该功能不做调整;价值系数大于1的子项功能有 F_1、F_2,表明子项功能的重要程度大于评价对象的成本比重,由于 V_2 值显著高于1,故也将该子项作为优化对象。

表6.5.2 基于环比评分法的功能系数计算表

子项功能		F_1	F_2	F_3	F_4	合计
功能重要程度评价	暂定系数	1.6	2.1	0.5	1.2	5.4
	修正系数	1.2	0.8	0.5	1.0	3.5
	功能重要性	0.356	0.234	0.117	0.293	1.000

表6.5.3 建筑工程原设计方案成本分析

项目构成	成本			子功能成本(万元)			
	万元	百分比(%)	排序	F_1	F_2	F_3	F_4
坝体坝基防渗加固	46.82	12.68	3	6.42	0	35.62	5.14
上下游坝坡加固	205.16	55.57	1	122.68	5.34	41.25	35.89
溢洪道工程	23.57	6.39	5	15.60	0	1.02	6.95
输水工程	52.62	14.25	2	0.65	45.03	1.2	5.74
防汛公路	16.00	4.34	6	0	0	0	16.00
其他工程	25.00	6.77	4	8.75	8.12	4	4.13
合计	369.17	100	7	154.10	58.49	82.73	72.85

6.5.4 确定改进方案及其评价

根据上述分析结果专家设计小组给出了优化的除险加固设计方案:选用黏土固化灌浆替代除险加固项目中冲抓回填加土工膜防渗,另外,将长50m的混凝土明渠修建于隧洞出口处,优化后的水库加固项目建设工程成本见表6.5.4及表6.5.5。

表6.5.4　　　　　　　　优化后的除险加固项目建筑工程成本

项目构成	成本			子项功能成本(万元)			
	万元	百分比(%)	排序	F_1	F_2	F_3	F_4
坝体坝基防渗加固	35.75	9.68	3	4.46	0	25.37	5.92
上下游坝坡加固	171.52	46.46	1	95.68	6.72	15.33	53.79
溢洪道工程	23.57	6.39	5	15.60	0.8	0.4	6.77
输水工程	97.33	26.37	2	1.65	65.87	1.4	28.41
防汛公路	16.00	4.33	6	0	0	0	16.00
其他工程	25.00	6.77	4	9.82	10.81	1	3.37
合计	369.17	100	7	127.21	84.20	43.50	114.26

表6.5.5　　　　　　　　优化前、后的设计方案成本系数

子项功能		F_1	F_2	F_3	F_4
成本系数 C_i	原方案	0.324	0.165	0.217	0.294
	优化方案	0.352	0.237	0.117	0.294
价值系数 V_i	原方案	1.096	1.432	0.540	0.996
	优化方案	0.998	1.005	0.998	0.997

习　题

1. 方案的创造有哪些方法？如何进行方案评价？

2. 某高速公路线路上一座钢筋混凝土桥梁，采用后张T型梁工艺，人工费、机械费、材料费总计为2528万元，该桥梁各分项工程所占费用及百分比见下表。试用ABC分析法确定价值工程分析对象。

桥梁各分项工程所占费用及百分比

分项工程	代号	费用(万元)	占总费用的百分比(%)
钢筋混凝土灌注桩	A	590	21.76
联系梁	B	50	3.56
墩柱和墩台	C	200	9.49
后张T型梁	D	760	30.06

续表

分项工程	代号	费用（万元）	占总费用的百分比（%）
混凝土铺装层	E	200	7.91
桥面防水层	F	88	3.48
沥青混凝土铺装	G	640	23.74
合计		2528	100

3. 某产品有 A、B、C、D 4 个零部件，其功能重要性关系为：B>A>C>D，已知各零部件成本分别为：A100 元，B160 元，C90 元，D50 元，试用"0-1"评分法进行评分，并应用价值系数法选择该产品中价值工程工作的对象。（计算结果保留两位小数）

4. 某产品由 5 个零件构成，各零件的成本及零件重要性评分见下表。产品目前成本为 15 元，要想通过价值工程技术使成本下降至 10 元，试求该产品各零件的功能评价系数、成本系数、价值系数，并确定价值工程的重点对象。

各零件成本及重要性评分表

零件名称	A	B	C	D	E
目前成本（元）	3	2	4	1	5
重要性评分	2	2	1	2	3

第7章 建设工程企业管理概论

7.1 企业、现代企业制度概述

7.1.1 企业的概念、特征与类型

1. 企业的概念

企业是一个历史的概念,它是生产力发展到一定水平的产物,是随着商品经济的不断发展而发展的。资本主义社会以前,企业仅仅是个别的、少数的、简单的经济组织。到了资本主义社会,作为社会基本经济单位的企业才大量出现。在现代社会,企业已成为一种普遍存在的经济组织形式。

现代意义上的企业,是指从事生产、营销或服务活动的经济组织,为满足社会需要并获取盈利而进行独立生产、独立经营、独立核算,是具有法人资格的基本经济单位,是国民经济体系中的一个实体,是社会的基层单位。

2. 企业的基本特征

正确理解企业的概念,应注意掌握以下四个特征:

(1)企业是营利性的经济组织。营利性是企业与行政组织、事业组织和其他社会组织的根本区别。企业必须追求经济效益和获取盈利,因为盈利是企业创造附加价值的重要组成部分,也是社会对企业所生产经营的产品和服务能否满足社会需要的认可和报酬。只有把追求利润最大化作为企业的主要行为特征,人们对企业的认识才真正深化。

(2)企业必须自主经营、自负盈亏。自主经营就是企业能够在国家宏观调控指导下,根据市场需要,自主地对生产经营计划、物资安排、资金留用、产品和劳务定价,以及企业内部的劳动、人事、工资、奖金分配等做出决策,并具有组织实施的权利。自负盈亏就是企业能够对其经营后果独立地享有相应权益和承担相应责任的行为。

(3)企业应承担社会责任。企业概念中的"满足社会需要"应该做广义的理解,它不仅指满足客户的需要,还包括满足投资者、政府机关、金融机构、协作企业、同行业竞争者、企业职工、周围居民,以及一切与之相关社会团体的需要。当然,这些不同对象的需要有时会产生矛盾,企业必须经过权衡,在一定程度上满足他们的需要以后,企业才能正常运转并获取盈利,从而得以生存和发展。从这个角度看,企业不能只为自身谋取利益,而且有兼顾各方面利益的社会责任。企业的社会责任还包括为社会提供就业岗位,以及防止环境污染、节约国家资源等。

(4)企业必须具有法人资格。法人是相当于自然人而言。所谓法人,是指具有一定的

组织机构和独立财产,能以自己的名义进行民事活动,享有民事权利和承担民事义务,按照法定程序成立的组织。法人一般应具备以下条件:

① 必须正式在国家有关部门注册备案,完成登记手续;
② 应有专门的名称、固定工作地点和组织章程;
③ 具有一定的组织结构和独立财产,实行独立核算;
④ 能独立对外。

3. 企业的类型

企业作为社会生产的一种基本组织形式,随着社会分工的逐步深化和生产经济的不断发展,其形态也日益多样化,出现了各种类型的企业。

1) 按生产资料所有制形式分类

(1) 国有企业,也就是人们所说的全民所有制企业,其特点是生产资料归国家或全民所有,企业作为独立的或相对独立的经济单位拥有法人财产权,根据生产导向的原则进行自主经营、自负盈亏。

(2) 集体所有制企业,是在一定范围内的劳动群众集体占有生产资料的企业,它是独立的经济单位,自主经营,自负盈亏。在我国目前的集体所有制企业中,又分为城镇集体所有制企业和乡镇集体所有制企业。

(3) 私营企业,是指企业资产属于公民私人所有,以雇佣劳动为基础的营利性经济组织。包括所有按国家法律规定注册的私营独资企业、私营合伙企业和私营有限责任公司。

(4) 外资企业,是指外国投资者或企业和其他经济组织与个人,根据我国涉外经济的法律、法规规定以合资、合作和独资的形式在中国境内开办的企业。包括中外合资经营企业、中外合作经营企业和外商独资企业三种形式。

(5) 合营企业,是指两个或两个以上不同或相同所有制企业或个人共同投入资金、设备、技术及其他资源,通过协议共同经营的企业。合营形式有同一所有制或不同所有制的合营、公私合营、中外合营等。

2) 按组织形式分类

企业的组织形式,是指企业组织的形态和方式。按其资金来源和构成,可分为以下基本类型:

(1) 独资企业,又称个人企业,是指个人投资经营的企业,其投资者对企业债务承担无限责任。这种组织形式的优点是:投资者集使用权与经营权于一身,经营灵活,便于分散设立,方便顾客;但由于个人资金、能力等的局限,不可避免地限制了企业的发展。适用于零售、零星维修等企业。

(2) 合伙企业,是指若干人共同投资、共同经营、共享利益、共负无限责任的企业。合伙人不以出资额为限,都有表决权。与个人企业相比,较易筹集资金,规模也较大,但在决策效率、资金转让等方面有一定的局限性。

(3) 无限公司,无限责任公司,是由两人或两人以上的股东组成的法人单位。全体股东共同出资,并对公司的债务承担无限责任。由于公司股东对债务承担无限责任,保证了债权人的利益,公司信誉度较高。但由于这一点,使出资人的责任、风险增加,筹集资金渠道有限,转让资金较为困难。

(4)有限责任公司,简称有限公司,即由一定人数的股东组成,股东以其出资额为限对公司承担责任,公司法人以其全部资产对公司债务承担责任的公司。

(5)股份有限公司,简称股份公司,是指资本由等额股份构成,并通过发行股票筹集资本,股东以其所认购股份对公司承担有限责任,公司以其全部资产对公司债务承担责任的公司。股份公司筹资能力强,可以广泛吸收社会闲散的资本集中使用,有效地分散投资风险。公司所有权和经营权的分离使股东个人的变故不会影响公司的长期存在和发展。股份有限公司亦有若干缺点,如设立程序比较复杂;定期公布财务状况,保密性较差;少数大股东可能操纵公司,股东流动性大等。

(6)两合公司,是指由无限责任股东和有限责任股东共同投资组成的公司。无限责任股东对公司债务负连带无限责任,因其承担的风险大,在公司享有管理权;有限责任股东以出资额对公司债务负有限责任,承担风险较小,因此只有对公司经营的监督权。无限责任股东在公司中享有控制权,管理公司的业务活动;而有限责任股东则不能管理公司业务,也不能对外代表公司,若要转让股份,必须得到半数以上无限责任股东的同意。两合公司兼有无限公司信誉好以及有限公司易于集资的优点。

(7)企业的联合组织,是大企业为避免在竞争中两败俱伤,通过谈判,签订协议等方法,谋求协同行动和利润分享,而成立的一种联盟。

3)按照企业的法律资格划分

(1)法人企业,是指具有法人资格,即在法律上具有独立"人格"的企业。一般来说,有限责任公司和股份有限公司是法人企业。

(2)非法人企业,是指不具有法人资格,在法律上不能作为权利主体的企业,也称为自然人企业。一般来说,独资企业和合伙企业通常被认为是非法人企业。这类企业的特点是在法律上不能脱离其出资人而独立。表现为:① 非法人企业参与法律关系时,通常由出资人或企业的业务执行人进行。独资企业的出资人与其他主体发生关系时,可以用自己的名义,也可以用独资企业的名义,后果由本人负责。② 当非法人企业的财产不足以偿还债务时,由出资人或合伙人以自己的其他财产进行偿还,即承担无限责任。

7.1.2 现代企业制度的概念与特征

1. 现代企业制度的概念

企业制度,就是一系列被制定出来的规则,服从程序和道德、伦理的行为规范。广义地讲,企业制度包括企业的产权结构、组织方式、管理体制以及企业与外界的联系规则等一系列规定。狭义地讲,企业制度就是企业的组织结构。

现代企业制度是市场经济条件下适应社会化大生产需要的企业制度。现代企业制度是适应市场经济要求,产权清晰、权责明确、政企分开、管理科学的制度。

企业制度是由一系列制度构成的,包括产权制度、组织制度、资本营运制度和管理制度。各项制度之间有机联系和相互作用,构成了企业制度的整体性。

2. 现代企业制度的特征

(1)产权清晰,主要指产权关系与责任的清晰,是现代企业制度的核心。完整意义上的产权关系是多层次的,它表明财产的所有权、经营权、使用权、占有权、收益权和处置权等一系列的权利关系。各种权利可以集中于某一主体，也可以在不同主体身上发生不同程度的分离。从国家的角度来看，就是要对企业每一部分经营性的国有资本都有明确的投资主体，而这个投资主体有全权行使所有者的权利，并承担相应的责任。这样就改变了国有资产所有者职权分散、无人负责的状况。从企业的角度来看，就是要使所有者的代表进入企业，形成本企业的权力机构、决策机构和监督机构，改变国有企业所有者缺位的状况。所有者进入企业后，所有者从关心国有资产的增值和减少风险的角度，形成对企业的动力机制和约束机制。

在现代企业制度中，所有权与管理权分离。企业经营环境的多变性和管理活动的复杂性以及人类能力分布的不均匀性，使得企业的经营管理越来越多地采用所有权与管理权相分离的方式进行。在公司制中，出资人的最终所有权一般表现为股权，企业的实际占有权相应地转化为法人财产权。无论是出资人还是企业法人，虽然都是产权主体，但他们各自具有不同的权利、义务和责任，法律都做出了明晰的界定。作为出资人，可以是自然人，也可以是国家或其他法人，出资人的权、责、利只与其出资额相关。

(2) 权责明确，主要是在国家与企业的关系、企业内部这两个方面明确权利和责任。就国家与企业的关系而言，要明确国家通过国有资产投资主体对企业中的国有资产行使所有者的权利，承担所有者的义务，即按投入企业的资本额，享有资本收益、重大决策和选择管理者等权利。企业破产时，国家投资主体只以投入企业的资本额对企业的债务承担有限责任。企业则拥有包括国家在内的各类投资者投资及借贷形成的法人财产，对其享有占有、使用、收益和处置的权利，同时负有对投资者投资形成的法人财产保值增值的责任和义务。企业破产时，企业要以全部法人财产对其债务承担责任。就企业内部而言，要通过建立科学的法人治理结构，形成规范的企业领导体制和组织制度，根据《公司法》建立权力机构、决策机构、执行机构和监督机构，并承担相应的权利和责任。

(3) 政企分开，是指政府与企业职责分开，职能到位。要做到政企职责分开，首先是政府的社会管理职能与国有资产所有者职能分开。前者面对的是所有企业，组织社会服务，进行宏观经济调控，制定方针政策；后者则是管好、运作好经营性国有资产，使之保值和增值。其次是国有资产管理、监督职能要和国有资产经营职能分开，前者是制定方针、政策并进行监督，属于政府行为；后者是运作经营性国有资产，以营利为目的，是市场行为。为了清楚界定政府的两种职能，国家政府设立了专门的国有资产管理和经营部门体系，目的是使政府的双重管理职能分开。只有实现两个分开，才能做到政府调控市场，市场调节企业，为企业自主经营创造基本条件。而职能到位，是指要改变"政府抓企业，企业办社会"这种政府、企业职能错位的状况。政府不能直接干预企业的决策和生产经营活动，把市场经济赋予企业的经营权交还企业，企业将目标集中到追求经济效益上来，政府则承担社会的职能。

(4) 管理科学，要求以科学的管理理论指导和规范企业管理。当前应重点考虑的是：企业的经营发展战略；科学的领导体制与组织制度和灵活的运用机制；优化组合企业内部各项生产要素；以提高经济效益为目标，完善各项管理制度；注重实物形态与价值形态资产的管理与经营；及时掌握市场信息；注重人力资源开发，培育企业文化，树立良好的企业形象。

7.1.3 现代企业制度的基本内容

1. 现代企业产权制度

产权是一种财产权，是指支配某一事物的权利。产权的内涵包括所有权、占有权、使用权、收益权和处置权。其中所有权是基础，除所有权以外的占有、使用、收益和处置等权能则称为经营权。

产权又是一定的社会物质资料的占有、支配、流通和分配关系的法律体现，可分为原始产权和法人产权，公有产权和私有产权等。在自然人企业制度下，财产权是由法律规定的主体对客体的最高的、排他性的独占权。当然，它也可以通过契约和委托等形式，所有者把财产的占有、使用、收益和处置等项权能中的一部分交给其招聘的经营者支配。在法人企业制度下，所有权和经营权的分离具有法律意义，公司财产权取得了独立的法律形式——法人财产。

根据现代企业制度的要求，"两权分离"应是财产所有权与企业法人产权的分离。公司享有企业法人产权，有权利用股东出资形成的法人财产来组织生产经营，即企业的生产经营权，也是企业法人派生的权力，企业只有享有法人产权，才能行使生产经营权。

2. 现代企业组织制度

按照《公司法》建立现代公司组织管理机构，健全内部管理制度，是现代公司的一项实质工作，也是检验公司是否实现规范化管理和运作的重要标志。《公司法》规定股份公司的组织管理机构为：股东大会、董事会、经理、监事会。股东会是股东行使对公司权力的机构，是公司的最高权力机构；董事会由股东会选举产生，是公司的经营决策机构；监事会是依法定职责对董事会及公司经营管理活动实行监督。经理受聘于董事会，负责公司的日常经营管理事务。公司组织管理体制的规范化，关键是建设好股东大会、董事会、经理机构和监事会制度。

现代企业制度以公司制为代表，公司产权制度就是公司的法人财产制度，它是以公司的法人财产为基础，以出资者所有权、公司法人财产权与公司经营权相互分离为特征，以股东会、董事会、执行机构作为法人治理结构来确定各自权力、责任和利益的企业财产组织制度。

(1) 公司是法人团体，与自然人企业不同，它是集合的主体，是一些人由于共同目的而相互结合组成的团体，具有自己独立的意志，因而要实现这个意志，只能由一个组织，即法人治理结构对公司进行治理。所谓法人治理结构，就是统治和管理公司的组织结构。该结构的特征是，所有者、生产者、经营者之间，通过公司的权力机构、决策和管理机构、监督机构，形成各自独立、责权分明、相互制约的关系，建立起约束机制和激励机制，即可保障所有者的权益，又赋予经营者充分的经营自主权，同时能够调动生产者的积极性。

(2) 公司法人治理结构一般由股东大会、董事会、监事会和高级经理人员四者组成。其中，股东大会是公司最高权力机构，参加股东会的股东须达到法定人数，其通过的决议才有效；董事会是由股东大会选举产生的公司决策和管理机构，董事会人员构成应符合《公司法》和各公司的基本章程的规定；监事会是公司的监督机构，由股东代表和一定比例的职工构成,一般要求公司的董事、经理和财务负责人不得兼任;经理人员组成公司管理与执行机构,主要负责公司日常经营活动。四者相互制约,构成了一个完善的管理体系。

3. 现代企业管理制度

建立现代企业管理制度,企业要适应生产力发展的客观规律,按照市场经济发展的需要,积极应用现代科学技术成果,创造最佳经济效益。这就要求企业围绕实现企业的战略目标,按照系统观念和整体优化的要求,在管理思想、管理组织、管理方法、管理手段等方面实现现代化,并把这几个方面的现代化内容同决策、计划、组织、领导、协调、控制、激励等各项管理职能有机地结合起来,形成完整的现代化企业管理。

现代企业管理制度一般包括以下几个方面的内容:

(1)具有正确的经营思想和能适应企业内外环境变化、推动企业发展的经营战略。战略管理是企业现代化管理的重要内容。现代企业所处的经营环境复杂多变,制定战略,强化战略管理,是企业在市场中立于不败之地的重要保证。正确的经营思想是优化战略的先导,因此,必须树立市场观念、质量观念、竞争观念、时间与效率观念、以人为中心的管理观念以及法制观念。

(2)建立适应现代化大生产要求的领导制度。建立科学完善的企业领导制度,是搞好企业管理的一项最根本的工作。现代企业领导制度应该体现领导专家化、领导集团化和领导民主化的管理原则。公司管理实行集体决策、责任落实到人的管理制度。有效避免了责任不清、责任落实不到位的弊病,从制度上规避风险。

(3)公司实行"以人为本"的经营理念,努力挖掘人力资源;进行柔性管理,充分发挥员工积极性和创造性。

(4)建立符合本企业特点、保证生产经营活动高效率运行的组织机构和管理制度。

(5)公司管理实行责、权、利相结合的体制,明确各岗位的责任、权利和义务。

(6)公司内部建立高度统一的协调机制,排除一切消极因素,增强公司凝聚力和向心力。

(7)在生产经营各个主要环节普遍地、有效地使用现代管理方法和手段,建立起比较完善的计算机管理信息系统,推行计算机集成制造系统(CIMS)等现代化生产方式。

(8)建立以企业精神、企业形象、企业规范等内容为中心的企业文化,营造良好的企业文化氛围。

一个企业的成败不仅取决于适应市场的应变能力,还取决于其内部管理制度的科学性、完善性。现代企业管理制度是一个由许多子系统和因素构成的多层次、多元化系统。这个系统的优劣和整体效能的高低,取决于它与外部环境的协调以及它自身一体化的程度;系统中每一项制度的优劣及效能的高低,也不仅仅取决于它自身的特点,而同时取决于它与整个制度体系的有机协调。作为企业的管理者,应从企业整体经营与外部环境的协调着眼,以公司的目标、战略为基础,综合考虑战略结构、职能之间、职能领域相互之间以及职能内部各管理因素之间的相互关系,将各方面、各层次的制度进行一体化设计,拟定一整套相互协调、整体优化的制度。还应注意到,现代企业管理制度是不断适应企业经营的内外部环境及有关因素的变化而动态发展的。

7.1.4 建设工程企业的概念和类型

1. 建设工程企业的概念

建设工程企业是指从事建筑产品生产的自主经营，独立核算，自负盈亏，自我发展的经济组织，是具有法人资格的基本经济单位。一般所说的建设工程企业，是指土木工程、建筑工程、线路管道和设备安装工程及装修工程等的新建、扩建、改建活动的企业。建设工程企业和一般工业企业一样，都是把资源投入到产品的生产经营过程中而形成产品。建筑产品包括土木工程的建筑物和构筑物，如住宅、厂房、教学楼、办公楼、医院、商场、宾馆、文化设施、道路、桥梁、大坝、管线等。

2. 建设工程企业的类型

(1) 按照企业制度的不同，建设工程企业可分为个人业主制企业、合伙制企业、公司制企业。

(2) 按资产所有制的不同，建设工程企业可分为国有企业、集体所有企业、个人企业，以及各种资产混合所有企业（如中外合资企业和国家参股、控股的企业等）。

(3) 根据建设工程企业所加工或形成的建筑产品划分，有建筑工程公司、水利工程公司、市政工程公司、设备安装工程公司、铁路建设工程公司、公共基础建设公司、维修工程公司以及建设开发公司等。

(4) 按资质条件与资质等级分类。根据建设部 2015 年 1 月 22 日发布的《建筑业企业资质管理规定》，建设工程企业资质，包括建设工程勘察、设计、施工、监理企业资质。建设工程勘察分为三个序列，综合、专业、劳务资质；工程设计分为四个序列，综合、行业、专业、专项资质；工程施工分为三个序列，施工总承包、专业承包、劳务分包资质；工程监理资质设若干专业工程类别。

2015 年 1 月 1 日起施行的《建筑业企业资质等级标准》中规定，建设工程勘察、监理资质设甲、乙、丙三个等级；工程设计资质设综合、甲、乙、丙四个等级；建设工程施工资质设特、一、二、三级四个等级。

2020 年 11 月 11 日国务院常务会议审议通过《建设工程企业资质管理制度改革方案》，方案中将资质等级进行压减，具体如下：

① 工程勘察资质：保留综合资质，将 4 类专业资质及劳务资质整合为岩土工程、工程测量、勘探测试 3 类专业资质。综合资质不分等级，专业资质等级压减为甲、乙两级。

② 工程设计资质：保留综合资质，将 21 类行业资质整合为 14 类行业资质，将 151 类专业资质、8 类专项资质、3 类事务所资质整合为 70 类专业和事务所资质，综合资质、事务所资质不分等级，行业资质、专业资质等级原则上压减为甲、乙两级（部分资质只设甲级）。

③ 施工资质：将 10 类施工总承包企业特级资质调整为施工综合资质，可承担各行业、各等级施工总承包业务；保留 12 类施工总承包资质，将民航工程的专业承包资质整合为施工总承包资质；将 36 类专业承包资质整合为 18 类；将施工劳务企业资质改为专业作业资质，由审批制改为备案制。综合资质和专业作业资质不分等级；施工总承包资质、专业承包资质等级原则上压减为甲、乙两级（部分专业承包资质不分等级），其中，施工

总承包甲级资质在本行业内承揽业务规模不受限制。

④ 工程监理资质：保留综合资质；取消专业资质中的水利水电工程、公路工程、港口与航道工程、农林工程资质，保留其余 10 类专业资质；取消事务所资质。综合资质不分等级，专业资质等级压减为甲、乙两级。

7.1.5 建设工程企业的责、权、利

企业的责、权、利，首先是由企业的性质决定的。私有制企业，生产资料归私人所有，企业有绝对的支配权和完全的经营决策权，企业执行国家的政策、法令和依法纳税。公有制企业，生产资料归集体或全民所有，因此只能在国家赋予的责权利范围内，在国家的政策、法令指导下，独立从事生产经营活动。

企业的责、权、利，还取决于国家对企业的经济管理体制。在改革开放之前，企业政企职责不分，国家统购包销，企业吃国家的"大锅饭"。经济体制改革之后，企业的所有权和经营权分离，赋予国有企业充分的经营自主权，使之成为独立的商品生产者和经营者。

1. 建设工程企业的责任

在责、权、利三者的关系中，应是以责定权，以责定利。企业应有的责任如下：

(1)坚持"四项基本原则"，自觉遵守国家的有关法律和法规；

(2)按期完成国家计划和用户的生产任务，对国家和用户负责，执行合同，依法纳税；

(3)保障固定资产的正常维修、改进和更新，确保企业财产的保值和增值；

(4)坚持合理的建设程序和施工顺序，不断改善管理，提高质量，保证安全，缩短工期，降低成本，加速资金周转，提高经济效益；

(5)培养人才，积极采用先进的科学、技术和管理，不断提高企业的素质；

(6)正确处理国家、集体和个人的物质利益关系，提高职工的物质文化生活。

2. 建设工程企业的权限

按照责、权统一，有责有权的原则，建设工程企业承担责任后应具有如下权力：

(1)生产经营决策权；

(2)自主支配和统筹使用资金权；

(3)劳动人事管理自主权；

(4)对外经营权；

(5)人事管理权；

(6)拒绝摊派权；

(7)建筑产品、劳务承包定价权；

(8)产品销售权；

(9)资产处置权；

(10)工资、奖金分配权；

(11)内部机构设置权；

(12)联营、兼并权；

(13)投资决策权；

(14)承包工程所需物资采购权。

3. 建设工程企业的利益

责、利统一，有责有利。以完成责任的优劣确定利益的多少。给企业应有的经济利益，是社会主义按劳分配、物质利益原则和经济规律的客观要求。利益的具体体现是：

(1)税后利润归企业自行支配，多创多留；

(2)分配中多劳多得，激励职工的积极性；

(3)效益好的企业，在投资、贷款和自筹资金中，可以获得扶植政策；

(4)多创利，福利多，如建住宅和文化设施；

(5)多创利，多智力投资(培训)；

(6)对优秀企业予以奖励和升级。

7.1.6 建设工程企业素质及其内容

7.1.6.1 建设工程企业素质的概念

"素质"通常指事物内在的特性。所谓企业素质，就是企业系统构成要素的质量及其有机结合形成的企业生存与发展的能力。企业素质从其内在因素看，包括人员素质、技术素质和管理素质；从其外在表现看，具体表现为企业的生存与发展能力。内在因素和外在表现，是企业素质的两个方面，二者紧密联系，相互制约，是不可分割的统一体。

建设工程企业素质是指其内部的人力、物力、财力、技术等各种要素有机结合所形成的综合质量，表现为建设工程企业生存发展的能力。建设工程企业素质决定企业的综合施工能力、管理水平和经济效益。建设工程企业素质的高低，说明了建设工程企业获取工程建设任务的可能性大小；说明了建设工程企业施工生产能力的大小和施工管理水平的高低；说明了建设工程企业降低成本增加盈利的水平；说明了建设工程企业技术开发水平的高低；说明了建设工程企业扩大再生产能力的大小。建设工程企业素质是一个整体的概念、质量的概念，它是动态和不断发展变化的。

7.1.6.2 企业素质的内容

企业由人、财、物等各种要素组成，并按照一定的方式进行生产经营活动。企业素质一方面是由各种要素共同作用、综合发挥的程度所决定；另一方面又由各种因素或要素的素质所决定。因此，企业素质包括内在因素的集合力和外在表现力两个方面，如图7.1.1所示。

1. 内在因素的集合力

企业素质的内在因素，主要是指人的素质、技术素质和管理素质。

(1)人的素质，包括领导班子的素质和职工队伍的素质。领导班子是指企业领导层、中层和基层的各级领导班子，其中主要是领导层，是企业重大决策的核心，对决策起着重要作用，是企业生产经营的指挥部，是企业生产经营业绩好坏的关键。因此，提高企业的人员素质，首先是提高领导班子的素质。

领导班子的素质包括领导者个人素质和领导班子成员的集体素质。个人素质，是指企业各级领导者的素质，主要是指领导成员应具备的思想政治水平、政策水平、文化程度、

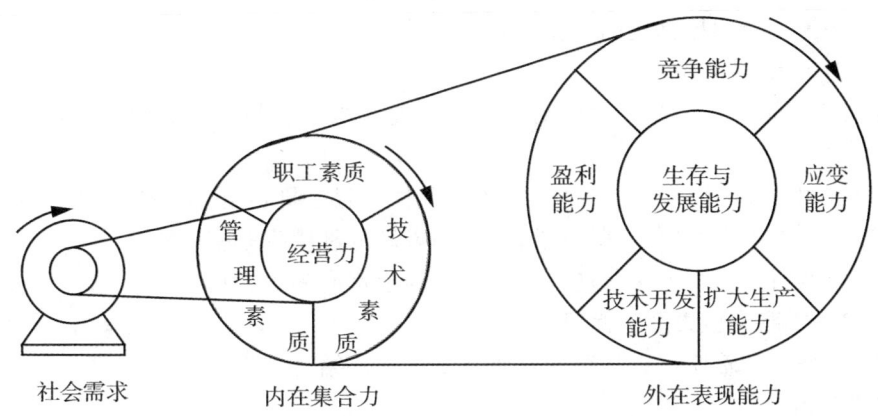

图 7.1.1 企业素质

业务能力、领导能力和领导作风,以及年龄和健康状况等。集体素质,是指所有领导者相互配合、共同工作的素质,主要是指领导班子的结构,包括年龄、知识、专业和才能结构,要求领导班子在才能、专业、知识和年龄上适当搭配,具有集合力和凝聚力,有效合作。

职工队伍素质,是指除领导班子之外的个人、工程技术人员和管理人员的素质。每个职工的素质包括思想觉悟、文化程度、技术和各项专业知识的水平,处理技术和业务的能力。职工队伍的素质是企业素质的基础,其水平与能力的高低、对产品质量、物资节约和劳动效率,具有重要作用。

(2)技术素质,是指企业具有一定技能的人员,运用企业劳动手段对劳动对象进行加工改造的能力。建设工程企业的技术素质主要是指企业的技术骨干的素质、技术装备水平和施工工艺水平,是搞好企业生产经营的物质基础。技术素质是推动技术进步的能力,是构成生产力和实现企业产品战略的能力。

(3)管理素质,是指企业的管理者在生产经营活动中协调配合,综合发挥作用的程度。管理素质包括管理思想、管理组织、管理方法和管理手段的科学化、现代化程度,以及管理的标准化、信息化、制度化等基础工作所达到的水平。管理素质意味着管理水平的高低或是对生产经营活动进行计划、组织、控制、激励所综合发挥作用的程度。管理是生产力,它涉及企业各方面,是现代企业的必要条件,是提高效益的推动力、创造力和生产力,是企业各种素质能否最佳结合起来的重要标志。

2. 外在表现力为企业生存和发展的能力

(1)生存能力。主要包括:

① 竞争能力。企业的竞争力表现在工程质量、建设工期、工程成本和服务质量等方面的优势,在国内外获得的社会信誉,在同等条件下获得工程任务的能力,即在投标中得标率的高低。

② 应变能力。企业对施工任务、条件和经营环境等因素的适应程度,承受不可预见的冲击的适应能力,还表现为风险预测和控制的能力。

③ 盈利能力。企业在投标报价范围内，通过科学合理的技术组织，提高劳动生产率，降低成本消耗等正当途径，提高企业的利润水平。

（2）发展能力。主要包括：

① 技术开发能力。企业有无创新的活力，能否采用新技术、新材料、新工艺，创造出新的施工水平。

② 扩大再生产能力。企业扩大再生产有两种途径，即内涵扩大再生产和外延扩大再生产。内涵扩大再生产主要是通过挖潜、提高资源的利用率来扩大再生产；外延扩大再生产是依靠企业的财力、物力来建造与添置新的固定资产来扩大再生产。

7.1.6.3 提高企业素质的途径

企业素质是一个整体，提高企业素质要采用内外结合的方法进行。

1. 利用外因

利用经济体制改革的动力，进行企业生产经营的改革，使企业在竞争的环境中具有活力，具有竞争取胜的能力。在宏观上要为企业创造一种环境，使企业具有提高素质的内在动力和外在压力。构成企业素质的每一类因素、企业经营管理的每一个方面都同国民经济的管理体制密切相关，并受其制约和影响。因此，从宏观的环境上要使企业成为具有一定权利和义务的法人，并把它置于经营竞争的环境之中，使其自主经营、独立核算、自负盈亏，产生内在动力和外在的压力，就会增强企业提高素质的自觉性。

2. 关键是内因

提高企业素质的关键是在企业内部。要想真正提高企业素质，必须从企业的实际情况出发，一方面要注重提高企业系统构成因素的质量，另一方面则要抓好各种构成要素的有机结合，实现各种构成要素的最优结构，使其互相协调、互相促进，发挥最大的效率或收益。

（1）提高领导班子的素质，是提高企业素质的关键。

① 提高领导者个人的素质。作为现代企业的领导者，必须具备包括政治、知识、技能、身体、心理等五个方面的基本素质；有强烈的事业心和责任感、勇于改革、勇挑重担、不怕个人担风险，能密切联系群众，有民主作风、大公无私、作风正派；懂得基本经济理论，理解国家的各项方针、政策，掌握企业管理的基本原理方法和现代建筑科技知识，善于洞察形势，有远见，有战略头脑，能因势利导，驾驭企业的健康发展；有决策、组织、指挥、控制和协调的能力，有善于处理人际关系的能力，用人能力和创新能力；身体健康、精力充沛；要有敏捷的认识力、健康的情感、坚强的意志和良好的个性等。

② 提高领导班子的整体素质。其中心问题是要有一个合理的领导班子结构，包括年龄结构、知识结构、专业结构、智能结构。这样，不仅能使各个领导成员人尽其才，而且还能通过有效的结构组合，迸发出巨大的集体能量。

（2）提高职工队伍的素质，必须做到：

① 制定各类人员（管理人员、工程技术人员、工人）的素质标准。一般的素质标准包括政治素质、文化素质、技术业务素质、身体素质等，并采取各种形式进行全员培训，以促进各类人员标准素质的形成。

② 形成合理的企业职工的比例结构。一般主要是指：形成企业的生产、管理、服务

三类人员的合理比例；生产人员中，形成基本生产、附属生产、辅助生产之间各工种构成的合理比例；管理人员中，形成如政工、经营管理、技术人员之间的合理比例；服务人员中，形成职工的技术职称和等级构成的合理比例。

(3)提高企业的技术素质，途径有：积极采用建筑施工新工艺、新技术；进行技术改造，采用先进的施工机械设备；积极进行技术开发及应用；形成和完善企业的适用技术体系，并不断提高其水平。

(4)提高企业的管理素质，途径是：按照市场经济的要求，建立现代企业制度，加强企业管理的基础工作，结合企业实际，实行现代科学管理。

7.2 建设工程企业的经营方式

7.2.1 企业经营方式的内涵

企业经营机制是某种具体经营形式的内在机制，经营方式则是一定经营机制的具体体现。企业经营方式，是指企业组织和实现其经济活动所采取的一定形式。它是生产关系的具体表现形式，主要是研究采用什么样的方式经营企业，如何正确处理所有者与经营者之间的经济关系。

在现实经济生活中，企业生产资料的所有者同企业的经营者不一定是一个主体，同一性质的所有制企业，可以因所有、占有、支配、使用关系的分离而形成不同的存在形态。这就是说，生产资料的所有权和经营权可以分离。

所有权和经营权分离，是生产力发展的客观要求，是一种社会进步。人们往往认为企业的财产归谁所有，就应当由谁经营，其实不然。在人类历史上，就曾出现过两次社会性的所有权和经营权的分离，一次是封建地主把土地出租给农民耕种，土地所有权归地主，而经营权归承租人，包括怎样耕作及转让；另一次是资本主义社会的资本所有权与经营权的分离。

建设工程企业的经营方式，是指建设工程企业向用户、业主(即建设单位)或服务对象提供产品或服务的方式，是使企业的生产劳动变为社会的生产劳动的方式，也是组织建设工程生产活动所采取的管理方式。

经营方式作为经济活动的方式，必然伴随着生产的发展、科学技术的进步而不断演变、不断丰富起来。建设工程企业必须按照所有权和经营权分离的原则，依据产业性质、企业规模和技术特点，采取不同的经营方式，完善企业经营机制，使企业具有独立经营的经济权力、自负盈亏的经济责任和独立核算的经济利益。

7.2.2 建设工程企业经营方式的发展

经营方式作为经济活动的方式，随着社会生产的发展、科学技术的进步引起的社会分工和协作的变化而不断地演变。在国外，最典型的是在英国，建设工程企业经营方式经历了五个阶段，如表7.2.1所示。

表 7.2.1 经营方式的发展

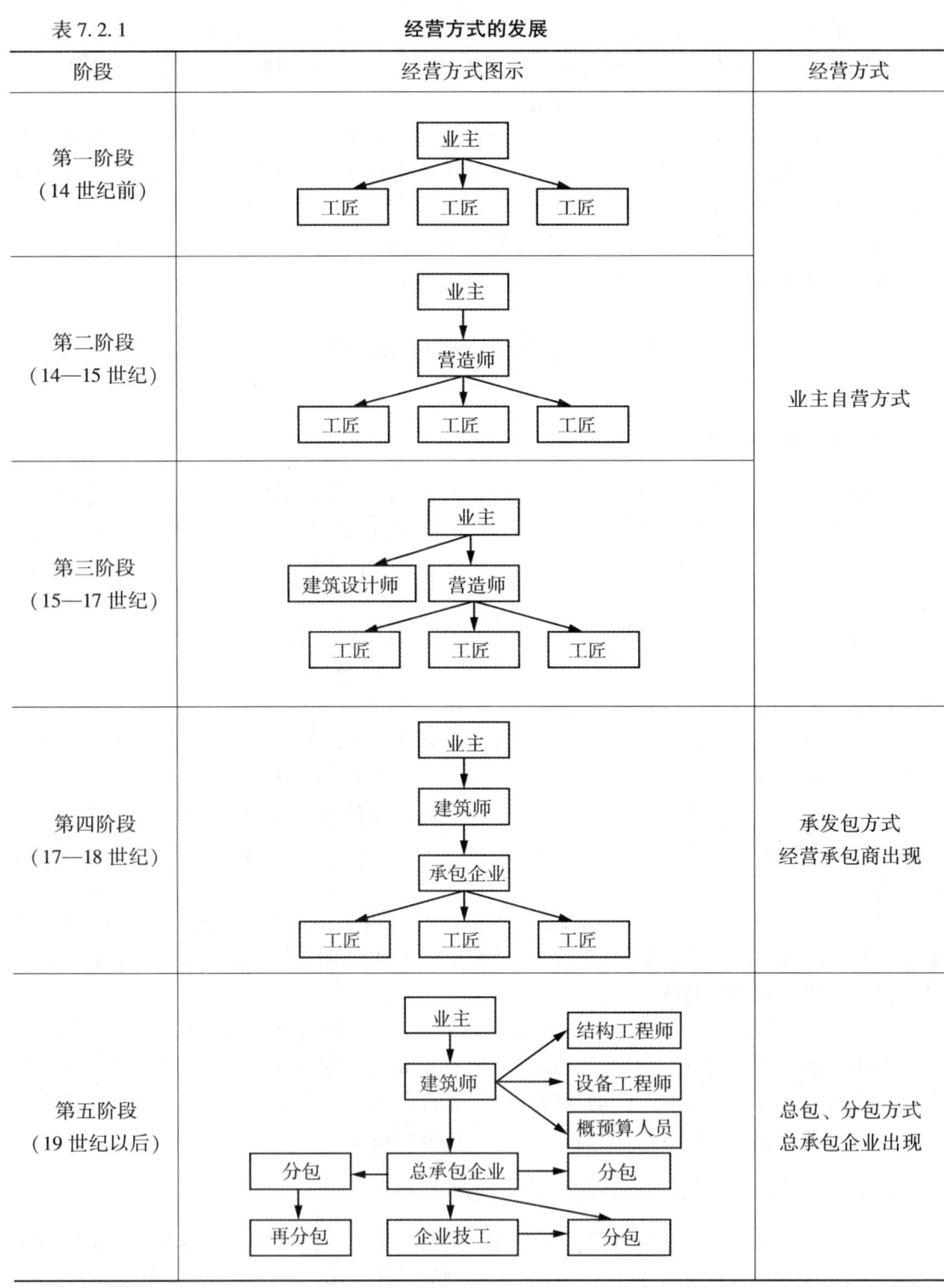

表 7.2.1 中，前三个阶段是按业主自营方式进行建设工程营造活动的。

在第四阶段，出现了承包商。业主作为发包者，进行建设项目发包；建筑师、工程师作为业主顾问，负责建设项目规划调查、设计和施工监督；建设工程企业作为承包商，负责建设项目的施工建设。三者相互独立，又相互协作，通过经济合同联系起来。承发包方式出现以后，自营方式在国外就几乎不存在了。

第五阶段，进入19世纪后，又出现了总承包企业。到20世纪，它已具备了较完善的体系，逐渐形成了以承发包为主要特征的承包企业的多种经营方式。近些年来，又出现了建设—管理模式(CM模式)、总承包模式(EPC模式)等承包经营方式，这些先进的经营方式的出现，改变了以往传统经营方式单调、落后的局面。

7.2.3 建设工程企业经营方式的分类

在早期，建设单位(业主)一般是采取自营方式经营，随着工程规模的提高和工程技术的发展，自营方式已不能适应时代的要求。为了满足现代工程的需要，目前我国建设工程企业的主要经营方式有：

1. 总包—分包方式

这种方式是由建设单位(业主)将建设工程的全部施工任务委托给一个建设工程企业承包，然后，由该企业将部分或全部施工任务分包给其他的施工企业。在经营关系中，业主属于甲方，总包和其以下的施工企业属于乙方，二者通过经济合同形成承发包关系。

经济合同的形式有：

① 按招标投标价格包定，一次包干，节约归己，超支不补；
② 施工图预算加系数包干，一次包干，节约归己，超支不补；
③ 按建筑每平方米造价包干。

总包—分包方式最突出的优点是：

① 由于专业化分工的发展，促进了施工专门技术的发展和施工组织管理技术的发展；
② 责任分担体系比较合理，建设工程企业由于受到合同的严格控制，在确保工程施工期限、降低造价和提高质量上形成一种外部压力，同时又由于当事人双方利益得到合同的保证，使承包人的主动性和积极性得到充分发挥。

但是，采用总包分包经营方式，由于分工愈来愈细，环节愈来愈多，每个环节都有未知因素，因而导致总包单位控制上的难度增加。

2. 设计—建造承包方式(DB)

这种经营方式取消了传统经营中的施工总包环节，即由设计、施工一体化经营企业承担总包角色。企业不必等到设计文件成套齐备，就可以分项施工。这种方式可以减少中间的合同变更，提前开工，加快工程进度，并简化了用户的管理工作。

这种方法涉及两个主要参与方：业主、设计施工方，设计施工方既可以是单一实体，也可以是一个设计方或者施工总包牵头，多方参与的联合体。设计施工方一般以保证最大价格与业主签订一个合同。设计施工方提出的解决方案和成本是业主的选择标准。

设计施工方就项目的设计和施工整体对业主负责，业主因此将更多的项目风险转移给设计施工方，项目也因设计施工方管理工作的整体协调性而减少实施风险。施工结束后的设施管理阶段，由业主负责运行和维护。

(1)桥接型设计—建造承包模式。桥接型可以说是由设计—招标—施工承包模式和设计—建造承包模式组合出的一种项目交付方式。具体工作有：①业主先聘请某一设计方做到初步设计深度；②该设计方准备招标文件，用于选择设计—施工方；③设计—施工方完成详细设计和施工，施工中，设计方是业主代表。

这种方法可使设计方更专注于满足业主需求，提供更专业的设计服务，承担全面项目管理工作；施工文件和施工由一个实体负责，使得业主可以享受设计—建造承包模式的好处。

(2)设计—采购—施工总承包模式(Engineering Procurement Construction，EPC)这种经营方式又称开发式经营、一揽子承包等，也称交钥匙(Turnkey)承包模式。名称各不相同，方式上也各有差别，但大体上都是指建设单位授权或发包给一个建设企业(如开发公司)，由它进行计划、设计直到施工、竣工。建设单位只需等待"交钥匙"之后开启使用。这种方式在民用建筑上得到广泛应用。其优点是承建单位可以腾出时间，最大限度地考虑建设后的运营及其利益，同时减少计划、设计、施工之间的矛盾。

与设计—建造承包模式比较，工程总承包商一般还负责采购(尤其是大型的设备)，有时也负责项目融资。一般地，工程总承包商进行全部设计、采购、施工，为业主提供一个配备完善的设施，使业主"转动钥匙"即可开始使用。工程总承包商的具体工作为：①设计；②采购；③管理和协调分包商间的关系；④办理与工程项目有关的许可证、执照、批准；⑤进度计划和控制；⑥设备质量维修保证。

设计—建造承包方式(DB)及其变种示意图如图7.2.1、图7.2.2所示。图中虚框表示设计—建造方可以是一个单一的实体，也可以是以工程设计方牵头的联合体，也可以是以承包商牵头的联合体等。

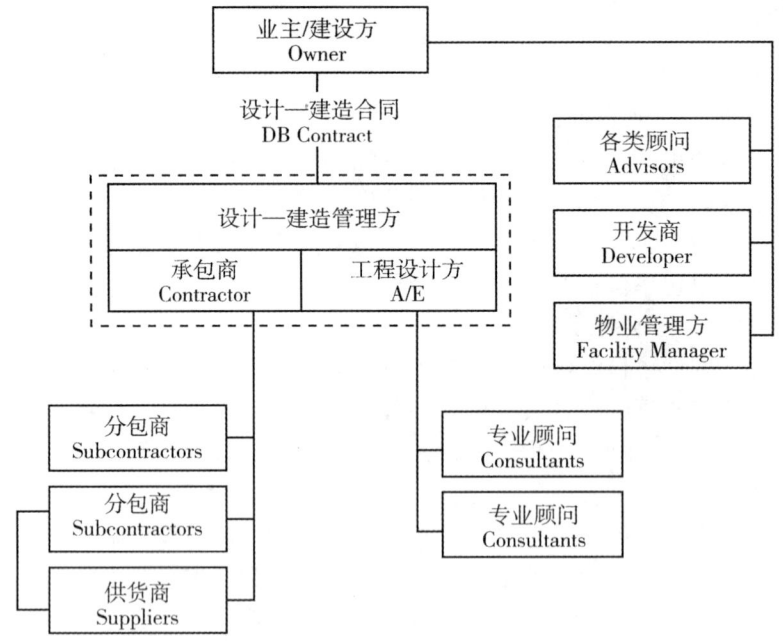

注：实线表示合同关系；虚线表示一体
图7.2.1 设计—建造承包方式(DB)

7.2 建设工程企业的经营方式

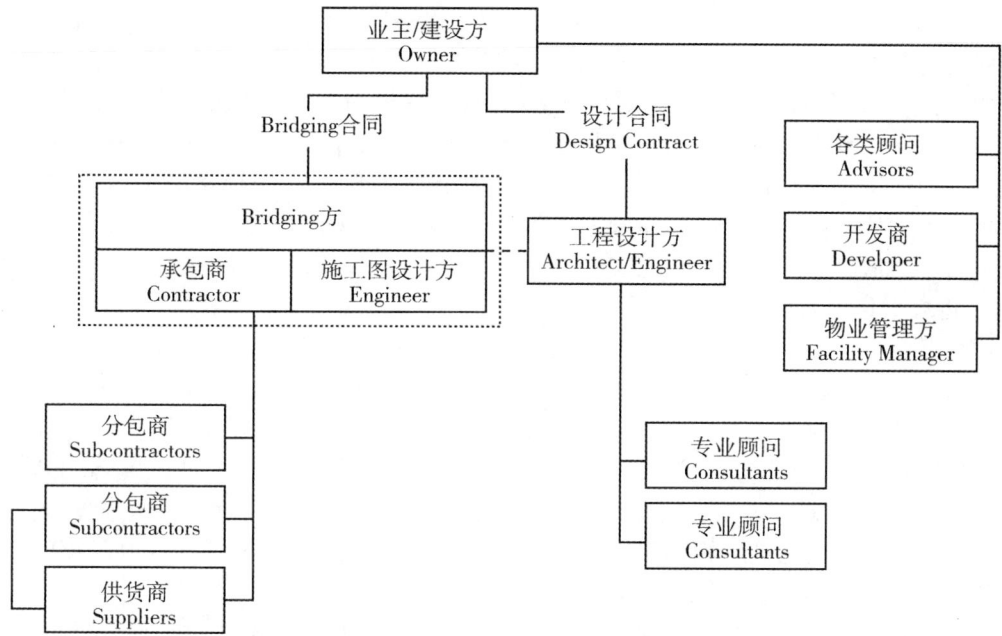

注：实线表示合同关系；点线表示一体；虚线表示沟通协调关系

图 7.2.2 桥接式设计—建造(DB)承包方式

3. 业主自行管理方式(OB)

业主自行管理方式(Owner Build，OB)如图 7.2.3 所示。

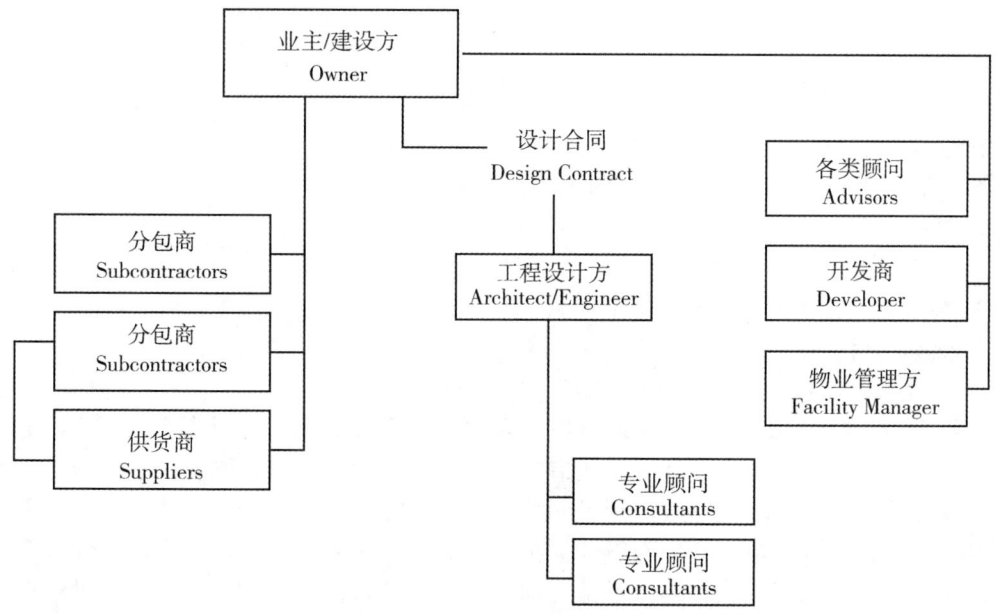

注：实线表示合同关系

图 7.2.3 业主自行管理模式(OB)

4. 联合经营方式

联合经营方式是两家以上的企业联合向建设单位投标(包括与设计、供应、销售、房地产的联合),按各自投入的资金或人力的份额分享利润并承担风险;或做任务上的划分,各自负责,承担风险。由于几家联合,资金雄厚,技术及管理上取长补短,能够各自发挥自己的优势。同时在投标中由于几家同时作价,在标价和投标策略上得到交融,因此,提高了竞争能力。联合经营在国际工程中应用相当普遍,因为和当地企业联合经营有利于对当地国情民俗的了解和适应。

5. 建后出售方式

这种经营方式是商品建筑的市场方式,是不依靠发包人而独立经营的方式。是通过征地、筹资、开发、营销等方式进行的市场经营活动。

6. 建造管理方式(CM)

CM方式是工程管理方式(Construction Management)的简称。在这种经营管理方式中,除了业主、设计和施工三者外,又出现了第四者即工程管理者到工程建设中来。工程管理者作为用户委托的代理人,用其熟练的管理技术,进行全面的系统管理,以最短的工期、最小的费用、最优的质量去完成建设任务。

工程管理者的职能是:负责规划,进行设计咨询,估算总投资,对工程进行检查和验收,协调劳资关系,调整合同,管理成本和建设全过程。工程管理者可以是一个人、几个人或者一个公司,代表业主履行全部建设任务。CM方式改变了过去那种需要设计图纸全部完成以后才能进行投标的连续建设生产方式,采用在工程的一部分设计完成以后分别发包的阶段发包方式。CM方式可以缩短从工程计划开始到竣工移交的时间,节约建设投资。建设单位可以提前使用该建筑物,从而提前获得经济效益。CM经营方式具体可分为以下几类:

(1)风险型建造管理模式(CM Risk)。这种方法涉及三个主要参与方:业主、设计方、建造管理方,如果风险型建造管理方也是施工总包,那么其也称为总包型建造管理方(CM/GC)。在该模式中建造管理方对项目实施的风险负责,以其具备的特殊经验或专长,来参与项目中相应的项目管理工作和检查建造技术问题,其具体工作可包括以下几个方面:

① 对设计和施工阶段的决定,做时间和成本上的建议;
② 编制进度和成本计划;
③ 控制进度和成本;
④ 参与施工合同的谈判和授予;
⑤ 根据项目进度,采购关键材料和设备;
⑥ 管理和协调各方关系,保证施工的正常进行。

在项目一开始或设计中,业主都可以考虑建造管理方的介入,以引入其施工经验,减少设计和施工矛盾的出现。设计方和建造管理方分别与业主签订合同。

建造管理方与业主之间一般以保证最大价格(GMP)方式签订合同。保证最大价格方式根本上标志着风险型建造管理与设计—招标—施工承包模式的不同,风险型建造管理方负责一部分属于业主管理工作的项目施工前的服务,如检查设计和施工矛盾之处、施工招标中的谈判、授予合同,其也负责施工中的风险,因此价格因素不是业主选择风险型建造管理方的唯一标准。

风险型建造管理模式一般适合于大型、复杂的工程项目，尤其是对费用和进度有要求的工程项目。

如果风险型建造管理方不担当施工总包，那么施工总包方与风险型建造管理方签订施工总包合同，就施工对风险型建造管理方负责。这种方法中，设计方负责设计和招标文件，施工结束后的设施管理阶段，仍由业主负责运行和维护。

(2)顾问型建造管理模式(CM Advisor)。业主在项目一开始或者设计基本结束时聘用顾问型建造管理方。顾问型建造管理方提供连续的建造管理服务(可含项目策划、设计、施工中的项目管理)，作为业主的顾问，但不承担工程项目的财务和施工责任。其与设计方和施工方不是合同关系，而是沟通关系。

该项目管理模式适用于大型、复杂的项目，因为业主缺乏合适、足够的项目管理人员，或者希望寻找丰富经验的专业人士，往往聘请顾问型建造管理方，设计方和施工方仍然承担设计—招标—施工承包方式中的角色和责任。

(3)代理型建造管理模式(CM Agent)。它与顾问型建造管理模式类似，但业主对代理型建造管理方授予更大的权限，使其就项目的财务及其相关决策对业主负责。代理型建造管理方负责设计和施工中的成本控制，将业主从日常的项目管理工作中解脱出来，但代理型建造管理方不承担风险型建造管理方所承担的施工责任。在设计管理模式(Design Management)中，设计—管理方既承担代理型建造管理方又承担工程设计。

建造管理模式及其变种的示意图如图7.2.4~图7.2.7所示。

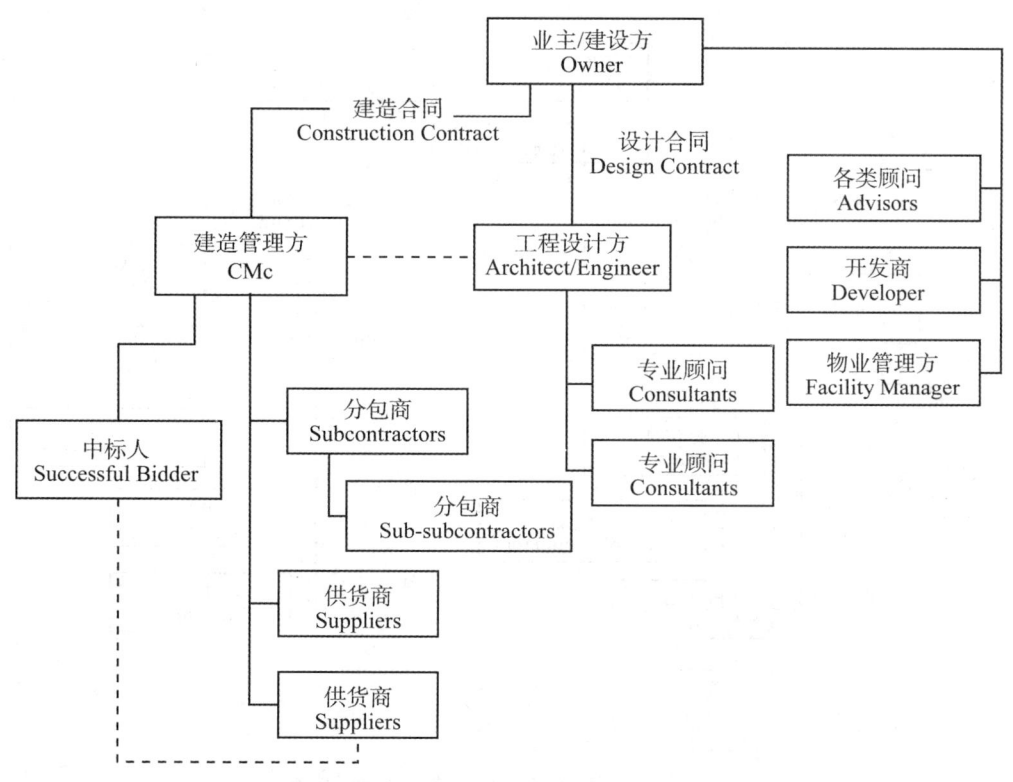

注：实线表示合同关系；虚线表示沟通协调关系
图7.2.4　建造管理模式示意图

第 7 章 建设工程企业管理概论

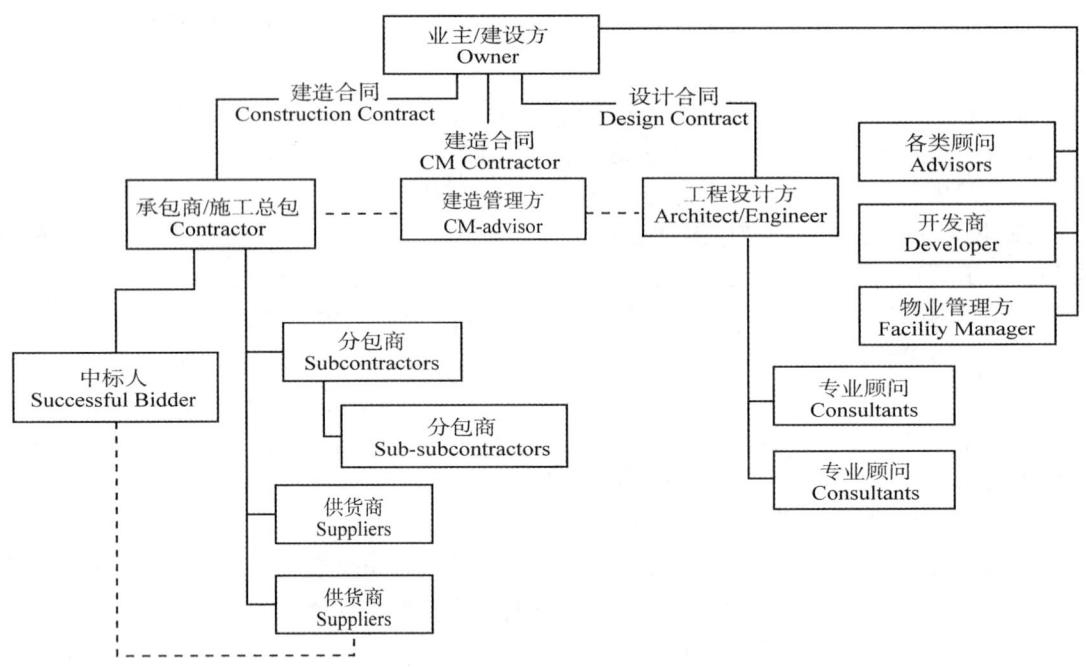

注：实线表示合同关系；虚线表示沟通协调关系

图 7.2.5 顾问型建造管理模式示意图

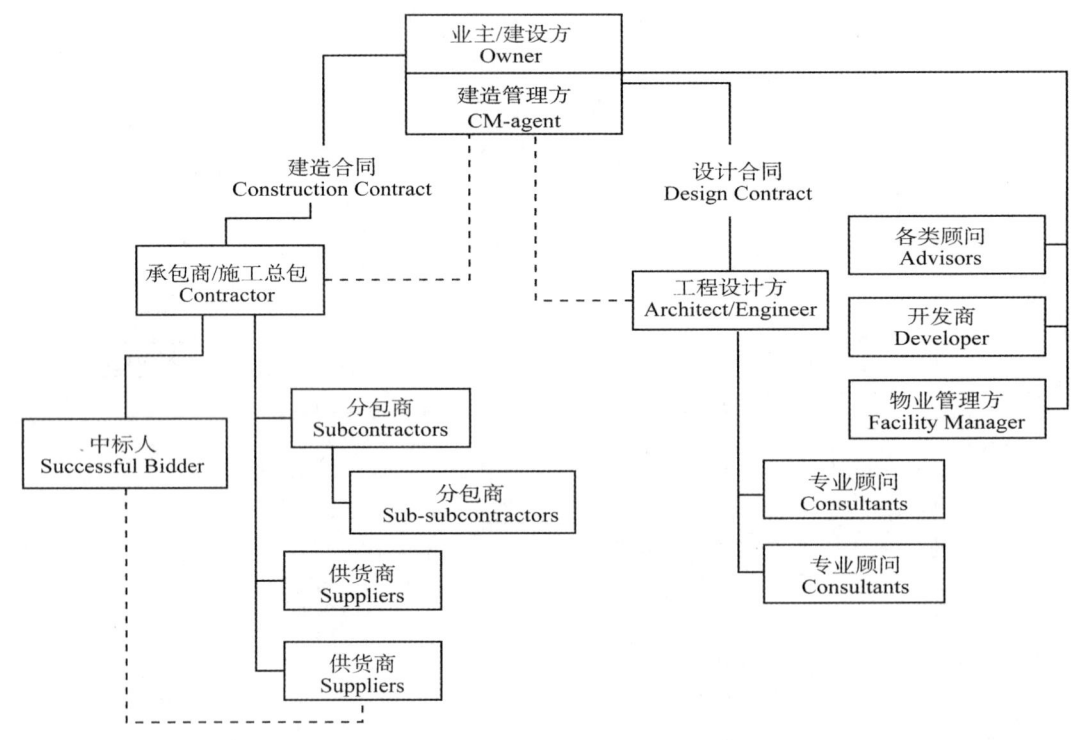

注：实线表示合同关系；虚线表示沟通协调关系

图 7.2.6 代理型建造管理模式示意图

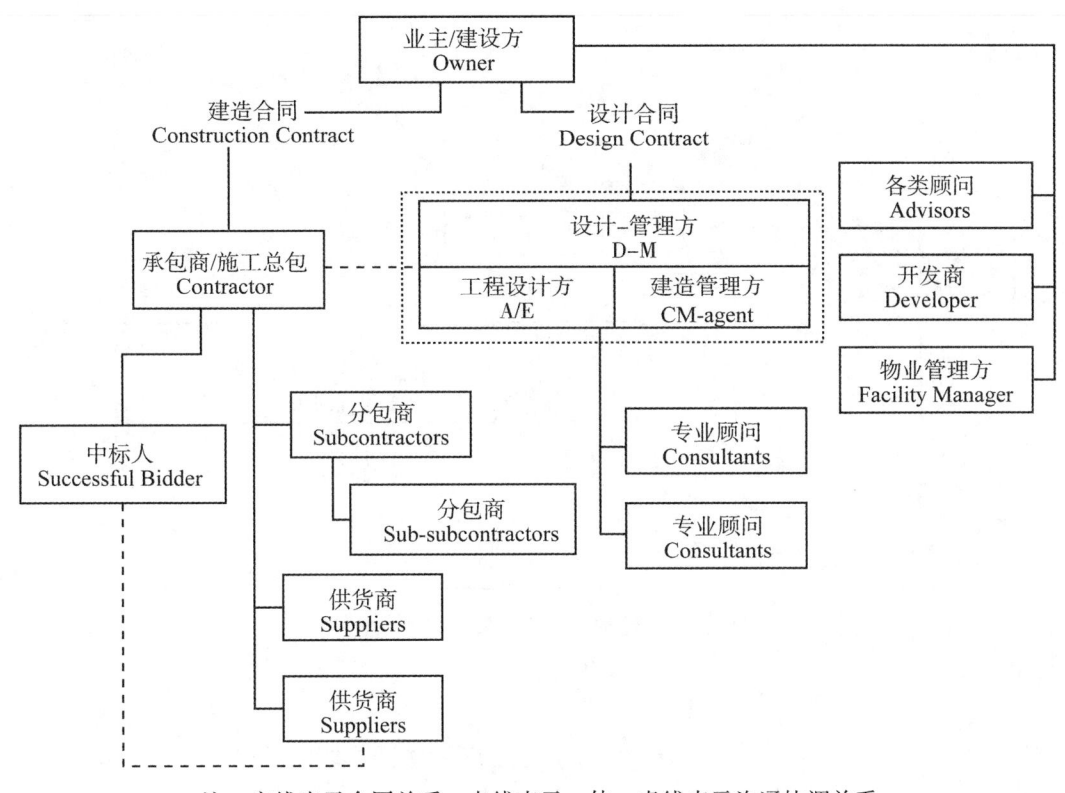

注：实线表示合同关系；点线表示一体；虚线表示沟通协调关系

图 7.2.7 设计管理模式示意图

7. 建设—运营—转让（BOT）方式

BOT方式即建设—经营—转让（Build-Operate-Transfer）方式，是吸收外资和私人资本，进行政府工程基础设施建设的重要方式。通常是由政府授权的项目公司负责筹集资金并建设，政府给予一定期限的特许权，建成后进行经营，以获得回收投资、赚取利润。到达期限后再无偿转让给政府。

BOT方式的优点是：① 降低政府的财政负担；② 政府可以避免大量的项目风险；③ 组织机构简单，政府部门和私人企业协调容易；④ 项目回报率明确，严格按照中标价实施。政府和私人企业之间的利益纠纷少；⑤ 有利于提高项目的运作效率；⑥ BOT项目通常由外国的公司来承包，这样会给项目所在国带来先进的技术和管理经验，即给本国的承包商带来较多的发展机会，也会促进国际经济的融合。

BOT方式的缺点是：① 公共部门和私人企业往往都需要经过一个长期的调查了解，谈判和磋商过程，以致项目前期过长，使投标费用过高；② 投资方和贷款人风险过大，没有退路，使融资举步维艰；③ 参与项目各方存在某些利益冲突，对融资造成障碍；④ 机制不灵活，降低私人企业引进先进技术和管理经验的积极性；⑤ 在特许期内，政府对项目减弱甚至失去控制权。

建设—运营—转让方式示意图如图7.2.8所示。

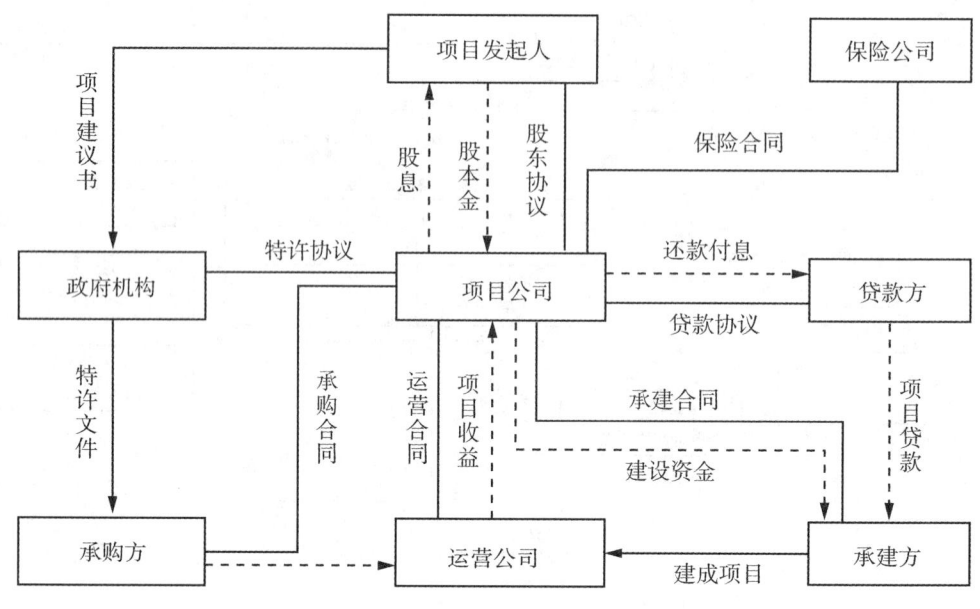

图 7.2.8　建设—运营—转让方式示意图

7.3　建设工程企业管理原理

7.3.1　企业管理的概念和性质

1. 企业管理的概念

管理一般意指经由他人的努力来完成工作目标的活动。管理是一个设计和保持这样一个环境的过程，使得个人与组织一起工作，从而能有效地完成事先选定的目标。管理的概念并不止于吩咐下属为管理者的组织来完成工作，还要考虑效益和效率的问题。首先是讲效益，即"干正确的事"，然后是讲效率，即"用正确的途径来干事"。管理是这样的一种工作，它能综合和指导资源的利用，从而达到某种目标。管理工作极其重要，没有良好的管理，资源则不能有效地利用，从而也就不能有效地完成预定的目标。历史经验证明，西方工业的现代化除了靠现代化的科学设备和技术之外，管理科学化也是一个重要的因素。

综上，我们可以得出结论：管理，是管理者通过计划、组织、指挥、协调和控制等环节来有效地获得和利用各种资源以期达到预期目标的综合活动过程与科学技术。

企业管理就是对企业的生产经营活动所进行的决策、计划、组织、控制，以及对职工的领导和激励等一系列工作活动的总称。企业的生产活动主要以内部活动为主，经营活动主要以外部活动为主。由于企业活动包含生产活动和经营活动两部分，所以企业管理包括生产力和经营管理两大部分，如图 7.3.1 所示。

（1）企业内部生产活动，是指为了实现企业的经营目标，执行经营确定的方针和策略，对企业的生产活动及人、财、物、信息等资源所进行的计划、组织、控制等一系列工

7.3 建设工程企业管理原理

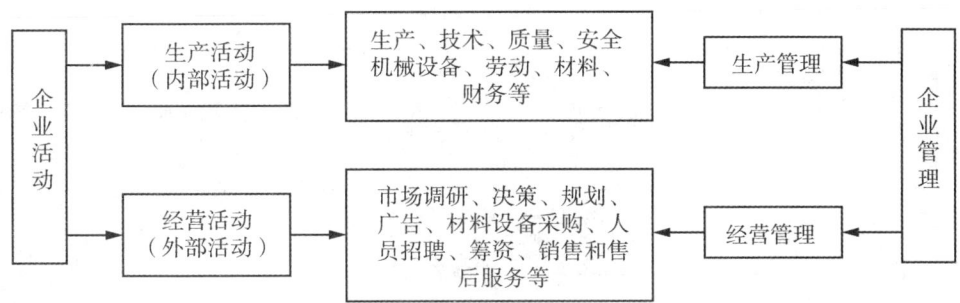

图 7.3.1 企业活动与企业管理对应图

作活动，即生产管理。其目的是不断提高生产和工作效率，保证企业生产经营活动正常进行。企业生产管理，是以生产为对象的管理，其活动范围主要是企业内部的生产领域，其工作内容主要包括生产、技术、质量、安全、机械设备、劳动、材料、财务等具体管理业务。

（2）涉及企业外部流通领域的活动。企业的经营是面向市场、面向未来的，企业外部流通领域的活动指的是：企业时刻研究外部环境的变化，不断寻求新出路、新目标的总体思考和战略行动；同时也是其根据外部环境和内部条件，制定所应采取的目标、方针与策略等一系列具有全局性战略意义的活动。企业经营活动范围主要是社会市场，涉及商品流通领域，其工作内容主要包括市场调研、决策、规划、广告材料设备采购、人员招聘、筹资、销售和售后服务等，对其称为经营管理。企业经营管理活动的目的在于不断提高企业的经济效益，保证企业生存和不断发展。

建设工程企业管理就是按客观的、技术的、经济的规律，合理地组织建设工程企业的全部生产经营活动。如前所述，建设工程企业的生产经营活动大致也可以分为两部分：一部分是在企业内部的活动，它以生产活动为中心，包括施工生产过程（包括基本生产过程、辅助生产过程）、施工准备和技术准备过程，以及为施工生产的服务工作等。对于这些活动的管理，叫做生产管理。建设工程企业的另一部分活动，涉及企业外部，联系到社会的流通、分配、消费等过程，包括原材料、能源等物资供应问题，生产任务落实问题，企业系统外部环境的调查、预测问题，机械设备、劳动力等的调整补充问题，以及企业需要处理的各种经济关系问题等，对这些活动的管理，叫做经营管理。建设工程企业生产活动及其管理与经营活动及其管理的关系如图 7.3.2 所示。

2. 企业管理的性质

企业作为一个生产经营活动的经济组织，具有二重性。一方面，它是组织生产力活动的组织，具有由生产力、社会化大生产所决定的自然属性；另一方面，它又是体现一定生产关系的组织，具有由生产关系、社会制度所决定的社会属性。企业本身既然具有二重性，那么对企业的管理工作也必然具有二重性。这种管理的二重性是客观存在的。企业管理的二重性，是指企业管理具有自然属性和社会属性，见图 7.3.3。

任何社会的生产过程都是在一定的生产关系下进行的。生产过程具有二重性，它既是

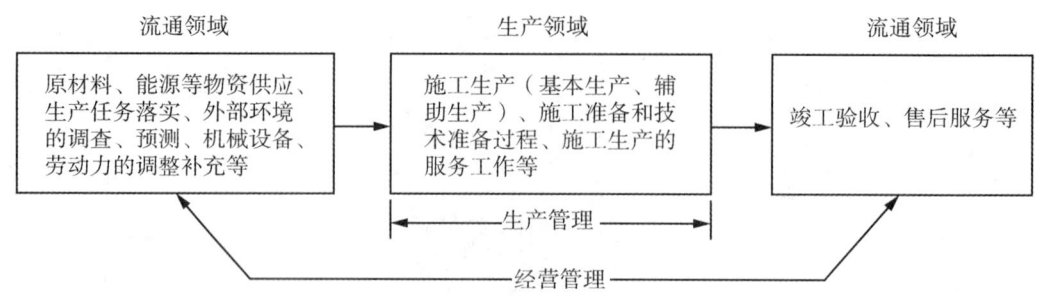

图 7.3.2　建设工程企业管理内容

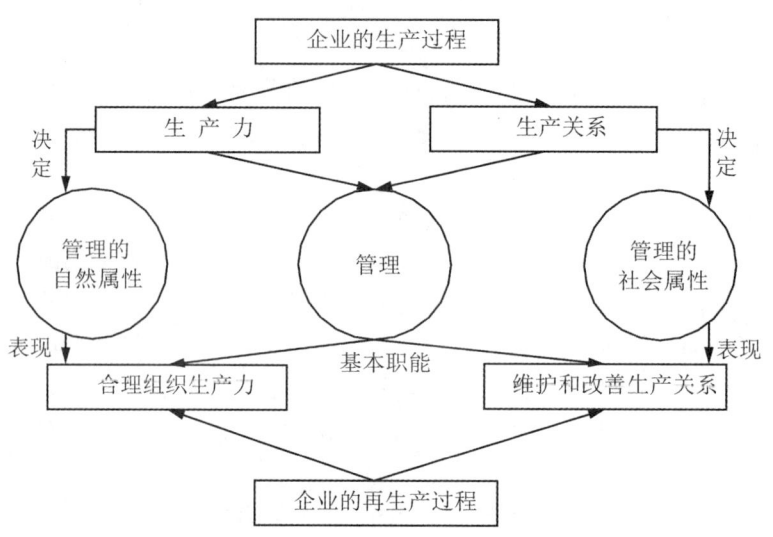

图 7.3.3　企业管理的二重性

物质资料的再生产，又是生产关系的再生产，因此对生产过程的管理也存在着二重性。所谓企业管理的二重性，是指企业管理既有同生产力、社会化大生产相联系的自然属性，又有同生产关系、社会制度相联系的社会属性。

管理作为一种独立的社会职能，是生产力发展和社会分工的结果，是社会劳动过程的一般要求，属于合理组织生产力的指挥劳动，表现为劳动过程的普遍形态，为一切社会化大生产所共有，由此形成管理的自然属性。因此，管理是合理组织生产过程，使劳动对象、劳动手段和劳动力得以有效组合，形成生产力的必要条件。企业为了提供满足社会及用户需要的产品并获取盈利，为了其生存和发展，必须根据市场的需求和现代化大生产的客观要求，按照生产技术经济规律的要求，对生产经营过程合理地进行决策、计划、组织和控制，有效地利用企业的一切资源，提高企业的经济效益。而这种由合理组织和发展生产力引起管理的需要，就是企业管理的自然属性。它是没有阶级性的，管理的这种属性对任何企业都是一样的。

管理是一定生产关系的要求，是一种监督劳动，执行着维护和巩固生产关系，实现特定社会目的的职能。表现为劳动过程的特殊历史形态，为某种生产方式所特有，由此形成管理的社会属性。企业的生产经营活动都是生产资料的所有者按照自己的利益和意志来进行的，企业管理就是要维护和完善一定的生产关系，实现特定的目的。生产资料所有制不同，生产目的、人们的相互关系、分配制度也就不同，这就决定了企业管理的社会属性。它是有阶级性的，生产资料所有制不同的企业其社会属性也是根本不同的。

正确认识企业管理的二重性，有着重大的现实意义。

（1）企业管理的二重性体现着生产力和生产关系的辩证统一关系。在重视企业管理对维护和完善社会主义生产关系作用的同时，更要重视企业管理对发展生产力方面的作用。要提高企业的生产水平，必须着重抓好企业经营和合理组织生产力方面的工作。

（2）外国的企业管理理论、技术和方法是人类长期从事生产经营管理实践的产物，是人类智慧的结晶，是不分国界的。在学习、引进国外先进的管理经验时，要有鉴别和分析，要根据我国的国情和特点辩证地使用。

（3）企业管理的制度、方法和技术既受生产力发展水平的制约，又受社会制度、民族文化传统的制约和影响。要建立有中国特色的企业管理的科学体系，必须认真总结、继承和发展我国企业管理的经验，并吸取外国的先进经验。

根据二重性原理，在企业管理中，我们既要注意适应现代化大生产的要求和我国现阶段的经济发展水平，科学合理地组织生产力，同时也应该重视社会属性的要求，重视社会主义的生产目的和民主管理的性质，尊重劳动者的意志和切身利益，通过管理维护社会主义的生产关系，促进社会主义企业生产力的发展。

3. 企业管理的要素

建设工程企业与其他企业一样，其发展必然离不开人、财、物、产、供、销这六大基本要素，但要使企业不断成长、不断壮大，除了以上基本要素的合理运用之外，还应当进一步强化以下观念来指导企业的管理。这些观念也被称为现代企业管理的"五要素"。

（1）企业经营理念。在现代的企业管理中，明确的战略目标和灵活的战术运用，是企业制胜的法宝。具有远见卓识的现代企业、管理战略理念和目标规划，是企业决策者充分体现其领导风范和经营水准的重要目标。市场是一个复杂的系统，只有通过大量的市场调研，准确分析市场环境、行业动态、国家政策法规、竞争对手、区域特点、客户状况等，才能正确面对市场需求，抓住市场核心。

（2）企业文化理念。一个企业如果不能创造优秀的企业文化和形成良好的工作习惯，便无法形成良性的企业管理氛围，很难提高团队的战斗力、企业的管理效率和效能。优秀的企业文化应涵盖"做人坦诚，做事认真，诚信服务和共同发展"等道德思想，培养员工的敬业精神，形成"追踪、确认、协调、团结和奋进"的良好工作习惯，从而缔造有现代管理意识和工作作风的现代企业人。

（3）企业发展目标。企业不应只以经济指标为发展目标，更重要的是还应该具有战略规划目标。战略规划目标决定了企业的发展方向和奋斗目标，体现了企业的战略思想和经营理念，反映了企业最高管理者应具备的现代化企业的基本素质。

① 销售目标。目标的设定，应遵循具有可行性和挑战性的原则。可行性即经过艰苦努力后，80%的目标可以达到；挑战性即通过超常奋斗后，20%的目标可以超额完成。

② 品牌目标。企业应规划三年、五年、十年的品牌发展及战略目标。

③ 人才发展战略规划目标。"企业止于人也。"慕才、育才、用才和留才是企业人才战略的重要思想。通过建立合理的组织结构，明确岗位的职责，推行良好的管理程序，以强有力的制度保证和系统化的员工培训，改变传统观念和行为习惯，培育一批现代化企业管理人才，逐步使管理队伍职业化。

（4）企业管理体系。企业的高层管理者都会寻求适合自己的管理体系，关键是选择怎样的管理模式。以目前现代企业管理的"计划、组织、用人、指导、控制"的职能为核心，选择适合中国国情的扁平化管理模式为最佳。这种管理模式的主要特点是：董事会领导下的总经理负责制，充分发挥职能部门的管理功能，以垂直管理、一级负责两级监督、横向联系为原则，建立企业管理体系、销售管理体系、财会管理体系、市场策划推广体系、人事行政管理体系、储运管理体系。通过规范化、制度化、文字化、表格化、信息化管理发挥团队效应，提高管理水平。

（5）企业的价值观。没有正确的价值观，就不能塑造优秀的企业团队，因此，企业的价值观不仅体现在企业的经营管理水平，而且体现在创造企业品牌形象和品牌价值。企业从高层管理者到一般员工都应树立正确的价值观，以优良的产品和服务回报企业，企业应视人才为企业最大的无形资产，招贤纳才，员工应视企业为自己的发展平台和学府，发奋进取，提高素质，共同推动企业发展。

4. 企业管理的基本观念

企业管理的基本观念要根据环境的变化不断更新，当今企业应具有的基本观念主要有以下几种：

（1）战略管理观念。战略管理是指企业围绕战略目标的实现而展开的管理活动，其内容包括战略制定管理、战略实施管理、战略控制管理。战略管理是一种系统的、科学的管理。企业战略和战略管理思想、战略管理理念的提出，是现代管理思想的新发展，与其他管理理论相比，其产生的历史还比较短。战略管理是企业适应现代社会复杂多变环境的产物，现代管理活动中，复杂多变的经济、政治环境，要求管理主体必须有高瞻远瞩把握事物未来发展趋势的战略管理观念。如今社会发展越来越变化多端，而且变化越来越快，战略管理也越来越显示出其重要性。

企业只有强化战略管理，才能在市场竞争中立于不败之地；缺少了战略管理观念，企业难以有大的作为，也难以持续发展。

（2）注意力管理观念。长期以来，处在工业经济时代的经济学家和企业家按照传统的市场观念认为，启动生产和消费需要的最重要因素是价格。谁能以低于生产该商品的社会必要劳动时间的价格出售商品，谁就能在市场竞争中成为大赢家。随着信息社会的到来，这种情形正在改变。我国的企业和企业家们也必须重视研究注意力管理，学会和掌握注意力经营的技巧。

企业一方面要采取各种方法扩大知名度，同时不断提高产品质量和服务水平，提高企业的美誉度，以此来吸引消费者的注意，抓住消费者的眼球。拥有了广大客户的注意力，就能在市场竞争中获取最大的价值。另一方面，要从内部管理中获得并保持员工和股东们的注意力，以及面对过量的信息要合理地分配自己的注意力，使注意力这一新经济条件下最重要而又十分稀缺的资源得到最有效的利用。

总之，树立注意力管理的观念，将为企业管理开辟新的视野，加强注意力管理，将成为企业管理的重要内容，把握注意力管理的方法和技巧，将使企业在新经济条件下大有作为。

(3) 人力资源管理观念。人力资源管理是现代最先进的管理思想，它将人力资源视为第一资源，将人力资本视为最重要的资本，它强调加大对人力资本的投入，加强对员工潜能的开发，这样就会使企业得到最大的经济利益。今天，人力资源在企业的发展中扮演着越来越重要的角色。在全球性的市场竞争中，企业间比拼最激烈的不是资金，不是先进技术，也不是市场份额，而是人才。谁拥有了高素质的人力资源，谁就将获得最丰厚的回报。企业树立现代人力资源管理和"以人为本"观念，应当以人为中心，充分理解人、尊重人、关心人，千方百计通过各种措施吸引人才、留住人才，并且通过教育、培训、激励等多种方式，加大对人力资源的开发力度，充分发挥人的主动性和积极性。

(4) 无形资产管理观念。企业无形资产的内容非常广泛，主要有企业形象、商誉、品牌、公共关系、专利权、商标权、非专利技术、企业文化、企业独特的管理艺术与方法等。无形资产虽无实物形态，但能够给企业带来超额利润，是企业的宝贵财富。随着市场经济的发展，企业无形资产越来越显示出其重要性，无形资产的价值越来越高，无形资产在企业中所占的比例越来越大。企业必须通过管理思想创新，加强对企业无形资产的培育和管理，要精心塑造企业形象，树立商誉观念、诚信观念，以优质的产品、优良的服务、独特的风格打造企业的品牌，扩大企业影响，提高企业的知名度、美誉度，使企业无形资产与有形资产有机结合，形成企业的特殊优势，取得超过同行业平均水平的级差收益。

(5) 知识管理观念。知识管理作为一种全新的企业管理理念出现在实践中，已显示出强大的生命力。所谓知识管理，简而言之，是指通过知识的积累、共享和交流，运用集体智慧来提高企业应变、创新能力的一种新的管理思想。其主要内容是最大限度地开发、共享和利用知识这一最重要的资源，确保企业在激烈的市场竞争中立于不败之地。正因为如此，实施知识管理，以知识创新促进人力资源开发和管理创新，便成为知识经济时代企业管理的最重要内容之一。企业实施知识管理应当抓好四项工作：一是创建学习型组织；二是建立适宜知识创新的流动网络；三是设立企业知识主管；四是建立开放管理机制。

(6) 时间成本观念。胜利属于行动快捷者，伴随知识经济的崛起、全球市场的快速交流，要求企业战略的重点逐渐转变为时间。在知识经济时代，一个重要特点就是"快"：科技进步快、产品更新快、市场变化快。市场竞争不仅仅是比价格、比质量、比服务，更重要的是比速度，看谁能更快地为目标消费者提供所需产品。

因此，企业获取市场信息要快、决策要快、产品的研制开发要快、生产要快、上市要快、资金周转要快、产品销售后的信息反馈要快。快的"本质"就是降低时间成本。因此，时间成本成为知识经济时代最重要的成本概念。只有降低时间成本，才可能满足市场交易多样化和市场需求个性化所决定的多品种、少批量、灵活生产的要求。

(7) 生态管理观念。企业生态是指企业所处的环境。企业生态管理观念的确立，是指企业经营中应努力营造企业生存和发展的和谐环境，包括内部环境和外部环境。当今时代企业之间的竞争结果，不再一定是你死我活，而可以做到双赢。因为企业之间不仅仅是竞争,也不仅仅是合作,而是解决矛盾的"协同竞争"。这种思维方式昭示,大多数企业只有在其他企业成功时才会取得更大的成功。

企业生态意识下的管理理念,很显然有利于企业的持续发展,企业能够在竞争与合作的和谐环境中发挥优势和潜能,从而降低经营成本和风险。这就表明,企业同供应商合作,创建团队,同竞争对手建立战略性伙伴关系将成为时尚。因而,企业管理中必须明确生态管理的理念。

(8)危机管理观念。就是对危机实行管理,以达到防止和规避危机或将危机造成的损害限制在最低限度的目的。伴随着知识经济的到来,高新技术快速发展,企业经营环境的变化节奏要比过去快得多,面临的不确定因素比以往多得多,遇到各种风险的可能性和概率比过去大得多。在此情况下,一种新的管理理念——危机管理应运而生。搞好危机管理,有以下基本要求:

① 要重视危机管理,要从危机处理意识向危机管理意识转变,培育预见能力,及早发现危机征兆,以便采取有先见的措施。

② 要构建防范危机的预警系统,防患于未然,尽可能减少危机发生;对不可避免的危机,精心策划好各种应急预案。

③ 要提高危机管理水平,在危机到来时能够灵活应变,妥善处置,将危机造成的损失降到最低点,并能化险为夷,及时消除危机带来的不利影响。

(9)绿色管理观念。绿色管理是以环保作为企业生存发展的基础,将环保的价值观念融入企业的经营管理之中,从各个环节控制污染,节约能源;使用绿色技术,进行绿色生产;开展绿色营销。同时,企业作为社会基本经济细胞,存在于社会之中,企业不仅应通过各种形式将利润返还给社会,而且应该将自身目标与社会目标协调,追求企业与社会的共同发展。我国的环境问题已到了严重阻碍社会经济发展的地步,企业推崇绿色管理已刻不容缓,将环保意识融入管理活动中,已成为当代企业不可推卸的社会责任。

上述管理观念,既有区别又有联系;它们既体现了商品生产的要求,又体现了现代企业管理的特征。

5. 企业管理的职能

管理职能是指管理者所具有管理本质的外在根本属性及其所应发挥的基本效能。企业管理职能,是指企业管理者为了实行有效管理所必须具有的职责和职能,体现在生产经营活动过程中。我国企业管理的职能分为四个方面、八项基本职能。

(1)计划与决策。计划是指管理人员根据客观和主观条件,依据企业内外信息对未来一定时期内企业的生产经营活动,制定计划、策略、方案,以达到组织机构的目标的管理职能。它包括预先选择企业目标及寻找达成目标的方法。计划是针对未来行动的事先安排,而未来是不确定的,这就需要对未来进行预测。计划工作是否完善,与企业和营运的成败有着极为密切的关系,这正如人们常说的"凡事预则立,不预则废"。

决策是针对企业的目标和发展方向,从众多的生产经营方案中选取一个最佳方案的过程。由于科技的发展及市场竞争的加剧,企业所面对的外部环境变化越来越快,企业的兴衰成败往往取决于其领导者是否能迅速准确地做出决策,并有效地实施决策,所以说"正确的决策可以说是成功的一半"。

计划是企业从事生产经营活动的行动纲领,是企业管理的起点和归宿的评价标准,是对人、财、物诸因素进行全面的综合的平衡过程。

(2)组织与指挥。组织职能是指管理人员按照计划的要求,建立适当的组织机构,调配适当的人力、物力,确保计划所要求的活动能顺利进行,并保证在最有利的情况下达到企业的目标。具体而言,组织职能是指在组织目标已经确定的情况下,将实现组织目标所必需进行的各项业务活动加以分类组合,并根据管理跨度原理,划分出不同管理层次和部门,将监督各类活动所必需的职权授予各层次、各部门的管理人员,以及规定这些层次和部门间的相互配合关系。

指挥是指通过组织机构的有效的指挥,协调各部门和人做出一致而有效的行动,使生产经营活动能够连续、均衡和有秩序地进行。组织为各级指挥提供了基础。指挥是指上级对下级传达上级的意图、决定的手段,它必须通过组织的层次、传递渠道来实现。指挥通常是以命令、指令的方式按照组织设定的渠道逐级下达的。因此,指挥是组织的一种运用。

(3)控制与协调。控制是对计划的执行情况进行检查和考核,发现并解决问题。控制是管理的一项重要职能,是管理者依照计划标准的实际完成情况,并采取措施纠正计划执行中的偏差,以确保计划目标实现的过程。任何管理活动都需要控制,没有控制就没有管理。

协调是针对控制中所发现的决策或计划的失误所做的相应处理,协调各部门、各单位、各个环节(如产、供、销等)的关系,使之建立良好的配合关系,从而有效地实现企业的目标。

(4)教育与激励。教育与激励的目的是为了充分调动和发挥职工的积极性、创造性和智慧。这种积极性、创造性和智慧是企业活力的源泉,是企业兴旺发达、提高经济效益的基础。教育是对企业的员工采取多层次、多种形式的培训,提高企业全体员工的业务水平和文化水平。激励是指调动员工的积极性,主要是精神鼓励和物质鼓励。激励时应选择正确的方式,要知道职工需要什么,要有明确的对象和目标。

7.3.2 企业管理的内容和方法

1. 企业管理的构成

为了满足社会的需要,提高企业的竞争能力和生产能力,应尽可能使生产的产品做到:时间短、数量多、质量高、功能好、成本低和资金省,也就是要达到高效、优质、低耗三个生产目标。

现代建设工程企业是一个动态开放的系统,建设工程企业的活动,主要是生产经营活动。为了进行生产活动,必须投入人、机械、材料、资金和方法5个生产要素;要进行经营活动,必须与社会流通领域相联系,进行社会和建筑市场的调查、分析,对任务和资源的供求进行预测,进行项目决策,并承揽工程项目,进行销售和售后服务等。因此,从市场、预测、决策和承包,到投入5个生产要素,再到产出3个目标,以至销售(竣工验收)和售后服务,就构成了产品(商品)的生产、经营、流通,再到生产、经营、流通的反复循环过程。每个循环中对各个环节(市场、预测、要素、目标等)必须进行相应的管理,这些管理就构成为整个企业管理。在整个生产经营活动中，要素和目标通过管理相联系，它们之间的关系如图 7.3.4 所示。

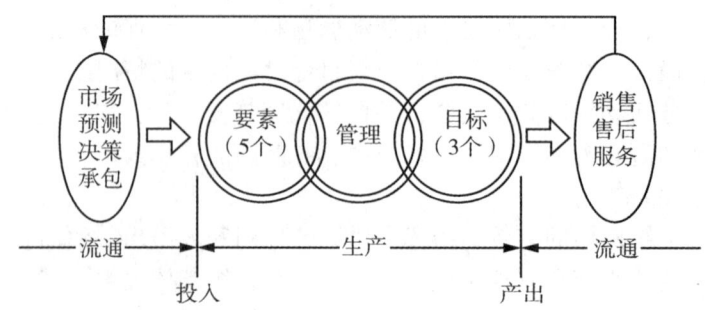

图 7.3.4　企业管理的构成及相互关系

2. 企业管理的内容

企业管理的内容有不同的划分方法，主要的划分方法有如下几种：

（1）按管理目标划分。生产目标的管理包括计划管理、质量管理和成本管理，它们是为达到生产目标的最基本且必要的三大管理，也是企业管理的三大支柱，又称为一次性管理。目标管理中的进度、质量和成本并非孤立存在，它们之间的相互关系如图 7.3.5 所示。通常，进度与成本的关系是 x 曲线，进度快数量多，单位成本就低，但是突击赶工成本反而增高。成本与质量的关系是 y 曲线，质量若好，成本就高，质量低劣，造成返工，成本也高。进度与质量的关系是 z 曲线，进度快、突击赶工，则质量下降；进度太慢也会造成质量下降。三个曲线的最低点，即最优点，就是工程管理的三个目标。在一个建筑产品上，同时在质量、工期、成本上做到最好、最快、最省，事实上不可能。一般情况下，应以满足工程质量和工期两个条件下，着眼于工程的计划和控制使成本最省。特殊情况下，某些重要工程若对工期有特殊要求时，应以保证工期为目标，加强现场管理，保证质量，必要时，支付一定的赶工费作为补偿；而当优质时，应实施优质优价。

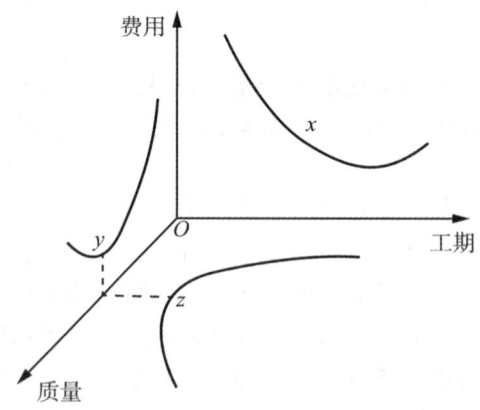

图 7.3.5　质量、工期与成本的相互关系

(2)按生产要素划分。对生产要素的管理包括技术管理、人力资源管理、设备管理、材料管理和财务管理等,一般也称为二次性管理。

(3)按生产活动划分,包括生产管理和经营管理两大部分,见图7.3.6。

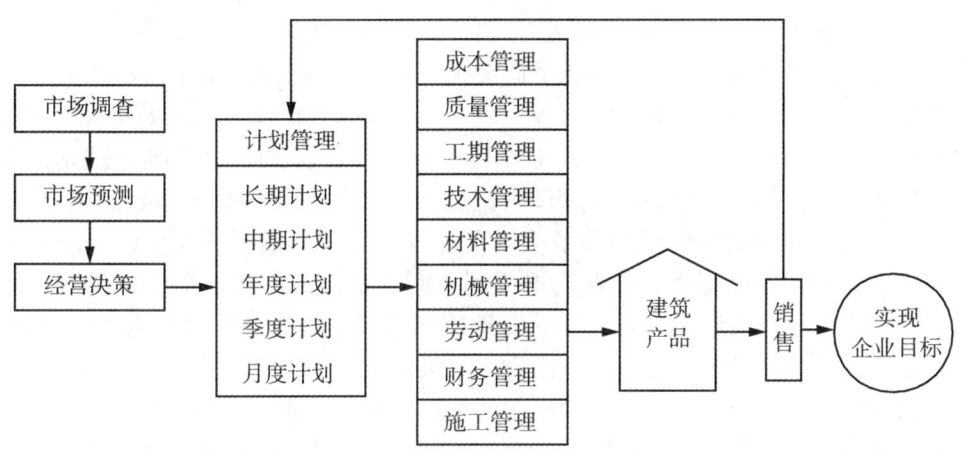

图7.3.6　建设工程企业管理的内容与程序

①生产管理:是对企业日常生产活动的计划、组织、准备和控制,是和产品生产密切相关的各项管理工作的总称。它以生产为中心,根据经营目标和决策,以及企业外部环境和内部条件,运用计划、组织、控制等职能,将输入生产过程的人、财、物、信息等生产要素有效地结合起来,以尽可能少的投入,生产出尽可能多的符合社会需要的产品或劳务,提高企业生产的经济效益。其内容包括:生产组织、生产计划与作业计划,质量管理,技术管理,物资管理,设备管理,劳动管理,财务成本管理,生产控制,信息反馈等方面。

②经营管理:以经营为中心,主要包括市场调查和预测,经营决策,经营计划,承包工程,新产品开发,技术改造,销售管理以及销售后的服务等活动。其目的是提高企业和社会的经济效益。经营管理的任务就是在环境研究的基础上,根据资源供应和产品需求的特点,正确确定生产经营内容和方向,保证企业适时地得到适当数量和种类的生产资源,成功地销售由这些资源加工而成的产品,充分实现产品的价值。经营管理是围绕市场需求做出决策,采取行动,因此首先必须重视市场信息,搞好市场调查和市场预测,这是企业经营活动的起点。其次根据市场需求组织产品的生产、销售和售后服务,这是企业经营活动的基本内容。经营计划是企业全部生产经营活动的综合规划和行动纲领。

3. 企业管理的方法

管理方法,是指实现管理职能,保证管理过程顺利进行和达到管理目标的手段。管理方法是管理主体作用管理活动客体的桥梁。企业管理的方法主要是综合方法,组织行为学方法,社会学、心理学管理方法,系统方法,优化方法等。

(1)综合方法。是指综合运用行政、经济、法律、教育等各种管理方法。在市场经济条件下,建设工程企业的管理是一项复杂的社会实践活动,它受企业内部和外部多种因素的制约，包括经济的和政治的、社会的和心理的、上层建筑的和经济基础的等因素相互作用。因此，只有按照管理实践的特点和要求，善于运用多种管理方法，才能实现管理的职能，并达到预期的管理目的。

(2)组织行为学方法。组织行为学主要是通过政治学、经济学、管理学及心理学等多种学科知识对企业中的一系列组织行为进行研究、分析与指导。企业管理中的群体性关系与员工行为等，都需要组织行为学的相关研究为企业强化员工的工作积极性与创造性提供参考。简而言之，组织行为学的科学合理应用，对实现企业的质量化与效率化至关重要。

组织行为学的理论主要包括：①人本管理理论。"以人为本"是人本管理理论在企业管理中的出发点与落脚点，也是企业管理的核心理论。企业管理注重人的管理，更加关注员工和组织、员工和企业间的互动关系，旨在通过推动个体成员的发展，实现企业的进步。同时，人本管理理论还强调企业在追逐利益时，要为员工提供更好的发展空间。此外，人本管理理论十分关注员工对自我的管理，强调员工潜能、知识与能力的充分发挥。②激励理论。主要是从员工的心理需求出发，最大限度地激发其生产动力，进而促使企业生产目标的实现。对于企业而言，激励机制的优劣直接影响企业内部的凝聚力，也关乎企业的发展前景与市场份额等。将组织行为学中的激励理论应用于企业管理，能够积极协调企业员工之间的关系，实现企业的良性发展。

因此，组织行为学在企业管理中发挥着重要作用，可提高企业的凝聚力，引领企业有序发展，健全企业的激励机制，增强企业文化的影响力，增强企业员工的公平感。通过创建学习型企业员工队伍，提高员工认知能力，培养复合型管理人员及创新管理方式，实现员工竞争力与组织实力的双重提升。通过提升激励机制的综合效能，培养企业员工的满足感、成就感与幸福感。通过优化企业的人力资源配置，将员工的个人需要与期望同整体组织的需要与期望有机结合，实现员工价值理念与企业经营理念的高度一致，确保员工与企业之间的相互促进与发展。

(3)社会学、心理学方法。社会学方法是协调处理人与人之间的关系，调整改善企业与社会关系的方法。它主要是借助社会学的研究成果与方法，从社会利益出发去激励人们的积极性。主要包括：管理群体行为的方法、管理群体内部过程的方法、管理个体行为的方法等。心理学方法是指应用心理学管理理论与方法，分析了解劳动者群体与个体的心理活动，如思维、想象力、注意力、意识运动、自我推动等，然后按照人们的心理规律加以管理的方法。

社会学与心理学方法，主要是研究人们的思想、心态情绪、特长、爱好、欲望、要求、动机等精神诸方面，是研究人、管理人的方法，是"攻心术"，是相对于行政、法律、经济这些"硬件"的"软件"方法，也是影响深远、效果明显的现代管理方法。

(4)系统方法。是指按照事物本身的系统性，把研究的对象放在系统中加以考察的方法。系统管理是现代企业管理中十分重要的原理和方法。

系统管理是以系统对象为管理的客体，运用系统原理，按照系统的目标和各种基本特性的要求，将管理系统中的各种管理功能(或职能)统一起来，以最优化的组织与控制方案，进行全面性综合管理，以实现系统的目标。

建设工程企业管理是个大系统，它由经营管理、生产管理、技术管理、劳动人事管理、财务管理等子系统组成。企业经营管理系统与生产管理系统构成企业系统的整体。生产管理系统是企业管理系统的基础，经营管理系统是生产管理系统的灵魂。企业系统同它周围的其他系统又组成一个大系统。企业内部的各系统构成企业的内部环境，企业外部的各系统构成企业的外部环境。

用系统方法管理企业，应确立如下观点：企业管理必须适应外部环境的变化。企业管理是从属于外部环境的更大系统的子系统，是开放的系统。它从外部环境不断输入信息、物资等，如果失去了外部环境的各种输入，企业将难以生存。因此，企业管理应掌握外部环境变化的趋势，随时根据外部环境的不同变化，采取不同的对策和措施，以提高管理的有效性。

(5) 优化方法。就是按照一定的准则，从解决生产经营管理问题的多种方案中选择最优方案，以求得到最优解决效果的方法。优化就是要把企业有限的资源，最有效地转化为社会财富，以最大限度地提高企业的经济效益。优化方法分为定性分析和定量分析。定性分析是依据管理者的实践经验和收集的资料，对各种方案，经过比较分析而得出的方法。这种方法容易受管理者个人经验、知识、能力的影响。定量方法也称数学方法，是运用数学模型，确定最优投资或施工方案，制订最优施工组织或生产计划，选择用料最省方法和最短运输路线等，有利于经济分析的优化。这种方法由于涉及变量多，目前多与计算机应用相结合，并已得到极其广泛的应用。

(6) 精细化管理方法。从建设工程企业的特性来看，由于建设工程包含众多工作内容，管理复杂，是一个动态的过程，因此，建设工程管理具有动态性。除此之外，建设工程还有着一定的风险，需要做好安全管理工作。建设工程管理的内容繁多，包括建设工程的设计、施工、工程变更、工程验收等环节，不同环节又有着许多的管理内容。如果采取粗犷的管理方式，必然会导致管理效果不佳，无法实现节约成本，提升管理效率的目的。精细化管理在建设工程项目中的应用，可以更好地优化施工方案。

建设工程施工项目精细化管理的"精"，指的是切中要点，抓住建设施工管理中的关键环节，"细"指的是建设工程施工项目管理标准的具体量化、考核、督促和执行。精细化管理的核心在于，实行刚性的制度，规范人的行为，强化责任的落实，来形成优良的执行文化。实施建设工程施工项目精细化管理的目的是坚持执行国家法律法规和建筑行业标准，贯彻落实建设工程安全、经济、节约的建设理念，以合同为行为准绳，建立一套包括管理目标、工艺流程、工程质量和生产安全等各个方面的精细化管理体系。

精细化管理可以明确分工，责任到位；可以促进企业可持续发展，提高管理水平；可以提高企业的经济效益。推行精细化管理模式的有效措施包括完善奖励制度、制定严格详细的管理制度、加强建设工程企业品牌建设、协调企业与市场之间的关系、加强数字化运行与设计等。

7.3.3 管理理论的产生和发展

西方管理理论的发展大体分为传统管理、科学管理和现代管理三个阶段。

(1) 传统管理阶段，从 18 世纪中叶到 19 世纪末，这一阶段的主要特点表现在以下几个方面：① 企业的所有者和经营者没有完全分开，许多企业基本上由资本家直接管理，专职的经营者不多;② 管理方式是家长式的,实行专断的领导方式;③ 管理依据是靠个人的经验和感觉,工人凭个人经验操作,没有科学的操作规程,管理人员凭个人经验管理,没有科学的管理制度;④ 工人和管理人员的培养主要靠师傅带徒弟的方式传授经验,没有统一的标准和要求。这一阶段的管理仍没有摆脱小生产方式的影响,主要靠个人的经验进行生产和管理,没有形成一套科学的管理理论和管理方式。

(2)科学管理阶段,从19世纪末到20世纪40年代,大约经历了半个世纪。这一阶段也称为"古典管理理论"阶段。这一阶段具有如下几个方面的特点:① 将过去积累的管理经验加以系统化、标准化和理论化,并运用科学的方法和手段来研究和解决企业内部的生产管理问题;② 以提高组织的效率为直接目的;③ 提倡管理职能的分工与专业化;④ 把管理对象看做封闭系统,集中研究企业内部的组织管理问题;⑤ 在人类观上,仍然把人看成"经济人""生产工具"和"活的机器",一种"机械因素"。

(3)现代管理阶段,从20世纪40年代开始一直到现在。现代管理论力图克服科学管理理论的不足:一是特别强调人的因素;二是强调把现代科学技术成果应用于管理。于是形成了两大学派:一是在人际关系理论的基础上发展起来的行为科学学派;二是在科学管理理论基础上发展起来的管理科学学派。

① 行为科学学派。行为科学是指运用心理学、社会学、人类学、伦理学和管理学等理论和方法,从人的动机、情绪、行为与工作、环境之间的关系,来研究人在生产经营活动中的生产效率的一门综合性学科。西方行为科学管理理论是生产力发展到一定阶段及管理思想发展的必然结果,其假设不再是"经济人",而转变为"社会人",研究了对个人行为研究的"需要、动机、激励理论",对团体行为研究的"协作、团体内聚力、参与理论",以及对领导行为研究的"参与领导、领导行为连续体、管理方格理论",奠定了西方管理思想的人本主义基础。

目前行为科学理论研究呈现以下几种趋势:应用范围逐渐拓宽,宏观层面和微观层面都有所涉及;更多的学科加入对行为科学的研究,除了心理学、社会学、人类学之外,生态学、经济学、政治学、遗传学和人文科学等都逐渐加入到行为科学的研究中;在对行为科学的研究中,更加注重为公共政策提供科学建议和技术支撑。

② 管理科学学派。管理科学是以数学、运筹学、系统工程、电子技术等科学技术为手段,其主要特征是:以决策为主要着眼点,以经济效益标准作为评价的依据,依靠数学模型和电子计算机,引进系统观念。现代管理科学主要包括三个方面:运筹学、系统分析、决策科学。运筹学是现代管理科学的基础。

7.4 建设工程企业组织管理

7.4.1 企业组织管理的概念

1. 企业组织的含义

企业建立组织是为了使人能有效地共同工作,是达到企业管理目标的手段。企业组织必须设法结合各个人与各部门的职责,使其成为一个系统的、高效的、积极的、协调的执行工具，以使人力与物力得到有效的运用。因此，企业组织是根据企业管理观念，为实现企业的经营方针、管理方针、目标和计划而组建的机构。

2. 组织管理的含义

企业的组织管理是对企业的组织，即机构进行管理，是为了有效地实现企业的目标，明确规定各工作部门、人员的责任、权限和利益，使企业的职员能够同心协力、努力工作，并对企业职工进行考评。

3. 组织管理的内容

企业组织管理的主要内容首先是制定可行的组织系统(机构)，进行职权和企业制度的设计；其次是让设计好的企业组织正常运行；再次是根据企业外部的环境和自身条件的变化，分析组织的适应性和效率性，适时进行机构改革。

4. 组织管理的作用

组织管理的作用主要体现在以下五个方面：① 组织管理能协调与平衡各个人与各部门的职责，使企业管理的实施和控制变得容易；② 组织管理能促进企业健康成长，发展多种经营；③ 组织管理能促进技术发展，提高管理效率；④ 通过有效的组织工作，合理划分专业，提高职工的劳动积极性，提高劳动生产率；⑤ 健全企业组织，明确工作领域，使工作不断改善，鼓励职工的积极性。

7.4.2 建设工程企业组织结构

现代企业都是高度分工、紧密协作进行社会化大生产的有机整体。企业组织机构，是指企业组织内各个部分的空间位置、排列顺序、连接形式以及各要素之间相互关系的一种模式。建立企业组织机构对合理组织生产、及时发现问题、保证企业生产经营活动有秩序高效率地协调进行，有着非常重要的意义。

1. 建立企业组织的原理

建立并完善企业的组织机构，应从企业的实际情况出发，服从生产经营管理的需要，体现企业统一领导、分级管理，以及专业职能管理部门合理分工、密切协作原则，使企业成为一个有次序、高效率的经营组织体。为此，建立组织机构应遵循以下基本原理：

(1)效率性原理。建立企业组织机构，首先要着眼于高效率。设计组织机构要特别注意它的效能，看它是否能加速企业目标的实现，是否有利于企业经济效益的提高。

(2)统一性原理。组织现代化大生产，需要权威，根据企业的整体利益及整体目标，对企业的各项活动进行统一的指挥和协调。统一性原理，是指企业组织机构要尽量统一到一个得力的领导集团或者一个精干的领导者的领导意志上，使企业意向协同一致，使企业权力统一集中，以保证企业权威命令的迅速贯彻和执行。

(3)均衡性原理。是指组织指挥系统中的各级指挥承担的责任与所具有的权利是均衡相称的。企业组织机构的建立，要与相应的责、权、利相统一。一是要建立岗位责任制，明确规定每个管理层次、部门、岗位的责任和权利，保证管理有序。二是赋予管理人员的责任和权力要相对应，有多大的责任就应有相当的权力。三是责任制的落实，还必须和相应的经济利益挂钩，给管理人员必要的动力机制。

(4)专业性原理。是指企业按照生产经营活动的业务性和专业职能来建立各种组织机构。管理人员的职位不同,所承担的管理业务和专业技术业务的内容和范围也不同,一般是越往上层管理业务越多,越往下层专业技术业务越多,如图7.4.1所示。根据以上组织机构的基本原理,能使设置的组织机构更符合实际情况,能更有效地担当起生产经营活动的基本任务。

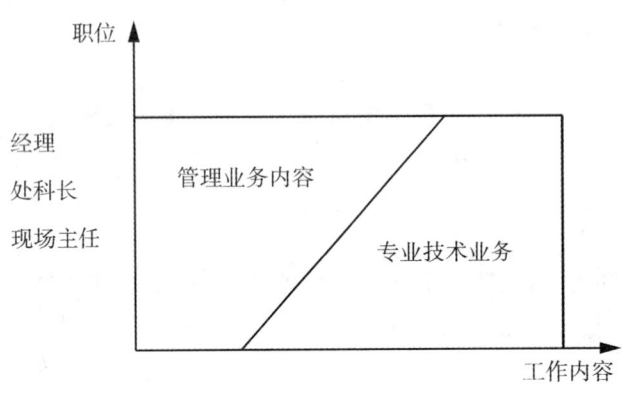

图 7.4.1 管理职位与工作内容

(5)弹性原理。现代管理认为,应当从发展变化观点研究组织。在设置企业组织机构时,既要根据企业一定的外部环境和任务、目标的要求,注意保持相对稳定性,又要在情况发生变化时做出相应变更,使组织保持一定的弹性和适应性。组织不存在万能的标准模式。企业管理的任务就是一切从实际出发,着力研究影响组织变革的因素,去设计或进行富有弹性的组织与活动。

2. 组织机构设计的基本问题

企业组织构成虽有种种不同,但大多数呈金字塔状,并由管理层次、管理跨度、管理部门和管理职责四个因素组成。对这四个因素划分的差异和不同组合,使企业的组织形态呈现多样性。

(1)管理跨度,是人员编组的数量原则,即一名管理人员能够直接有效地领导、控制的人员数量,这决定了管理人员的工作量和管理层次的数量。一名领导者直接领导的人员数量要有一个限度,以免增加大量的接触关系,导致领导的效率降低。在实践中,各级管理人员应根据各自的具体情况和工作经验,因时因地制宜,确定有利于完成任务、提高效率的管理跨度。

(2)管理层次,是指从企业最高一级管理层到最低一级管理层的各个等级,每一个等级即为一个管理层次。

管理跨度与层次有相互制约关系。在企业总人数不变的情况下,跨度大,层次就少;反之,跨度小,层次就多。层次多,跨度小,便于集中管理,严格控制,但因层次多,存在上下信息传递慢,管理人员和管理成本增加,不利于下属主动性、创造性的发挥等缺点。跨度大、层次少则缩短了上下级之间的距离、简化了信息传递环节、减少了管理人员和管理成本,有利于调动下属的积极性、主动性和增加工作的满足感,但由于跨度大,增加了管理人员的负担,使之陷入日常事务之中,不利于对下级进行有效的领导和控制。

一般说来,在保证实现目标、完成任务的前提下,应尽量减少管理层次。建设工程企业的层次一般是三层:公司、分公司、作业层。公司是经营层,分公司是管理层,作业层由项目经理管理,队伍由非自有职工(临时工或承包队)组成。

(3)部门的划分,是指对人员进行分组,对工作进行分类,并在此基础上建立责、权、利明确,便于管理的单位,其目的在于提高工作效率,有效地实现企业目标。部门的划分也要适当,部门过多,控制与协调就会困难,且会人浮于事;部门太少,分工不清,也会降低管理效率。常见的部门划分方法有两种:一种是按职能划分,这是被广泛采用的一种方法。它是指按照生产专业化原则,把性质、作用相似的工作分门别类,并以此为据设立部门,如建立生产部门、经营部门、销售部门、财务部门、人事部门等。另一种是按产品划分的部门,是指以一种产品或产品系列为中心,对业务工作进行分类,进而设立部门的方法,如建设工程企业可划分为基础、打桩、吊装、装饰等业务部门。

(4)职权的划分。任何一个管理者要想率领部下完成工作任务,就必须拥有一定的权力。职权就是指职责范围内的权力,是管理者承担责任、完成任务的条件和保证。职权一般有三种类型:直线职权、参谋职权和职能职权。直线职权包括做决策、下命令、惩罚等权力,其目的是为保证实现目标而配置、使用、协调本部门的人、财、物等各项资源。参谋职权仅具有咨询、建议等权力,其作用在于为直线人员科学、正确的决策服务。而职能职权就是与本部门相关的部分直线职权,一般主要解决业务工作的具体时间、地点、方式等问题。因此,划分职权时必须正确处理三者之间的关系。一般应遵循以下三条原则:①专业化原则,即职能部门应是专业化的,这样有利于提高管理效率与质量。②权力委托原则,即要使每个部门的职责与其权力相适应,使每一个部门有相应的工作,有相应的自主权,有相应的管理成果要求。③直线领导原则,即一个部门应只有一名主要领导,不能形成多头领导,降低指挥的效率。

3. 建设工程企业组织结构的基本形式

组织结构是指组织的全体员工为了实现组织的目标,在管理工作中进行分工协作,在职务范围、责任、权力方面形成的结构体系。合理的企业组织结构,从纵向看,应该是形成一个统一的、自上而下的、领导自如的指挥系统;从横向看,应该是各部门、各环节密切配合的协作系统,这样可以使企业形成一个有机的整体。企业组织机构的形式,应与行业的特点、企业规模的大小、生产技术特点、市场需求变化、企业管理的水平相适应。建设工程企业组织结构的基本形式是建设工程企业管理组织的各个要素相互联结的框架的形式。建设工程企业组织结构是多种多样的,现将不同的管理组织结构形式及特点分述如下。

1)直线型组织结构

直线型组织结构是最古老、最简单的一种简单组织形式,又叫单线制。其特点是各级职位按垂直方向依次排列,领导履行全部管理职能,按隶属关系直接指挥下属各单位的各项工作,并逐级向上全权负责。如图7.4.2所示。

这种组织结构的优点是:结构比较简单,权力集中,权责分明,命令统一,沟通简捷,决策迅速,比较容易维护纪律和秩序。其缺点是:在组织规模较大的情况下,由于所

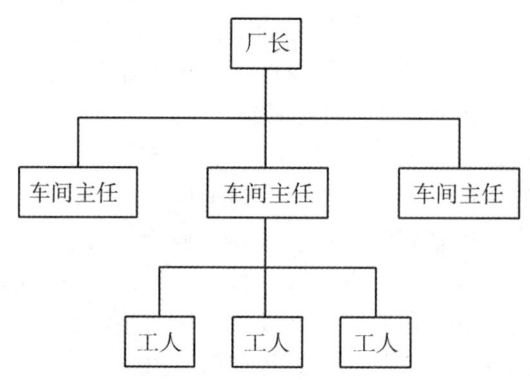

图 7.4.2　直线型组织结构图

有的管理职能都集中由一人承担，往往会因为个人的知识及能力有限而难以深入、细致、周到地考虑所有管理问题，因此管理比较简单粗放，有时会顾此失彼，产生失误；此外，组织中的成员只注意上情下达和下情上传，每个部门只关心本部门工作，因而部门间的横向联系与协调比较差，难以在组织内部培养出全能型、熟悉组织情况的管理者。这种组织结构一般只适用于那些产品单一、生产技术简单、无须按职能实行专业化管理的小型企业，或者是现场的作业管理。

2）职能型组织结构

职能制是美国科学管理之父泰勒在对管理工作进行专业化分工的基础上提出的，如图7.4.3 所示。职能型组织结构的特点是企业各级均设置职能机构，各级职能机构有权在自己的职权范围内直接指挥下属机构，下级除接受直线上级管理者的命令外，还必须接受各职能部门的指示。

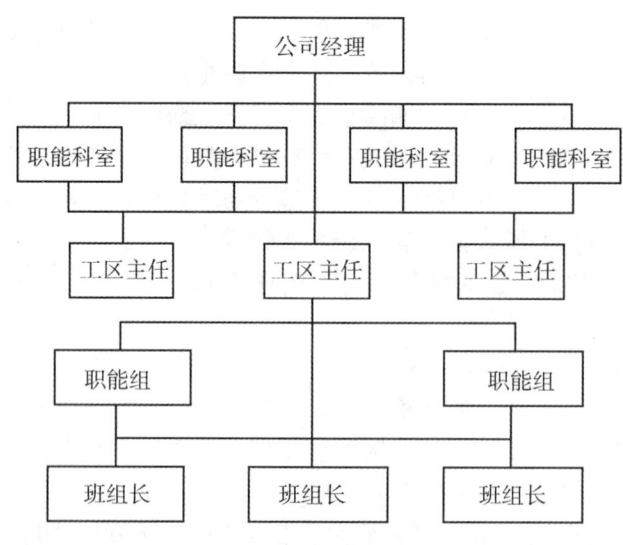

图 7.4.3　职能型组织结构图

这种组织结构的优点是：能够充分发挥职能机构的专业管理作用，适应现代组织技术比较复杂和管理分工较细的特点，因而有可能发挥专家的作用，减轻上层主管人员的负担。但其缺点也比较明显：妨碍了组织中必要的集中领导和统一指挥，形成了多头领导、多头指挥；各部门容易过分强调本部门的重要性而忽视与其他部门的配合，忽视组织的整体目标；不利于明确划分直线人员和职能科室的职责权限，容易造成管理的混乱，影响工作效率；加大了最高主管监督协调整个组织的要求。因此，在实践中，这种管理组织结构并未得到推广应用。这种组织形式适用于任务复杂的社会管理组织和生产技术复杂、各项管理需要具有专门知识的企业管理组织。

3) 直线职能型组织结构

直线职能制是上述两种形式的综合，直线职能型组织结构是对职能型组织结构的改进，是以直线型组织为基础，在各级直线主管之下，设置相应的职能部门，即设置了两套系统：一套是按命令统一原则组织的指挥系统，另一套是按专业化原则组织的管理职能系统。其特点是：直线部门和人员在自己的职责范围内有决定权，对其所属下级的工作进行指挥和命令，并负全部责任；而职能部门和人员仅是直线主管的参谋，只能对下级机构提供建议和业务指导，没有指挥和命令的权力，如图 7.4.4 所示。

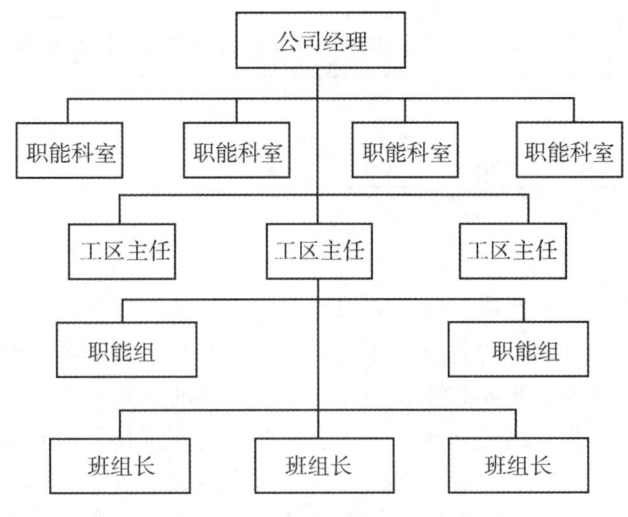

图 7.4.4　直线职能制组织结构图

直线职能制的优点是：既具有直线制权责明确、统一领导的优点，又发挥了职能部门的业务特长和咨询作用，避免了多头领导、多头指挥，使企业具有较高的稳定性和工作效率。但也存在缺点，各职能部门之间缺少横向联系，下级直线部门工作的积极性、主动性差，上级协调直线部门与职能部门的工作量较大。因此，这种组织形式一般适用于中小规模、产品品种不多、工艺稳定、市场情况较易把握的企业。

4) 事业部制组织结构

事业部制是 20 世纪 20 年代由美国通用汽车公司的管理者斯隆首先创立的，因此又称斯隆制，如图 7.4.5 所示。事业部制组织是在总公司领导下，按产品或地区或市场的不同，设立多个事业部。事业部是一种分权制的组织形式，其突出的特点是总公司集中决策，事业部独立经营，独立核算，自负盈亏。公司最高管理机构拥有人事决策、财务决策、定价和监督大权，通过利润等对事业部进行控制。事业部的部长或经理统一领导他主管的部门，除受总公司长期计划预算的严格监督，对公司负有完成计划的责任外，对该事业部内部的经营管理拥有很大的独立性。

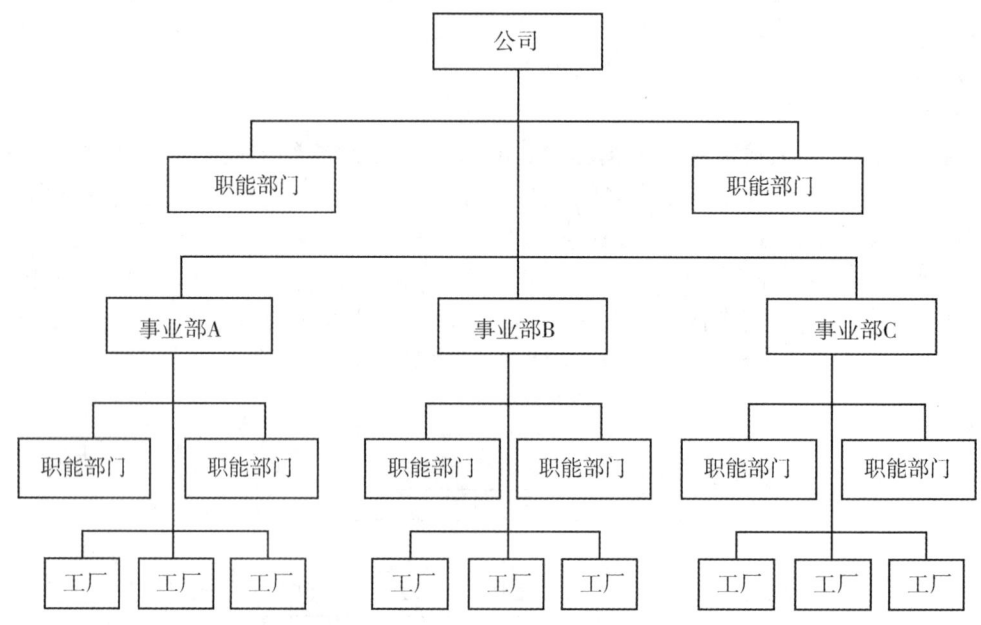

图 7.4.5　事业部制组织结构图

这种组织结构形式的主要优点是：适应性和稳定性强，有利于组织的最高管理者摆脱日常事务而专心致力于组织的战略决策和长期规划，有利于调动各事业部的积极性和主动性，并且有利于公司对各事业部的绩效进行考评。它的缺点是：由于机构重复，造成了管理人员浪费；由于各个事业部独立经营，各事业部之间要进行人员互换就比较困难，相互支援较差；各事业部主管人员考虑问题往往从本部门出发，各事业部间独立的经济利益会引起相互间激烈的竞争，可能发生内耗；由于分权容易造成忽视整个组织的利益、协调较困难的情况，也可能出现架空领导的现象，从而减弱对事业部的控制。这种组织结构形式适用于产品多样化、地理位置分散、市场环境复杂多变的大型企业和巨型企业。

5）矩阵型组织结构

矩阵制，又称项目管理制，如图 7.4.6 所示。各项目小组设立项目经理，他所领导的项目小组负责从产品的设计、开发直到生产、销售为止的全部工作，施工企业则负责从项目投标、施工组织设计、施工到竣工验收的全部工作。项目经理领导的小组成员是从各职能部门抽调的，小组成员受双重领导，即在执行日常工作方面，接受原职能部门的领导，被派往项目小组后，接受项目经理的领导，当任务完成后，返回原职能部门。

矩阵制组织的优点是：打破了传统的管理人员只受一个部门领导的管理原则，从而加

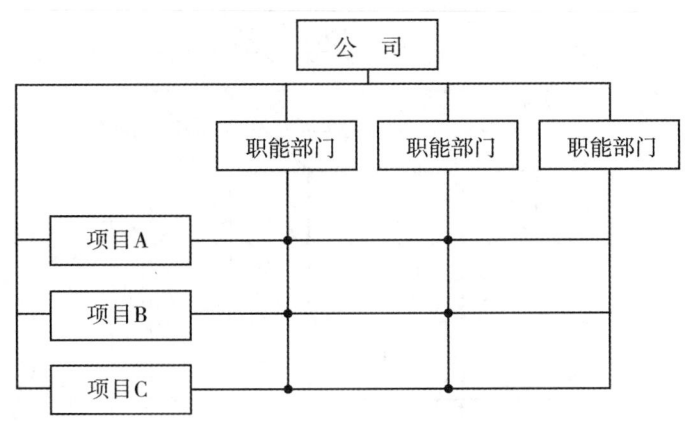

图 7.4.6 矩阵型组织结构图

强了各部门之间的横向和纵向联系，有利于各职能部门之间的配合，及时沟通信息，共同决策，提高了工作效率。但对管理人员要求高，要求一专多能，较高的管理水平，能把从各部门来的专业人员组织在一起，使他们的专业知识和经验能充分发挥。这种组织形式适用于生产经营复杂多变，以研究、开发、创新为主的企业。

由于建设工程企业生产经营的特点，我国在改革开放以后，建设工程企业引进了这种组织形式，实行管理层与作业层分离，由总公司或分公司派出项目经理，组建项目管理班子进行项目管理。

6）多维立体型组织结构

这种组织结构也称立体矩阵式，大型跨国公司常采用这种组织机构形式。即组织机构的建立不但考虑了产品、职能两个因素，而且还考虑了地区、时间等多个变化因素，形成多维制的组织结构，更能适应大型企业经营上的需要。

这种组织结构是矩阵组织结构形式和事业部制组织结构形式的综合发展。这种结构形式由三方面的管理系统组成：第一，按产品（项目或服务）划分的部门（事业部），是产品利润中心；第二，按职能如市场研究、生产销售、技术研究、质量管理等划分的专业参谋机构，是职能利润中心；第三，按地区划分的管理机构，是地区利润中心。在这种组织结构形式下，每一系统都不能单独做出决策，而必须由三方代表共同协调才能采取行动。因此，多维立体型组织结构能够促使每个部门都从整个组织的全局来考虑问题，从而减少产品、职能、地区各部门之间的矛盾。即使三者之间有摩擦，也比较容易统一和协调。这种类型的组织结构形式最适用于跨国公司或规模巨大的跨地区公司，如图 7.4.7 所示。

7）网络型组织结构

网络型组织结构，是利用现代信息技术手段而建立和发展起来的一种新型组织结构，如图 7.4.8 所示。现代信息技术使企业与外界的联系加强了，利用这一有利条件，企业可以重新考虑自身机构的边界，不断缩小内部生产经营活动的范围，相应地扩大与外部单位之间的分工协作。这就产生了一种基于契约关系的新型组织结构形式，即

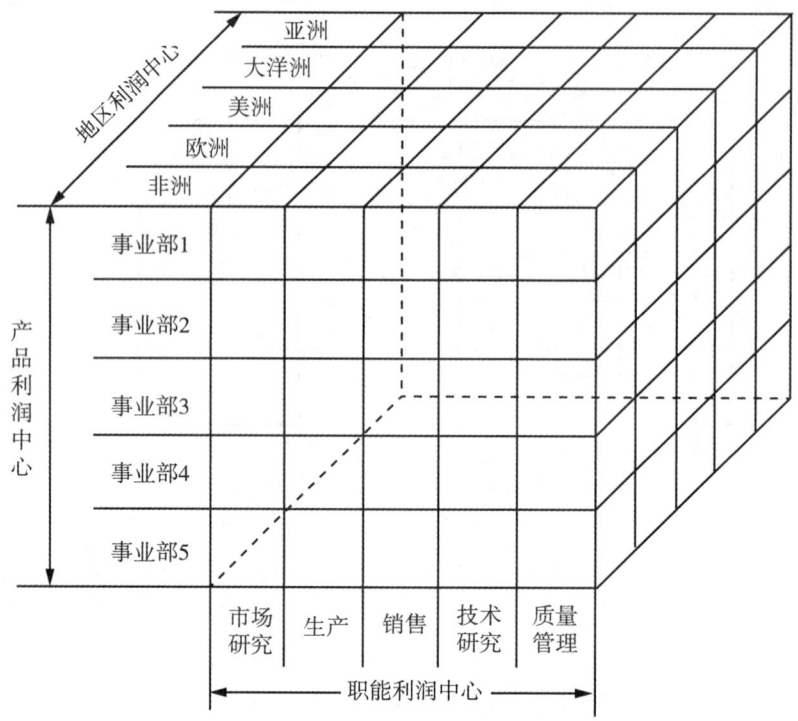

图 7.4.7 多维立体型组织结构图

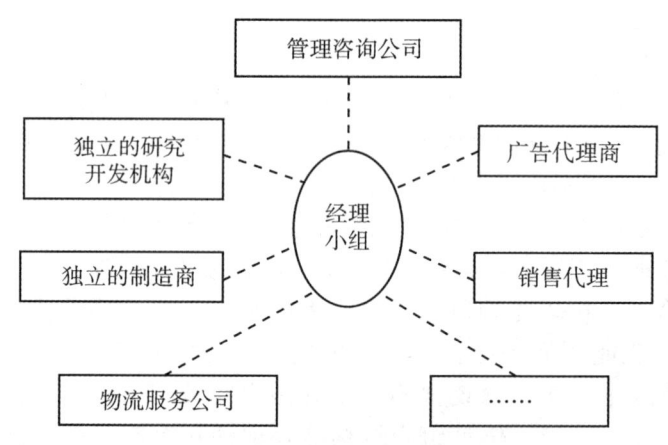

图 7.4.8 网络型组织结构

网络型组织。

这种组织形式的特色是将企业内部各项工作(包括生产、销售、财务等),通过承包合同交给不同的专门企业去承担,而总公司只保留为数有限的职员,它的主要工作是制定政策及协调各承包公司的关系。这种结构可使企业减少行政开支,具有较强的应变能力。其缺点是总公司对各承包公司控制能力有限。

7.4.3 建设工程企业组织结构设计的权变因素

企业在不同发展阶段所面临的外部条件和内部特点是不相同的。因此，企业的组织结构应根据不同的发展阶段进行相应的调整。影响组织结构设计的主要权变因素有以下四个方面：企业环境、企业战略、企业技术以及企业规模。

7.4.3.1 组织结构与企业环境

1. 环境的不确定性及其分类

所谓环境的不确定性，是指企业能够确切了解并适应环境因素的程度。它包括环境的复杂性和环境的稳定性两项指标。环境的复杂性反映了影响企业运营的外部环境状况。影响企业的外部因素较多，且各因素间相互影响，则此环境较复杂，反之环境则简单。环境的稳定性反映了环境因素在时间上的变化状况。环境因素在较长时间内没有较大变化，则此环境是稳定的，反之则是不稳定的。依据环境的复杂性和简单性这两项指标，可以把企业环境的不确定性划分为四种类型，如图7.4.9所示。

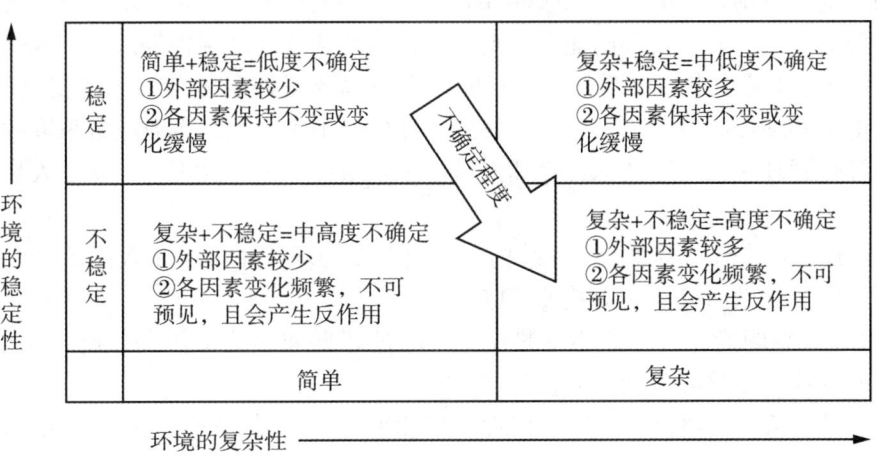

图7.4.9 环境不确定性的分类

(1)低度不确定。在"简单+稳定"象限中，环境的不确定程度很低，企业对环境的预测和适应比较容易。煤炭、矿石开采企业都归属于这一类。

(2)中低度不确定。在"复杂+稳定"象限中，由于影响企业的外部因素增加，环境的不确定程度有所提高。但是这些因素变化缓慢，因而预测并适应环境还不是很困难。

(3)中高度不确定。在"简单+不稳定"象限中，影响企业的外部因素虽然不多，但这些因素变化迅速，且难以预测，环境的不确定程度进一步提高。企业为适应环境而采取的行动常会引起环境因素的反作用。

(4)高度不确定。在"复杂+不稳定"象限中，环境不确定性达到最高程度。企业的外部因素错综复杂，而且这些因素很不稳定，变幻莫测，因而风险性很大。

2. 组织结构设计的对策

随着环境不确定程度的不断提高，企业组织结构的设计通常采取以下几项对策来适应环境的各种不确定状态：

(1)增加企业的职能部门和职位数目，以加强企业的对外联系职能。由于企业的外部环境因素复杂多变，企业对外联系方面的工作量将相应增加。增加必要的职能部门和工作岗位，将有助于企业同外部环境的主要因素之间保持联系与协调。通过企业及时调整计划和活动，达到企业生产经营更好适应环境的目的。对外联系部门的任务，具体包括以下三个方面：

① 收集、整理和分发外部环境变化的有关信息。对外联系部门主要负责收集市场需求、竞争者的信息以及整理出变化的趋势；了解、收集有关原材料供应、生产设备制造以及劳动力培训等方面的信息，并且将这些信息通过有关渠道分发给其他部门。

② 代表企业向外部环境输出信息，以加强外界对企业的认识。对外联系部门需要将企业的产品、服务信息介绍给市场和用户，将企业的良好形象和发展规划介绍给上级主管部门和社会各界等。

③ 降低环境不确定性对企业内部生产的冲击和干扰作用。对外联系部门的任务有：实行滚动计划和备用计划的方法来缓冲外界的影响因素；根据市场需求研究开发新产品并做好生产前的准备，使生产部门能有计划地、顺利地调整产品结构等。

(2)加强企业管理中的协调和综合职能。当外部环境处于复杂而迅速变化的状态时，企业的各部门必须提高专业化，才能更好应对环境的不确定性。企业通常采取的措施是配备专门的综合管理人员。这些综合管理人员包括联络员、项目经理、企管办人员、综合计划员等。

(3)增加组织结构的柔性。柔性结构在复杂多变的环境中显示出较好的适应性，可以对外部环境的变化做出灵活而有效的反应。

(4)强化计划职能和对外部环境的预测。通过计划和预测工作可以使企业早做准备，从而削弱外部环境变化的不利影响。

根据上述对策，可将环境的不确定性类型和组织结构对策对应起来，归纳出组织结构与环境的权变框图，如图 7.4.10 所示。

环境的稳定性		简单	复杂
	稳定	低度不确定 1. 刚性结构 2. 部门少 3. 无综合业务 4. 业务导向	中低度不确定 1. 刚性结构 2. 部门多，对外联系多 3. 有一些综合业务 4. 有一些计划分配
	不稳定	中高度不确定 1. 柔性结构 2. 部门少，对外联系少 3. 有一些综合任务 4. 计划导向	高度不确定 1. 柔性结构 2. 部门多，专业化高，对外联系多 3. 有很多综合任务 4. 强化的计划和预测

环境的复杂性 →

图 7.4.10　组织结构与环境的权变框图

7.4.3.2 组织结构与企业战略

1. 建设工程企业战略

1) 企业战略的概念与特征

商品经济的特点就是通过市场竞争，优胜劣汰，使那些能适应市场的优秀企业脱颖而出，从而推动整个经济的迅速发展。从企业的角度出发，为了提高自身的生存能力与经济效益，必须制定适应内外环境的科学的企业战略，才能战胜竞争对手，保持应有的市场份额。企业战略可以定义为：企业在市场经济竞争激烈的环境中，在总结历史经验、调查现状、预测未来的基础上为谋求生存和发展而做出的长远性全局性的谋划和方案，它是企业经营思想的体现，是一系列战略性决策的结果，又是制订中长期计划的依据。

企业战略是企业与不断变化的外部环境间谋求平衡的一种规定，是关于企业经营方向和解决经营活动中所碰到的问题所应遵循的全局性、长远性和指导性的原则和规定。从上面的定义，我们可归纳出战略的最根本特征：① 企业战略具有全局性，这是企业战略的最根本特征；② 企业战略具有长远性，企业战略的着眼点是企业的未来，是为了谋求企业的长远利益，而不是为了求得眼前的利益；③ 企业战略具有纲领性；④ 企业战略具有抗争性；⑤ 企业战略具有风险性，企业战略考虑的是企业的未来，而未来是不可确定的，所以企业战略必然有一定的风险性。

2) 企业战略的构成

企业战略由企业总体设想，企业外部和内部环境分析，企业总体战略，企业行业环境和经营实力分析，企业经营设想和经营战略，企业职能战略和企业行动方案等要素构成。它们之间的关系如图 7.4.11 所示。

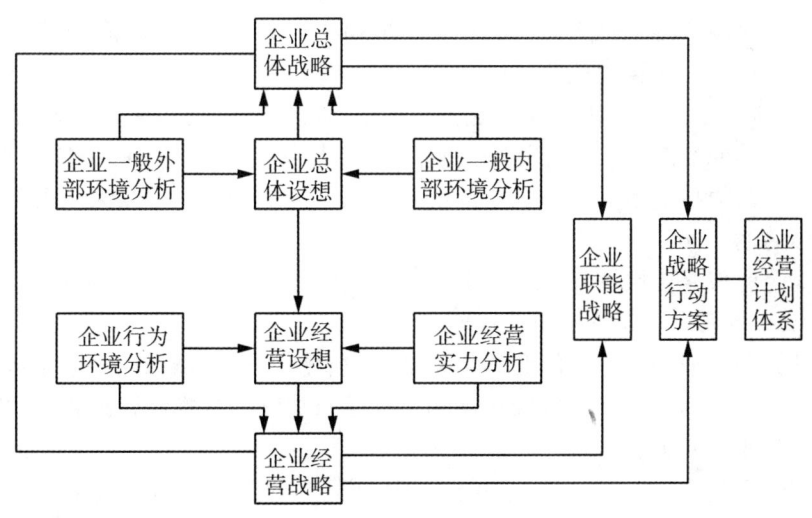

图 7.4.11 企业战略的构成

3) 企业战略的类型

企业战略主要分为以下三种类型：企业总体战略、经营战略、职能战略。三种企业战略的层次及其关系如图 7.4.12 所示。

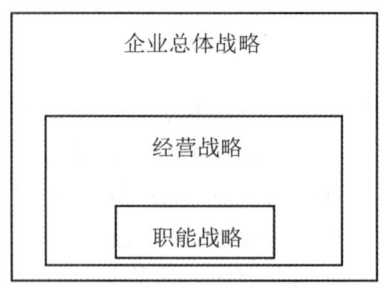

图 7.4.12　三种不同层次的企业战略及其相互关系

（1）企业总体战略提出一个时期内企业总的经营方向和任务，明确对内部各个经营领域和部门的一般要求。常见的企业总体战略可分为进攻型、防守型和综合型。

当建设工程企业不是在一个行业而是准备在多个行业进行多样化经营时，企业不仅需要为每项业务制定经营战略，还需要在更高层上为企业制定总体战略。企业总体战略就是把企业有机地组织起来，使企业整体功能大于各个业务单位局部功能之和。企业总体战略主要与两个问题有关：企业应该进入哪些领域？企业总部应该如何对它的业务进行管理？

企业总体战略主要包括如何在多个业务领域中经营的多样化经营战略、如何利用外部资源的一体化战略，以及更进一步如何与其他企业进行整合的合并与兼并战略等。

（2）企业经营战略又称为企业竞争战略，是直接面向行业内竞争者的战略。在确定并建立支持总体战略的前提下，企业要围绕着产品、市场或资源上的竞争优势制定经营战略，达到提高竞争力的目的。在企业经营层上，无论什么样的经营活动，最终都反映在低成本、差异化和时间安排上，因此，企业竞争战略可以分为三个独立的基本形式：低成本战略、差异化战略和时间竞争战略。

（3）职能战略。根据企业的不同职能部门的功能制定市场经营、技术开发、人员培训、财务与资金等职能战略。职能战略的重点是最大限度地利用资源去提高管理的效率。在公司战略和经营战略确定后，各职能部门要根据本身的情况找出最大限度地利用资源以实现企业目标的途径。

建设工程企业战略层次图如图 7.4.13 所示。

2．单一经营领域战略和多种经营战略

不同类型的企业战略要求其配套的组织结构也有所不同。从企业经营领域的角度，可将企业经营战略划分为单一经营领域战略和多种经营战略。各类经营战略与组织结构间的对应关系如表 7.4.1 所示。

（1）单一经营领域战略，是指企业的经营范围只局限于某一行业或某一行业的某种产品。同这种战略相配套的组织结构是集权的职能制。职能制组织结构用于该种战略不仅便于管理，同时有利于减少管理人员，降低成本。

（2）多种经营战略的企业经营领域涉及行业内的各种产品或跨行业经营。因此，又可具体细分为副产品型、相关型、相连型以及多角型多种经营，分别要求不同的组织结构与之相配套。

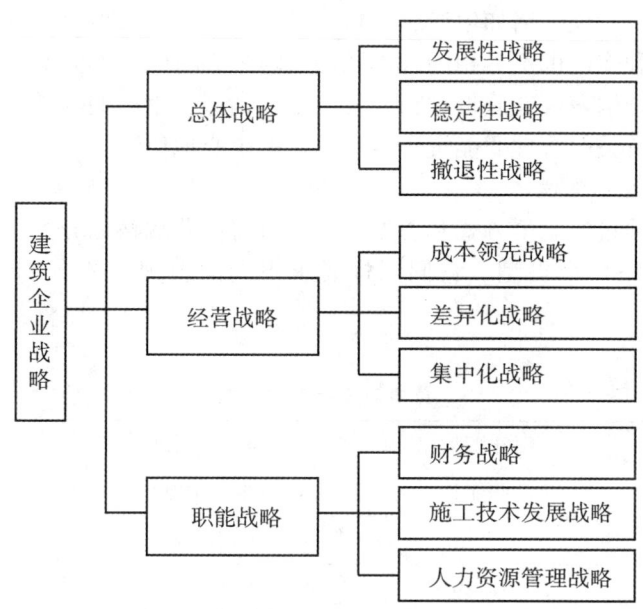

图 7.4.13 建设工程企业战略层次图

表 7.4.1　　　　　　　　　　**经营战略与组织结构的对应关系**

经营战略	组织结构
单一经营领域战略	职能制组织结构
副产品型多种经营战略	附有单独核算单位的职能制组织结构
相关型多种经营战略	事业部制组织结构
多角型多种经营战略	子公司制组织结构
相连型多种经营战略	混合型结构制组织结构

① 副产品型多种经营。企业为充分利用资源、提高经济效益等，同时生产经营超出本行业范围的某些副产品。实行这种战略的公司仍宜采用集权的职能制，但企业对副产品的生产经营应附有单独的经济核算单位，以体现副产品生产经营对公司带来的经济效益。

② 相关型多种经营。企业为发挥同类技术特长、现有销售渠道等原因，横向地扩大生产经营范围。实行这种战略的公司宜采用分权的事业部制组织结构。

③ 多角型多种经营。又称非相关型经营，即企业向与其生产技术和经营管理都有很大差别的行业发展多种经营。实行这种战略的公司宜实行子公司制组织结构，以减少经营风险，保持均衡的投资利润率。

④ 相连型多种经营。企业向与其生产技术有一定联系的纵向行业发展多种经营。这类企业各经营领域间联系紧密，其组织结构的特征介于相关型多种经营与多角型多种经营之间，宜采用混合型组织结构，即企业基本组织结构相互结合形成的组织结构形式。例如，直线职能制与事业部制即可结合形成一种混合式组织结构形式。

此外，企业经营管理中诸如生产、销售、开发、财务、人事等各项基本职能，在企业管理系统中的地位和作用也不尽相同。不同的战略中心将配套不同类型的组织结构，常见的战略中心的组织结构表现在质量型、开发型、营销型、生产型等结构类型，它们根据不同的要求，分别把有关的管理职能置于组织结构的中心地位。

3. 竞争战略与组织结构

从产品或经营项目的竞争方式和态度角度，可将经营战略划分为保守型战略、风险型战略以及分析型战略三个类型。它们同样要求不同的组织结构分别与之相配套，如表7.4.2所示。

表7.4.2　　　　　　　　　　　竞争战略与组织结构

经营战略	保守型战略	风险型战略	分析型战略
组织结构	职能型	事业部制	矩阵型
计划管理	严格	粗泛	严格与粗泛并存
信息沟通	纵向为主	横向为主	纵向与横向并存
集权与分权	集权为主	分权为主	集权与分权结合
高层管理人员构成	工程师、成本专家	营销、研究开发专家	联合组成

（1）保守型战略，主要致力于保持生产经营的稳定和提高效率。与这种战略相配套的组织结构应强调提高生产和管理的规范化程序，以及用严密的控制来保证生产和工作的效率。因此，刚性结构比较适用于保守型战略。

（2）风险型战略。如果说保守型战略的关键是稳定和效率，那么风险型战略的关键则是开拓和创新。与这种战略相配套的组织结构应以保证企业创新需要的分权部门间接协调为目标。因而，柔性结构比较适用于风险型战略。

（3）分析型战略，集合了保守型战略的生产和工作效率高以及风险型战略反应迅速的优点。一方面用保守型方法保持传统的产品和市场；另一方面用风险型方法寻求和开发新的产品和市场，并在两者间保持适当的平衡，即刚性结构和柔性结构的混合比较适用于分析型战略。

7.4.3.3　组织结构与企业技术

企业技术，是指企业把原材料加工成产品并销售出去的过程中相关的知识、工具和技艺。它不仅包括企业的机器、厂房，还包括职工的知识、技能以及生产工艺。

1. 企业级技术对组织结构的影响

企业级技术对组织结构的影响研究最早源于英国工业社会学家琼·伍德沃德（Joan Woodward）。他将企业归并为单件小批量生产、大批量生产和连续生产三种基本技术类型，并对工业生产技术同组织结构的关系进行了影响研究，如表7.4.3所示。

（1）随着技术类型从单件小批生产到连续生产的推移，管理层次的数目、经理人员同全体职员的比例、大学毕业的管理人员所占比重等明显的增加。这也表明复杂的技术需要强化管理。

表 7.4.3　　　　　　　　　　企业级技术类型与组织结构的相互关系

组织结构特征	技术类型		
	单件小批生产	大批量生产	连续生产
管理层次数目	3	4	6
高层领导的管理幅度	4	7	10
基层领导的管理幅度	23	48	15
基本工人同辅助工人的比例	9∶1	4∶1	1∶1
大学毕业的管理人员所占比重	低	中等	高
经理人员同全体职员的比例	低	中等	高
技术工人的数量	高	低	高
规范化的程序	少	多	少
集权程度	低	高	低
口头沟通的数量	高	低	高
书面沟通的数量	低	高	低
整体结构类型	柔性的	刚性的	柔性的

（2）高层领导者的管理幅度随着技术复杂程度的提高而呈现增大的趋势。这是由于技术复杂程度的提高，引起专业分工的进一步细化和部门的增加，则同一领导者的管理幅度也将有所增加。

（3）基本工人同辅助工人的比例随着技术复杂程度的提高而逐步降低，技术工人的比重则逐步增大。这表明复杂的技术装备和生产工艺需要更多的辅助工人来维修和保养设备。这些辅助工人由更高技术等级的工人组成。

（4）组织结构呈现两头柔性、中间刚性，大批量生产对组织结构的规范化程度、集权程度、基层领导的管理幅度以及沟通方式等要求较高。而单件小批生产和连续生产则要求较多的灵活性和适应性。

2. 部门级技术对组织结构的影响

（1）部门级技术的类型模式。企业中的各个部门具有不同的技术特点，大体可以划分为两个方面，即任务的多样性和工作活动的可分解性。任务的多样性是反映该部门工作中发生未曾预料事件的频率。工作中如果经常遇到例外事件，则这种工作的多样性就强。工作活动的可分解性是指生产或工作活动可以分解为具体的工作阶段和步骤，其具体形式可以是工艺规程、工作指令、工作手册、工作标准等。依据部门技术多样性与可分解性的高低，可将企业的各类部门技术划分为四种类型，如图 7.4.14 所示。

一个部门中往往不是单纯只存在上述某一种技术类型。判定一个部门所属的技术类型，应以该部门大多数或关键性工作所属的技术类型来决定。在实践中，多样性与可分解性存在着相关关系。因此，可将各部门工作简单地划分为两类，图 7.4.14 中用两条虚线

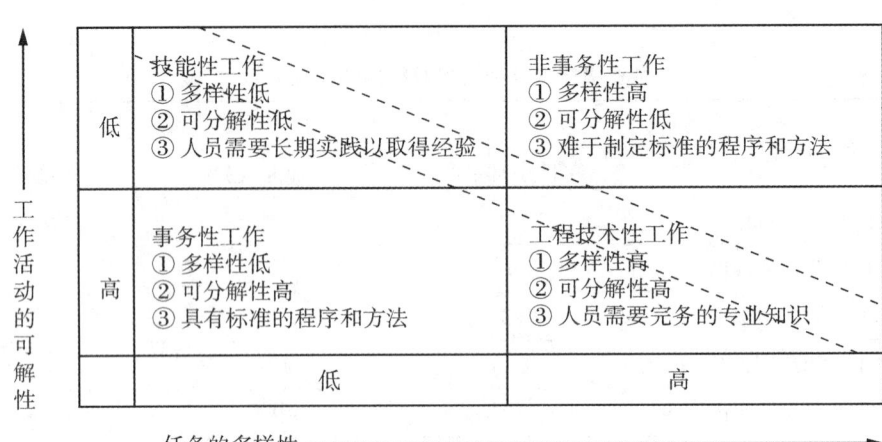

图 7.4.14 部门级技术类型模式及特点

代表对角线，一类是事务性较强的工作，位于对角线的左下方；另一类是非事务性较强的工作，位于对角线的右上方。采用这种简化的分类方法，可以对部门技术进行快速而有效的分析。

（2）不同部门技术类型对组织结构的影响。不同部门的技术特点对组织结构的影响不同，主要表现在规范化程度、人员的专业素质、管理幅度、集权程度、沟通类型与方式、控制方法、目标重点以及组织结构类型八个方面。具体各个部门技术类型同组织结构特征的影响情况如表 7.4.4 所示。

表 7.4.4　各部门技术类型与组织结构特征的影响情况

组织结构特征	部门技术类型			
	事务性工作	技能性工作	工程技术性工作	非事务性工作
规范化程度	高	适中	适中	低
人员的专业素质	稍需专业训练和经验	需要工作经验	需要正规专业教育	需要专业教育和工作经验
管理幅度	大	适中偏大	适中	小
集权程度	高	适中	适中	低
沟通类型与方法	纵向书面沟通	横向和纵向沟通	书面及口头沟通	横向的口头沟通
控制方法	规章、预算、报表	训练、会议	报表、会议	明确责权目标、会议
目标重点	数量、效率	质量	可靠性、效率	质量
组织结构类型	刚性	偏柔性	偏柔性	柔性

7.4.3.4　组织结构与企业规模

不同规模的企业在组织结构上具有明显的差别。企业规模通常采用职工人数、企业生产能力(年产量)年销售额以及企业投资额等指标进行衡量。但在组织设计工作中，主要采用职工人数这一指标。大型企业同小型企业相比，其组织结构特征在结构的复杂性，决策分权化程度，正规化程度以及人员结构等方面存在显著差别，如表7.4.5所示。

表7.4.5　　　　　　　　　不同企业规模对组织结构的影响

结构要素	小型企业	大型企业
管理层次的数目(纵向复杂性)	少	多
部门和职务的数量(横向复杂性)	少	多
分权程度	低	高
技术和职能的专业化	低	高
正规化程度	低	高
书面沟通和文件数量	少	多
专业人员比率	小	大
文书办事人员比率	小	大
中高层行政领导人员比率	大	小

(1)结构的复杂性。从纵向和横向的结构复杂性都能看出，大型企业比小型企业具有更多的生产部门和管理部门。

(2)决策分权化的程度。企业的规模小，则决策权一般集中在企业的最高层。当企业规模扩大时，则原来由企业最高层作出的决策，其中一部分将由较低层次担任。因此，中小型企业宜采用职能制，大型企业则多采用事业部制及子公司制。

(3)正规化程度。正规化程度又称制度化或规范化，反映企业拥有各种正式颁布的规章制度和书面文件的状况。通常情况下，大型企业的正规化程度高于小型企业。

(4)人员结构。企业规模不同，企业人员的构成状况也有所不同。这主要表现在专业人员的比率和中高层行政领导人员的比率两个方面。

7.4.4　建设工程企业组织结构的未来发展方向

1. 虚拟组织

20世纪80年代，国际工程承包市场上开始出现联营体，部分体现了虚拟组织的创新思想，在实践中也被证明是一种行之有效的经营战略。但在经济全球化、市场动态化的今天，强调信息技术应用的虚拟化经营(动态联盟)则是新的竞争环境下企业组织创新的必然趋势。

1) 虚拟组织的含义

虚拟组织是指两个以上的独立的实体，为迅速向市场提供产品和服务，在一定时间内结成的动态联盟。它不具有法人资格，也没有固定的组织层次和内部命令系统，而是一种开放的组织结构，因此可以在拥有充分信息的条件下，从众多的组织中通过竞争招标或自由选择等方式精选出合作伙伴，迅速形成各专业领域中的独特优势，实现对外部资源整合利用，从而以强大的结构成本优势和机动性，完成单个企业难以承担的市场功能，如产品开发、生产和销售。虚拟组织中的成员可以遍布在世界各地，彼此也许并不存在产权上的联系，不同于一般的跨国公司，相互之间的合作关系是动态的，完全突破了以内部组织制度为基础的传统的管理方法。

网络的发展推动了虚拟组织的发展。其实，网络本身也是虚拟组织的一种形式，它是一系列预先认证合格的合作伙伴。同时，作为辅助工具，网络又推动了各个领域中合作的开展和众多虚拟组织的形成。

2）虚拟组织的特征

虚拟组织的关键特征大致表现在以下几个方面：

（1）虚拟组织具有较大的适应性，在内部组织结构、规章制度等方面具有明显的灵活性。虚拟组织是一个以机会为基础的各种核心能力的统一体，这些核心能力分散在许多实际组织中，它被用来使各种类型的组织部分或全部结合起来以抓住机会，当机会消失后，虚拟组织就解散。

（2）虚拟组织共享各成员的核心能力。虚拟组织是通过整合各成员的资源、技术、顾客市场机会而形成的。它的价值就在于能够整合各成员的核心能力和资源，从而降低时间费用和风险，提高服务能力。

（3）虚拟组织中的成员必须以相互信任的方式行动。合作是虚拟组织存在的基础。由于虚拟组织突破了以内部组织制度为基础的传统的管理方法，各个成员为了获取一个共同的市场机会结合在一起，它们在合作中必须彼此信任，当信任成为分享成功的必要条件时，就会在各成员中形成一种强烈的依赖关系。

3）虚拟组织应用的价值

随着信息技术的发展、竞争的加剧和全球化市场的形成，没有一家企业可以单枪匹马地面对全球竞争。因此，由常规组织过渡到虚拟组织阶段是必然的，虚拟组织日益成为公司竞争战略"武器库"中的核心工具。这种组织形式有着强大的生命力和适应性，它可以使企业准确有效地把握住稍纵即逝的市场机会。对于我国小型建设工程企业来说，借用大型合作伙伴的一个特殊好处在于容易被银行和客户所接纳。

2. 扁平化组织

1）扁平化组织的含义

传统的层级制组织结构模式是按照亚当·斯密的劳动分工理论，将全部经营活动和生产过程分解为若干经营阶段和若干道工序的管理思想建立起来的，组织层次繁多、机构臃肿、人浮于事，面对激烈市场竞争的应变能力弱。因此，减少管理层次，扩大管理跨度，使组织结构扁平化，是当今企业组织结构变革的一大趋势。

结构的扁平化是对层级制组织类型的进一步发展，即是指为适应竞争的特点，在信息技术的基础上，着眼于减少层级，改善沟通，促使管理层次的减少和管理跨度的扩大，组织结构形态由标准的金字塔型向扁平模式转化的过程。

2）扁平化管理的优势

扁平化管理的自身特性决定了在组织中实施扁平化管理会带来以下优势：

(1)由于管理层次少,信息传递快,从而可以使高层较快地发现信息所反映的问题,并及时采取相应的应对措施。

(2)管理链条的缩短,使管理信息在传递过程中失真的可能性降低。

(3)由于管理跨度宽,高层管理人员由于能力、时间所限,不会对下属层管理人员控制过多过死,有利于下属主动性和创造精神的发挥。

(4)由于少了管理的层次,优化了组织结构,强化了内部管控,降低了管理成本,提高了管理效率和企业的核心竞争力。

总之,扁平化组织结构一方面增强了组织的灵活度,快速的决策意味着更高的员工满意度;而且更能激励员工,使员工热衷参与企业的决策,从而发挥他们的创新积极性。同时,上层管理费用减少了,团队将取代管理工作。组织从纵向到横向的发展,表明组织由注重职能转向了注重流程。

3)实现扁平化组织的途径

扁平化意味着撤除了一些检查或重复的工作职位,可以给知识员工较多的现场处置权,从而缩短上下级之间的距离。按照德鲁克的构想,扁平化的结果便是组织中不增加价值的层级的减少。德鲁克提出了两条途径:一是损耗,当某一职位由于退休、死亡、辞职等因素空缺出来的时候,不要立刻填补它,让它空缺一段时间,看看会出现什么结果,除非人们都发现效率因此而受损,纷纷要求填补这一职位,否则就废除它;二是以工作扩大取代晋升,作为奖励的晋升往往会导致层级膨胀,满足年轻管理人员职业成就动机的唯一途径是使工作变得更加重要,更具有挑战性、要求更高,越来越多地通过不同岗位之间的水平调动,而非晋升来对管理人员的高效工作给予肯定和奖赏。

3. 学习型组织

1)学习型组织的概念及意义

学习型组织,是指通过培养弥漫于整个组织的学习氛围,充分发挥员工的创造性思维能力而建立起来的一种有机的、柔性的、扁平化的、符合人性的、能持续发展的组织。随着建设工程企业经营机制改革的不断深化,在经济转型时期,面对企业求生存、求盈利的压力和紧迫感的不断加剧,企业如今考虑更多的是如何通过增强自身实力或组建战略联盟,从而立于不败之地。职工是企业的立身之本,传统观念认为,提高企业职工素质的有效办法是职工培训。其实,这只是一种比较片面、狭隘的认识。培训是一种重要的方法,但职工的素质问题不是仅仅通过培训就能解决的,关键在于建立一个企业不断学习、树立价值、追求目标、改进思维方式、提高思想认识水平的机制,将企业逐步改造、过渡为符合这种机制的组织。创建学习型组织是一项重要的战略行动,无论对于单个的企业,还是建设工程企业战略联盟,都具有非常重要的战略意义。

2)学习型组织的"五项修炼"

学习型组织的理论是由美国学习理论专家彼得·圣吉提出的,他认为在学习型组织的领域里,有五项新技术汇聚起来,使学习型组织演变成一项创新。虽然它们的发展是分开的,但都紧密相关,对学习型组织之建立每一项都不可或缺。他称这五项学习型组织的技能为"五项修炼",我们也可以把这五项修炼看作是学习型组织建立的五大原则:① 自我超越(personal mastery);② 改善心智模式(improving mental models);③ 建立共同远景

(building shared vision);④ 团体学习(team learning);⑤ 系统思考(system thinking)。

3)建设工程企业创建学习型组织的措施

企业每一个职工、每一个部门、每一个单位,都要有一个学习的近期计划和远期规划。建立学习型组织就要从个人的学习、组织的学习两个角度出发,学习型组织的细胞是个人学习,学习型组织的关键是团队学习。

(1)个人学习方面的措施:促进个人学习,必须建立员工理性思考和系统思考的思考方式。理性思考有两个基础:一是自我意识,二是自控能力。工作轮训的意义在于让员工了解每一道工序对于企业都是至关重要的,可以让员工的眼光不仅仅局限于自己的岗位,使他能从全局看不同工作的不同作用,是培养系统思考方式非常重要的组成部分。

(2)组织学习方面的措施:通过组织学习,可以使得组织具有明显高于其他企业的竞争能力、经营实力和技术实力,促进组织学习。其具体可采取如下措施:① 建立目标管理体制;② 建立企业信息管理系统;③ 建立双向沟通机制;④ 提高制度的规范化,充分尊重职工自由。

7.5 案例分析

7.5.1 案例一

某生产传统 PC 构件的建筑企业,伴随我国建筑行业装配化的大规模推进,企业逐渐发展壮大起来。生产规模不断扩大,员工也由原来的不足 200 人增加到了 2000 多人。企业还是采用过去的类似直线型的组织结构,企业一把手王厂长既管销售,又管生产和运输,是一个多面全能型的管理者。最近企业发生了一些事情,让王厂长应接不暇。

其一:生产基本是按订单生产,基本由厂长传达生产指令。碰到交货紧,往往是厂长带头,和员工一起挑灯夜战。虽然按时交货,但质量不过关,产品被退回,并被索赔。

其二:以前企业招聘人员人数少,所以王厂长一人就可以决定了。现在每年要招收大中专学生近 50 人,还要牵涉到人员的培训等,以前的做法就不行了。

其三:过去总是王厂长临时抓人去做后勤等工作,现在这方面工作太多,临时抓人去做已经做不了也做不好了。凡此种种,表明以前有效的管理方法已经失去作用了。

请从企业组织管理的角度说明企业存在的问题以及建议措施。

【解答】

(1)从案例中给出的信息看,企业明显采用的是直线型组织结构形式,这种组织结构的优点是:结构比较简单,所有的人都明白他应向谁报告和谁向他报告。责任与职权明确,每个人有一个并且只能有一个直接上级,因而做出决定可能比较容易和迅速。缺点是:在组织规模较大的情况下,业务比较复杂,所有管理职能都集中由一个人承担,是比较困难的。

(2)显然,当企业已经发展成为 2000 多人时,直线型组织结构会制约企业的正常发展。如同案例中王厂长面临的困境,要一个人管所有的事情,已经没有效果和效率了。

(3)企业需要采用适合企业发展的组织结构形式,例如管理进行专业化分工的直线—

参谋型组织结构,考虑设立生产计划部门、人力资源部门以及后勤部门。这样就可以发挥直线—参谋型组织结构的优点,即各级直线管理者都有相应的职能机构和人员作为参谋和助手,因而能够对本部进行有效管理,以适应现代管理工作比较复杂而细致的特点。每个部门都是由直线人员统一指挥,这就满足了现代组织活动需要统一指挥和实行严格的责任制度的要求。

7.5.2 案例二

某建筑私营企业的老板通过学习有关激励理论,受到很大启发,并着手付诸实践。他赋予下属员工更多的工作和责任,并通过赞扬和赏识来激励下属员工。结果事与愿违,员工的积极性非但没有提高,反而对老板的做法强烈不满,认为他是在利用诡计来剥削员工。

请根据所学习的有关激励等理论,分析该老板做法失败的原因并提出建议。

【解答】

(1)从马斯洛的需要层次理论,我们知道,人类需要是分层的,分别是生理需要、安全需要、社交需要、地位和受人尊重需要、自我实现需要。马斯洛认为只有当低级需要满足以后才会有更高层次的需要。主导需要决定了人的行为。

(2)案例中,该民营企业的老板可能忽视了员工的较低层次的需要,如生理和安全需要,而这些需要很可能正是员工的主导需要。由于没能够对症下药,才导致该民营企业老板激励做法的失败。

(3)要使得激励有效,应当了解员工的真正需要,并加以满足。在实施过程中,应当根据员工的现实需求,坚持物质利益原则,随机制宜,创造激励条件,将物质利益和精神鼓励相结合。

习 题

1. 什么是建设工程企业?建设工程企业有哪些特征?
2. 现代企业制度的基本内容是什么?为什么要建立现代企业制度?
3. 建设工程企业有哪些素质?如何提高建设工程企业素质?
4. 行为科学理论与科学管理理论的显著差异是什么?
5. 管理有几大基本职能?主要包括哪些内容?
6. 事业部制组织结构有哪些特点?
7. 请举例说明权变理论在企业管理实践中的应用。
8. 什么叫激励?激励理论主要包括哪些内容?
9. 什么是战略?企业经营战略的特征和作用是什么?
10. 常见的企业经营战略有哪些?

第8章　建设工程招投标与合同管理

8.1　建设工程招投标

8.1.1　建设工程招标投标概述

1. 招标、投标的概念

所谓招标、投标，是指采购人事先提出货物、工程或服务采购的条件和要求，邀请众多投标人参加投标，并按照规定程序从中选择交易对象的一种市场交易行为。从交易过程来看，一个完整的招标投标过程包括招标、投标、开标、评标和定标五个环节，其中招标和投标是最基本的环节。招标是招标人以一定的方式邀请不特定或一定数量的自然人、法人或其他组织投标，投标是投标人响应招标人的要求参加投标竞争。没有招标就不会有供应商或承包商的投标；没有投标，采购人的招标就没有得到响应，也就没有开标、评标、定标和合同签订及履行等。

2. 招标投标活动应遵循的原则

《中华人民共和国招标投标法》（以下简称《招标投标法》）第5条规定："招标投标活动应当遵循公开、公平、公正和诚实信用的原则。"

(1) 公开原则。公开就是要求招标投标活动具有较高的透明度，实行招标信息、招标程序、招标条件和招标结果公开，使每一个投标人获得同等的信息，了解招标的一切条件和要求。

(2) 公平原则。招标投标属于民事法律行为，公平是指民事主体的平等，就是要求给予所有投标人平等的机会，使其享有同等的权利并履行相应的义务，不歧视任何一方。

(3) 公正原则。公正就是要求按事先公布的统一标准，实事求是进行评标和定标，公正地对待所有的投标人。

(4) 诚实信用原则。诚实信用原则，也称诚信原则，是民事活动的基本原则之一。该原则要求招标投标当事人应以诚实、善意的态度行使权利，履行义务，以维持双方的利益平衡，以及自身利益与社会利益的平衡，不得通过自己的活动损害第三人和社会的利益，必须在法律范围内行使自己的权利。

3. 建立招标投标制度的目的

(1) 规范招标投标活动。改革开放以来，我国的招标投标事业得到了长足发展，推行的领域不断拓宽，发挥的作用也日趋明显。但是，当前招标投标活动中存在一些突出问题，如：推行招标投标的力度不够；招标投标程序不规范，漏洞较多，不少项目有招标之名而无招标之实；招标投标中的不正当交易和腐败现象比较严重；政企不分，对招标投标活动的行政干预过多；行政监督体制不顺，职责不清，在一定程度上助长了地方保护主义和部门保护主义。因此，依法规范招标投标活动，是建立招标投标制度的目的之一。

(2) 提高经济效益。我国从20世纪80年代初开始引入招标投标制度，先后在利用国外贷款、机电设备进口、建设工程发包、科研课题分配、出口商品配额分配等领域推行，取得了良好的经济效益和社会效益。因此，依法推行招标投标制度，对于保障国有资金的有效使用、提高投资效益，有着极为重要的意义。

(3) 保证项目质量。由于招标的特点是公开、公平和公正，将采购活动置于透明的环境之中，有效地防止了腐败行为的发生，也使工程、设备等采购项目的质量得到了保证。在某种意义上说，招标投标制度执行得如何，是项目质量能否得到保证的关键。

(4) 保护国家利益、社会公共利益和招标投标活动当事人的合法权益。这是从前三个目的引申而来。无论是规范招标投标活动，还是提高经济效益，或保证项目质量，最终目的都是为了保护国家利益、社会公共利益，保护招标投标活动当事人的合法权益。也只有在招标投标活动得以规范，经济效益得以提高，项目质量得以保证的条件下，国家利益、社会公共利益和当事人的合法权益才能得以维护。

8.1.2 建设工程招标

8.1.2.1 建设工程招标的概念

招标是一种特殊的交易方式和订立合同的特殊程序。招标的概念有广义与狭义之分。广义的招标是指由招标人发出招标公告或通知，邀请潜在的投标商进行投标，最后由招标人通过对各投标人所提出的价格、质量、交货期限和该投标人的技术水平、财务状况等因素进行综合比较，确定其中最佳的投标人为中标人，并与之最终签订合同的过程。狭义的招标是指招标人根据自己的需要，提出一定的标准或条件，向潜在投标商发出投标邀请的行为。本文所述招标是指广义上的招标。

建设工程招标，就是招标单位(建设单位)对拟建工程项目，由自己或自己所委托的咨询服务公司，编制反映工程内容和建设要求的技术经济与法律性招标文件，通过广告等形式，约请、审查投标人资格并组织其参加竞争性工程交易活动，用经济手段择优选定中标人的一系列工作的总称。

8.1.2.2 建设工程招标的范围

《招标投标法》第3条规定："在中华人民共和国境内进行下列工程建设项目包括项目的勘察、设计、施工、监理以及与工程建设有关的重要设备、材料等的采购，必须进行招标。

(1) 大型基础设施、公用事业等关系社会公共利益、公众安全的项目；
(2) 全部或者部分使用国有资金投资或者国家融资的项目；
(3) 使用国际组织或者外国政府贷款、援助资金的项目。"

需要指出的是，上述三类项目只规定一个大的、概括的范围。为了确定必须进行招标的工程建设项目的具体范围和规模标准，规范招标投标活动，根据《招标投标法》第3条的规定，国家发展和改革委员会制定颁布了《必须招标的工程项目规定》，对必须招标的项目范围做出了进一步的规定。要求项目的勘察、设计、施工、监理以及与工程建设有关的重要设备、材料等的采购,达到下列标准之一的,必须进行招标:

(1)全部或者部分使用国有资金投资或者国家融资的项目。

① 使用预算资金 200 万元人民币以上,并且该资金占投资额 10%以上的项目;

② 使用国有企业事业单位资金,并且该资金占控股或者主导地位的项目。

(2)使用国际组织或者外国政府贷款、援助资金的项目。

① 使用世界银行、亚洲开发银行等国际组织贷款、援助资金的项目;

② 使用外国政府及其机构贷款、援助资金的项目。

(3)建设项目的勘察、设计、施工、监理以及与工程建设有关的重要设备、材料等的采购达到下列标准之一的,必须招标:

① 施工单项合同估算价在 400 万元人民币以上;

② 重要设备、材料等货物的采购,单项合同估算价在 200 万元人民币以上;

③ 勘察、设计、监理等服务的采购,单项合同估算价在 100 万元人民币以上。

同一项目中可以合并进行的勘察、设计、施工、监理以及与工程建设有关的重要设备、材料等的采购,合同估算价合计达到前款规定标准的,必须招标。

按照规定,属于下列情形之一者,经有关审批部门批准可以不进行招标:

① 涉及国家安全、国家秘密、抢险救灾或者属于利用扶贫资金实行以工代赈需要使用农民工等特殊情况,不适宜进行招标;

② 施工主要技术采用不可替代的专利或者专有技术;

③ 已通过招标方式选定的特许经营项目投资人依法能够自行建设;

④ 采购人依法能够自行建设;

⑤ 在建工程追加的附属小型工程或者主体加层工程,原中标人仍具备承包能力,并且其他人承担将影响施工或者功能配套要求;

⑥ 国家规定的其他情形。

8.1.2.3 建设工程招标的方式

根据《招标投标法》的规定,建设工程招标分为公开招标和邀请招标。

(1)公开招标,又称无限竞争性招标,是指招标人以招标公告的方式邀请不特定的法人或者其他组织投标。招标人在指定的报刊、电子网络或其他媒体上发布招标公告,吸引众多的投标人参加投标竞争,招标人从中择优选择中标单位的招标方式。公开招标是目前应用最广的招标方式,它执行一个完整的招标程序,对有资格承包该工程的企业给予同等的机会,招标单位有充分的选择余地。

一般规定,国务院发展计划部门确定的国家重点建设项目和各省、自治区、直辖市人民政府确定的地方重点建设项目,以及全部使用国有资金投资或者国有资金投资占控股或者主导地位的工程建设项目,应当公开招标。

(2)邀请招标,又称有限竞争性招标,是指招标人以投标邀请书的方式邀请特定的法人或者其他组织投标。由招标人根据自己的经验和有关供应商、承包商资料,如企业信誉、设备性能、技术力量、以往业绩等情况,选择一定数目的企业(一般应邀请 5~10 家为宜,不能少于 3 家),向其发出投标邀请书,邀请他们参加投标竞争。邀请招标可以有效地减少招标工作量和减少开支，并能缩短招标工期，但它的竞争性稍差。

有下列情形之一的，经批准可以进行邀请招标：

① 项目技术复杂或有特殊要求，只有少量几家潜在投标人可供选择的；

② 受自然地域环境限制的；

③ 涉及国家安全、国家秘密或者抢险救灾，适宜招标但不宜公开招标的；

④ 拟公开招标的费用与项目的价值相比，不值得的；

⑤ 法律、法规规定不宜公开招标的。

(3) 公开招标与邀请招标的区别如下：

① 发布信息的方式不同。公开招标采用公告的形式发布，邀请招标采用投标邀请书的形式发布。

② 选择的范围不同。公开招标针对的是一切潜在的对招标项目感兴趣的法人或其他组织，招标人事先不知道投标人的数量；邀请招标针对已经了解的法人或其他组织，而且事先已经知道投标者的数量。

③ 竞争的范围不同。公开招标竞争的范围较广，竞争性体现得也比较充分，招标人拥有绝对的选择余地，容易获得最佳招标效果；邀请招标中投标人的数目有限，竞争的范围有限，招标人拥有的选择余地相对较小，不易获得最佳招标效果。

④ 公开程度不同。公开招标中，所有的活动都必须严格按照预先指定并为大家所知的程序和标准公开进行，大大减少了作弊的可能；邀请招标的公开程度逊色一些，产生不法行为的机会也就多一些。

⑤ 时间和费用不同。公开招标的程序比较复杂，因而耗时较长，费用也比较高；邀请招标不发公告，招标文件只送几家，使整个招投标的时间大大缩短，费用也相应减少。

8.1.2.4 建设工程招标应具备的条件

建设项目实施的阶段不同，其招标应具备的条件也不同。建设工程施工招标应具备的条件在现行《工程建设项目施工招标投标办法》中作了规定：

(1) 招标人已经依法成立；

(2) 初步设计及概算应当履行审批手续的，已经批准；

(3) 招标范围、招标方式和招标组织形式等应当履行核准手续的，已经核准；

(4) 有相应资金或资金来源已经落实；

(5) 有招标所需的设计图纸及技术资料。

8.1.2.5 建设工程招标办法

《招标投标法》规定了两种招标办法：自行招标和委托招标。

(1) 自行招标。《招标投标法》第12条第2款规定："招标人具有编制招标文件和组织评标能力的，可以自行办理招标事宜。任何单位和个人不得强制其委托招标代理机构办理招标事宜。"这条规定明确了招标人自行招标的两个基本条件：①具备编制招标文件的能力；②具备组织评标的能力。

(2) 委托招标。是指招标人委托招标代理机构，在招标代理机构权限范围内，以招标人的名义组织招标工作。对不具备自行招标条件的招标人，可委托招标代理机构进行招标。《招标投标法》第12条第1款规定："招标人有权自行选择招标代理机构，委托其办理招标事宜。任何单位和个人不得以任何方式为招标人指定招标代理机构。"

根据《招标投标法》第13条规定："招标代理机构是依法设立、从事招标代理业务并提供相关服务的社会中介组织。招标代理机构应当具备下列条件：

① 有从事招标代理业务的营业场所和相应资金；

② 有能够编制招标文件和组织评标的相应专业力量。"

招标代理实质是代理制度中的一种委托代理。代理制度规定代理人在代理权限范围内进行代理活动，超出代理权限范围的为无权代理。无权代理结果是有效或无效，取决于被代理人的追认或拒绝。

8.1.2.6 建设工程招标程序

建设工程具备必要条件后，招标人可向当地建设行政主管部门或其招标办事机构提出招标申请，经审查批准后方可开展招标活动。建设工程招标流程如图8.1.1所示。

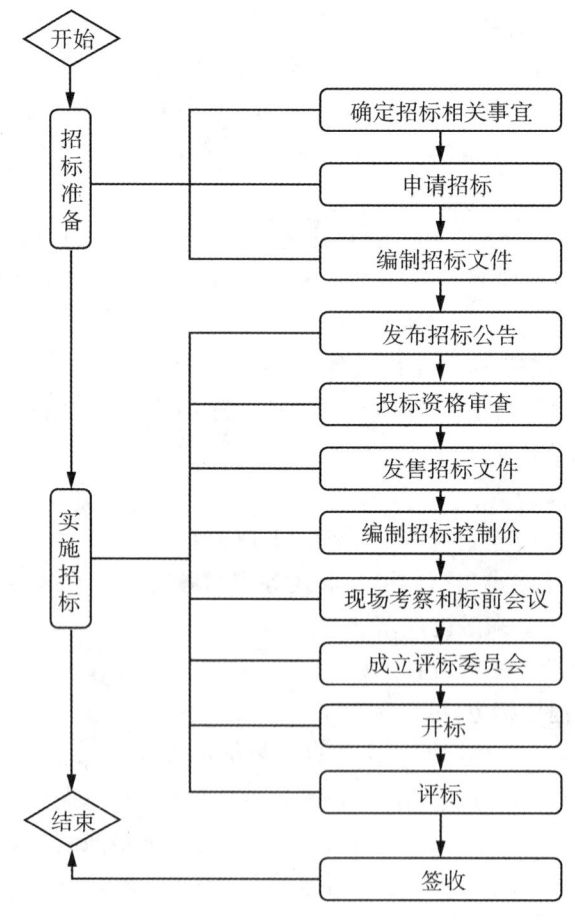

图 8.1.1　建设工程招标流程图

8.1.2.7 建设工程招标主要内容

1. 建立招标工作机构

招标工作机构的组织原则应体现经济责任和讲求效率。首先，招标工作机构要有同它应负的责任相适应的决策权；其次，工作效率高，既要保证招标工作质量，又要能节省招标开支。

招标工作机构成员组成要与建设工程规模和技术复杂程度相适应，一般以5~7人为宜，招标工作机构负责人应由建设单位法人代表或其委托的代理人担任。招标工作机构通常由三类人员组成：

(1)决策者，即主管部门任命的招标人或授权代表；

(2)专业技术人员，包括建筑、结构、设备、工艺等专业工程师和造价工程师等；

(3)助理人员，即决策人和专业技术人员的助手，包括秘书、资料、档案、计算、绘图等工作人员。

2. 编制招标文件

具备招标条件的工程项目，由建设单位向主管部门提出招标申请，经审查批准后，即应准备招标文件。招标文件是招投标过程中最重要的法律文件，它不仅规定了完整的招标程序，而且还提出了各项具体的技术标准和交易条件，规定了拟订立合同的主要内容。招标文件是投标人准备投标文件和参加投标的依据，是评标委员会评标的依据，也是订立合同的基础。

工程项目施工招标文件通常包括下列基本内容：

(1)投标人须知，是指导投标人正确地进行投标报价的文件，告知他们所应遵循的各项规定，以及编制标书和投标时所应注意、考虑的问题，避免投标人对招标文件内容的误解。因此，投标人须知所列条目应清晰、内容应明确。一般应包括以下内容：项目简述；招标项目的资金来源；对投标人的资格要求，资格审查标准；承包方式；组织投标人到工程现场勘察和召开标前会议解答问题的时间、地点及有关事项；填写投标书的有关注意事项；投标保证金；投标文件的递送；投标有效期；开标和评标；招标人接受或拒绝任何投标书的权利；授予合同。

(2)合同主要条款。合同条款是招标文件的重要组成部分，其作用一是使投标单位明确中标后作为承包人应承担的义务和责任，二是作为洽商签订正式合同的基础。我国已制定了《建设工程施工合同》示范文本，一般的建设工程施工项目签订承包合同均可使用。该示范文本由协议书、通用条款和专用条款三部分组成。主要内容包括：工程名称、地点、范围、内容，工程价款及开竣工日期；双方的权利、义务和责任；施工组织设计的编制要求和工期调整的处置办法；工程质量要求、检验与验收办法；合同价款调整与支付款方式；材料、设备的供应方式与质量标准；工程变更；竣工条件与结算方式；违约责任及处置办法；争议解决方式；安全生产防护措施。

(3)设计图纸和技术条款。提供设计图纸和技术条款的目的在于使投标单位了解工程的具体内容和技术要求，能据此拟定施工方案和进度计划。设计图纸的深度可与招标阶段相应的设计阶段有所不同。初步设计阶段招标，应提供总平面图、个体平面、立面、剖面图和主要结构图以及装修、设备的说明。施工图阶段招标则应提供全部施工图样。技术说明书应满足下列要求：

① 必须对工程的要求做出清楚而详尽的说明，使各投标单位能有共同的理解，并且不需大量准备工作即能用图样比较有把握地估算出造价；

② 投标单位不必担心将承担由于他所不能控制的环境或事件而引起的任何意外风险，以致不能预先估计这些风险对造价和工期的影响；

③ 明确招标工程适用的施工验收技术规范，保修期及保修期内承包单位应负的责任；

④ 明确承包单位应提供的其他服务，诸如监督分包商的工作，有关分包商承包工程的安全保护措施，防止自然灾害的特别保护措施，以及对雇主提供的材料和构配件的检验等；

⑤ 有关特殊产品、专门施工方法及指定材料产地或来源以及等效代用品的说明；

⑥ 有关施工机械设备、脚手架、临时设施、现场清理及其他特殊要求的说明。

（4）工程量清单，是编制招标工程标底价格，确定投标报价，控制工程进度，办理竣工结算，调整工程量以及实行工程索赔的重要依据。

招标单位在工程方案、初步设计或部分施工图设计完成后，即可委托标底编制单位按照当地统一的工程量计算规则，以单位工程为对象，计算并列出各分部分项工程的工程量清单，作为招标文件的组成部分发放给各投标单位。其工程量清单的粗细程度、准确程度取决于工程的设计深度及编制人员的技术水平和经验。投标单位根据工程量清单及招标文件的内容，结合自身的实力和竞争所需要采取的优惠条件，评估施工期间所要承担的价格、取费等风险，提出有竞争力的综合单价、综合合价、总报价及相关材料进行投标。

（5）其他，包括投标邀请书、投标文件格式、评标标准和方法、投标辅助材料等。

3. 编制工程招标控制价

招标控制价是指招标人根据国家或省级、行业建设主管部门颁发的有关计价依据和办法，依据设计施工图纸等技术资料，在招标过程中向投标人公示的工程项目总价格的最高限额，也是招标人期望价格的最高标准，要求投标人投标报价不得超过它，否则视为废标。招标控制价体现了招标人的主观意愿，明确表达了招标人购买建筑产品的品质要求及其经济承受能力。

4. 发布招标公告或投标邀请书

采用公开招标方式的，招标人应当发布招标公告，邀请不特定的法人或者其他组织投标。依法必须进行施工招标项目的招标公告，应当在国家指定的报刊和信息网络上发布。采用邀请招标方式的，招标人应当向3家以上具备承担施工招标项目的能力、资信良好的特定的法人或者其他组织发出投标邀请书。招标公告或者投标邀请书应当至少载明下列内容：

（1）招标人的名称和地址；

（2）招标项目的内容、规模、资金来源；

(3)招标项目的实施地点和工期;
(4)获取招标文件或者资格预审文件的地点和时间;
(5)对招标文件或者资格预审文件收取的费用;
(6)对投标人的资质等级的要求。

5. 投标单位资格审查

根据《招标投标法》规定,招标人可以根据招标项目本身的要求,在招标公告或者投标邀请书中,要求潜在投标人提供有关资质证明文件和业绩情况,并对潜在投标人进行资格审查。国家对投标人的资格条件有规定的,依照其规定进行资格审查。资格审查分为资格预审和资格后审。资格预审是指在投标前对潜在投标人进行的资格审查;资格后审是指在开标后对投标人进行的资格审查。采取资格预审的,招标人应当在资格预审文件中载明资格预审的条件、标准和方法;采取资格后审的,招标人应当在招标文件中载明对投标人资格要求的条件、标准和方法。

资格审查应主要审查潜在投标人或者投标人是否符合下列条件:

(1)具有独立订立合同的权利;
(2)具有履行合同的能力,包括专业、技术资格和能力,资金、设备和其他物质设施状况,管理能力,经验、信誉和相应的从业人员;
(3)没有处于被责令停业,投标资格被取消,财产被接管、冻结,破产状态;
(4)在最近3年内没有骗取中标和严重违约及重大工程质量问题;
(5)法律、行政法规规定的其他资格条件。

经资格预审后,招标人应当向资格预审合格的潜在投标人发出资格预审合格通知书,告知获取招标文件的时间、地点和方法,并同时向资格预审不合格的潜在投标人告知资格预审结果。资格预审不合格的潜在投标人不得参加投标。

6. 组织踏勘现场

我国《招标投标法》规定,招标人根据招标项目的具体情况,可以组织潜在投标人踏勘项目现场。踏勘的目的,一是让投标人了解施工现场情况,以便于编标报价;二是可以使投标人针对现场情况决定投标策略和确定投标的原则,避免实施过程中承包商以不了解现场情况为由推卸应负的责任。

7. 招标工程交底及答疑

踏勘现场之后,招标单位邀请各投标单位的代表开会,进行工程交底,并解答疑问。工程交底的主要内容有:

(1)向投标人介绍工程概况;
(2)对招标文件某些内容进行修改和补充说明;
(3)解答投标人提出的与招标和踏勘现场有关的问题;
(4)对投标单位所提疑问的回答,应以书面记录方式,印发给各投标单位,作为招标文件的补充。

8. 开标

又称揭标,是招标单位在事先规定的时间、地点,开启投标人提交的投标文件,宣布投标人的名称、标底价格及投标文件中的其他主要内容的活动。开标应当在招标文件确定的提交投标文件截止时间的同一时间公开进行，开标地点应当为招标文件中预先确定的地点。

（1）开标形式，通常有两种：

① 公开开标，就是在招标机构规定的日期、时间和地点，在通知所有投标人参加的情况下，将收到的全部标书当众启封，公开宣布各投标人的报价，使所有投标人了解标底及最低标价。凡是国际公开招标的项目，都必须公开开标。公开开标形式体现了招标的合法化和公正化。

② 秘密开标，就是在招标委员会内部进行，有时会邀请政府代表或有关人员参加，但不允许投标人参加。

（2）公开开标程序：

① 招标单位主持人宣布开标会议开始，介绍参加开标会议的单位和人员名单，宣布公证、唱标、监标、记录人员的名单；

② 由公证单位代表检验各投标文件密封的完整性；

③ 由招标单位代表当众启封投标文件，对未按规定密封和逾期送达的投标文件不予启封；

④ 唱标、宣读投标单位在其投标书上承诺的投标报价、工期、质量、投标保证金以及招标单位认为有必要宣读的内容，并在预先准备好的表册上逐项登记，并请投标单位法定代表人或委托代理人签认；

⑤ 由主持人公布审查后的工程标底；

⑥ 主持人宣布开标会议结束，转入评标阶段。

9. 评标

评标就是依据招标文件的规定和要求，对投标文件进行的审查、评审和比较。评标由招标人依法组建的评标委员会负责。依法必须进行招标的项目，其评标委员会由招标人的代表和有关技术、经济等方面的专家组成，成员人数为5人以上单数，其中技术、经济等方面的专家不得少于成员总数的2/3。评标委员会成员的名单在中标结果确定前应当保密。

（1）评标准备。

① 招标人向评标委员会成员发放招标文件和评标有关表格；

② 评标委员会成员研究招标文件，了解和熟悉以下内容：招标的目标，招标项目的范围和性质，招标文件中规定的主要技术要求、标准和商务条款，招标文件规定的评标标准、评标方法和在评标过程中考虑的相关因素；

③ 招标人向评标委员会提供评标所需的重要信息和数据。

（2）初步评审。

① 检查所有投标文件的有效性；

② 检查所有投标文件的完整性；

③ 检查投标书与招标文件的一致性；
④ 检查报价计算的正确性；
⑤ 按上述评审，评标委员会列出被否决的不合格投标或者界定为废标的，确定合格的投标文件。

(3)详细评审。经初步评审合格的投标文件，评标委员会应当根据招标文件确定的评标标准和方法，对其技术部分和商务部分做进一步评审、比较。

详细评审的内容一般包括以下五个方面：价格分析；技术评审；管理和技术能力的评价；对拟派项目主要管理人员和技术人员的评价；商务法律评审。

(4)提交评标报告。评标委员会全体成员签署书面评标报告，将投标人排序并推荐1~3名有排序的中标候选人。

10. 定标和签订合同

(1)确定中标人。评标委员会提出书面评标报告后，招标人一般应当在15日内确定中标人，最迟应当在投标有效期结束日30个工作日前确定。招标人应当接受评标委员会推荐的中标候选人，不得在评标委员会推荐的中标候选人之外确定中标人。根据我国《招标投标法》规定，中标人的投标应当符合下列条件之一：

能够最大限度地满足招标文件中规定的各项综合评价标准；

能够满足招标文件的实质性要求，并且经评审的投标价格最低，但是投标价格低于成本的除外。

(2)签发中标通知书。中标人确定后，招标人应当向中标人发出中标通知书，并同时将中标结果通知所有未中标的投标人。依法必须进行招标的项目，招标人应当自确定中标人之日起15日内，向有关行政监督部门提交招标投标情况的书面报告。中标通知书对招标人和中标人具有法律效力。中标通知书发出后，招标人改变中标结果的，或者中标人放弃中标项目的，应当依法承担法律责任。

(3)签订合同。招标人和中标人应当自中标通知书发出之日起30日内，按照招标文件和中标人的投标文件订立书面合同。招标人和中标人不得再订立背离合同实质性内容的其他协议。招标人与中标人签订合同后5个工作日内，应当向未中标人发出落标通知书，并退还投标保证金。至此，招标工作全部结束。

8.1.3 建设工程投标

投标是投标人在报送申请，并取得资格预审之后，领取(或购买)招标文件，编制并投送标函，通过竞争获得工程任务的一系列工作的总称。投标的实质是争夺承包权，为了保证建设工程招标投标工作的顺利进行，参加投标竞争的法人或者其他组织应当具有承担招标项目的能力，并且具备国家或者招标文件对投标人资格条件的有关规定。

8.1.3.1 建设工程投标程序

建设工程投标程序框图如图8.1.2所示。

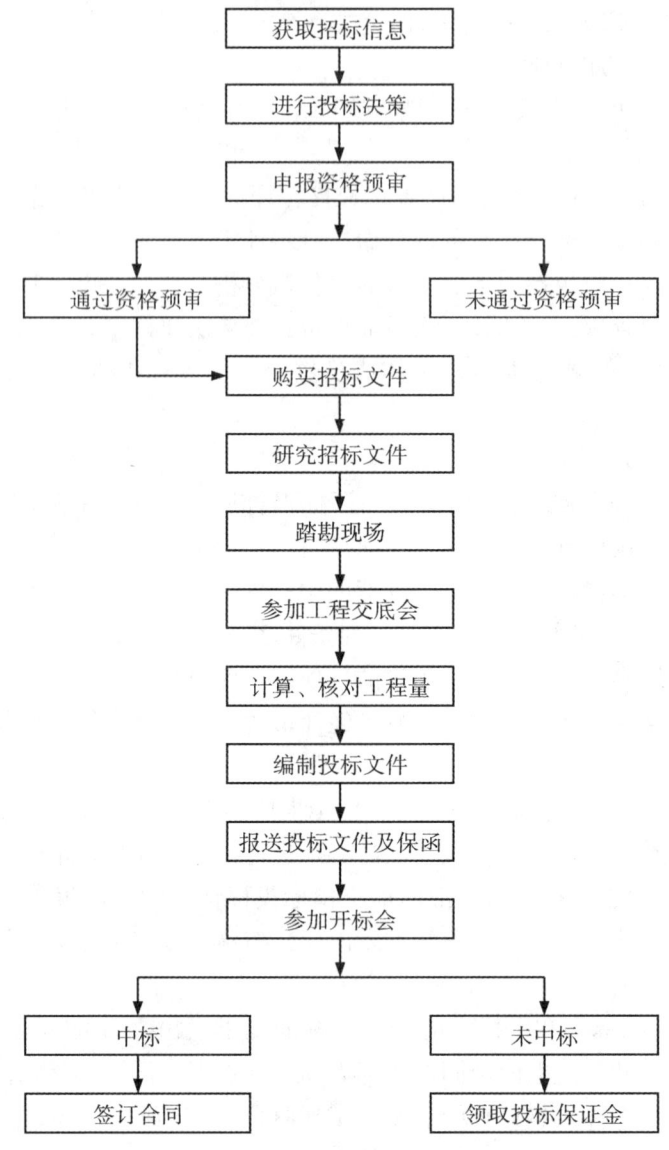

图 8.1.2　建设工程投标程序框图

8.1.3.2　建设工程投标主要内容

1. 进行投标决策

在国内外的媒体上，经常可以看到建设工程招标信息。作为企业，不可能也不应该见标就投，而应正确地决定投标策略，它是企业提高中标率和避免浪费的前提。投标决策的内容按顺序可分为：针对项目是否投标；确定投标后，投什么样的"标"；决定采取什么策略争取中标。

2. 参加资格预审

资格预审能否通过，是企业参与投标过程中的关键，也是投标过程中的第一关，通过了预审才有资格被邀请参与投标。一般资格预审的内容包括：

(1) 企业注册证明和技术等级；

(2) 主要施工经历；

(3) 质量保证措施；

(4) 技术力量、施工机械设备简况；

(5) 正在施工的承建项目；

(6) 资金或财务状况；

(7) 企业的商业信誉；

(8) 准备采用的施工方法和施工进度等。

对于上述内容，平时应注意将与资格预审有关的资料准备齐全，并全部储存在计算机内，到针对某个项目进行资格预审调查时，再将有关资料调出来，加以补充完善，进行分析，并做好跟踪工作，以便及时发现问题，解决问题，补充资料。

3. 研究招标文件

招标文件是投标的主要依据，投标企业的有关人员均应仔细分析研究，只有充分研究和熟悉招标文件，才可能吃透建设单位的意图。研究招标文件，重点应放在投标人须知、合同主要条款、设计图纸、技术条款和工程量清单上，最好有专人或小组研究设计图纸和技术条款，弄清其中的特殊要求。

4. 踏勘现场

这是投标者必须经过的投标程序，也是投标报价的初步依据。它是投标过程中一项重要的工作，现场环境条件的优劣直接关系到施工难易和工程造价的高低，以及在中标后组织施工可能遇到的风险。因此，投标者在报价之前必须认真进行现场考察，全面认真地调查了解工地及其周围的政治、经济、地理等情况。

踏勘现场的内容一般包括：

(1) 工程的性质、范围以及与其他工程的关系；

(2) 当地的地方法规和政策；

(3) 工程地质地貌条件及水文气象条件；

(4) 现场周围道路、交通运输、供电、供水、通信、排污条件等；

(5) 参加本工程投标单位的实力比较；

(6) 料场开采条件、地方材料单价，其他加工条件，设备维修条件等；

(7) 工地附近治安情况以及可能发生的风险等。

5. 参加工程交底会

在参加完现场考察后，投标方按规定时间参加招标方组织的工程交底会。工程交底会是招标方解释这次招标的各项有关内容，以及对投标者提出问题的答疑。这对投标有极大的帮助作用。交底会前，投标人应仔细研究招标文件，找出疑问，以便重点解决。还要仔细听取会上发言，认真做好记录，来补救有疑问但自己没有发现的问题。

6. 计算、核对工程量

对于招标文件中的工程量清单，投标者一定要进行计算核对，因为它是投标报价的基础，直接影响投标报价及中标机会。当发现招标文件中工程量计算有较大出入，特别是漏项时，必须找业主核对，要求业主认可，并给予书面证明，这对于采用固定总价合同的，尤为重要。

7. 编制投标文件

投标文件是企业参与投标竞争的重要凭证，是评标、定标和签订合同的依据，是投标者素质的综合反映和投标方能否取得经济效益的重要因素。投标文件应完全按照招标文件的各项要求编制，一般不能带任何附加条件，否则将导致投标作废。

投标文件一般包括下列内容：

（1）投标保函。以招投标方式进行的建设项目，投标人参加竞标必须按照招标书要求，委托相关银行向招标人或业主递交投标保函。投标保函内容一般包括：投标人在招标书规定的投标有效期内不撤标，不更改原投标条件，并且在其中标后于规定的时间内按招标书要求签订相关合同，提交履约保函并向招标机构缴纳中标服务费。

（2）投标报价。这是企业采取投标方式获取工程项目时，计算和确定承包该项工程的投标总价格。它是投标文件中重要的组成部分，是投标策略中的核心。在激烈的投标竞争中，提出合理的、有竞争能力的标价，是战胜对手、揽到工程的关键。

投标报价应在正确进行工程估价的基础上，灵活运用报价技巧与策略而做出，主要过程包括定额选择、单价分析、计算工程成本、确定利润方针，最后确定标价。

（3）施工组织设计。施工组织设计是编制投标书的一个重要的组成部分，它所占的比例一般为整个标书的20%左右。施工组织设计也是为完成此项工程的一个详细的施工作业综合指导书。施工组织设计主要包括以下内容：

① 施工技术方案的合理性，主要施工技术的可靠性与先进性，施工进度计划是否编排合理可靠；

② 施工场地总平面布置图是否科学合理；

③ 施工质量保证措施、环保措施、文明施工措施和安全生产措施是否合理可靠；

④ 主要施工机具的安排是否与施工设计方案相匹配；

⑤ 项目主要管理人员及施工技术人员的数量、资历是否符合设计要求。

（4）商务和技术偏差表。

8. 报送投标文件

全部标书文件编制完成，经校核无误，投标人应当在招标文件要求提交投标文件的截止时间前，将投标文件密封送达投标地点。招标人收到投标文件后，应当向投标人出具标明签收人和签收时间的凭证，在开标前，任何单位和个人不得开启投标文件。

8.2 建设工程合同管理

8.2.1 概述

1. 合同的概念

2020年5月28日，十三届全国人大三次会议表决通过了《中华人民共和国民法典》（下文简称《民法典》），自2021年1月1日起施行。"婚姻法""继承法""民法通则""收养法""担保法""合同法""物权法""侵权责任法""民法总则"同时废止。《民法典》被称为"社会生活的百科全书",是中华人民共和国第一部以法典命名的法律,在法律体系中居于基础性地位,也是市场经济的基本法。《民法典》共 7 编、1260 条,各编依次为总则、物权、合同、人格权、婚姻家庭、继承、侵权责任,以及附则。

《民法典》第 464 条规定:"合同是民事主体之间设立、变更、终止民事法律关系的协议。"合同作为一种协议,其本质是一种合意,必须是两个以上意思表示一致的民事法律行为。依法成立的合同,对当事人具有法律约束力,当事人应当按照约定履行自己的义务,不得擅自变更或者解除合同。

任何合同均应具备三大要素,即主体、标的和内容。

(1)主体,即签约双方的当事人。合同可以是自然人、法人和其他组织,合同当事人法律地位平等,一方不得将自己的意志强加给另一方,当事人应当遵循公平原则确定各方的权利和义务。

(2)标的(又称客体),是当事人的权利和义务共同指向的对象,如建设工程项目、货物等,标的应规定明确,切忌含混不清。

(3)内容,是指合同当事人之间的具体权利和义务。

2. 合同分类

由于市场经济活动的内容丰富,形成了各种各样的合同。在我国,合同通常分为以下几种常见的合同类型:

(1)买卖合同,即出卖人转移标的物的所有权于买受人,买受人支付价款的合同;

(2)供用电、水、气、热力合同,即供电(水、气、热力)人向用电(水、气、热力)人供电(水、气、热力),用电(水、气、热力)人支付相应费用的合同;

(3)赠与合同,即赠与人将自己的财产无偿给予受赠人,受赠人表示接受赠与的合同;

(4)借款合同,即借款人向贷款人借款,到期返还借款并支付利息的合同;

(5)租赁合同,即出租人将租赁物交付承租人使用、收益,承租人支付租金的合同;

(6)融资租赁合同,即出租人根据承租人对出卖人、租赁物的选择,向出卖人购买租赁物,提供给承租人使用,承租人支付租金的合同;

(7)承揽合同,即承揽人按照定作人的要求完成工作,交付工作成果,定作人给付报酬的合同;

(8)建设工程合同,即承包人进行工程建设,发包人支付价款的合同,包括工程勘察、设计、施工合同;

(9)运输合同,即承运人将旅客或者货物从起运地点运输到约定地点,旅客、托运人或者收货人支付票款或者运输费用的合同;

(10)技术合同,即当事人就技术开发、转让、咨询或者服务订立的确立相互之间权利和义务的合同;

(11)保管合同,即保管人保管寄存人交付的保管物,并返还该物的合同;

(12)仓储合同,即保管人储存存货人交付的仓储物,存货人支付仓储费的合同;

(13)委托合同,即委托人和受托人约定,由受托人处理委托人事务的合同;

（14）行纪合同，即行纪人以自己的名义为委托人从事贸易活动，委托人支付报酬的合同；

（15）居间合同，即居间人向委托人报告订立合同的机会或者提供订立合同的媒介服务，委托人支付报酬的合同。

8.2.2　建设工程合同管理

8.2.2.1　建设工程合同的概念

《民法典》第788条规定："建设工程合同是承包人进行工程建设，发包人支付价款的合同。"建设工程是一项耗资巨大、回收期长、安全性强、涉及面广的重大固定资产投资活动。

8.2.2.2　建设工程合同的分类

对建设工程合同可从不同角度，根据不同的标准进行分类。

1. 按照建设工程合同标的的性质进行分类

（1）建设工程勘察合同。建设工程勘察是指根据建设工程的要求，查明、分析并评价建设场地的地质地理环境特征和岩土工程条件，编制建设工程勘察文件的活动。建设工程勘察合同是发包人与承包人就完成建设工程地形、地质及水文等要素状况的调查研究工作而达成的协议。

（2）建设工程设计合同。建设工程设计是指根据建设工程的要求，对建设工程所需要的技术、经济、资源和环境等条件进行综合分析论证，编制工程设计文件的活动。建设工程设计合同是指发包人和承包人就完成建设工程初步设计和施工图设计工作而达成的协议。

（3）建设工程施工合同。建设工程施工是指工程的实际建设过程。建设工程施工合同是指发包人和承包人签订的，为完成特定的建筑安装施工任务，明确双方权利和义务关系的合同。

2. 按照建设工程承包方式分类

（1）建设工程总承包合同，是指发包人将建设工程的勘察、设计、施工、安装及材料设备采购等一并发包给一个承包人的合同。

（2）建设工程承包合同，是指发包人将建设工程的勘察、设计、施工、安装及材料设备采购等每一项分别发包给一个承包人所签订的合同。

（3）建设工程分包合同，是指总承包人经发包人同意，将承包工程中的部分工程再发包给分包人，由总承包人和分包人之间签订的合同。

3. 按合同价款计价方式分类

（1）总价合同，是指根据合同规定的工程施工内容和有关条件，业主应付给承包商的款额是一个规定的金额，即明确的总价。总价合同又分为固定总价合同和变动总价合同两种。

（2）单价合同，是承包人在投标时，按招投标文件就分部、分项工程所列出的工程量表确定各分部、分项工程费用的合同类型。单价合同也可分为固定单价合同和可调单价合同。

(3)成本加酬金合同,也称为成本补偿合同,工程的最终合同价格将按照工程实际成本再加上一定的酬金进行计算。

8.2.2.3 建设工程合同的订立

当事人就合同内容协商一致,合同成立。从合同成立的程序来讲,通常经过要约和承诺两个阶段。

1. 要约

(1)要约的概念和条件。要约是指当事人一方向另一方提出合同条件,希望另一方订立合同的意思表示。提出要约的一方称为要约人,另一方称为受要约人。

要约的构成必须具备以下两个条件:

① 内容具体确定。要约的内容必须具有足以确定合同成立的内容,即必须包含要约人所希望订立合同的主要条款。

② 表明经受要约人承诺,要约人即受该意思表示约束。要约在被承诺后,就产生合同的法律效力,合同即告成立。

(2)要约邀请。又称要约引诱,是希望他人向自己发出要约的意思表示。寄送价目表、拍卖公告、招标公告、商业广告等为要约邀请。要约邀请只是邀请他人向自己发出要约,对要约邀请的任何相对人都没有约束力。

(3)要约的生效。要约到达受要约人时生效。采用数据电文形式订立合同,收件人指定特定系统接收数据电文的,该数据电文进入该特定系统的时间,视为到达时间;未指定特定系统的,该数据电文进入收件人的任何系统的首次时间,视为到达时间。

(4)要约的撤回和撤销。要约的撤回是指要约人在发出要约后,要约生效之前,宣告收回发出的要约,使要约不具有法律效力的行为。要约可以撤回。撤回要约的通知应当在要约到达受要约人之前或要约同时到达受要约人。

要约的撤销是指在要约生效后,受要约人做出承诺之前,要约人宣布取消该项要约,使该要约的效力归于消灭的行为。要约可以撤销。撤销要约的通知应当在受要约人发出承诺通知之前到达受要约人。同时,要约人确定了承诺期限或者以其他形式明示要约不可撤销;受要约人有理由认为要约是不可撤销的,并已经为履行合同做了准备工作。

(5)要约的失效。是指要约丧失了法律效力。要约失效通常有四种情形:拒绝要约的通知到达要约人;要约人依法撤销要约;承诺期限届满,受要约人未做出承诺;受要约人对要约的内容作出实质性变更。

2. 承诺

(1)承诺的概念和条件。承诺是受要约人同意要约的意思表示。要约一经承诺,合同关系即告成立。

有效的承诺应当符合下列条件:

① 承诺必须由受要约人向要约人做出;
② 承诺必须是对要约明确表示同意的意思表示;
③ 承诺必须在要约有效期限内做出;
④ 承诺的内容必须与要约的内容一致。

(2)承诺的生效。承诺通知到达要约人时生效。承诺生效时合同即告成立。

合同成立的时间规定通常有四种情况：
① 承诺通知到达要约人时生效；
② 当事人采用合同书形式订立合同的，自双方当事人签字或者盖章时合同成立；
③ 当事人采用信件、数据电文等形式订立合同的，可以在合同成立之前要求签订确认书，签订确认书时合同成立；
④ 法律、行政法规规定或者当事人约定采用书面形式订立合同，当事人未采用书面形式但一方已经履行主要义务，对方接受的，该合同成立。

(3) 承诺的撤回。承诺可以撤回。撤回承诺的通知应当在承诺通知到达要约人之前或者与承诺通知同时到达要约人。

在建设工程合同签订过程中，招标投标程序就是典型的通过要约、承诺，订立合同的过程。招标程序中的"招标公告"就是典型的要约邀请，而投标人向招标人递交投标书就是典型的要约，招标人经过评标后确定中标人，并向中标人发出书面中标通知书，该中标通知书就是招标人对中标人的承诺。双方的合同关系也紧随着中标通知书的到达而成立。

3. 建设工程合同的生效

合同的效力即合同的法律约束力，是指法律赋予依法成立的合同具有约束当事人各方的效力。合同生效即合同发生法律约束力。合同生效后，当事人必须按约定履行合同。合同生效通常有三种情形：

(1) 成立生效。对于一般合同，主要当事人的主体资格、合同形式及合同内容等方面均符合法律、行政法规的要求，合同成立即可生效。

(2) 批准登记生效。批准登记的合同，是指法律、行政法规规定应当办理批准登记手续的合同。

(3) 约定生效。是指合同当事人在订立合同时，约定以将来某种事实的发生作为合同生效或合同失效的条件，合同成立后，当约定的某种事实发生后，合同才能生效或合同即告失效。

4. 缔约过失责任

(1) 缔约过失责任的概念。缔约过失责任，是指在合同订立过程中，当事人一方或双方因自己的过失导致合同不成立、无效或被撤销，应当对信赖其合同为有效成立的相对人赔偿基于此信赖而发生的损害。

缔约过失责任有别于违约责任，它使当事人基于诚实信用的原则而产生的缔约过程中的义务，并不是因合同而产生的义务，是一种先合同义务(或称合同前义务)。因缔约过失责任造成对方损失的，当事人必须承担赔偿责任。

(2) 承担缔约过失责任的情况。当事人在订立合同过程中有下列情形之一，给对方造成损失的，应当承担损害赔偿责任：
① 假借订立合同，恶意进行磋商；
② 故意隐瞒与订立合同有关的重要事实或者提供虚假情况；
③ 有其他违背诚实信用原则的行为。包括：擅自变更、撤回要约；违反已签订的意向书；未尽通知义务；未办合同应有的审批手续等。

8.2.2.4 建设工程合同的履行

合同的履行，是指合同依法成立后当事人双方按照合同约定的标的、质量、数量、价款或者报酬、履行期限、履行地点、履行方式等内容，全面地完成各自承担的义务，从而使合同的权利义务得到全部实现的整个行为过程。

建设工程合同的履行，是指承包人按照合同的约定完成工程建设任务，向发包人交付工程，发包人依照合同的约定支付工程价款的行为。

1. 履行的规则

(1) 履行主体。合同履行的主体是指债务人和债权人。除法律规定、当事人约定、性质上必须由债务人和债权人本人履行的以外，合同履行也可由其代理人进行。此外，在某些情况下，合同也可由第三人代替履行，只要不违反法律的规定或者当事人的约定。

(2) 履行标的。合同的标的是合同债务人必须实施的特定行为，是合同的核心内容，是合同当事人订立合同的目的所在。合同标的不同，合同的类型也就不同。合同标的的质量和数量是衡量合同标的的基本指标，必须严格按照合同的约定进行履行。

(3) 履行期限。合同履行期限是指债务人履行合同义务和债权人接受履行行为的时间。作为合同的主要条款，合同的履行期限一般应当在合同中予以约定，当事人应当在该履行期限内履行债务。如果当事人不在该履行期限内履行，则可能构成迟延履行而应当承担违约责任。

不按履行期限履行有两种情形：迟延履行和提前履行。在履行期限届满后履行合同为迟延履行，当事人应当承担迟延履行责任；在履行期限届满前完成合同为提前履行，提前履行不一定构成不适当履行。

(4) 履行地点。是指债务人履行债务、债权人受领给付的地点。履行地点直接关系到履行的费用和时间。在国际经济交往中，履行地点往往是纠纷发生以后用来确定适用法律的根据。

(5) 履行方式。是指合同双方当事人约定以何种形式来履行义务，由法律或者合同约定或者根据合同性质来确定，不同性质、内容的合同有不同的履行方式。合同的履行方式主要包括运输方式、交货方式、结算方式等。

(6) 履行费用。是指债务人履行合同所支出的费用。

2. 合同履行的抗辩权

法律对双务合同的履行设立了抗辩权。抗辩权，是指当事人一方依法对抗对方要求和权利主张的权利。合同履行中的抗辩权，就是在双务合同中，在满足一定法定条件时，合同当事人一方可以对抗对方当事人的履行要求，暂时拒绝履行合同约定义务的权利。合同履行中的抗辩权主要有以下三种：

(1) 同时履行抗辩权。同时履行是指合同没有约定双方履行的先后顺序，而是在一定期限内，双方当事人不分先后地履行各自义务的行为。同时履行抗辩权，又称不履行抗辩权，是指同时履行的双务合同方，当事人一方在对方未履行之前，或者对方履行债务不符合约定时，有权拒绝其履行要求。同时履行抗辩权的作用是平衡当事人之间的利益行使的结果，并不是使对方当事人的请求权归于消灭，只是阻碍其效力的发生。

(2) 后履行抗辩权。是指在双务合同中，先履行一方未履行之前或履行债务不符合约定，后履行一方有权拒绝其履行要求。后履行抗辩权反映了后履行义务方的后履行利益，本质上是对违约的抗辩。

(3) 不安抗辩权。是指双方合同成立后，有先后履行顺序，先履行的一方有确切证据表明另一方丧失履行债务能力时，在对方没有恢复履行能力或没有提供担保之前，有权中止合同履行的权利。不安抗辩权是预防性的保护措施，当一方情况发生变化，另一方先履行会造成损失时，法律依据公平原则做出上述规定。

8.2.2.5　建设工程合同的变更、终止和争议解决

通常情况下，建设工程合同履行的期限都比较长，涉及面广，影响因素多。因此，一份建设工程合同订立得再好，签约时考虑得再全面周详，履行时也免不了因工程实施环境的变化，而对合同的内容进行变更，在履行合同的过程中随时可能终止合同，并可能产生合同纠纷和合同的违约责任及争议。

1. 合同的变更

合同变更是指在合同成立以后、履行完毕之前，由双方当事人依法对原合同的内容进行修改。广义上的合同变更包括合同内容的变更和合同主体的变更；狭义的合同变更是指合同内容的变更。建设项目中通常采用的是狭义的合同变更概念。

合同变更的要件须具备以下条件：

(1) 合同关系已依法成立。合同变更是在原合同的基础上，通过当事人双方的协商或法律的规定改变原合同关系的内容。如果原合同不成立，自始就不具有法律约束力，也就不存在合同变更的问题。

(2) 合同的变更须有合同内容的变化。合同变更仅指合同的内容发生变化，不包括合同主体的变更，变更后的合同关系与原合同关系应保持同一性。合同变更部分的内容应当明确约定，如果约定不明确，在履行的过程中，可能会产生争议。当事人对合同变更的内容约定不明确的，推定为未变更。

(3) 合同的变更应当符合法定程序和方式。当事人协商一致，可以变更合同。法律、行政法规规定变更合同应当办理批准、登记等手续的，依照其规定。当事人未遵循这些法定方式的，即便达成了变更合同的协议，也是无效的。当事人变更合同的形式也可协商决定，一般要与原合同的形式相一致。

2. 施工合同的转让

合同转让是指合同一方将合同的权利、义务全部或部分转让给第三人的法律行为。债权人可以将合同的权利全部或者部分转让给第三人，但有下列情形之一的除外：

(1) 根据合同性质不得转让；

(2) 按照当事人约定不得转让；

(3) 依照法律规定不得转让。

债权人转让权利的，应当通知债务人。未经通知，该转让对债务人不发生效力，债权人转让权利的通知不得撤销，但经受让人同意的除外。法律、行政法规规定，转让权利或者转移义务应当办理批准、登记等手续的，依照其规定进行。

3. 施工合同的终止

合同终止是指合同当事人双方终止合同关系，解除合同确立的权利和义务关系。合同

终止的原因和情况各种各样，只要当事人协商一致，就可以解除合同。在出现下列情况时，合同终止：

(1) 债务已经按照约定履行；

(2) 合同解除；

(3) 债务相互抵消；

(4) 债务人依法将标的物提存；

(5) 债权人免除债务；

(6) 债权债务同归于一人；

(7) 法律规定或者当事人约定终止的其他情形。

当事人也可以约定一方解除合同的条件，在解除合同的条件成立时，当事人可以解除合同。有下列情形之一时，当事人可以解除合同：

(1) 因不可抗力致使不能实现合同目的；

(2) 在履行期限届满之前，当事人一方明确表示或者以自己的行为表明不履行主要债务；

(3) 当事人一方延迟履行主要债务，经催告后在合理期限内仍未履行；

(4) 当事人一方延迟履行债务或者有其他违约行为致使不能实现合同目的；

(5) 法律规定的其他情形。

4. 违约责任

违约责任指当事人任何一方不能履行或者履行合同不符合约定的而应当承担的法律责任。违约责任制是保证当事人履行合同义务的重要措施，有利于促进合同的全面履行。

当事人违约责任一般包括下列情况：

(1) 当事人一方不履行合同义务或者履行合同义务不符合合同约定的，应当承担继续履行、采取补救措施或者赔偿损失等违约责任，而不论违约方是否有过错责任；

(2) 当事人一方因不可抗力不能履行合同的，根据不可抗力的影响，部分或者全部免除责任，但法律另有规定的除外。当事人延迟履行后发生不可抗力的，不能免除责任。不可抗力不是当然的免责条件；

(3) 当事人一方因第三人的原因造成违约的，应当向对方承担违约责任；

(4) 当事人一方违约后，对方应当采取适当措施防止损失的扩大；没有采取适当措施致使损失扩大的，不得就扩大的损失要求赔偿。

5. 合同争议处理

合同争议也称合同纠纷，是指合同当事人对合同规定的权利和义务产生了不同的理解。当事人对合同条款的理解有争议的，应当按照合同所使用的词句、合同的有关条款、合同的目的、交易习惯以及诚实信用原则，确定该条款的真实意思。

建设工程施工合同常见的合同争议包括：

(1) 工程进度款支付、竣工结算及审价争议；

(2) 工程价款支付主体争议；

(3) 工程工期拖延争议；

(4) 安全损害赔偿争议；

(5) 合同终止争议；

(6) 工程质量及保修争议。

当事人可以通过和解或者调解解决合同争议，当事人不愿和解、调解或者和解、调解不成的，可以根据仲裁协议向仲裁机构申请仲裁；没有订立仲裁协议或者仲裁协议无效的，可以向人民法院起诉。

合同争议的解决通常有如下几个途径：

(1) 协商，是指合同争议的双方当事人通过谈判的方式自愿达成协议，从而解决纠纷的一种方式。它是最常见、也是最先采用的一种解决方法，具有简单易行，不伤和气的优点。

(2) 调解，是指合同争议的双方当事人在第三方主持下通过对双方当事人进行说法劝导，促使双方当事人自愿达成协议从而解决纠纷的活动。如果双方当事人经调解后达成协议，由合同双方和调解人共同签订调解协议书。

(3) 仲裁，是指根据有关仲裁法律的规定及争议双方约定的仲裁条款，一方当事人向约定的仲裁机构对另一方提出权益主张并要求仲裁机构予以解决和保护的请求。我国实行一裁终局制，裁决做出后，合同当事人就同一争议若再申请仲裁或向人民法院起诉，则不再予以受理。

(4) 诉讼，是指按照民事诉讼程序向人民法院对一定的人提出权益主张，并要求人民法院予以解决和保护的请求。在签订合同时，双方可以约定一旦在合同履行过程中发生纠纷时，可采用的解决合同纠纷的诉讼方法。

诉讼活动应当依照法定程序进行，我国人民法院审理案件一律适用《民事诉讼法》规定的程序，包括起诉、受理、调查、调解、开庭审理和判决等主要诉讼阶段。

合同当事人在遇到合同争议时，究竟是通过协商，还是通过调解、仲裁、诉讼去解决，应当认真考虑自身的实际情况以及对其适用的法律规定，权衡并做出对自己最为有利的纠纷解决对策。

8.2.3 FIDIC 合同条件

合同条件既是投标者投标报价的基础，更是在签订合同之后，合同双方履行合同最重要的依据。目前各国和地区使用的建设工程合同一般都有标准格式，即适用于本国本地区的合同文本，如美国建筑师学会制订发布的"AIA 系列合同条件"，英国土木工程师学会编制的"CE 合同条件"和国际咨询工程师联合会编写的"FIDIC 合同条件"等。我国主要参照"FIDIC 合同条件"的标准格式，因此本节主要介绍"FIDIC 合同条件"的相关内容。

1. 国际咨询工程师联合会(FIDIC)简介

国际咨询工程师联合会(Fédération Internationale Des Ingénieurs-Conseils，简称 FIDIC)是由英国、法国、比利时三国咨询工程师协会于1913年创立的。FIDIC 目前有75个成员协会，1996年，中国工程咨询协会正式加入 FIDIC 组织。

FIDIC 代表全球范围内的工程咨询业，是国际工程咨询业的权威性行业组织，与世界银行等国际金融组织有着密切的联系。FIDIC 的各种文献和出版物，包括各种合同、协议标准范本、各项工作指南以及工作惯例等，得到了世界各有关组织的广泛认可和实施，是工程咨询行业的重要指导性文献。这些文件不仅 FIDIC 成员采用，而且世界银行、亚洲开发银行、非洲开发银行的招标样本也常常采用。

2. FIDIC 合同条件的发展

FIDIC 专业委员会编制了一系列规范性合同条件，构成了 FIDIC 合同条件体系。为了适应国际建筑业和国际经济的不断发展，FIDIC 对其合同条件不定期进行修改和调整，以令其更能反映国际建筑业的现状，更具有代表性和普遍性，更加严谨、完善，更具权威性和可操作性。

1957 年，FIDIC 与国际房屋建筑和公共工程联合会（现为欧洲国际建筑联合会，FIEC）在英国咨询工程师联合会（ACE）颁布的《土木工程合同文件格式》的基础上出版了《土木工程施工合同条件（国际）》（第 1 版）（俗称"红皮书"）。该条件分为两部分，第一部分是通用合同条件，第二部分为专用合同条件。

1963 年，首次出版了适用于业主和承包商的机械与设备供应和安装的《电气与机械工程标准合同条件格式》，即"黄皮书"。

1969 年，红皮书出版了第二版。这版增加了第三部分疏浚和填筑工程专用条件。

1977 年，FIDIC 和欧洲国际建筑联合会（FIEC）联合编写 Federation Internationale Europeennede la Construction（巴黎），这是红皮书的第三版。

1980 年，黄皮书出了第二版。

1987 年 9 月红皮书出了第四版。该版将第二部分（专用合同条件）扩大，单独成册出版，但其条款编号与第一部分一一对应，使两部分合在一起共同构成确定合同双方权利和义务的合同条件。第二部分必须根据合同的具体情况起草（1988 年，做了若干编辑方面的修改之后，红皮书再次重印。但这些修改不影响有关条款的含义，只是澄清了其真正意图）。

同时出版的还有黄皮书第三版《电气与机械工程合同条件》，分为三个独立的部分：序言、通用条件和专用条件。

1995 年，出版了橘皮书《设计-建造和交钥匙合同条件》。

以上的红皮书（1987）、黄皮书（1987）、橘皮书（1995）和《土木工程施工分包合同条件》、蓝皮书（《招标程序》）、白皮书（《顾客/咨询工程师模式服务协议》）、《联合承包协议》、《咨询服务分包协议》共同构成 FIDIC 彩虹族系列合同文件。

1999 年 9 月，FIDIC 出版了一套 4 本全新的标准合同条件，即《施工合同条件》（新红皮书）、《生产设备和设计-建造合同条件》（新黄皮书）、《EPC/交钥匙工程合同条件》（银皮书）和《简明合同格式》（绿皮书）。

3. 2017 年版 FIDIC 合同条件

随着国际上工程项目规模的逐步扩大以及雇主方对项目管理模式要求的多样化，FIDIC 感到其原有的几种合同条件已经不能完全适应形势的要求。2017 年 12 月，FIDIC 在英国伦敦举办的国际用户会议上，正式发布了 1999 年系列合同条件中的前三本，即《施工合同条件》《生产设备和设计-建造合同条件》《EPC/交钥匙工程合同条件》的第 2 版，简称"2017 版"。这是迄今为止 FIDIC 合同条件的最新版本。

（1）《施工合同条件》（Conditions of Contract for Construction）。该条件简称红皮书，是

1999年版红皮书《土木工程施工合同条件》的第2版。该合同条件适用于由雇主或其代表工程师设计的房屋建筑或土木工程项目。其特点是承包商一般按照雇主提供的设计施工，但工程中的某些土木、机械、电气或构筑物工程也可能由承包商设计。

（2）《生产设备和设计-建造合同条件》（Conditions of Contract for Plant and Design-Build）。该条件简称黄皮书，是1999年版黄皮书《电气与机械工程合同条件》的第2版。该合同条件适用于电气或机械设备的提供，以及房屋建筑或土木工程的设计和实施。其特点是一般都是由承包商按照雇主的要求设计和提供设备并建造该项目，可能包括由土木、机械、电气或构筑物的任何组合。采用该模式时，由于设计是承包商的职责，承包商有可能以牺牲质量来降低成本。因此，雇主应考虑聘请专业技术顾问来保证其要求在招标文件中得以实现。

（3）《EPC/交钥匙工程合同条件》（Conditions of Contract for EPC/Turnkey Projects）。该条件简称银皮书，是1999年版银皮书《设计-建造和交钥匙合同条件》的第2版。该合同条件适用于在交钥匙的基础上进行的工厂或其他类型的开发项目的实施。采用这种采购方式的项目的最终价格和要求工期有更大程度的确定性，承包商承担项目的设计和施工并提供配套完善的全部设施，雇主介入较少。

4. FIDIC合同条件的应用方式

FIDIC合同条件是在总结了各个国家、各个地区的业主、咨询工程师和承包商各方经验基础上编制出来的，也是在长期的国际工程实践中形成并逐渐发展成熟起来的，是目前国际上广泛采用的高水平的、规范的合同条件。这些条件具有国际性、通用性和权威性。FIDIC合同条件公正合理、职责分明、程序严谨、易于操作，分成"通用条件"（General Conditions）和"专用条件"（Conditions of Particular Application）两部分。通用条件适于某一类工程，如红皮书适于整个土木工程（包括工业厂房、公路、桥梁、水利、港口、铁路、房屋建筑等）。专用条件则针对一个具体的工程项目，是在考虑项目所在国法律法规、项目特点和业主要求不同的基础上，对通用条件进行的具体化修改和补充。FIDIC合同条件的应用方式通常有如下几种：

（1）国际金融组织贷款和一些国际项目直接采用。在世界各地，凡世行、亚行、非行贷款的工程项目以及一些国家和地区的工程招标文件中，大部分全文采用FIDIC合同条件。在我国，凡亚行贷款项目，全文采用FIDIC红皮书。凡世行贷款项目，在执行世行有关合同原则的基础上，执行我国财政部在世行批准和指导下编制的有关合同条件。

（2）合同管理中对比分析使用。许多国家在学习、借鉴FIDIC合同条件的基础上，编制了一系列适合本国国情的标准合同条件。这些合同条件的项目和内容与FIDIC合同条件大同小异，主要差异体现在处理问题的程序规定上以及风险分担规定上。FIDIC合同条件的各项程序是相当严谨的，处理业主和承包商风险、权利及义务也比较公正。因此，业主、咨询工程师、承包商通常都会将FIDIC合同条件作为一把尺子，与工作中遇到的其他合同条件相对比，进行合同分析和风险研究，制定相应的合同管理措施，防止合同管理上出现漏洞。

（3）在合同谈判中使用。FIDIC合同条件的国际性、通用性和权威性使合同双方在谈判中可以"国际惯例"为理由要求对方对其合同条款的不合理、不完善之处做出修改或补充，以维护双方的合法权益。这种方式在国际工程项目合同谈判中普遍使用。

（4）部分选择使用。即使不是全文采用 FIDIC 合同条件，在编制招标文件时，仍可以部分选择其中的某些条款、某些规定、某些程序，甚至某些思路，使所编制的文件更完善、更严谨。在项目实施过程中，也可以借鉴 FIDIC 合同条件的思路和程序来解决和处理有关问题。

总之，系统、认真地学习和掌握 FIDIC 合同条件，是每一位工程管理人员掌握现代化项目管理、合同管理理论和方法，提高管理水平的基本要求，也是我国工程项目管理与国际接轨的基本要求。目前，我国土木工程行业面临着许多机遇与挑战，不少施工企业参与了许多大型工程项目的建设，对 FIDIC 合同条件及管理模式有了一定的体会和认识，进一步加强这方面的学习，关注和及时获取这方面的信息，对提高管理水平是十分有益的。

8.3 案例分析

8.3.1 案例一：招标投标过程违规事件

1. 背景

某省国道主干线高速公路土建施工项目实行公开招标，根据项目的特点和要求，采用资格预审方式组织项目土建施工招标，招标过程中出现了下列事件：

事件1：7月1日（周一）发布资格预审公告。公告载明资格预审文件自7月2日起发售，资格预审申请文件于7月22日16:00之前递交至招标人处。某投标人因从外地赶来，7月8日（周一）上午上班时间前来购买资格预审文件，被告知已经停售。

事件2：资格审查过程中，资格审查委员会发现某省路桥总公司提供的业绩证明材料，部分是其下属第一工程有限公司业绩证明材料，且其下属的第一工程有限公司具有独立法人资格和相关资质。考虑到同属于一个大企业，资格审查委员会认可了其下属公司业绩。

事件3：投标邀请书向所有通过资格预审的申请单位发出，投标人在规定的时间内购买了招标文件。按照招标文件要求，投标人须在投标截止时间5日前递交投标保证金。

事件4：评标委员会人数为5人，其中3人为工程技术专家，其余2人为招标人代表。

事件5：评标委员会在评标过程中。发现 B 单位投标报价远低于其他报价。评标委员会认定 B 单位报价过低，按照废标处理。

事件6：招标人在签订合同前，认为中标人 C 的报价略高于自己期望的合同价格，因而又与投标人 C 就合同价格进行了多次谈判。考虑到招标人的要求，中标人 C 觉得小幅度降价可以满足自己利润的要求，同意降低合同价，并最终签订了书面合同。

根据以上事实，分析所有事件中有哪些不妥当。

2. 分析

事件1：我国《工程建设项目施工招标投标办法》第15条规定，自招标文件或者资格预审文件出售之日起至停止出售之日止，最短不得少于5个工作日。本案中，7月2日周二开始出售资审文件，按照最短5个工作日，最早停售日期应是7月8日（星期一）下午截止。

事件 2：我国《招标投标法》第 25 条规定，投标人是响应招标、参加投标竞争的法人或者其他组织。本案中，投标人或是以总公司法人的名义投标，或是以具有法人资格的子公司的名义投标，两者只能以自己的名义、自己的资质、自己的业绩投标，而不能相互借用资质和业绩。

事件 3：我国《招标投标法实施条例》第 26 条规定，投标保证金有效期应当与投标有效期一致。投标保证金从性质上属于投标文件，在投标截止时间前都可以递交。本案中，招标文件约定在投标截止时间 5 日前递交投标保证金不妥，其行为侵犯了投标人权益。

事件 4：我国《招标投标法》第 37 条规定，依法必须进行招标的项目，其评标委员会由招标人的代表和有关技术、经济等方面的专家组成，成员人数为 5 人以上单数，其中技术、经济等方面的专家不得少于成员总数的 2/3。本案中，评标委员会 5 人中专家人数至少为 4 人才符合法定要求。

事件 5：我国《评标委员会和评标方法暂行规定》第 21 条规定，在评标过程中，评标委员会发现投标人的报价明显低于其他投标报价或者在设有标底时明显低于标底，使得其投标报价可能低于其个别成本的，应当要求该投标人做出书面说明，并提供相关证明材料。投标人不能合理说明或者不能提供相关证明材料的，由评标委员会认定该投标人以低于成本报价竞标，应当否决其投标。本案中，评标委员会判定 B 的投标为废标的程序存在问题。评标委员会应当要求 B 投标人做出书面说明，并提供相关证明材料，仅当投标人 B 不能合理说明或者不能提供相关证明材料时，评标委员会才能认定该投标人以低于成本报价竞标。作废标处理。

事件 6：我国《招标投标法》第 43 条规定，在确定中标人前，招标人不得与投标人就投标价格、投标方案等实质性内容进行谈判。同时，《工程建设项目施工招标投标办法》第 59 条规定，招标人不得向中标人提出压低报价、增加工作量、缩短工期或其他违背中标人意愿的要求，以此作为发出中标通知书和签订合同的条件。本案中，招标人与中标人就合同中标价格进行谈判，直接违反了相关规定。

8.3.2 案例二：合同生效及缔约过失责任

1. 背景

开达公司决定兴建建筑物"世纪曙光"，董事会对建筑风格和艺术造型有特殊要求，公司决定由该公司副总经理张晓光负责相关事宜。张晓光在咨询了开达公司法律顾问，得知该建筑工程的勘察设计合同"不必采用招投标形式"后，与隆盛设计取得联系，声称"对方主要负责人能到本公司面谈，不出意外，该工程便委托给隆盛设计"。此后不久，张晓光采纳开达公司董事长个人建议，把"世纪曙光"工程设计委托给通然设计，并于 3 日内签订合同。第四天，隆盛设计谈判代表赶到开达公司，被告知该工程设计工作已委托通然设计。隆盛设计代表要求开达公司赔偿往返路费及相关损失。张晓关以双方并未就该工程达成任何协议，拒绝赔偿。双方因协商不成，隆盛设计向法院起诉开达公司，要求其承担违约赔偿。

2. 分析

文中所涉当事人包括开达公司和隆盛设计，开达公司并未与隆盛设计签订任何协议，但根据我国《民法典》第471条"当事人订立合同，可以采取要约、承诺方式或者其他方式"，以及第472条"要约是希望和他人订立合同的意思表示，该意思表示应当符合下列规定：(一)内容具体确定；(二)表明经受要约人承诺，要约人即受该意思表示约束"，张晓光与隆盛设计取得联系，并声称"其主要负责人能到公司面谈，不出意外，该工程便委托给隆盛设计院"这一行为，认为他们之间为要约关系。

根据以上事实，本案例有以下三点值得讨论：

(1) 开达公司"世纪曙光"建筑工程的勘察设计合同签订需不需要采用招投标形式？

根据《工程建设项目招标范围和规模标准规定》第8条规定，建设项目的勘察、设计、采用特定专利或者专有技术的，或者其建筑艺术造型有特殊要求的，经项目主管部门批准，可以不进行招标。本案中，开达公司董事会对建筑风格和艺术造型有特殊要求，项目可以不招标，但必须以得到相关部门的批准为前提。

(2) 开达公司是否存在违约？

本案中，开达公司和隆盛设计虽有合作意向，但双方并没有缔结合约，形成合同关系，因此开达公司并没有违约。

(3) 开达公司应不应该赔偿隆盛设计？

根据相关规定，要约可以撤回。撤回要约的通知应当在要约到达受要约人之前或者与要约同时到达受要约人。要约可以撤销。撤销要约的通知应当在受要约人发出承诺通知之前到达受要约人。当事人在订立合同过程中有下列情形之一，给对方造成损失的，应当承担损害赔偿责任：(1)假借订立合同，恶意进行磋商；(2)故意隐瞒与订立合同有关的重要事实或者提供虚假情况；(3)有其他违背诚实信用原则的行为。本案中，开达公司在张晓光与通然设计联系磋商及签订合同后应该立即告知隆盛设计这一事实，且根据先合同义务，开达公司也应该将其与通然设计缔结合同及时告知隆盛设计。而开达公司并没有做到这一点，所以应该对隆盛设计进行赔偿。

8.3.3 案例三：合同履行的抗辩权

1. 背景

中国甲公司因转产致使一套生产设备闲置，价值4000万元，8月1日，该公司总经理邓某与日本乙公司签订了关于该设备的转让合同。合同约定，生产设备作价3900万元，中国甲公司于9月4日前交货，乙公司在收到货物后8日内支付全部货款。8月28日，邓某发现乙公司由于投资项目失误，致使该公司经营状况严重恶化。于是，便通知乙公司暂停交货，并要求乙公司提供担保，否则将终止合同。此要求被日本乙公司断然拒绝。9月15日，邓某发现日本乙公司处境更加困难，几近破产，于是提出解除合同，并要求日本乙公司赔偿因合同终止所遭受的损失。日本乙公司不同意，向中国甲公司所在地的人民法院以甲公司违约为由提起诉讼。

根据以上事实，回答：

问题一：8月28日，中国甲公司可否暂停交货？

问题二：9月3日，中国甲公司可否暂定交货？

问题三：9月15日，甲公司可否解除合同并要求对方赔偿？

问题四：如果地方法院查明，9月3日后日本乙公司并不存在经营状况严重恶化的情况，则中国甲公司是否应当赔偿乙公司因此所遭受的损失？

问题五：若合同没有约定一方先履行，则中国甲公司能否拒绝先为履行？

2. 分析

问题一和问题二的答案是都可以暂停交货。根据相关规定，甲公司享有不安抗辩权。

问题三的答案是可以解除合同但不能要求赔偿。首先基于不安抗辩权抗辩后，乙方未提供担保，甲证明乙方已经不履行能力，合同已无法履行，可以解除合同。但是毕竟合同约定的是甲方先履行，乙方可以基于先履行抗辩权来对抗甲方。按照合同约定，在甲方未先履行的情况下，乙方不履行，不是违约。所以，在未违约也不存在欺诈等存在缔约过失责任的情况下，乙方不承担赔偿责任。

问题四的答案是要承担，因为如果证明这种情况，那么就证明甲方没有行使不安抗辩权的理由，甲方未先履行，是一种违约行为。

问题五的答案是可以，没约定履行顺序，双方可以行使同时履行抗辩权。

本案例涉及合同中的抗辩权应用，即先履行方有不安抗辩权，后履行方有先履行抗辩权，未约定履行顺序，双方具有同时抗辩权。

习　题

1. 什么是招标、投标？招标、投标活动应遵循什么原则？
2. 公开招标和邀请招标的区别有哪些？
3. 简述建设工程投标程序。
4. 2017年版FIDIC合同条件包括哪几个标准合同条件？各自的使用范围是什么？
5. 简述建设工程合同的种类。
6. 举例说明建设工程合同履行过程中当事人是如何行使抗辩权的。
7. 简述合同履行过程中争议解决的几种方法。
8. 简述建设工程合同订立的原则。

第9章 建设工程企业计划管理

9.1 概 述

计划是重要的管理职能之一，它是以经营决策作为基础，把决策所确定的目标进行量化，并把它具体化为文件和表格，借以有效地把握未来，达到有效地使用各种资源的目的，成为取得最佳经营成果的行动纲领。

计划管理是企业为了使其生产经营活动能够达到预期目的而进行的综合性管理，是对企业的各项生产经营活动进行安排协调，充分合理地利用人、财、物，调节好产、供、销，使企业生产经营有秩序、有步骤地进行，从而提高社会效益、经济效益和生产效率。

管理首先开始于确定目标和制订计划，继而进行组织和人员配备，并进行有效的领导，一旦计划付诸实施或运行，就必须进行控制和协调，检查计划实施情况，找出偏离目标和计划的误差，确定应采取的纠正措施，以实现预定的目标和计划。

9.1.1 计划管理的意义、特点和任务

1. 计划管理的意义

(1) 计划管理在企业管理中居于首位。现代企业管理是以一定时期总目标为管理目标的"四全综合管理"，即全面计划管理、全面质量管理、全面经济核算和全面劳动与工资管理。全面计划管理位于"四全综合管理"之首，企业的各项生产经营活动都要按照企业计划体系规定的轨道运营，从而推动生产力不断发展。

(2) 计划管理是现代化大生产的客观需要。现代建设工程企业生产经营涉及面广，生产规模大，施工过程复杂，机械化程度不断提高。为了提供最终建设产品，必须制订一个综合性生产经营计划，进行计划管理，平衡和协调生产经营中的各个环节，使生产经营在计划指导下进行。

(3) 计划管理是国民经济按比例协调发展的客观要求。国民经济计划是全局的、整体的、宏观的计划，而每个企业的计划是局部的、个别的、微观的计划。企业计划管理必须适应发展国民经济的要求，满足市场调节的需要，只有在国家计划指导下，企业生产经营活动才能获得成功，国民经济计划才能实现。

(4) 计划管理是合理利用企业人力、物力、财力，提高经济效益的重要手段。现代建设工程企业处在一个经济和科技日新月异的时代，生存在竞争环境中。企业只有注重计划管理，充分利用人、财、物，调节好产、供、销，才能有决策目标和控制目标的主动权，最终达到提高经济效益的目的。

2. 计划管理的特点

由于建设产品的特点，使建设工程企业的计划管理工作有许多不同于其他工业企业的特点。建设工程企业计划管理的特点如下：

(1) 计划的被动性。建设工程企业的产品生产多属于定货生产，任务来源受到固定资产投资数量的影响，这使企业计划具有被动性。另外，建设生产消耗资源品种多、数量大、施工周期长、受市场价格等影响因素多，决算最终成本的时间长，这些都给企业计划管理带来被动局面。

(2) 计划的经营性。计划编制、实施和控制，都必须从搞活企业经营出发，搞好生产与经营的全面计划管理，以经营推动生产、施工，促进企业经营的发展。

(3) 计划的多变性。建设施工中诸如施工对象、现场环境、气候和协作单位等条件的变化因素多，而且这些变化往往难以预见。

(4) 计划的不均衡性。由于施工的季节性与任务得到的时间与数量不同，造成计划期内的施工内容与施工时间不成比例，使年、季、月之间做到计划均衡性的难度很大。另外，对一个具体工程来说，施工准备阶段、施工阶段和收尾阶段之间，施工内容与施工时间也不成比例，影响了年、季、月之间做到计划的均衡性。

(5) 计划的协作性。建设生产经营方式有总包与分包形式，经常是几个施工单位在一个建设项目甚至一个单位工程上施工。在一个单位工程施工中，又需要组织多工种同时施工，进行立体交叉作业。因此，在编制生产经营计划时，应使计划具有灵活性与协作性，满足各种协作条件的要求，合理安排时间和空间，严密组织施工。

3. 计划管理的任务

(1) 正确贯彻国家的有关方针政策，在科学预测的基础上，为企业的发展方向、发展规模和发展速度提供依据，制订企业的长远规划，并通过近期计划组织实施。

(2) 根据市场需要和企业能力，签订各项经济合同，编制企业的年度、季度计划，使企业各项生产经营活动和各项工作在企业统一的计划下协调进行。

(3) 做好计划的综合平衡和优化，充分挖掘及合理利用企业的一切人力、物力、财力，不断改善企业的各项技术经济指标，以取得最佳的经济效果。

(4) 在组织计划的实施过程中，通过控制和调节手段，消除执行中的薄弱环节及不协调因素，保证生产有节奏、有秩序地进行。

(5) 做好计划执行情况的检查、统计和分析，总结企业与工程计划管理的经验，不断提高企业和工程计划的管理水平。

9.1.2 计划管理工作的内容

1. 计划的编制

通过计划的编制，把社会及用户需要和企业的条件、企业的利益统一起来；把企业的长期目标和短期目标衔接起来；把企业的整体目标和企业内部各级的目标及每个员工的个人目标联系起来。

在计划编制中要做好综合平衡，使企业与外部的环境保持协调，使企业内部生产经营活动的各个环节和各个要素间保持正常的比例关系。

在计划编制中，还要通过计划的优化，选择最优的计划方案，保证最有效地利用人力、物力和财力，以取得理想的经济效果。

2. 计划的实施

计划的实施是企业各部门、各级机构，根据计划的内容和要求，组织落实，认真执行，使企业的各项生产经营活动在计划指导下协调进行。实质上，这也是计划的"组织"职能。

3. 计划的控制

在计划实施过程中，通过检查与协调，消除实施计划过程中的薄弱环节和不协调因素。

9.1.3 目标管理

1. 目标管理的概念

经典管理理论对目标管理的定义为：目标管理是以目标为导向，以人为中心，以成果为标准，而使组织和个人取得最佳业绩的现代管理方法。目标管理是一种参与的、民主的、自我控制的管理方法，也是一种把个人需求和组织目标结合起来的管理方法，它调动员工的积极性、创造性和主动性，将个人利益和组织利益紧密联系起来，因而能鼓舞士气，极大地激励人员为实现目标而努力，具有很好的激励功能。

2. 目标管理的目的

目标管理的目的是通过目标的激励来调动广大员工的积极性，从而保证实现总目标；其核心是明确和重视成果的评定，提倡个人能力的自我提高，其特征就是以"目标"作为各项管理活动的指南，并以实现目标的成果来评定其贡献大小。

3. 企业目标的内容

一般来说，管理成功的企业应包括下列目标：市场方面目标，技术改进或发展方面目标，提高生产力方面目标，物质和资金资源方面目标，利润方面目标，人力资源方面目标，职工积极性发挥方面目标，社会责任方面目标。

4. 企业目标和计划的关系

企业目标是企业的一切生产经营活动的阶段目的或最终目的。其顶端是一个企业的总目标。总目标直接基于所选定的任务，战略计划、分段目标和行动计划由总目标引出。

战略计划一般都是由组织内的高级管理层制定。分阶段目标则是在总目标和战略计划的结构内所要达到的更为详细、更为具体的目标。行动计划可以与分阶段目标或总目标相关联，也可以同时与两者相关联。

9.1.4 建设工程企业的计划体系

建设工程企业的各种计划一般可以分为三个层次：战略层、战术层和作业层。战略层计划一般指企业的中长期经营计划；战术层计划主要是指企业的年(季)度综合计划；作业层计划则是指施工生产计划。以上各类计划是有机紧密联系，相互补充的，构成建设工程企业的计划体系，如图9.1.1所示。

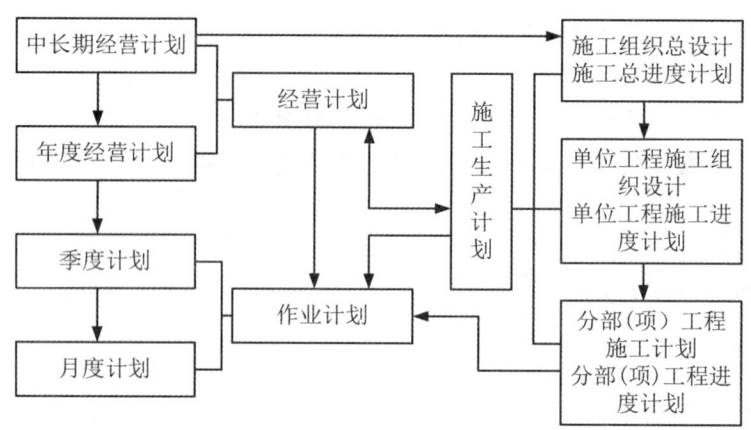

图 9.1.1　建设工程企业的计划体系

9.1.5　建设工程企业的计划指标体系

1. 计划指标的概念

计划指标是企业在计划期内，在具体的技术条件下所要达到的具体目标和水平，包括名称、单位和数值三个部分。计划指标具有一定的经济内容，一般包括企业生产经营活动的规模、技术水平和经济效果。为全面反映企业的技术经营活动，必须适当设置各种指标，建立健全企业的指标体系，完善和促进计划管理工作。

2. 计划指标的分类

(1) 按指标计量单位不同，可分为实物指标和货币指标。实物指标是体现实物使用价值的指标，如水泥用量、土方量、混凝土工程量等。货币指标是以货币价值表示的指标，如工程总造价、工程成本降低额等。

(2) 按指标性质不同，可分为数量指标和质量指标。数量指标是计划期内企业生产经营应达到的数量目标，通常用绝对值表示，如工程数量、建筑安装工作量、劳动工资、固定资金、流动资金、物资设备数量等。质量指标是计划期内企业生产经营应达到的工作质量要求指标，通常用相对值表示，如劳动生产率、产品合格率、机械完好率、机械利用率、成本降低率等。

(3) 按指标用途不同，可分为计划指标和统计指标。计划指标表示计划期内要求达到的水平，统计指标表示计划期内实际达到的水平。

3. 计划指标体系

建设工程企业计划指标很多，它们具体反映着计划的各个组成部分的预期目标和水平，任何单一的指标只能反映企业生产经营活动的某个侧面，为了全面指导和控制企业的生产经营活动，就必须设置一个计划指标体系。所谓计划指标体系，是指由一系列相互联系、相互制约并且能全面反映企业生产经营全貌的若干指标所组成的整体。

建设工程企业计划指标体系在企业生产经营管理中具有很重要的作用，它可以更科学、准确、全面地评价建设工程企业基本情况和生产经营活动运行态势，更全面了解和掌握企业生产经营全貌,随着市场经济不断发展和完善,企业旧有的计划指标体系也要不断更新,为适应经济发展和经营机制改善的需要,建设工程企业如何建立和完善新的计划指标体系,是有待于进一步深入研究和探讨的课题。

4. 建设工程企业主要计划指标的含义及计算方法

(1) 建设产品产量指标,是表示企业的计划期内要完成的建设产品实物量指标,一般有以下几项:

① 竣工面积:在报告期内房屋建筑按照设计要求全部完工,达到了住人和使用条件,经验收鉴定合格,正式移交使用单位的房屋建筑面积。它反映了计划期内企业完成房屋的最终建设产品的数量。

② 房屋建筑面积竣工率:计划期内竣工的房屋建筑面积与计划期内施工的房屋建筑面积之比,即:

$$\text{房屋建筑面积竣工率} = \frac{\text{计划期内竣工的房屋建筑面积}}{\text{计划期内施工的房屋建筑面积}} \times 100\% \tag{9.1.1}$$

③ 实物工程量:具体反映施工进度和工程完成情况的指标。如反映土方工程、屋面工程等的实物工程量指标。它是编制和检查施工作业计划,确定劳动力、材料、机械设备需要量的重要依据,又是计算建筑业施工产值、实物劳动生产率等指标的基础。

④ 工程形象进度:一般按单位工程中的分部分项部位,用文字结合实物量或百分比,简明扼要地反映计划期内施工地单位工程所要达到的形象部位和进度情况。

(2) 建设产品产值指标,是指以货币表现的企业在计划期内要完成的建设生产活动成果的指标。一般有以下几项:

① 建筑业总产值:以货币表现的企业在计划期要生产的建设产品的总和。包括建设工程产值和设备安装工程产值,一般按"单位法"计算,即按计划期内要完成的实物工程量乘以单价,再加上一定比例的费用计算。它是反映建设工程企业生产规模、发展速度、经营成果的一项重要指标,是计算劳动生产率、产值利润率等指标的依据。

② 建筑业增加值:企业在计划期内以货币表现的建设生产经营活动的最终成果,计算方法有两种:一是生产法,即建筑业总产值减去中间投入;二是分配法(收入法),其具体构成项目有固定资产折旧、劳动者报酬、生产税净额、营业盈余等。

③ 增加值率:企业在计划期内新创造的价值占自行完成的施工产值的比例。计算公式为

$$\text{增加值率} = \frac{\text{计划期增加值}}{\text{计划期总产值}} \times 100\% \tag{9.1.2}$$

④ 竣工产值:也称竣工工程产值,是指企业在计划期内以货币表现的最终建设产品的总和,是反映企业的施工速度和经济效益的依据之一。

⑤ 销售率:反映企业的产销衔接和市场状况的指标,其计算公式为

$$\text{销售率} = \frac{\text{交工工程产值}}{\text{建筑业总产值}} \times 100\% \tag{9.1.3}$$

(3) 全员劳动生产率指标,反映计划期内企业劳动效率,是经济效益的指标之一。它是以建设产品的产量或产值和其相适应的劳动消耗量的比值来表示。其计算方法有两种:

① 用产值表示的全员劳动生产率(元/人)，即

$$全员劳动生产率 = \frac{计划期内自行完成施工产值}{计划期内全部职工平均人数} \times 100\% \qquad (9.1.4)$$

② 用竣工面积表示的全员劳动生产率(平方米/人)，即

$$全员劳动生产率 = \frac{计划期内竣工面积}{计划期内全部职工平均人数} \times 100\% \qquad (9.1.5)$$

(4) 工程质量指标，是反映企业在计划期内完成最终建设产品的质量情况，是综合反映建设工程企业经营管理和施工技术水平的一项重要指标，一般用工程质量优良品率表示，其计算公式为

$$工程质量优良品率 = \frac{计划竣工的单位工程优良品个数(或面积)}{计划竣工的全部单位工程个数(或面积)} \times 100\% \qquad (9.1.6)$$

(5) 利润指标，是反映企业在计划期内生产经营管理效果的重要的综合指标，是反映企业经济效益的指标之一。一般用以下几个指标表示：

$$利润总额 = 工程利润 + 产品销售利润 + 劳务作业利润 + 材料销售利润$$
$$+ 多种经济利润 + 其他业务利润 \qquad (9.1.7)$$

$$产值利润率 = \frac{计划期利润总额}{计划期自行完成施工总额} \times 100\% \qquad (9.1.8)$$

$$销售利润率 = \frac{计划期利润总额}{计划期建设产品销售收入} \times 100\% \qquad (9.1.9)$$

$$人均利润率 = \frac{计划期利润总额}{计划期全部职工平均人数} \times 100\% \qquad (9.1.10)$$

$$总资产报酬率 = \frac{计划期利润总额 + 利息支出}{计划期平均资产总数} \times 100\% \qquad (9.1.11)$$

总资产报酬率指标是反映企业全部资产的获利能力，是企业管理水平和经营业绩的集中表现，是评价和考核企业盈利能力的核心指标。

(6) 工程成本降低率指标，是反映建设工程企业生产经营活动质量、企业管理水平和施工技术水平的综合性指标，其计算公式为

$$工程成本降低率 = \frac{工程成本计划降低额}{工程预算成本} \times 100\% \qquad (9.1.12)$$

(7) 流动资产周转率指标，反映企业流动资产的周转速度和经营状况，是企业在生产经营过程中资产利用和发挥水平的表现。其计算公式为

$$流动资产周转率 = \frac{计划期建设产品销售收入}{计划期流动资产平均余额} \times 100\% \qquad (9.1.13)$$

(8) 安全生产指标，是反映企业在计划期内工伤事故的内部控制指标，一般用工伤事故频率表示，其计算公式为

$$工伤事故频率 = \frac{工伤事故人数}{全部职工总人数平均值} \times 100\% \qquad (9.1.14)$$

(9) 机械设备完好率、利用率，是反映企业机械设备管理水平的指标。除对某种机械设备进行计算外，还应按 20 种主要施工机械进行综合计算。

$$机械设备完好率 = \frac{计划期内机械设备完好台班数}{计划期内机械设备制度台班数} \times 100\% \qquad (9.1.15)$$

$$机械设备利用率 = \frac{计划期内机械设备工作台班数}{计划期内机械设备制度台班数} \times 100\% \qquad (9.1.16)$$

(10)材料节约率指标,是反映施工技术水平和材料管理水平的指标,通常计算主要材料(钢材、水泥、木材)的节约率。其计算公式为

$$某种材料计划节约率 = \frac{某种材料计划节约量}{某种材料的预算用量} \times 100\% \qquad (9.1.17)$$

9.2 计划的编制

建设工程企业的计划体系应以经济效益为中心,坚持长期发展的战略目标和满足商品市场的需求,建立以经营合同计划为核心的生产经营计划体系。

在战略上,要求把经营合同计划放在首要地位,不断提高市场决策和经营业务能力。在战术上,应当加强工程施工组织计划管理,把施工组织计划作为计划体系和系统管理的重要内容和措施,建立新型的"生产经营计划"体系,实行系统管理。

9.2.1 企业目标的制定

1. 目标制定的原则

(1)整体性。制定目标时,要符合国民经济发展的整体利益,以适应市场的需求为前提,使企业各部门、各环节和每个职工的目标与企业的总目标有机地结合起来,协调一致,保证完整性。

(2)激励性。企业所有目标的制定都应略高于现有水平和能力,这样才能保证目标的激励和鼓动作用。

(3)可行性。目标既要有激励性,有一定的高度,也要注重可行性,防止高不可攀,这样才能增强职工达到目的的自信心。

(4)应变性。目标既要有稳定性,便于职工掌握和达到,又要有一定的灵活性,以适应企业经营环境的变化。

(5)针对性。制定目标时,要注意把生产经营活动中的最关键问题和工作中的重点突出出来,加强目标的针对性。

2. 目标制定的步骤

(1)收集信息,调查研究,制定企业总目标。收集信息和调查研究是确保目标制定既先进又可靠的基础。调查工作和收集工作可以从三个层次展开,首先要掌握国家指令性、指导性计划和企业长远发展,保证目标的整体利益符合性;其次要搞好市场调查,市场预测和经营环境的分析,保证目标可靠性和适应性;最后要运用上期情况、目前发展状况和近期计划的信息,保证目标的可行性和激励性。经过这样的详细调查研究之后,企业领导层可以反复酝酿,提出企业的总方针目标。要注意的是,在制定企业总目标时,一定要注意处理好局部和整体的关系,当前利益和长远利益的衔接问题,以及上下左右的综合平

衡。目标各因素的关系，如图9.2.1所示。

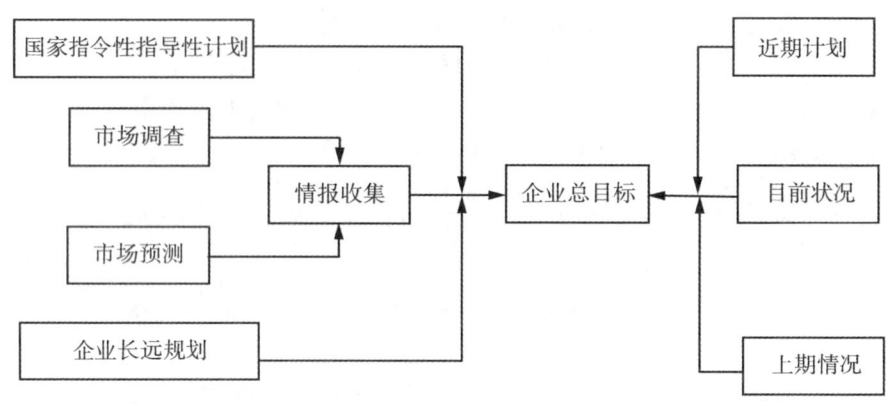

图 9.2.1　目标分解因素图

（2）确定目标的结构和内容。目标的结构一般有：企业总目标、各部门各环节的分目标、班组个人的子目标及保证实施的措施等构成，使企业自上到下、自下到上形成一个较完整的目标体系网络。

目标的内容大体上有整体的社会目标和局部性的企业经营目标两部分。前者考虑国家计划、企业长远规划、中短期计划的要求，后者着重考虑企业经营的主客观条件、市场情报信息等要求。

目标体系的制定顺序自上而下，按目标管理体系进行，将目标展开分解落实。

（3）目标的商定和展开。企业方针目标确定后，可按顺序绘成进度图表，从最高层领导、各部门、各环节和每个职工，规定具体指标要求和达标期限，通过这样的层层落实，使各部门职工都明确在实行企业目标中自己应干什么、怎么干、干到什么程度。同时，目标展开后，下一级为了保证上一级目标的实现，要找出本部门的问题，采取措施加以解决，尤其要为解决关键问题确定本部门的活动目标，从而层层保证目标实现。

企业方针目标展开后，要编制方针目标展开图，公布于众，以便于共同监督执行。

9.2.2　中长期经营计划

中长期经营计划一般是指五年发展计划和十年及其以上的远景计划。它是在国民经济发展计划的指导下，以满足社会不断增长的物质和文化需要为目的，规定企业在计划期内的发展方向、发展规模与主要技术经济指标所要达到的水平。

1. 中长期经营计划的编制原则

（1）认真贯彻国家发展国民经济的方针政策，符合国家长远发展规划对企业提出的要求；

（2）要贯彻建筑业长远发展规划，并适应本地区长远发展规划的要求；

（3）充分发挥企业生产经营特点，使企业具有竞争能力；

（4）在优先考虑国家利益的前提下，做到兼顾国家、集体、个人三者利益；

(5)坚持企业的发展速度和提高经济效益相统一的原则。

2. 中长期经营计划的内容

(1)生产发展规模。企业的生产发展规模，要根据专业化和协作的原则，以国民经济发展规划为依据，同时考虑建设产品市场的需求，来确定企业的生产、技术和经营发展的规模。这是企业发展目标的具体化，它包括建筑构配件生产发展规模、机械设备生产能力和职工人数的增长，企业生产能力的提高，企业总产值和施工产值的增长等。

(2)生产基地建设规划。要根据生产发展规划和今后各个地区承担工程任务等来确定生产基地建设规划。包括钢筋混凝土构件、门窗加工厂、混凝土搅拌站和机修厂等的新建、扩建和改建项目的规模、开竣工日期、新增生产能力、投资总额、资金来源等。

(3)生产技术发展规划。主要根据建设生产技术发展方向来确定生产技术发展规划。包括科学研究试验项目的安排，机械化施工水平的提高，新技术、新材料、新结构及新施工工艺的开发、推广和采用等。

(4)主要技术经济指标规划。要根据生产发展规模和生产技术发展规划等确定主要技术经济指标规划。主要包括总产值及其增长率、施工产值及其增长率、竣工工程产值、主要工程项目、竣工面积、工程优良品率、技术装备率、主要机械设备单班能力年产量、劳动生产率及其增长率、工程成本降低率、利润及其增长率、产值资金率、资金利润率和产值利润率等。

(5)提高职工福利规划。主要内容是办好职工食堂，兴建职工住宅，有计划地改善职工居住条件，办好职工福利事业，如托儿所、幼儿园、俱乐部等。对于规划新建、改建的职工福利设施项目，要列出项目地规模、投资总额、资金来源等。

(6)人才开发规划。人才开发包括引进人才、培养人才、发现人才和正确使用人才，并具备各种文化技术学校，有计划地对职工进行培训教育，使每个职工成为具有社会主义觉悟、现代科学文化知识、专业技能和经营管理能力的专门人才。人才开发规划除了包括职工培训、招收规划外，还应包括对职工业务能力的考核、提拔晋升及调整工资的规划。

3. 中长期经营计划的编制程序

(1)通过调查和预测，进行企业环境分析。构成企业环境的因素很多，可由主体环境因素、一般环境因素和地域环境因素构成。企业的主体环境因素是指与企业的经营成果有利害关系的个人和集团，如股东、顾客、金融机构、交易关系单位、竞争企业、外部机关团体等；企业的一般环境因素由社会的政治因素、经济因素、文化因素和科学技术因素等社会因素构成；而地域环境因素是就上述环境因素产生的地理位置而言的，包括国内环境因素和国际环境因素。

对一个具体企业而言，从时间、费用和必要性看，它不但不可能，而且也没有必要对所有环境因素进行分析。因此，首先要确定特定企业的特定环境内容，然后集中人力和费用，对影响较大的因素进行调查和分析。

(2)企业能力分析和业绩分析。企业在进行环境分析的基础上，应认真做好能力分析，预知企业现有能力与将来环境的适应程度，明确企业的优势和劣势，从而使企业的中长期经营计划规划建立在切实可靠的基础上。企业能力分析时，首先要明确企业能力的结构，即明确反映企业能力的因素有哪些；其次，在分类基础上，切实掌握企业现有能力的实际情况,这关系到企业中长期发展规划提出的合理性,是企业能力分析的关键;最后,通过对企业能力进行评价,发现企业现有能力存在的问题,明确企业的优势和劣势。

(3)经营目标的设定。经营目标是企业管理观念、经营方针和最终生产目的的具体贯彻和体现。企业经营目标的设定,原则上应以适应环境变化的需要和企业能力为依据,一般包括收益性、成长性和安全性三项目标。收益性目标包括的目标项目有总资本利润率、销售利润率、销售周转率等;成长性目标包括的目标项目有销售额增长率、市场占有率、利润额增长率等;安全性目标包括的目标项目有自有资本比率、附加值增长率、盈亏平衡点等。

(4)企业经营战略的形成和确定。企业根据面临或预感到可能面临的问题,从对环境的调查分析入手,并依据企业能力和中长期目标,提出解决问题或适应未来环境变化的多个战略设想,再经过整理、归纳、分析和评价,最后形成和确定企业的最优发展战略。

(5)编制企业中长期经营计划。选定了最优发展战略后,就可以开始编制企业中长期经营计划。编制中长期经营计划是企业领导的中心任务,一般由企业最高决策层先提出目标方案,然后责成计划部门将目标方案下发到有关部门,由各部门分别编制生产计划和专项计划。

4. 中长期经营计划的编制方法

由于中长期经营计划的计划期长,企业的内外条件不断变化,很多因素难以准确预测,因此要求计划具备一定的弹性,以适应变化的需要。在现代企业管理中,多采用滚动计划方式编制中长期经营计划。

滚动计划法是一种动态计划方法,根据计划的执行情况和环境变化情况定期修订未来的计划,并逐期向前推移,形成一个连续的形成计划的过程。其具体做法是用"近细远粗"的办法制订计划,即对当前的近期的计划要较详细,对远期的计划可以适当粗略些。如编制五年计划,第一年计划制订得详细具体,以后几年比较笼统,随着第一年计划的实际执行,就可以与计划进行对比分析,作为第二年及以后各年计划的调整依据,并使第二年的计划变得具体可行。如此随时间推移,一年一调整。如图9.2.2所示。

9.2.3 年度经营计划

建设工程企业年度经营计划是企业职工在计划年度内生产经营活动的纲领,以中长期经营计划为指导,并结合年度企业外部环境和内部条件而制定。

1. 年度经营计划的编制原则

(1)以按期完成最终建设产品为目标;
(2)坚持建设程序和施工程序;
(3)要以施工组织设计为基础;
(4)做好综合平衡;
(5)注重施工的连续性、紧凑性、均衡性和灵活性。

2. 年度经营计划的内容

建设工程企业年度经营计划,通常包括两个部分:一是综合性计划,即计划指标汇总表;二是专业性计划,其内容视企业的具体情况而有所不同,一般包括以下几个计划:

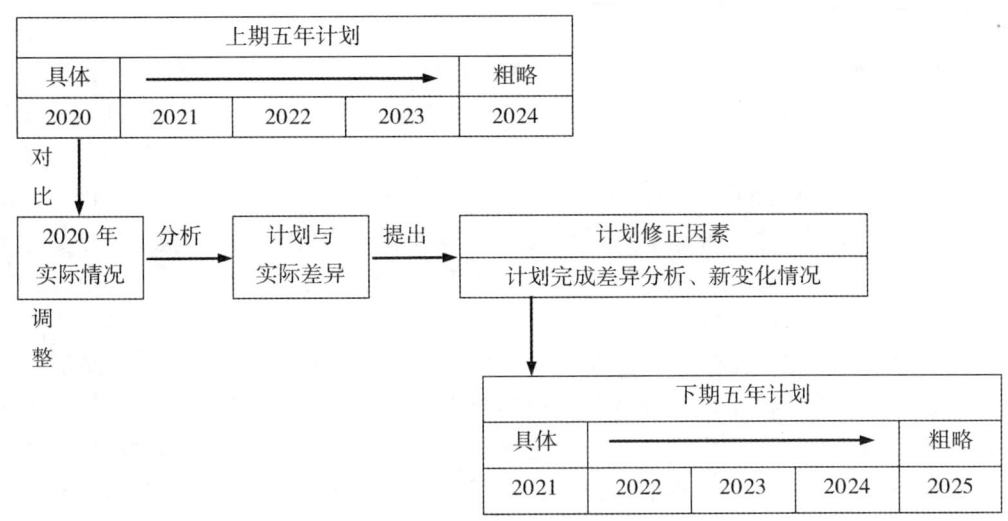

图 9.2.2 滚动计划框图

(1) 机械施工计划。它是用以确定计划年度承担工程中各主要工种工程用机械化施工方法完成的工程数量和所需的机械数量，并根据企业所有机械数量和可能租赁机械做出平衡计划。它对及时保证施工所需机械和提高机械的利用率有着很大的作用。

(2) 附属企业生产计划。它是用以确定计划年度在企业所属生产企业所应完成的附属生产产值、产量和生产能力利用情况的计划，便于充分利用附属企业的生产能力，它对保证工程的顺利进行，提高工厂化、机械化施工程度有很大的作用。

(3) 材料供应计划。它是用以确定完成工程和产品生产任务等所需材料的品种、数量、时间以及材料储备数量的计划。它对保证材料的及时供应和节约使用，保证施工生产的均衡进行有很大的意义。

(4) 劳动、工资计划。它是用以确定完成工程和产品生产任务等所需各类职工人数及其补充来源、职工培训人数、确定劳动生产率、职工工资总额和平均工资等指标的计划。它对贯彻劳动工资政策、组织劳动力的平衡以及正确处理劳动生产率和工资水平之间的关系有重要作用。

(5) 成本计划。它是用以确定工程、产品成本和成本降低率的计划。它能综合反映企业施工生产经营活动的经济效益，对企业节约材料消耗、提高劳动生产率和节约费用开支等方面起着促进作用。

(6) 财务计划。它是用以确定计划年度资金需要量及其来源、企业施工生产经营活动财务成果及其分配，以及企业与国家预算，银行关系等方面的计划，也是为了完成其他计划而进行的财务活动方面的计划。它对保证企业资金需要、合理利用资金和增加企业积累有着重要的作用。

(7) 技术组织措施计划。它是用以确定企业在计划年度为完成施工生产任务所要采用的有关改进施工生产组织、劳动组织、施工方法和机械设备等方面的计划；借以改进企业现有的各种定额水平，克服生产中的薄弱环节。它是编制实现其他各项计划的基础和保证。

(8)职工福利计划。它是用以确定企业在计划年度为建设改善职工住宅、俱乐部、食堂、幼儿园和浴室等方面的项目及其计划，它对提高职工生活福利水平，调动生产积极性具有重大意义。

建设工程企业年度经营计划中的各专业计划，一方面各有其特点的任务和内容；另一方面它们之间又互相联系、互相制约，构成一个有机整体。其中，机械施工计划是最基本的计划，它是制订其他计划的主要依据，也是实现计划年度任务的前提条件。

3. 年度经营计划的编制程序

(1)调查研究、收集资料。编制的计划是否切合实际，很大程度上取决于掌握的信息资料是否完整、及时、准确。企业收集的资料分为外部资料和内部资料。外部资料主要包括国家政策、法令、基本建设计划、市场情况、工程合同落实情况、资源供应情况和动态等；内部资料包括企业组织机构的情况、企业管理状况、各种施工与生产技术资料、综合生产能力等。

(2)统筹安排、初步提出生产计划草案。首先，提出企业全年的企业经营目标，并提出编制计划的指导思想和原则性要求；其次，将经营目标发给各科室、工程处(或施工队)进行充分协商讨论，提出实现目标的方案和措施；最后，对多个方案进行技术经济分析，选择最优方案。

(3)综合平衡、确定生产计划。对选择的最优生产计划草案进行综合平衡分析，最终确定生产计划。

4. 年度经营计划的编制方法

编制年度经营计划的基本方法是综合平衡法。所谓综合平衡法，就是使企业生产经营各环节、各要素之间保持正常比例的一种计划方法，其基本出发点是使企业在计划期内所确定的计划任务，建立在市场需求与企业自身综合生产能力平衡的基础上。利用综合平衡法编制年度经营计划，通常要进行以下平衡：

(1)生产任务与需求能力之间的平衡；

(2)生产任务与物资供应能力之间的平衡；

(3)生产任务与生产能力之间的平衡；

(4)生产任务与生产技术准备之间的平衡；

(5)生产任务与资金占用之间的平衡。

除了年度经营计划外，建设工程企业还要编制季度经营计划，用以保证年度经营计划的顺利执行。季度经营计划是年度经营计划的具体化，但不是年度经营计划指标的简单平分，要根据当时企业内外变化的具体情况进行切合实际的调整和安排。季度经营计划的内容基本上和年度经营计划相同，但由于指导编制月度作业计划，所以它的内容比年度经营计划更具体、更详细。

9.2.4 施工生产计划

施工生产计划是表达施工任务的基本文件。在施工生产计划中，规定了竣工项目、竣工面积、工程形象进度、实物工程量、施工产值、竣工工程产值和工程质量等重要指标。这些指标的完成，是国民经济计划中建筑安装计划和固定资产投资计划完成的保证。所以，完成施工生产计划，是建设工程企业完成国家任务的首要条件。同时，施工生产计划又是建设工程企业整个计划的主导和核心部分，是编制其他计划的主要依据。

1. 施工生产计划编制的原则

(1)必须以按期完成最终建设产品达到竣工投产为目标；
(2)搞好工程排队，确保重点工程施工；
(3)坚持按建设程序和施工程序办事；
(4)要以施工组织设计为基础；
(5)认真搞好综合平衡；
(6)讲求经济效益。

2. 施工项目生产计划的主要内容

(1)工程概况，包括：工程特点、建设地点及环境特点，施工条件，施工项目管理的特点及总体要求。

(2)施工部署，包括：施工项目的质量、进度、成本及安全目标，拟投入的最高人数和平均人数，分包计划、劳动力计划、材料供应计划、机械设备供应计划，施工程序，施工项目管理总体安排。

(3)施工方案，包括：施工流向和施工顺序，施工阶段划分，施工方法和施工机械选择，安全施工设计，环境保护内容和方法。

(4)施工进度计划，包括：施工总进度计划，单位工程施工进度计划。

(5)资源需求计划，包括：劳动力需求计划，主要材料和周转材料需求计划，机械设备需求计划，预制品订货和需求计划，大型工具、器具需求计划。

(6)施工准备工作计划，包括：施工准备工作组织及时间安排，技术准备及编制质量计划，施工现场准备，作业队伍和管理人员的准备，物质准备，资金准备。

(7)施工平面图，包括：施工平面图说明，施工平面图，施工平面图管理计划，施工平面图应按现行制图标准和制度要求进行绘制。

(8)施工技术组织措施，包括：保证进度目标的措施，保证质量目标的措施，保证安全目标的措施，保证成本目标的措施，保证季节施工的措施，保护环境的措施，文明施工的措施。各项措施应包括技术措施、组织措施、经济措施及合同措施。

(9)施工项目风险管理计划，包括：风险因素识别一览表，风险可能出现的概率及损失值估计，风险管理的重点，风险防范对策，风险管理责任。

(10)施工项目信息管理计划，包括：与施工项目组织相适应的信息流通系统，信息中心的建立计划，施工项目管理软件的选择与使用计划，信息管理实施计划。

(11)技术经济指标的计算与分析，包括：计划的指标，计划指标水平高低的分析和评价，实施难点的对策。

3. 施工项目生产计划的编制程序

对施工合同和施工条件进行分析，对施工项目管理目标责任书进行分析，编写目录和框架，分工编写，汇总协调，统一审查，修改定稿。

9.3 计划的实施和控制

编制计划仅仅是计划管理工作的开始,更重要的工作是组织计划和对计划的有效控制,保证计划的实施。

9.3.1 目标的实施和控制

建设工程企业在目标管理的实施和控制中必须重视目标管理的特点,整合企业的资源,建立符合企业需要的目标管理模式。

1. 制定企业的总目标

目标制定前,要对企业现状和所处的市场及政策环境进行全面的调查、研究,并在此基础上考虑企业未来的发展。一般来说,建设工程企业的总目标可以分为管理目标和经济目标两大类。管理目标主要针对工程项目管理制定,可以进一步细化为施工预算编审率、管理目标责任书签订率、管理风险抵押金收缴率、在建工程财务状况分析率、合同履约率、安全生产及文明施工等指标;经济目标则包括资产保值增值率和利润率等指标。

2. 目标分解

总目标在企业的纵向行政管理层和横向职能部门之间进行层层分解,便形成了企业的目标管理体系。如何进行目标分解是一个难点。首先,在纵向上可根据企业的总目标,结合各项目的具体情况制定出项目目标,再把项目目标分解形成项目员工的分目标;其次,在横向上以项目目标管理为主线,落实各职能部门的目标责任,确定它们在项目部经营活动中的义务和权力,让职能部门成为项目职能管理的支持者和监督者;最后,通过目标的纵向和横向分解,形成企业完整的目标体系。

3. 签订项目目标管理责任书

在目标体系的制定中,企业最高管理者应与项目经理——项目目标的第一责任人签订项目目标管理责任书。在项目目标管理责任书中应对成本、工期和质量三大目标进行量化处理形成指标体系,明确规定公司与项目经理的权利与义务。各部门各层次的目标应该始终以企业总目标为依据,上至总经理,下至施工一线人员,都必须有明确的目标。

4. 自我控制

目标管理是一种参与性、民主性、自我控制性比较强的管理制度,它把个人的需求和组织目标结合起来,用自我控制的管理来代替由别人统治的管理。这一管理方法可以概括为五句话:总账不漏项,事事有人管,人人都管事,管事凭效果,管人凭考核。

5. 流程管理

目标管理主张授权,主张例外管理和自我控制,主张在设定目标之后,由员工自行负责计划、执行、控制和考核。流程管理能够在目标管理的过程中进行系统回馈、修正以及风险评估,及时对出现的问题进行反映和纠正,尽量减少人为因素造成的过程偏差。基于建筑业工序清晰、重复性强、流水作业的生产特点,流程管理对于建设工程企业尤为实用有效。

6. 绩效考核

目标管理以目标的制定为起点，以目标完成情况的评估为终点。工作结果是评估目标完成情况的依据，是确定工作绩效的唯一根据。建设工程企业目标管理绩效考核分为三个序列：项目经理部执行"包死基数、确保上交、盈利分成、歉收自补、责任追溯"的考核原则；专业分公司执行"目标管理、动态考核、强化协作、降低成本、提高效益"的考核原则；职能部门执行"目标管理、动态考核、强化服务、降低成本、工作创新"的考核原则。在这些原则之下，通过层层考核，责任落实到各级部门和个人。总经理依据项目目标管理责任书对项目经理进行考核，项目经理依据分目标对项目员工进行考核。有了明确的指标作为绩效考核标准，对员工工作成果的评价客观、合理，能充分调动员工的积极性，使每个员工都为实现自己的目标而努力工作，保证企业总目标的实现。

9.3.2 计划的实施

建设工程企业计划的实施必须遵循以下基本要求：

(1) 做好计划的全面交底工作。下达计划之前，由计划的编制单位向执行部门进行全面交底，计划交底后，编制单位以计划文件的形式下达给执行单位。

(2) 按照企业计划体系的特征全面贯彻执行。在贯彻执行企业计划体系中，应做到统筹安排。在统一的企业目标下，企业经营、生产技术、工程质量管理、物资供应的职能部门，应各尽其责，通力协作，使工程进度、质量、资源供应与消耗、成本和安全等多目标得到统一，保证计划的全面贯彻执行。

(3) 层层落实计划任务和经济责任制。计划的贯彻执行应按照企业组织结构的关系和职能部门、生产单位的职责范围，把计划任务落实到执行者。同时，落实多种形式的经济责任制，签署经济责任合同，用经济手段保障计划的贯彻执行。

(4) 狠抓基层生产单位和施工现场的计划贯彻执行。企业基层生产单位和施工现场是计划管理的关键点，也是投入产出、保障经济效益和产品质量的焦点。因此，必须狠抓基层生产单位和施工现场的计划贯彻执行。

9.3.3 计划的控制

在计划实施过程中，必定会出现技术经济指标的偏差和管理工作上的失误。只有通过对计划实施活动的控制，才能消除或减少偏差，调整生产经营管理的不良状况。

1. 计划控制的类型

计划控制一般分为三种类型：反馈控制、过程控制和预先控制，如图9.3.1所示。

反馈控制是针对生产经营活动的结果进行控制，即利用反馈原理，对计划执行情况进行检查、分析和核算，并与计划指标对比，及时发现和解决问题，保证计划按预定目标顺利完成。其关键在于保证信息通畅，做到上下情况及时沟通。过程控制是针对企业的生产经营活动本身进行控制。而预先控制则是针对企业的生产经营活动的前提条件进行控制，如对施工班组实行限额领料。

从控制效果来看，预先控制最佳，它是将问题消灭在设计和施工计划之中。过程控制次之。反馈控制是问题出现之后的控制，或多或少已经给企业带来了损失。

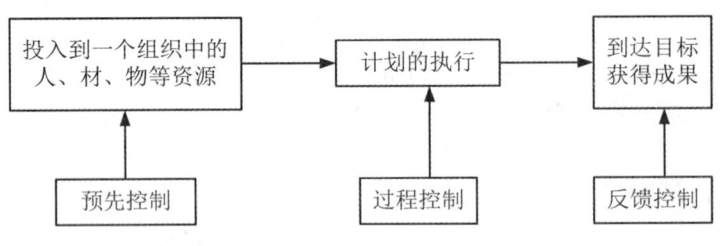

图 9.3.1 控制类型图

控制应具有系统性。计划实施的控制是对计划系统的综合控制，不只是某个环节、某个方面的控制，而是对企业各级的经营、生产、工程施工和返修服务等全过程的综合控制。工程进度、质量、消耗、安全、成本、材料、库存、资金运用等形成系统控制网络。各种控制应从实际出发，具有现实性、适应性、灵活性和经济性。

2. 计划控制的方法

计划控制的工具主要有计划文件、工程进度图表、工程控制图表及有关计划执行情况的信息。根据计划控制的内容不同，可采用日常检查、定期检查和专题检查三种形式。日常检查是经常性的检查。它主要是对施工进度的检查，通过日报表、旬报表、调度会、管理人员深入现场等形式和手段，获取计划实施情况的信息，并以工程形象进度表形式公布，促进工程施工进度；定期检查是按周、旬、月进行的检查。它检查的内容比较全面，并应进行较细致的分析，找出问题，提出解决问题的办法；专题检查是有针对性的检查。它是根据管理的实际需要对特殊或薄弱环节以及某些重大的问题进行的检查，通常以现场会的形式进行检查。

3. 计划控制的步骤

计划控制过程一般包括三个步骤：确定控制标准(计划指标、合同、规范、制度等)；根据这些标准衡量执行情况；分析、纠正实际执行情况中偏离标准与计划的误差。如图 9.3.2 所示。

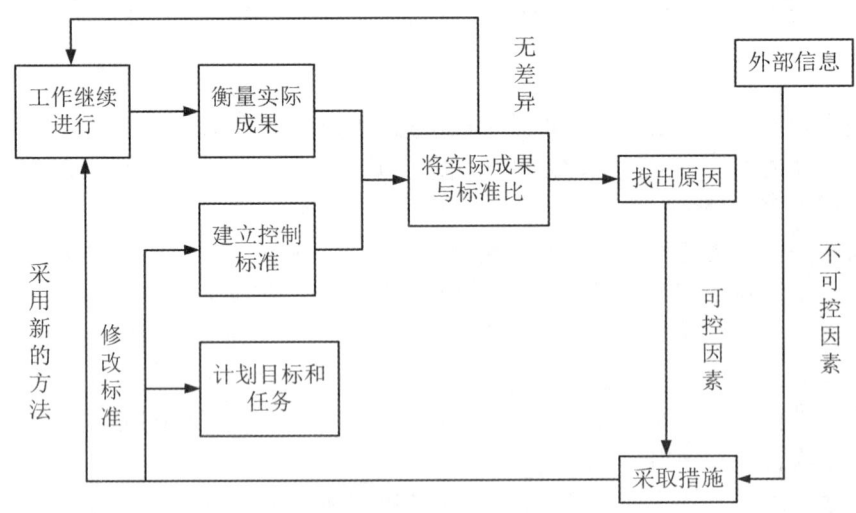

图 9.3.2 控制过程图

9.4 案例分析[①]

9.4.1 工程概况

三峡工程是一个具有防洪、发电、航运等综合效益的巨型水利枢纽工程。枢纽主要由大坝、水电站厂房、通航建筑物三部分组成。其中大坝最大坝高181m；电站厂房共装机26台，总装机容量18200mW；通航建筑物由双线连续五级船闸、垂直升船机、临时船闸，以及上、下游引航道组成。三峡工程规模宏伟，工程量巨大，其主体工程土石方开挖约1亿立方米，土石方填筑4000多万立方米，混凝土浇筑2800多万立方米，钢筋46万吨，金属结构安装约26万吨。根据审定的三峡工程初步设计报告，三峡工程建设总工期定为17年，工程分三个阶段实施。其中：

第1阶段工程工期为5年(1993—1997年)。

主要控制目标：1997年5月导流明渠进水；1997年10月导流明渠通航；1997年11月实现大江截流；1997年年底基本建成临时船闸。

第2阶段工程工期6年(1998—2003年)。

主要控制目标：1998年5月临时船闸通航；1998年6月二期围堰闭气开始抽水；1998年9月形成二期基坑；1999年2月左岸电站厂房及大坝基础开挖结束，并全面开始混凝土浇筑；1999年9月永久船闸完成闸室段开挖，并全面进入混凝土浇筑阶段；2002年5月二期上游基坑进水；2002年6月永久船闸完建开始调试；2002年9月二期下游基坑进水；2002年11—12月三期截流；2003年6月大坝下闸水库开始蓄水(6月1日开始到6月15日蓄水到135m)，永久船闸通航；2003年第4季度第一批机组发电。

第3阶段工程工期6年(2004—2009年)。

主要控制目标：2009年年底前，全部机组发电和三峡枢纽工程完成建设。

9.4.2 进度计划管理

1. 管理特点

对三峡工程特点、进度计划编制主体及进度计划涉及内容的范围和时段等具体情况，确定三峡工程进度划分三个大层次进行管理：业主层、监理层和施工承包商层。通常，业主在工程进度控制上要比监理更宏观一些，但鉴于三峡工程的特性，三峡工程业主对进度的控制要相对深入和细致。这是因为三峡工程规模大、工期长，参与工程建设的监理和施工承包商多，任何一家监理和施工承包商所参与的工程项目和施工内容都仅仅是三峡工程一个阶段中的一个方面或一个部分。施工承包商在编制分标段进度计划时，受其自身利益及职责范围的限制，除原则上按合同规定实施并保证实现合同确定的阶段目标和工程项目完工时间外，在具体作业安排上、公共资源使用上是不会考虑对其他施工承包商的影响。也就是说，各施工承包商的工程进度计划在监理协调之后，尚不能完全、彻底地解决工程

[①] 案例来源：刘颖建筑企业管理教材与案例[M]. 北京：清华大学出版社，2015.

进度计划在空间上、时间上和资源使用上的交叉和冲突矛盾。为满足三峡工程总体进度计划要求，各监理单位控制的工程进度计划还需要协调一次，这个工作自然要由业主来完成，这也就是三峡工程进度计划为什么要分三大层次进行管理的客观原因和进度计划管理的特点。

2. 管理措施

(1)统一进度计划的编制办法。业主根据合同要求制定统一的工程进度计划编制办法，对工程进度计划编制的原则、内容、编写格式、表达方式、进度计划提交、更新的时间及工程进度计划编制使用的软件等做出统一规定，通过监理转发给各施工承包商，照此执行。

(2)确定工程进度计划的编制原则。具体如下：

① 分标段工程进度计划编制必须以工程承包合同、监理发布的有关工程进度计划指令以及国家有关政策、法令和规程规范为依据；

② 分标段工程进度计划的编制必须建立在合理的施工组织设计的基础上，并做到组织、措施及资源落实；

③ 分标段工程进度计划应在确保工程施工质量、合理使用资源的前提下，保证工程项目在合同规定工期内完成；

④ 各个工程项目施工程序要统筹兼顾、衔接合理和干扰少，施工要保持连续、均衡；

⑤ 采用的有关指标既要先进，又要留有余地；

⑥ 分项工程进度计划和分标段进度计划的编制必须服从三峡工程实施阶段的总进度计划要求。

(3)统一进度计划的内容要求。三峡工程进度计划内容主要有两部分，即上一工程进度计划完成情况报告和下一步工程进度计划说明，具体如下：

对上一工程进度计划执行情况进行总结，主要内容包括：主体工程完成情况；施工手段形成；施工道路、施工栈桥完成情况；混凝土生产系统建设或运行情况；施工工厂的建设或生产情况；工程质量、工程安全和投资计划等完成情况；边界条件满足情况。

对下一步进度计划需要说明的主要内容包括：为完成工程项目所采取的施工方案和施工措施；按要求完成工程项目的进度和工程量；主要物资材料计划耗用量；施工现场各类人员和下一时段劳动力安排计划；物资、设备的订货、交货和使用安排；工程价款结算情况以及下一时段预计完成的工程投资额；其他需要说明的事项；进度计划网络。

(4)统一进度计划提交、更新的时间。三峡工程进度计划提交时间规定如下：三峡工程分标段按总进度计划要求施工承包商，在接到中标通知书的35天内提交，年度进度计划在前一年的12月5日前提交。

三峡工程进度计划更新仅对三峡工程实施阶段的总进度计划和三峡工程分项工程及三峡工程分标段工程总进度计划和年度进度计划进行，并有具体的时间要求。

(5)统一软件、统一格式。为便于进度计划网络编制主体间的传递、汇总、协调及修改，首先对工程进度计划网络编制使用的软件进行了统一，即三峡工程进度计划网络编制统一使用Primavera Project Planner for Windows(以下简称P3)软件。

同时，业主对P3软件中的工作结构分解、作业分类码、作业代码及资源代码做出了统一规定。通过工作结构分解的统一规定，对不同进度计划编制内容的粗细做出具体要求，即三峡工程总进度计划中的作业项目划分到分部分项目工程。三峡工程分标段进度计划中的作业项目划分到单元工程，甚至到工序。通过作业分类码、作业代码及资源代码的统一规定，实现进度计划的汇总、协调和平衡。

9.4.3 进度控制

1. 贯彻、执行总进度计划

业主对三峡工程进度的控制，首先是通过招标文件中的开工、完工时间及阶段目标来实现的；监理则是在上述基础上对工期、阶段目标进一步分解和细化后，编制出三峡工程分标段和分项工程进度计划，以此作为对施工承包商上报的三峡工程分标段工程进度计划的审批依据，确保工程施工按进度计划执行；施工承包商三峡工程分标段工程总进度计划，是在确定了施工方案和施工组织设计后，对招标文件要求的工期、阶段目标进一步分解和细化编制而成。它提交给监理，用来响应和保证业主的进度要求。施工承包商的三峡工程分标段工程年度、季度、月度和周进度计划则是告诉监理和业主如何具体组织和安排生产，并实现进度计划目标的。这样一个程序可以保证三峡工程总进度计划以一开始就可以得到正确的贯彻。

上述过程仅仅是进度控制的开始，还不是进度控制的全部，作为完整的进度控制，还需要将进度实际执行情况反馈，然后对原有进度计划进行调整，做出下一步计划，这样周而复始，才可能对进度起到及时、有效的控制。

2. 控制手段

(1) 建立严格的进度计划会商和审批制度。

(2) 对进度计划执行进行考核，并实行奖惩。

(3) 定期更新进度计划，及时调整偏差。

(4) 通过进度计划滚动(三峡工程分标段工程年度、季度、月度及周的进度计划编制)编制过程的远粗近细，实现对工程进度计划的动态控制。

(5) 对三峡工程总进度计划中的关键项目进行重点跟踪控制，达到确保工程建设工期的目的。

习　题

1. 建设工程企业计划管理的意义和特点是什么？
2. 简述目标管理的概念及其意义。
3. 建设工程企业主要计划指标有哪些？
4. 简述建设工程企业目标制定的步骤。
5. 建设工程企业中长期经营计划的内容有哪些？
6. 简述建设工程企业施工生产计划编制的原则。
7. 如何实施和控制建设工程企业的目标？
8. 简述建设工程企业计划控制的类型及其各自的含义。

第 10 章　建设工程企业质量管理

10.1　概　　述

10.1.1　质量和质量管理

1. 质量的含义

质量的定义通常可以分为两类：第一层面的质量指生产的产品或提供的服务，其可测量的特点符合一组固定的规格，这些规格通常以数字来界定；第二层面的质量指有关产品和服务满足客户的使用预期或消费预期。质量的内涵认知是一个发展的过程，随着科学技术提高和市场需求的丰富，质量的概念也在逐渐地拓展、深化和完善，经历了符合性质量、适用性质量、顾客及相关方(与组织的业绩或成就有利益关系的个人或团体)满意质量的发展过程。

(1) 符合性质量。符合性质量的判断依据是"标准"，符合标准的产品就是合格品。产品的特性也由性能扩充为时间方面的质量，如可靠性、安全性等。符合性质量是一种静态的质量观，难以全面地反映顾客的要求，特别是隐含的需求和期望。

(2) 适用性质量。"适用性"是指产品在使用时能成功地满足顾客要求的程度，最早是由著名质量管理专家朱兰(J. M. Juran)提出的。适用性质量概念的判断依据是顾客的要求。顾客的要求包括生理的、心理的和伦理的等多个方面。因此，适用性的内涵也在不断地拓展和丰富。如日本质量管理专家狩野纪昭依据顾客的要求和感受，提出了"基本型""期望型"和"魅力型"的质量。

(3) 顾客及相关方满意质量。ISO 9000 标准(2015 版)中提出"组织的产品和服务质量取决于满足顾客的能力以及有关的相关方预期或非预期的影响，不仅包括其预期的功能和性能，而且还涉及顾客对其价值和利益的感知"。此概念实际上提出了好的质量不仅要符合技术标准的要求(符合性)，同时还必须满足顾客的要求(适用性)，并且还要满足社会(环境、卫生等)、员工等相关方的要求。质量评价的对象也从产品扩展到过程、体系等方面。所以，它是一个广义的质量观。

适用性的质量观与顾客及相关方的质量观，虽然都强调满足顾客的要求，但是两者的角度是不同的。前者是从组织(生产方)的视觉来判断质量的优劣，并且主要是针对产品本身。后者是从顾客及相关方的视觉来评价质量，其内涵包括对产品的多方面需求。

还应说明的是，质量概念中的"要求"，在合同环境或法规环境下是明确规定的，而在其他环境中隐含的要求则应加以识别并规定；"要求"通常可以转化成用指标表示的特性。因此,产品质量的好坏或高低是根据产品所具备的质量特性能否满足人们的需要及其满足的程度来衡量的。同时,质量的主体可以是产品,也可以是某项活动或过程的工作质量,还可以是质量管理过程运行的质量。

一般有形产品的质量特性主要有以下几方面:

(1)性能,是指产品满足使用目的所具备的技术特性。如对建筑产品而言,一般包括:

① 理化性能:外观尺寸、规格、隔音、热工、防腐、防水等;
② 结构性能:力学性能、可靠性、可施工性等;
③ 适用性能:布局合理性、舒适度、使用方便程度等;
④ 外观性能:造型、装饰效果等。

(2)寿命,是指产品在规定的使用条件下完成规定功能的工作总时间。一般分自然寿命、技术寿命、经济寿命三种。

(3)可靠性,是指产品在规定的时间内,在规定的条件下,完成规定功能的能力。包括:

① 固有可靠性:如结构的承载力等;
② 使用可靠性:如功能不失效等;
③ 环境可靠性:如抗腐蚀性等。

(4)安全性,是指产品在制造、储存和使用过程中保证人身与环境免遭危害的程度。如各种家用电器在故障状态下不自燃起火等。

(5)经济性,是指产品从设计、制造到整个产品使用寿命周期的成本大小,具体表现为用户购买产品的售价和使用期间付出的使用成本。

无形产品(或服务)的质量特性一般包括功能性、经济性、安全性、时间性、舒适性和文明性等,这类质量强调及时、圆满、准确与友好。显然,确定无形产品质量的高低要比确定有形产品质量的高低困难得多。这是因为,首先,在很多情况下,服务质量是一个比较模糊的、难以量化的概念,对于同一服务,不同的人对其会有不同的感知和评价;其次,对有形产品而言,用户一般只是对最终产品的好坏进行评价,而对于服务来说,顾客不但要对最终得到的服务内容进行评价,还要对服务的"生产"流程进行评价。例如,一名去购买商品房的顾客,他不但要对商品房本身的质量进行评价,而且对销售服务人员的服务态度、服务方式等也会比较敏感。

2. 与质量相关的术语

GB/T 19000—2000 标准还对与质量相关的一些术语给出了明确的定义。

(1)组织,指为实现目标,由职责、权限和相互关系构成自身职能的一个人或一组人,如公司、集团、商行、社团、研究机构或上述组织的部分或组合,无论是否为法人组织,公有的或私有的。

(2)过程,指一组将输入转化为输出的相互关联或相互作用的活动。过程由输入、实施活动和输出三个环节组成。过程可包括实现过程和产品支持过程。

(3)产品,指过程的结果。产品有四种通用的类别:服务(如商贸、运输),软件(如计算机程序、电子词典),硬件(如发动机机械零件、电视机),流程性材料(如润滑油)。

依产品的存在形式，又可将产品分为有形产品和无形产品。服务通常是无形的，并且是在供货方和顾客接触时至少需要完成一项活动的结果；软件由信息组成，通常是无形产品但可以以方法、论文或程序的形式存在；硬件通常是有形产品，其具有计数的特性（可以分离，可以定量计数）；流程性材料通常是有形产品，其具有连续的特性（一般是连续生产，状态可以是液体、气体、粒子线状、块状或板状等）。

（4）顾客，指接受产品的组织或个人，如消费者、委托人、最终使用者、零售商、受益者和采购方。顾客可以是组织内部的，也可以是组织外部的。

（5）顾客满意，指顾客对其期望已被满足程度的感受。

（6）相关方，指与组织的业绩或成就有利益关系的个人或团体。

（7）体系，指相互关联或相互作用的一组要素。

（8）质量特征，指产品、过程或体系与要求有关的固有特性。

3. 质量管理的概念

ISO 9000 标准（2015 版）中提出质量管理体系包括组织识别其目标以及确定实现预期结果所需过程和资源的活动；质量管理体系为有关的相关方提供价值并实现结果所需的相互作用的过程和资源；能够使最高管理者通过考虑其决策的长期和短期后果而充分利用资源；质量管理体系给出了识别在提供产品和服务方面处理预期和非预期后果所采取措施的方法。质量管理在质量方面指挥和控制活动通常包括制定质量方针与质量目标、质量策划、质量控制、质量保证和质量改进。下面对这一定义做如下解释：

（1）质量管理是企业管理的纲，由于质量的广义性和综合性，组织（职责、权限和相互关系得到安排的一组人员及设施，如建设工程企业）中的任何一个过程和每一项工作都有其过程的质量和工作的质量，并渗透到组织的各职能部门之中。

（2）质量方针与质量目标、质量策划、质量控制、质量保证和质量改进是质量管理的组成部分。质量方针是指由组织的最高管理者正式发布的该组织总的质量宗旨和方向；质量目标是指在质量方面所追求的目的；质量策划是指致力于制定质量目标并规定必要的运行过程和相关资源，以实现质量目标；质量控制是指致力于满足质量要求；质量保证是指致力于提供质量要求会得到满足的信任；质量改进是指致力于增强满足质量要求的能力。

（3）质量管理应由最高管理者领导并承担责任，各级管理者也应承担相应的质量管理责任。

（4）质量管理是涉及一个组织的全体成员的活动，每一个员工都分别承担着产品或工作的质量责任，他们的工作都直接或间接地影响着产品的质量和组织的发展。因此，要求组织内所有成员都要参与质量管理活动。

现代质量管理虽然重视产品、过程和服务质量，但更强调体系或系统的质量、人的质量，并以人的质量、体系的质量去确保产品和服务质量。

10.1.2 质量管理发展的四个阶段

回顾质量管理的发展历史，可以清楚地看到人们在解决质量问题中所运用的方法、手段是在不断发展和完善的，这一过程也同社会科学技术的进步和生产力水平的不断提高密切相关。目前，世界范围内的质量管理一共经历了四个阶段。

1. 质量检验阶段

质量检验阶段处于 20 世纪 20 年代至 40 年代初，这个阶段的质量管理主要是依靠检验部门和检查人员，应用技术检验方法，将大量产成品中的废品剔除，事后检查把关，仅对结果进行管理。该类检验属于"事后检验"，而不合格品已在前面的生产过程中产生，因此即使对全部产品实施检验，也不能确保质量，不能预防和控制生产过程中不合格品的产生。

2. 统计质量管理阶段

统计质量管理阶段处于 20 世纪 40 年代至 50 年代，这个阶段采用数理统计理论和方法来控制质量，即把质量管理的重点由生产线的终端移至生产过程的工序，把全数检验改为抽样检验，并把抽样检验的数据制成控制图，再利用控制图对工序进行加工质量控制，以达到减少不合格品率的目的。其特点是在质量检验基础上取得数据，应用数理统计方法分析产品质量活动的规律，以此对质量进行预测和控制。

3. 全面质量管理阶段

1961 年美国最早提出了"全面质量管理"这一概念，并于 20 世纪 80 年代被世界各国广泛接受。鉴于现代生产技术发展的需要，质量管理仍需前移至产品的设计开发过程，进而再前移至"市场研究"阶段，产品出厂后还要跟踪市场，积极为顾客服务。随着市场经济的发展，质量管理沿着产品流向两端扩展，最终汇聚于市场。所以，全面质量管理始于市场又终于市场。它的理念在于以系统的观点看待产品质量，综合运用数理统计、心理行为科学、系统论、控制论、信息论等理论和方法，对一切与产品质量相关的因素进行系统管理，力求在此基础上建立一个能够有效地确保产品质量和不断提高产品质量的质量体系，做到全面运行和控制。使企业以最少的投入获取最佳的效益，全面质量管理是全过程的管理，非检验部门一家所能承担，往往涉及设计、工艺、设备、生产、计划、财会、教育、劳资、销售等多种部门。全面质量管理的特征是"四全一科学"，即全过程的质量管理、全企业的质量管理、全指标的质量管理、全员的质量管理，以及以数理统计方法为中心的一套科学管理方法。

我国于 1978 年引入全面质量管理，并在 20 世纪 80 年代把全面质量管理定义为：企业全体职工及所有部门同心协力、综合运用管理技术、专业技术和科学方法，经济地开发、研制、生产和销售用户满意的产品的管理活动。

4. 标准质量管理阶段

1979 年，国际标准化组织（ISO）成立了第 176 个技术委员会，负责制定质量管理和质量保证标准。1986 年，ISO/TC 176 发布了 ISO 8402：1986《质量管理和质量保证——术语》；1987 年相继发布了 1987 版 ISO 9000《质量管理和质量保障标准——选择和使用指南》、ISO 9001《质量体系——设计、开发、生产、安装和服务的质量保证模式》、ISO 9002《质量体系——生产和安装的质量保证模式》、ISO 9003《质量体系——最终检验和试验的质量保证模式》和 ISO 9004《质量管理和质量体系要素——指南》，这些标准统称为系列 ISO 9000 标准。随后该系列标准经过了多次修改，形成了今天的 ISO 族标准，目前该标准更新到了 2015 版。该标准的应用有助于推动组织的质量管理国际化，在消除贸易壁垒和提高产品质量及顾客满意度方面产生了积极的影响。

10.1.3 建设工程质量

1. 建设工程质量的概念

建设工程质量有狭义和广义之分。从狭义上说，建设工程质量仅指工程实体质量（有形产品质量），是指在国家现行的相关法律、法规、技术标准、设计文件和合同中，对工程的安全、适用、经济、美观等特性的综合要求。广义上的建设工程质量还包括工程建设各阶段、各环节工作质量（无形产品质量）的总和。工作质量是指参与工程的建设者为了保证工程项目质量所从事工作的水平和完善程度。工作质量包括：社会工作质量，如社会调查、市场预测、质量回访和保修服务等；生产过程工作质量，如政治工作质量、管理工作质量、技术工作质量和后勤工作质量等。工作质量不像产品质量那样直观，一般难以定量，通常是通过工程质量的高低，不合格项目的多少，生产效率以及企业盈亏等经济效果来间接反映和定量的。应该说，工程实体质量的好坏是决策、计划、勘察、设计、施工等单位各方面、各环节工作质量的综合反映。现在，国内、外都趋向于从广义上来理解工程质量。

2. 建设工程质量的特点

（1）工程项目质量形成过程复杂。建设工程建设过程就是工程质量形成的过程。工程建设过程包括：立项报建、可行性研究、建设地点选择、编制勘察设计任务书、编制设计文件、工程招标与投标、建筑施工、竣工验收交付使用等。每一阶段对工程质量的形成都起着决定性的作用，因此工程质量的形成过程复杂。

（2）影响建设工程质量因素多、质量水平波动性大。建设工程项目施工过程复杂、周期长，容易受到各种不确定因素的影响，如设计、材料、机械设备、地质条件、气象、施工方法、管理制度、自然条件、工人技术水平、施工安全等。上述不确定因素可归纳为5个方面，即4M1E：人员（Man）、材料（Material）、机械设备（Machine）、方法（Method）和环境（Environment）。在《建设工程项目管理规范》（GB/T 50326—2017）中明确规定，项目质量控制因素应包括人、材料、机械、方法、环境。

（3）容易产生质量变异。质量变异是指由于各种质量影响因素发挥作用引起产品质量的差异，可分为正常变异和非正常变异。正常变异是指由偶然性因素引起的质量波动，如材料的材质不均匀、机械设备的正常磨损、操作的微小变化、环境的微小波动等，其特点是无法或难以控制且对质量影响不大，不会因此造成废品；非正常变异是指系统性因素引起的质量波动，如使用材料的规格品种有误、施工方法不当、操作未按规程、机械故障、仪表失灵等，其特点是对质量影响较大，可以造成废品或次品，但可以控制、易消除。建设工程涉及面广，任何环节、任何因素出现质量问题都将引起质量变异，造成工程质量事故。

（4）容易产生第一、第二类判断错误。因工程建设项目施工建造工序交接多、产品多、隐蔽工程多，若不及时检查实质，事后再看表面，就容易产生第二类判断错误，即将不合格产品认定为合格产品；另外，若质量检查不认真，测量仪表不准，读数有误，则会产生第一类判断错误，即将合格产品认定为不合格产品。

（5）质量评定局限性大。建设工程项目建成后，不可能像某些工业产品那样，再拆卸或解体，检查其内在、隐蔽的质量。即使发现有质量问题，也不可能采取"更换零件""包换"或"退款"的方式解决与处理有关质量问题，而只能通过事中检查和事后验收来评定质量，具有一定的局限性。

(6)质量易受投资、进度要求的影响。一般情况下，投资大、进度慢，工程质量就好；反之工程质量则差。工程施工过程中不能为了追求利润和进度忽视质量，应做到"好、快、省"，以最经济的投资、最快的建设速度取得最好的工程质量，这也是工程建设的最终目标。

3. 建设工程质量的要求

(1)适用性，即功能，指工程满足使用目的的各种性能。包括理化性能，如尺寸、规格、保温、隔热、隔音等物理性能；耐酸、耐碱、耐腐蚀、防火、防风化等化学性能；结构性能指地基基础的牢固程度，结构的足够强度、刚度和稳定性；使用性能，如民用住宅工程要能使居住者安居，工业厂房要能满足生产活动的需要，道路、桥梁、铁路、航道要能通达便捷；外观性能，即建筑物的造型、布置、室内装饰效果、色彩等的美观大方和协调等。

(2)耐久性，即寿命，指工程在规定的条件下，满足规定功能要求使用的年限，也就是工程竣工后的合理使用寿命周期。建筑物本身结构具有类型不同、质量要求不同、施工方法不同及使用性能不同的个性特点，如民用建筑主体结构耐用年限分为四级（15~30年、30~50年、50~100年、100年以上），公路工程设计年限一般按等级控制在10~20年，城市道路工程设计年限，视不同道路构成和所用的材料，其设计的使用年限也会有所不同。

(3)安全性，指工程建成后在使用过程中保证结构安全、保证人身和环境免受危害的程度。如建设工程产品的结构安全度、抗震、耐火及防火能力，人民防空的抗辐射、抗核污染、抗爆炸波等能力是否能达到特定的要求，都是安全性的重要标志。

(4)可靠性，是指工程在规定的时间和规定的条件下完成规定功能的能力，即建设工程不仅在交工验收时要达到规定的指标，而且在一定使用时期内要保证应有的正常功能。

(5)经济性，是指工程从规划、勘察、设计、施工到整个产品使用寿命周期内的成本和消耗的费用。工程经济性具体表现为设计成本、施工成本、使用成本三者之和，包括从征地、拆迁、勘察、设计、采购(材料、设备)、施工、配套设施等建设全过程的总投资和工程使用阶段的能耗、水耗、维护、保养乃至改建更新的使用维修费用。

(6)与环境的协调性，指工程与其周围生态环境相协调，与所在地区经济环境协调及与周围已建工程相协调，以适应环境可持续发展的要求。

上述六个方面的质量特征彼此之间是相互依存的。总体而言，适用性、耐久性、安全性、可靠性、经济性、与环境的协调性都是必须达到的基本要求，缺一不可。

10.1.4 建设工程企业开展质量管理工作的意义

建筑产品自身生产过程中的技术经济特点，决定了工程质量本身具有影响质量因素多、质量波动大、质量变异大、质量隐蔽性大、检验局限性大等特点。这一切只有通过严格的质量管理才能防患于未然，将质量事故消灭于萌芽之中。

(1) 高质量的建筑产品是社会进步的要求。如果建设工程质量低,不仅不能增加社会财富,还可能影响人民的生活和造成生产中的损失,影响工业产品质量,甚至会大量浪费社会资源。因此,必须坚持"质量第一"的观念。

(2) 优质工程是企业生存和发展的要求。无数事实证明,优良的工程质量是提高企业信誉的基础,是在竞争中取胜的保证。特别在国际建筑市场上,没有质量的优势,就没有竞争的地位。只有真正树立"质量第一"的思想,企业才会有发展前途。

(3) 全面质量管理可以带动整个企业的各项管理工作,降低工程费用,增加企业的盈利和上缴国家的税金,提高企业生产经营的综合效果。

(4) 质量管理工作可以提高全体工作人员的工作质量,提高企业素质,培养出一支既有高尚的职业道德又有精湛业务技术水平的职工队伍。

(5) 工程质量是建设工程企业管理和技术水平的综合反映。建设工程企业能否建造出优质的建设工程,首先取决于企业的全体职工,特别是领导层对质量的重视程度,以及企业的技术水平。企业有了较强的质量意识,就能密切注意市场对质量需求的变化,加强技术开发,用科学管理方法合理组织生产,强化工序控制,使工程质量得到有效的保证。建设工程质量是企业有效管理的结果,是企业管理和技术水平的综合反映。

10.2 全面质量管理

从20世纪60年代开始,各工业先进国家的企业质量管理系统日臻完善,实践效果日益明显,质量管理的理论也得到了长足的发展。1956年,美国通用电气公司的质量管理专家菲根堡姆(Armand V. Feigenbau)博士首先提出了"全面质量控制"(Total Quality Control,TQC)的概念。他认为,解决质量问题不能局限于制造过程,解决问题的手段也不能局限于统计方法。1961年,菲根堡姆博士在《全面质量控制》一书中提出:全面质量管理是为了能够在最经济的水平上并考虑到充分满足用户要求的条件下进行市场研究、设计、生产和服务,是把企业各部门的研制质量、维持质量和提高质量的活动构成为一体的有效体系。这里强调了:

(1) 质量的经济性和用户要求的满足;

(2) 开发、设计、生产和服务的全过程;

(3) 研制质量、维持质量和改进质量相结合的质量管理活动;

(4) 形成有效的体系。

菲根堡姆的全面质量控制概念被世界各国普遍认可,从20世纪50年代开始陆续被日本、欧洲、印度等国家广泛采用。我国从1979年开始,在建筑施工企业中试行全面质量管理,许多行业开始推行"全员质量控制、全过程质量控制和全方位质量控制"的"三全"质量控制方法。通过多年的实践,全面质量管理已在建筑行业推广,在调动广大职工参加企业管理的积极性、创造性,提高工作质量和工程质量等方面取得了比较显著的成果。

20世纪80年代以后,经过多方实践,全面质量控制(TQC)发展为具有更大内涵的全面质量管理(TQM)。

10.2.1 全面质量管理的概念

全面质量管理的概念主要分为两个方面：其一，它就是组织一个以质量为中心，以全员参与为基础，目的在于通过让顾客满意和本组织所有成员及社会受益而达到长期成功的管理途径；其二，为了能够在最经济的水平上并考虑到充分满足顾客要求的条件下进行市场研究、设计、制造和售后服务，企业内各部门的研制质量、维持质量和提高质量的活动构成为一体的一种有效体系。在全面质量管理中，质量这个概念和全部管理目标的实现有关。

10.2.2 全面质量管理的基本思想

1. 为用户服务的思想

企业要千方百计地满足用户的需求，"质量第一，用户至上"应作为企业的座右铭。在企业内部，各部门、各工序间的关系也应看成是生产者与消费者之间的关系，不符合质量要求的零部件不送到下一道工序。

2. 预防为主的思想

把产品质量管理的重点，从事后检验转移到事先预防上来，把不合格品消灭在产品的形成过程中。

3. 一切用数据说话的思想

要用数理统计的方法大量收集和整理数据，分析问题和提出问题，在制定质量措施计划时，要拿出具体的数据，做到定量管理。

4. 发动群众参与管理的思想

广泛开展群众性的质量管理小组活动和各种形式的质量管理活动，使质量第一的思想深入人心，人人都关心和参与质量管理工作。

10.2.3 全面质量管理的基本特点

全面质量管理的特点可以总结为以下四个方面：

(1) 对全面质量的管理。不仅要管理产品的质量，还要管理过程质量、工作质量，用工作质量来保证过程质量，从而保证产品质量。

(2) 全过程的管理。从产品的设计、制造、销售直到使用服务的全过程，都要进行管理。

(3) 全员参加的管理。企业中的每个人、每个部门都与企业的产品质量有关，即质量管理人人有责。

(4) 多方法的综合性管理。全面质量管理利用数理统计的方法、先进的科学技术和现代科学管理方法对质量进行管理。

10.2.4 全面质量管理的工作程序

美国"统计质量控制之父"休哈特提出了控制和预防缺陷的概念，并成功地创造了过程控制理论及控制图，将数理统计方法引入质量管理中，使质量管理推进到新阶段。美国戴明博士在休哈特的基础上，将策划(Plan)、实施(Do)、检查(Check)、处理(Action)这一控制过程(简称 PDCA 循环)加以推广，并运用于持续改善产品质量的全过程中，开启了全面质量管理的序幕。因此，PDCA 循环也称为"戴明环"。

1. PDCA 循环的基本内容

PDCA 循环可以划分为四个阶段、八个步骤(图 10.2.1)：

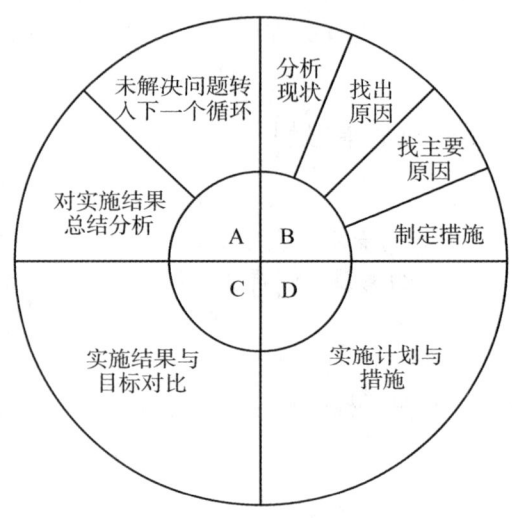

图 10.2.1　四个阶段与八个步骤

(1)计划阶段(Plan)。对质量管理工作进行策划，制定目标、计划、规范、标准、图样和技术文件等。

本阶段提出了六个标准要求，国际上称为"5W1H"法，即：Why(为什么制订计划和措施)、What(计划要达到什么目的)、Where(计划在哪里执行)、When(计划在什么时候执行和完成)、Who(计划具体由谁执行)、How(用什么方法执行计划)。

第一步，分析现状，找出存在的质量问题。

第二步，分析产生质量问题的原因和影响因素。

第三步，找出影响质量的主要因素，将其作为质量管理工作的重点对象。

第四步，针对影响质量的主要因素，制定措施，提出行动计划和预期效果。

(2)实施阶段(Do)。将制订的计划和措施赋予实际行动。

第五步，执行质量计划和措施。

(3)检查阶段(Check)。检查措施的效果。

第六步，将实施结果和计划阶段的目标相对比，检查计划实施情况，找出存在的问题，肯定成功的经验。

(4)处理阶段(Action)。将成功的效果确定为相应的标准，将存在的问题转入下一个 PDCA 循环。

第七步，总结经验，也就是通过巩固成绩、制定标准，进而形成制度，以便以后遵照执行。

第八步，提出尚未解决的问题转入下一个循环，再来研究措施、制订计划，予以解决。

2. PDCA 循环的特点

（1）PDCA 循环四个阶段是一个有机的、完整的循环体。如图 10.2.2(a) 所示。

（2）企业内部 PDCA 循环各级都有，整个企业是一个大循环，各部门又各自有自己的循环，大循环是小循环的依据，小循环是大循环具体的和逐级贯彻落实的体现。如图 10.2.2(b) 所示。

（3）每循环一次，质量就提高一步。如图 10.2.2(c) 所示。

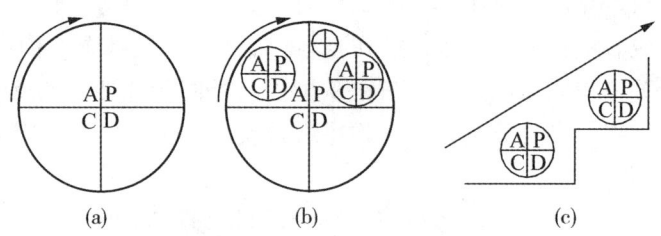

图 10.2.2　PDCA 循环示意图

10.2.5　全面质量管理的基础工作

1. 质量教育工作

为了保证和提高工程质量，必须加强全体职工的质量教育，其主要内容包括：

（1）质量意识教育。使全体职工树立"质量第一"和"为用户服务"的思想。

（2）全面质量管理知识的普及宣传教育。要使企业全体职工了解全面质量管理知识的基本思想、基本内容，掌握其常用的数理统计方法和质量标准，懂得质量管理小组的性质、任务和工作方法等。

（3）技术培训。让基层人员熟练掌握本人的"应知应会"技术和操作规程。技术和管理人员要熟悉施工验收规范标准、原材料与构配件的技术要求与质量标准以及质量管理的方法等。专职质量检验人员能正确掌握检验和计量测试方法，熟练使用仪器、仪表和设备。

2. 全面质量管理的标准化工作

全面质量管理中的标准化，包括技术工作和管理工作的标准化。技术工作标准有产品质量标准、操作标准和各种技术定额等。管理工作标准有各种管理业务标准、工作标准（管理工作内容、方法、程序和责权）等。全面质量管理标准化工作的要求有以下两点：

（1）不断提高标准化程度。各种标准要齐全、配套和完整，并在贯彻执行中及时总结、修订和改进。

（2）加强标准化的严肃性。要严格执行，使各种标准真正起到法规的作用。

3. 质量管理的计量工作

质量管理的计量工作，包括生产时的投料计量，生产过程中的监测和对原材料、成品、半成品的试验、检测、分析计量等。搞好质量计量工作的要求是：合理配备计量器具和仪表设备，且妥善保管；制定相关测试规程和制度，合理使用计量器具；改革计量器具和测试方法，实现检测手段现代化。

4. 建立健全质量管理责任制

建立和健全质量管理责任制，使企业每一个员工、每一个部门都有明确的责任，形成一个严密的质量管理工作体系。该责任制包括各级行政领导和技术负责人的责任制、管理部门和管理人员的责任制以及工人岗位责任制。

5. 建立质量检查及信息反馈体系

质量情报是反映产品质量、工作质量的信息，其来源主要有三种：一是通过对工程使用情况的回访调查或收集用户的意见得到的质量信息；二是从企业内部收集到的基本数据、原始记录等有关工程质量的信息；三是从国内、外同行业搜集的反映质量发展的新水平、新技术的相关情报。做好质量情报工作是有效实现"预防为主"方针的重要手段。

6. 质量计划工作

质量计划是实现质量目标、具体组织与协调质量管理活动的基本手段，也是各部门、各环节质量工作的行动纲领。企业既要有提高工程质量的综合计划，又要有分项目、分部门的具体计划，如此形成一个完整的质量计划体系，并且有检查、有分析。质量计划工作的内容主要包括：

(1) 保证工程质量的技术措施计划；
(2) 各项质量的指标计划；
(3) 保证质量的条例及奖惩制度；
(4) 各部门的质量管理责任及各负责人应负责的技术问题；
(5) 项目实施各环节的质量检查程序和手段；
(6) 信息反馈的途径和汇总等。

10.3　ISO 9000 系列标准简介

10.3.1　国际标准化组织简介

国际标准化组织(International Organization for Standardization，ISO)是标准化领域中的一个国际性非政府组织(图 10.3.1)。可以注意到，"ISO"与国际标准化组织英文全称缩写并不相同。事实上，"ISO"来源于希腊语ίσος(意为"相等")，英文中有一系列用它作前缀的词，例如"isometric"(意为"等距的")，"isonomy"(意为"法律平等")。从"相等"到"标准"，内涵上的联系使"ISO"成为国际标准化组织的名称。ISO 成立于 1947 年，是世界上最大的、最有影响力的非政府性标准化专门机构，负责当今世界上绝大部分领域(包括军工、石油、船舶等垄断行业)的标准化活动。截至 2020 年 9 月，

图 10.3.1　国际标准化组织标志

ISO 拥有 165 个成员国(包括国家和地区),分别包括 121 个正式成员(Full Member)、40 个观察成员(Correspondent Member)和 4 个订购成员(Subscriber Member)。正式成员通过参加 ISO 技术和政策会议并对其进行投票来影响 ISO 标准的制定,它们在全国或全境范围内销售和采用 ISO 国际标准;观察成员(通讯成员)以观察员身份参加 ISO 技术和政策会议,观察 ISO 标准和战略的发展,它们在全国或全境范围内销售和采用 ISO 国际标准;订购成员了解 ISO 的最新动态,但不能参与,它们在国内或境内不销售或采用 ISO 国际标准。通过其成员,ISO 汇集来自世界各地的专家开发自愿的、基于共识的、与市场有关的国际标准,以支持创新并提供应对全球挑战的解决方案。中国于 1978 年加入 ISO 成为正式成员,并在 2008 年 10 月的第 31 届国际标准化组织大会上正式成为 ISO 的常任理事国,代表中国参加 ISO 的国家机构是中国国家标准化管理委员会(由国家市场监督管理总局管理)。

ISO 按专业性质设置技术委员会(Technical Committee,TC),各技术委员会根据需要可以设若干分技术委员会(Sub Committee,SC)、工作组(Working Group,WG)和特别工作组(Task Force,TF),拥有技术委员会愈 250 个、分技术委员会愈 540 个,这些技术委员会是 ISO 标准或指南起草和制定的最主要负责机构,其他协作主体还包括 ISO 合格评定委员会、ISO 消费者政策委员会等。

10.3.2 ISO 9000 族标准最新构成

ISO 9000 族标准是指由国际标准化组织质量管理和质量保证技术委员会(ISO/TC176)制定的所有国际标准。20 世纪 70 年代,美、英、法、加拿大等国先后颁发了一系列质量管理和保证方面的标准。为了统一各国质量管理活动,同时持续提高提供产品的组织的质量管理体系,在前联邦德国标准化学会(Deutsches Institut für Normung,DIN)的倡议下,ISO 中央秘书处于 1979 年通过决议设立"质量保证技术委员会",1987 年改为"质量管理和质量保证技术委员会",即 ISO/TC 176。ISO/TC 176 于 1986—1987 年首次制定了 ISO 9000 族标准,包括 ISO 8402:1986《质量——术语》,ISO 9000:1987《质量管理和质量保证标准——选择和使用指南》,ISO 9001:1987《质量体系——设计开发、生产、安装和服务的质量保证模式》,ISO 9002:1987《质量体系——生产和安装的质量保证模式》,ISO 9003:1987《质量体系——最终检验和试验的质量保证模式》和 ISO 9004:1987《质量管理和质量体系要素——指南》。经不断修改完善,现行 ISO 9000 族标准包含 22 个已出版的国际标准和 6 个正在完善的国际标准,它们分别由 ISO/TC 176 的 3 个分技术委员会或 ISO/TC 176 直接负责,如表 10.3.1 所示。对于要求提高产品和服务质量并始终如一地满足客户期望的组织,ISO 9000 族标准给出了答案,世界范围内现已有 124 个国家和地区将此标准等同转化为国家标准。

ISO 9000 族标准不受具体的行业或经济部门限制,是适用于各种规模企业和组织的世界知名质量管理标准系列,可帮助企业和组织实施并有效运行质量管理体系,在国内和国际贸易中促进相互理解。ISO 9000 族标准并不是产品的技术标准,而是针对组织的管理结构、人员、技术能力、各项规章制度、技术文件和内部监督机制等一系列体现组织保证产品及服务质量的管理措施的标准。具体而言,ISO 9000 族标准在以下四个方面规范质量管理:

表 10.3.1　　ISO 9000 族标准最新构成

标准编号	标准名称	直接负责的委员会	标准状态
ISO 9000：2015	质量管理体系——基础和术语	ISO/TC 176/SC 1（概念和术语）	已出版
ISO 9001：2015	质量管理体系——要求	ISO/TC 176/SC 2（质量体系）	
ISO/TS 9002：2016	质量管理体系——ISO 9001：2015 应用指南		
ISO 9004：2018	质量管理——追求组织的持续成功		
ISO 10005：2018	质量管理——质量计划指南		
ISO 10006：2017	质量管理——项目质量管理指南		
ISO 10007：2017	质量管理——配置管理指南		
ISO 10001：2018	质量管理——消费者满意：组织行为准则指南	ISO/TC 176/SC 3（支持性技术）	
ISO 10002：2018	质量管理——消费者满意：组织处理投诉指南		
ISO 10003：2018	质量管理——消费者满意：组织外争端解决指南		
ISO 10004：2018	质量管理——消费者满意：监测与测量指南		
ISO 10008：2013	质量管理——消费者满意：B2C 电商交易指南		
ISO 10012：2003	测量管理体系——测量过程和设备要求		
ISO/TR 10013：2001	质量管理体系文件指南		
ISO 10014：2006	质量管理——实现金融收益指南		
ISO 10014：2006/COR 1：2007	质量管理——实现金融收益指南：技术勘误表 1		
ISO 10015：2019	质量管理——竞争管理和人员管理指南		
ISO/TR 10017：2003	ISO 9001：2000 统计技术指南		
ISO 10018：2020	质量管理——人员管理指南		
ISO 10019：2005	质量管理体系咨询及服务选择指南		
ISO 18091：2019	质量管理体系——ISO 9001 当地政府应用指南	ISO/TC 176（质量管理和质量保证技术委员会）	
ISO/TS 54001：2019	质量管理体系——各级政府选举组织应用 ISO 9001：2015 特殊要求		
ISO/AWI 10008	质量管理——消费者满意：B2C 电商交易指南	ISO/TC 176/SC 3（支持性技术）	完善中
ISO/AWI 10009	质量管理——质量工具及其应用指南		
ISO/WD 10010	质量管理——评估和改善质量文化驱动持续成功指南		
ISO/DIS 10013	质量管理体系——信息文档指南		
ISO/DIS 10014	质量管理体系——组织质量结果管理：实现金融收益指南		
ISO/DIS 10017	质量管理——ISO 9001：2015 统计技术指南		

(1)机构：ISO 9000族标准明确规定了为保证产品质量而必须建立的管理机构及职责权限。

(2)程序：组织的产品生产必须制定规章制度、技术标准、质量手册、质量体系操作检查程序，并使之文件化。

(3)过程：质量控制是对生产的全部过程加以控制，是面的控制，不是点的控制；从根据市场调研确定产品、设计产品、采购原材料，到生产、检验、包装和储运等，其全过程按程序要求控制质量，并要求过程具有标识性、监督性、可追溯性。

(4)总结：不断总结、评价、改进质量管理体系，使质量管理呈螺旋式上升。

ISO 9000族标准具有以下六个显著特点：

(1)它是系统性的标准，涉及的范围、内容广泛，强调对各部门的职责权限进行明确划分、计划和协调，从而使企业能有效地、有秩序地开展各项活动，保证工作顺利进行。

(2)强调管理层的介入，明确制定质量方针及目标，并通过定期的管理评审达到了解企业内部体系运作情况，及时采取措施，确保体系处于良好的运作状态。

(3)强调纠正及预防措施，消除产生不合格或不合格的潜在原因，防止不合格的再发生，从而降低成本。

(4)强调不断地审核及监督，达到对企业的管理及运作不断地修正及改良的目的。

(5)强调全体员工的参与及培训，确保员工的素质满足工作的要求，并使每一个员工有较强的质量意识。

(6)强调文化管理，以保证管理系统运行的正规性和连续性。

ISO 9000族标准的核心标准是ISO 9000：2015，ISO 9001：2015和ISO 9004：2018，三者结合有助于帮助企业或组织建立一个完善的、正规的、周期性改进的动态质量管理体系。

1. ISO 9000：2015《质量管理体系——基础和术语》

该标准所含术语和定义共13类、138个词条，为质量管理体系提供了基本概念、原则和术语，为质量管理体系的其他标准奠定了基础，帮助使用者高效实施质量管理体系，并实现质量管理体系其他标准的价值。在汇集了当前公认的有关质量的基本概念、原则、过程和资源框架的基础上，该标准准确定义了质量管理体系，无论组织规模、复杂程度或经营模式如何，它都能够增强组织满足顾客和相关方需求的能力，加强其实现产品和服务满意的义务和承诺意识。

ISO 9000：2015表述的质量管理基本概念和原则一般适用于：

(1)通过实施质量管理体系寻求持续成功的组织；

(2)希望增强提供符合要求的产品和服务的能力的组织；

(3)对在供应链中其产品和服务要求能得到满足寻求信任的组织；

(4)通过对质量管理中使用的术语的共同理解，寻求促进相互沟通的组织和相关方；

(5)依据ISO 9001的要求进行合格评定的组织；

(6)质量管理培训、评价和咨询服务的提供者；

(7)相关标准的起草者。

2. ISO 9001：2015《质量管理体系——要求》

采用质量管理体系是组织的一项战略决策，能够帮助其提高整体绩效，为推动可持续发展奠定良好基础。ISO 9001：2015规定的质量管理体系要求是对产品和服务要求的补充，组织根据该标准实施质量管理体系，能够稳定其提供满足顾客要求及适用的法律法规要求的产品和服务的能力，增强顾客满意程度，正确应对与组织环境和目标相关的风险和机遇。

该标准采用过程方法，结合了"策划—实施—检查—处置"（PDCA）循环与风险思维，使组织能够策划过程及其相互作用。PDCA循环使组织能够确保其过程得到充分的资源和管理，确定改进机会并采取行动；风险思维使组织能够确定可能导致其过程和质量管理体系偏离策划结果的各种因素，采取预防控制，最大限度降低不利影响和利用潜在机遇。

3. ISO 9004：2018《质量管理——追求组织的持续成功》

ISO 9004：2018参考ISO 9000：2015中描述的质量管理原则，为组织在复杂、苛刻和不断变化的环境中取得持续成功提供指导。图9.3.2所示为该标准所涵盖的组织持续成功所必需的要素及其结构关系，即该标准的内容架构。

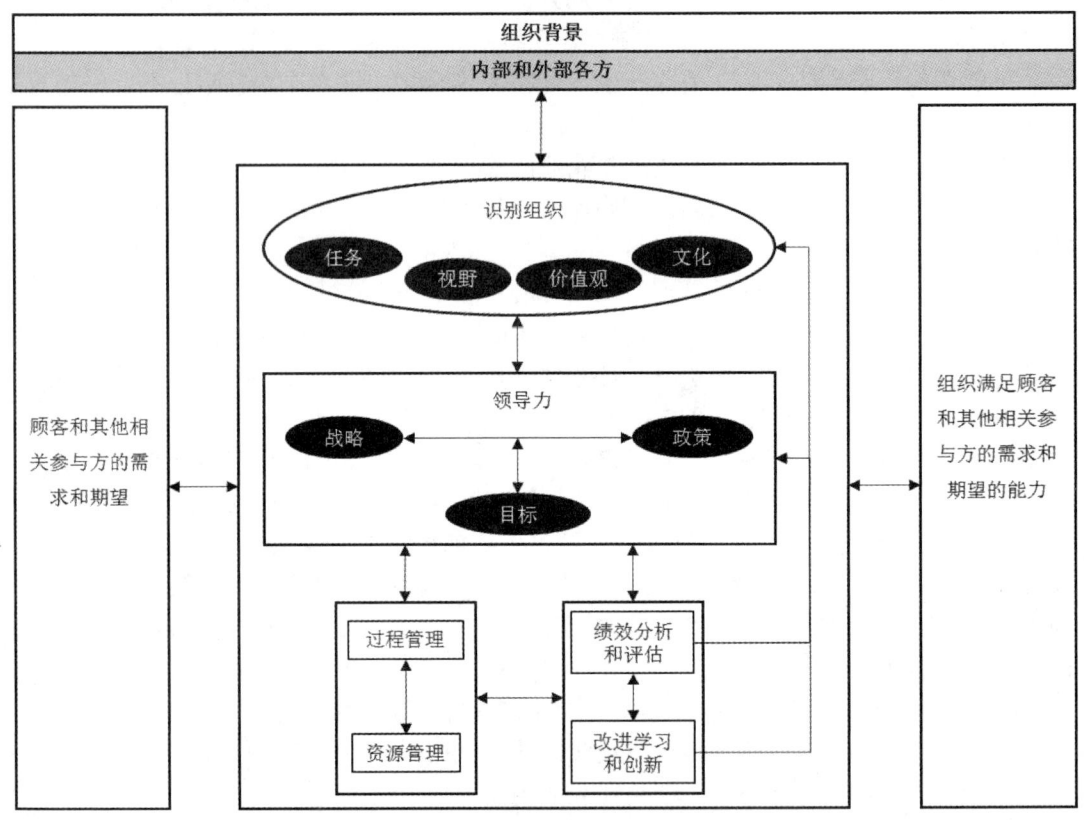

图10.3.2　ISO 9004：2018内容架构

10.3.3　质量管理原则

"原则"是一种基本的信念、理论或规则，对完成某项工作的方式具有重大影响。质量管理原则（Quality Management Principles，QMPs）则是一整套公认的基本信念、规范、规则和价值观,是质量管理、指导组织改善绩效的准绳。本书介绍的"质量管理原则"是由 ISO/TC 176 的国际专家组开发和更新的 ISO 质量管理七项原则,是制定 ISO 9000 族标准核心标准及其他 ISO 质量管理相关标准的统一基础。

1. 关注顾客(Customer Focus)

质量管理的首要关注点是满足顾客要求,并且努力超越顾客期望,企业或组织只有赢得和保持顾客和其他相关方的信任才能获得持续成功。以顾客为关注焦点不仅能提升顾客价值、增强顾客满意度、增进顾客忠诚度,还能增加企业重复性业务、提高企业声誉、扩展企业顾客群、增加盈利和市场份额。为此,企业或组织应采取如下措施:

(1)识别从组织获得价值的直接顾客和间接顾客;

(2)理解顾客当前和未来的需求和期望;

(3)将组织目标与顾客的需求和期望联系起来;

(4)在整个组织内沟通顾客的需求和期望;

(5)为满足顾客的需求和期望,对产品和服务进行策划、设计、开发、生产、交付和支持;

(6)评估和监测顾客及其他相关方的满意情况,并采取适当调整措施;

(7)主动管理与顾客的关系,以实现持续成功。

2. 领导作用(Leadership)

各级领导应建立统一的宗旨和方向,同时培养全员积极参与,以使组织战略、方针、过程和资源协调一致,实现企业或组织的质量目标。坚强统一的领导力能提高企业质量目标,实现有效性和效率,协调企业生产经营过程,改善企业各层级、各职能间的沟通,开发和提高企业员工能力。为此,企业或组织应采取如下措施:

(1)在整个组织内,就其使命、愿景、战略、方针和过程进行沟通;

(2)在组织的所有层级创建并保持共同的价值观和公平道德的行为模式;

(3)培育诚信正直的组织文化;

(4)鼓励在整个组织范围内履行质量承诺;

(5)确保各级领导者成为组织中的榜样;

(6)为员工提供履行职责所需的资源、培训和权限;

(7)激发、鼓励和表彰员工的贡献。

3. 全员积极参与(Engagement of People)

组织内所有经授权、有能力胜任质量管理工作并积极参与的各级人员,是提高组织创造和组织价值的必要条件。表彰、授权和提高员工能力,不仅能促进实现组织质量目标过程中的全员积极参与,还能使员工对质量目标有更深入的理解和更强的实现动力,提高员工参与度和满意度,促进个人发展、主动性和创造力,增强整个组织内的相互信任和协作,促进组织对共同价值观和文化的关注。为此,企业或组织应采取如下措施:

(1)与员工沟通,增强其对个人贡献重要性的认识;

(2)促进整个组织内部协作;

(3)提倡公开讨论,分享知识和经验;

(4)让员工确定影响执行力的制约因素,确保毫无顾虑地主动参与;

(5)赞赏和表彰员工的才干、贡献和进步;
(6)针对个人目标进行绩效自我评价;
(7)调查评估员工满意度,分析结果并采取适当改进措施。

4. 过程方法(Process Approach)

将各项具体活动作为相互关联、功能连贯的过程组成的体系来理解和管理时,可更加有效地得到一致而可预知的结果。质量管理体系由相互关联的质量管理具体过程所组成,理解体系是如何产生结果的,能使组织尽可能地完善体系、优化绩效。强调过程方法就是关注关键过程的最终结果和改进机会,这是因为有效的过程管理能够促进资源高效利用,减少跨职能壁垒,尽可能提升组织部门绩效,使组织整体能给予顾客和其他相关方对于其一致性、有效性和效率的信任。为此,企业或组织应采取如下措施:

(1)确定质量管理过程体系的目标和实现这些目标所需的具体过程;
(2)为管理过程确定职责、权限和义务;
(3)了解组织的能力,预先确定资源约束条件;
(4)确定过程之间的相互依赖关系,分析个别过程的变更对整个体系的影响;
(5)获得所有必要信息以运行和改进过程体系,监视、分析和评价整个体系的绩效;
(6)管理可能影响过程输出和质量管理体系整体结果的风险。

5. 改进(Improvement)

成功的组织通常持续关注改进,改进对于组织保持当前的绩效水平、对内外部条件变化做出反应和创造新的机会,都是非常必要的。具体而言,持续改进会提高过程绩效、组织能力和顾客满意,提高组织对内外部风险和机遇的预测和反应能力,促使组织对渐进性和突破性改进的考虑,增强组织创新动力。为此,企业或组织应采取如下措施:

(1)在组织的所有层级建立改进目标;
(2)教育和培训各层级员工,使其懂得如何应用基本工具和方法实现改进目标;
(3)开发并展开过程,力求在整个组织内实施改进工作;
(4)跟踪、评审和审核改进工作的策划、实施、完成和结果;
(5)将改进工作与新的或变更的产品、服务和过程的开发结合考虑;
(6)赞赏和表彰改进。

6. 循证决策(Evidence-based Decision Making)

ISO质量管理原则认为基于数据和信息分析评价的决策,更有可能产生组织期望的质量目标结果。决策是一个充满不确定性的复杂过程,涉及多种类型和来源的信息输入及决策者理解,而这些理解可能是主观的,对事实、证据和数据的分析则可令决策更加客观、可信。循证决策改进了主观决策过程,即改进了对过程绩效和实现目标能力的评估,提高组织员工评审、挑战甚至改变决策的能力。为此,企业或组织应采取如下措施:

(1)确定并监测关键指标,证实组织绩效;
(2)确保相关人员能够获得所需的全部数据,且这些数据足够准确、可靠和安全;
(3)采取合适方法分析和评价数据或信息;
(4)必要时可权衡经验和直觉,结合实证进行决策、采取措施。

7. 关系管理(Relationship Management)

ISO 质量管理原则指出,为确保持续成功,组织需要关注与相关方(包括顾客、供应方、合作伙伴、投资者、员工甚至整个社会力量)的关系,对合作伙伴网络的关系管理尤为重要,他们会影响组织绩效。管理组织关系实质上是组织积极响应与所有相关方有关的每一个机会和限制,共享资源和员工能力,共同治理质量风险,以此创造可稳定提供产品和服务的供应链,增强为相关方创造价值的能力,与相关方树立共同的目标和价值观,提高双方绩效。为此,企业或组织应采取如下措施:

(1)确定相关方及其与组织的关系;
(2)对需要管理的相关方关系进行科学排序;
(3)平衡每项关系的短期与长期利益;
(4)与相关方共同收集和分享信息、专业知识和资源;
(5)必要时应评估绩效并向相关方报告,增加改进主动性;
(6)鼓励和表彰相关方的改进和成果。

总之,关注顾客就是把顾客的满意作为核心驱动力,领导作用就是以强有力的方式全面推行,全员积极参与就是保证所有员工的工作都纳入标准体系中,过程方法就是通过维持每项工作的标准来实现总体质量目标,改进就是使 ISO 9000 族标准成为一项长期的、行之有效的质量管理措施,循证决策就是使标准体系更具有理性、针对性和可操作性,关系管理就是将组织标准体系的要求传达到上游供应方等其他相关方,结合相关方的标准体系加以保证。七项质量管理原则之间的关系如图 10.3.3 所示,其中,关注顾客是质量管理体系的出发点,领导作用是质量管理体系的核心,全员积极参与和关系管理是质量管理体系的两个基本点,过程方法和循证决策是质量管理体系的两种方法,改进是质量管理体系的动力。

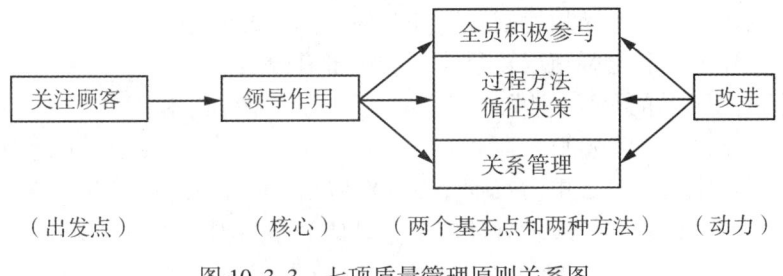

图 10.3.3 七项质量管理原则关系图

10.3.4 实施和认证 ISO 9000 族标准的意义

作为国际最权威的标准化管理非政府联盟,ISO 涉及产品制造、管理流程、服务或材料供应等众多领域的标准制定,ISO 国际标准是"来自各行业专家学者的、体现组织方需求的精炼智慧"。ISO 9000 族标准作为 ISO 国际标准的最重要成果之一,以"提升企业工作效率,减少产品质量故障"的宗旨和思想,在全部发达国家获得了推行,而发展中国家也正陆续加入到此行列中来。造成这种现象的原因,除它能给企业或组织带来巨大的实际利益之外，更在于 ISO 9000 族标准是人类文明发展过程中的必然之物。因此，在一个组织或一个国家实施 ISO 9000 族标准并不是一个外部强制命令，而是现代组织的本质要求。

ISO 9000 族标准的推行，与我国实行的现代企业改革具有十分强烈的相关性，两者都在组织环境下思考制度、体制、管理改革创新，因此 ISO 9000 族标准非常适合我国国情，我国自"九五"期间就已全面推行 ISO 9000 族标准。ISO 9000 族标准认证，也可理解为质量管理体系注册，就是由国家批准的、公正的第三方机构——认证机构，依据 ISO 9000 族标准，对组织的质量管理体系实施评价，向公众证明该组织的质量管理体系符合 ISO 9000 族标准并能提供合格产品，即公众可以相信该组织的服务承诺和产品质量的一致性。

ISO 9000 族标准是在总结了发达国家质量管理实践经验的基础上制定的具有通用性和指导性的国际标准。实施 ISO 9000 族标准，可以完善组织质量管理体系，促进国际经济贸易活动，消除贸易技术壁垒，提高组织管理水平。概括而言，实施 ISO 9000 族标准具有以下四方面的意义：

（1）有利于提高产品质量，保护消费者利益。各类产品正向高科技、多功能、精细化和复杂化发展。组织是按照技术规范生产产品的，但当技术规范本身不完善或组织质量管理体系不健全时，组织就无法保证持续地提供满足要求的产品；而消费者在购买或使用这些产品时，一般也很难在技术上对产品质量加以鉴别。如果企业或组织按 ISO 9000 族标准建立了质量管理体系，通过体系的有效应用，促进持续改进产品特性和过程效率，实现产品质量的稳定和提高，这无疑是对顾客（消费者或采购商）利益的一种最有效的保护，也增加了顾客在选购产品时对合格供应商的信任程度。

（2）为提高组织的运作能力提供有效方法。ISO 9000 族标准鼓励组织在建立、实施和改进质量管理体系时采用过程方法，通过识别和管理相互关联和相互作用的过程，以及对这些过程进行系统的管理和连续的监测与控制，以实现持续地提供顾客满意的产品的目的。此外，质量管理体系提供了持续改进的框架，帮助组织能够不断地识别并满足顾客及其他相关方的要求，从而不断地增强顾客和其他相关方的满意程度。因此，ISO 9000 族标准为组织提高运作能力和增强市场竞争能力提供了有效途径。

（3）有利于增进国际贸易，消除技术壁垒。在国际经济技术合作中，ISO 9000 族标准作为相互认可的基础，ISO 9000 族标准的质量管理体系认证制度也在国际范围中得到互认，并纳入合格评定的程序之中。贯彻 ISO 9000 族标准为国际经济技术合作提供了国际通用的共同语言和准则，推行质量管理体系，已成为参与国内和国际贸易、增强竞争能力的有力武器。因此，贯彻 ISO 9000 族标准对消除技术壁垒、排除贸易障碍起到了十分积极的促进作用。

（4）有利于组织的持续改进和持续满足顾客的需求和期望。顾客要求产品具有满足其需求和期望的特性，这些需求和期望在产品的技术要求或规范中表述。但是顾客的需求和期望是不断变化的，这就促使组织要持续地改进产品的特性和过程的有效性，而质量管理体系就为组织持续改进其产品和过程提供了一条行之有效的途径。ISO 9000 族标准将质量管理体系要求和产品要求区分开来，它不是取代产品要求，而是把质量管理体系要求作为对产品要求的补充，这样有利于组织的持续改进和持续满足顾客的需求和期望。

企业或组织通过 ISO 9000 质量管理体系认证，具有如下意义：

① 能够完善内部管理，使质量管理制度化、体系化和法制化，提高产品质量，并确保产品质量的稳定性；

② 表明尊重消费者权益，增强顾客信赖，提高产品市场竞争力，并可借此机会树立企业或组织形象，提高知名度，形成品牌效应；

③ 有利于发展外向型经济，扩大市场占有率，是政府采购等项目的入场券，是建设工程企业向海外市场进军的准入证，是消除贸易壁垒的强有力武器，还可享受国家优惠政策及对获证单位的重点扶持；

④ 举一反三地建立健全其他管理制度。

10.3.5 ISO 9000 族标准在中国的应用

1987年3月 ISO 9000 系列标准正式发布以后，我国在原国家标准局部署下组成了"全国质量保证标准化特别工作组"。1988年12月，我国正式发布了等效采用① ISO 9000 标准的 GB/T 10300《质量管理和质量保证》系列国家标准，并于1989年8月1日起在全国实施。1989年，在原国家技术监督局的领导下成立了与 ISO/TC 176 对口的"全国质量管理和质量保证标准化技术委员会"（TC151）。在 TC151 的领导和组织下，我国自1992年开始使用翻译法等同采用② ISO 9000 系列标准，完全实现了与国际的接轨，使我国质量管理标准化迈上了正确和健康之路，为我国质量管理活动和质量管理体系认证工作的蓬勃发展奠定了坚实基础。当前，我国施行的 GB/T 19000 族标准核心标准包括 GB/T 19000—2016《质量管理体系——基础和术语》，GB/T 19001—2016《质量管理体系——要求》和 GB/T 19004—2011《追求组织的持续成功——质量管理方法》。

GB/T 19000—2016 的等同采标对象是 ISO 9000：2015，用以替代 GB/T 19000—2008《质量管理体系——基础和术语》，与后者相比，除编辑性修改外，主要技术变化为：①标准中的基础知识部分做了全面调整；②质量管理原则由八项改为七项；③截止到该标准发布时，将 GB/T 19000 族标准中的全部术语汇集到该标准中。GB/T 19000—2016 所代替标准的历次发布情况为：GB 6583.1—1986、GB/T 6583—1992、GB/T 6583—1994、GB/T 19000—2000（将 GB/T 19000.1 的内容并入，同时该标准被取消）、GB/T 19000—2008。

GB/T 19001—2016 的等同采标对象是 ISO 9001：2015，用以替代 GB/T 19001—2008《质量管理体系——要求》，与后者相比，除编辑性修改外，主要技术变化为：①采用 ISO/IEC 导则第1部分/ISO 补充规定的附件 SL 中给出的高层结构；②采用基于风险的思维；③更少的规定性要求；④对成文信息的要求更加灵活；⑤提高了服务行业的适用性；⑥更加强调组织环境；⑦增强对领导作用的要求；⑧更加注重实现预期的过程结果以增强顾客满意。GB/T 19001—2016 所代替标准的历次发布情况为：GB/T 10300.2—1988、GB/T 19001—1992、GB/T 19001—1994、GB/T 19001—2000、GB/T 19001—2008。

GB/T 19004—2011 的等同采标对象是 ISO 9004：2009，用以替代 GB/T 19004—2000《质量管理体系——业绩改进指南》，与后者相比发生重大变化，标准的题目、内容和结

---

① 指技术内容只有小的差异，编写上不完全相同。

② 指技术内容完全相同，不作或稍作编辑性修改。

构完全更新，为使用者提供了质量管理体系的整体视野，以指导组织实现持续成功。GB/T 19004—2011 所代替标准的历次发布情况为：GB/T 10300.5—1988、GB/T 19004.1—1992、GB/T 19004.1—1994、GB/T 19004—2000。

10.4 质量管理保证体系

10.4.1 建设工程企业质量保证体系

1. 含义

ISO 9000：2015 质量管理体系中对"质量保证"的定义是：质量管理中致力于对确保产品达到质量要求而提供信任的工作。我国《质量管理体系基础和术语》(GB/T 19000—2016)的质量保证定义是：质量保证是质量管理的一部分，致力于提供质量要求会得到满足的信任。

质量保证体系(Quality Assurance System，QAS)是指企业以提高和保证产品质量为目标，运用系统方法，依靠必要的组织结构，把组织内各部门、各环节的质量管理活动严密组织起来，将产品研制、设计制造、销售服务和情报反馈的整个过程中影响产品质量的一切因素统统控制起来，形成的一个有明确任务、职责、权限，相互协调、相互促进的质量管理的有机整体。

建设工程企业的质量保证体系是为使项目关系人确信该项目将能达到有关质量标准，而在质量管理体系中开展的有计划、有组织的全部活动，即在执行项目质量计划过程中所开展的一系列经常性的项目质量评估、项目质量核查与项目质量改进等方面工作的总称。

2. 体系建立

建设工程企业工程项目质量保证按保证目的可分为内部质量保证和外部质量保证。内部质量保证是向工程项目的管理者提供信任的一种保证形式；外部质量保证体系是针对工程项目关系人对质量管理产生的疑惑，使其确信该项目能达到工程质量标准的一种质量保证活动。建设工程企业质量保证体系则是为适应外部质量保证要求，在企业质量管理体系基础上建立的质量体系。建设工程企业质量保证体系的建立过程主要包括以下内容。

(1) 建立建设工程企业质量保证机构。建设工程企业应根据施工项目的类型和特点，建立相应的质量责任制度，使各项质量保证工作均有对应归口的管理部门。由企业负责人（经理）任命质量保证总工程师，并呈报上级主管部门和第三方质量监督机构。由保证总工程师任命项目的质量保证工程师或技术负责人，并报企业所在地和工程项目所在地的第三方质量监督部门备案。

(2) 选择质量保证模式。建设工程企业总工程师和项目质量保证工程师组织各有关部门人员，根据工程项目所处的合同环境条件及所承担主要工程产品的任务的特点，选定质量保证模式，确定质量体系要素。

(3) 编制质量保证体系相关文件。建设工程企业总工程师和项目质量保证工程师组织各有关部门人员，根据所选定的质量保证模式、质量体系要素的分解及其证实程度、质量职能展开与落实等方面的情况，编制以质量保证手册为主的质量保证体系文件。

(4)健全配套管理制度。根据质量保证工作的要求，在原各专业的规章制度的基础上，建立健全相应的质量保证制度和相关规定。其建立的原则是必须与质量保证手册规定一致，以质量保证手册能够有效贯彻和实施为前提。

3. 体系运行

质量保证是一种具有事前性和预防性的质量管理工作，它既不同于一般的质量控制工作的概念，又不同于一般的保证质量概念。包括4个阶段：计划(Plan)—实施(Do)—检查(Check)—处理(Action)，即PDCA循环。

(1)计划阶段。计划即确定质量管理的方针、目标，以及实现方针、目标的措施和行动计划。质量保证体系计划阶段主要内容是制定质量目标、活动计划、管理项目和措施方案，具体步骤如下：①找出存在的质量问题；②分析产生质量问题的各种原因和影响因素；③找出质量问题的主要原因；④针对造成质量问题的主要原因，制定技术措施方案并具体落实。

(2)实施阶段。实施包含计划行动方案的交底和按计划规定的方法及要求展开的施工作业技术活动，就是将指定的计划和措施具体组织实施。

(3)检查阶段。检查就是对照计划，检查执行的情况和效果，包括检查是否严格执行了计划的行动方案和检查计划执行的结果，主要是在计划执行过程中或执行之后，检查执行情况，是否符合计划的预期结果。

(4)处理阶段。处理以检查结果为依据，分析检查的结果，总结经验，吸取教训。

4. 体系主要工作

建立和健全质量保证体系，是一项细致周密而且复杂的工作，因此要有计划、有步骤地进行。建立质量保证体系时要抓好以下几项具体工作：

(1)有明确的质量管理目标和质量保证计划。对工程质量、安全、工期、成本、各类经济指标以及对用户的承诺和新的质量标准等目标，要层层分解、层层交底、层层落实到每一个职工的具体工作中，形成自上而下的目标管理体系。根据目标组织工作计划，建立行动纲领，明确各项工作目标的控制要点，然后认真进行组织实施。

(2)要按PDCA循环方式组织质量保证体系的活动。

(3)建立一个完善的信息传递、反馈系统。要让各部门及每个员工实事求是地完成对每一个环节的质量信息、基础数据、原始记录、验收记录、统计分析及用户意见等进行收集、整理、归档、分析和反馈，为提高与保证质量、改进生产工艺、达到最佳效益提供可靠保障。

(4)建立一个有效的、可靠的检验计量系统。只有搞好检验计量工作，才能及时控制、保证工程质量，并正确评价工程质量。

(5)建立健全质量管理机构，明确职责分工。要提高工作质量及产品质量就必须有一个科学的、健全的组织管理机构，要明确规定各部门、各类人员在实现质量总目标中必须完成的任务、承担的责任和具体权限，形成一个职责明确、互相监督、协调运作的组织机构。

(6)组织开展质量管理小组活动。在企业各部门选出业务能力强、技术过硬的员工代表并组织起来，使其对在企业各部门、各环节工作中总结的经验进行分析论证，并对出现的问题提出解决方案。这样可以充分发挥全体员工的智慧才干,不断把质量管理工作和产品质量提高到新的水平。

(7) 与协作单位建立质量保证体系。工程质量与规划、勘探、设计、施工、材料、机械等质量有密切关系,因此与协作单位建立质量保证体系是十分必要的。

(8) 实现管理业务规范化和管理流程程序化。对企业各部门、各环节、各岗位的管理工作和关系要认真分析研究,制定科学、有效、务实的管理制度以及规范化的程序和方法,规范化的员工行为准则有利于保证各个环节的工作质量和工程质量。

10.4.2 质量控制与质量保证的关系

1. 质量控制

质量控制是质量管理的一部分,致力于满足质量要求。质量控制的目标就是确保产品的质量能满足顾客、法律法规等方面所提出的质量要求,如适用性、可靠性和安全性等。质量控制的范围涉及产品质量形成全过程的各个环节,任何环节的工作没有做好,都会使产品质量受到损害而不能满足质量要求。

质量控制即监视过程并排除活动中所有阶段导致不满意的原因,以取得经济效益,控制行为包括作业技术和活动,即专业技术和管理技术两个方面。质量控制一般分为两个阶段,一是对影响质量的各环节和因素制定计划与程序;二是在实施过程中进行连续评价和验证,发现问题进行分析,对异常情况进行处理,采取纠正措施。因此,质量控制应贯彻预防为主与检验把关相结合的原则。

此外,随着经济社会的发展和科技的进步,对质量要求也在不断地提高、更新,这就要求质量控制不能停留在一个水平上,应不断发展、不断前进,要动态地进行质量控制。

2. 质量控制与质量保证的关系

随着技术的发展,产品也越来越复杂,对其质量要求也越来越高,顾客为了确信企业或组织所提供的产品达到了所规定的质量要求,就会要求其提供设计、生产各环节的主要质量活动确实已做好并有能力提供合格产品的证据,这就是顾客提出的质量保证要求。针对用户的质量要求,企业就要开展外部质量保证活动,得对顾客提出的设计、生产全过程中的某些环节的活动提供必要的证据,以使顾客放心。因此,保证质量是质量控制的任务,而质量保证则是以保证质量为基础,进一步引申到提供"信任"这一基本目的。

要使用户能信任,企业首先应加强质量管理,完善质量管理体系,对合同产品有一套完整的质量控制方案,使顾客能了解企业的实力、业绩、管理水平、技术水平以及对合同产品在设计、施工生产各阶段主要质量控制活动和内部质量保证活动的有效性,使用户相信提供的产品能达到所规定的质量要求。因此,企业的质量保证主要工作能反过来促使完善质量控制,以便准备好客观证据,并根据对方的要求,有计划、有步骤地开展提供证据的活动。

10.4.3 建设工程项目质量控制

建设工程项目质量控制是指通过对项目质量实施情况的检查和监督,纠正发生的偏差以实现项目质量管理目标的一些管理工作的总称。其主要内容包括:项目质量实际情况的量度，项目质量实际与项目质量标准的比较，项目质量误差与问题的确认，项目质量问题的原因分析和采取纠偏措施以消除项目质量差距与问题等一系列活动。

建设工程项目质量控制是建设工程企业施工管理活动的重要内容，是一项贯穿于建设工程项目管理全过程的工作。我国工程质量事故统计资料表明，由设计原因引起的质量事故约占40%；而工程施工是使业主的设计意图最终实现并形成工程实体的阶段，也是最终形成建设工程产品质量和工程项目使用价值的重要阶段。因此，质量保证体系中最主要环节的质量控制是设计阶段质量控制和施工阶段质量控制。

10.4.3.1 设计阶段质量控制

工程项目的质量目标与水平，是通过设计使其具体化，据此作为施工的依据。所以，设计质量的优劣直接影响工程项目的功能、使用价值和投资的经济效益，关系着国家财产和人民生命的安全。设计质量涉及面较广、影响因素较多，概括而言，设计质量是一个多层次的概念，如图10.4.1所示。从图中可见，设计质量就是在严格遵守技术标准、法规的基础上(基础层)，正确处理和协调资金、资源、技术、环境条件的制约(约束层)，使设计项目能更好地满足业主所需的功能和使用价值，能充分发挥项目投资的经济效益(目标层)。

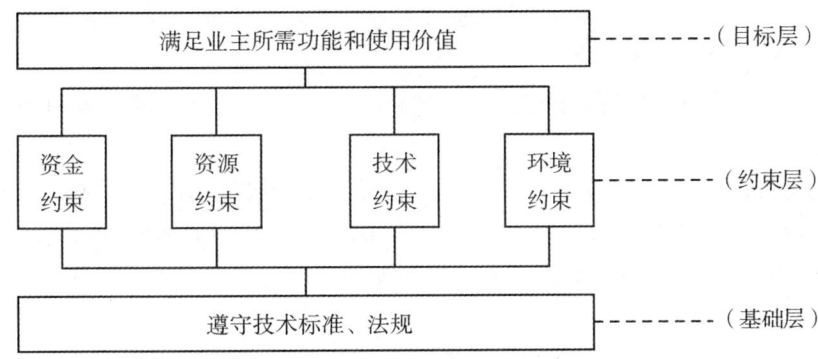

图10.4.1 设计质量概念系统框图

搞好设计质量的控制，是确保工程质量、缩短工期、节约投资、提高经济效益的关键工作，是保证工程建设顺利实施的有力措施。

1. 初步设计质量控制

(1) 设计深度要求。初步设计文件的深度应满足审批的要求：

① 应符合已审定的设计方案；

② 能据以确定土地征用范围；

③ 能据以准备主要设备及材料，主要设备及材料明细表要符合订货要求；

④ 应提供工程设计概算，作为审批确定项目投资的依据；

⑤ 满足施工图设计的准备工作要求，能据以进行施工图设计；

⑥ 能据以进行施工准备，满足土地征用、投资包干、招标承包、施工准备、开展施工组织设计，以及生产准备等项工作。

(2)质量控制要点。初步设计阶段设计图样的审核侧重于工程项目所采用的技术方案是否符合总体方案的要求,以及是否达到项目决策阶段确定的质量标准。该阶段的设计图样应满足设计方案的比选和确定、主要设备和材料的订货、土地征用、项目建设总投资的控制,施工准备与生产准备等项要求。初步设计阶段要重视方案选择,初步设计应该是多方案比较选择的结果,其主要审核内容如下:

① 有关部门的审批意见和设计要求;

② 工艺流程、设备选型先进性、适用性、经济合理性;

③ 建设法规、技术规范和功能要求的满足程度;

④ 技术参数先进合理性与环境协调程度,对环境保护要求的满足程度;

⑤ 设计深度是否满足施工设计阶段的要求;

⑥ 采用的新技术、新工艺、新设备、新材料是否安全可靠、经济、合理。

2. 技术设计或扩大初步设计质量控制

(1)设计深度要求。技术设计或扩初设计的深度应满足设计方案中重大技术问题和有关试验设备制造等方面的要求,满足编制施工招标文件、主要设备材料订货和指导施工图设计的要求,并且能达到政府有关部门审批要求的深度。

(2)质量控制要点。技术设计或扩初设计的质量控制要侧重于技术方案的研究和选择,因为扩大初步设计是施工图设计的依据,各专业的技术方案经确定就不易更改。具体的质量控制要点包括以下几个方面:

① 是否符合设计任务书和批准方案所确定的使用性质、规模、设计原则和审批意见,设计文件的深度是否达到要求;

② 有无违反人防、消防、节能、抗震及其他有关设计规范和设计标准;

③ 总体设计中所列项目有无漏项,总建筑面积有无超出设计任务书批准的面积,各项技术经济指标是否符合有关规定,总体工程与城市规划红线、坐标、标高、市政管网等是否协调一致;

④ 建筑单体设计中各部分用房分配、平面布置和相互关系、房间的朝向、开间、进深、层高、交通路线等是否合理,通风采光、安全卫生、消防、疏散、装修标准等是否恰当;

⑤ 审查结构选型、结构布置是否合理,给排水、热力、消防、空调、电力、电信、电视等系统设计标准是否恰当;

⑥ 审查扩初设计概算,有无超出计划投资,原因何在。

3. 施工图设计质量控制

(1)设计深度要求。施工图设计文件的深度应满足下列要求:

① 能据以编制施工图预算,并作为预算包干、工程结算的依据;

② 能据以安排材料、设备订货、非标准设备和结构件的加工制作;

③ 施工组织设计的编制,应满足设备安装和土木建筑施工的需要;

④ 能据以进行工程验收。

此外,我国《建筑工程设计文件编制深度规定》(2018年版)还详细规定了建筑工程施工图的深度,如总平面施工图和结构施工图深度要求。

(2) 质量控制要点。施工图设计阶段质量控制要点为：

① 督促并控制设计单位按照委托设计合同约定的日期，保质、保量、准时完成施工图及概(预)算文件；

② 对设计过程进行跟踪监督，必要时进行对单位工程施工图的中间检查验收，其主要检查内容为：a. 设计标准及主要技术参数是否合理；b. 是否满足使用功能要求；c. 地基处理与基础形式的选择；d. 结构选型及抗震设防体系；e. 建筑防火、安全疏散、环境保护及卫生的要求；f. 特殊的要求，如工艺流程、人防、暖通、防腐蚀、防尘、防噪声、防微振、防辐射、恒温、恒湿、防磁、防电波等；g. 其他需要专门审查的内容；

③ 审核设计单位交付的施工图及概(预)算文件，并提出评审验收报告；

④ 根据国家有关法规的规定，将施工图报送当地政府建设行政主管部门指定的审查机构进行审查，并根据审查意见对施工图进行修正；

⑤ 编写工作总结报告，整理归档。

10.4.3.2 施工阶段质量控制

建设工程项目施工阶段质量控制体系如图10.4.2所示，包括施工准备、施工过程、工程施工质量验收、工程施工质量事故处理阶段的质量控制和施工质量的政府监督控制手段五个基本方面及其详细控制活动。下面介绍施工质量控制的基本内容和方法。

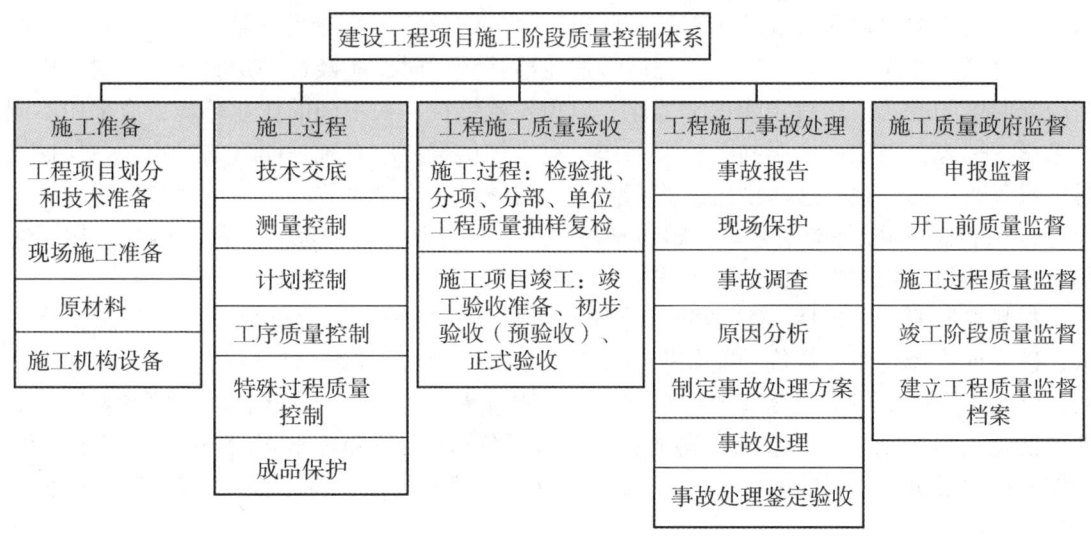

图10.4.2 施工阶段质量控制体系图

1. 施工质量的影响因素

通过对影响施工质量的五大因素(人、机、料、法、环)进行控制，可有效地控制施工质量。

(1) 人的因素。影响施工质量的人员包括：直接参与工程施工的组织者、指挥者和操作者。人作为控制的对象，应避免产生失误；作为控制动力，应充分调动人的积极性，发挥人的主导作用。

提高管理者和操作者的质量管理水平,必须从政治素质、业务素质、心理素质和身体素质等方面进行综合培养和考核。坚持持证上岗制度,推行各类专业人员的执业资格制度,全面提高工程施工参与者的技术和管理素质。

在工程施工质量控制中,应考虑以下人的因素:

① 人的技术水平。这直接影响工程质量的水平,尤其是对技术复杂、难度大、精度高的工序或操作,例如高压容器罐的焊接、钢屋架的放样、特种结构的模板、高级装饰与饰面、重型构件的吊装、油漆粉刷的配料调色等,都应由技术熟练、经验丰富的工人来完成。必要时,还应对他们的技术水平予以考核。

② 人的生理缺陷。根据工程施工的特点和环境,应严格控制人的生理缺陷,如有高血压、心脏病的人,不能从事高空作业和水下作业;反应迟钝、应变能力差的人,不能操作快速运行、动作复杂的机械设备;视力、听力差的人,不宜参与校正、测量或用信号、旗语指挥的作业等。否则,将影响工程质量,引发安全事故,产生质量事故。

③ 人的心理行为。由于人要受社会、经济、环境条件和人际关系的影响,要受组织纪律和管理制度的制约,因此人的劳动态度、注意力、情绪、责任心等在不同地点、不同时期也会有所变化。所以,对某些需确保质量、万无一失的关键工序和操作,一定要控制人的心理活动,稳定人的情绪。

④ 人的错误行为。人在工作场地或者工作中吸烟、打赌、错视错听、误判断、误动作等,都会影响质量或造成质量事故。所以,对具有危险源的现场作业,应严禁吸烟、嬉戏;当进入强光或者昏暗环境对工程质量进行检验测试时,应经过一定时间,使视力逐渐适应光照度的改变,然后才能正常工作,以免发生错视;在不同的作业环境,应采用不同的色彩、标志,以免产生误判断或误动作;对指挥信号,应有统一明确的规定,并保证畅通,避免噪声的干扰。这些措施,均有利于预防质量和安全事故。

(2) 材料、构配件的因素。材料包括原材料、元器件、半成品、成品、构配件等,它们是工程项目的物质基础,也是工程项目实体的组成部分。

材料控制的重点包括:① 收集和掌握材料供应商的信息,通过分析论证优选供货厂家,以保证选择优质、廉价、能如期供货的供应商;② 合理组织材料的供应,确保工程的正常施工,施工单位应合理地组织材料的采购订货、加工生产、运输、保管和调度,既能保证施工的需要,又不造成材料的积压;③ 严格按规范和标准对材料进行检查验收,确保材料的质量,材料的取样、试验操作均应符合规范要求;④ 使用环节要严防材料的错用和误用。

材料质量控制的内容具体如下:

① 材料的质量标准。材料质量标准是用以衡量材料质量的尺度,不同材料有不同的质量标准。例如,水泥的质量标准有细度、标准稠度用水量、凝结时间、体积安定性、强度、标号等。

② 材料质量的检验。材料质量检验的目的,是通过系列的检测手段,将所取得的材料质量数据与材料的质量标准相对照,判断材料是否合格,并掌握材料的质量信息。

③ 材料的选用。材料的选择和使用不当,均会严重影响工程质量或造成质量事故。为此,必须针对工程特点,根据材料的性能、质量标准、适用范围和对施工要求等方面进

行综合考虑，慎重地选择和使用材料。例如，储存期超过 3 个月的过期水泥或受潮、结块的水泥，需重新鉴定其标号，并且不允许用于重要工程中；不同品种、标号的水泥不能混合使用；硅酸盐水泥、普通水泥因水化热大，适宜用于冬期施工，而不适宜用于大体积混凝土工程等。

材料质量检验方法包括：书面检验、外观检验、理化检验、无损检验等。

根据对材料质量信息和保证资料的具体情况，材料质量检验程度可分为免检、抽检和全部检查三种。

(3) 机械的因素。机械设备的控制一般包括施工机械、工程设备和各类施工器件。

① 施工机械的控制。施工机械是建设工程项目的物质基础。施工机械设备的选择是否适用、先进和合理，将直接影响工程项目的施工质量和进度。所以，应结合工程项目的布置、结构形式、施工现场条件、施工程序、施工方法和施工工艺等，控制施工机械形式和主要性能参数的选择，以及施工机械的使用操作，制定相应的使用操作制度，并严格执行。

② 工程设备的控制。对工程机械设备的控制，主要是控制设备的检查验收、设备的安装质量和设备的试车运转。要求按设计选型购置设备，设备进场要按设备的名称、型号、规格、数量的清单逐一检查验收，设备安装要符合有关设备的技术要求和质量标准，试车运转正常才能配套投产。

③ 工程设备的检验要求。具体如下：

第一，对整机装运的新购机械设备，应进行运输质量及供货情况的检查。对有包装的设备，应检查包装是否受损；对无包装的设备，则可直接进行外观检查及附件、备品的清点；对进口设备，则要进行开箱全面检查，若发现设备有较大损伤，应做好详细记录或照相，并尽快与运输部门或供货厂家交涉处理。

第二，对解体装运的自组装设备，在对总成、部件及随机附件、备品进行外观检查后，应尽快组织工地组装，并进行必要的检验试验。

第三，工地交货的机械设备，一般都由制造厂在工地进行组装、调试和生产性试验，自检合格后才提请订货单位复验，复验合格后，才能签字验收。

第四，调拨的旧设备的测试验收，应基本达到"完好机械"的标准。全部验收工作，应在调出单位所在地进行，若测试不合格，就不装车发运。

第五，对于永久性或长期性的设备改造项目，应按原批准方案的性能要求，经一定的生产实践考验并经鉴定合格后才予以验收。

第六，对于自制设备，在经过生产考验后，按试验大纲的性能指标测试验收，绝不允许擅自降低标准。

第七，机械设备的检验是一项专业性、技术性较强的工作，须要求有关技术、生产部门参加。重要的关键性大型设备，应组织专业鉴定小组进行检验。一切随机的原始资料、自制设备的设计计算资料、图纸、测试记录、验收鉴定结论等应全部清点，整理归档。

(4) 方法的因素。施工方法是指工程项目的施工组织设计、施工方案、施工技术措施、施工工艺、检测方法或措施等。施工方法直接影响到工程项目的质量形成，特别是施工方案是否合理和正确，不仅影响到施工质量，还对施工的进度和费用产生重要影响。因此，要结合工程项目的实际情况，从技术、组织、管理、经济等方面进行全面分析和论证，确保施工方案在技术上可行、经济上合理、方法先进、操作简单，既能保证工程项目质量，又能加快施工进度、降低成本。

（5）环境的因素。影响工程项目的环境因素很多，归纳起来有三个方面：①工程技术环境，主要包括工程地质、地形地貌、水文地质、工程水文和气象等因素；②工程管理环境，主要包括质量管理体系、质量管理制度、工作制度和质量保证活动等；③劳动环境，主要包括劳动组合、劳动工具和施工工作面等。

在工程项目施工中，环境因素是在不断变化的，如施工过程中气温、湿度、降水和风力等。前一道工序为后一道工序提供了施工环境，因此，施工现场的环境也是变化的，不断变化的环境对工程项目的质量就会产生不同程度的影响。

对环境因素的控制，涉及范围较广，与施工方案和技术措施密切相关，必须全面分析，才能达到有效控制的目的。

2. 施工质量控制依据

（1）共同性依据。是指适用于施工阶段且与质量管理有关的通用的、具有普遍指导意义和必须遵守的基本条件。主要包括国家和政府有关部门颁布的与质量管理有关的法律和法规性文件，如《招标投标法》《质量管理条例》等，以及工程建设合同，设计文件、设计交底及图纸会审记录、设计修改和技术变更规定等。

（2）专门技术法规性依据，是指针对不同的行业、不同质量控制对象指定的专门技术法规文件，主要包括规范、规程、标准、规定等，例如有关建筑材料、半成品和构配件的质量方面的专门技术法规性文件，有关材料验收、包装和标志等方面的技术标准和规定，以及有关新工艺、新技术、新材料和新设备的质量规定和鉴定意见等。

3. 施工质量控制基本环节

施工质量控制应贯彻全面质量管理的思想，运用动态控制原理，进行事前质量控制、事中质量控制和事后质量控制。

（1）事前质量控制，即正式施工前进行质量控制，控制重点是做好准备工作。要求在切实可行并有效实现预期质量目标的基础上，预先编制周密的施工质量计划、施工组织设计或施工项目管理实施规划，对影响质量的各因素和有关方面进行预控。

事前控制要求加强施工项目的技术质量管理系统控制，加强企业整体技术和管理经验对施工质量计划的指导和支撑作用。其内涵包括两层：一是强调质量目标的计划预控，二是按质量计划进行质量活动前的准备工作状态控制。

（2）事中质量控制，是指在施工过程中进行质量控制。首先是对质量活动的行为进行约束，即对质量产生过程各项技术作业活动操作者在相关制度管理下的自我行为约束的同时，充分发挥其技术能力，完成预定质量目标的作业任务；其次是对质量活动的过程和结果，来自外部的监督控制。

事中控制的策略为全面控制施工过程及其有关方面的质量，重点为控制工序质量、工作包质量和关键质量控制点，要点为工序交接有检查、质量预控有对策、施工项目有方案、技术措施有交底、图纸会审有记录、配置材料有试验、隐蔽工程有验收、计量器具有复核、设计变更有手续、质量处理有复查、成品保护有措施、行使质控有否决、质量文件有档案。

（3）事后质量控制，是指对所完成的具有独立功能和使用价值的最终单位工程或整个工程项目及其有关方面的质量进行控制，包括对质量活动结果的评价和认定以及对质量偏差的纠正。

以上三个环节，不是孤立的和截然分开的，它们之间构成有机的系统过程，实质上也就是 PDCA 循环的具体化，并在每一次滚动循环中不断提高，达到质量管理的持续改进。

4. 施工质量控制的基本内容和方法

（1）质量文件审核。审核有关技术文件、报告或报表，是项目经理对工程质量进行全面管理的重要手段。这些文件包括：

① 施工单位的技术资质证明文件和质量保证体系文件；
② 施工组织设计和施工方案及技术措施；
③ 反映工序质量动态的统计资料或控制图表；
④ 设计变更和图纸修改文件；
⑤ 有关材料和半成品及构配件的质量检验报告；
⑥ 有关应用新技术、新工艺、新材料的现场试验报告和鉴定报告；
⑦ 相关方面在现场签署的有关技术文件；
⑧ 有关工程质量事故的处理方案。

（2）现场质量检查。现场质量检查的内容包括：

① 开工前检查，主要检查是否具备开工条件，开工后是否能够保持连续正常施工，能否保证工程质量；
② 交接检查，对于重要的工序或对工程质量有重大影响的工序，应严格执行"三检"制度，即自检、互检、专检；
③ 隐蔽工程的检查，施工中凡是隐蔽工程必须检查认证后方可进行隐蔽掩盖；
④ 停工后复工的检查，因客观因素停工或处理质量事故等停工后，经检查认可后方能复工；
⑤ 分项、分部工程完工后的检查，应经检验认可，并签署验收记录后，才能进行下一工程项目的施工；
⑥ 成品保护的检查，检查成品有无保护措施以及保护措施是否有效可靠。

现场质量检查的方法主要有目测法、实测法和试验法等，具体如下：

① 目测法，即凭借感官进行检查，也称观感质量检验。其手段可概括为"看、摸、敲、照"看，就是根据质量标准进行外观目测，如墙面粉刷质量是否表面无压痕、空鼓，地面是否平整，施工顺序是否合理，工人操作是否正确等，均是通过目测评价。摸，就是手感检查，主要用于装饰工程的某些检查项目，如水刷石、干粘石黏结牢固程度，地面有无起砂等，均通过摸加以鉴别。敲，是应用工具进行音感检查，通过声音的虚实确定有无空鼓；根据声音的清脆和沉闷，判断属于面层空鼓或底层空鼓。照，对于难以看到或光线较暗的部位，则可采用镜子反射或灯光照射的方法进行检查，如评估门框顶和底面的油漆质量等。

② 实测法，即通过实测数据与施工规范、质量标准的要求及允许偏差值进行对照，

判断质量是否符合要求。其手段可概括为"靠、量、吊、套"。靠，就是用直尺、塞尺检查墙面、地面、屋面的平整度。量，就是用测量工具和计量仪表等检查断面尺寸、轴线、标高、湿度、温度等的偏差。吊，就是利用托线板以及线锤吊线检查垂直度，如砌体垂直度检查、门窗的安装等。套，就是用方尺套方，辅以塞尺检查，如对阴阳角的方正、踢脚线的垂直度、预制构件的方正等项目的检查，对门窗口及构配件的对角线(窜角)检查，也是套方的特殊手段。

③ 试验法，即通过必要的试验手段对质量进行判断的检查方法。主要包括理化试验法和无损检测法。理化试验法是指通过进行现场试验或试验室试验等理化试验手段，取得数据，分析判断质量情况。工程中常用的理化试验包括各种物理力学性能方面的检验和化学成分及含量的测定等两个方面。无损检测法是指借助专门的仪器设备在不损伤被检测物的情况下，探测结构内部的组织特征或直接测定其表面参数来推定结构的损伤状态。

10.5 质量管理中常用的统计与分析方法

产品的质量数据反映了产品的质量状况及其变化，是进行质量控制的重要依据，通过对质量数据的收集、整理和分析，可以找出质量的变化规律，发现存在的质量问题，及时采取预防和纠正措施，从而使产品的质量处于受控状态。

质量数据的整理分析，目前多采用统计分析的方法。运用统计分析方法来进行质量控制，始于20世纪20年代初期，是由美国贝尔实验室的休哈特(W. A. Shewhart)首先引入到质量管理中来的，到20世纪50年代后期，随着全面质量管理的推行，统计分析方法也得到迅速推广和应用。

10.5.1 质量统计数据

数据是进行质量控制的基础。工程项目质量管理的一个基本出发点，就是"一切用数据说话"。在实际应用中，数据的产生依赖于抽样，根据样本的质量特征，对总体(如工序、产品)的质量特征做出科学的分析判断。

1. 质量数据的类型

质量数据主要来源于工程建设过程中的各种检验，即材料检验、工序检验、验收检验等。质量数据就其本身特性而言，可分为计量值数据和计数值数据。

(1)计量值数据。这是可以连续取值的数据，如长度、厚度、直径、强度等质量特征，一般都是可以用检测工具或仪器等测量(或试验)的。工程质量检验过程中获得的数据大部分是计量值数据。

(2)计数值数据。有些反映质量状况的数据是不能用测量其来度量的，则采取计数方式，即用1、2、3等计次，如不合格品数、不合格的构件数、缺陷的点数等。

2. 数据的收集

样本数据应能反映总体的全貌，即样本应具有代表性，所以，数据的收集应建立在随机的基础上。常用的方法有以下几种：

(1)全数检验。这是对总体逐一观察、测量、计数、登记，从而获得对总体质量水平的评价。全数检验可提供大量可靠质量信息，但消耗人力、物力、财力和时间。

(2)抽样检验。具体如下：

① 简单随机抽样，又称单纯随机抽样，是用随机数表、随机数生成器或随机数骰子来进行抽样，广泛应用于原材料、构配件的进货检验和分项工程、分部工程、单位工程竣工后的检验。

② 分层抽样法，是先按某一标志将主体分为若干组，然后从每组中抽取样本的方法，这种方法是为了使样本具有较好的代表性。如砂、石、水泥等散料的检验和分层码放整齐的构配件的检验，都可用这种方法抽取样品。

③ 系统抽样法，是每隔一定的时间或空间抽取一个样本的方法，其第一个样本是随机的，所以又称为机械随机抽样法。这种方法主要用于工序间的检验。

④ 二次抽样法，二次抽样又称二次随机抽样，当总体很大时，将总体分为若干批，先从其中随机抽几批，再随机地从抽中的几批中抽取所需的样品。如对批量很大的砖的抽样就可按二次抽样进行。

3. 数据的取舍

通常的"四舍五入"办法在多次使用后，会使数据总值偏大，为了使数据取舍更合理，应对所需要保留的精确位数以后的第 1 位数，采用"四舍六入"的办法，对于精确位数以后的第 1 位数是 5 的数，若前一位是奇数时进"1"，否则就舍去。例如，要求的精度是百分之一，对于数据 4.125，则应采用 4.12，而对于数据 4.115，则应采用 4.12。

4. 质量数据的特征值

产品质量数据具有随机性，可用随机变量 X 表示，总体取值为 N：x_1，x_2，x_3，x_4，x_5，x_6，$\cdots$，x_N。若从总体中随机抽取 n 个样品，则样本的质量数据为 x_1，x_2，x_3，x_4，x_5，x_6，$\cdots$，x_n。质量数据的特征值是由总体(样本)数据计算得到的描述质量数据波动规律的指标，描述质量数据分布集中趋势的有算术平均值、中位数，描述质量数据分布离中趋势的有极差、标准偏差和变异系数。

(1)均值 $\bar{X}$。样本的均值又称样本的算术平均值，是消除了个体之间个别偶然的差异，显示出所有个体共性和数据一般水平的统计指标，它由所有数据计算得到，是数据的分布中心(或集中程度、波动中心、整体水平)，对数据的代表性好。

① 总体的算术平均值 μ：

$$\mu = \frac{1}{N}(x_1 + x_2 + \cdots + x_N) = \frac{1}{N}\sum_{i=1}^{N} x_i \tag{10.5.1}$$

② 样本的算术平均值 $\bar{X}$：

$$\bar{X} = \frac{1}{n}(x_1 + x_2 + \cdots + x_N) = \frac{1}{n}\sum_{i=1}^{n} x_i \tag{10.5.2}$$

式中：x_i——第 i 个样品的数值；

n——样本的大小。

(2)加权平均数($\bar{X}$)。将数据按出现的频率 f 加权，然后除以频数之和，即

$$(\bar{X}) = \frac{\sum_{i=1}^{n} x_i f_i}{\sum_{i=1}^{n} f_i} \tag{10.5.3}$$

(3)中位数 $\tilde{x}$ 。先将样本中的数据按大小排列，样本为奇数时，中间的一个数为中位数；样本为偶数时，中间两数的平均值为中位数。中位数也表示数据集中的位置，常用 $\tilde{x}$ 表示。

(4)极值与极差。一个样本中的最大值 x_{max} 和最小值 x_{min} 称为极值，两者之差称为极差，即

$$R = x_{max} - x_{min}$$

(5)标准差。总体的标准差用 σ 表示，即

$$\sigma = \sqrt{\frac{1}{N} \sum_{i=1}^{N} (x_i - \mu)^2} \tag{10.5.4}$$

式中：N ——总体大小；

μ ——总体均值。

样本中标准差用 S 表示，即

$$S = \sqrt{\frac{1}{n} \sum_{i=1}^{n} (x_i - \bar{x})^2} \quad (n \geqslant 50) \tag{10.5.5}$$

$$S = \sqrt{\frac{1}{n-1} \sum_{i=1}^{n} (x_i - \bar{x})^2} \quad (n < 50) \tag{10.5.6}$$

S 也叫标准差的无偏估计，标准差的大小反映了数据的波动情况，即分散程度。

(6)变异系数 δ 。变异系数又称离散系数，是用标准差除以算术平均值得到的相对数，即

$$\delta = \frac{\sigma}{\mu}, \delta = \frac{S}{\bar{x}} \tag{10.5.7}$$

变异系数表示数据的相对变异(离散)程度。变异系数小，说明分布的集中程度高，离散程度小，均值对总体(样本)的代表性好。由于消除了数据平均水平不同的影响，因此变异系数适用于均值有较大差异的总体之间离散程度的比较，应用更为广泛。

5. 质量变异分析

生产过程是否稳定要从生产过程中影响质量变化的因素来分析，影响质量的因素很多，可归结为4M1E因素，具体表现为操作者水平或操作的稳定性，生产设备的误差或振动，原材料性质上的差异，工艺方法或操作方法的特点，温度、湿度的变化，等等。由于这些因素的存在，使产品质量间存在差异，这种差异称为质量的变异。

(1)偶然性因素，又称随机性因素。例如，原材料的规格、型号都一致，只是材质不均匀；一天中温度、湿度的微小变化等，都会对工程质量产生影响，使工程质量产生微小的波动，这种质量的变异为正常变异，属于正常波动。质量的这种波动是不可避免的，所以，偶然性因素是无法或难以控制的因素。严格地讲，材质的不均匀或气候微小的变化等

是可以设法消除的,但在技术上不易识别和消除,经济上也不值得去消除,因为这种微小的波动在工程上是允许的。工程质量在偶然性因素影响下,生产处于稳定状态,质量数据的大小、方向不定,但都在平均值附近波动。

(2)系统性因素,是可控制,易消除的因素。这类因素不经常发生,但对工程质量的影响较大。系统性因素有一定的规律,对工程质量的影响,其大小、方向不变,是非随机的。例如,材料的规格、型号不对,则对工程质量影响很大,这时质量的波动属于非正常波动,即非正常变异。

质量控制的目的(或目标)就是要查找异常波动的原因(即系统性因素)并加以排除,使质量只受随机性因素的影响。因此,生产处于稳定状态时,只有偶然性因素的影响,质量正常波动;若生产发生了异常波动,则既有偶然性因素,又有系统性因素的影响。

6. 质量数据的特征分布

生产处于正常的、稳定的情况下,质量数据具有波动性和统计规律性,当样本足够大时,一般假定质量数据的特征符合正态分布规律,其分布密度函数为

$$f(x) = \frac{1}{\sqrt{2\pi}\sigma}e^{-\frac{(x-\mu)^2}{2\sigma^2}} \qquad (10.5.8)$$

式中:x——随机变量;

μ——随机变量的平均值;

σ——随机变量的标准差。

正态分布曲线如图10.5.1所示。正态分布具有以下特点:

(1)正态分布曲线对称于$x=\mu$,以均值μ为中心;

(2)$x=\mu$时,曲线处于最高点;

(3)曲线下包围的面积为1,$\mu\pm3\sigma$所围成的面积为99.73%。

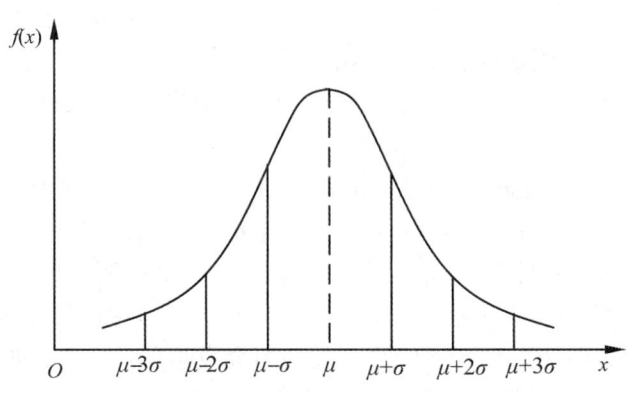

图10.5.1 正态分布曲线图

10.5.2 控制图法

控制图又名管理图,是一种利用统计图表展示生产过程中产品质量波动状态的图形,

是质量控制中最重要的方法。控制图法是由休哈特在1924年提出的。人们对控制图的评价是："质量控制始于控制图，亦终于控制图"。其主要用途是：

（1）分析判断生产过程的稳定性，从而使生产过程处于统计控制状态；
（2）及时发现生产过程中的异常现象和缓慢变异，预防不合格产品发生；
（3）查明生产设备和工艺装备的实际精度，以便做出正确的技术决定；
（4）为评定产品质量提供依据。

10.5.2.1 控制图的设计原理

控制图的设计原理即：正态性假定、3σ 准则、小概率原理和反证法思想。如图10.5.2 所示。

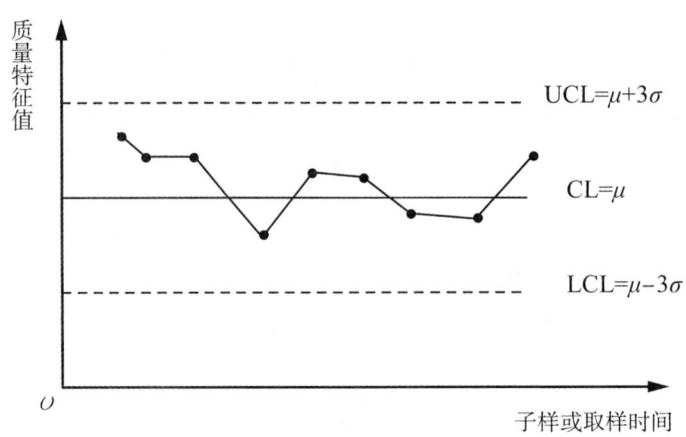

图 10.5.2　控制图的基本形式

（1）正态性假定。任何生产过程生产出来的产品，其质量特性值总会存在一定程度的波动，当过程稳定或者说受控时，这些波动主要是由人、机器、原材料、工艺方法及生产环境等的微小变化所造成的随机误差。此时，绝大多数质量特性值均可假定服从或近似服从正态分布。这一假定，称为正态性假定。

（2）3σ 准则。若质量特征值 X 服从正态分布 $N(\mu, \sigma^2)$，则根据正态分布的概率性质，有 $P\{\mu - 3\sigma < X < \mu + 3\sigma\} = 99.73\%$，即 $(\mu - 3\sigma, \mu + 3\sigma)$ 是 X 的实际取值范围。据此原理，若对 X 设计控制图，则中心线 $CL = \mu$，上、下控制边界线为 $UCL = \mu + 3\sigma$ 和 $LCL = \mu - 3\sigma$。中心线用实线表示，上、下控制边界线一般用虚线表示。

（3）小概率原理。即认为小概率事件一般是不会发生的。由 3σ 准则可知，若 X 服从正态分布 $N(\mu, \sigma^2)$，则 X 超出控制界限的可能性只有 0.27%，因此，认为其不会超出控制界限。

小概率原理符合人们的推理思想，故又称为实际推断原理，当然，运用小概率原理也可能导致错误，但犯错误的可能性恰恰就是此小概率。

（4）反证法思想。一旦控制图上点越出界限或其他小概率事件发生，则怀疑原生产过程失控，即生产处于不稳定状态，此时要从4M1E上去找原因，看是否发生了显著性变化。

10.5.2.2 控制图的种类与控制界限

1. 控制图的种类

(1)按用途不同,控制图可分为分析用控制图和管理(或控制)用控制图两类。

① 分析用控制图,主要是用来调查分析生产过程是否处于稳定状态,属于静态分析。绘制分析用控制图时,需要连续抽取 20~25 组样本数据,计算控制界限。

② 管理(或控制)用控制图,主要用来控制生产过程,使之经常保持在稳定状态下,属于动态分析。当根据分析用控制图判明生产处于稳定状态时,一般都是把分析用控制图的控制界限延长作为管理用控制图的控制界限,并按一定时间间隔取样、计算、描点,根据点的分布情况,判断生产过程是否存在异常现象。

(2)根据质量数据种类,控制图分为计量值控制图和计数值控制图两类。

① 计量值控制图,适用于产品质量特征为计量值(可连续取值的数据,如长度、重量、时间、强度等连续变量)的情形,常用的计量值控制图有下面几种:

a. 单值控制图(X 图),是把一个个计量值的数据直接点入控制图,即每次抽检样本数为 1 的情况,通常用于测量费用高、得到数据间隔较长的场合或只需测量一个数据就能反映质量特性的场合。这种控制图的检出能力较低,使用时要特别注意。

b. 平均值控制图($\bar{X}$ 图),主要用于判断生产的均值是否处于或保持在所要求的受控状态。

c. 均值-极差控制图($\bar{X}$-R 图),是将平均值控制图与极差控制图联合使用。这种控制图可以对生产过程的状况作较全面而准确的分析,是一种获得过程情报最多的控制图,检出能力高,应用广泛。

d. 中位数-极差控制图($\tilde{X}$-R 图),是将 $\tilde{X}$ 控制图代替了 $\bar{X}$-R 中的 $\bar{X}$ 控制图而形成。这种控制图由于可以不用计算样本的平均值,使用较方便,但 $\tilde{X}$ 控制图的检出能力比 $\bar{X}$ 控制图稍差。

e. 单值-移动极差控制图(X-R_s 图)。移动极差是指相邻两个数据 X_i 和 X_{i+1} 之差的绝对值。移动极差控制图和单值控制图配合使用,可以弥补单值控制图每次只取一个数据,无法观察数据分散程度变化的缺点。

② 计数值控制图,适用于产品质量特征为计数值(可用个数计数的数据,如不合格品数、缺陷数、疵点数等)的情形,常用的计数值控制图有下面几种:

a. 不合格数控制图(P_n 图)。使用这种控制图时,要求每次抽检的样本大小要相同。这种控制图可以把检验中的不合格品数直接点入图中,使用方便。

b. 不合格率控制图(P 图)。使用这种图时,必须经过运算求出不合格率 P 后才能点入图中,比使用 P_n 图麻烦,但是如果检验中每次抽检的样本大小不相同时,则必须用 P 图。

c. 样本缺陷数控制图(C 图)。C 图用于对产品缺陷数进行控制的场合,如门窗安装的缺陷数、钢筋焊接接头的缺陷数等,可以采用这种控制图。

d. 单位产品缺陷数控制图（U 图）。U 图用于对单位缺陷数进行控制的场合，例如墙面每平方米的缺陷数、安装的同型号水龙头的缺陷数等可以用这种控制图。

2. 控制界限

控制图中的控制界限的计算公式如表 10.5.1 所示。公式中的系数可以由表 10.5.2 查得。

表 10.5.1 控制界限计算公式表

分类	分布	图名	中心线	上、下控制界限	说明
计量值控制图	正态分布	X	$\bar{X}$	$\bar{X} \pm E_2 \bar{R}$	$\bar{X} = \dfrac{\sum X}{n}$
		$\bar{X}$	$\bar{\bar{X}}$	$\bar{\bar{X}} \pm A_2 \bar{R}$	$\bar{\bar{X}} = \dfrac{\sum \bar{X}}{K}$
		R	$\bar{R}$	$D_4 \bar{R}$，$D_3 \bar{R}$	$\bar{R} = \dfrac{\sum R}{K}$
		$\tilde{X}$	$\bar{\tilde{X}}$	$\bar{\tilde{X}} \pm M_3 A_2 \bar{R}$	$\bar{\tilde{X}} = \dfrac{\sum \tilde{X}}{K}$
计数值控制图	计件值控制	二项分布	P	$\bar{P}$	$\bar{P} \pm 3\sqrt{\dfrac{\bar{P}(1-\bar{P})}{n}}$	$\bar{P} = \dfrac{\sum P_n}{\sum n}$
			P_n	$\bar{P}_n$	$\bar{P}_n \pm 3\sqrt{\bar{P}_n(1-\bar{P})}$	$\bar{P}_n = \dfrac{\sum P_n}{K}$
	计点值控制	泊松分布	C	$\bar{c}$	$\bar{c} \pm 3\sqrt{\bar{c}}$	$\bar{c} = \dfrac{\sum c}{K}$
			U	$\bar{u}$	$\bar{u} \pm 3\sqrt{\dfrac{\bar{u}}{n}}$	$\bar{u} = \dfrac{\sum c}{\sum n}$ 或 $\bar{u} = \dfrac{\sum u}{K}$

注：表中 n 为每个样本中的样本数；K 为样本组数或取样天数。

表 10.5.2 控制图系数表

n	A_2	$M_3 A_2$	D_3	D_4	E_2
2	1.880	1.880	—	3.267	2.660
3	1.023	1.187	—	2.575	1.772
4	0.729	0.796	—	2.282	1.457
5	0.577	0.691	—	2.115	1.290
6	0.483	0.549	—	2.004	1.184
7	0.419	0.509	0.076	1.924	1.109

续表

n	A_2	M_3A_2	D_3	D_4	E_2
8	0.373	0.432	0.136	1.864	1.054
9	0.337	0.412	0.184	1.816	1.010
10	0.308	0.363	0.223	1.727	0.975

10.5.2.3 控制图的绘制

控制图的作法和使用方法一般是：在生产正常情况下，先取样品，经计算求得上、下界限后，绘出控制图。此后，在生产过程中定期取子样，得出数据描在控制图上，如果点落在控制界限内且排列无缺陷，则表明生产过程正常，不会发生不合格品，即使偶尔发生不合格品，其数量也在允许范围之内；如果点越出了控制界限或排列有缺陷，则表明生产条件发生了某些异常变化，可能会发生或已经发生了不合格品，应采取适当措施使生产恢复正常。下面以一个实例说明常用的 $\bar{X}$-R 图的绘制。

【例 10.5.1】某混凝土浇筑工程共取 125 个混凝土抗压强度的数据（每个数据为 3 个混凝土试块的抗压强度平均值）如表 10.5.3 所示，试绘出其 $\bar{X}$-R 控制图。

解 （1）将 125 个数据分成 25 个样组，每个样组有 5 个数据，即 $K=25$，$n=5$，计算每个样组的 $\bar{X}$ 值和 R 值，如表 10.5.3 中所列，则 $\bar{\bar{X}} = \dfrac{\sum \bar{X}}{K} = 23.95$，$\bar{R} = \dfrac{\sum R}{K} = 8.35$。

表 10.5.3　　　　　　　混凝土抗压强度数据表

样组号	抗压强度值(N/mm^2)					$\bar{X}$	R
	X_1	X_2	X_3	X_4	X_5		
1	22.0	27.0	26.6	23.4	26.6	25.12	5.0
2	22.4	26.4	24.9	21.3	25.4	24.08	5.1
3	22.8	20.9	27.2	26.9	17.9	23.14	9.3
4	21.7	19.1	17.9	15.5	17.6	18.36	6.2
5	20.9	21.9	21.6	15.0	26.7	21.22	11.7
6	25.5	29.4	28.6	20.5	20.3	24.86	9.1
7	22.6	20.0	19.6	18.5	21.7	20.48	4.1
8	17.5	18.7	24.7	26.7	27.1	22.94	9.6
9	26.2	28.7	23.7	29.9	29.6	27.64	6.2
10	26.3	18.4	21.5	21.1	22.3	21.92	7.9
11	27.6	15.3	19.9	21.7	31.5	23.20	16.2

续表

样组号	抗压强度值(N/mm^2)					$\bar{X}$	R
	X_1	X_2	X_3	X_4	X_5		
12	19.5	21.2	21.3	22.1	33.0	23.42	13.5
13	26.4	31.7	23.7	21.5	27.2	26.10	10.2
14	25.3	32.1	27.6	25.4	28.8	27.84	6.8
15	30.6	25.4	27.8	31.3	30.5	29.12	5.9
16	25.8	28.2	26.6	23.3	30.8	26.94	7.5
17	24.7	26.3	22.9	20.8	26.8	24.30	6.0
18	25.5	25.6	31.0	15.4	19.5	23.40	15.6
19	15.0	24.8	23.9	22.5	22.4	21.72	9.8
20	31.1	18.9	20.9	27.8	26.6	25.06	12.2
21	22.4	22.9	23.0	27.7	28.2	24.84	5.8
22	24.8	26.9	27.4	25.3	22.4	25.36	5.0
23	29.1	25.7	27.4	25.3	19.4	25.38	9.7
24	21.1	20.3	22.4	19.3	19.4	20.50	3.1
25	18.4	25.6	23.0	20.6	20.9	21.70	7.2
						$\sum \bar{X} = 598.64$	$\sum R = 208.7$

(2) 计算控制上、下界限。查表10.5.2,当 $n=5$ 时,$A_2 = 0.577$,则 $\bar{X}$ 图的控制上限为 $\bar{\bar{X}} + A_2\bar{R} = 28.77$;$\bar{X}$ 图的控制下限为 $\bar{\bar{X}} - A_2\bar{R} = 19.13$。类似地,可以得到 R 图的控制上限为17.66,控制下限为0。

(3) 画 $\bar{X}$-R 控制图如图10.5.3所示。从图10.5.3(a)可以看出,$\bar{X}$ 图的第4号和第15号样组已越出控制界限,应分析原因,并采取措施防止不合格产品的出现。

10.5.2.4 控制图的判断

1. 判断生产处于稳定状态的准则

控制图上的点在中心线两侧随机排列的情况下,符合下列情况之一时,可以判断生产处于稳定状态:

(1) 连续25点全部在上、下控制界限之内(发生概率为0.9346);
(2) 连续35点中在控制界限外(包括界限上)的点只有1个(发生概率为0.9959);
(3) 连续100点中在控制界限外(包括界限上)的点不超过2个(发生概率为0.9974)。

2. 判断生产处于异常状态的准则

控制图中的点超出了上述稳定状态判断准则所确定的标准时,可以判断生产处于异常

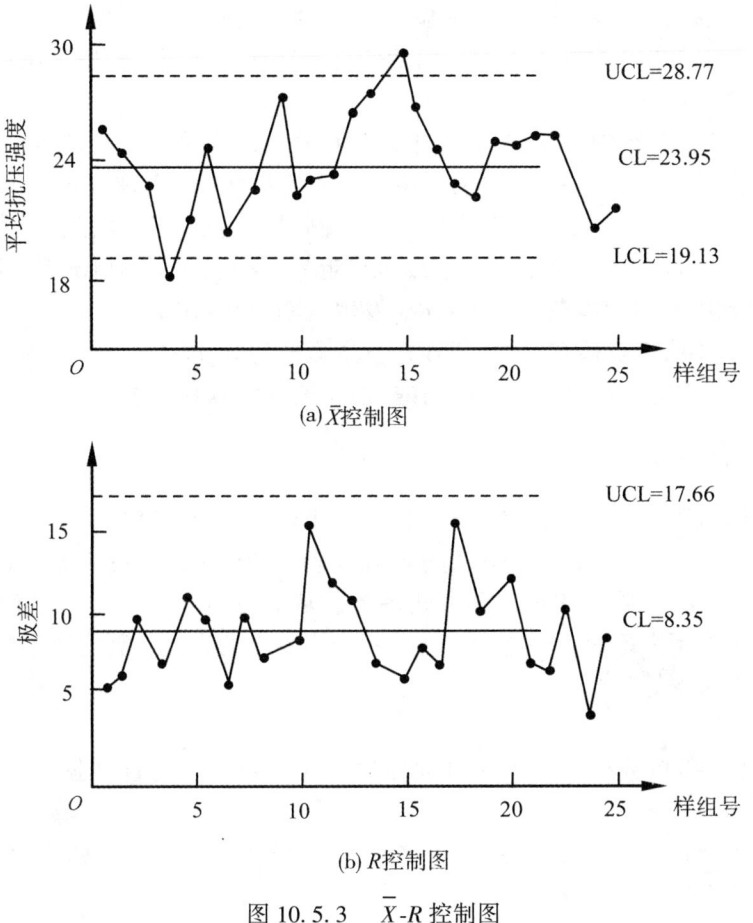

图 10.5.3 $\bar{X}$-R 控制图

状态。对于全在界限内的点,若出现下列情况之一,可以判断控制图有缺陷,生产可能处于异常状态:

(1)链。点连续出现在中心线一侧成为链。出现 5 点链时,应注意发展情况;出现 6 点链时,应开始调查原因;出现 7 点链时(发生概率为 0.0153),判断为异常,应停产处理。

(2)偏离。较多的点间断地出现在中心线的一侧称为偏离。以下情况可以判断为异常:

① 连续 11 点中至少 10 点在中心线一侧时(发生概率为 0.0114);
② 连续 14 点中至少 12 点在中心线一侧时(发生概率为 0.0125);
③ 连续 17 点中至少 14 点在中心线一侧时(发生概率为 0.0122);
④ 连续 20 点中至少 16 点在中心线一侧时(发生概率为 0.0112)。

(3)倾向。若干点连续上升或下降的情况称为倾向。连续 5 点出现上升或下降趋势时,应注意发展;连续 6 点出现上升或下降趋势时,应调查原因;连续 7 点出现上升或下降趋势时(发生概率为 0.00039),应采取措施。

(4) 周期。点的上升或下降出现明显的一定时间间隔称为周期。点发生的周期性变化,包括阶梯形、正弦、大波、小波形周期变化等情况,周期性的情况比较复杂,目前尚无明确判断异常的准则。

(5) 接近。点出现在中心线附近或控制界限附近称为接近。所谓点出现在中心线附近,是指点落在 $\mu-\sigma \sim \mu+\sigma$ 之间的情况。如连续 11 点出现在此区域(发生概率为 0.0150),则可以判断为异常;所谓点出现在控制界限附近,通常是指点落在 $\mu+2\sigma \sim \mu+3\sigma$ 或 $\mu-3\sigma \sim \mu-2\sigma$ 之间的情况。出现接近界限的点在下列情况下可以判断为异常:

① 连续 3 点中有 2 点落在上述区间内(发生概率为 0.0053);
② 连续 7 点中有 3 点落在上述区间内(发生概率为 0.0024);
③ 连续 10 点中有 4 点落在上述区间内(发生概率为 0.0006)。

10.5.3 直方图

直方图又称为质量分布图、柱状图,它以横坐标表示质量特性值,以纵坐标表示频数或频率值,各组频数或频率的大小用直方形高度表示的图形。该图主要是确定质量分布的基本特征,并以此判断质量的现状和变化趋势,从而分析和判断生产过程是否稳定。此外,直方图还可以用来评价工序能力、估计不合格品率的高低、制定质量标准、确定公差范围、评价施工水平等。

1. 直方图的作法

(1) 收集相关质量数据。采用随机抽样的方法获得质量特性数据,通常要求数据量(或样本容量)不小于 50 个。

如对数据进行筛选后,共收集了 100 个混凝土抗压强度数据,如表 10.5.4 所示。下面说明直方图的作法。

表 10.5.4　　　　　　　　　混凝土试块抗压强度表

行号	混凝土抗压强度(N/mm^2)数据							最大值	最小值
1	29.8	29.6	35.0	32.8	34.8	31.2	34.2	35.0	29.6
2	32.4	33.4	32.2	34.8	31.6	33.6	32.2	34.8	31.6
3	34.8	31.4	35.6	30.6	27.6	34.0	34.8	35.6	27.6
4	30.2	37.4	33.0	33.2	34.6	38.2	33.2	38.2	30.2
5	31.6	30.2	32.0	32.0	31.0	33.0	35.8	35.8	30.2
6	33.2	34.4	36.4	36.6	32.8	33.8	29.0	36.6	29.0
7	27.4	26.8	32.4	35.5	29.6	32.8	34.4	35.5	26.8
8	35.0	39.8	31.0	36.8	34.5	38.0	31.8	39.8	31.0
9	28.8	30.8	33.2	32.6	32.0	29.8	28.6	33.2	28.6
10	32.8	34.0	28.6	31.2	35.4	33.2	35.2	35.4	28.6
11	27.8	35.4	36.4	33.8	35.6	35.8		36.4	27.8

续表

行号	混凝土抗压强度(N/mm²)数据						最大值	最小值
12	36.2	30.6	30.8	30.0	26.2	29.4	36.2	26.2
13	38.2	32.0	31.4	29.0	30.0	30.8	38.2	29.0
14	32.0	33.6	34.2	31.4	32.2	36.4	36.4	31.4
15	34.2	32.8	29.6	33.6	29.6	31.6	34.2	29.6

(2)计算极差,极差 R = 最大值 X_{max} - 最小值 X_{min}。表 10.5.4 中数据的 X_{max} = 39.8,X_{min} = 26.2。

(3)确定直方图组数 k 和组距。分组数可以参照表 10.5.5 进行选取,组距 h 是组与组之间的间隔,组距与组数、极差的关系可表达为 $R \approx hk$。组数、组距的确定应结合极差综合考虑,适当调整且尽量取整,使分组结果能包括全部变量值。

表 10.5.5 分组数参照表

数据个数 n	分组数 k
50~100	6~10
100~250	7~12
250 以上	10~20

本例初取组数 $k=9$,则组距 $h = \dfrac{R}{k} = \dfrac{X_{max} - X_{min}}{k} = \dfrac{13.6}{9} = 1.51$,现取整数 1.5,则组数为 $\dfrac{13.6}{1.5} = 9.07$,实际的组数取为 $k=10$。

(4)计算组限,组限分为上限、下限,确定组限时应使各组之间连续,即较低组上限应为相邻较高组下限,对于恰恰处于组限值上的数据,可采用就低不就高的方式——下限计入组内而上限不计入组内,或采用就高不就低的方式——上限计入组内而下限不计入组内。数据分组区间应遵循以下规则来确定:

① 相邻区间数值上是连续的,即前一区间的上界值等于后一区间的下界值。
② 要避免数据落在区间的分界上。为此,将 X_{min} 减去半个测度单位,即第一区间为 $[X_{min}-0.05, X_{min}-0.05+h]$,第二区间为 $[X_{min}-0.05+h, X_{min}-0.05+2h]$,以此类推。实例中的区间划分结果如表 10.5.6 所示。

(5)计算频数,即数出落在每个组内的数据个数,如表 10.5.6 所示。

表 10.5.6　　频数分布统计表

组号	分组区间	组中值 a	频数	频率(%)
1	26.15~27.65	26.9	4	4
2	27.65~29.15	28.4	6	6
3	29.15~30.65	29.9	13	13
4	30.65~32.15	31.4	19	19
5	32.15~33.65	32.9	22	22
6	33.65~35.15	34.4	17	17
7	35.15~36.65	35.9	13	13
8	36.65~38.15	37.4	3	3
9	38.15~39.55	38.9	2	2
10	39.65~41.15	40.4	1	1

(6)绘制频数直方图。用横坐标表示数据分组区间，纵坐标表示各分组的频数。实例中的混凝土强度频数直方图如图 10.5.4 所示。

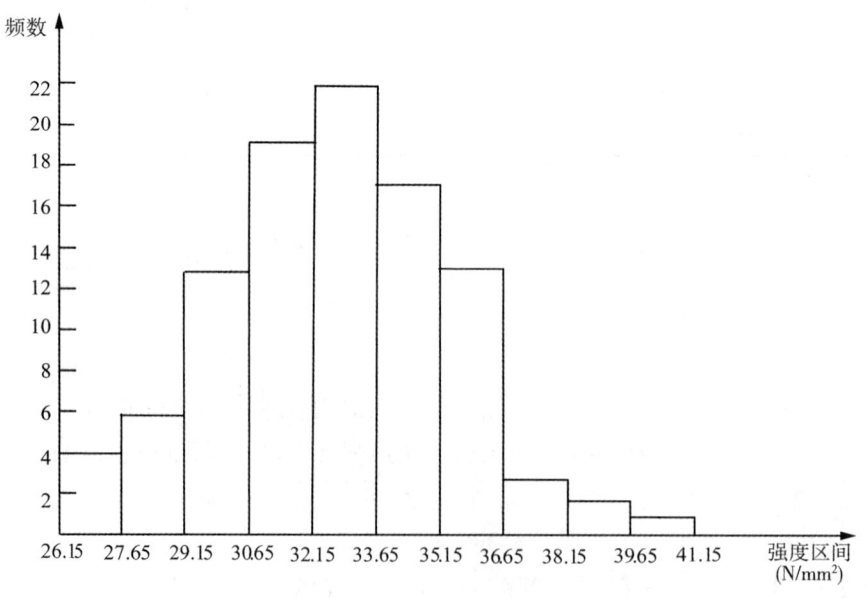

图 10.5.4　混凝土强度直方图

2. 直方图的观察分析

直方图的观察分析通常从以下两个方面进行。

(1)判断质量分布状态。样本质量数据服从或近似服从正态分布，则可由直方图的形状判断质量分布状态。如图 10.5.5 所示。

① 对称分布(正态分布)，如图 10.5.5(a)所示，说明生产过程正常，质量稳定。

② 偏态分布，如图 10.5.5(b)(c)所示，由于技术原因、习惯上的原因造成的偏态分布，属于异常生产情况。

③ 锯齿分布，如图 10.5.5(d)所示，多数是由于分组的组数不当，测量方法不当或测量不准确造成的。

④ 孤岛分布，如图 10.5.5(e)所示，往往是由于少数材料不合格、短期内工人操作不熟练造成的。

⑤ 陡壁分布，如图 10.5.5(f)所示，有意将不合格的产品剔除造成的。

⑥ 双峰分布，如图 10.5.5(g)所示，多由于两种不同材料、操作方法或机械设备所造成，应分开画两张直方图。

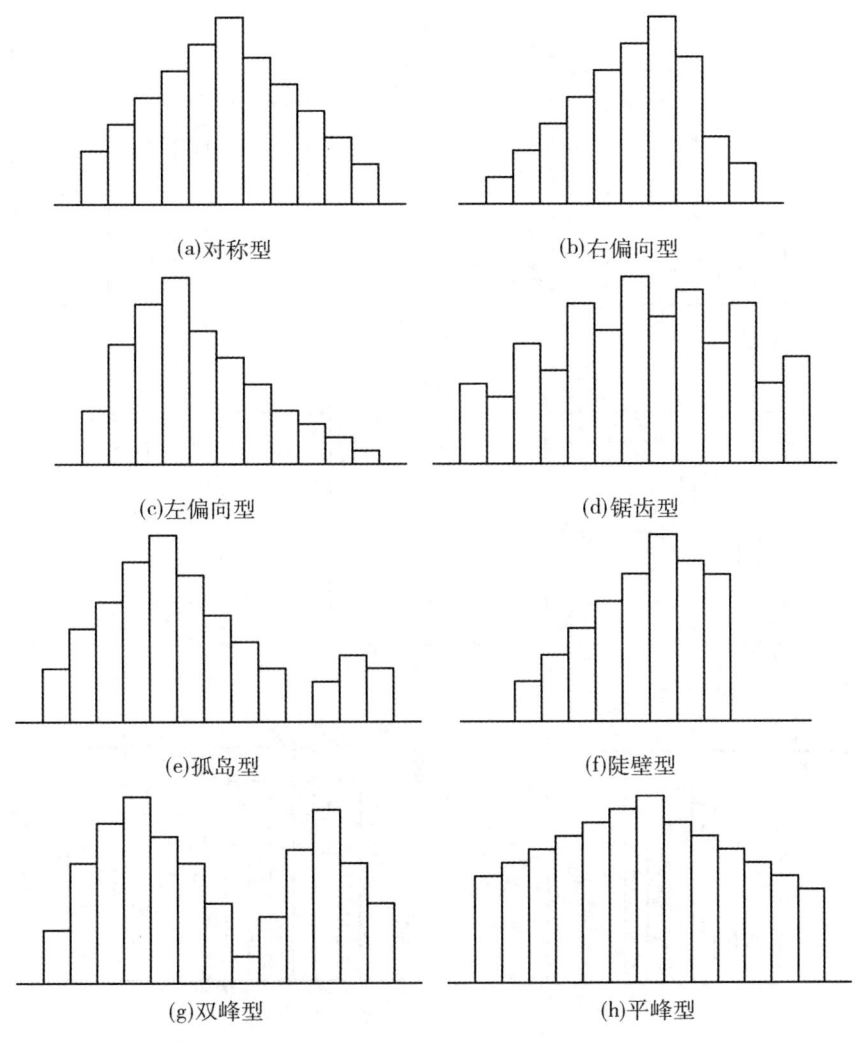

图 10.5.5 常见的直方图

⑦ 平峰分布，如图 10.5.5(h)所示，主要是生产过程中有缓慢变化的因素起主导作用的结果。

(2) 同标准规格（公差）的比较。将直方图与公差进行对比，看直方图是否在公差要求之内。通过比较，可以掌握实际加工质量的情况。常见的有以下六种情况，如图 10.5.6 所示，B 为实际尺寸的分布范围，T 是公差的范围。

① 如图 10.5.6(a)所示，B 在 T 中间，两边均有适当余量。平均值与公差中心重合，是一种理想状态。

② 如图 10.5.6(b)所示，B 虽在 T 范围内，但平均值偏离公差中心，有超过的可能，应设法使平均值的偏离量减少。

③ 如图 10.5.6(c)所示，B 和 T 的分布范围一致，平均值处于公差中心，但由于分布较分散，仍存在着两边都可能出现废品的潜在危险，应设法缩小实际分布的范围。

④ 如图 10.5.6(d)所示，B 超过 T 的范围，两边已出现废品，应设法缩小实际分布

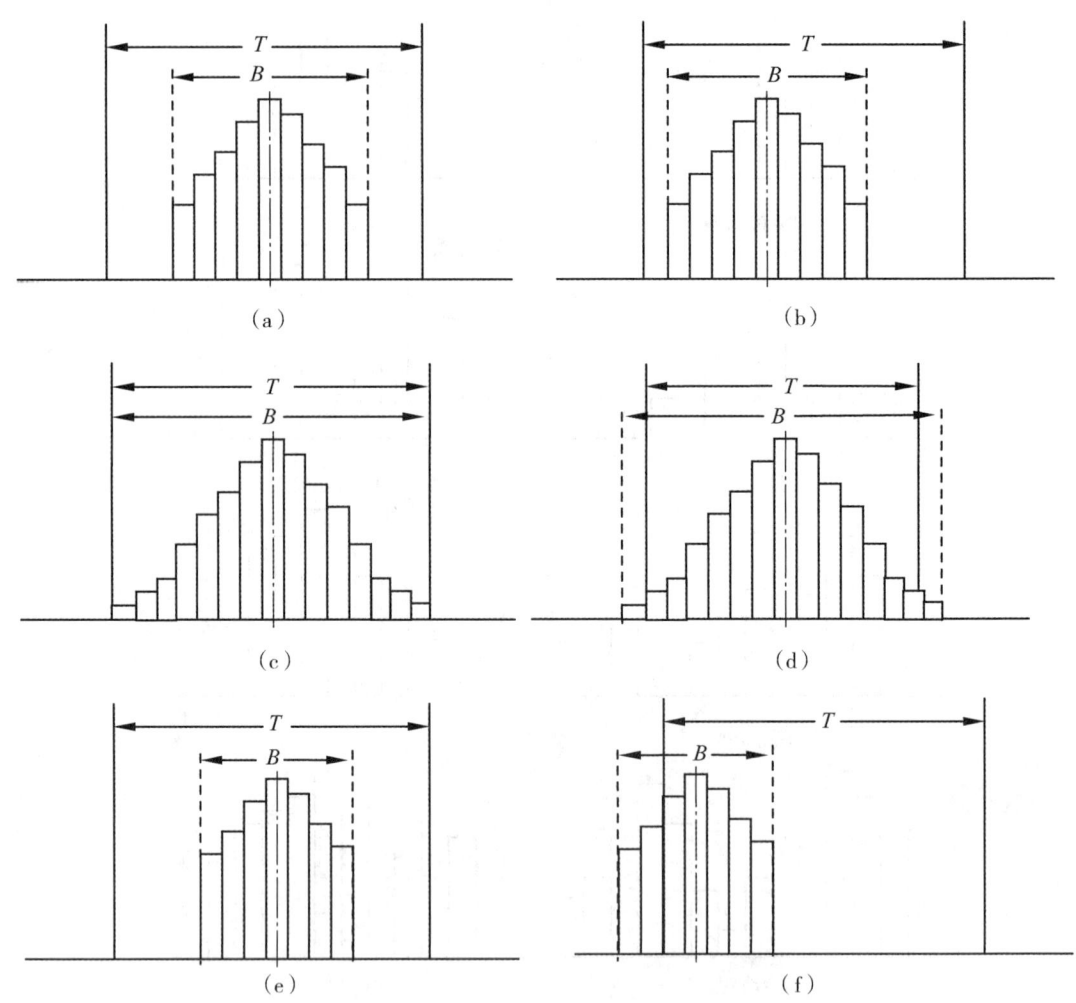

图 10.5.6 分布范围 B 与规定范围 T 的比较分析图

范围。若公差限定不合理，则应重新审定公差。

⑤ 如图 10.5.6(e)所示，B 大大地小于 T，分布过于集中，说明加工过程过于精确，不经济。

⑥ 如图 10.5.6(f)所示，由于 B 过分偏离 T 的中心，有不合格产品出现，需要调整。

3. 进行数据统计分析

根据收集的数据进行统计分析，可以分析产品的不合格率，评价施工管理水平和工序能力。

(1) 平均值 $\bar{X}$ 和标准差 S 的计算。平均值 $\bar{X}$ 和标准差 S 可以按式(10.5.1)、式(10.5.4)或式(10.5.5)计算，也可以按下列方法计算：

① 根据频数分布统计表 10.5.6，令 a_0 为频数值较大且位置居中的组中值(各组中心值)，并令

$$b = \frac{a - a_0}{h} \qquad (10.5.9)$$

然后按式(10.5.9)计算各组数据的 b 值，对本例情况，$a_0 = 32.9$，则第一组数据的 $b_1 = -4$，类似地可以得到各组的 b 值，计算结果列于表 10.5.7。

表 10.5.7　　　　　　　混凝土抗压强度平均值 $\bar{X}$ 计算表

序号	组中值 a	频数 f	b 值	b^2 值	fb 值	fb^2 值
1	26.9	4	-4	16	-16	64
2	28.4	6	-3	9	-18	54
3	29.9	13	-2	4	-26	52
4	31.4	19	-1	1	-19	19
5	32.9	22	0	0	0	0
6	34.4	17	1	1	17	17
7	35.9	13	2	4	26	52
8	37.4	3	3	9	9	27
9	38.9	2	4	16	8	32
10	40.4	1	5	25	5	25
合计		100			-14	342

② 计算平均值 $\bar{X}$。

$$\bar{X} = a_0 + \frac{\sum fb}{\sum f} h = 32.69 \ (\text{N/mm}^2) \qquad (10.5.10)$$

③ 计算标准差 S。

$$S = h\sqrt{\frac{\sum fb^2}{\sum f} - \left(\frac{\sum fb}{\sum f}\right)^2} = 2.766 \, (\text{N/mm}^2) \quad (10.5.11)$$

(2) 不合格品率计算。当直方图中质量特征分布范围 B 超过公差 T 时，超出部分的质量特征代表了生产过程的不合格品。根据公差界限 T_U（上限）和 T_L（下限），以及质量特征数据的平均值 $\bar{X}$ 和标准差 S，可以计算不合格品率。

① 计算超出 T_U 的不合格品率 P_U。

$$K_{\varepsilon U} = \frac{|T_U - \bar{X}|}{S} \quad (10.5.12)$$

$$P_U = \Phi(-K_{\varepsilon U}) \quad (10.5.13)$$

式中：$K_{\varepsilon U}$——超上控制界限的正态分布概率系数或上偏移系数；

$\Phi(x)$——标准正态分布函数，其数值可以通过查正态分布概率系数表获得。

② 计算超出 T_L 的不合格品率 P_L。

$$K_{\varepsilon L} = \frac{|T_L - \bar{X}|}{S} \quad (10.5.14)$$

$$P_L = \Phi(-K_{\varepsilon L}) \quad (10.5.15)$$

式中：$K_{\varepsilon L}$——超下控制界限的正态分布概率系数或下偏移系数。

③ 计算总不合格品率 P。

$$P = P_U + P_L \quad (10.5.16)$$

(3) 评价生产管理水平。变异系数反映了生产中质量数据相对波动的大小，因此可以用来评价生产管理的水平。变异系数采用式(10.5.6)计算，然后参照相关标准或规范评价生产管理水平。表 10.5.8 中列出了一些国家所制定的混凝土工程的管理水平等级评价数据。

表 10.5.8　　　　　　　一些国家混凝土工程施工管理水平等级表

管理水平与等级	美国标准 C_V 值		英国标准	日本土木学会建议标准	
	全部变动	每盘变动	标准偏差（N/mm²）	施工级别	标准偏差（N/mm²）
优秀	10 以下	4	约 2.4	—	—
良好	10~15	5	3.0	A	2.5
普通	15~20	6	3.6	B	3.0
不良	20 以上	7	4.8	人工搅拌	(5.0)
低劣	—	—	6.0	—	—

(4) 评价工序能力。工序能力是工序在稳定状态时所具有的保证产品质量的能力。工

序能力受工序中的 4M1E 因素综合影响和制约,表现在产品质量是否稳定、产品质量精度是否足够两个方面。当确认工序能力可以满足精度要求的条件时,工序能力是以该工序产品质量特性值的变异或波动来表示的。产品质量的变异可以用频数分布表、直方图、分布的定量值以及分布曲线来表示。在稳定生产状态下,影响工序能力的偶然因素的综合结果近似服从正态分布。为了便于工序能力的量化,可以用 3σ 原则来确定其分布范围:当分布范围取 $\mu \pm 3\sigma$ 时,产品质量合格的概率可达 99.73%,接近于 100%。因此以 $\pm 3\sigma$,即 6σ 为标准来衡量工序的能力是具有足够的精确度和良好的经济特性的。所以,在实际计算中就用 6σ 的波动范围来定量描述工序能力,波动范围越大,工序能力越低;波动范围越小,工序能力越高。记工序能力为 B,则 $B = 6\sigma$。

显然,在工序能力定量表达式 $B = 6\sigma$ 中,标准差 σ 是关键参数,σ 越大,则工序能力越低;反之,σ 越小,则工序能力越高。因此,提高工序能力的重要途径之一,就是尽量减小 σ,使质量特性值的离散程度变小,在实际工程中也就是提高施工精度。

工序能力测试和分析的意义,体现在如下三个方面:

第一,工序能力的测试和分析是保证产品质量的基础工作。因为只有掌握了工序能力,才能控制制造过程的符合性质量。如果工序能力不能满足产品设计的要求,那么质量控制就无从谈起,所以说,工序能力调查、测试分析是现场质量管理的基础工作,是保证产品质量的基础。

第二,工序能力的测试分析是提高工序能力的有效手段。因为工序能力是由各种因素造成的,所以通过工序能力的测试分析,可以找到影响工序能力的主导性因素。因此,可通过改进工艺、改进设备、提高操作水平、改善环境条件、制定有效的工艺方法和操作规程、严格工艺纪律等来提高工序能力。

第三,工序能力的测试分析为质量改进找出方向。因为工序能力是指加工过程的实际质量状态,它是产品质量保证的客观依据,通过工序能力的测试,为设计人员和工艺提供关键的工序能力数据,可以作为产品设计、签订合同的参考。同时,通过工序能力的主要问题,为提高加工能力、改进产品质量找到改进方向。

① 工序能力指数定义。工序能力是表示生产过程中客观存在的质量分散的一个参数,但是该参数能否满足产品的技术要求,仅从它本身还难以看出,因此,还需要另一个参数来反映工序能力满足产品技术要求(公差、产品规格、工艺规范等质量标准)的程度,它就是工序能力指数。工序能力指数是技术要求和工序能力的比值。

质量标准规定的公差下限为 T_L(低于该限值者为不合格)、公差上限为 T_U(超过该限值者为不合格),则产品合格范围(区间)的大小称为公差带 $T(T = T_U - T_L)$,公差中心 $M = (T_U + T_L)/2$。工序能力指数用符号 C_P 表示,则有

$$C_P = \frac{\text{技术要求}}{\text{工序能力}} = \frac{T}{6\sigma}$$

② 工序能力指数计算。根据质量分布中心和公差要求不同,分三种情况计算工序能力指数及相应的产品不合格率 p。

a. 双向公差要求,质量分布中心与公差中心重合($\mu = M$ 或 $\bar{X} = M$)的情况,此时工序

能力指数称为无偏工序能力指数，仍以 C_P 表示。C_P 值用标准规定的公差界限范围 T 与数据的实际分布范围 B 的比值表示，通常取 $B = 6\sigma$，故无偏的工序能力指数为

$$C_P = \frac{T}{6\sigma} = \frac{T_U - T_L}{6\sigma} \approx \frac{T_U - T_L}{6S} \tag{10.5.17}$$

根据正态分布，可以计算出超出公差上限 T_U 的不合格品率 P_U 和超出公差下限 T_L 的不合格品率 P_L，由对称关系 $P_U = P_L$，所以产品的不合格品率为

$$p = P_U + P_L = 2P_L = 2\Phi\left(\frac{T_L - \mu}{\sigma}\right) = 2\Phi\left(\frac{T_L - \bar{X}}{\sigma}\right) \tag{10.5.18}$$

b. 双向公差要求，质量分布中心与公差中心不重合（$\mu \neq M$ 或 $\bar{X} \neq M$）的情况，此时的工序能力指数称为有偏的工序能力指数，以 C_{PK} 表示，即

$$C_{PK} = C_P(1-K) = \frac{T}{6\sigma}(1-K) \approx \frac{T}{6S}(1-K) \tag{10.5.19}$$

式中：K——偏移系数，$K = \dfrac{a}{T/2}$，其中，a 为偏移量，其值为

$$a = \left|\frac{T_U + T_L}{2} - \mu\right| \approx \left|\frac{T_U + T_L}{2} - \bar{X}\right| \tag{10.5.20}$$

产品的不合格品率为

$$p = P_U + P_L = 1 - \Phi\left(\frac{T_U - \bar{X}}{S}\right) + \Phi\left(\frac{T_L - \bar{X}}{S}\right) \tag{10.5.21}$$

③ 单向公差情况。有些情况下，质量标准只规定单向的界限，如工程材料强度、产品寿命、可靠性等，要求不低于某个下限值，而对上限却不做要求，而有时又只有上限要求，如设备噪声、产品的形位公差（同心度、平行度以及垂直度等）、原材料所含杂质等，其下限越小越好，只要规定一个上限就可以了。对于单向公差，质量分布中心就不应偏向公差界限一侧，以免出现超出公差限的不合格。若规定公差下限，往往同时规定质量分布中心的下限；反之，若规定公差上限，通常会给出质量分布中心的上限。

例如，《混凝土强度检验评定标准》（GB/T50107—2010）规定，当样本容量 $n \geq 10$ 时，若样本强度平均值 $\bar{X}$ 和最小值 $x_{\min}$ 同时满足式（10.5.22）和式（10.5.23），则混凝土强度评定合格；否则不合格。

$$\bar{X} \geq f_{cu,k} + \lambda_1 S \tag{10.5.22}$$
$$x_{\min} \geq T_L = \lambda_2 f_{cu,k} \tag{10.5.23}$$

式中，$f_{cu,k}$——混凝土立方抗压强度标准值，即强度等级 C 后面的数值；

T_L——公差下限；

S——样本标准差，当 $S < 2.5N/mm^2$ 时，取 $S = 2.5N/mm^2$；

λ_1——合格评定系数，当 $n = 10 \sim 14$ 时，$\lambda_1 = 1.15$，当 $n = 15 \sim 19$ 时，$\lambda_1 = 1.05$，当 $n \geq 20$ 时，$\lambda_1 = 0.95$；

λ_2——合格评定系数，当 $n = 10 \sim 14$ 时，$\lambda_2 = 0.90$，当 $n \geq 15$ 时，$\lambda_2 = 0.85$。

单向公差情况的工序能力指数计算公式为

$$C_{pL} = \begin{cases} 2 \times \dfrac{\mu - T_L}{6\sigma} = \dfrac{\mu - T_L}{3\sigma} = \dfrac{\overline{X} - T_L}{3S}, & \text{只有上限要求时} \\ 2 \times \dfrac{T_U - \mu}{6\sigma} = \dfrac{T_U - \mu}{3\sigma} = \dfrac{T_U - \overline{X}}{3S}, & \text{只有下限要求时} \end{cases} \quad (10.5.24)$$

同样可以计算工序的不合格品率。

计算得到工序能力指数后，可以参照表 10.5.9 的标准，评价工序能力，并采取适当的处理措施。

表 10.5.9　　　　　　　　　　　工序能力判断表

C_P 或 C_{PK} 值	工序能力判断	说　　明
$C_P > 1.67$	工程能力过分充裕（过剩）	可以适当放宽管理，以降低成本
$1.67 \geq C_P > 1.33$	工程能力充裕（最理想状态）	生产很正常，如不属于重要工序，可以适当放宽管理
$1.33 \geq C_P > 1.00$	工程能力勉强满足	应严加管理，否则将随时出现不合格产品
$1.00 \geq C_P > 0.67$	工程能力不足	出现了不合格产品，必须采取改善措施
$C_P \leq 0.67$	工程能力严重不足	产生了大量废品，应采取紧急措施，改善质量，或研究修订标准

【例 10.5.2】依据表 10.5.4 中混凝土抗压强度数据，已确定控制上限为 39.6N/mm²，控制下限为 28.05N/mm²，试计算不合格品率并分析其工序能力。

解　（1）计算超出 T_U 的不合格品率 P_U。

$$K_{\varepsilon U} = \frac{|T_U - \overline{X}|}{S} = \frac{|39.6 - 32.69|}{2.766} = 2.50$$

$$P_U = \Phi(-2.50) = 0.0062$$

（2）计算超出 T_L 的不合格品率 P_L。

$$K_{\varepsilon L} = \frac{|T_L - \overline{X}|}{S} = \frac{|28.05 - 32.69|}{2.766} = 1.68$$

$$P_L = \Phi(-1.68) = 0.0465$$

（3）计算总不合格品率 P。

$$P = P_U + P_L = 0.0062 + 0.0465 = 5.27\%$$

从质量特征本身来说，超过控制上限的混凝土并非不合格品，但从经济的角度来看，超过控制上限意味造成了浪费，也属于不合格品。

（4）计算偏移系数。由于公差中心为 $1/2(T_U + T_L) = 33.825$ 与实际质量分布中心 $\overline{X} =$

32.69 不一致,属有偏情况,因此需要首先确定偏移系数。

$$a = \left| \frac{T_U + T_L}{2} - \bar{X} \right| = 1.135 \quad K = \frac{a}{T/2} = \frac{1.135}{(39.6 - 28.05)/2} = 0.197$$

(5)计算有偏的工序能力指数 C_{PK}。

$$C_{PK} = \frac{T}{6S}(1 - K) = \frac{39.6 - 28.05}{6 \times 2.766}(1 - 0.197) = 0.559$$

由于 $C_{PK} < 0.67$,属工程能力严重不足,故应采取紧急措施,改善工程质量。

10.5.4 相关图法

相关图又称散布图,它主要利用事物变化的相关性来确定质量特性与影响因素之间的相关程度。

1. 相关图的作图方法和步骤

(1)将需要研究是否有关系的两组数据以对应形式收集30组以上,并一一对应地填入数据表;

(2)画出纵坐标(质量特征)与横坐标(影响因素),标上适当的刻度;

(3)将数据的坐标点在图上标出来,即得相关图。

2. 相关图的观察

可以根据相关图上点的分布状态观察两种数据之间的相关性,相关图的几种基本类型如图10.5.7所示。

(1)正相关。如图10.5.7(a)所示,X 增大,Y 随之增大,控制好 X,Y 随之也得到控制。

(2)弱正相关。如图10.5.7(b)所示,X 增大,Y 基本也随之增大。此时,除了因素 X 外,可能还有其他因素影响 Y。

(3)不相关。如图10.5.7(c)所示,X、Y 之间没有什么相互关系,必须寻找 X 以外影响 Y 的因素。

(4)弱负相关。如图10.5.7(d)所示,X 增大,Y 基本也随之减小。此时,除了因素 X 外,可能还有其他因素影响 Y。

(5)负相关。如图10.5.7(e)所示,X 增大,Y 随之减小,控制好 X,Y 随之也得到控制。

(6)非线性相关。如图10.5.7(f)所示,X 增大,Y 随之增大,但当 X 超过一定范围时,Y 则有下降趋势。

3. 相关图的相关鉴定

两个因素的相关程度通过观察散点图可以大体上知道,而下面介绍的相关系数则可以定量地分析两个变量间的相关程度,也就是将相关程度用数值表示出来。

(1)相关系数计算。两变量 X、Y 的相关系数 r 按下式计算:

$$r = \frac{S(XY)}{\sqrt{S(XX)S(YY)}} \tag{10.5.25}$$

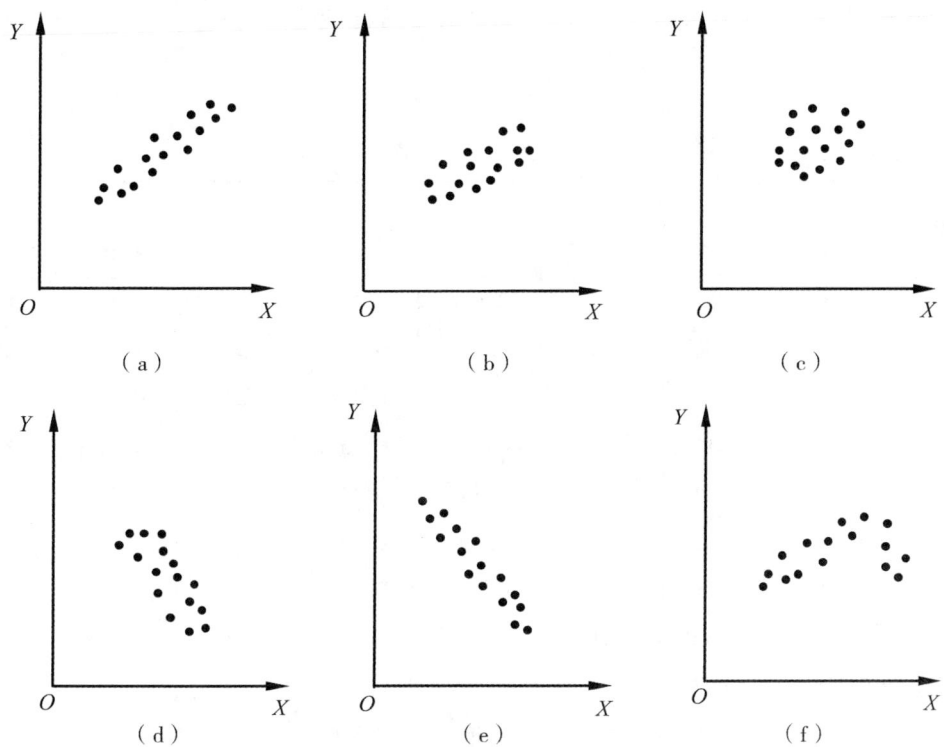

图 10.5.7 相关图的基本类型

式中：
$$S(XX) = \sum (X - \bar{X})^2 = \sum X^2 - \frac{(\sum X)^2}{N}$$

$$S(YY) = \sum (Y - \bar{Y})^2 = \sum Y^2 - \frac{(\sum Y)^2}{N}$$

$$S(XY) = \sum (X - \bar{X})(Y - \bar{Y}) = \sum XY - \frac{(\sum X \sum Y)}{N}$$

其中：$\bar{X} = \frac{\sum X}{N}$，$\bar{Y} = \frac{\sum Y}{N}$，$N$ 为数据的组数。

(2) 相关系数的检验。相关系数 r 的值在 $[-1, 1]$ 范围内，当 $r = \pm 1$ 时，表明 Y 与 X 完全相关，数据的点在一条直线上；当 $0 < r < +1$ 时，为正相关；当 $-1 < r < 0$ 时，为负相关；当 $r = 0$ 时，表明 Y 与 X 之间无线性相关性，即 Y 与 X 之间没有相关关系，或者存在非线性相关关系。

在实际问题中，当 $|r|$ 接近于 1 时，就可以认为两变量 X、Y 是线性相关关系。而究竟 $|r|$ 大到何种程度才能够得出线性相关的结论，则必须通过相关系数的显著性检验，即相关系数的检验应在一定显著性水平下进行。给定显著性水平 $\alpha > 0$，由自由度 $N - 2$，查取相关系数临界值 r_α（见表 10.5.10），若 $|r| > r_\alpha$，则 X、Y 线性相关；否则，线性无关。通

常使用 $\alpha = 0.05$ 和 $\alpha = 0.01$ 两种显著水平,并且,若 $|r| > r_{0.01}$,认为 Y 与 X 之间是高度显著线性相关;若 $r_{0.05} < |r| < r_{0.01}$,则认为是显著线性相关;$|r| < r_{0.05}$ 则认为是线性无关。

表 10.5.10　　　　　　　　　　　　相关系数检验表

$N-2$	α		$N-2$	α		$N-2$	α	
	0.01	0.05		0.01	0.05		0.01	0.05
1	1.000	0.997	14	0.623	0.497	27	0.470	0.367
2	0.990	0.950	15	0.606	0.482	28	0.463	0.361
3	0.950	0.878	16	0.590	0.468	29	0.456	0.355
4	0.917	0.811	17	0.575	0.456	30	0.449	0.349
5	0.874	0.754	18	0.561	0.444	35	0.418	0.325
6	0.834	0.707	19	0.549	0.433	40	0.393	0.304
7	0.798	0.666	20	0.537	0.423	50	0.354	0.273
8	0.765	0.632	21	0.526	0.413	60	0.325	0.250
9	0.735	0.602	22	0.515	0.404	70	0.302	0.232
10	0.708	0.576	23	0.505	0.396	80	0.283	0.217
11	0.684	0.553	24	0.496	0.388	90	0.267	0.205
12	0.661	0.532	25	0.487	0.381	100	0.254	0.195
13	0.641	0.514	26	0.478	0.374	200	0.181	0.138

10.5.5　因果分析图法

因果分析图又称特性因素图或特征要因图,按其形状又称鱼刺图或树枝图,为日本质量管理专家石川馨所创,该方法利用质量问题与原因之间内在的因果关系,顺藤摸瓜,一直挖出影响质量的病根,以便制定对策,解决工程质量问题,从而达到控制质量的目的。

因果分析图有一条主干线指向结果(特征,即要研究的质量问题),影响质量的原因分大、中、小和更小原因,它们之间的关系用箭头表示,如图 10.5.8 所示。

因果分析图的作图步骤:

(1)确定要解决的质量问题,画出主干线指向右方;

(2)确定影响质量的大因素,一般有人(操作者)、材料(包括成品、半成品及原材料等)、工艺(包括施工程序、施工工艺、操作方法等)、设备(包括吊装、运输设备及工具、器械等)、环境(室内外、季节、地区环境)等;

(3)进一步把所有原因从大到小按其关系画在图上;

(4)从中找出关键性的原因,并用显著的记号标记出来;

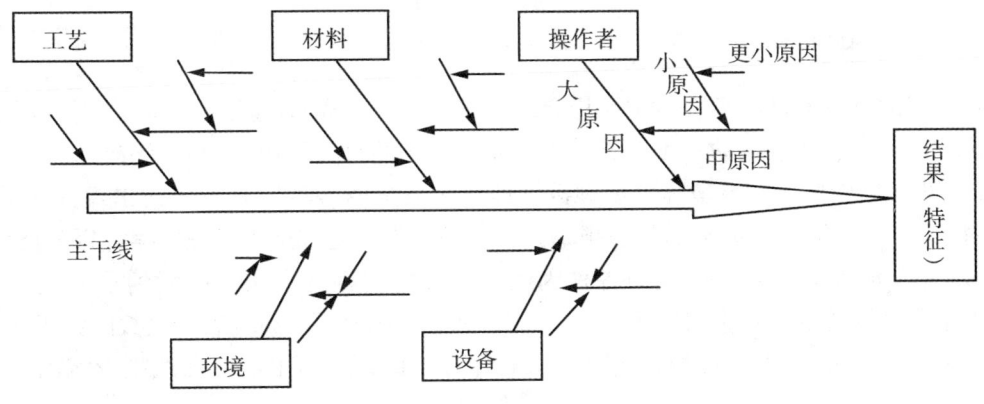

图 10.5.8 因果分析图的基本形式

(5)针对质量问题，制定有效措施，并限期逐项落实和改正。

图 10.5.9 是对"混凝土强度不够、蜂窝麻面"问题所绘的因果分析图。

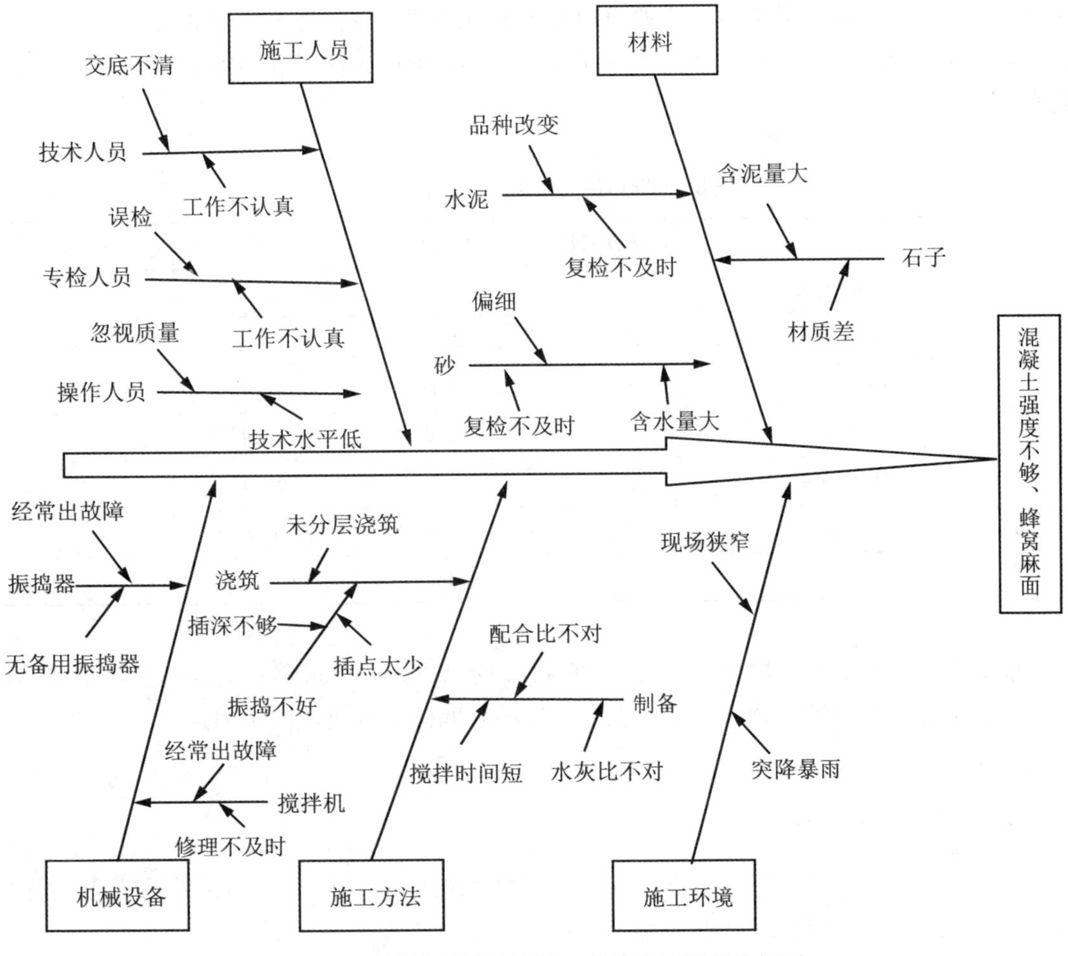

图 10.5.9 混凝土强度不够、蜂窝麻面因果分析图

10.5.6 排列图法

排列图的基本原理在第 6 章中已作介绍，朱兰博士首先将其应用于质量管理中，作为寻找影响质量主、次因素的一种工具。用于质量管理的排列图由下面三部分组成：

（1）两个纵坐标。左纵坐标表示频数，即影响质量的各种因素发生或出现的次数（件数、时间、金额等）；右纵坐标表示频率，即各种因素发生或出现次数的累计百分比。

（2）一个横坐标。影响质量的各种因素，按其影响程度大小，由大到小从左到右排列，每个影响因素都用一个直方形表示，底宽相同，直方形的高度表示频数的大小。

（3）Pareto 曲线。表示各种影响因素的累计百分比。根据 Pareto 曲线把影响因素分为三级：

A 级：累计频率 0~80%，为影响质量的主要因素；
B 级：累计频率 80%~90%，为影响质量的次要因素；
C 级：累计频率 90%~100%，为影响质量的一般因素。

A 级因素应作为质量分析的重点，要求针对产生的原因采取措施加以改进，以达到提高质量的目的。在采取措施后，应按原项目重画排列图，以检查措施的效果。

某混凝土墙体施工质量的检查结果如表 10.5.11 所示，现用排列图法分析影响质量的主要因素。

表 10.5.11　　　　　　　　混凝土墙体施工质量缺陷统计分析表

序号	检查项目	不合格点数	频率(%)	累计频率(%)	因素分析
1	横墙跑模	25	44.6	44.6	A
2	墙面垂直	20	35.7	80.3	A
3	截面尺寸	4	7.1	87.4	B
4	墙面平整	3	5.4	92.8	B
5	模板垂直	2	3.6	96.4	C
6	纵墙跑模	2	3.6	100	C
合计		56	100		

根据表 10.5.11 中的数据，作如图 10.5.10 所示排列图。最终确定影响混凝土墙体施工质量的主要因素为横墙跑模和墙面垂直，如果采取措施解决这两个因素，不合格率就可以降低 80.3%。

10.5.7 分层法

分层法又叫分类法，将质量数据按照不同的目的进行分类，以便从中找出质量问题的原因，并及时采取措施加以处理。

分层的方法很多，一般要求在同一层内的数据其波动性较小，这是分层的关键。同时

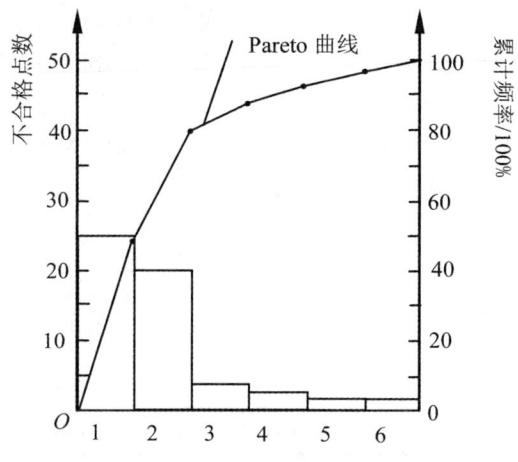

图 10.5.10 混凝土墙体施工量排列图

还要搞清数据的历史(来源),以便分类。具体方法如下:

(1)按时间分层,把同一时间施工的工程(产品)的质量数据集中在一层,如按班次、日期等分层;

(2)按操作人员分层,按班组的人员、熟练程度、新老工人、男工女工、年龄等分层;

(3)按机械设备分层,按机械的类型、新旧程度等分层;

(4)按施工方法分层,按施工方法、操作方法进行分层;

(5)按工作环境分层,按技术环境、管理环境、劳动环境等进行分层;

(6)按原材料分层,按供货厂家、进料时间、不同材料成分等特征分层;

(7)按测量检验条件分层,按测量仪器、测量方法、检验人员分层;

(8)按其他条件分层,没有固定的模式,根据具体情况进行分层。

总之,分层的方法不是一成不变的,应根据实际情况,按需要选择合适的分层方法。现以分析某个单位工程质量问题为例,说明分层法的应用。首先列出该项工程质量损失调查表,如表 10.5.12 所示。

表 10.5.12　　　　　　　　　　**工程质量损失调查表**

序号	分部分项工程名称	损失金额(元)	所占比例(%)	累计比例(%)
1	钢筋混凝土结构工程	5400	45.4	45.4
2	砌体工程	3600	30.3	75.7
3	基础工程	1200	10.0	85.7
4	装饰工程	700	5.9	91.6
5	水电安装工程	400	3.4	95.0
6	其他	600	5.0	100.0
合计		11900	100	

由表 10.5.12 可知，钢筋混凝土结构工程和砌体工程的质量损失所占的比例最大，所以从工艺质量方面将这两项进行分层分析，如表 10.5.13 和表 10.5.14 所示。

表 10.5.13　　　　钢筋混凝土结构工程质量损失的主要因素分析表

序号	原因类别	损失金额(元)	所占比例(%)	累计比例(%)
1	混凝土蜂窝麻面	3200	510.3	59.3
2	预埋件位置偏差	1200	22.2	81.5
3	模板支撑不足	600	11.1	92.6
4	其他	400	7.4	100.0
合计		5400	100	

表 10.5.14　　　　砌体工程质量损失的主要因素分析表

序号	原因类别	损失金额(元)	所占比例(%)	累计比例(%)
1	混水墙平整度不够	2000	55.6	55.6
2	砂浆饱满度不够	800	22.2	77.8
3	灰缝不匀	400	11.1	88.9
4	其他	400	11.1	100.0
合计		3600	100	

将表 10.5.13 和表 10.5.14 的结果用排列图法进行分析，可以知道混凝土蜂窝麻面和预埋件位置偏差是造成钢筋混凝土结构工程质量损失的主要原因；混水墙平整度不够和砂浆饱满度不够是造成砌体工程质量损失的主要原因。针对上述原因还可以从操作工艺、原材料等方面作更深一步的分层。

10.5.8　调查表分析法

调查表又称检查表，在质量管理中，利用表格进行数据收集、整理，并给其他数理统计方式提供依据和粗略原因分析。在质量控制活动中利用调查表格来收集数据进行分析，不仅灵活简便，而且便于掌握。

调查的表格的形式和种类很多，可以根据需要进行设计。一般按调查的目的和原因不同有以下几种形式：

(1) 工序分布调查表。适用于计量值数据的调查，目的是掌握工序产品质量的分布情况。

(2) 缺陷项目调查表。为了减少生产过程中出现的各种缺陷情况，需要调查各种缺陷项目的比率大小。

(3) 缺陷位置调查表。用于调查产品的缺陷分布情况，这种表多画出产品外形草图或展开图，在其相应位置标出缺陷情况。

(4) 缺陷原因调查表。将调查表与分层法相结合，把相关数据按设备、操作者、时间等进行分层，可以进一步查明产品质量的原因。

(5) 特征调查表。用于检查质量特征是否符合要求，以便对工序质量和产品质量进行检查与确认。

(6) 操作调查表。为了使工序操作人员能够严格地遵守操作规程，在某些重要工序或批量很大的工序中常使用自检用的操作调查表。

10.6 案例分析

某纺织机械厂的主要产品之一是细纱机，也是该厂创效益、创外汇的产品。机梁是细纱机的主要零件，在细纱机中起着支承牵伸装置、导纱板升降装置、钢领板升降装置、纱架等部件的作用，其质量将直接影响细纱机装配质量。机梁自身结构属长向薄壁形，其长厚比达130∶1，极易产生加工变形，而技术精度要求高，其中主要技术特性值平面度要求仅为0.15mm。与同行业相比，为了减少切削，机梁毛坯加工余量仅为3mm，给加工工艺带来了难度，机梁数量大，每台细纱机有28根，每年需67000根机梁，机梁质量的好坏将直接影响该厂经济效益，而现在机梁质量波动较大，返修率较高。因此，提高机梁一次合格率具有更重要的意义。

10.6.1 案例目的

充分利用统计质量控制中的定性和定量方法找出质量问题，分析质量缺陷出现的原因，并制定对策计划和实施方案。

10.6.2 案例分析

1. 现场调查

为了提高机梁一次投入产出合格率，质量管理小组对机梁整个加工工艺过程进行了分析讨论。产品加工工艺流程：铸坯→粗铣机梁两外角尺平面→精铣机梁两外角尺平面→铣机梁两里角尺→铣机梁两里角尺凸肩面→粗、精铣机梁两端面总长→钻、攻机梁两角尺上螺纹及孔→去毛刺。如图10.6.1所示。

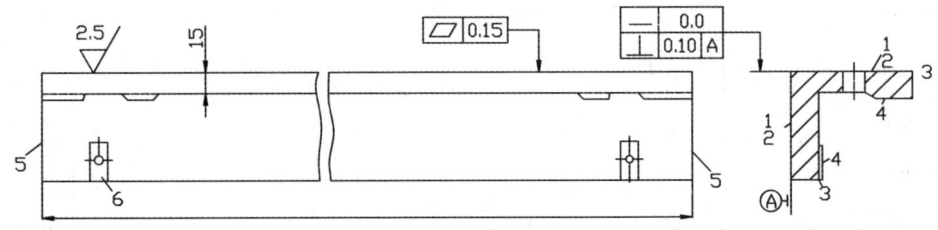

1—粗铣机梁两外角尺平面；2—精铣机梁两外角尺平面；3—铣机梁两条小平面；
4—铣机梁两里角尺凸肩面；5—粗、精铣两端总长；6—钻、攻机梁角尺面上各螺纹及孔

图10.6.1 产品零件简图及加工工序

2. 寻找原因

为了寻找出现废品的原因，对 500 件机梁加工工序的一次合格率进行测试，数据如表 10.6.1 所示。

表 10.6.1　　　　　　　　机梁加工工序一次合格率测试表

序号	工序名称	测试数(根)	合格数(根)	合格率(%)
1	粗铣机梁两外角尺平面	500	473	94.60
2	精铣机梁两外角尺平面	473	375	79.28
3	铣机梁两条小平面	375	370	98.67
4	铣机梁两里角尺凸肩面	370	365	98.65
5	钻、攻机梁角尺面上各螺纹及孔	365	360	98.63

$M = 94.6\% \times 79.28\% \times 98.67\% \times 98.65\% \times 98.63\% = 72\%$

对各工序共产生的 140 件不合格品制成不合格品表(表 10.6.2)和它的排列图(图 10.6.2)。

表 10.6.2　　　　　　　　机梁各加工工序不合格品表

项　目	不合格品数(根)	累积不合格品数(根)	累积百分数(%)
精铣机梁两外角尺平面	98	98	70.00
粗铣机梁两外角尺平面	27	125	89.82
铣机梁两条小平面	5	130	92.86
铣机梁两里角尺凸肩面	5	135	94.43
钻、攻机梁角尺面上各螺纹及孔	5	140	100
N	140		

由图 10.6.2 可见，五道工序中精铣机梁两外角尺平面为出不合格品最多的工序。

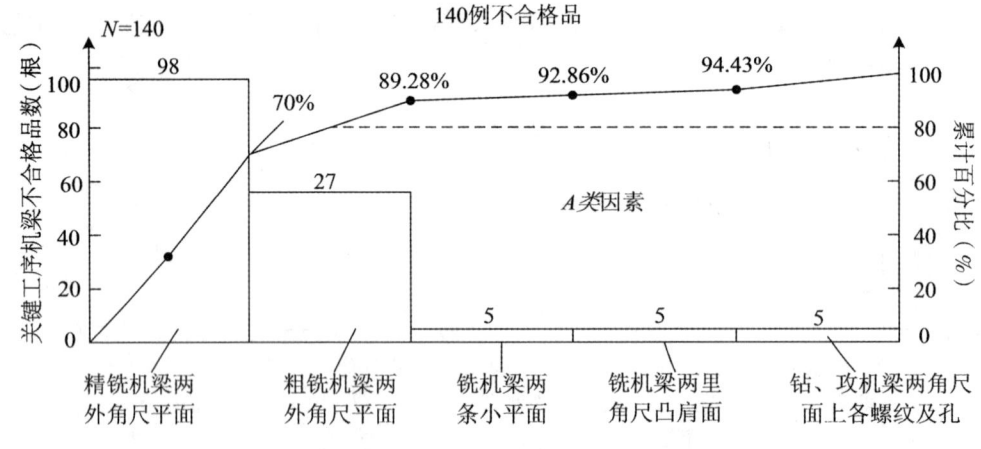

图 10.6.2　机梁不合格品排序图

3. 寻找影响精铣机梁两外角尺平面工序质量的主要因素

取 118 件由精铣机梁两外角尺平面工序所造成的不合格进行检测，得到精铣机梁工序不合格品表和它的排列图，如表 10.6.3 和图 10.6.3 所示。

表 10.6.3　　　　　　　　　　精铣机梁工序不合格品表

项目	不合格品数(根)	累积不合格品数(根)	累积百分数(%)
平面度 0.15mm	88	88	74.58
垂直度 0.16mm	15	103	87.29
直线度 0.04mm	7	110	93.22
表面粗糙度 $R_a<2.5\mu m$	5	115	97.46
厚度超差	2	117	99.15
其他	1	118	100

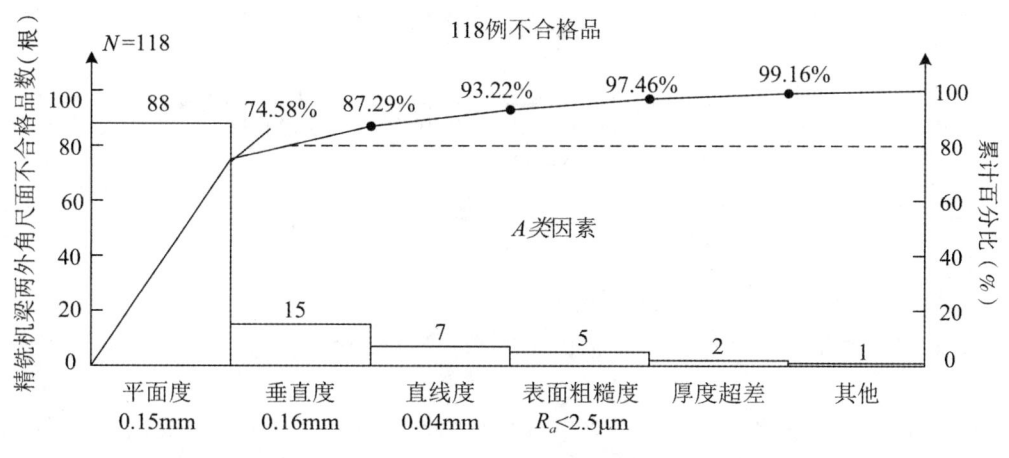

图 10.6.3　精铣机梁工序不合格品排列图

由图 10.6.3 可见，工序平面度是影响精铣机梁两外角尺质量的 A 类因素即为主要因素。

10.6.3　平面工序能力指数分析

对精铣机梁两外角尺平面工序中 50 例产品进行平面度工序能力指数测定，数据如表 10.6.4 所示。

表 10.6.4　　　　　平面度工序能力指数测定表　　　　（单位：×10⁻²mm）

7	8	12	11	8	7	6	14	9	12	12	12	11
14	10	11	9	11	10	11	12	15	8	9	9	14
9	10	11	13	12	13	15	14	13	12	14	10	13
11	11	15	12	12	10	12	13	10	10	13		

由图 10.6.4 可见：$C_{ps}=0.583<1$，说明工序能力不充分。

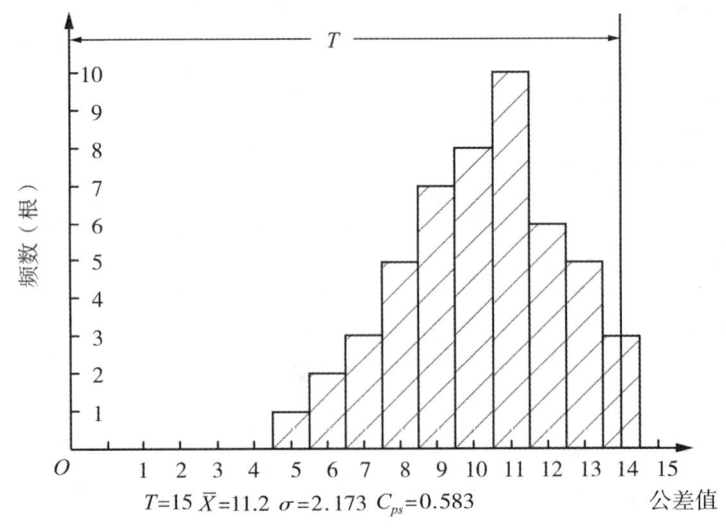

图 10.6.4　工序能力示意图

根据以上分析，质量管理小组制定了目标：

（1）根据工序能力稳定的要求，提出了要将工序能力指数 C_{ps} 从 0.583 提高到 1 以上的目标。

（2）根据国际一次投入产出合格率先进水平为 80%～85%的情况，提出了机梁一次合格率从 72%提高到 85%以上的目标。

10.6.4　因果分析

为了找出影响机梁平面度而造成不合格品的原因，从人、机、料、方法、环境五方面进行了分析、讨论，并画了机梁平面度不合格因果分析图，如图 10.6.5 所示。

对图上列出诸多原因进行逐条分析，找出下列影响机梁平面度质量的主要原因：

（1）粗铣机梁弯曲变形。由于机梁属长向薄壁形结构，极易产生加工变形，粗铣机梁的加工变形和加工后由于堆放不当引起的弯曲变形，将会对精铣机梁质量造成直接的影响。

10.6 案例分析

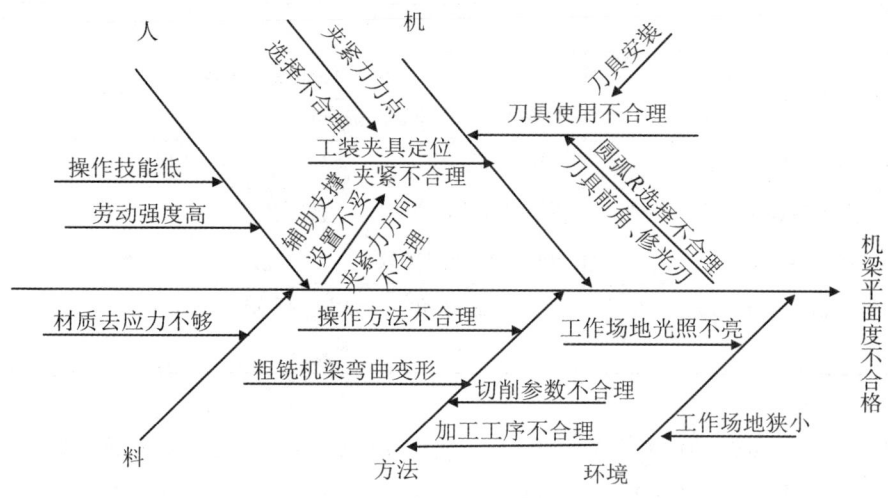

图 10.6.5　机梁平面度不合格因果分析图

(2) 零件加工工序不合理。精铣平面加工工序为先加工有平面度要求的一角尺面，后加工无平面度要求的一角尺面，这样就会造成有平面度要求的角尺面二次装夹变形，影响该面的平面度质量。

(3) 夹紧点选择不合理。工件夹紧点选择是否合理，将直接影响到工件的受力稳定，由于夹紧力 F 的力点设置在工件下端，如图 10.6.6 所示，因此易引起工件受力不稳，影响平面质量。

(4) 切削参数不合理。切削参数是否合理，将直接影响到零件切削加工的质量，由于过去工艺文件中未定切削参数，操作工厂选择参数不合理，出现了高速切削、强力切削的现象，造成热变形和表面粗糙度增大。

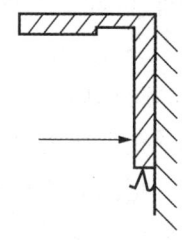

图 10.6.6　工件受力图

(5) 刀具前角、修光刃圆弧 R 选择不合理。刀具的前角是影响切削时切削力大小的重要原因，由于机梁在结构上为长向薄壁形，自身刚性较差，原刀具前脚 $\gamma=0°$，切削抗力较大，工件在切削时，切削阻力较大，极易产生切削热变形，而修光刃圆弧 R，采用手工刃磨，圆弧 R 大小控制不一，圆弯过大，切削阻力大，切削热变形较大，圆弧 R 过小，表面粗糙度超差，影响零件表面质量。为了减少切削抗力，应严格控制修光刃圆弧 R 大小，须合理选择刀具前脚和修光刃圆弧 R。

10.6.5　对策计划表

针对主要原因制定对策计划表。如表 10.6.5 所示。

1. 对策和实施

由于粗铣机梁造成机梁弯曲变形影响机梁平面质量，所以工艺规定粗铣机梁平面弯曲变形小于 0.40mm，以保证精铣质量。

表 10.6.5　　　　　　　　　　　对策计划表

序号	要因项目	目标措施	负责人	完成日期
1	粗铣机梁弯曲变形	工艺规定粗铣机梁平面弯曲变形小于 0.4mm 以保证精铣质量	李华	6月
2	零件加工工序不合理	调整加工工序	王辉	7月
3	夹紧力点选择不合理	设计新夹具改进力点，使受力稳定	王磊	7月
4	切削参数不合理	合理选择切削参数	曹明	8月
5	刀具前角、修光刃圆弧 R 不合理	改进刀具前角，合理选择修光刃圆弧	张志林	8月

对加工工序进行合理调整，把原加工工艺秩序调整为：先加工无平面度要求的一角尺面，再加工有平面度要求的角尺面，这样可减少二次装夹产生的变形，减少影响平面度不合格的因素。

改进工装夹具力点，使受力稳定。改变原夹具夹紧力点，使夹紧力点从工件底部移到工件的中间，提高工件夹紧稳定性，并设计制造新夹具。

合理选择最佳切削参数，减少切削热量对零件质量的影响。经过反复试验比较，分析选定最佳切削参数：转速 $n=500$r/min，进给量 $s=350$mm/min，铣削深度 $t=0.5$mm。对刀具前角进行改进，合理选择修光刃圆弧 R，改进修磨方法。

把原前角 $\gamma=0°$ 改为 $\gamma=10°$，可有效地降低切削阻力，减少切削热变形对机梁平面度的影响。在确保零件表面粗糙度质量前提下，对修光刃圆弧 R 进行合理选择，取 $R=83$mm，以减少切削抗力对零件平面质量的影响，并对修光刃圆弧 R 采用专用工具机械刃磨。

2. 效果检查

C_{ps} 值测定，如表 10.6.6 和图 10.6.7 所示。由图 10.6.7 可知，$C_{ps}=1.1478>1$。由图 10.6.8 可见，活动后工序能力指数 C_{ps} 值提高并达到了提出的目标。

表 10.6.6　　　　　　　　　工序能力指数测定表　　　　　　　（单位：$\times 10^{-2}$mm）

序号	1	2	3	4	5	6	7	8	9	10
第一组	7	8	8	10	10	9	8	11	12	10
第二组	10	10	9	9	6	7	8	7	10	6
第三组	7	8	9	10	10	11	11	13	12	11
第四组	11	11	8	13	12	8	9	9	12	9
第五组	10	10	9	9	10	10	10	9	9	10

10.6 案例分析

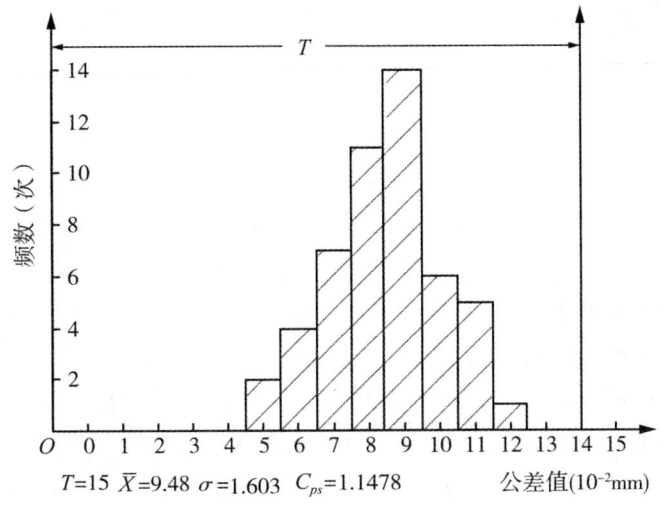

图 10.6.7 工序能力示意图

质量管理小组活动前、后合格率比较如表 10.6.7 和图 10.6.9 所示。

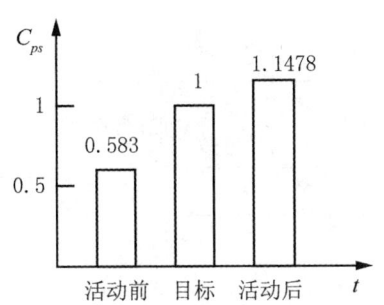

图 10.6.8 活动前、后 C_{ps} 值比较图

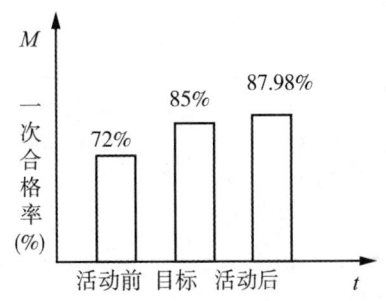

图 10.6.9 活动前、后合格率比较图

表 10.6.7 活动后机梁关键工序一次合格率测试表

序号	工序名称	测试数(个)	合格数(个)	合格率(%)
1	粗铣机梁两外角尺平面	500	482	96.40
2	精铣机梁两外角尺平面	482	460	95.43
3	铣机梁两条小平面	460	452	98.26
4	铣机梁两里角尺凸肩面	452	446	98.67
5	钻、攻机梁两角尺面上各螺纹及孔	446	440	98.65

$M = 96.40\% \times 95.43\% \times 98.26\% \times 98.67\% \times 98.65\% = 87.98\%$

由图 10.6.9 可见，质量管理小组实施措施后，一次合格率达到并超过小组预定的一次合格率为 85%的目标。

习 题

1. 简述质量的内涵。
2. 简述建设工程质量的特点和要求。
3. PDCA 循环的四个阶段、八个步骤有哪些？
4. 最新版 ISO 9000 族标准核心标准有哪些？简述其内涵。
5. 阐述 ISO 9000 族标准"质量管理原则"的内涵及益处，并思考应如何实现。
6. 如何建立质量保证体系？该体系的具体工作有哪些？
7. 建设工程项目设计阶段质量控制分为哪三个阶段？简述每个阶段的质量控制要点。
8. 建设工程项目施工阶段质量控制的影响因素有哪些？
9. 预制厂用拉模生产预应力多孔板，在正常情况下，每班生产 100 块，连续 20 个班的不合格品块数(包括强度、张拉应力、几何尺寸、裂缝等缺陷的不合格品)如下表所示，试绘制其不合格品率控制图。

预应力钢筋混凝土多孔板不合格品统计表

样组号	不合格品件数	样组号	不合格品件数	样组号	不合格品件数	样组号	不合格品件数
1	2	6	5	11	3	16	2
2	4	7	4	12	7	17	12
3	5	8	15	13	9	18	4
4	8	9	9	14	5	19	3
5	3	10	4	15	6	20	4

10. 某工厂生产一种零件，零件长度数据如下表所示(每次间隔 2 小时，每次取样 5 个)，试绘制 $\bar{X}$-R 控制图。

某零件长度值数据表 （单位：cm）

样本序号	X_1	X_2	X_3	X_4	X_5
1	49.47	49.46	49.52	49.51	49.47
2	49.48	49.53	49.55	49.49	49.53
3	49.50	49.53	49.47	49.52	49.48
4	49.47	49.53	49.50	49.51	49.47

续表

样本序号	X_1	X_2	X_3	X_4	X_5
5	49.47	49.55	49.45	49.53	49.56
6	49.45	49.49	49.49	49.53	49.57
7	49.50	49.45	49.49	49.53	49.55
8	49.50	49.50	49.53	49.51	49.47
9	49.50	49.45	49.51	49.57	49.50
10	49.50	49.48	49.57	49.55	49.53
11	49.47	49.44	49.54	49.55	49.50
12	49.49	49.50	49.50	49.52	49.55
13	49.46	49.48	49.53	49.50	49.50
14	49.53	49.57	49.55	49.51	49.47
15	49.45	49.47	49.49	49.52	49.54
16	49.48	49.53	49.50	49.51	49.50
17	49.50	49.48	49.52	49.55	49.50
18	49.50	49.51	49.47	49.53	49.52
19	49.50	49.49	49.52	49.50	49.54
20	49.50	49.52	49.53	49.45	49.51

11. 某建筑工地浇筑 C30 混凝土，为了对其抗压强度进行质量分析，管理人员共收集了 50 份立方抗压强度试验报告单，经整理如下表所示。试作混凝土强度分布直方图，并根据试验数据进一步分析。

混凝土立方抗压强度表

序号	混凝土立方抗压强度（N/mm²）										最大值	最小值
1	39.8	42.3	37.7	33.8	37.5	35.5	31.5	39.3	36.1	37.3	42.3	31.5
2	37.2	35.9	38.0	33.1	42.4	41.8	39.0	36.3	36.0	36.2	42.4	33.1
3	35.8	46.2	35.2	31.8	37.6	38.3	37.1	39.7	34.0	38.0	46.2	31.8
4	39.9	36.4	34.3	33.2	38.3	33.2	40.4	38.2	41.2	38.0	43.4	33.2
5	39.2	44.4	35.4	34.4	42.0	34.4	38.1	38.4	40.3	39.5	44.4	34.4

12. 某预制厂生产泡沫混凝土，共收集了 20 对泡沫混凝土强度与发泡剂掺量相对应的数据如下表所示，试计算相关系数，并分析其相关性。

泡沫混凝土强度与发泡剂掺量相对应数值表

样组号	发泡剂掺量	泡沫混凝土强度	样组号	发泡剂掺量	泡沫混凝土强度	样组号	发泡剂掺量	泡沫混凝土强度
1	2.0	2.5	8	0.8	1.7	15	1.0	1.8
2	2.1	2.0	9	0.7	1.1	16	0.5	1.6
3	1.8	1.8	10	2.3	1.5	17	0.3	0.8
4	1.6	1.4	11	0.5	0.3	18	0.2	0.9
5	1.5	1.0	12	0.5	0	19	0.3	1.4
6	1.3	1.5	13	0.2	0.5	20	0.4	1.6
7	1.2	1.9	14	0.1	0.5			

第11章 建设工程企业成本管理

11.1 概　　述

11.1.1 成本的概念

建筑产品的成本，是指该产品在施工过程中所发生的一切费用的总和，是施工中所消耗的生产资料价值与劳动者活劳动价值两部分之和，是建筑产品价格的主要组成部分。建筑产品的成本包括施工中耗费的各种材料的费用，机械设备等固定资产的折旧费，支付给生产工人、工程技术人员和管理人员的工资，企业为进行生产活动所开支的各项管理费用等。成本应准确地反映生产过程中物化劳动和活劳动消耗，应根据社会平均成本来确定。

11.1.2 成本的特点

成本按其性质或本质来说，具有资本性、价值性、耗费性和盈利性。

资本性是指成本在本质上是资本的组成部分和存在形式，是一种垫付资本，它履行着资本的部分职能。这一性质要求要像对待资本那样理解成本、管理成本。

价值性是指成本同资本一样，也是一种价值形式，它要以货币作为计量尺度，同时与一定数量的使用价值相联系。因此，成本同样是价值与使用价值的统一，要求这种统一，实现这种统一，也是成本的内在要求。

耗费性是指成本在本质上是一种价值消耗，是资本的耗费。这种耗费反映为成本所体现的使用价值在形成过程中对经济资源的耗费，这种耗费兼有垫付和花费的性质。成本所反映的价值消耗愈低，使用功能就愈高，企业所面临的风险就愈小，获利的机会就愈大。

盈利性是指成本具有要求盈利的本性。企业支付成本，不仅要考虑能不能收回本钱，还要考虑获利能力。

11.1.3 成本的种类

1. 按成本发生的时间来划分

(1) 预算成本，又称承包成本，指建设工程企业与建设单位在施工合同中所确定的工程造价减去计划利润后的成本。它反映各地区建筑业的平均成本水平，是建设工程企业组织施工，进行材料物资供应准备和经济核算的基础。

(2) 计划成本，是根据工程的具体情况，考虑如果实现各项技术组织措施的经济效果，所应达到的预期成本，也是建设工程企业考虑降低成本措施后的成本计划数。它反映了建设工程企业在计划期内应达到的成本水平，是建设工程企业成本控制的基础。

（3）实际成本，是指在建筑安装工程施工中实际发生的费用总和。它是反映建设工程企业经营活动效果的综合性指标。用它与计划成本比较，可揭示成本的节约和超支，考核企业施工技术水平及技术组织措施的贯彻执行情况和企业的经营效果。实际成本与预算成本比较，则可以反映工程的盈亏情况。

2. 按生产费用和工程量关系划分

（1）固定成本，是指在一定期间和一定的工程量范围内，其发生的成本额不受工程量增减变动的影响而相对固定的成本。如管理人员的工资、办公费、固定资产折旧费等。固定成本不是固定不变的费用，所谓固定，指其总额而言，至于分配到每个项目单位工程量上的固定费，则是变动的。

（2）变动成本，是指发生总额随着工程量的增减而成正比例变动的成本。如直接用于工程的材料费、实行计件工资制的人工费等。所谓变动，也是就其总额而言，至于分配到每个项目单位工程量上的变动费，则是固定的。

（3）混合成本，是指随工程量的增减而变化，但不成正比例变化的成本。它介于固定成本和变动成本之间，同时兼有固定成本和变动成本的特性。

3. 按生产费用计入成本的方法划分

（1）直接成本，是指直接耗用并能直接计入工程对象的费用。它包括人工费、材料费、施工机械使用费和措施费四个成本项目。

（2）间接成本，是指非直接用于也无法直接计入工程对象，但为进行工程施工所必须发生的费用，通常是按照直接成本的比例进行计算。它包括规费和企业管理费两个成本项目。

11.1.4 工程项目成本

工程项目成本一般是指工程项目从决策到完成交付使用期间所需全部费用的总和，包括建筑安装工程费、设备及工器具购置费、工程建设其他费、预备费、建设期贷款利息等。具体表现为如下内容：

（1）工程项目决策成本。项目决策是项目形成的第一阶段，对项目建成后的经济效益与社会效益有重要影响。为对项目进行科学决策，在这一阶段要进行全面的市场调查，掌握翔实资料，进行科学的可行性研究。完成这些工作所消耗的资金构成项目的决策成本。

（2）招标费用。工程项目投资无论是采用自行招标还是委托代理招标，都需要一笔费用开支，这就是招标费用。

（3）勘察设计成本。根据可行性研究报告和项目功能要求进行勘察，根据勘察资料、可行性研究报告和项目功能要求进行设计，这些工作耗用的费用总和构成勘察设计成本。

（4）工程项目施工成本。在项目施工过程中，为完成项目的建筑安装施工所耗用的各项费用总和构成工程施工成本，它包括施工生产过程中所耗费的生产资料转移的价值和劳动消耗所创造的价值中以工资和附加费形式分配给劳动者的个人消费金。

工程项目的施工成本是项目总成本的主要组成部分。虽然决策质量、勘察设计结果都将直接影响施工成本，但在正确的决策和勘察设计条件下，在项目总成本中，施工成本一般占总成本的90%以上。因此，在一定意义上讲，工程项目成本管理实际是施工成本的管理。

11.1.5 成本管理的意义和原则

成本管理是企业为降低建筑产品即工程项目或劳务、作业等的成本而进行的各项管理工作的总称。它包括对成本的预测、计划、控制、核算、分析和考核等工作。成本管理的目标就是用最小的支出，取得最大的收益。成本管理的好坏，直接影响企业所创造利润的多少，影响企业的经济效益，因此企业必须重视成本管理工作。

1. 成本管理的意义

(1)加强成本管理，可以促进改善企业经营管理，提高企业管理水平。建筑产品的成本是一项重要的综合性指标，通过对成本的计划、控制、分析等管理手段，可找出企业存在的问题，并进行纠正，从而提高企业的管理水平。

(2)加强成本管理是企业降低成本，增加盈利的根本途径。增加利润是企业的经营目的之一，也是社会经济发展的动力。在一般情况下，企业可以通过降低成本来增加利润。而企业要降低成本，则必须运用各种管理手段，采取切实有效的措施，其中加强成本管理是主要手段之一。

(3)加强成本管理，是促进企业发展的基础，是国家积累资金的重要来源。随着企业经营管理水平的提高，企业以较少的劳动消耗，完成较多的生产任务，从而企业实现的利润就越多，就能给国家提供更多的积累。

(4)加强成本管理，是适应工程量清单计价模式的需要。随着工程量清单计价模式的推行，建设工程企业面临进一步加强成本管理，从而制定适应本企业的成本管理系统的迫切要求。由于在工程量清单计价方式下，一旦合同价款确定，工程造价就基本确定了，承包商只有在项目成本管理上下功夫，最大限度地把成本控制在清单范围内。如果施工成本过高，必然是以降低企业经济效益为代价。因此，建立有效的成本管理系统，是工程量清单计价模式中控制成本的有效方法。

2. 成本管理的原则

(1)全面性原则。成本管理涉及项目建设的方方面面，包括从成本预测到成本考核的各个环节，因此，在管理中要实行全面性原则。成本管理的全面性包括全过程成本管理、全方位成本管理和全员成本管理。

全过程成本管理是指必须对项目的设计成本、开发建设成本、材料采购成本以及销售成本等进行有效管理，以杜绝各类损失浪费，从而达到节约成本的目的；全方位成本管理是指在强调降低成本的同时，还必须兼顾工程项目的不断创新以及项目质量的保证和提高，以满足委托者的要求以及消费者日益增长的物质和文化生活的需要；全员成本管理是指在工程项目成本管理中，除充实专职机构或专业人员外，还必须充分注意发动全体职工参与。

(2)可控性原则。可控成本，是指能列入管理范围的费用，即各职能部门有权对其管理对象发生耗费加以限制和调整的成本；各职能部门对其管理对象所发生耗费不能加以限制和调整的，就属于不可控成本。按可控性原则，成本管理主体只对其可控成本承担责任。

（3）开源与节流相结合原则。成本管理要开源和节流双管齐下，即采取积极控制方法，引进先进技术，抓好项目开工前的成本管理，同企业内部挖潜节流相结合，才能把损失和浪费消灭在项目开工前，有效地发挥成本管理的作用。

（4）责、权、利相结合原则。各职能部门根据各自管理权限对可控成本进行控制，并承担控制结果的经济责任。只有严格贯彻责、权、利相结合的原则，才能真正发挥管理的作用。

（5）例外管理原则。这是指企业在管理过程中，要求管理者将注意力放到不正常、关键性的问题上的一种管理方法。它特别适用于对成本指标的日常控制。

（6）目标管理原则。目标管理是一种由企业管理者把既定的目标和任务具体化，并据以对企业的人力、物力、财力以及生产经营管理工作的各个方面所进行的一种民主、科学的管理方法。成本管理是目标管理的一项重要内容，必须以目标成本为依据，对各项成本开支进行严格的控制、监督和指导，力求做到以最少的成本开支，获得最佳的经济效益。

11.1.6 成本管理的任务和程序

1. 成本管理的任务

成本管理的基本任务是保证降低成本，实现利润，为国家提供更多的积累，为企业获得更大的经济效益，使职工得到适当的利益。具体来说，有以下几个方面：

（1）做好成本管理的基础工作。包括以下内容：

① 划清工程成本与其他费用的界限。由于建筑产品的成本构成比较复杂，因此，必须划清成本的各项费用范围。在成本构成中，有的成本费用项目与工程量有关（如直接费），有的与工程持续时间有关（如间接费），成本管理工作应在工程成本可能变动的范围内，也就是可控制范围内去进行。

② 做好施工定额及施工预算的管理。

③ 建立并做好各项成本信息工作，如全面、及时、准确地掌握各项原始资料、凭证。

④ 建立与健全各项制度。

⑤ 做好各级成本管理人员的培训。

（2）做好成本计划工作，严格进行成本控制。包括加强预算管理，做好"两算"（施工图预算和施工预算）分析对比，认真编制成本计划，把降低成本的计划指标、措施落实到各个部门，严格进行成本控制，保证一切支出控制在计划成本之内。

（3）加强成本的核算和分析，及时总结成本管理工作的经验，克服问题，促进整个企业经营管理水平的普遍提高。

2. 成本管理的程序

成本管理的程序框图如图 11.1.1 所示。

11.1.7 工程项目成本管理与企业成本管理的区别

1. 管理对象不同

工程项目成本管理的对象是某一个具体的工程施工项目，仅对该项目的成本进行核

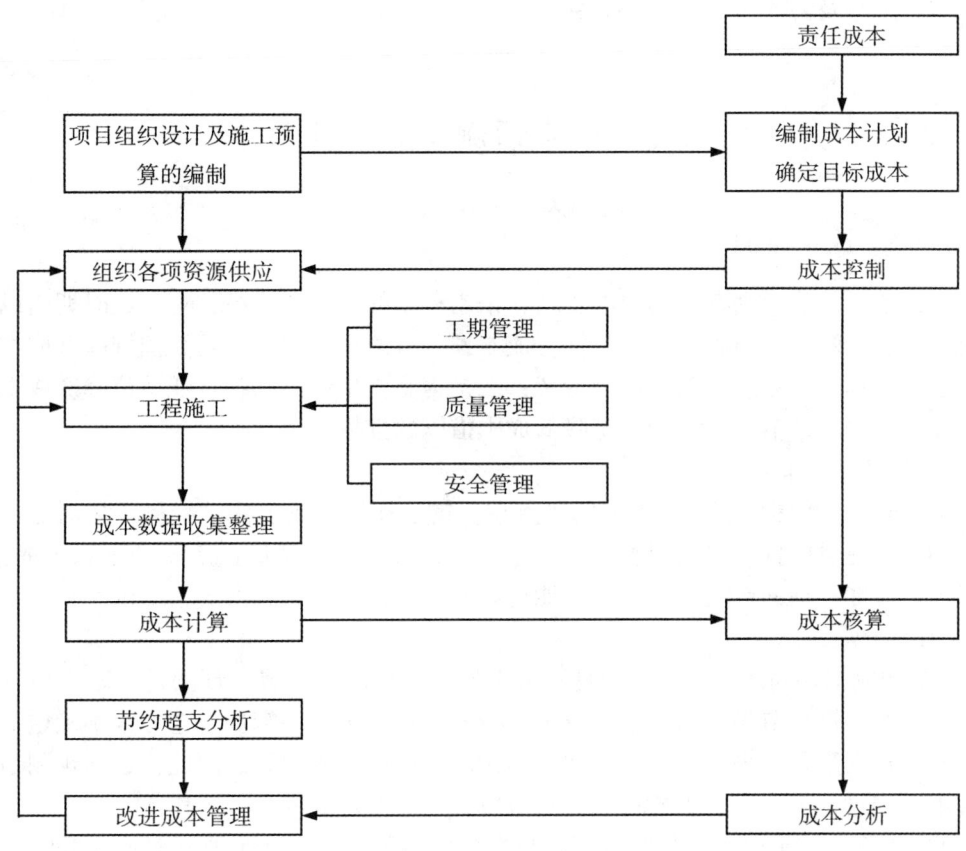

图 11.1.1 成本管理的程序框图

算,也只对该工程项目的成本加以控制,企业成本管理的对象是整个建设工程企业,不仅包括下属的各个项目经理部,还包括项目服务的附属企业及企业各职能部门。

2. 管理任务不同

工程项目成本管理的任务是在健全的成本管理责任下,以合理的工期、合适的质量、低耗的成本完成工程项目,完成企业下达的管理任务。建设工程企业成本管理任务则是根据整个企业的现状和水平,通过合理调整资源、合理摊派项目生产任务,使企业成本、费用控制在预定计划之内。

3. 管理方式不同

工程项目成本管理是在项目经理负责制下的一项重要的管理职能,是在工程现场进行的与施工过程的各项管理同步、及时、到位的。企业成本管理不在工程现场,成本管理与工程项目管理过程在时间上、空间上分离,是通过行政手段实施的管理,层次多、部门多,管理就有可能会不及时、不到位。

4. 管理责任不同

工程项目成本管理是由工程项目经理部全面负责的,项目成本由项目经理承包,项目的盈亏与项目经理的全体成员经济责任明确,管理到位。企业成本管理是强调部门成本责任，成本管理涉及各个职能部门和各个施工单位，难以协调，往往责任不明确，管理松懈。

11.2 成本预测与成本计划

11.2.1 成本预测

成本预测，就是根据有关的成本资料，采用科学的方法和手段，对一定时期内成本变动的趋势做出判断，从而确定成本目标。成本预测有两个目的，一是为挖掘降低成本的潜力指明方向，作为计划期降低成本的参考；二是为施工单位内部各责任单位降低成本指明途径，作为编制增产节约计划和制定降低成本措施的依据。

1. 成本预测的作用

(1) 为成本决策提供依据。预测的要点在于揭示和描述成本变动趋势，从而为确定经营目标和方向提供依据。但预测本身并不是目的，其目的在于提供反映未来状况的情况，以便做出尽可能合理的定性分析和尽可能精确的定量分析，为成本决策提供有科学依据和有说服力的数据。

(2) 编制成本计划的基础。计划是对未来的具体要求和部署，预测是对未来事件的描述，两者通过决策环节相联结。预测提出可行的备选方案，决策从备选方案中确定最佳的可行方案，计划则是对决策确定的最佳方案做出实施的具体规划。因此，成本预测是企业编制成本计划过程中必不可少的科学分析阶段，是成本计划的基础工作。

(3) 成本管理的重要环节。成本预测是在分析各种经济与技术要素对成本升降的影响基础上，推算其成本水平变化的趋势及规律性，预测工程项目的实际成本。通过成本预测，有利于及时发现问题，找出成本管理中的薄弱环节，采取措施，控制成本。

2. 成本预测的程序

(1) 环境调查。主要从三个方面进行，即市场需求容量调查、成本水平调查和技术发展调查。市场需求容量调查主要是了解国民经济发展情况，国家地区的投资规模、方向和布局，以及主要工程的性质和结构，市场竞争形势等；成本水平调查主要是了解本行业各种类型工程的成本水平，本企业在各地区、各类型投标中标工程项目的成本水平和目标利润，建筑材料、劳务供应情况和市场价格及其变化趋势；技术发展调查主要是了解国内外新技术、新设计、新工艺、新材料采用的可能性及对成本的影响。

(2) 收集预测资料。预测资料一般有纵向和横向两方面的数据。纵向资料是企业成本费用的历史数据，据此分析其发展趋势；横向资料是指同类企业、项目的成本费用资料，据此分析所预测项目与同类项目的差异，并做出估计。

(3) 选择预测方法，建立预测模型。预测方法可以分为定性预测法和定量预测法。选择预测方法，建立预测模型时，要考虑预测的时间期限要求、数据要求和精度要求。

(4) 成本的初步预测。根据定性预测法及一些横向成本资料的定量预测，对成本进行初步估计。这一步的结果往往比较粗糙，需要结合当前的成本费用水平进行修正，才能保证预测结果的质量。

(5) 预测结果分析。采用预测模型进行预测，其结果只是反映历史的一般发展结果，并不能反映可能出现的突发性事件对成本变化的影响。因此，必须对预测结果进行分析。

(6) 确定预测结果，提出预测报告。根据预测分析的结论，最终确定预测的结果，并在此基础上提出预测报告，确定目标成本，作为编制成本计划和进行成本控制的依据。

3. 成本预测的方法

成本预测方法可分为两大类：定性预测方法和定量预测方法。

(1) 定性预测方法。定性预测指成本管理人员根据专业知识和实践经验，通过调查研究，利用已有资料，对成本费用的发展趋势及可能达到的水平所做的分析和推断。

由于定性预测主要依靠管理人员的素质和判断能力，因而这种方法必须建立在对项目成本费用耗费的历史资料、现状及影响因素深刻了解的基础之上。这种方法简便易行，在资料不多、难以进行定量预测时最为适用。

定性预测方法有多种，最常用的是调查研究判断法，即依靠专家来预测未来成本费用的方法，所以也称为专家预测法。其具体方式有：

① 座谈会法，是指以会议形式集中各方面专家面对面地进行讨论，各自提出自己的看法和意见，最后综合分析，得出预测结论。这种方法的优点是能经过充分讨论，所测数值比较准确；缺点是有时可能出现会议准备不周、走过场，或者屈从于领导的意见。

② 德尔菲法，也称为函询调查法，是采用函询调查的方式，向有关专家提出所要预测的问题，请他们在互不商量的情况下，背对背地各自做出书面答复，然后将收集的意见进行综合、整理和归类，并匿名反馈给各个专家，再次征求意见，如此经过多次反复之后，就能对所需预测的问题取得较为一致的意见，从而得出预测结果。这种方法的优点是能够最大限度地利用各个专家的能力，相互不受影响，意见易于集中，且真实；缺点是受专家的业务水平、工作经验和成本信息的限制，有一定的局限性。德尔菲法是一种广泛应用的专家预测方法。

(2) 定量预测方法。定量预测是利用历史成本费用统计资料以及成本费用与影响因素之间的数量关系，通过数学模型来推测、计算未来成本费用的可能结果。在成本费用预测中，常用的定量预测方法有回归分析法、时间序列分析法、高低点法、本量利分析法。这里重点介绍回归分析法。

① 回归分析法，是利用事物内部因素间发展的因果关系来预测其发展的趋势，即按照影响成本的诸因素变化来预测成本的变化。具体介绍见第 4 章的第 4.1.3 节"定量预测方法"有关内容。

【例 11.2.1】某施工队 2003 年 3—9 月成本费用资料如表 11.2.1 所示。如果 2003 年 10 月和 11 月预算成本分别为 20 万元和 30 万元，分别预测 10 月、11 月的实际成本。

表 11.2.1　　　　　　　　某施工队成本费用资料　　　　　　　（单位：万元）

月　份	3	4	5	6	7	8	9	合　计
预算成本 X	17.9	14.2	21.9	26	33.5	38.5	30	$\sum X = 182$

续表

月　份	3	4	5	6	7	8	9	合　计
实际成本 Y	19.8	17.4	22.2	24.5	28.9	32.3	27.1	$\sum Y = 172.2$
X^2	320.41	201.64	479.61	676	1122.25	1482.25	900	$\sum X^2 = 5182.16$
XY	354.42	247.08	486.18	637	968.15	1243.55	813	$\sum XY = 4749.38$

解：根据表 11.2.1 中资料代入式(4.1.11)和式(4.1.12)，计算 a，b 如下：

$$b = \frac{n\sum XY - \sum X \cdot \sum Y}{n\sum X^2 - (\sum X)^2} = \frac{7 \times 4749.38 - 182 \times 172.2}{7 \times 5182.16 - 182^2} = 0.60$$

$$a = \frac{\sum Y - b\sum X}{n} = \frac{172.2 - 0.60 \times 182}{7} = 9$$

因此，回归方程为 $Y = 9 + 0.6X$

如果 2003 年 10 月预算成本为 20 万元，即 $X = 20$，则实际成本

$$Y_{10} = 9 + 0.6 \times 20 = 21（万元）$$

实际成本比预算成本超支 1 万元。

如果 2003 年 11 月预算成本为 30 万元，即 $X = 30$，则实际成本

$$Y_{11} = 9 + 0.6 \times 30 = 27（万元）$$

实际成本比预算成本降低 3 万元。

② 时间序列分析法，又称趋势外推，是按时间(年、月、日)顺序排列的历史资料，承认事物发展的连续性，从这种排列成本数据中推测出成本发展的趋势。这种方法简便易行，只要有历史的成本资料，就可进行预测。但是，这种方法的准确性较差，而且只能在社会经济稳定发展的条件下才有一定的实用价值。所以，时间序列分析方法只适用于短期预测。

时间序列分析的方法很多，有简单平均法、加权平均法、指数平滑法等。

③ 高低点法，是成本预测的一种常用方法，它是以统计资料中完成工程量(产量或产值)最高和最低两个时期的成本数据，通过计算总成本中的固定成本、变动成本和变动成本率来预测成本的。

④ 本、量、利分析法，是根据成本、工作量、利润三者之间的关系来进行的，该方法可以用来为达到目标利润，预测应具备工作量的大小；也可以用来在一定工作量和目标利润的条件下，计算目标成本为多少。

11.2.2　成本计划

成本计划是以货币形式综合反映企业在计划内的成本水平和成本降低程度的计划，是企业财务计划的一个组成部分。编制成本计划就是确定计划期的计划成本，这一工作是成本管理的重要环节。

1. 目标成本与成本计划

所谓目标成本,即企业对未来期产品成本所规定的奋斗目标。目标成本有很多形式,在制定目标成本作为编制成本计划和预算的依据时,可能以计划成本、定额成本或标准成本作为目标成本,它将随成本计划编制方法的变化而变化。成本计划是目标成本的一种形式。

一般而言,目标成本的计算公式如下:

$$目标成本 = 经营收入 - 目标利润 - 各种税金 \quad (11.2.1)$$

$$目标成本降低额 = 项目的预算成本 - 项目的目标成本 \quad (11.2.2)$$

$$目标成本降低率 = \frac{目标成本降低额}{项目的预算成本} \quad (11.2.3)$$

2. 成本计划的编制准则

(1)制定合理的降低成本目标,即按企业工程任务的实际情况制定出企业的、工程的降低成本目标;

(2)挖掘企业内部潜力,积极可靠地降低成本;

(3)针对工程任务,采用先进可行的技术组织措施,以达到降低成本的目的;

(4)从改善生产经营管理着手,降低各项管理费用;

(5)参照上期实际完成的情况编制本期成本计划,使计划具有连续性。

3. 成本计划的内容

建设工程企业成本计划包括工程成本计划、产品成本计划、作业成本计划及企业管理费用计划等内容。

(1)工程成本计划,综合反映企业及其所属施工项目部在计划期内按成本项目及主要单位工程划分的预算成本、计划成本、计划降低额、计划降低率和降低成本措施计划。

(2)产品成本计划,综合反映企业所属工业企业在计划期内按成本项目划分的产品预算成本、计划成本、计划降低额和计划降低率,以及主要产品单位成本及总成本的降低成本情况。

(3)作业成本计划,综合反映企业及附属机械作业及运输单位在计划期,按成本项目及作业项目划分的预算成本、计划成本、计划降低额及计划降低率。

(4)企业管理费用计划,反映企业管理费用的收入和支出计划,并附企业管理费用归口管理及开支标准表。

4. 成本计划的编制过程

建设工程企业成本计划的编制,是建立在成本预测和一定资料的基础之上。编制成本计划的具体方法随项目不同而不完全相同,但通常可以分为以下几个阶段:

(1)收集、整理、分析资料,作为编制成本计划的依据。这些资料主要包括:

① 上年度成本计划完成情况及历史最好水平资料(产量、成本、利润);

② 企业的经营计划和计划期的生产计划、劳动工资计划、材料供应计划及技术组织措施计划等;

③ 上级主管部门下达的降低成本指标和要求;

④ 施工定额及其他有关的各项技术经济定额;

⑤ 施工图纸、施工图预算和施工组织设计。

(2) 确定目标成本及目标成本降低率(额)。成本目标通常以项目成本降低率(额)来定量地表示。具体步骤如下：

① 根据有关资料和预测结果，初步估算出项目降低成本的目标，这个目标值应大于或等于企业下达的降低成本目标；

② 将项目合同价减去税金、目标利润和降低成本的目标值，即可以得出项目的总目标成本；

③ 计算出项目的目标成本降低额和目标成本降低率。

(3) 进行成本指标的试算平衡。为了使初步制定的目标成本和目标成本降低率(额)能落到实处，必须进行反复的试算平衡，测算这类数据的经济效果，看其能否达到目标成本的要求。

具体的降低成本的措施及其效果计算如下：

① 提高劳动生产率而降低成本。该方法不仅能够减少单位产品负担的工资和工资附加费，而且能够降低产品成本中的其他费用负担。

$$成本降低率 = \frac{工资成本占工}{程成本的比重} \times \left(1 - \frac{1+平均工资增长\%}{1+劳动生产率增长\%}\right) \qquad (11.2.4)$$

② 节约资源、能源消耗而降低成本。在不影响产品质量，满足产品功能要求的前提下，节约各种物资消耗对降低产品成本作用很大。

$$成本降低率 = \frac{所耗资源、能源费}{占工程成本的比重} \times \frac{资源、能源}{损耗降低率} \qquad (11.2.5)$$

③ 由于采取技术组织措施而降低成本。该方法在整个降低成本中应占很大的比重，是降低成本的主要方面，应按预算的单位工程量编制。

$$成本降低率 = \frac{该项目原成本占}{工程成本的比重} \times \frac{措施涉及的工程量 \times 单位量的节约额}{工程成本} \qquad (11.2.6)$$

④ 由于多完成工程任务，使固定费用相对节约而降低成本。在建设工程企业成本中，固定费用包括人工费中的标准工资、机械使用费中的折旧、绝大部分施工管理费等。

$$成本降低率 = \frac{固定费用占工}{程成本的比重} \times \left(1 - \frac{1}{1+完成任务增长\%}\right) \qquad (11.2.7)$$

⑤ 提高产品质量，减少废品与返工而降低损失。在生产中出现废品与返工，分摊到新产品上的原材料消耗量就增大，就会使成本增加。

$$成本降低率 = \frac{废品、返工损失}{占工程成本比重} \times \binom{废品、返工}{损失降低率} \qquad (11.2.8)$$

⑥ 由于节约管理费而降低成本。精简机构，提高管理工作效果，采取现代化管理方法，都可以节约管理费，从而降低工程成本。

$$成本降低率 = \frac{管理费占工}{程成本比重} \times 费用节约比率 \qquad (11.2.9)$$

将以上各项成本降低率累加，即构成整个工程的成本降低率。若达不到降低率的目标，则还应再做分析、选择，采用另外的降低成本的措施或扩大涉及的范围，有时要进行反复的试算比较才能达到预定的降低成本的目标。

(4)编制项目成本计划表。经过成本预测和成本指标试算平衡,结合企业的经营要求,就可以正式编制企业的成本计划。成本计划的最终表现形式为成本计划表,它通过具体的项目成本计划表体现,通常包括项目成本计划任务表、技术组织措施表、降低成本计划表和施工现场管理费计划表。

① 项目成本计划任务表:主要是反映工程项目预算成本、计划成本、成本降低额、成本降低率的文件。它是落实成本降低任务的依据,其格式见表11.2.2。

表 11.2.2　　　　　　　　　　　　项目成本计划任务表

工程名称:　　　　　　　项目经理:　　　　　日期:　　　　　单位:

项目	预算成本	计划成本	计划成本降低额	计划成本降低率
1. 直接费用				
人工费				
材料费				
机械使用费				
其他直接费				
2. 间接费用				
施工管理费				
合 计				

② 技术组织措施表:是预测项目计划期内工程成本各项直接费用计划降低额的依据,是提出各项节约措施和确定各项措施的经济效益文件。由项目经理部有关人员分别就应采取的技术组织措施预测它的经济效益,最后汇总编制而成。编制技术组织措施表的目的是在不断采用新工艺、新技术的基础上提高施工技术水平,改善施工工艺过程,推广工业化和机械化施工方法,以及通过采纳合理化建议,达到降低成本的目的。其格式见表11.2.3。

表 11.2.3　　　　　　　　　　　　技术组织措施表

工程名称:　　　　　　　日期:
项目经理:　　　　　　　单位:

措施项目	措施内容	涉及对象			降低成本来源		成本降低额				
		实物名称	单价	数量	预算收入	计划开支	合计	人工费	材料费	机械费	其他直接费

③ 降低成本计划表:是根据企业下达给项目的降低成本任务和项目经理部自己确定

的降低成本指标而制订的项目成本降低计划。它是编制成本计划任务表的重要依据。其格式见表11.2.4。

④ 施工现场管理费计划表：反映发生在项目经理部的各项施工管理费的预算收入、计划数和降低额。其格式见表11.2.5。

表11.2.4　　　　　　　　　　　　降低成本计划表
工程名称：　　　　　　　　　　　日期：
项目经理：　　　　　　　　　　　单位：

分项工程名称	成本降低额					
	总计	直接成本				间接成本
		人工费	材料费	机械费	其他直接费	

表11.2.5　　　　　　　　　　施工现场管理费计划表

成本项目	预算收入	计划成本	降低额
1. 工作人员工资			
2. 生产工人辅助工资			
3. 工资附加费			
4. 办公费			
5. 差旅交通费			
6. 固定资产使用费			
7. 工具用具使用费			
8. 劳动保护费			
9. 检验试验费			
10. 工程保险费			
11. 财产保险费			
12. 取暖、水电费			
13. 排污费			
14. 其他			
合计			

(5) 进行成本计划的风险分析。成本计划的风险分析就是对在项目中可能影响目标实现的诸因素进行事先分析，分析其影响程度和确定消除其影响的对策。风险分析的目的是为了保证成本目标的顺利实现。在工程量清单计价方式下，由于承包合同价格事先确定，

使得承包商项目成本管理的重点成为在既定收入的前提下,控制成本支出,并将工程量清单计价方式带来的风险,通过加强成本的目标控制,最终将风险降低到最低点,得到收益的最大化。

(6)综合平衡,编制正式的成本计划。在各项目部上报了成本计划后,企业相关职能部门首先应结合各项技术经济措施,检查各计划是否合理可行,并进行综合平衡,使各项目成本计划之间相互协调、平衡;其次要从大局出发,在保证企业下达的成本降低任务和项目目标成本实现的情况下,以生产计划为中心,分析研究成本计划与生产计划、劳动工时计划、材料成本与物资供应计划、工资成本与工资基金计划、资金计划等的相互协调、平衡;经过反复讨论多次综合平衡,最后确定的成本计划指标,即可以作为编制成本计划的依据,正式编制企业成本计划。

5. 成本计划的编制方法

工程项目的成本计划编制工作主要是在项目经理负责下,在成本预测、决策基础上进行的。工程项目成本计划的编制方法通常有以下几种:

(1)施工预算法。根据施工图纸中的实物工程量,套用施工消耗定额,计算工料消耗量,进行工料汇总,再乘以相应的工料单价用货币形式反映其施工生产消耗水平。公式为

$$计划成本 = 施工预算成本 - 技术组织措施节约额 \quad (11.2.10)$$

其中,技术组织措施节约额是指包括直接费在内的全部节约额。

(2)成本习性法。这是固定成本和变动成本在编制成本计划中的应用,主要按照成本习性,将成本分为固定成本和变动成本两类,以此作为计划成本。公式为

$$计划成本 = 项目变动成本总额 + 项目固定成本总额 \quad (11.2.11)$$

另外,还可以通过定额估算法计算计划成本降低额,即以"两算"对比差额与技术组织措施带来的节约来估算计划成本的降低额。公式为

$$计划成本降低额 = "两算"对比定额差 + 技术组织措施计划节约额 \quad (11.2.12)$$

"两算"是指施工图预算和施工预算。两算对比的差额实质反映两种定额,即预算定额和施工定额产生的差额,因此又称定额差。如某项目预算成本 7000 万元,两算对比差额为 350 万元,采用技术组织措施计划节约额为 90 万元,则计划成本降低额 = 350+90 = 440(万元)。

11.3 成本控制与成本核算

11.3.1 成本控制

成本控制是指为实现工程项目的成本目标,在工程项目成本形成的过程中,对所消耗的人力资源、物质资源和费用开支进行指导、监督、调节和限制,及时纠正即将发生和已经发生的偏差,把各项费用控制在规定的范围内。成本控制是降低产品成本的主要手段,是加强成本核算、提高经济效益的前提,是成本管理最核心的部分。

企业成本控制的基本制度是分级分口的成本控制责任制。分级分口成本控制是以公司为主体,把公司、分公司、项目部承包队、班组的成本控制结合起来,以财务部门为主,

把生产、技术、劳动、物资、机械设备、质量等部门的成本控制结合起来。

分级控制是从纵的方面把成本计划指标按所属范围逐级分解到班组乃至个人；分口控制是从横的方面把成本计划指标按性质分解到各职能科室（组），每个科室（组）又将指标分解到职能人员。

实行成本计划指标的分级分口管理，使企业的各级生产组织、各个职能部门以至每个职工都能明确自己在成本管理中应承担的责任，这样就形成全企业的成本控制网。

实行成本控制还要建立成本记录和报告制度以及成本指标考核制度。

11.3.1.1　成本控制的对象和内容

1. 成本控制的对象

成本控制的对象可从以下几方面来考虑：

（1）以项目成本形成过程作为控制对象。工程项目的形成过程就是成本的形成过程，应对成本形成进行全过程、全面的控制。在投标阶段，对投标项目成本进行预测控制，采用定性或定量的方法在合同价格的基础上，详细分析工程量清单中分部分项工程量、措施项目和其他项目中的工程量、工程内容及其价格组成。合理确定成本目标，作为工程成本控制的上限；在施工准备阶段，依据大纲编制成本计划，并且对目标成本进行风险分析，对成本进行事前控制；在施工阶段，以施工预算、施工定额和费用标准对实际发生的费用进行定额控制；由于业主或设计的变更，对变更后的成本调整进行控制；竣工、交工和保修期阶段，对验收（自验、企业验、业主验）过程中发生的费用和保修期的保修费用的支出进行控制。

（2）以项目的职能部门、施工专业队和班组作为成本控制的对象。工程建设过程中每天都在发生各种费用的支出或损失，它们都发生在项目经理部各部门、各施工专业队和班组。成本控制的具体内容就是日常发生的各种费用或损失，故应该把这些部门、队、组（实质上是人）作为成本控制的对象。

（3）以分部、分项工程作为成本控制对象。针对工程量清单计价模式下的分部分项工程，结合降低成本的要求以及相关的招投标资料，以货币形式规定计划期内产品的生产耗费和各分项的成本水平，作为成本管理的对象。

2. 成本控制的内容

项目成本受到影响的因素很多，如技术、工艺、方案、质量、进度、各类材料、设备、自然条件、人、制度、政策等，但最基本的因素是人，是参与施工和管理的实际操作者。从这个理念出发，项目成本控制，必须由项目全员参加，根据各自的责任成本对自己分工的内容负责成本控制。

1）施工技术和计划经营部门或职能人员

（1）根据施工项目管理大纲及业主或发包单位的要求，科学合理地组织施工。要及时组织已完工程的计量、验收、计价、收回工程价款，保证施工所有资金的周转，避免建设单位不拨款的条件下要求加快施工进度，避免无效的资金占用。

（2）按《建设工程施工合同示范文本》"通用条款"的规定进行施工管理，资金到位组织施工，避免垫付资金施工。

2）材料、设备部门或职能人员

(1)根据施工项目管理规划的材料需用量计划，制订合理的材料采购计划。严格控制主材的储备量，既保证施工需要，又不增加储备资金。

(2)按采购计划和经济批量进行采购定货，严格控制采购成本。

(3)签订材料供应合同，保证采购材料质量。供应商违约，可以利用索赔减少损失或增加收益。

(4)坚持限额领料，控制材料消耗。

3）财务部门或职能人员

(1)按间接费用使用计划控制间接费用。特别是财务费和项目经理部不可控的成本费用。如上交管理费、折旧费、税金、提取工会会费、劳动保险费、待业保险费、固定资产大修理费、机械退场费等。财务费用控制主要是控制资金的筹集和使用，调剂资金的余缺，减少利息的支出，增加利息收入。

(2)严格其他应收预付款的支付手续。例如购买材料配件等预付款，一般不得超过合同价的80%。

(3)其他费用按计划、标准、定额控制执行。

(4)对分包商、施工队支付工程价款时，手续应齐全。必须有技术部门及计划验工计价单，项目部领导签字方可支付。

4）其他职能部门或职能人员

根据分工不同，严格控制施工成本。如安全质量管理部门必须做到质量、安全不出大事故；劳资部门对临时工应严格控制发生的工费等。

5）施工队或职工

施工队包括机械作业队，主要控制人工费、材料费、机械使用费的发生和可控的间接费。

6）班组或职工

主要控制人工费、材料费、机械使用费的使用。要严格控制领料、退料，避免窝工、返工，注重提高劳动效率。

11.3.1.2 成本控制的依据和手段

1. 成本控制的依据

(1)工程项目的成本费用计划。成本控制的目的就是为了实现成本费用计划的目标，因此成本费用计划是成本控制的基础。

(2)进度报告。进度报告提供了每一时刻的工程实际完成量、工程费用实际支付情况等重要信息。成本控制工作正是通过实际情况与费用计划相比较，找出二者之间的差别，分析偏差产生的原因，从而采取措施改进以后的工作。

(3)工程变更。工程变更包括设计变更、技术规范与标准变更、工程量变更、进度计划变更、施工计划变更和施工次序变更等。一旦出现变更，工程量、工期、工程款支付都将发生变化。项目管理人员应根据审批的工程变更令的内容分析、计算索赔额，并报送监理工程师审定，待业主认可后才能生效。因此，承包商不得随意进行工程变更，否则将会增加工程成本。

(4) 成本管理计划。成本管理计划不同于前面讲到的成本费用计划。成本管理计划主要是为明确如何处理工程实施过程中可能发生的偏差而编制的。通过成本管理计划，可以明确不同问题的不同处理方法，为项目成本管理人员的决策提供参考。

(5) 索赔文件。在施工过程中，由于现场条件、气候环境的变化，招标文件及图纸中的错误等原因经常会导致索赔的发生并造成费用超支。

此外，相关法律法规及合同文本等也都是成本控制的依据。

2. 成本控制的手段

这在成本控制中是必不可少的，成本控制的手段具有强制性和约束性，若只有目标成本，没有必要的控制手段，就对成本起不到控制作用。常用的控制手段如下：

(1) 制度控制。这是企业对项目成本实施的总体宏观控制。通过制度对成本进行控制，就是通过建立各项工作制度、责任制度、奖惩制度等，对各项成本费用的计划、费用发生的审批、费用开支的范围及限额、违纪行为的监督检查等环节都做出明确规定，并在工作中严格执行。制度控制是企业行使监督、检查、考核兑现、协调及服务职能的依据和前提，也是企业内部管理制度建设中的重要组成部分。

(2) 定额控制。为了控制项目成本，企业必须要有完整的定额资料，这些定额资料除了国家统一的建筑、安装工程基础定额以及市场的劳务、材料价格信息之外，企业还应有建设工程工程量清单计价规范和完善的内部定额资料。工程量清单计价采用的是市场价计价的模式，投标各方在审定并确认招标文件所列的工程量后，即可按国家统一颁布的实物消耗量定额并结合企业本身的内部定额，以人工、材料、机械台班的市场价进行计价，使企业真正具有了自主定价的权力，真正具有参与市场竞争的意识，从而实现有效的成本控制。

(3) 合同控制。这是企业实施成本控制的一个重要方面，合同控制与上述控制办法的主要区别在于前两者属于行政控制，而合同控制是合作双方在自愿协商的基础上产生的具有约束力的控制办法。这些合同包括：

① 项目经理部与公司之间的内部经济技术承包合同，又称主合同。该合同由公司与项目经理部之间签订，其主要内容包括项目承包方式、承包内容、承包指标，双方的责任与权限、考核与奖罚。在成本控制方面，该合同对项目经理部成本指标、成本降低额、成本降低率等内容进行了具体规定。该合同是项目经理部实施成本控制的主线。

② 项目经理部与公司职能部门之间的专业管理合同，又称横向合同。通过签订横向合同，可以解决企业与项目之间监督与被监督、指导与被指导、协调与被协调、服务与被服务的关系问题，与项目部签订横向合同的部门主要有生产科、技术科、质量科、安全科、材料科、财务科、经营科、科研试验室等。

③ 项目经理与项目管理班子成员之间的岗位责任合同和承包合同，又称纵向合同。

纵向合同包括项目经理与各专业人员(如成本员、预算员、材料员等)的岗位责任合同;项目经理与项目工程师和项目主工长之间的单项承包合同;项目经理与劳务班组之间的分包人工费承包合同。

(4)结算控制。为了加强对成本的控制,可以在企业内部模拟市场运作,建立内部结算中心,内部各单位、部门都在结算中心设立账户,对内部发生的成本费用支出、资金收付行为均办理内部结算。企业可以将内部各单位、部门的成本控制指标分别划入其账户,内部发生的各项费用一律通过结算划款。同时,对外部发生的各项费用可以采用资金集中管理等措施统一办理结算,其费用仍由单位承担。如材料费、电费、租赁费用等,都可以采取结算控制的手段。

11.3.1.3 成本控制的步骤

在确定了项目的目标成本之后,必须定期地将成本实际值与计划值进行比较。当实际值偏离计划值时,分析产生偏差的原因,采取适当的纠偏措施,以确保成本目标的实现。成本控制的步骤如下:

(1)按照某种确定的方式将成本实际值与计划值进行比较,以发现是否超支。

(2)在比较的基础上,对比较的结果进行分析,以确定偏差产生的原因及严重程度。这一步是成本控制的核心,其主要目的是找出偏差产生的原因,从而采取有针对性的措施以减少或避免再次发生这类问题的可能性。

(3)根据项目实施情况估算整个项目完成时的费用,其目的在于为决策提供支持。

(4)当工程项目的实际成本出现了偏差,应根据工程的具体情况、偏差分析和预测的结果采取适当的措施,以达到使各种偏差尽可能减小的目的。纠偏是成本控制中最具实质性的一项工作,只有通过纠偏才能达到有效控制成本的目的。

(5)对工程的进展进行跟踪和检查,及时了解工程进展状况以及纠偏措施的执行情况及效果,为今后的工作积累经验。

上述五个步骤是一个有机的整体,在实践中构成一个周期性的循环过程。

11.3.1.4 成本控制的方法

成本控制的方法有很多,只要在满足质量、工期、安全的前提下,能够达到成本控制目的的方法都是好方法。但是,什么样的情况下,应采取什么样的办法,这是由控制内容所确定的,因此,要根据不同的情况,选择与之对应的控制方法。下面介绍几种常用的成本控制方法。

1. 以目标成本控制成本支出

在项目的成本控制中,按施工预算,实行"以收定支",或者叫"量入为出",是最直接、最有效的方法之一。这要求施工预算一定要根据实际实施的施工组织设计进行编制,对实际发生的人工费、材料费、施工机械使用费、现场管理费和其他直接费进行控制。

2. 以施工方案控制资源消耗

在企业中资源消耗数量的货币表现大部分就是成本费用。因此,资源消耗的减少,就等于成本费用的节约;控制了资源消耗,也等于是控制了成本费用。

采用施工方案控制资源消耗的实施步骤和方法如下:

(1)项目开工以前,应根据设计图纸和工程现场的实际情况,制定整个工程项目的施工方案,以此作为指导和管理施工的依据。在施工过程中,若遇工程变更或需改变施工方法,则应及时调整施工方案。

(2)组织实施。施工方案是进行工程施工的指导性文件,施工方案一经确定,则应是强制性的。有步骤、有条理地按施工方案组织施工,可以避免盲目性,可以合理配置人力和机械,可以有计划地组织物资进场,从而做到均衡施工,避免资源闲置或积压造成浪费。

(3)采用价值工程,优化施工方案。对同一工程施工,可以有不同的方案,选择最合理的方案是降低工程成本的有效途径。采用价值工程,可以解决施工方案优化的难题。通过价值工程,可以寻找实现设计要求的最优化的方案,也是对资源利用最合理的方案。采用这样的方案,必然会降低损耗,降低成本。

3. 用工期-成本同步的方法控制成本

长期以来,企业都认为编制进度计划是为安排施工进度和组织流水作业服务的,与成本控制的要求和管理方法截然不同。其实,成本控制与计划管理、成本与进度之间有着必然的同步关系。因为成本是伴随着施工的进行而发生的,如果成本与进度不对应,则必然会出现虚盈或虚亏的不正常现象,要及时找出原因,并加以纠正。

为了便于在分部分项工程的施工中同时进行进度与费用的控制,掌握进度与费用的变化过程,可以采用成本计划评审法和赢得值法进行成本控制。

(1)成本计划评审法,是利用网络计划来进行成本控制。网络计划在施工进度的安排上具有较强的逻辑性,并可以随时对网络进行优化和调整,因此,对每道工序的成本控制也更为有效。

成本计划评审法就是在施工项目的网络图上标出各工作的计划成本和工期,箭线下(右)方数字为工期,箭线上(左)方"C"字母后的数字为成本费用,如图11.3.1所示(费用单位为千元,工期单位为周)。

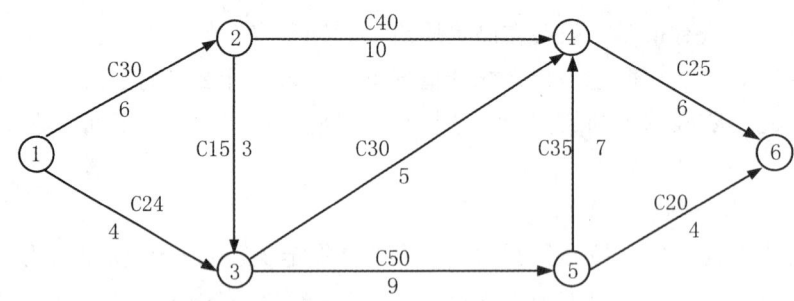

图 11.3.1 原计划成本与工期

在计划开始实施后,将实际进度和开支费用(主要是直接费用)累计计算,并定期将实际成本与计划成本对比,发现偏差,及时采取措施加以纠正。图11.3.2所示为图

11.3.1 的网络计划执行 4 周后的情况。括号中的数字为实际值。

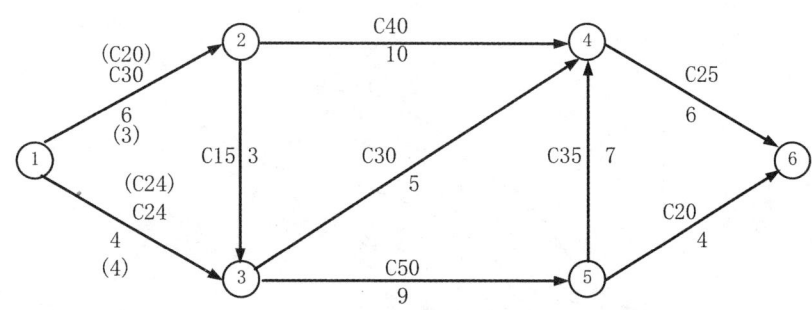

图 11.3.2 调整后的成本与工期

由图 11.3.2 可知，在计划实施 4 周后检查时，工作①-③是按计划完成，费用正好与计划值相等；工作①-②延误一周，按单位时间计算的费用却超支，超出额为

$$\frac{30 \times 1000 \times 3}{6} - 20 \times 1000 = -5000(元)$$

对工作①-②的费用超支，应及时查明原因，若有异常，应设法予以纠正。

(2) 赢得值法，又称进度费用曲线法，是对项目进行费用、进度综合控制的一种图形表示和分析方法。该方法是通过实际完成工程与原计划相比较，确定工程进度是否符合计划要求，从而确定工程费用是否与原计划存在偏差的方法。该方法为工程项目的集成管理提供了理想的工具，美国于 20 世纪 70 年代开发成功并首先应用于国防工程，由于该方法在实际应用中的成功，国际工程承包公司出于自身利益的考虑，在选择工程公司时，把能否运用赢得值原理进行项目管理和控制作为资格审查和能否中标的先决条件之一。

赢得值法涉及以下几个参数：

① 拟完工程的预算费用 BCWS（Budgeted Cost of Work Scheduled），根据进度计划安排在某一给定时间内所应完成的工程的计划成本。即施工中某一时刻按计划目标应完成的工程量的价值。计算公式为

$$BCWS = 计划工程量 \times 预算单价 \quad (11.3.1)$$

② 已完工程的预算费用 BCWP（Budgeted Cost of Work Performed），指在某一给定时间内实际完成的工程内容的计划成本，即赢得值。对承包商而言是指可以从业主处得到的工程款，与承包商实际投入的费用无关。计算公式为

$$BCWP = 已完工程量 \times 预算单价 \quad (11.3.2)$$

③ 已完工程的实际费用 ACWP（Actual Cost of Work Performed），指在某一给定时间内实际完成的工程内容的实际发生成本，与业主承认并承诺付款的工程价值无关。计算公式为

$$ACWP = 已完工程量 \times 实际单价 \quad (11.3.3)$$

通常 BCWS 线根据施工组织设计的进度计划绘出，BCWP 线根据施工过程逐月完成工

作量绘出,ACWP线根据施工过程逐月成本支出绘出。图11.3.3所示是费用、进度综合控制的赢得值原理图。

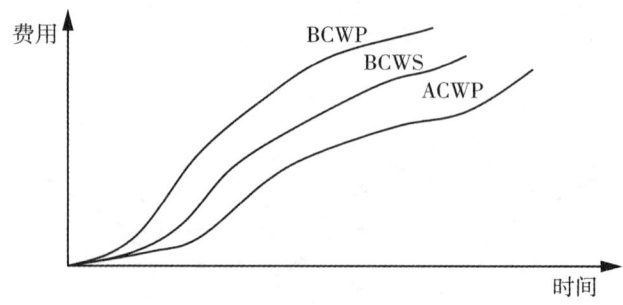

图11.3.3 某工程赢得值原理图

赢得值分析是将施工过程中任一时刻的成本情况与工期进度情况联系起来。如果上述三个参数在施工中的任一时刻都保持相等(只是理想情况,实际很难做到),则没有任何偏差产生,项目的成本和进度均与各自的计划值相符。若上述三个参数有任何差异,就产生了偏差变量,这些偏差变量中有些是有利的,有些是不利的,要进行偏差变量分析。

相应的有两种偏差变量:成本偏差和进度偏差。

$$成本偏差=已完工程的实际费用(ACWP)-已完工程的预算费用(BCWP) \tag{11.3.4}$$

表示偏差中由于人工费、设备费、材料费及分包费等高于或低于原估算值的那一部分成本。

$$进度偏差=拟完工程的预算费用(BCWS)-已完工程的预算费用(BCWP) \tag{11.3.5}$$

表示偏差中由于超前或滞后于计划进度的那一部分成本。

当成本偏差大于零时,表示成本开支超过预算,是不利的,要分析原因进行调整;反之,当成本偏差小于零时,表示成本开支低于预算,是有利的。

当进度偏差大于零时,表示工程进度拖延,是不利的,要分析原因进行调整;反之当进度偏差小于零时,表示工程进度提前,是有利的。

4. 过程控制的财务方法——成本分析表法

前面介绍的成本控制方法既可以用于项目的总成本控制,也可以用于作业成本控制,每种方法都有自己的特点,但都不能说是一种财务方法。成本分析表法是工程项目成本控制的一种财务方法,是利用表格的形式调查、分析、研究工程项目的成本,该方法的资料包括成本日报表、周报表、月报表、分析表和成本控制报告等。这种方法是目前在进行工程成本控制时经常采用的方法。成本分析表的编制要求准确、及时和简单明了,表的填制可以每日、每周或每月一次,根据实际需要而定。

常见的成本分析表有以下几种:

(1)月成本分析表,分为直接成本分析表和间接成本分析表两种。在该表中,要表明工期期限、费用项目、生产数量、工程成本、单价等,该表既可用于项目的综合成本分析,也可用于每一个成本中心的成本分析。

月成本分析表的格式如表 11.3.1 和表 11.3.2 所示。

表 11.3.1 成本分析表

工程名称： 施工单位： 日期： 单位:千元

编号	工程部位名称	实物单位	工程量				预算成本		计划成本		实际成本		实际偏差		目标偏差	
			计划		实际		本期	累计	本期	累计	本期	累计	本期	累计	本期	累计
			本期	累计	本期	累计										
1	2	3	4	5	6	7	8	9	10	11	12	13	14=8-12	15=9-13	16=10-12	17=11-13

表 11.3.2 成本费用项目分析表

工程名称： 施工单位： 日期： 单位:元

编号	成本费用名称	完成工程量	预算成本	计划成本	实际成本	差异		本月计划单位成本	本月实际单位成本	上月实际单位成本
						实际	目标			
1	2	3	4	5	6	7=4-6	8=5-6	9=5/3	10=6/3	

(2)成本日报表和成本周报表。工程项目管理者应掌握每周的工程进度和成本,迅速发现工作上的弱点和困难,并采取有效措施,对主要工程应该编制成本日报。对于成本日报和成本周报,最重要的是适时而不拖延。要使工程项目管理者清楚每日(周)的工程量和成本变化情况,就必须及时报送成本日(周)报。

成本日报或周报要比月成本分析表详细、精确。成本日报的主要内容是记录人工的投入,周报则要求反映人工、材料和机械使用费的计划与实际支出情况。

成本日报和成本周报的表格形式如表 11.3.3 和表 11.3.4 所示。

表 11.3.3 成本日报表

工程名称：

分项分部工程名称	月 日		月 日		月 日		月 日		月 日	
	数量	单位	数量	单位	数量	单位	数量	单位	数量	单位

表 11.3.4　　　　　　　　　　　　　　**成本周报表**

工程名称：　　　　　　　　施工单位：　　　　　　　日期：

编号	工程部位名称	间接成本	数量			单价		成本			比较	
			单位	总计	本周数	预算	实际	总计	实际总计	最终预测	节约	超支

(3)月成本计算及最终成本预测报告，是工程项目成本控制的重要内容之一。该报告记载的主要内容包括项目名称、已支出金额、到竣工尚需的预计金额、盈亏预见等。报告书应在月末会计账簿截止后立即完成，一般首先由会计人员填写各工程科目的"已支出金额"，其余工作由成本会计师完成。月成本计算及最终成本预测报告随时间推移精确性不断增加。

月成本计算及最终成本预测报告如表11.3.5所示。

表 11.3.5　　　　　　　　　**月成本计算及最终成本预测报告**

工程名称：　　　　　　　　　　　　　工程编号：
主管：　　　　　　校核：　　　　　　制表：　　　　　日期：

序号	项目编号	名称	已支出金额	调整		备注	现在的成本			序号	到竣工尚需的预计金额			最终预算工程成本			合同预算金额			预算比较	
				增	减		金额	单价	数量		金额	数量	单价	金额	数量	单价	金额	数量	单价	亏	盈
1										1											
2										2											
3										3											
4										4											
5										5											
6										6											
7										7											

成本会计师：

11.3.2 成本核算

成本核算是为了计算某一工程或某项产品的实际成本，对有关费用所进行的审核、记录、汇集和分配。通过成本核算，可以反映和监督企业各项生产费用的支出，促使企业遵守国家的有关方针、政策、法令和制度，按照计划定额，节约人力、物力和财力。成本核算对加强项目全过程管理、理顺项目各层经济关系、实施项目全过程经济核算、落实项目责任制、增进项目及企业的经济活力和社会效益、深化项目法施工有着重要作用。

11.3.2.1 成本核算的意义和原则

1. 成本核算的意义

(1) 加强项目成本核算是建设工程企业外部经营环境的要求。建设工程企业的外部经营环境，包括政策法规环境、技术环境和市场环境。我国建筑业先后实施了项目法人责任制、招标投标制、建设监理制和建造师考试认证制度，这些制度的推行，大大改善了我国的建筑环境，为项目的成本核算创造了有利条件。计算机及网络技术在施工管理中的应用，使项目施工成本日益透明化，为成本核算提供了技术基础。

(2) 加强项目成本核算是建设工程企业战略发展的需要。现在，建筑行业发展到了成熟期，企业发展的战略重点转向内部管理，向管理要企业竞争力。许多学者提出了成本战略管理的概念，认为其是企业运用一系列成本管理方法来同时达到降低成本和加强战略位置的有效手段。而成本核算就是战略成本管理的重要一环。企业只有推行成本战略，逐步建立信息资源优势，才能适应战略发展的需要。

(3) 加强项目成本核算，可以为成本管理提供真实、准确的成本资料，有利于考核成本计划的执行情况，强化成本控制；有利于了解成本变动趋势，寻求降低成本的途径；有利于成本预测和决策，满足成本管理的需要。

2. 成本核算的原则

为了发挥项目成本管理职能，提高项目管理水平，项目成本核算就必须讲求质量，才能提供对决策有用的成本信息。要提高成本核算质量，除了建立合理、可行的项目成本管理系统以外，很重要的一条就是遵循成本核算的原则。

(1) 确认原则。是指对各项经济业务中发生的成本，都必须按一定的标准和范围加以认定和记录。只要是为了经营目的所发生的或预期要发生的，并要求得以补偿的一切支出，都应作为成本来加以确认。正确的成本确认往往与一定的成本核算对象、范围和时期相联系，并必须按一定的确认标准来进行。在成本核算中，往往要进行再确认，甚至是多次确认。

(2) 实际成本计价原则。实际成本计价又称历史成本计价，是指成本核算要采用实际成本计价。实际成本计价包含三个方面的含义：

① 对生产所消耗的原材料、燃料和动力等费用，都按实际成本计价；

② 对于固定资产折旧，必须按其原始价值和规定的使用年限计算；

③ 对已完工工程要按实际成本计价。

按实际成本计价，能正确计算企业当期的盈利水平。但实际成本计价也有局限性，当物价变动较大时，历史成本将不能确切地反映资产的现值。

(3)分期核算原则。企业经营活动是连续不断进行的,为了计算一定时期的项目成本,就必须将生产经营活动划分为若干时期,并分期计算各期项目成本。成本核算的分期应与会计核算的分期相一致,这样便于财务成果的确定。但要指出,成本的分期核算,与项目成本计算期不能混为一谈。不论生产情况如何,成本核算工作,包括费用的归集和分配等,都必须按月进行。至于已完施工项目成本的结算,可以是定期的,按月结转,也可以是不定期的,待工程竣工后一次结转。

(4)一致性原则。企业在进行成本核算时,可以根据自身特点和成本管理的要求自行确定成本核算方法,但一经确定,就不得随意变动,即企业成本核算所采用的方法应前后一致。只有这样,才能使企业各期成本核算资料口径统一,前后连贯,相互可比。如果因特殊情况需改变原有成本核算方法,则应在有关报告中做出解释说明,并对原成本核算单中的有关数字进行必要的调整。

(5)重要性原则。在进行成本核算时,所采用的计算步骤、计算方法等,都是根据具体情况进行选择的。对于一些主要费用或对成本有重大影响的工程内容,要作为核算的重点,详细计算;而对于一些次要费用或不太重要的工程内容,可以相对简化计算。坚持重要性原则,能够使成本核算在全面的基础上保证重点,有助于加强对经济活动和经营决策有重大影响和有重要意义的关键性内容的核算,达到节约人力、财力、物力,提高工作效率的目的。

(6)权责发生制原则。凡是应计入当期的收入或支出,不论款项是否收付,都应作为当期的收入或支出处理;凡是不属于当期的收入和支出,即使款项已经在当期收付,都不应作为当期的收入和支出。权责发生制的核心是根据权责关系的实际发生和影响期间来确认企业的支出和收益。根据权责发生制进行成本核算,能够更加准确地反映特定会计期间真实的财务成本状况和经营成果。

(7)合法性原则。是指计入成本的费用必须符合国家法律、法规和制度等的规定,不符合规定的费用不能计入成本。

(8)及时性原则。是指企业成本的核算成本信息的提供应当在要求时期内完成。成本核算及时性原则,并非越快越好,而是要求成本核算和成本信息的提供,以确保真实为前提,在规定时期内适时提供,确保不影响企业其他环节核算工作顺利进行。

11.3.2.2 成本核算的对象和内容

1. 成本核算的对象

成本核算的对象是指在计算工程成本中,确定归集和分配生产费用的具体对象,即生产费用承担的客体。成本核算对象的确定,是设立工程成本明细分类账户,归集和分配生产费用以及正确计算工程成本的前提。具体的成本核算对象主要应根据企业生产的特点加以确定,同时还应考虑成本管理上的要求。

成本核算的对象一般可以按下列方法确定:

(1)施工项目成本一般应以每一独立编制施工图预算的单位工程为成本核算对象。如果一个单位工程由几个施工单位分包施工时,各施工单位应以同一单位工程为成本核算对象,各自核算自行完成的部分。

(2)同一建设项目,由同一施工单位施工,并在同一施工地点,属同一结构类型,开工、竣工时间相近的若干单位工程，可以合并为一个成本核算对象。

(3) 规模大、工期长，或推行新工艺、使用新材料的单位工程，可以将工程分段，按其工作部位作为成本核算对象。

(4) 改建、扩建的零星工程，可以将开工、竣工时间接近，属于同一建设项目的各个单位工程合并作为一个成本核算对象。

(5) 土方工程，打桩工程，可以根据实际情况和管理需要，以一个单项工程为成本核算对象，或将同一施工地点的若干个工程量较少的单项工程合并作为一个成本核算对象。

成本核算对象确定后，各种经济、技术资料归集必须与此统一，一般不要中途变更，以免造成项目成本核算不实，结算漏账和经济责任不清的弊端。

2. 成本核算的内容

主要核算消耗在工程实体上的人工费、材料费、施工机械使用费和措施费。

(1) 人工费，是指直接从事建筑安装工程施工的生产工人开支的各项费用，包括基本工资、工资性补贴、生产工人辅助工资、职工福利费、生产工人劳动保护费等。人工费应按劳动管理人员提供的用工分析和受益对象进行财务处理，计入工程成本。

(2) 材料费，是指施工过程中耗费的构成工程实体的原材料、辅助材料、构配件、零件、半成品的费用，包括材料原价、材料运杂费、运输损耗费、采购及保管费、检验试验费等。材料费应根据当月项目材料消耗和实际价格，计算当期消耗，计入工程成本。周转材料应实行内部调配制，按当月使用时间、数量、单价计算，计入工程成本。

(3) 施工机械使用费，是指施工机械作业所发生的机械使用费以及机械安拆费和场外运费，包括折旧费、大修理费、经常修理费、安拆费及场外运费、人工费、燃料动力费、养路费及车船使用税等。施工机械使用费按项目当月使用台班和单价计入工程成本。

(4) 措施费，是指为完成工程项目施工，发生于该工程施工前和施工过程中非工程实体项目的费用，包括环境保护费、文明施工费、安全施工费、临时设施费、夜间施工费、二次搬运费、大型机械设备进出场及安拆费、混凝土(钢筋混凝土)模板及支架费、脚手架费、已完工程及设备保护费、施工排水(降水)费等。措施费应根据有关核算资料进行财务处理，计入工程成本。

11.3.2.3 成本核算的要求

为了圆满地达到施工项目成本管理和核算目的，正确及时地核算施工项目成本，提供对决策有用的成本信息，提高施工项目成本管理水平，在施工项目成本核算中，要遵守以下基本要求：

(1) 执行国家有关成本开支范围的规定和费用开支标准，加强费用的审核和控制。为了有效地降低成本，保证成本计划的完成以及成本目标的实现，必须依据国家的有关法律、政策及企业内部的规章制度，对各项费用的合理性、合法性进行审核和控制。

(2) 正确划分各种成本、费用的界限。为了加强对各种费用的控制，正确、及时地计算工程成本，必须正确划分以下五个方面的费用界限：

① 划清成本、费用支出和非成本、费用支出界限；

② 划清施工项目工程成本和期间费用的界限；

③ 划清当期工程成本与下期工程成本的界限；

④ 划清不同成本核算对象之间的成本界限；

⑤ 划清未完工程成本与已完工程成本的界限。

上述几个成本费用界限的划分过程，实际上也是成本计算过程。只有划分清楚成本的界限，施工项目成本核算才能正确。这些费用划分得是否正确，是检查评价项目成本核算是否遵循基本核算原则的重要标志。

(3) 加强成本核算的基础工作。为了保证成本核算工作的质量，使成本核算工作顺利进行并达到预期的目的，必须扎扎实实地做好成本核算的基础工作。

① 建立各种财产物资的收发、领退、转移、报废、清查、盘点、索赔制度；

② 建立、健全与成本核算有关的各项原始记录和工程量统计制度；

③ 做好各项定额和企业内部计划价格的制定和修订工作；

④ 完善各种计量检测设施，严格计量检验制度，使项目成本核算具有可靠的基础。

(4) 项目成本核算必须有账有据。成本核算中要运用大量数据资料，这些数据资料必须是真实、可靠、准确、完整、及时、审核无误、手续齐备的原始凭证。要设置必要的生产费用账册、正式成本账，并增设必要的成本台账。

(5) 创造好成本核算的内部条件和外部条件。成本核算的内部条件有：管理层与作业层分开，企业内部市场的建设，健全的管理制度，完善的成本核算机构和组织体系等。成本核算的外部件有：企业经营管理自主权，建筑市场，计价方式，相关经济法规等。

11.3.2.4 成本核算的方法

项目成本核算方法的形成在建设工程企业是一个渐进的过程。该方法是建立在企业管理方式和管理水平基础上，适应建设工程企业特点的一个降低成本开支、提高企业利润水平的主要途径。项目成本核算的方法主要有会计核算、统计核算和业务核算。

(1) 会计核算，是指建立在会计方法基础上，利用会计方法所独有的借贷记账法和收支全面核算的综合特点，按项目施工成本内容和收支范围，组织项目施工成本核算的方法。

会计核算主要是以会计方法为主要手段，组织进行核算。该方法具有核算严密、逻辑性强、人为调节的可能因素较小、核算范围较大的特点。会计核算不仅核算项目施工直接成本，而且还要核算项目在施工生产过程中出现的债权、债务，项目为施工生产而自购的工具、器具摊销，向业主的报量和收款等。这种方法对专业人员的专业水平要求较高，要求成本会计师的专业水平和职业经验较丰富。

使用会计核算项目施工成本，有多种方式，采用何种方式，应根据各单位的具体情况和条件，视在哪一个层次上进行核算更能有助于核算工作开展而选定。会计核算一般包括以下三种方式：

① 直接核算：项目施工成本在项目一层进行核算。

② 间接核算：项目施工成本在企业一层进行核算。

③ 列账核算：介于直接核算和间接核算之间的一种方法。

(2) 统计核算，是综合运用数字指标来反映经济现象的一种核算方法。该方法定期从大量观察中利用统计方法找出经济活动的规律性，制成各种图与统计表，显示生产经营水平，与一定对象进行比较。该方法需要依靠众多部门和单位支持，专业性要求不高。该方法的优点是对比简捷明了，直观易懂，易于操作，适时性好。缺点是覆盖范围较窄；较难实现科学、严密的审核制度，有可能造成数据失真，精度较差。统计核算的方法很多，主要有指数法、平均数法、平衡法和调查法等。

（3）业务核算，是指不包括在上述两种核算方法以内的，反映建设工程企业某项生产经营活动或进度情况所进行的核算，如对预算定额、劳动定额、材料消耗定额的测算等。

企业通过会计核算、统计核算和业务核算三种方法，达到对企业生产活动的各种指标进行综合核算的目的，即以生产经营部门为核心的统计核算，以财务部门为核心的会计核算，以技术部门为核心的业务核算。在这一系列活动中，核算贯穿于企业生产经营活动的全过程，并在企业一切部门中，对一切人员的全部经济活动，进行全面的核算，从而为企业全面的成本核算创造良好的环境。

11.4 成本分析与成本考核

11.4.1 成本分析

成本分析是成本管理的重要组成部分，是指按照一定的原则，采用一定的方法，利用成本计划、成本核算和其他有关资料，控制实际成本的支出，揭示成本计划完成情况，查明成本升降的原因，寻求降低成本的途径和方法，以达到用最小的劳动消耗取得最大的经济效益的目的。

成本分析应随着企业生产经营活动的进展，动态地、多形式地开展，而且要与生产管理相结合。通过成本分析，要及时发现矛盾、解决矛盾，从而改善成本管理工作。

11.4.1.1 成本分析的作用和依据

1. 成本分析的作用

（1）对企业过去的成本管理工作做出科学评价。通过成本分析，可以揭示企业各项成本指标计划的完成情况和原因，从而对企业一定时期的成本管理工作有了比较全面、本质的认识，以便对成本管理工作进行科学的评价。

（2）有效地寻求降低成本的途径和方法。通过成本分析，可以揭示成本管理中存在的问题和差距，促使企业不断挖掘降低成本的潜力，寻求降低成本的途径和方法。

（3）提高成本管理水平。通过成本分析，可以认识和掌握成本变动的规律性，从中总结经验和教训，以促使企业不断提高成本管理工作的水平。

（4）为企业编制成本计划、预算和进行经营决策提供可靠的依据。

2. 成本分析的依据

成本分析的依据主要有：各种经济核算资料，企业的各种成本会计账表，各种成本、费用核算，"管理会计"台账，各种费用开支凭证，施工图预算，施工预算及成本费用计划等。要根据分析内容的不同，有针对性地选择成本分析的依据资料。

11.4.1.2 成本分析的原则

成本分析的根本目的是为了找出盈亏原因，改善管理。因此，从成本分析的效果出发,在成本分析的过程中应该遵循以下原则。

(1)实事求是原则。在成本分析的过程中,如果蓄意掩盖事实或虚假搪塞,则势必影响成本分析的效果。因此,成本分析一定要有充分的事实依据,应用"一分为二"的辩证方法,对事物进行实事求是的评价。

(2)定量分析原则。定性分析与定量分析相比较,定量分析对实物的评价更精确,更令人信服。因此,成本分析要充分利用统计核算、业务核算、会计核算和有关辅助记录的数据进行定量分析,尽量避免抽象的定性分析。

(3)及时性原则。要求成本分析及时,发现问题及时,解决问题及时。否则,就有可能贻误解决问题的最好时机,甚至造成问题成堆,积重难返,发生难以挽回的损失。

(4)为生产经营服务的原则。成本分析不仅要揭露矛盾,而且要分析矛盾产生的原因,并为解决矛盾提出积极有效的合理化建议。这样的成本分析,必然会得到项目管理人员的配合和支持,使成本分析更健康地开展下去,从而达到预期的目的。

11.4.1.3 成本分析的内容

从成本分析应为生产经营服务的角度出发,项目成本分析的内容应与成本核算内容相一致。对于直接费,一般应以分部分项工程为对象进行成本分析,单独分包的分项工程应单独分析。现场经费一般应以工程项目为对象进行成本分析。成本分析的内容应该包括以下三个方面:

(1)随着项目施工的进展而进行的成本分析,包括分部分项工程成本分析、月(季)度成本分析、年度成本分析、竣工成本分析。

(2)按成本项目进行的成本分析,包括人工费分析、材料费分析、施工机械使用费分析、措施费分析、间接成本分析。

(3)针对特定问题和与成本有关事项的分析,包括成本盈亏异常分析、工期成本分析、资金成本分析、技术组织措施节约效果分析、其他有利因素和不利因素对成本影响的分析。

11.4.1.4 成本分析的方法

成本分析的方法很多,如比较法、比率分析法、因素分析法、差额计算法等。具体采用何种方法,应依据成本分析的内容和目的而定。

1. 比较法

比较法又称指标对比分析法,是通过技术经济指标的对比,检查计划的完成情况,分析产生差异的原因,从而进一步挖掘项目内部潜力的方法。这种方法具有通俗易懂、简便易行、便于掌握的特点,因而得到了广泛的应用。应用比较法,通常有下列几种形式:

(1)实际指标与计划指标的比较,说明完成计划的程度。通常用于进行成本分析的主要技术经济指标有实物进度、工程量、质量、劳动生产率、工程成本等。

(2)本期实际指标与前期实际指标的比较,说明发展速度和经营管理的情况。

(3)与本行平均水平、先进水平的比较,通过比较找出差距,赶上先进水平。

(4)核算期产品产量和固定资金、流动资金占用情况的比较,说明经济效果情况。

(5)工程实际成本与工程预算成本的比较,说明企业盈亏情况。

采用比较法,应注意对比指标的可比性,即对比指标采用的计价标准、时间单位、指标内容和计算方法等应具有可比的共同基础。若指标有不可比因素，应加以调整，然后再进行比较。

【例 11.4.1】 某项目计划工期三年，现在为第二年末。有关劳动生产率的资料为：本年计划 11000 元，本年实际 12500 元，上年实际 10000 元，本企业先进水平为 14000 元。根据此资料，进行成本分析。分析结果如表 11.4.1 所示。

表 11.4.1　　　　　　　　　　　　　成本分析表

指　数	本年计划数	上年实际数	企业先进水平	本年实际数	差　异　数		
					与计划比	与上年比	与同行比
年全员劳动生产率（元/人）	11000	10000	14000	12500	+1500	+2500	-1500

表 11.4.1 中数据说明，该项目本年实际劳动生产率比计划劳动生产率、上年实际劳动生产率有所提高，但与同行先进水平相比有一定差距，需分析原因，进行改善。

2. 比率分析法

比率分析法又称相对数分析法，是利用相对指标对比分析的一种方法。采用该方法时，先要将对比的数值变成相对数，然后进行比较对比分析。具体方法如下：

(1) 相关比率分析：将两个性质不同但又相关的指标对比，求出比率，然后再以实际数与计划数进行对比分析，以便从经济活动的客观联系中更深入地认识企业生产的经营状况。成本利润率就是一个相关比率，是指利润总额与成本费用总额的比值，可用来考察成本费用与利润的关系。

(2) 构成比率分析：对某一经济指标的各项组成部分占总体比重的分析，从而观察经济指标构成内容的变化，掌握该项经济指标的特点和变化趋势。如在总成本中人工费、材料费和施工机械使用费等占的比重就是构成比率。

(3) 动态比率分析：对某项经济指标不同时期的数值进行对比，求出比率，以反映该指标的发展方向和速度，观察其变化趋势。动态比率又分为定基比率和环比比率。定基比率是指以某一期的数值固定为基期数值计算动态比率；环比比率是指以每一比较期的前期为基期数值计算动态比率。

3. 因素分析法

因素分析法又称连环代替法，是用来计算几个相互联系的因素对综合经济指标影响程度的一种分析方法。在进行分析时，总是假定众多因素中一个因素变化，而其他因素不变，然后逐个替换，分别比较计算结果，以确定各因素变化的影响程度。

1) 因素分析法的特点

(1) 指标构成因素的相关性。构成经济指标的各个因素与经济指标之间客观上存在着因果关系，即组成经济指标的各个因素能够反映经济指标差异的内在原因，否则就失去了分析的意义。

(2) 因素替换计算的顺序性。因素的排列顺序要遵循一定的原则，应确定正确的替代顺序。一般要求先数量指标，后质量指标；先实物量，后价值量；先绝对数，后相对数。

（3）计算程序的连环性。因素替换和指标对比要连环地进行，使各因素的影响数与经济指标差异相符。因素替换要按顺序依存进行，替换过的数用实际数，未替换的数用计划数。指标对比采用环比计算，即和前一次的结果对比。

（4）计算条件的假定性。采用因素分析法的前提条件是，分析某一个因素时，假定其他因素不变，因而该方法的计算结果就不免带有假定性，即该方法不可能使每个因素计算的结果都达到绝对的准确。

2）因素分析法的计算步骤

（1）确定分析对象，即所分析的技术经济指标，并计算出实际数与计划数的差异；

（2）确定该指标是由哪几个因素组成的，并按其相互关系排序；

（3）以计划数为基础，将各因素的计划数相乘，作为分析替代的基数；

（4）将各个因素的实际数按上面的排列顺序进行替换计算，替换后的实际数应保留下来；

（5）将每次替换所得的结果，与前一次的计算结果相比较，两者差异则为该因素的影响程度；

（6）各个因素的影响程度之和，应与分析对象的总差异相等。

【例11.4.2】某企业生产甲产品的某种材料消耗成本统计资料如表11.4.2所示，试用因素分析法进行成本分析。

表11.4.2　　　　　　　　　　甲产品的某种材料消耗情况

项　目	单位	计划	实　际	差异决定值	差异率(%)
产品产量	件	50	60	+10	+20.00
单位产品材料消耗	千克	10	9.5	-0.5	-5.00
材料单价	元	5	5.4	+0.4	+8.00
材料消耗总额	元	2500	3078	+578	+23.12

解：影响甲产品的某种材料消耗成本因素分析如表11.4.3所示。

表11.4.3　　　　　　影响甲产品的某种材料消耗成本因素分析表

计算顺序	计算公式	差异	因素分析
计划数	50×10×5=2500		
第一次替代	60×10×5=3000	+500	由于产量增加10件，成本增加
第二次替代	60×9.5×5=2850	-150	由于单位产品材料消耗减少，成本降低
第三次替代	60×9.5×5.4=3078	+228	由于材料单价增加，成本增加
合　计	500+(-150)+228=578	+578	

在利用因素分析法进行成本分析时，应注意以下几点：

第一，计算公式中各因素的替换顺序是不能颠倒的，应按照因素替换原则依次替换。

第二，每次替换一个数，用替换后的结果减替换前的结果，所得之差就是替换因素产生的影响。

第三，分析影响值的大小和正负，是否是积极现象不能只看正负号，还应做具体分析。例如，本例中多生产产品的差异是正值，影响是积极的；而单位产品材料消耗减少的差异是负值，影响也是积极的；对材料单价降低要做具体分析，可能是市场降价，也可能是企业经营有方所致。

第四，两表的差异总值(578)应进行对比检查，必须相等才能证明计算正确。

4. 差额计算法

这是因素分析法的一种简化形式，是利用各个因素的实际数和计划数之间的差额来计算各因素对计划完成情况影响程度的一种分析法。如例 11.4.2 用差额计算法计算如下：

（1）由于产量增加对总消耗成本的影响：

$$(+10) \times 10 \times 5 = +500(元)$$

（2）由于单位产品材料消耗减少对总消耗成本的影响：

$$(-0.5) \times 60 \times 5 = -150(元)$$

（3）由于材料单价增加对总消耗成本的影响：

$$(+0.4) \times 60 \times 9.5 = +228(元)$$

（4）以上三项影响总值为

$$500 - 150 + 228 = 578(元)$$

以上结果与因素分析法的计算结果完全相符。

由于差额计算法计算简便，所以该方法应用比较广泛，特别是在影响因素只有两个时更为适用。

11.4.2 成本考核

成本考核是成本核算的一个重要部分，是项目落实成本控制目标的关键，是对各责任单位的成本管理所进行的综合性评价。企业将计划成本或目标成本分解，分别下达给内部责任单位，明确他们完成成本指标的经济责任，同时按期考核，肯定各单位的成绩与不足，并给予必要的经济奖惩，从而调动各单位完成成本指标的积极性，促进企业目标利润的实现。

成本考核应分层进行，即企业对项目经理部进行成本管理考核，项目经理部对项目内部各岗位及各作业队进行成本管理考核。成本考核的内容应该包括计划目标成本完成情况考核以及成本管理工作业绩考核。

成本考核工作的核心问题是确定成本责任主体，根据项目管理岗位要求，项目主要管理者在项目成本考核过程中应当承担以下责任：

（1）项目经理对项目施工成本计划总支出承担责任，并按合适的方法组织项目相关人员,在项目施工成本责任总额基础上,测算项目施工成本计划总支出,并按管理岗位将项目施工成本计划总支出分解成若干个分项指标。与相关管理岗位的人员商量、落实、签订项目的岗位成本责任控制指标、考核办法和奖惩方法。

(2)成本会计或会计员对项目施工成本核算的准确性承担责任,对项目现场经费的开支承担责任。成本会计要按规定的方法,正确开展项目成本核算,按规定的程序收付款项,保证款项支付的合理规范、真实和准确。在项目施工成本的现场经费的总额内,实施分清耗费对象的项目现场经费控制。根据项目岗位成本核算对象,建立岗位成本的台账,按期组织项目岗位成本核算,岗位考核内容结束后,要立即组织汇总和反映,为兑现和奖罚及时提供其实际耗费数据。

(3)预算员对项目的分包成本支出总额承担责任。项目预算人员除了承担在项目施工成本核算中的责任外,对项目的分包成本支出也承担责任。预算人员对分包成本核算的控制,主要是控制每个分包内容的单价、工日数和分包结算数,防止工长出于某原因对分包费用多签认,对分包单价和分包工日数多签认。对于分包结算,预算人员在工长确认的基础上,进行审核并承担最后把关的责任。预算人员对项目本身的分包成本也必须承担最后责任。

(4)材料员对项目材料消耗总量、采购单价和项目租赁的两大工具总支出负责。材料人员要掌握项目总的各种材料的消耗量,以及工程施工过程中,由于设计变更和工程签证而引起的材料计划消耗量的变化,并根据施工过程中的定额消耗,分析材料消耗的合理性。要根据项目的管理岗位的分工,分清各个工长和其他管理岗位,不同管理范围内材料的计划消耗和实际消耗及其合理性。

(5)劳资、统计人员对各岗位考核成本的收入承担责任。项目的劳资工作由于较少,其统计工作往往占主要内容。统计人员在项目岗位成本考核工作中,重点要落实每个核算期各个工长和各个岗位的岗位成本考核的收入,以便成本会计计算各个岗位的成本考核情况。

(6)机械管理员对租赁的机械设备和自有小型机械设备的耗费总额承担责任。一般情况下,机械管理员管理范围主要有,对外租入的机械设备和可开支总额,自有小型机械设备的可使用量和使用时间,施工用水、电费的控制金额。

(7)工长或施工员对管理或责任范围内的成本耗费承担责任。项目的工长(施工员)在项目的岗位成本考核过程中,责任重大。工长的岗位成本考核内容主要是在其管理范围内岗位成本收支考核。工长岗位成本考核是项目最基本的岗位成本考核,而其他的专业岗位成本考核,主要是防止项目总量的超支和进行单价的控制。

11.5 案例分析

11.5.1 工程概况

甲项目是乙集团公司丙施工处所属的一个项目。乙集团公司具有工程施工总承包一级资质,是大型国有施工企业,其下属各施工处也具备工程施工总承包一级资质,资金、技术实力雄厚,尤其是在公路工程项目成本管理方面,更是在国内处于领先地位,得到了业内及外界人士的充分认可。

甲项目作为某路的一个标段,主要承建大桥和与之相接的路基工程,全长2.5千米,工程量总计1.2亿元,其中土方工程3.58千万元。

11.5.2 成本管理的准备

1. 重视成本管理意识的培养

甲项目成立之后,组建了精简高效的领导班子,项目领导很注重对各管理层的人员进行成本管理意识的培养,并将其贯彻到具体的工作中。同时,培养职工具备先进的成本管理理念,即战略观、人本观、系统观、效益观和科技观,学习运用科学有效的成本管理方法。

2. 建立完善的成本管理保障体系

(1)建立完整高效的组织机构。项目成立之后,即建立了以项目经理为核心的组织机构,形成了一个高效的组织管理系统。规范各部门的工作并加强部门间的协作关系,使得成本管理能较好地实施。

(2)明确各部门及各职员的职责分工。

公司项目成本管理领导小组:监督管理项目组及项目成本管理体系,对项目最终经营结果进行评审、考核并实行奖惩。

项目经理部:项目责任成本预测,提供施工组织设计,安排项目施工生产计划。

合同预算报价部门:审核和签订分包合同,落实分包成本,编制施工图预算和工料机分析;计算、分析、落实和审核项目责任成本和各期项目成本收入。

财务部:负责财务管理。

现场工程师:负责施工项目组织设计,优化施工设计,协助编制用料计划。

11.5.3 成本管理实施

在项目成本管理实施的过程中,甲项目充分考虑了项目成本的各影响因素,制定出相应的对策和办法,将现代成本管理理念融入其中,同时,甲项目还根据项目自身的特点,将目标成本法穿插使用,取得了良好的效果。

1. 目标成本的确定

在甲项目中标之后,施工企业根据施工组织设计和中标后预算以及企业的整体情况,下达了一个目标利润,即要求甲项目实现利润的最低限。但是,甲项目并未根据这个目标利润制定目标成本,而是在考虑了当前市场状况和项目综合实力的基础上,重新确定成本目标。

(1)结合项目的实际状况和当前的市场价格,重新做出施工预算,确定施工项目的预算成本。

(2)在综合考虑了项目整体施工进度和施工质量之后,对施工预算成本中各分部分项工程以及重要工序再次进行分析,找出能够降低成本的关键点,进行资源配置的合理优化,并根据其重新确定目标成本。见表 11.5.1 和表 11.5.2。

表 11.5.1　　　　　　　　　　甲项目目标成本表　　　　　　　　（单位:万元）

工程项目	工程量总计	企业下达利润	企业成本目标	施工预算成本	项目目标成本
路基土方	3583	358.3	3224.7	2973.9	2809.2
总计	12012	1201.2	10810.8	10367.4	10126.6

表 11.5.2　　　　　　　　　预算成本与目标成本比较　　　　　　　（单位:万元）

工程项目		预算成本	目标成本	目标成本比预算成本降低额
路基工程	人工费	104.8	99.8	5
	材料费	1873.7	1797.2	76.5
	机械费	535.3	471.9	63.4
	其他费用	460.1	440.3	19.8
	小计	2973.9	2809.2	164.7

2. 成本目标的分解

成本目标的分解必须是在对部门、岗位、班组及其作业进行综合分析的基础上进行。

(1)按各分部分项工程进行成本目标分解。整个工程项目是由各个分部分项工程组成的,确定了项目的总体成本目标之后,要根据施工预算和施工组织设计,对各分部分项工程进行费用的归集,并在对各分部分项工程进行分析、剔除不必要的作业的基础上,确定每个结构工程的成本目标。见表 11.5.3。

表 11.5.3　　　　　　　　　　分项工程目标成本表　　　　　　　　（单位:万元）

工程名称		人工费	材料费	机械费	其他成本	总目标成本	备注
路基工程	清理表面	3.2		6.7	2.3	12.2	
	路基填筑	42.8	1194.3	313.1	337.9	1888.1	
	路基开挖	5.6		51.6	10.3	67.5	
	软基处理	48.2	602.9	100.5	89.8	841.4	
	小计	99.8	1797.2	471.9	440.3	2809.2	

(2)按工程进度进行阶段成本目标分解。甲项目的合同工期是 18 个月,在项目中标之后,必须尽快做好工程进度总体规划,排出进度计划。成本目标确定之后,就可以结合工程进度计划,将成本目标按照年、季、月进行分解。

3. 成本目标的阶段控制与分析

目标成本的确定与分解是对公司成本管理的总体规划,而真正使目标成本指标在各层次和个人都具有约束力,并准确及时予以反馈及控制,就必须实现成本全过程的动态管理。下面以甲项目基础工程为例进行分析,见表 11.5.4。

表 11.5.4　　　　　　　　基础工程实际成本与目标成本对比　　　　　　　　（单位：万元）

成本项目	目标成本	实际成本	实际成本降低额	实际成本降低率(%)	备注
人工费	138.9	147.5	-8.6	-6.2	
材料费	1474.5	1419.9	54.6	3.7	
机械费	317.9	292.8	25.1	7.9	
其他费用	205.8	211.3	-5.5	-2.7	
合计	2137.1	2071.5	65.6	3.06	

基础工程施工成本分析：基础工程的实际成本比目标成本降低了 65.6 万元,达到 3.06 个百分点。在基础工程的施工中,人工费超过目标成本较多,主要是由于天气原因,影响了施工的进度,甲项目为了保证基础工程能按进度计划完成,不影响整体工程的进度,不得不加班赶工,工人加班费用上升,导致人工费成本超支。甲项目材料费的节约有两个原因：一方面是由于对材料实行了严格的控制,对材料采购、保管、发放以及仓储都有严格的制度。另一方面是甲项目与供应商取得了长期合作的协议,在价格方面享受了很多优惠。机械费的节约主要是因为项目对机械的配置结构进行了优化,从配合使用的角度进行综合考虑,提高了机械的使用效率,降低了机械费用。其他费用的增加是由于赶工造成的,增加了管理费用。

另外,在成本管理的过程中,每月按费用进行成本归集,并将其与目标进行比较,分析原因,采取相应的改进措施。如本例中,甲项目某月工程实际成本与目标成本相比较,总成本降低了,但就各分项成本来看,人工费、机械费以及间接费用均超过了目标成本,而材料费、其他直接费则略有降低。甲项目就每项成本的节超进行了分析,找出了原因,并针对找出的原因,采取了相应的措施,对成本项目及其因素进行综合分析、改进和完善,使其更具有可控性。

4. 项目实际成本核算与分析

甲项目实际成本汇总表见表 11.5.5。由表 11.5.5 可以看出,甲项目的总成本比预算成本降低了 320.9 万元,比目标成本降低了 80.1 万元。人工费比目标成本超支 23.2 万元,主要原因有以下两个：一方面是因为物价上涨引起的人工费单价差,在制定目标成本时,对物价上涨的影响考虑得不到位;另一方面是因为赶工期间,人工加班工资要比平时高,而且对一些临时用工控制仍然不够严格。材料费比目标成本降低了 90.4 万元,主要原因是与主材料供应商达成长期合作的协议,使得材料的价格上涨幅度比计划的要小得多;同时,甲项目对材料的管理也做得较好,避免了许多不必要的浪费,在很大程度上节约了材料费;另外,甲项目还重视新型材料的应用,在功能不变的情况下,用量相对减少,使得材料费用相应减少。机械费比目标成本降低了 29.3 万元,在燃油费上涨的条件下,机械费用仍然降低的原因主要是项目部加强了对机械的管理,尤其是对机械配置结构的优化,提高了机械的利用率,降低了机械成本。其他费用比目标成本超支了 16.4 万元,主要是受到物价的影响,现场经费有所增加,同时项目部管理费用也有超支。在项目经理部全体管理人员的共同努力下,采取的成本管理方法和手段得到了有效的实施。甲项目发生的工程实际成本为 10046.5 万元,比预算成本 10367.4 万元降低了 320.9 万元,比项目目标成本 10126.6 万元降低了 80.1 万元,实现了总体成本降低的目的。

表 11.5.5　　　　　　　　　甲项目实际成本汇总表　　　　　　　　（单位:万元）

成本目标	预算成本	目标成本	实际成本	实际与预算节(+)超(-)	实际与目标节(+)超(-)	备注
人工费	607.6	575.4	598.6	9	-23.2	
材料费	6903.5	6846.3	6755.9	147.6	90.4	
机械费	1657.9	1561.5	1532.2	125.7	29.3	
其他费用	1198.4	1143.4	1159.8	38.6	-16.4	
合计	10367.4	10126.6	10046.5	320.9	80.1	

在对甲项目成本的分析过程中,可以看出,分项工程是成本发生和成本分析的基本要素,对施工项目成本的管理也应以分项工程为基本单位,针对分项工程,也就是每一个基本工作,确定其实施过程的人工、材料、机械以及其他费用的消耗标准,制定成本目标。在实施过程中,随时跟踪,发现偏差,并及时纠正偏差。只有这样,才能保证项目成本管理目标的顺利实现。

综上所述,应从以下方面搞好成本控制:建立一个完善的成本管理组织机构,建立以项目经理为主的成本控制体系。成本控制工作不仅要从技术上下功夫,更要建立以项目经理为主的统一领导的机制。作为项目经理,首先要全面了解、掌握各专业的工序,设计的要求。由专人统一指挥,解决各施工班组的协调工作,这样才有可能统筹各专业的施工班组,保证施工的每一个环节实施成本最低化且有序到位,以达到可能实现最低的目标成本的要求。制定和完善成本管理责任制,制定出一系列规章制度,使成本控制的责任落实到施工管理的每个角落和每一个人。

习　题

1. 简述成本的概念和种类。
2. 简述成本管理的原则。
3. 成本计划包括哪些内容?如何编制成本计划?
4. 为什么说成本控制是成本管理最核心的部分?
5. 成本控制的对象有哪些?

6. 一般可以通过哪些手段、哪些方法进行成本控制？

7. 简述成本核算的意义和原则。

8. 成本核算有哪些方法？

9. 如何进行成本分析？

10. 项目主要管理者在项目成本考核过程中各自应承担哪些责任？

11. 某地下工程施工合同约定，计划1月份开挖土方80000立方米，2月份开挖土方160000立方米，合同单价均为85元/立方米；计划3月份完成混凝土工程量500立方米，4月份完成混凝土工程量450立方米，合同单价均为600元/立方米。问：

(1) 1月份，经确认实际开挖土方90000立方米，实际单价为72元/立方米，则该工程1月底的费用偏差为多少？

(2) 2月份，经确认实际开挖土方180000立方米，实际单价为72元/立方米，则该工程2月底的进度偏差为多少？

(3) 该工程3月和4月份实际完成的混凝土工程量均为400立方米，实际单价为700元/立方米，则该工程3月底的费用偏差、4月底的进度偏差各为多少？进行偏差变量分析。

12. 某工程的材料消耗成本统计资料如下表所示，试分别用因素分析法和差额计算法进行成本分析。

甲产品的某种材料消耗情况

项目	单位	计划	实际	差异决定值	差异率(%)
产品产量	件	100	110	+10	+10.00
单位产品材料消耗	千克	320	310	−10	−3.10
材料单价	元/千克	40	42	+2.0	+5.00
材料消耗总额	元	1280000	1432200	+152200	+12.00

第12章 建设工程企业生产要素管理

建设产品生产过程中，离不开技术、人、设备、材料和资金，这些构成了建设产品生产中的五要素。而建设工程企业的生产要素管理，就是技术管理、人力资源管理、机械设备管理、材料管理、财务管理。

12.1 建设工程企业技术管理

12.1.1 建设工程企业技术管理的主要任务和内容

技术，通常是指根据生产实践经验和自然科学原理总结发展起来的各种工艺操作方法与技能。现代企业技术管理就是依据科学技术工作规律，对企业的科学研究和全部技术活动进行的计划、协调、控制和激励等方面的管理工作。建设工程企业技术管理是整个建设工程企业管理系统的一个子系统，是对企业的技术开发、产品开发、技术改造、技术合作以及技术转让等进行计划、组织、指挥、协调和控制等一系列管理活动的总称。企业技术管理的目的，是按照科学技术工作的规律性，建立科学的工作程序，有计划地、合理地利用企业技术力量和资源，把最新的科技成果尽快地转化为现实的生产力，以推动企业技术进步和经济效益的实现。

建设工程企业的生产活动是在一定的技术要求和技术标准的控制下进行的，科学的技术水平和装备水平是实现项目工期、质量、成本、安全等综合效益的保证。要想使建设工程企业的生产技术和装备水平不断进步，就必须不断加强和完善建设工程企业的技术管理工作。

建设工程企业技术管理工作的主要任务是推动科学技术进步，不断提高企业的劳动生产力和经济效益。具体表现为：

(1)正确贯彻执行国家的技术政策。技术政策是国家根据现代企业生产的发展和客观需要，根据科学技术原理制定的，是指导企业各种技术工作的方针政策。企业许多技术问题和经济问题的解决都离不开国家的有关技术政策。我国现代企业的技术政策很多，主要包括产品质量标准、工艺规程、技术操作规程、检验制度等，其中，产品的质量标准是最为重要的。

(2)建立良好的生产技术秩序，保证企业生产的顺利进行。良好的生产技术秩序，是保证企业生产顺利进行的必要前提。企业要通过技术管理，使各种机器设备和工具经常保持良好的技术状况，为生产提供先进合理的工艺规程，并要严格执行生产技术责任制和质量检验制度，及时解决生产中的技术问题，从而保证企业的生产顺利进行。

(3)提高企业的技术水平。现代企业要通过各种方式和手段，提高工人和技术人员的技术素质，对生产设备、工艺流程、操作方法等不断进行挖潜、革新和改造，推广行之有效的生产技术经验；努力学习和采用新工艺、新技术，充分发挥技术人员和工人的作用，全面提高所有生产人员的科学文化水平和技术水平，以加速企业的现代化进程。

(4)保证安全生产。操作工人和机器设备的安全是现代企业生产顺利进行的基本保证，也是社会主义制度的一个基本要求。如果企业不能确保生产的安全，工人的人身安全和健康就不能得到保证，国家的财产就会遭受损失，企业的生产经营活动也会受到极大影响，所以说，安全就是效益。企业生产的安全应靠企业上下各方面的共同努力，从技术上采取有力措施，制定和贯彻安全技术操作规程，从而保证生产安全。

(5)广泛开展科研活动，努力开发新产品。在市场经济中，现代企业必须及时生产出符合社会需求的产品，才能取得相应的经济效益。这就要求企业必须发动广大技术人员和工人，广泛开展科学研究活动，努力钻研技术，积极开发新产品，不断满足需求，开拓新市场。

12.1.2 建设工程企业技术管理组织体系与技术责任制

建设工程企业技术管理组织体系是在"统一领导，分级管理"的原则上建立起来的。我国建设工程企业大多实行三级管理，因此形成了以公司总工程师为首的三级技术管理体系，如图12.1.1所示。

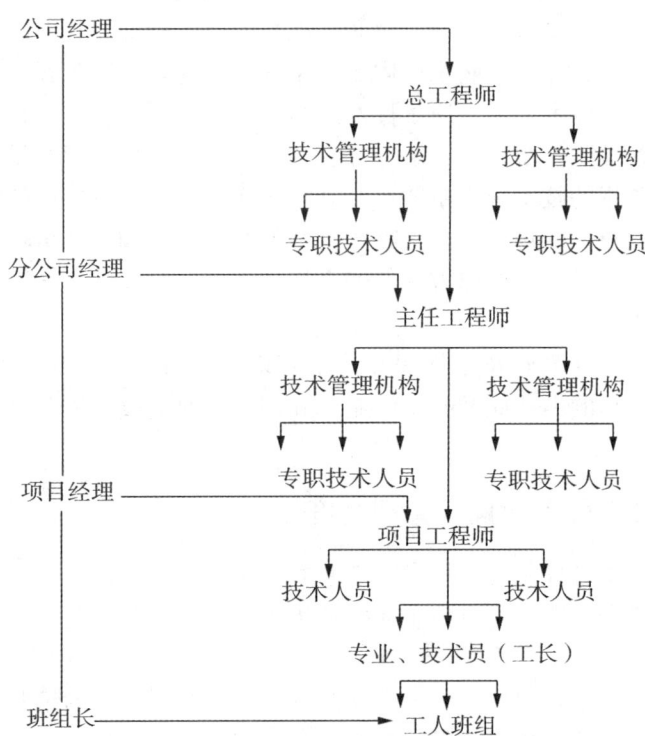

图 12.1.1 建设工程企业技术管理组织体系

建立技术责任制，就是在建设工程企业的技术管理系统中，按照责、权、利相结合的原则，对各级技术机构和技术人员建立明确的职责范围，使他们各尽其责，各司其职，并与内部经济责任制结合，推动整个企业的技术工作有效地进行。技术责任制是企业技术管理的基础，对调动各级技术人员的积极性和创造性，认真贯彻国家的技术政策，搞好技术管理，促进建设生产技术进步，保证工程质量等都起着极为重要的作用。

12.1.3 建设工程企业技术标准与技术规程

建设工程企业技术标准和技术规程是建设工程企业技术管理、质量管理和安全管理的依据和基础，是技术管理标准化的重要内容。正确制定和贯彻执行技术标准与技术规程，是建立正常生产施工技术程序，完成建设任务的重要前提。

技术标准按其运用范围，可分为国家标准、部门标准、地区标准和企业标准。技术规程是根据规范的要求，对建筑安装工程的施工过程、操作方法、设备和工具的使用、施工安全技术要求等所做的技术规定，是施工及验收规范的具体化。因各地操作方法和操作习惯不同，在保证达到技术标准要求的前提下，技术规程一般由地区和企业自行制定和执行。

技术标准和技术规程反映了一个国家、一个部门、一个地区和一个企业在一定时期内的生产技术及其管理水平。在制定中应实事求是，充分利用现有生产条件和国内外科学技术的先进成就与先进经验，不断发展企业生产技术。随着生产力水平的不断提高，应适时修订技术标准和技术规程，使之满足国家技术和经济发展的需要。

建筑施工技术标准主要有：建筑材料和半成品的技术标准及相应的检验标准；建筑安装工程施工及验收规范；建筑安装工程质量评定标准。建筑安装工程施工及验收规范规定了分部分项工程施工的技术要求、质量标准及检验方法；建筑安装工程质量评定标准则是根据施工及验收规范检验的结果，评定分部、分项工程和单位工程质量等级的标准。

建设工程企业常用的技术规程主要有：施工操作规程，设备维护的检修规程，安全技术规程。施工操作规程主要规定了工人在施工中的操作方法和注意事项；设备维护的检修规程主要规定设备日常维护和检修方法；安全技术规程是对保证生产过程中人身安全和设备运行安全所做的规定。

建设工程企业技术标准和技术规程在技术管理上具有法律作用，必须严肃认真地执行。对违反标准和规程的做法应及时予以制止和纠正。对造成严重后果者，要进行经济法律制裁和纪律处分。

12.1.4 建设工程企业技术管理制度

建设工程企业技术管理制度是技术管理基本规律和工作经验的总结。建立健全严格的建设工程企业技术管理制度，可以将企业的技术工作科学地组织起来，以保证技术管理任务的顺利完成。

技术管理基本制度主要包括：图纸会审制度、施工组织设计的编制与管理、施工作业指导书的编制与管理、技术核定与设计变更、技术交底制度、技术复核制度、科技开发和推广应用管理制度、施工技术总结、技术标准管理制度、工程技术档案制度等十个基本制度。

1. 图纸学习与会审制度

目的就是熟悉图纸内容，领会设计意图，明确技术要求，及早发现并消除图纸中存在的技术问题和差错，从而避免造成技术事故和经济上的浪费，多快好省地完成施工任务。图纸会审是施工准备工作中的一项十分重要的工作，它是改进设计、完善项目建设、挖掘潜力、保证工程质量和顺利施工不可缺少的一个重要环节。

图纸会审，一般由建设单位组织设计单位进行技术交底，施工单位对图纸提出意见，经三方讨论提出会审纪要，以正式文件列入工程档案。

2. 技术交底制度

技术交底是在单位工程和分部分项工程施工之前进行的，其目的是使接受交底者对技术要求做到心中有数，科学进行生产活动的一项工作，要求以制度的形式予以规定。技术交底内容包括施工工艺、劳动组织、技术组织安全措施、控制消耗、规范要求、质量标准等，以及特殊、复杂工程或新结构、新材料、新工艺的特殊要求。同时，技术交底必须有相应的技术交底记录。

3. 材料、构件试验检验制度

一切用于施工的原材料、成品、半成品、构件及设备，必须由供应部门提出合格证明文件；新材料或设计有特殊要求时，在使用前应进行重新试验抽查，证明合格后才能使用。

为了保证工程所用原材料、构件、零配件和设备的质量，以便确保工程质量，必须加强材料、构件试验检验工作，并使检验工作制度化。

4. 工程质量检查及验收制度

为了确保工程质量，必须按有关质量标准逐项检查施工质量。在质量检查的基础上，进行隐蔽工程、分项工程和竣工工程的验收和记录。

5. 工程技术档案制度

工程技术档案是工程的原始技术、经济资料，是技术和工程质量管理工作的成果，是建设单位使用、管理、维修、改建、扩建工程所必需的依据，同时也可作为建设工程企业再有类似工程施工时的参考。工程技术档案资料应在整个施工过程中建立，如实地反映情况，不得擅自修改、伪造和事后补做。

12.1.5 建设工程企业技术开发与技术更新

现在国际市场的竞争，越来越依赖技术的进步。众所周知，知识是国家富强的动力。经济发展到一定水平之后，为实现下一个飞跃，最重要的就是知识，在建设工程企业技术管理中则表现为科技水平的提高。因此，建设工程企业就必须不断地进行技术开发与技术更新。

建设工程企业的技术开发工作包括技术革新、技术改造、科学研究等内容。技术开发是提高技术水平和扩大再生产的重要途径之一。

1. 技术革新

技术革新通常是指生产技术上的局部改进，如设备结构的改进，生产工艺和操作方法的改进、原材料的节约等。技术革新一般仅是局部工艺、个别设备的改进。技术革新是对现有技术的改进与更新，它导致技术发展量的变化；技术革命是在技术革新的基础上，使技术发展产生质的飞跃。

技术革新的内容主要包括：改进施工工艺和操作方法；改进施工机械设备和工具；改进原料、材料、燃料的利用方法；采用新的结构形式；进行管理工具和管理方法的革新等。

开展技术革新必须加强领导，发动群众，调动各方面的积极性和创造性。结合建筑安装生产解决带方向性的关键问题；必须尊重科学，组织攻关重大的技术革新项目；要及时做好技术革新成果的巩固、提高和推广工作。革新成果被采纳后，要根据其企业效益和对国家贡献的大小，对科技革新者给予精神与物质奖励。

2. 技术改造

技术改造是指在坚持技术进步前提下，把科学技术成果应用于企业生产的各个领域（产品，设备，工艺），用先进技术改造落后技术，用先进工艺和设备代替落后工艺和设备，达到提高产品质量、节约能耗，全面提高企业经济效益的目的。

建设工程企业技术改造，是指用现代化的、先进的机器设备和工艺方法对原有技术进行改造，以提高生产能力和技术水平，达到节约能源，降低材料消耗，提高工程质量，缩短工期的目的。

技术改造首先要抓管理现代化，只有管理现代化水平提高了，才能在现有技术装备的基础上发挥更大效益。这是投资少、见效快的关键环节。同时，技术改造要与技术革新相结合，改进施工工艺和操作方法，改进机械设备和工具，改变原材料利用方法，改进产品结构，不断提高劳动效率和劳动生产率。大力开展科学研究，使技术改造建立在科学研究的基础上。还要正确处理技术改造和技术引进的关系，做到"一学、二用、三改、四创"，把学习与独创相结合，努力创造适合我国实际情况的新技术、新设备、新工艺、新产品。

3. 科学研究与科技情报

科学研究一般是指利用科学手段与装备对客观的自然现象的奥秘进行探索，以获取对自然现象的科学知识，并揭示它们之间的内在联系，为创造发明新的技术提供理论依据。科学研究通常分为基础研究、应用研究和发展研究三类。科技、生产与市场互相渗透、相互促进，是现代信息社会发展科学技术的趋势。建设工程企业必须高度关注商品市场和技术市场信息，重视科学研究，将科学研究与企业生产经营紧密结合在一起，从企业的生产实际出发，解决生产中提出的技术关键或薄弱环节；与技术革新、技术改造结合在一起，解决技术内在规律和理论问题。

科技情报是科学研究、技术改造和发展的"耳目"，也是技术管理的一项重要基础工作。科技情报工作的主要任务是：积累、掌握与专业有关的科学、技术等方面的资料和经验；正确和迅速地报道、交流科技成果实践经验，为企业提供必要的技术资料。科技情报工作的内容是收集、整理加工、存储、报道、提供、交流科技资料，组织编写文摘和简介，翻译科技文摘。因此，建设工程企业应组织情报网，建立情报机构，由专职人员负责，组织系统间、企业间、企业内部的情报交流，为企业的生产经营、科技服务。

12.2 建设工程企业人力资源管理

随着人类进入知识时代，建设工程企业之间竞争的焦点落在了人力资源的竞争上。谁拥有人才，谁就有可能在市场竞争中取得胜利。因此，作为建设工程企业核心竞争力的人力资源的开发、利用与管理就显得愈发重要。

12.2.1 建设工程企业人力资源管理概述

1. 人力资源的含义及特征

资源是一个经济概念，它是指用来进行价值增值的财富，包括自然资源和人力资源。广义的人力资源是指智力正常的人。狭义的人力资源是对能够推动生产力发展，创造社会财富的具有智力劳动和体力劳动能力的人的总称。本节讨论的建设工程企业人力资源是狭义的，主要是指建设工程企业组织内外具有劳动能力的人的总称。

人力资源作为一种特殊的经济资源，具有以下几个特征：

(1) 生物性特征。人力资源存在于人体之中，具有生命的"活"资源，与人的自然生理特征相联系。

(2) 能动性特征。人具有主观能动性，能积极主动地、有目的地进行活动，能有意识地认识和改造世界。

(3) 时效与动态性特征。人是具有生命周期的生物有机体，从幼年、少年、青年、壮年以至老年，各阶段的体力和智力都在不断变化。因此，对人力资源的开发、分配和使用都要考虑到人的时效性与动态性。

(4) 智力性特征。人不仅有主观能动性，而且还是科学文化的载体。人的智力的继承和发展，使得人力资源具有劳动力随时间的推移得以积累、延续和发展的特点。

(5) 再生性特征。通过人口再生和劳动力再生产的不断更替，人力资源的再生性得以实现。与一般生物资源再生性不同的是，除了遵守一般生物学规律以外，人力资源还受人类意识的支配和人类活动的影响。

(6) 社会性特征。人是构成社会活动的基本前提。人力资源本质上也是一种社会资源，会受到民族文化和社会环境的影响。

2. 人力资源管理的概念及任务

建设工程企业人力资源管理是指运用现代化的科学方法，对与一定物质相结合的人力进行合理的培训、组织和调配，使人力、物力经常保持最佳比例，同时对人的思想、心理和行为进行恰当的诱导、控制与协调，充分发挥人的主观能动性，使人尽其才、事得其人、人事相宜，以实现组织目标。人力资源管理由传统的仅关注组织目标实现的人事管理发展而来，它是将组织目标与员工个人的目标结合起来，注重员工的能动性和内在潜能的开发。因此，有效的人力资源管理应体现满足企业的需要与满足个人需要的有机统一。

人力资源管理的基本目的是把企业所需的人力资源吸引到企业中来，将他们保留在企业之内，调动他们的工作积极性，并开发他们的潜能，以便充分发挥他们的积极作用，为本企业服务。因此，建设工程企业人力资源管理具有人员的获取、人员整合、保持和激励、控制与调整、开发等五项基本功能。这些功能相辅相成、互相配合。

建设工程企业人力资源管理的任务是：不断完善劳动定额，改善劳动组织，合理组织劳动力；加强员工的教育与培训，全面提高员工素质；利用各种调节手段，使人与人之间保持协调的关系，充分发挥企业员工在生产活动中的作用，提高劳动生产率；贯彻安全生产的方针，保护劳动者在生产过程中的安全和健康；科学地对员工进行考核和激励。

12.2.2 建设工程企业人力资源开发

12.2.2.1 建设工程企业人力资源开发的含义及内容

人力资源开发是伴随着人力资源在现代化经济增长和企业发展中的重要地位和作用日益显现而发生的，有宏观开发和微观开发两大类。建设工程企业人力资源的开发属于微观开发。

建设工程企业人力资源开发是指建设工程公司或企业作为一个独立的经济实体、法人，进行有计划的人力资本投资，采取一系列教育、培训、开发的有效形式，挖掘员工智力潜能，训练、提高其智力、知识和技能水平，培养其企业优秀的价值观，充分调动和发挥员工积极性、自觉性、创造性的全过程活动，以促进员工发展，改进行为绩效，保证企业生产经营战略的实施和各项经济与非经济目标的实现。

由于不同的组织代表不同人力资源群体的利益，其宗旨、目标、职责、任务的不同，将导致人力资源开发的内容也不尽相同。若抛开人力资源开发主体的组织性质，就主体直接作用于客体的运行过程来考虑，人力资源开发包括能力开发和精神开发两项。能力开发是指体能和智能的开发；精神开发是指对人力资源的政治观念、职业道德、敬业精神、合作意识、企业本位意识和归属意识等的培养、教育和开发。从企业发展对人力资源的需求出发，人力资源开发包括数量开发、质量开发和结构开发。从企业人力资源开发与管理的职能或工作角度来看，人力资源开发包括教育培训开发、职业生涯开发、激励开发、组织开发等。从人力资源开发理论体系的学术研究角度来看，人力资源开发包括心理开发、生理开发、伦理开发、智力开发、技能开发和环境开发。

12.2.2.2 员工的招聘和选拔

建设工程企业人力资源获取的途径有招聘和选拔。招聘是通过各种形式吸引候选人应聘企业的空缺岗位；选拔是企业从现有的有效人选中选择新岗位成员。招聘和选拔的途径有内部招聘和外部招聘，两者各有利弊，相互补充，见表12.2.1。

表 12.2.1　　　　　　　　　　　　　内部与外部招聘对比表

	内部招聘	外部招聘
优点	了解全面，准确性高 可鼓舞士气，奖励员工选取 可更快适应工作 使组织培训得到回报 选择费用低	来源广，可选择余地大 能带来新思想、新方法 可在一定程度上缓和或平息内部矛盾 节省培训费用

续表

	内部招聘	外部招聘
缺点	来源有限，水平有限 易造成近亲繁殖 可能产生内部矛盾	进入角色慢 对应聘者了解少，可能招错人 内部员工的积极性可能受挫

建设工程企业内部招聘候选人的来源主要有公开招聘、内部提拔、横向调动、岗位轮换、重新雇佣和召回以前的雇员五种途径。外部招聘的人员来源很广，可能是熟人介绍、自己找上门、职业介绍机构介绍、合同机构或学校推荐等，可能是其他企业的员工、学校的学生，也可能是失业人员。因此，招聘途径的选择需要根据建设工程企业的战略计划、招聘的岗位、上岗速度及企业经营环境等因素来具体考虑。通常情况下，内外结合会产生最佳效果。

12.2.2.3 建设工程企业人力资源的培训

1. 培训的作用和意义

中国建设工程企业参与国际建筑市场一体化建设，对人才数量和素质的要求都有了较大的提高。由于它的知识结构比较特别，涵盖了技术、经济、社会、文化、法律、管理等各方面的知识，同时还要求具有团队精神、道德水平、竞争意识、活动能力等非智力素质。而当今市场竞争就是人才的竞争，有了充沛的人力资源，建设工程企业才能在建筑市场竞争中立于不败之地。因此，建设工程企业应结合目前严峻的国际挑战，抓紧培养既懂专业知识又懂英语和国际法规及FIDIC条款的复合型人才。而使现有人员具有这样的文化水平和技术熟练程度的唯一途径，就是全面开展员工培训。加强员工培训，既为自己建立了稳定的人才队伍，又提高了企业的内部凝聚力和对外竞争力，是提高企业素质和提高企业经济效益的可靠保证，对我国现代化建设有极其重要的意义。

2. 培训的形式

按培训与工作的关系划分，有在职培训和非在职培训。在职培训的培训对象不脱离岗位，不会影响工作或生产，较经济。但这种培训方法往往缺乏良好的组织，不太规范。非在职培训要求培训对象异地脱产培训，费用较大，具体针对性较差，所学东西在实践应用时需进一步摸索。为了克服两者缺点，出现了半脱产培训形式，这是一种兼顾费用和质量的行之有效的形式。

按培训的层次划分，有高级、中级和初级培训。一般而言，初级培训可侧重于一般性的知识和技术方法；中级培训可适当增加有关理论课程；高级培训则应侧重于学习新理论、新观念、新方法。培训的级别越高，所采用的组织形式则越趋小型化、短期化。如初级培训通常要借助正规学校、社会办学的方式实现，而高级培训则可采用短训班、研讨班，甚至出国考察培训等方式来实现。

按培训目的来划分，有文化补习、学历教育、岗位职务培训等形式。文化补习是针对那些学历较低、从事简单劳动的一般人员，其目的在于增加受训者的科学文化知识，提高受训者基本文化素质，为以后进一步提高奠定基础。学历教育的目的是使受训者的专业素质得到全面提高，获得更高的学历。岗位职务培训则是以工作的实际需要为出发点，围绕职位的特点而进行的有针对性的培训，偏重于专门技术知识的灌输。

人力资源培训是科技发展的关键，建设工程企业应根据岗位分层次、有目的、有计划地进行培训，将专业教育和实践相结合，国内培训和国际培训相结合，寻找适合本企业的培训方式。

12.2.3　建设工程企业人力资源计划

建设工程企业人力资源计划是建设工程企业科学的预测、分析自己在建设环境变化中的人力资源供给和需求状况，制定必要的政策和措施以确保自身在需要的时候和在需要的岗位上获得各种需要的人才，并使组织和个体得到长期的利益。

建设工程企业人力资源计划的内容主要包括：总体规划（是指根据建设工程企业战略确定的人力资源管理的总体目标和配套政策），配备计划（表示组织中长期处于不同职务、部门或工作类型的人员的分布状况），退休解聘计划，补充计划，使用计划，培训开发计划，职业计划，绩效与薪酬福利计划，劳动关系计划，人力资源预算等相互关联的十个方面。

当前的科学技术突飞猛进，产业结构不断调整，建设工程企业间竞争日趋激烈，人力资源的转移也随之加速。因此，在现代建设工程企业管理中，人力资源计划发挥着越来越重要的作用。人力资源计划能加强建设工程企业对环境变化的适应能力，为建设工程企业的发展提供人力保证；人力资源计划有助于实现建设工程企业内部人力资源的合理配置，优化建设工程企业内部人员结构，从而最大限度实现人尽其才，提高建设工程企业的效率；同时，人力资源计划对满足建设工程企业成员的需求和调动职工的积极性与创造性等方面也起着巨大的作用。

人力资源计划的编制一般要经过以下几个步骤：

(1) 收集准备有关信息资料。包括建设工程企业的经营战略和目标，职务说明书，建设工程企业现有人员情况，员工的培训、教育情况等。

(2) 人力资源需求预测。根据建设工程企业发展战略计划和本企业的内外部条件，选择合适的预测方法，对人力需求的结构和数量进行预测。

(3) 人力资源供给预测。包括建设工程企业内部人员拥有量预测和外部供给量预测两方面内容。一般情况下，内部人员拥有量比较透明，预测的准确度较高；而外部供给量则有较大的不确定性。因此，预测时将重点放在建设工程企业内部人员拥有量预测上，外部供给量的预测应偏重于企业所需的关键人员。

(4) 确定人员净需求。将本企业人力资源需求的预测数与在同期内企业本身可供给的人力资源数进行比较分析，即可测算出各类人员的净需求量。如果这个需求量是正的，则表明企业需要招聘新员工或对现有员工进行有针对性的培训；如果是负的，则表明企业这方面的人员是过剩的，应该精简或对员工进行调配。

(5) 确定人力资源目标。当建设工程企业的战略计划、年度计划已经确定，目前的人力资源需求与供给情况已经明确时，建设工程企业的人力资源目标就可以据此来制定。

(6) 制订具体计划。包括制订补充计划、使用计划、培训开发计划、配备计划等。计划中要有指导性、原则性的政策，又要有可操作的具体措施。

(7)对人力资源计划的审核与评估。审查和评价该建设工程企业人力资源计划所涉及的各个方面及其所带来的效益；审核和控制人力资源计划所涉及的有关政策、措施以及招聘、培训发展和报酬福利等方面的内容。

12.2.4 建设工程企业员工绩效考核

1. 绩效考核的含义

建设工程企业员工绩效考核是建设工程企业人力资源管理的核心职能之一。"绩效"这个概念可以从工作行为和工作结果这两个角度进行理解。从工作行为角度来看，绩效是指人们所做的与组织目标相关的可观测的事情；从工作结果角度来看，绩效是指在特定的时间内，由特定的组织或活动产生的产出记录。事实上，行为是产生结果的直接原因，而建设工程企业员工对建设工程企业的贡献是通过工作结果来体现的。为此，绩效可以采用综合的方法来定义，即绩效是人们所做的同组织目标相关的、可观测的、具有可评价要素的行为，这些行为对个人或组织效率具有积极或消极的作用。绩效考核就是收集、分析、评价和反馈有关某一员工在工作岗位上的工作行为和工作结果方面的信息情况的过程。

2. 绩效考核的作用

(1)绩效考核是建设工程企业人员任用的前提。建设工程企业人员任用本着"因事设人、因岗配人、德才兼备、量才适用"的原则进行，做到事得其人、人尽其才。绩效考核是"知人"的主要手段，而"知人"是用人的主要前提和依据。

(2)绩效考核是建设工程企业决定人员调配的基础。通过绩效考核，可了解员工使用状况，人事配合的程度。通过全面严格的考核，可以衡量一些人的素质和能力是否已超过或者未达到现职的要求，据此即可进行职务的升降与调配。

(3)绩效考核是建设工程企业进行人员培训的依据。人员培训是人力资源开发的基本手段。培训应有针对性，针对员工的短处进行补充学习和培训。因此，培训的前提是准确了解各类人员的素质和能力，通过考核确定员工素质优劣及存在的问题，进行培训需求分析。同时，考核也是判断培训效果的主要手段。

(4)绩效考核是建设工程企业确定劳动报酬的依据。按劳分配是建设工程企业员工的分配原则，准确地衡量"劳"的数量和质量是按劳分配的前提。只有密切工作绩效与劳动报酬之间的关联性，才能使员工感到公平，激励员工努力工作。

(5)绩效考核是激励员工的有效手段。绩效考核结果决定奖惩的对象及等级，激励先进，鞭策后进，做到奖惩分明，有利于提高员工工作积极性，出色完成工作任务。绩效考核还有助于在建设工程企业内部形成"比、学、赶、帮、超"的良好氛围，使员工能够提高自身绩效，从而提高企业竞争力。

(6)绩效考核是促进员工发展的工具。把考核的结果反馈给员工，让员工发现自身的缺陷和不足，可以帮助员工通过自身的努力逐步改进，促进员工的自身成长。

3. 绩效考核的基本内容

绩效考核的内容，简单地说，就是每一个员工工作成绩最重要的体现方面，一般包括员工的工作业绩和工作行为。在人力资源管理规范的企业，可以将职务说明书作为依据，来考核每一个员工的工作绩效。我国很多企业经常从德、勤、绩、能四个方面来考核员工的工作业绩。德，是指员工的思想素质、道德素质以及心理素质。勤，是指员工的工作态度，涉及工作的主动性、创造性、纪律性和出勤率等。绩，是指员工的业绩，包括工作效率和效果。能，是指员工的能力素质，指在工作中运用知识解决实际问题的能力。这是一种比较全面的概括性的考核，适合作为设计绩效考核内容的初始步骤。在实际操作上还需注意以下两方面的问题：一是考核内容不必过分求全，关键是找出与每一个员工工作业绩关系最为紧密的内容，将其进行深化和细化；二是正确理解这四个方面的内涵。根据绩效的定义，如果从结果上强调绩效时，只有"绩"才是我们所说的绩效；强调行为时，则包括德、勤、能等特征。目前比较流行的观点是在考核结果的同时，不局限于工作结果，特别是在工作管理水平比较高、员工个人不能全部决定工作结果的情况下，充分地考虑人们所做的同组织目标相关的、可观测的行为或事情。一般情况下，可以定量的工作产出为主，辅以对工作态度和能力的考核。

4. 绩效考核的主要方法

（1）分级法（也称排序法），即按被考评者每人绩效的相对优劣程度，通过直接比较确定每人的相对等级或名次，排出全体被考评者的绩效优劣顺序。分级法易于解释、理解和使用，但这种考绩是概括性的，不精确，所评出的等级或名次只有相对意义，等级差无法确定。

（2）成对比较法，将全体员工逐一配对比较，按照逐对比较中被评为较优的总次数来确定等级名次。这是一种系统比较程序，科学合理，但此法通常只考评总体状况，不分解维度，也不测评具体行为，其结果也是仅有相对等级顺序。该方法还要受被考评者总数的限制。

（3）强制分配法，按统计学上"两头小、中间大"的正态分布规律，先确定好各等级在总数中所占的比例，然后按照每个被考评者绩效的相对优劣程度，强制列入其中的一定等级。强制分配法较适于员工人数较多情况下总体状况考评。它简易方便，在样本较大时，符合正态分布规律的可能性较大，可以避免考评者主观片面，过分偏宽、偏严或高度趋中等类偏差。

（4）量表法，是应用得最为广泛的考绩方法。它通常做维度分解，沿各维度划分等级，并通过设置量表（即尺度）来实现量化考评。值得注意的是，评分项目都不应是针对员工个性的评价，而应是对员工工作行为的评价。

（5）关键事件法，需对每一个被考评的员工保持一本"绩效记录"，由负责考评并知情的人（通常为被考评者的直属上级）通过观察，随时记载员工有关工作成效的关键性事实，依此对员工进行考核评价。

（6）行为锚定评分法，实质上是把量表评分法和关键事件法结合起来，兼具两者之长，关注员工行为的考核，同时兼顾员工行为对工作成果的影响。

（7）360度考核法，在组织结构图上，由位于每一个员工上下左右的公司内部其他员工、被考核的员工本人以及顾客，一起来考核该员工绩效。该法特别注重通过反馈来提高员工的绩效，为了避免不必要的人际冲突，保证反馈过程的顺利进行和反馈结果的有效性，360度考核法大多以匿名形式进行。目前这种方法主要用于管理人员的开发方面，它的设计价值也在于开发上。

12.2.5 建设施工企业劳动用工和工资支付管理

施工企业必须根据《中华人民共和国劳动法》(以下简称《劳动法》)及有关规定,规范企业劳动用工及工资支付行为,保障劳动者的合法权益,维护建设市场的正常秩序和稳定。

1. 施工企业劳动用工的种类

目前我国施工企业劳动用工大致有以下三种情况:

(1)企业自有职工。通常是长期合同工或无固定期限的合同工。企业对这部分员工的管理纳入正式的企业人力资源管理范畴,管理较为规范。

(2)劳务分包企业用工。劳务分包企业以独立企业法人形式出现,由其直接招收、管理进城务工人员,为施工总承包和专业承包企业提供劳务分包服务,或成建制提供给施工总承包和专业承包企业使用。

(3)施工企业直接雇佣的短期用工。他们往往由包工头带到工地劳动,也包括一定数量的零散工。

上述后两种情况的用工对象主要是进城务工人员,俗称农民工,是目前施工企业劳务用工的主力军。对这部分用工的管理存在问题较多,是各级政府主管部门明令必须加强管理的重点对象。

2. 劳动用工管理

近年来,各级政府主管部门陆续制定了许多有关建设工程劳动用工管理的规定,主要内容如下:

(1)建设施工企业(包括施工总承包企业、专业承包企业和劳务分包企业,下同)应当按照相关规定办理用工手续,不得使用零散工,不得允许未与企业签订劳动合同的劳动者在施工现场从事施工活动。

(2)建设施工企业与劳动者建立劳动关系,应当自用工之日起,按照劳动合同相关法规的规定订立书面劳动合同。劳动合同中必须明确规定劳动合同期限,工作内容,工资支付的标准、项目、周期和日期,劳动纪律,劳动保护和劳动条件,以及违约责任。劳动合同应一式三份,双方当事人各持一份,劳动者所在工地保留一份备查。

(3)施工总承包企业和专业承包企业应当加强对劳务分包企业与劳动者签订劳动合同的监督,不得允许劳务分包企业使用未签订劳动合同的劳动者。

(4)建设施工企业应当将每个工程项目中的施工管理、作业人员劳务档案中有关情况在当地建筑业企业信息管理系统中按规定如实填报。人员发生变更的,应当在变更后7个工作日内,在建筑业企业信息管理系统中做相应变更。

3. 工资支付管理

为了防止拖欠、克扣进城务工人员工资,各级政府主管部门制定了针对建设施工企业劳务用工的工资支付管理规定,主要内容如下:

(1)建设施工企业应当按照当地的规定,根据劳动合同约定的工资标准、支付周期和日期,支付劳动者工资,不得以工程款被拖欠、结算纠纷、垫资施工等理由克扣劳动者工资。

（2）建设施工企业应当每月对劳动者应得的工资进行核算，并由劳动者本人签字。

（3）建设施工企业应当至少每月向劳动者支付一次工资，且支付部分不得低于当地最低工资标准，每季度末结清劳动者剩余应得的工资。

（4）建设施工企业应当将工资直接发放给劳动者本人，不得将工资发放给包工头或者不具备用工主体资格的其他组织或个人。

（5）建设施工企业应当对劳动者出勤情况进行记录，作为发放工资的依据，并按照工资支付周期编制工资支付表，不得伪造、变造、隐匿、销毁出勤记录和工资支付表。

（6）建设施工企业因暂时生产经营困难无法按劳动合同约定的日期支付工资的，应当向劳动者说明情况，并经与工会或职工代表协商一致后，可以延期支付工资，但最长不得超过 30 日。超过 30 日不支付劳动者工资的，属于无故拖欠工资行为。

（7）建设施工企业与劳动者终止或者依法解除劳动合同，应当在办理终止或解除合同手续的同时一次性付清劳动者工资。

12.3　建设工程企业机械设备管理

12.3.1　概述

建设工程企业的机械设备，通常是指企业自有的、为施工服务的各种生产性机械设备，包括起重机械、挖掘机械、土方铲运机械、桩工机械、钢筋混凝土机械、木工机械以及各类汽车、动力设备、焊接切割机械、测试仪器等。建设工程企业的机械设备是进行施工生产必不可少的物质技术基础，是构成生产力的重要因素，也是企业固定资产的重要组成部分。它在施工中起着减轻工人劳动强度、保证工程质量、提高劳动生产率、加快施工进度、改善劳动环境与安全条件等重要的作用。随着建筑工业化、机械化的发展，机械化施工必将逐步代替繁重的体力劳动，机械设备的类型与数量必将逐渐增多，在施工中的作用也会愈来愈大。

建设工程企业机械设备管理，是按照机械设备的特点，在施工生产活动中，解决好人、机械设备和施工生产对象的关系，使之充分发挥机械设备的优势，获得最佳的经济效益而进行的组织、计划、指挥、监督和调节等工作。

建设工程企业机械设备管理是企业管理的一个重要方面，要充分发挥施工机械的优越性，就必须加强机械设备管理；正确选择机械设备，合理使用、及时维修机械设备；采用先进的施工技术和科学的管理方法，不断提高机械设备的完好率、利用率；及时对现有设备进行技术改造和更新，不断提高机械化施工水平。这些对保证施工质量，完成施工任务和提高企业经济效益都具有十分重要的意义。

机械设备管理的基本任务是：正确贯彻执行国家有关机械管理的方针、政策，采取一系列技术、经济、组织措施，对机械设备的计划、购置、使用、维护、修理、改造、更新、报废等全过程进行系统的综合管理，以获得寿命周期费用最经济、机械综合效能最高的目标。

机械设备管理的内容包括机械设备运动的全过程，即从选择机械设备开始，经生产领域的使用、磨损、补偿，直至报废退出生产领域为止的全过程。机械设备运动的全过程包括两种运动形态：一是机械设备的物质运动形态，包括设备选择、进场验收、安装调试、合理使用、维护修理、更新改造、封存保管、调拨报废和设备的事故处理等；二是设备的价值运动形态，即资金运动形态，包括机械设备的购置投资、折旧、维修支出、更新改造资金的来源和支出等。机械设备的管理应是包含这两种运动形态的综合管理，前者一般称为机械设备的技术管理，后者是机械设备的经济管理。因此，机械管理的具体工作内容应包括：正确选择和合理使用机械，做好机械设备的维护、保养、检查和修理工作，建立和健全机械设备管理制度，做好设备的更新改造工作，做好技术培训工作。

12.3.2 建设工程企业机械设备的配备

1. 机械设备配备的原则

机械设备的配备包括使用形式的确定，机械规格、品种的选择，装备方法（大修、改造或替换）的选定，配备数量的计算和设备的配套等问题。由于建筑产品和建筑施工多变的特点，上述问题变得十分复杂。但机械设备合理配备的总原则是既要满足施工的需要，又应保证使所有机械都能发挥最大效率，也就是既要满足技术要求，又要满足经济要求。

结合建设工程企业生产的特点和我国建筑设备生产供应等条件，建设工程企业机械设备的合理配置应具体考虑以下原则：

(1) 贯彻机械化、半机械化和改良工具相结合的方针。因地制宜地采用先进技术和适用技术，以适用技术为主，形成多层次的技术装备结构。

(2) 有重点、有步骤地优先装备非用机械不可的工程（如起重、吊装、打桩等）、不用机械难于保证质量和工期的工程（如大量土石方、混凝土浇捣等），以及其他笨重劳动工种（如装卸、运输等）。对于消耗大量手工劳动的零星分散作业，宜于发展机动工具。

(3) 注意机械的配套。包含两个方面：一个工种的全部过程和环节的配套，主导机械与辅助机械在规格、数量和生产能力上的配套。

(4) 讲求实效，以经济效果为装备依据。要克服"大而全""小而全"的小生产经营思想，通过技术经济分析来确定机械装备的选型和数量，充分利用多种形式使用机械。此外，还要做好任务预测和技术发展预测，使机械装备既满足当前需要，又适合长远要求。

2. 机械设备的选择

选择机械设备必须考虑设备本身的技术条件、经济条件，以及环保、节能与安全等条件。

(1) 技术条件，是指机械设备对企业生产经营的适用性。主要有：

生产效率：一般以单位时间内完成的产量来表示（也可用速率、功率等技术参数表示）。原则上，设备的生产效率越高越好，但也要考虑企业的生产任务，避免设备负荷过低，利用率不高而造成浪费。

耐用程度及可靠性：指机械设备在使用中是否坚固，零部件是否耐用、安全可靠以及机械设备的精度、准确度的保持性。可靠性常用可靠度表示，即在规定的时间内，在规定的使用条件下，无故障地发挥规定性能的概率。

维修性能：指维修的难易程度，一般应结构简单，零部件组合合理、通用化和标准化程度高、有互换性，维修时易于拆卸检查等。

能耗：能源（及材料）消耗的程度，指同一产出条件的能耗数量。一般以机械设备单位开动时间的能源消耗量表示，也有用单位产品能源消耗量表示的。

灵活性：指机械设备在运输、装拆、操作时的灵活程度。轻便、紧凑、多功能、拼装性强的机械，其工作效率就高。

成套性：指设备的配套程度，即设备本身及与其密切有关的设备之间的配套水平。设备配套是形成设备生产能力的重要条件。包括单机配套、机组配套、项目配套三类。

（2）经济条件，是指技术达到的指标同经济耗费的关系。主要有：

原始价值：最初的一次性投资，是最主要的指标。购置的机械除购置价格外，还应包括运费、安装费等；企业自行研制的机械应包括研究、设计、试制、制造、安装、试验以及资料制作费等。

使用寿命：机械设备的有效使用期限。

使用费用：机械设备在使用过程中发生的经常性费用，包括使用时装拆、运输、保管、人工、能源消耗、经常性的维护保养和修理费等。

（3）环保、节能与安全条件，主要有：

环保、节能：指机械设备对环境的影响，包括有害物质排放对环境污染的程度，噪声对周围环境的影响，以及能源、用水量等方面的消耗等，均应作为考虑因素。

安全性：指生产时对安全的保证程度，对易发生人身事故的机械设备在选择确定时尤应慎重。

3. 机械设备的经济评价

机械设备的经济评价是指在机械设备选购时，通过几种方案的对比分析，选择理想的机械设备，即选购经济上最优的设备。通常有以下两种方法：

（1）单目标决策法，假定在其他条件相同的条件下，选择其中一个标准作为决策目标的方法。这样可以使问题简单化，计算简便，方法有投资回收期法、年费用法、界限使用时间比较法等。

（2）综合评分法，单目标决策法虽然可以综合考虑部分机械设备的性能指标，但是不够全面。机械设备的优劣，表现为综合性能的高低，所以，决策时，应该全面评价各项性能指标，以综合性能的优劣作为选择的标准。

综合评分法就是一种全面评价机械设备性能的决策方法。基本做法是：选出机械设备的主要性能指标作为评价的范围，并根据多项指标对设备综合性能的影响程度分别确定其等级系数；对每项指标进行评分，然后以等级系数为各项指标的权数计算设备的综合得分；以综合分数的高低决策出应购置的设备。

12.3.3 建设工程企业机械设备的使用

机械设备的使用管理是机械设备管理的基本环节。加强机械设备的使用管理，可以促使正确、合理地使用设备，减轻机械磨损，保持良好的工作性能，延长设备的使用寿命，充分发挥设备的效率，提高设备使用的经济效益。

1. 建立机械设备技术档案

机械设备技术档案是机械设备使用过程的技术性历史记录，它提供了机械设备出厂、使用、维修、事故等全面情况，是使用、维修设备的重要依据。因此，在机械设备使用中必须逐台建立技术档案。机械设备技术档案的主要内容有：机械设备的原始技术文件，如出厂合格证、使用保养说明书、附属装置及易损零件图册等；机械设备的技术试验记录；机械设备的验收交接手续；机械设备的运转记录、消耗记录；机械设备的维修记录；机械设备的事故分析记录；机械设备的技术改造等有关资料。

2. 正确选用与合理部署机械设备

正确选用机械设备是机械使用管理的首要工作。机械设备的选用应遵循切合需要、实际可能、经济合理的原则。在建筑施工中，合理地部署机械设备，是发挥其效能的关键。因此在编制施工组织设计时，要根据工程量、施工方法、工程特点的需要，正确选用机械设备。同时要做好机械设备配套工作。另外，还要给机械施工创造良好条件，在安排施工生产计划时，要给机械设备留有维修保养时间。

3. 建立健全规章制度

正确使用机械设备应建立以下几项规章制度：

(1) 定机、定人、定岗位责任的"三定"制度。即人机固定，即由谁操作哪台机械设备，固定下来不能随意变动，岗位固定，责任分明。

(2)《操作证》制度。凡施工机械操作人员，必须进行技术培训，经过考试合格，取得《操作证》方可持证上岗。

(3) 机械设备交接制度。新购入或新调入机械设备向使用单位或向操作人员交机时，或机械使用过程中操作人员发生变动时，或机械送厂大修及修好出厂时，以及设备出、入库时，均应办理交接手续，以明确责任。

(4) 机械设备大检查和奖惩制度。要定期对设备的管理工作和设备的使用、保养状态进行检查、评比，通过评比、交流经验，表彰先进，发现问题，限期改进。

4. 严格执行技术规定

(1) 技术试验规定：新购置或经过大修、改装的机械设备，必须进行技术试验，以测定机械设备的技术性能、工作性能和安全性能。确认合格后才能验收，投入使用。

(2) 磨合期规定：新购置或经过大修的机械设备，在初期使用时，工作负荷或行驶速度要逐渐由小到大，使机械设备达到完善磨合状态。

(3) 寒冷地区使用机械设备的规定：建筑机械设备多数是在露天作业，在寒冷地区如何使用好机械设备是一个重要课题。因为气温低风雪大，给使用机械设备带来很多困难和麻烦，如起动困难，磨损加剧，燃料、润滑油、料消耗增加等。如果防冻措施不当，不仅不能保证正常运转，而且还会冻坏机械，影响使用寿命，造成经济损失。

(4)保养规程和安全操作规程：任何机械设备都有特定的使用要求、操作方法和保养程序，只有保养操作得当，才能发挥其效能，减少损坏，延长寿命。反之，轻者，机械出故障，效率降低；重者，机械设备损坏，影响施工生产，甚至还会发生人身伤亡事故。

12.3.4 建设工程企业机械设备的保养和维修

1. 机械设备的保养

机械设备的保养是指为了保持机械设备的良好技术状态，对机械设备进行的清洁、紧固、润滑、调整、防腐、检查磨损情况、更换已磨损的零件等一系列活动。

机械设备的保养通常分为例行保养和定期保养两种。

(1)例行保养。机械操作人员或使用人员在上下班和交接班时间进行的保养工作称为例行保养，其基本内容是清洁、调整、紧固、润滑与防腐。

(2)定期保养。机械设备定期保养，是根据技术保养规程规定的保养周期，当机械设备运转到规定的工作台班或台时，就要停机进行保养，这种保养称为定期保养。

定期保养，是根据机械设备构造复杂程度和特性等因素，来划分保养等级和保养内容。常见一至四级保养的机械设备有：挖掘机、起重机(轮胎式起重机、履带式起重机)、推土机、压路机、自行式铲运机等。一至三级保养的机械设备有：汽车式起重机、汽车、塔式起重机、内燃机、空气压缩机等。一至二级保养的机械设备有：电动机、发电机(不包括内燃机)、拖车、柴油打桩机、机动翻斗车、混凝土搅拌机、电焊设备等。

除了上述的保养外，机械设备还有几种特殊的保养，如停放保养，即机械设备停用超过1个月以上，在使用前，必须进行1次相当于一级保养作业内容的检查、保养。走合期保养，即新机械或经过大修的机械，按照机械设备走合期规定，由操作人员进行保养。换季保养，即机械设备在入冬、入夏前进行的季节性保养，主要内容是更换适宜的润滑油和采取防寒降温措施。这些保养尽可能结合定期保养进行。

2. 机械设备的修理

机械设备的修理，是对设备因正常的或不正常的原因造成的损坏或精度劣化的修复工作，通过修理更换已经磨损、老化、腐蚀的零部件，使设备性能得到恢复。

按照机械设备磨损规律，预防性地、分期分批地把已消耗磨损、变形、损坏、松动的零件进行更换和调整，排除故障，使机械设备整旧如新的一系列作业活动，称为修理。修理作业范围可分为日常修理、小修、中修和大修。

12.3.5 建设工程企业机械设备的考核指标

机械设备的考核指标，是按机械设备的特点，应用数据比率来衡量机械设备管理工作效果的一种尺度。通过分析比较，能及时反映机械设备的技术、经济状况，促进管理工作。常用的主要考核指标如下：

1. 完好率

完好率是反映企业机械设备完好程度的指标。完好率的高低，反映该单位报告机械设备的技术状况，也反映机械设备维修、保养的状况。完好率的提高，表明在修时间减少，给机械设备充分利用提供了有利条件。完好率指标包括台数完好率、台时完好率、台班完好率和台日完好率等。

2. 利用率

利用率是反映企业机械设备利用程度的指标。利用率的提高，表明机械设备利用充分。利用率指标包括台时利用率、台班利用率和台日利用率。

3. 效率

效率是反映企业机械设备生产能力发挥程度的指标。效率的提高，表明企业机械设备生产能力发挥充分。

4. 装备生产率

装备生产率是反映企业机械装备在施工生产中创造价值大小的指标，是企业完成年度工作量与机械设备净值之比。

5. 技术装备率

技术装备率是反映企业机械设备装备程度的指标。技术装备率的提高，表明机械设备投资增加。

6. 动力装备率

动力装备率是反映企业机械设备动力的指标。动力装备率的提高，表明机械设备动力增加。

7. 万元产值维修费用

万元产值维修费用是从总工作量角度反映企业机械设备维修程度的指标(一般按年度计算)。这个指标降低，表明机械设备耐用、质量好、维修费用低和效率高。

8. 维修费率

维修费率是从机械设备总投资角度反映企业机械设备维修程度的指标(一般按年度计算)。这个指标降低，表明机械设备耐用、质量好、维修费用低。

9. 机械化程度

机械化程度是反映企业在建筑施工中用机械代替体力劳动程度的指标，机械化程度高，表明建筑施工机械化水平高。机械化程度指标包括工种机械化程度和综合机械化程度。

12.3.6 建设工程企业机械设备的更新和改造

12.3.6.1 设备的磨损与补偿

磨损是设备陈旧落后的主要原因，有磨损就要有补偿。补偿有三种形式：修理、更新和改造。而究竟采用哪种形式，则需要进行经济分析。

设备的磨损有两种形式：有形磨损和无形磨损。

1. 设备的有形磨损

机械设备在力的作用下，零部件产生摩擦、振动、疲劳、生锈等现象，致使设备的实体产生磨损，称为设备的有形磨损。设备的有形磨损又分为Ⅰ、Ⅱ两种形式：设备在使用过程中，由于各种力的作用，使零部件产生实体磨损，导致零部件的尺寸、形状和精度发生改变，直至损坏而产生的第Ⅰ种形式的有形磨损；设备在闲置过程中，由于自然力的作用而生锈腐蚀，丧失了工作精度和使用价值而产生的第Ⅱ种形式的有形磨损。

当设备磨损到一定程度时，设备的使用价值降低，使用费用提高。要消除这种磨损，可通过修理来恢复，但修理费应小于新机器的价值。当磨损达到丧失工作能力时，即修理也不能达到恢复功能时，则需用更新的设备来代替原有的设备。

2. 设备的无形磨损

设备的无形磨损也称经济磨损，是指由于科学技术进步而不断出现性能更加完善，生产效率更高的设备，使原有设备的价值降低，或者是生产同样结构设备的价值不断降低而使原有设备贬值。由于相同结构设备再生产价值的降低而产生原有设备价值的贬值，称为第Ⅰ种无形磨损。由于不断出现技术上更加完善、经济上更加合理的设备，使原设备显得陈旧落后，因此产生经济磨损，称为第Ⅱ种无形磨损。

在第Ⅰ种无形磨损形式下，设备的结构性能并未改变，但由于技术的进步、工艺的改善、成本的降低、劳动生产率不断提高，使生产这种设备的劳动耗费相应降低，而使原有设备贬值。但设备的使用价值并未降低，设备的功能并未改变，不存在提前更换设备的问题。第Ⅱ种无形磨损的出现，不仅使原设备的价值相对贬值，而且使用价值也受到严重的冲击，如果继续使用原有设备，会相对降低经济效益，这时就需要用更新的设备代替原有设备。但是否更换，取决于是否有更新的设备及原设备贬值的程度。

12.3.6.2 设备的寿命

由于磨损的存在，设备的使用价值和经济价值逐渐消逝，因而设备具有一定的寿命。根据对设备考察方面的不同，可将设备寿命划分成以下几个范畴：

（1）自然寿命。也称物理寿命，是由有形磨损所决定的设备的使用寿命，指一台设备从全新状态开始使用，产生有形磨损，造成设备逐渐老化、损坏，直至报废所经历的全部时间。正确使用、维护保养、计划检修可以延长设备的自然寿命，但不能从根本上避免其磨损。任何一台设备磨损到一定程度时，都必须进行修理或更新。

（2）技术寿命。由于科学技术的迅速发展，不断出现比现有设备技术更先进、经济性更好的新型设备，从而使现有设备在物理寿命尚未结束前就被淘汰。技术寿命是指一台设备可能在市场上维持其价值的时间，也就是一台设备从开始使用到因技术落后而被淘汰为止所经历的时间，也叫做设备的技术老化周期。技术寿命的长短主要取决于技术进步的速度，而与有形磨损无关。通过现代化改装，可以延长设备的技术寿命。

（3）经济寿命。当设备处于自然寿命后期，由于设备老化，磨损严重，要花费大量的维修费用才能保证设备正常使用。因此，从经济性考虑，要对使用费用加以限制，从而截止自然寿命，这便产生了经济寿命的概念。设备的经济寿命是根据设备使用成本最低的原则来确定的。所谓经济寿命，是指由设备开始使用到其年平均使用成本最低年份的延续时间长短。经济寿命既考虑了有形磨损，又考虑了无形磨损，它是确定设备合理更新期的依据。一般来说，经济寿命短于自然寿命。

(4) 折旧寿命。也称会计寿命，即算设备折旧的时间长度，由财政部规定的固定资产使用年数来确定。

12.3.6.3 设备更新

1. 设备更新的概念

设备更新是指用技术性能更完善，效率更高，经济效益更显著的新型设备替换原有技术上不能继续使用，或经济上不合算的陈旧设备。进行设备更新是为了提高企业技术装备现代化水平，以提高工程质量和生产效率，降低消耗，提高企业竞争力，获得较高的经济效益。机械设备更新的形式分为原型更新和技术更新。

原型更新又称简单更新，是指同型号的机械设备以新换旧。机械设备经过多次大修，已无修复价值，但尚无新型设备可替代，只能选用原型号新设备更换已陈旧的设备以保持原有生产能力，保证设备安全运行。

技术更新是指以结构更先进、技术更完善、效率更高、性能更好、能源消耗更少的设备来代替落后陈旧的设备。它是企业实现技术进步的重要途径。

2. 设备合理更新期的确定

随着科学技术的飞速发展，技术寿命、经济寿命往往大大短于设备的自然寿命。依靠高额的使用费来维护设备的寿命，在经济上是不合理的。因此设备更新时，既要考虑到设备的自然寿命，也要考虑设备的技术寿命和经济寿命，来确定合理的最优更新期。常用的方法有：

(1) 低劣化数值法。假定设备经过使用之后残值为零，并以 K_0 代表设备的原始价值，T 代表已使用的年数，则每年的设备费为 K_0/T。随着 T 的增长，按年平均分摊的设备费不断减少。但设备使用时间越长，设备的有形磨损和无形磨损越加剧，设备的维护修理费用及燃料、动力消耗越增加，这叫做设备的低劣化。若这种低劣化每年以 λ 的数值增加，则第 T 年的低劣化数值为 λT，每年的平均低劣化数值为

$$\frac{\lambda + 2\lambda + 3\lambda + \cdots + \lambda T}{T} = \frac{T+1}{2}\lambda$$

逐年平均总费用为

$$Y = \frac{T+1}{2}\lambda + \frac{K_0}{T}$$

若使设备费用最小，则令

$$\frac{dY}{dT} = 0$$

得

$$T = \sqrt{\frac{2K_0}{\lambda}} \quad (12.3.1)$$

【例 12.3.1】 某设备的原始价值为 8000 元，设备的维护修理费、燃料、动力消耗费等随设备使用时间的延长，每年以 320 元的速度增加，则最优使用期 $T = \sqrt{\dfrac{2 \times 8000}{320}} \approx 7$ 年，即设备的最优更换期为 7 年。

如果逐年加以计算，也可得到同样的结果。计算如表 12.3.1 所示。

由表 12.3.1 可见，第 7 年的年平均总费用最低，为 2423 元，即设备的最优更新期为 7 年。

(2) 最小年费用法。机械设备的低劣化值每年不是以等值 λ 增加，而是变化的，各年均不相等，例 12.3.1 中设备最优更新期的计算没有考虑资金的时间价值，而在实际生产过程中往往需要考虑资金的时间价值。假定一个利率作适当修正，这时则应采用最小年费用法计算设备的合理更新期。

表 12.3.1　　　　　　　　　　　设备最优更新期计算表

使用年限 T	年平均设备使用费用 $\dfrac{K_0}{T}$（元）	年平均低劣化值 $\dfrac{\lambda(T+1)}{2}$（元）	年平均总费用 Y（元）
1	8000	320	8320
2	4000	480	4480
3	2667	640	3307
4	2000	800	2800
5	1600	960	2560
6	1333	1120	2453
7	1143	1280	2423
8	1000	1440	2440
9	889	1600	2489

若考虑资金的时间价值，则设备的经济寿命的计算公式为

$$\mathrm{AC}_n = \left[K_0 - L_n (1+i)^{-n} + \sum_{t=1}^{n} C_t (1+i)^{-t} \right] \dfrac{i(1+i)^n}{(1+i)^n - 1} \qquad (12.3.2)$$

式中，AC_n 为设备使用到第 n 年的年平均费用；C_t 为第 t 年的运行成本，包括操作人员工资、能源消耗费、维护保养费、检查修理费、停产损失费、保险费等；K_0 为设备的原始价值；L_n 为设备的残值，指设备使用 n 年后的残余价值；t 为设备使用时间，$t = 1$，2，$\cdots$，n。

设备的经济寿命 T_{opt} 为 $\min[\mathrm{AC}_1，\mathrm{AC}_2，\cdots，\mathrm{AC}_n]$ 对应的年份。

【例 12.3.2】 某设备原始价值为 16000 元，年利率为 10%，各年残值及维持费用如表 12.3.2 所示，试确定设备的最优更新期。

表12.3.2　　各年残值及维持费用资料表

使用年数	1	2	3	4	5	6	7
年运行成本(元)	2000	2500	3500	4500	5500	7000	9000
年末设备残值(元)	10000	6000	4500	3500	2500	1500	1000

解： 根据公式12.3.2列表计算。

表12.3.3　　最优更新期计算表

t 或 n	K_0	L_n	$(1+i)^{-n}$	$L_n(1+i)^{-n}$	C_t	$C_t(1+i)^{-t}$	$\sum$⑥	总使用费用	$\dfrac{i(1+i)^n}{(1+i)^n-1}$	年平均费用
	①	②	③	④=②×③	⑤	⑥=⑤×③	⑦	⑧=①-④+⑦	⑨	⑩=⑧×⑨
1	16000	10000	0.909	9090	2000	1818	1818	8728	1.100	9601
2	16000	6000	0.826	4956	2500	2065	3883	14927	0.576	8598
3	16000	4500	0.751	3380	3500	2629	6512	19132	0.402	7691
4	16000	3500	0.683	2391	4500	3074	9586	23195	0.315	7306
5	16000	2500	0.621	1553	5500	3416	13002	27449	0.264	7247*
6	16000	1500	0.565	848	7000	3955	16957	32109	0.230	7385
7	16000	1000	0.513	513	9000	4617	21574	37061	0.205	7598

注：* 为年平均总费用最低者。

可见，设备的最优更新期为第5年。

12.3.6.4　设备的改造

为了更快地改变机械设备老旧的面貌，提高机械化施工水平，对现有的机械设备既要采取以新换旧，还要改旧变新，即对老旧的设备进行改造。

机械设备改造分为简单改装和现代化改装两种形式。简单改装是通过改装扩大或改变设备的容量、功率、体积和形状，以满足产量或加工的要求。简单改装可充分利用现有设备，减少新设备购置费，节省投资，但不能提高设备现代化水平，不能实现企业的技术进步。设备现代化改装是应用现代化的技术成就和先进经验，根据生产的具体需要，改变旧设备的结构，或增加新部件、新装置和新附件，以改善旧设备的技术性能与使用指标，使它局部达到或全部达到目前生产的新设备的水平。现代化改装可使原设备提高加工质量和生产效率，降低消耗，全面提高经济效益。加强设备的现代化改装，是快速、经济、有效的更新改造方式。

设备现代化改装是对现有企业技术改造的有效措施，在技术上能克服现有设备技术落后的状态，促进设备的技术进步，扩大设备生产能力，提高设备质量。在经济上也是优越的，因为改装是在原有设备的基础上进行的，原有设备的许多零部件可以继续使用，因此所需投资往往比用新设备要少。同时，现代化改装且有针对性和适应性，能适应生产的具体要求，在某些情况下，其适应性程度甚至超过新设备，某些技术性能达到或超过现代新设备的水平。由此可见，设备现代化改装较设备更新更具有现实意义。设备现代化改装并不是在任何情况下都能做得到的。当出现一种新的工作原理、一种新的加工方法时，这种先进的原理和方法用原有设备改装，改装量太大，很不经济，因此采用设备更新的办法，用一种新的设备来代替原有设备，更为经济。

12.4 建设工程企业材料管理

12.4.1 建设工程企业材料管理的意义与任务

1. 建设工程企业材料管理的意义

建设工程企业的材料管理，是指运用科学的管理方法，对企业生产过程中所需劳动对象的供应、管理和使用进行合理的组织、调配与控制，以最低的费用，适时、适量、按质地供应所需材料，保证企业生产任务顺利完成的管理工作。它贯穿于材料采购与使用的全过程。

建设工程企业施工生产的过程，同时也是材料消耗的过程，材料是企业生产要素中价值量最大的组成要素。因此，加强材料的管理是建设工程企业生产管理的重要组成部分。建筑生产的技术经济特点使得建设工程企业的材料供应管理工作具有一定的特殊性和复杂性，表现为：供应的多样性、多变性，消耗的不均匀性，带来季节性储备和供应问题，并且要受运输方式和运输环节的影响与牵制。因此，材料管理工作直接影响到企业的生产、技术、财务、劳动、运输等方面的活动，对企业完成生产任务，满足社会需要和增加利润起着重要作用。加强材料管理是改善企业各项技术经济指标和提高经济效益的重要环节。

2. 建设工程企业材料管理的任务

(1)预测分析市场需求。市场需求的预测分析是材料管理的首要任务。企业要根据本身的生产能力、施工生产计划、市场信息等，对材料的市场供求变化、发展趋势、品种的更新换代进行预测和分析。

(2)合理制订材料供应计划。为了保证施工生产用料按质、按量、适时、配套、经济合理地供应，必须合理制订材料供应计划，搞好综合平衡。

(3)搞好流通以加速周转。缩短材料流通时间，加快周转速度，能相对地减少材料在途和在库的数量，从而减少储备资金的占用，减少利息支出，降低材料保管损耗和费用。

(4)降低消耗和监督使用。要合理地节约使用原材料，不断提高材料综合利用率，防止损失浪费。要制定合理的材料消耗定额和节约材料的技术组织措施，严格实行定额供料、包干使用、余料回收、节约奖励。同时，要加强仓库和现场材料管理，减少储备过程的损失。

(5)加强核算以降低费用。在材料管理全过程，要树立经济核算观点，讲究经济效益，降低采购成本。物资供应部门掌握着企业一半以上的生产经营资金，是企业开展经济核算的重点，要建立健全各项规章制度，以确定经济责任，在不断提高经济效益的基础上，合理地分配经济利益，并不断地提高材料管理水平。

12.4.2 材料计划的分类与编制

1. 材料计划的分类

材料计划是指根据施工生产对材料供应的要求以及市场供应情况而编制的各类计划的总称。在市场经济条件下，掌握市场供求信息，搞好市场的预测和分析，预测建设材料在一定时期的供求变化及其发展趋势，已成为编制材料计划的重要依据，可以避免材料采购供应中的盲目性，有利于降低材料采购成本，改善企业经营，提高企业的竞争能力。

（1）材料计划按用途可分为以下几类：

材料需用计划：是建设工程企业根据工程合同、生产任务和设计图纸、技术资料和实际需要而编制的计划。

材料供应计划：是企业各级材料部门，根据材料供应与管理的分工，把基层生产用料单位提出的单位工程各项材料需要计划，按使用方向进行汇总，经企业物资供应部门综合平衡后作出申请订购、采购加工、利库挖潜等供应措施与进货时间安排的计划，是组织、指导材料供应与管理业务活动的具体行动计划。

材料申请计划：是企业向国家、地方或业主申请材料而编制的计划。一般在国家预算拨款项目和发包单位自行供货的情况下编制。

材料定货计划：是为了委托厂矿企业代为加工产品或参加订货会议与生产厂矿签订产品供货合同而编制的计划。

材料采购计划：是为了给采购人员向市场有关工商企业、乡镇企业联系，据以进行材料采购而编制的计划。

（2）材料计划按计划周期可分为以下几类：

年度材料计划：是年度各项材料的全面计划，是全面指导供应工作的主要依据。在实际工作中，由于材料计划编制在前，施工计划安排在后，因此，编制年度材料计划是十分粗略的。在执行过程中，当施工任务逐步明确，技术资料及条件逐渐完善时，要注意对年度计划的调整。

季度材料计划：是年度计划的具体化，也是适应情况变化而进行的一种平衡调整计划。

月度材料计划：是基层单位月份内计划施工生产、用料的计划，也是物资部门组织配套供应，安排运输、控制使用、进行管理的行动计划。它是企业材料供应与管理活动中的重要环节。月计划要求全面、及时、准确，由基层用料单位根据施工作业计划，以单位工程为对象，对各工程分部分项逐项核算汇总编制。

旬材料计划：是月度材料计划的调整和补充性计划。由基层施工单位编制，上报公司物资供应部门作为直接供料的依据。

2. 材料需用计划的编制

一般按材料的使用类型，需用计划可分为建设工程施工用材料需用计划、经营维修材料需用计划、技术改造材料需用计划、脚手架及工具性物资需用计划等。

建设工程施工用材料需用计划可采用直接计算法编制。直接计算法的一般公式为

$$计划需用量 = 计划实物工程量 \times 消耗定额 \qquad (12.4.1)$$

计划实物工程量是按预算方法计算的在计划期应完成的分部分项工程实物工程量。消耗定额根据计划的用途，分别选用预算定额或施工定额。如果计划用于向上级主管部门申请计划分配材料，或甲乙双方结算材料价款，应选用预算定额；如果计划用于企业内部限额领料及承包等，则应用施工定额。

建设工程企业材料管理工作中，经常将按预算定额编制的材料需用计划和按施工定额编制的材料需用计划加以对比分析，即"两算"对比，用以掌握企业材料预算收入和计划支出量的差异，考核其消耗水平。

3. 材料供应计划的编制

材料供应计划是在材料需用计划的基础上，根据库存材料和储备要求，用平衡原理计算材料实际供应量的计划。通过编制计划，可以明确计划期内材料供应管理工作的主要任务和方向，发现材料供应管理工作中的薄弱环节，从而采取切实可靠的措施，更好地保证正常施工需要和降低材料费用。

材料供应量按下式计算：

$$材料供应量 = 材料需用量 + 期末储备量 - 期初库存量 - 计划期内可利用资源 \quad (12.4.2)$$

材料需用量为材料需用计划确定的材料数量，采用材料需用量计划中的总量。

期末储备量为计划期期末的材料储备，也就是下一次计划期的期初储备量，它必须保证正常情况下两次进货间隔期的消耗及必要的意外消耗。如果下一次计划期初正好遇上季节性停货，则应建立必要的季节储备。

期末储备可按下面的公式计算：

$$期末储备量 = 经常储备 + 保险储备 \quad (12.4.3)$$

或

$$期末储备量 = 经常储备 + 保险储备 + 季节储备 \quad (12.4.4)$$

期初库存量为计划期初仓库实际拥有的储备量，因为计划一般都需提前编制，所以编制计划时期初库存量还是一个未知数，要进行估算。

期初库存量估算公式如下：

$$期初库存量 = 编制计划时的实际库存 + 至期初的预计到货量 - 至期初的预计消耗量 \quad (12.4.5)$$

期初库存量一定要预计准确，否则会影响供应量而给施工生产带来损失。一方面，应深入调查研究，了解订货、发货、在途货物的情况；另一方面，要根据进度计划估计消耗量。

计划期内可利用资源包括呆滞积压材料的加工改制利用、废旧物资的修复利用、工业废渣利用等可利用资源。

4. 材料供应计划的实施

材料供应计划的编制仅仅是材料管理工作的开始，更重要、更大量的工作是组织计划的实施，即执行计划。主要工作有以下几方面：

（1）做好材料的申请、订货采购工作。使企业所需的全部材料从品种、规格、数量、质量和供应时间上都能按供应计划得到落实，不留缺口。

（2）做好计划执行过程中的检查工作。检查的内容有：订货合同、运输合同的执行情况，材料消耗定额的执行和完成情况，材料库存情况和材料储备资金的执行情况等。检查方法主要是利用各种统计资料，进行对比分析，以及深入现场进行重点检查。通过及时检查，发现问题，找出计划中的薄弱环节，及时采取对策，以保证计划的实现。

（3）加强日常的材料平衡和调剂工作。要相互支援、串换，以便解决急需，调剂余缺，保证施工。

此外，在材料计划执行终了，还应对供应计划执行情况进行全面检查，对计划申请采购量与到货量、计划需要量与实际消耗量、上期库存量与本期库存量进行比较，并对计划执行的准确程度进行全面分析，以求改进供应计划的编制工作。

12.4.3 材料采购的原则及方式

1. 材料采购原则

材料采购占用大量资金，采购的材料价格高低、品质优劣，都对企业经济效益起着重大作用。材料采购必须遵循以下原则：

（1）执行采购计划。采购计划是采购工作的行动纲领，要加强计划观念，按计划办事，必须消除采购工作中的盲目性。

（2）加强市场调查，收集经济信息，熟悉掌握市场价格，讲求经济效益。每次材料采购，尽量做到货比三家，对批量大、价值高的材料采购，可采用公开招标办法，降低采购成本。

（3）遵守国家有关市场管理的政策法规，遵守企业采购工作制度，不做无原则交易，不违反财经纪律。

（4）提高工作效率，讲求信誉，及时办理经济手续，不拖欠货款，做到物款两清，手续完备。

2. 材料采购方式

材料采购一般有以下几种方式：

（1）自由选购。对于市场上随时都能购买到的材料，需方可在市场和生产厂家中自由选购。

（2）合同订购。对于消耗量大、须提前订货的材料，一般应签订购销合同。用合同的方式把供需关系固定下来，保证供应。

（3）固定订货。对于消耗量特别大、需求稳定的材料，可以向生产厂家投资联营，包销部分产品，从而使企业拥有稳定的材料来源。

（4）委托代购。企业由于采购的力量不足，可以委托生产资料服务公司代购所需材料，并付一定的代购费。

（5）加工订购。如果企业所需材料规格特殊，市场无货源供应，则需加工订购，即委托外单位按要求加工而获得特殊物资。

3. 材料订购时间和订购批量的确定

采购材料的订购时间、订购批量与库存量有直接关系。订购的时间过早或订购批量过大，会造成库存积压；订购时间过迟或订购批量过小，则会形成供应中断。材料采购决策的内容之一，就是要选择恰当的订购时间和订购批量。主要有以下两种方法：

1) 定量订购法

这种方法即库存的材料消耗到一定量时，就组织订购的方法。采用这种方法，订购批量固定不变；订购时间随仓库材料消耗的快慢而变化，只需要库存降到一定数量就立即组织订购。组织订购时的库存量称为订购点库存量，简称订购点。

如图 12.4.3 所示，随生产的进行，库存材料逐渐消耗，当达到订购点 A 时，就立即以经常储备为批量组织订货；所购材料在 B 点时到货入库，此时库存又升至最高储备 C 点，以此循环。订购期是指提出订货至到货的时间，包括办理订货手续、运输、加工、验收入库等所需的时间。

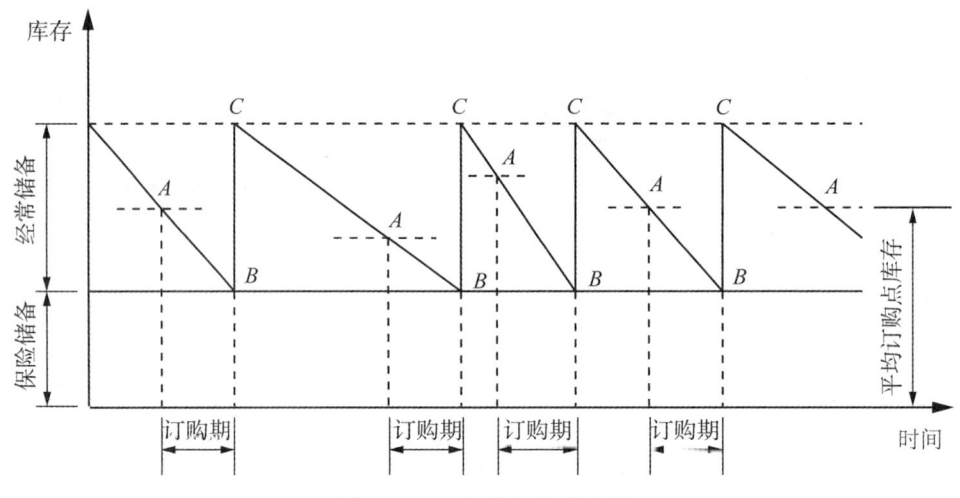

图 12.4.3　定量订购示意图

（1）订购点 A 的确定。理想情况下，即材料平均需要量和供应情况不发生任何意外的情况下，订购点 A 为一批材料的订购时间与材料平均需要量的乘积。

若实际需要量超过理想平均需要量，或当采购到货时间超过预定时间时，材料供应则会出现中断，这在施工中是不允许的。这时我们必须建立保险储备，订购点 A 则改为理想情况下的订购点加保险储备量。

（2）经济订购批量的确定。经济订购批量是指某种材料的订购费用和仓库保管费用之和最低时的订购批量。

订购费用是指使某种材料成为企业库存的有关费用，主要包括采购人员的工资、差旅费、采购手续费、检验费等。材料订购费用通常随材料订购次数的增加而增加；当需要量一定时，订购费用随订购批量的增加而减少。

仓库保管费用是指材料在库或在某一场所需要的一切费用，主要包括库存材料占用流动资金的利息、仓库管理费、库存材料在保管过程中的损耗，以及库存材料由于技术进步而造成的贬值等。仓库保管费用通常随库存量的增加而增加，即与订购批量成正比。

订购批量与订购费用、仓库保管费用、总费用的关系可用图 12.4.4 表示。

假设全年某种材料的需要量为 R，该材料的单价为 P，每次订购费用为 A，单位材料

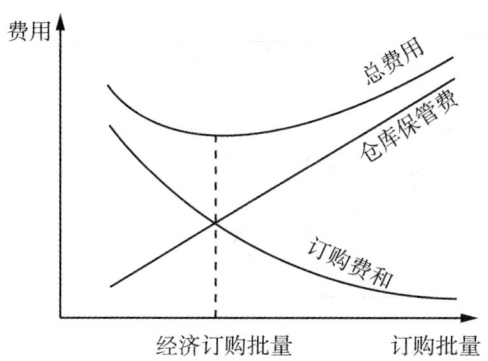

图 12.4.4　订购批量与费用关系图

年度库存保管费率为 I，每次订购批量为 Q，年度总费用 T = 年度订购费用 + 年度仓库保管费用，即

$$T = \frac{R}{Q} \cdot A + \frac{PQ}{2} \cdot I$$

要使年度总费用最小，令

$$\frac{dT}{dQ} = 0$$

则

$$Q = \sqrt{\frac{2RA}{PI}}$$

即

$$经济订购批量 = \sqrt{\frac{2 \times 年需要量 \times 每次订购费用}{材料单价 \times 仓库保管费率}} \quad (12.4.6)$$

【例 12.4.1】某公司年需要某种材料 10000 件，每次订购费为 200 元，仓库保管费率为 10%；假设材料单价为 10 元，则经济订购批量 = $\sqrt{\dfrac{2 \times 10000 \times 200}{10 \times 10\%}}$ = 2000（件）。

2）定期订购法

这种方法即固定订购时间和订购周期的方法。订购时间和周期固定不变，订购批量视实际库存而定，如图 12.4.5 所示。订购周期取平均供应间隔期，订购时间在每期进货时间的基础上，向前推一个订购期即可。例如，按进货周期每月 20 日进货，订购期为 8 天，那么订购时间就应为每月 12 日。

如图 12.4.5 所示，在订购时间时，库存量为 A 点，进货时库存量消耗至 B 点，经补充库存又回到最高储备 C 点。从图中可知，订购批量即为 C 点和 B 点的差。

12.4.4　材料验收

材料验收是指对工程项目所需材料的特性进行诸如测量、检查、试验、度量，并将结果与规定要求相比较，以确定每项特性合格情况所进行的活动。材料受各种因素的影响，随时会发生变化，这种变化只有通过检验才能发现。因此，材料验收是材料管理中重要的一环。

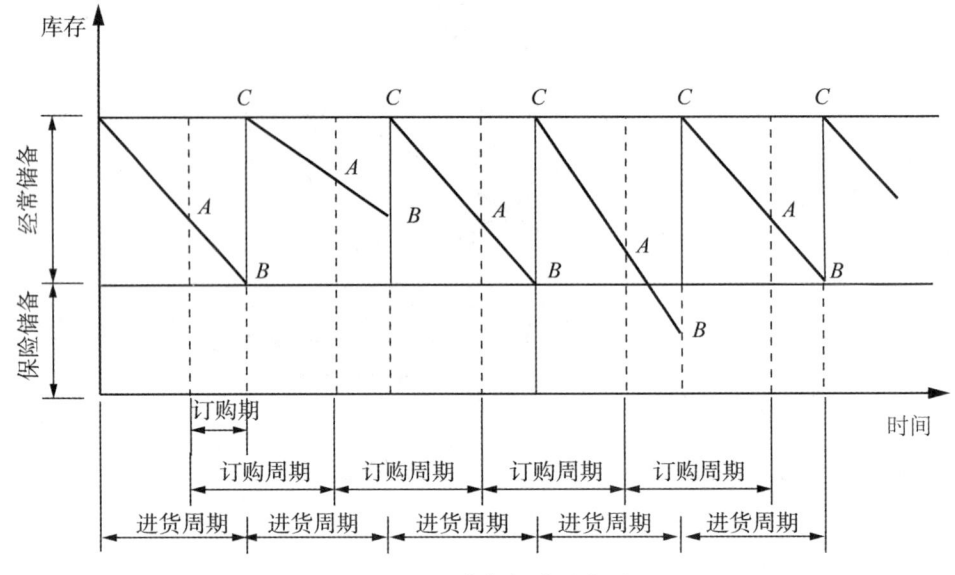

图 12.4.5 定期订购示意图

建设工程企业物资部门进行材料验收的意义是：

(1) 通过严把验收关，把不合格材料拒之于门外，保证入库材料都是合格品；

(2) 通过材料验收发现问题，分清责任，及时处理，减少经济损失；

(3) 通过材料验收和自检，摸清材料状况，有针对性地采取养护措施，有利于材料保管；

(4) 通过材料检验，严把质量关，不合格品不能进行加工和使用，以确保工程质量；

(5) 通过材料检验增强职工的质量意识和质量责任感，提高质量管理的自觉性；

(6) 材料的验收是划清企业内部和外部的经济界限，防止进料中的差错事故和因供应单位、运输单位的责任事故造成企业不应有的损失。

12.4.5 材料保管

1. 材料仓库保管

1) 保管的意义

材料保管直接关系到库存材料的数量完整和质量良好程度，直接关系到材料、仓储设施和人身的安全。如果材料保管不善，使材料缺失、变质或损坏，就会造成经济上的损失。这种损失绝不仅限于材料本身的价值，有时还会直接影响工程用料的供应，由于库存材料因质量问题不能使用，需要重新采购，这有可能造成停工待料，其间接经济损失是难以计算的，特别是由于材料保管失误或管理失控，引起燃烧爆炸，酿成重大事故时，不但会造成巨大的财产损失，还可能造成人身伤亡。另外，如果在材料保管中，由于某种原因使材料质量下降，而又未能及时发现，把不符合要求的材料用在工程上，会直接影响工程质量，后患无穷。所以，加强材料保管是仓储管理的一项重要任务，必须予以高度重视，要投入必要的人力和物力，以确保材料保管质量和工程质量。

2) 料位的编号与分配

建设工程企业所建材料仓库多为综合性仓库，库存材料的数量不是太大，但规格品种繁多，如何使库存材料存放秩序有条不紊，主要措施就是加强料位管理。其主要内容如下：

(1) 料位编号。对保管场所的料位进行统一编号，是建立良好保管秩序的有效措施。料位编号一般多采用"四号定位"法，即用4个号码确定一个货位。这4个号码是：库号(库房或料场分区代号)，架号(料架或料垛代号)，层号(料架或料垛层次代号)，位号(料架或料垛各层内料位代号)。"四号定位"法的应用给仓库材料收发及查点作业带来很大方便。

(2) 料位分配。对每个料位分配适当的用途称为料位分配。其分配方式有以下两种：

① 固定料位。严格规定每一个料位只能存放某一品种、规格的材料，即使该料位空闲，也不能存放其他材料。其主要优点是收发查点时容易寻找，可提高作业效率，减少收发差错。其缺点是料位不能被充分利用，影响储存能力。

② 自由料位。亦称随机料位，每个料位只要空闲，均可存放任何材料。其优缺点与定料位正好相反，即能充分利用料位，但收发查点不便。

在实际应用中，固定料位和自由料位都有一定的局限性，通常是根据实际需要将两种方式结合运用，充分发挥两种方式的优点。对规格品种多、数量少、体积小的物品，采用固定料位，使用料架进行保管；而对单一品种、大批量的物料，可就地堆垛，采用自由料位。

2. 施工现场材料保管

1) 现场保管的任务

现场材料管理是指工程施工期间及其前后的全部材料管理工作，包括施工前物资的准备，施工中组织供应，工程竣工后的盘点回收、报耗、物资转移等内容。

现场材料管理的好坏是衡量建筑安装企业管理水平和实现文明施工的重要标志。同时，它对于保证工程进度、提高工程质量、合理使用原材料、降低工程成本、提高劳动生产率乃至安全生产，都有十分重要的意义。

施工现场材料保管的任务主要是：

(1) 全面规划。做好施工现场材料管理规划，设计好总平面图，做好预算，提出现场材料管理目标。

(2) 计划进场。按施工进度计划组织材料分期分批进场，既要保证需要，又要防止过多占有存储场地，更不能形成大批工程剩余。

(3) 严格验收。按照各种材料的品种、规格、质量、数量要求，对进场材料进行严格检查、验收，并按规定办理验收手续。

(4) 合理存放。按施工总平面图要求存放材料，既要方便施工，又要保证道路畅通，在安全可靠的前提下，尽量减少二次搬运。

(5) 妥善保管。按照各种材料的自然属性进行合理码放和储存，采取有效的措施进行保护，数量上不减少，质量上不降低使用价值。要明确保管责任。

(6)控制领发。按操作者所承担的任务对领料数量进行严格控制。

(7)监督使用。按规范要求和施工使用要求，对操作者手中的材料进行检查，监督班组合理使用，厉行节约。

(8)准确核算。用实物量指标对消耗材料进行记录、计算、分析和考核，以反映实际消耗水平，改进材料管理。

2)施工前现场材料保管的准备工作

(1)调查现场环境。包括：工程概况，工程合同的有关现场规定，工程地点及周围已有建筑、交通道路、运输条件，施工方案，施工进度计划，主要材料、机具、构件需用量，临时建筑及其用料情况，等等。

(2)参与施工平面使用规划。尽量使材料存放场地接近使用地点，以减少二次搬运和提高劳动效率；存料场地及道路的选择不能影响施工用地，避免倒运；存料场地应能满足最大存放量；露天料场要平整、夯实、有排水设施；现场临时仓库要符合防火、防雨、防潮、防盗的要求；现场运输道路要符合道路修筑要求，循环畅通，有周转余地，有排水措施。

3)施工过程中的现场材料保管

(1)建立健全现场材料管理责任制。项目经理全面负责，划区划片，包干到人，定期组织检查和考核。

(2)加强现场平面管理。要根据不同施工阶段材料供应品种和数量的变化，调整存料场地，减少搬运，方便施工。

(3)有计划地组织材料进场。要掌握施工进度，搞好平衡，及时提供用料信息，按计划组织材料进场，保证施工需要。

(4)保持存料场地整齐清洁。各种进场材料构件要按照施工总平面图堆放整齐，做到成行、成线、成垛、成堆，经常清理、检查。

(5)认真执行现场材料收、发、领、退、回收管理标准，建立健全原始记录及台账，定期组织盘点，抓好业务核算。

(6)严格进行使用中的材料管理，采取承包和限额领料等方式，监督和控制班组合理用料，加强检查，定期考核，努力降低材料消耗。

4)竣工阶段的现场材料管理

这一阶段的工作主要是保证施工材料的顺利转移，其主要工作有：

(1)严格控制进料，防止大量剩余。在工程主要部位接近完成70%左右时，检查现场存料，估算未完工程用料量，调整原用料计划，削减多余，补充不足，以防止剩料，为完工清场创造条件。

(2)对不再使用的临时设施提前拆除，并充分考虑这部分材料的再利用，直运新使用地点，避免二次搬运。

(3)对施工中产生的筛漏、砖渣等及时过筛复用，随时处理不能利用的垃圾。

(4)工程完工后，及时核算材料消耗，分析节约、超支原因，总结用料经验。

12.5 建设工程企业财务管理

财务管理是现代企业管理的重要组成部分。它是商品经济条件下企业最基本的管理活动，商品经济越发展，财务管理越重要。特别是在现代建设市场中，竞争日趋激烈，财务管理已成为建设工程企业生存和发展的重要环节，也是提高经济效益的重要途径。

12.5.1 建设工程企业的财务活动

建设工程企业财务，是建设工程企业在生产经营中的财务活动及其与有关各方发生的财务关系。财务一般是指与钱物有关的事务，企业的财务活动实际就是企业的资金运动。

1. 建设工程企业的资金运动

建设工程企业的资金运动是一个不断循环的过程，每一循环的过程是：货币资金形态→储备资金形态→生产资金形态→商品资金形态→货币资金形态。这个过程说明资金从流通过程进入生产过程，进而又回到流通过程。在流通过程中，通过商品出售取得货币收入，其中一部分用来补偿生产费用，回到货币资金形态，加入到下一个资金循环过程中去，另一部分是生产工人为社会创造的剩余价值，在国家和企业中进行分配。

资金的运动过程可分为三个阶段，即资金筹集、资金运用和资金分配。

资金筹集就是企业为进行生产经营活动通过确定资金需要量和选择资金来源渠道并取得所需的资金。取得资金的途径有两种，一种是接受投资者投入的资金，形成资本金；另一种是向债权人借入资金，是企业的负债。根据投资主体的不同，资本金包括国家资本金、法人资本金、个人资本金和外商资本金。企业筹资的方式有国家投资、各方集资或发行股票等。企业负债包括长期负债（如长期借款、应付长期债券、长期应付款等）和短期负债（如短期贷款、应付短期债券、预提费用、应付及预收款项等）。资金筹集相关理论与方法可参见第 2 章 2.3 节相关内容。

资金的运用就是把筹集到的资金投放在生产经营活动过程，这个过程既是资金形态变化的过程，又是资金耗费和资金增值的过程。

资金的分配是企业将取得的营业收入用来补偿成本和费用、缴纳税金和企业利润。企业的税后利润又按下列顺序进行分配：缴纳被没收的财物损失，支付滞纳金和罚款，弥补企业以前年度的亏损，提取法定公积金，提取公益金，向投资者分配利润。利润计算可参见第 2 章 2.1 节相关内容及 3.3 节中利润分配表相关内容。

2. 企业财务关系

建设工程企业的资金运动是在各有关单位的经济往来中进行的。在资金的筹集、使用和分配之中，产生了广泛的社会联系，形成了复杂的经济关系，即企业的财务关系。建设工程企业的财务关系如下：

（1）建设工程企业与国家之间的财务关系。主要是指企业与政府各主管部门之间的关系，它反映出国家与企业之间的资金授权关系以及国家对企业的宏观调控关系，包括国家投资机构与企业间的投资关系，企业对国家税务机关的纳税关系，以及必要时国家对企业的政策性补贴关系等。

(2)建设工程企业与金融机构之间的财务关系。主要是存贷关系以及银行对企业资金运用的指导关系。

(3)企业与其他企业之间的财务关系。这一关系是一种等价交换原则相互提供产品或劳务的关系，也体现出各企业间的社会分工协作关系。

(4)企业内部各部门间财务关系。企业内部各部门业务性质不同，经营资金的来源和用途也不一样，并分别使用、分别核算，形成了企业内部各部门间的资金分配和往来结算关系。

(5)企业与职工之间的财务关系。职工为企业创造财富，企业支付职工劳动报酬，体现了企业内的分配关系。

(6)企业与投资者的关系。这种关系是投资者的产权与企业法人财产权之间的关系，同时也通过企业而表现出各投资主体间的利润分配关系。

12.5.2　建设工程企业财务管理及任务

1. 建设工程企业的财务管理

建设工程企业的财务管理，是企业按照生产经营活动的需要，对自身的财务活动进行计划、组织、控制的总称，是企业管理的重要组成部分，是企业组织资金运动、处理企业同各方面的财务关系的一项经济管理工作。

2. 建设工程企业财务管理的任务

建设工程企业财务管理的根本任务是遵循国家的政策、法令、制度，为实现企业的经营目的服务。其具体任务如下：

(1)合理筹措资金，满足企业生产经营的需要。在筹措资金时，必须认真考虑企业资金结构的合理性、所承担的风险和资金成本大小等因素，从中选择满意的筹资方案。

(2)合理使用资金，提高资金运用效果。要做好资金使用计划、控制、核算、调配、分析工作，增收节支，少花钱，多办事，办好事。要根据企业的财务状况，及时组织资金偿债及把握投资机会，保护和利用资产，考核、检查、分析各种资产利用情况，不断提高资金利用效果。

(3)降低成本和费用，增加企业盈利。降低成本的根本途径是降低消耗，降低费用的根本途径是减少支出。降低成本和费用是企业盈利的主要来源。增加企业盈利的途径很多，但必须利用财务管理手段才能见效。

(4)正确分配盈利。企业的营业收入扣除成本费用的余额，就是盈利，它是企业职工创造的剩余产品的货币表现。合理分配盈利，关系到国家、企业和职工、投资者的经济利益，因此，必须按有关国家规定和财务制度进行合理分配。

(5)实行财务监督，维护财经纪律。

12.5.3 建设工程企业资产管理

企业的资产包括流动资产和非流动资产两大类。流动资产主要包括现金、各种存款、存货、应收款及预付款等;非流动资产主要包括长期股权投资、固定资产、无形资产等。固定资产和流动资产是企业赖以开展生产经营的两项最基本的资产,固定资产计价形式通常有原值、重置原值、净值三种,固定资产折旧有平均年限法、工作量法、快速折旧法等,相关概念和计算方法参见第 2 章 2.1 节相关内容,机械设备更新与改造相关概念和计算方法参见本章 12.3 节相关内容。本节主要介绍流动资产管理内容。

1. 建设工程企业流动资产的概念与分类

建设工程企业流动资产是指可以在一年内或超过一年的一个营业周期内变现或运用的资产,包括现金、各种存款、存货、应收款及预付款等。流动资产的货币表现称为流动资金,是企业用于购买、储存劳动对象以及在生产过程和流通过程中占用的那部分周转资金。流动资金处在不断地运动过程中,周而复始地从货币形态、储备资金形态、生产资金形态、成品资金形态,又回到货币形态,发挥其在再生产中的功能。

2. 流动资金的管理

在一定的生产任务和供、产、销条件下,企业流动资金需要量主要取决于流动资金周转时间的长短。流动资金管理的基本任务就是保证生产经营所需资金得到正常供给,减少资金占用,加速资金周转,并要正确处理盈利和风险的关系。

1) 货币资金管理

货币资金包括库存现金和银行存款,控制流动资金首先要从货币资金开始。货币资金是一种非营利性或盈利微弱的资产。

企业持有现金的动机主要有以下三个方面:支付动机,即指持有现金以满足日常支付的需要,如用于购买材料、支付工资、交纳税款、支付股利等;预防动机,即指持有现金,以应付意外事件对现金的需求;投机动机,即指企业持有现金,以便当有价证券价格剧烈波动时,从事投机活动,从中获得收益。

货币资金管理的目的就是要求有效地保证企业能够随时有资金可以利用,并从闲置的资金中得到最大的利息收入。

(1) 现金的使用范围。现金是专门用来预备支付企业日常零星开支的。现金只能用于支付职工工资和各种工资性津贴。支付个人劳务报酬,个人奖金,各种劳保、福利费用及符合国家规定的个人其他现金支出,收购单位向个人收购农副产品和其他物资支付的价款,出差人员携带差旅费,结算起点以下(1000 元)的零星支出,确实需要现金支付的其他支出。

(2) 库存现金限额。库存现金量大小,视企业一定时期实际支付的现金总额(不含工资及其他一次性支出),一般是 3~5 天的平均需要量,最高不得超过 15 天的日常开支。企业收入现金应于当日送存银行。企业应建立健全现金账目,逐笔记载现金支付,日清月结,账款相符。

(3)最佳现金持有量的确定。最佳现金持有量又称最佳现金持有余额,指正常情况下能保证企业生产经营的最低限度需要的现金持有量。若现金持有量低于限度,会影响企业资金的正常周转,增加企业的财务风险;若现金持有量高于限度,又会降低企业的经济效益。现金的最佳持有量一般与企业现金需要量、现金需要量的可预测性、有价证券的利率以及现金与有价证券的兑换费用等因素直接相关。企业在对上述因素逐一分析的基础上,建立数学模型定量确定。预测现金最佳持有量常用的数学模型是存货模型,首先需满足以下假设条件:其一,企业一定时期内现金流入与流出的速度稳定且可预测;其二,每次将有价证券变现为可支付现金的交易成本(指证券每次变现花费的经纪费用等)已知;其三,短期有价证券的利率或报酬率可知。

在以上假设条件下,如以 m 表示某一时期内的现金持有总量,现金的平均持有量为 $m/2$;T 表示整个期间(通常为 1 年)企业交易现金总量;C 表示有价证券每次交易发生的固定成本;I 表示有价证券的报酬率。则持有现金的总成本可用下面的公式表示:

$$总成本 = \frac{T}{m} \times C + \frac{m}{2} \times I \tag{12.5.1}$$

最佳现金持有量即为总成本最低时的现金持有量,如图 12.5.1 所示。

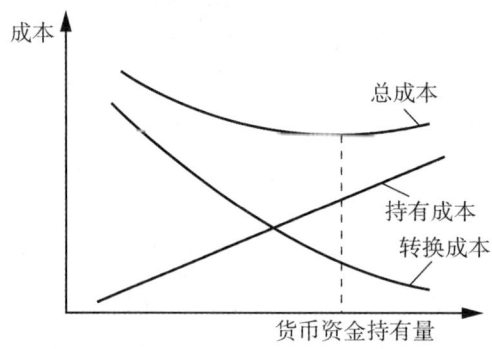

图 12.5.1 货币资金成本图

要使总成本最低,对总成本求导即可得最佳现金持有量,其计算公式为

$$m_{opt} = \sqrt{\frac{2TC}{I}} \tag{12.5.2}$$

例如,某企业预计一个月内交易所需现金持有总量为 500 万元,准备用短期有价证券变现取得,有价证券每次变现的费用为 10 元,债券的市场年利率为 12%,则企业的最佳现金持有量为

$$m_{opt} = \sqrt{\frac{2TC}{I}} = \sqrt{\frac{2 \times 5000000 \times 10}{12\% \div 12}} = 100000(元)$$

2)应收工程款管理

应收工程款是指施工企业在承担施工任务过程中预先垫付的资金等。应该指出,应收

工程款的存在，必然占用企业的资金，如果数额过大，就会引起资金短缺，影响资金周转，从而产生不堪设想的后果。企业应收工程款的多少，通常取决于市场经济情况和企业的信用政策。市场经济情况是企业无法控制的，但企业可以运用信用政策来调节应收工程款的数额。为了加强流动资金管理，企业应制定合理的信用政策。

(1) 信用标准，是施工企业同意向建设单位提供商业信用而提出的基本要求。通常以预期的坏账损失率为判别标准。如果企业的信用标准过严，只对信誉好、坏账损失率低的客户给予垫资，则会减少坏账损失，减少应收账款的机会成本，但这可能不利于扩大建设量，甚至会引起承包量的减少；反之，如果信用标准过宽，虽然会增加销售，但会相应增加坏账损失和应收账款的机会成本。企业应根据具体情况，进行合理权衡。只有信用标准变化带来的收益大于其成本时，才能采纳。

(2) 信用条件，是企业要求建设单位支付垫付工程款项的条件，主要包括信用期限和折扣率。信用期限过短，会影响企业建设规模的扩大，延长信用期限对扩大建设规模固然有利，但企业得到的利益有时会被增加的费用抵消，结果得不偿失。因此，企业必须规定适当的信用期限。折扣率是客户早付款时给予的优惠。许多企业为了加速资金周转，及早收回工程款，减少可能的坏账损失，往往在延长信用期限的同时，规定客户提前偿付工程款的折扣率和折扣期限。在这里，制定政策的基本规则是总收益要大于总成本。

(3) 建立健全收款办法体系。企业对应收工程款应按期催收。可对预期付款的客户规定一个允许拖欠的时间，逾期则催。收款政策要宽严适度。当客户超过允许拖欠期限后，应发函通知对方；如果无效，则打电话或登门催交货款；如果确有困难，可商谈延期付款办法；如果以上办法均无效，可诉诸法律。要注意收账费用与坏账损失的关系，一般说来，收账费支出愈大，坏账损失愈小，但并非线性变化。

3) 存货管理

存货是指建设工程企业在生产经营过程中为生产或者销售而储备的物资。为生产建设而储备的物资主要是指各种原材料、各种构配件、协作件以及内耗自制半成品等库存。为销售而储备的物资主要是指商业企业的商品库存和工业企业的产成品、外购配套商品以及外销自制半成品等库存；存货在生产经营周转过程中处于相对停留状态，它是联系生产与销售的一个重要环节。存货管理的好坏，不仅决定了生产经营的保证程度，还决定了存货投资的大小、存货周转率的高低。所以，加强存货管理，以最低的存货成本提供维持企业生产经营所需的物资，意义重大。

加强存货管理，一要建立、健全存货的检验、收发、领退、保管的清查盘点制度，保证存货的安全完整；二要合理确定存货量，节约使用资金；三要提高存货的利用效果，加速存货周转。

12.5.4 建设工程企业的财务分析

1. 财务报表

财务报表是指一个会计循环最后阶段提出企业财务状况和经营成果的信息载体，是总结反映企业财务资料的手段，是企业财务报告的重要组成部分。它全面、系统、集中地反映了企业资本金的投入和运用、净收益的取得、企业内部积累、负债的筹措和运用、企业各项资产的形态和运用,以及现金收支活动等有关企业在一定时期的经营成果或一定日期的财务状况的财务信息,以便企业管理人员、内部职工和企业外部关系方面制定有关政策。

1)财务报表的种类

从不同的角度,财务报表可以分为以下几类:

(1)按照报表的经济内容分类:

① 反映企业财务状况及其变动的报表,如资产负债表和财务状况变动表。

② 反映企业经营成果及其分配的报表,如损益表、利润分配表和商品销售利润明细表。

(2)按报表的从属关系分类:

① 主要财务报表,即反映企业经济活动情况的报表,如资产负债表、损益表和财务状况变动表。

② 附表,即反映企业经济活动某一方面的报表,如利润分配表和商业销售利润明细表。

(3)按照报表编制时间分类:

① 月报,如资产负债表和损益表。

② 年报,如财务状况变动表、利润分配表和商品销售利润明细表。

(4)按照报表编制单位分类

① 单位财务报表,即独立核算的企业单位根据日常核算资料编制的报表。

② 汇总财务报表,即由各级汇总单位,根据所属企业单位报送的报表连同本单位的报表汇总编制的报表。

(5)根据报表的使用单位分类:

① 内部财务报表,即企业为加强内部管理需要而编制的各种报表,如财务计划表、进价成本表、费用明细表等。

② 外部财务表,即企业为对外报送而编制的各种财务报表。

(6)按照报表所反映的资金运动状况分类:

① 静态报表,即反映"时点"情况的报表,如资产负债表。

② 动态报表,即反映"时期"情况的报表,如损益表。

2)资产负债表

资产负债表是指反映企业在某一特定日期财务状况的财务报表。它提供企业在一定日期所掌握的资产、所负担的债务、企业所有者在企业所持有的权益、企业的偿还能力等重要信息。资产负债表用以反映企业以往发生的经济业务累积影响,是一种历史性的财务报表;它揭示的是企业财务状况的"时点"情况,同时,也是一种静态报表。

资产负债表根据"资产=负债+所有者权益"这一基本公式,把企业在某一特定日期的资产、负债、所有者权益按一定的分类标准和次序予以适当排列。它可供领导决策使用。资产放在表的左侧,负债和所有者权益放在表的右侧,并使资产负债表的左右两侧平衡,其结构如表 12.5.1 所示。

表 12.5.1　　　　　　　　　　　　　资产负债表
编制单位：　　　　　　　　　　　　___年___月___日　　　　　　　　　　　　单位：元

资　产	年初数	期末数	负债及所有者权益	年初数	期末数
流动资产：			流动负债：		
货币资金			短期借款		
短期投资			应付票据		
应收票据			应付账款		
应收账款			预收账款		
减：坏账准备			其他应付款		
应收账款净额			应付工资		
预付账款			应付福利费		
其他应收款			未交税金		
存货			未付利润		
待摊费用			其他未交		
待处理流动资产净损失			预提费用		
一年内到期的长期债券投资			待扣税金		
其他流动资产			1年内到期的长期负债		
流动资产合计			其他流动负债		
长期投资：			流动负债合计		
长期投资			长期负债：		
固定资产：			长期借款		
固定资产原值			应付债券		
减：累计折旧			长期应付款		
固定资产净值			其他长期负债		
固定资产清理			长期负债合计		
在建工程			所有者权益：		
待处理固定资产净损失			实收资本		
固定资产合计			资本公积		
无形及递延资产：			盈余公积		
无形资产			未分配利润		
递延资产			所有者权益合计		
无形及递延资产合计					
其他资产：					
其他长期资产					
资产总计			负债及所有者权益总计		

3）利润表

利润表也称损益表，是指企业在一定期间内经营成果的报表，是一种动态的财务报表。它提供企业在一定时期营业收入的取得、成本和费用的发生、利润或亏损的实现情况。根据该表所反映的财务信息，可以评价盈利企业在经营管理上的成果，了解资金是否保持原始投资数值，用来预测未来一定时期内企业的盈利趋势。企业利润表的结构如表 12.5.2 所示。

表 12.5.2　　　　　　　　　　　　　利　润　表

编制单位：　　　　　　　　　　　年度　　　　　　　　　　　　　　（单位：万元）

项　目	本月数	本年累计数
一、主营业务收入		
减：折扣与折让		
主营业务收入净额		
减：主营业务成本		
主营业务税金及附加		
二、主营业务利润		
加：其他业务利润		
减：销售费用		
管理费用		
财务费用		
三、营业利润		
加：投资收益		
补贴收入		
营业外收入		
减：营业外支出		
四、利润总额		
减：所得税		
五、净利润		

4）现金流量表

资产负债表体现的是企业现金的静态情况，现金流量表则从企业的经营活动、筹资活动、投资活动三方面表现现金流入和现金流出的情况，体现企业现金的动态变化情况。根据现金流量表的分析，可以掌握企业现金流量构成及其发展趋势，为企业加强现金流量的管理、提高现金使用效率提供依据。企业现金流量表的结构如表 12.5.3 所示。

表 12.5.3　　　　　　　　　　　　　　现金流量表

编制单位：　　　　　　　　　　　　　　　年　　　　　　　　　　　　　　　　　　　（单位：万元）

项　目	本年金额	上年金额
一、经营活动产生的现金流量		
销售商品、提供劳务收到的现金		
收到的租金		
收到的增值税销项税额和退回的增值税		
收到的除增值税以外的其他税费返还		
收到的其他与经营活动有关的现金		
经营活动现金流入小计		
购买商品、接受劳务支付的现金		
经营租赁所支付的现金		
支付给职工以及为职工支付的现金		
支付的增值税款		
支付的所得税款		
支付的除增值税所得税以外的其他税费		
支付的其他与经营活动有关的现金		
经营活动现金流出小计		
经营活动产生的现金流量净额		
二、投资活动产生的现金流量		
收回投资收到的现金		
分得股利或利润收到的现金		
取得债券利息收入收到的现金		
处置固定资产、无形资产和其他长期资产收回的现金净额		
处置子公司及其他营业单位收到的现金净额		
收到其他与投资活动有关的现金		
投资活动现金流入小计		
构建固定资产、无形资产和其他长期资产支付的现金		
权益性投资支付的现金		
取得子公司及其他营业单位支付的现金净额		
支付其他与投资活动有关的现金		
投资活动现金流出小计		
投资活动产生的现金流量净额		
三、筹资活动产生的现金流量		
吸收权益性投资收到的现金		
发行债券收到的现金		

续表

项　目	本年金额	上年金额
取得借款收到的现金		
收到其他与筹资活动有关的现金		
筹资活动现金流入小计		
偿还债务支付的现金		
发生筹资费用支付的现金		
分配股利、利润支付的现金		
偿付利息支付的现金		
融资租赁支付的现金		
减少注册资本支付的现金		
支付其他与筹资活动有关的现金		
筹资活动现金流出小计		
筹资活动产生的现金流量净额		
四、汇率变动对现金及现金等价物的影响		
五、现金及现金等价物净增加额		
加：期初现金及现金等价物余额		
六、期末现金及现金等价物余额		

5）财务状况变动表

财务状况变动表（Statement of Changes in Financial Position），又叫资金来源与运用表，是指综合反映一定会计期间营业资金来源与运用及增减变动情况的报表，是一种动态会计报表。它依据资产负债表、损益表和利润分配表的资料编制。其作用是向会计信息的使用者提供报告期内企业财务状况变动的全貌，说明报告期内运营资金的增减变动情况及其变动的原因，起到连接资产负债表和损益表桥梁的作用。

财务状况变动表分为左右两方，左方反映流动资金的来源和流动资金的运用情况，其差额为流动资金增加净额；右方反映流动资产和流动负债的增减情况，其差额也为流动资金增加净额。左右两边的计算结果相等，即

$$流动资金来源-流动资金运用=流动资产-流动负债 \tag{12.5.3}$$

财务状况变动表的结构见表12.5.4。

2. 企业财务分析

企业财务分析是财务管理的重要手段，企业应定期或不定期地对迄今的财务状况（包括偿债能力、资金周转能力、获利能力、综合状况）、发展趋势以及资产管理状况等进行研究和评价，借以反馈信息，为企业下一步的财务预测、决策及管理状况的改善提供依据，实现对财务活动乃至整个企业生产经营活动的良好控制。

表12.5.4　　　　　　　　　　　　　财务状况变动表
编制单位：　　　　　　　　　　　　　　年度　　　　　　　　　　　　　　　　单位：元

流动资金来源和运用	金额	流动资金各项目的变动	金额
一、流动资金来源		一、流动资产本年增加数	
1. 年末利润		1. 货币资金	
加：不减少流动资金的费用和损失		2. 短期投资	
(1)固定资产折旧		3. 应收票据	
(2)无形资产、递延资产摊销		4. 应收账款净额	
(3)固定资产盘亏(减盘盈)		5. 预付账款	
(4)清理固定资产损失(减收益)		6. 其他应收款	
(5)其他不减少流动资金的费用和损失		7. 存货	
小计		8. 待摊费用	
2. 其他来源		9. 一年内到期的长期债券投资	
(1)固定资产清理收入(或清理费用)		10. 待处理流动资产净损失	
(2)增加长期负债		11. 其他流动资产	
(3)收回长期投资		流动资产增加净额	
(4)对外投资转出固定资产		二、流动负债本年增加数	
(5)对外投资转出无形资产		1. 短期借款	
(6)资本净增加额(减少资本以"-"号表示)		2. 应付票据	
小计		3. 应付账款	
流动资金来源合计		4. 预收账款	
二、流动资金运用		5. 其他应付款	
1. 利润分配		6. 应付工资	
(1)应交所得税		7. 应付福利费	
(2)提取盈余公积(用盈余公积补亏以"-"表示)		8. 未交税金	
(3)应付利润		9. 未付利润	
(4)应交特种基金		10. 其他未交款	
(5)调减上年利润(调减上年利润以"-"号表示)		11. 预提费用	
小计		12. 待扣税金	
2. 其他运用		13. 一年内到期的长期负债	
(1)固定资产和在建工程净增加额		14. 其他流动负债	
(2)增加无形资产、递延资产及其他		流动负债增加净额	
(3)偿还长期负债			
(4)增加长期投资			
小计			
流动资金运用合计			
流动资金增加净额		流动资金增加净额	

企业的财务分析是以企业的会计核算资料为基础,通过对会计所提供的核算资料进行加工、整理,得出一系列科学、系统的财务指标,并依据这些指标结果进行比较、分析和评价。

企业财务分析是一种日常性的分析,它与投资项目可行性研究经济评价中的财务评价在分析评价的原理、原则、方法和判断标准等方面基本相同,但也存在某些不同,其区别主要是:

(1)日常的财务分析是事后分析,可行性财务评价是事前分析;
(2)日常财务分析是近期分析,可行性财务评价是阶段性与全过程的分析;
(3)日常的财务分析是静态分析,可行性评价是动静结合,以动为主的分析;
(4)日常的财务分析所依据的参数是已经发生的事实数据,可行性财务评价的基础数据是预测性或借用性的不肯定数据。

1)企业财务分析方法

财务分析方法是指经济业务活动完成后,对经济业务活动的经济性做出分析判断,使下一轮经济业务活动达到更加经济合理的要求的一种技术方法。通常有比较分析法、比率分析法、趋势分析法、因素分析法等。

(1)比较分析法,是指通过两个或两个以上相关经济指标的对比,确定指标间的差异,并进行差异分析或趋势分析的一种分析方法。它是一种最基本、最主要的分析方法。比较的基本表达方式一般有三种,即绝对额的比较、百分数的比较和比率的比较。通过比较分析,可以发现差距,确定差异的方向、性质和大小,并找出产生差异的原因及其对差异的影响程度,以进一步改善企业的经营管理;将实际达到的结果与不同时期财务报表中同类指标历史数据相比较,确定企业的财务状况、经营状况和现金流量的变化趋势和变化规律,揭示企业的发展潜力,为企业的财务决策提供依据。

运用比较分析法时,为了检查计划或定额的完成情况,可将本企业本期实际指标与计划或定额指标相比较;如果要考察企业经济活动的变动情况和变动趋势,则以本企业本期实际指标与以前各期(上期、上年同期或历史最好水平等)同类指标进行比较;如果想要确定本企业在国内外同行业中所处的水平,则可采用本企业实际指标与国内外同行业先进指标或同行业平均指标相比较的形式。在实际操作中,根据分析者的分析目的和分析对象来决定比较所用指标及形式,用于比较的指标要具有可比性,这样比较的结果才有意义。

(2)比率分析法,是指通过财务相对数指标的比较,对企业的经济活动变动程度进行分析和考察,借以评价企业的财务状况和经营成果的一种方法。比率分析法在财务分析中占有十分重要的地位,它也是比较分析法的一种形式,但它不是有关指标简单、直接地比较,而是将相关联的不同项目、指标之间相除,以揭示有关项目之间的关系,或变不可比指标为可比指标,或产生更新、更全面、更有用的信息。

不同的比率指标的计算方法各不相同,分析的目的以及所起的作用也各不相同。根据不同的分析目的和用途,可将比率分为以下两类:

① 相关比率,是指两个相互联系的不同性质的指标相除所得的比率。常用的相关比率有反映企业营运能力的存货周转率、流动资产周转率;反映企业盈利能力的净资产收益率、资产利润率;反映偿债能力的流动比率、速动比率等。通过相关比率分析,可以了解

企业资产的周转状况是否正常,分析企业投入资本的盈利情况,考察企业偿付流动负债和长期负债的能力,使财务分析更为全面、深刻。

② 构成比率,又称结构比率,是指某项财务分析指标的各组成部分的数值占总体数值的百分比,反映部分与总体的关系。

常用的构成比率有流动资产、固定资产、无形资产占总资产的百分比构成的企业资产构成比率;长期负债与流动负债占全部债务的比率;营业利润、投资收益、营业外收支净额占利润总额的百分比构成的利润构成比率等。利用构成比率与目标数、历史数、同行业平均数相比较,可以考察总体中某个部分的现状和安排是否合理,充分揭示企业财务业绩构成和结构的发展变化情况,以便协调各项财务活动。

③ 趋势分析法。又称为水平分析法,是指将企业两期或连续数期的财务会计报表中的相同指标或比率相比较,以确定其增减变动的方向、数额和幅度,揭示企业财务状况和经营成果增减变化的性质和变动趋势的一种分析方法。

④ 因素分析法。比较分析法和比率分析法可以确定财务报表中各项经济指标发生变化的差异,但如果要了解形成差异的原因以及各种原因对差异形成的影响程度,则需要进一步应用因素分析法来进行具体的分析。

因素分析法,又称为连环替代法,是用来确定几个相互联系的因素对某个财务指标的影响程度,据以说明财务指标发生变动或差异的主要原因的一种分析方法。具体步骤如下:

① 将分析对象(某综合性指标)分解为各项构成因素;
② 确定各项因素的排列顺序;
③ 按确定的顺序对各项因素的基数进行计算;
④ 顺序以各项因素的实际数替换基数,计算替换后的结果,并将结果与前一次替换后的计算结果进行比较,计算出影响程度,直到替换完毕;
⑤ 计算各项因素影响程度之和,与该项综合性指标的差异总额进行对比,检查是否相符。

2) 企业财务分析指标

(1) 企业偿债能力分析指标。偿债能力是指偿还各种到期债务的能力。偿债能力是反映企业财务状况与活力的重要方面,因此,偿债能力分析是财务分析的一个重要内容。它主要包括短期与长期偿债能力两个方面。

① 短期偿债能力分析。短期偿债能力是指企业偿付流动负债的能力。所谓流动负债,就是在一年内或超过一年的一个营业周期内所需偿付的债务,一般需要以流动资产进行偿付。因此,可以根据企业流动负债与流动资产之间的合理关系(判断指标)来分析、判断企业短期偿债能力。

通常,评价企业短期偿债能力的判断指标是流动比率与速动比率。

流动比率:一个衡量企业短期偿债能力的重要财务指标。流动比率越大,说明企业的短期偿债能力越高,但若过高,则说明企业对合理负债经营的好处认识不足,利用外部资金不够。根据经验,流动比率的值≥2较为合理。

速动比率:由于流动资产中的存货及应收账款等项目的流动性较难控制,不一定能完全保证其流动性，因此，仅用流动比率不能完全说明企业的实有短期偿债能力。为克服流动比率使用中的局限性，引入速动比率作为评价企业的短期偿债能力的指标。一般认为速动比率≥1为宜。

② 长期偿债能力分析，是从企业偿还负债总额的角度对企业的偿债潜能所进行的评判。判断企业长期偿债能力的指标有资产负债率、已获利息倍数与产权比率。

资产负债率：企业负债总额与资产总额的比率。它反映企业的资产总额中多少是通过借债而得到的。资产负债比率也反映企业对债务偿还的保障程度，其值越大，则偿债保障越差，债权人的风险越大；一般认为负债比率为50%较为适宜。

已获利息倍数：企业所得税税前利润（即企业利润总额）加利息费用之和与利息费用的比率，它反映企业以经营所得的税前利润支付债务的能力。已获利息倍数过低，说明企业难以保证用经营所得来按时按量支付债务利息，一般认为应使其≥1。

产权比率：也称资本负债率，是指企业负债总额与所有者权益总额的比率，反映企业所有者权益对债权人权益的保障程度。其计算公式为

$$产权比率 = （负债总额 \div 股东权益）\times 100\% \tag{12.5.4}$$

式中的"股东权益"，也就是所有者权益。

一般情况下，产权比率越低，说明企业长期偿债能力越强。产权比率与资产负债率对评价偿债能力的作用基本相同，两者的主要区别是：资产负债率侧重于分析债务偿付安全性的物质保障程度，产权比率则侧重于揭示财务结构的稳健程度以及自有资金对偿债风险的承受能力。

(2) 企业营运能力指标。营运能力指的是企业的经营运行能力，即企业运用各项资产以赚取利润的能力。企业营运能力的财务分析比率有：存货周转率、应收账款周转率、营业周期、流动资产周转率和总资产周转率等。这些比率揭示了企业资金运营周转的情况，企业资金周转状况与企业生产经营过程中的供、产、销各个环节密切相关，任何一个环节发生故障都会影响资金的正常运转。在产品价格高于生产经营耗费的情况下，周转速度的加速意味着分析期内创利频率（次数）与利润总额的增加。企业资金周转越快，流动性越高，企业的偿债能力越强，资产获取利润的速度就越快。

① 应收账款周转率，是企业赊销收入净额与应收账款平均额的比率，它反映企业应收账款的回流速度。

$$应收账款周转率 = 赊销收入净额 \div 分析期应收账款平均数额 \tag{12.5.5}$$

式中，赊销收入净额是指分析期应收账款实现的回收数额；分析期应收账款平均数额为分析期初应收账款与期末应收账款两值的平均值。

② 存货周转率，是销货成本与平均存货成本的比率，它是衡量企业运营能力的一个重要指标，它说明了一个企业销货能力的强弱和存货是否过量，反映了存货利用的效率。

$$存货周转率 = 销货成本 \div 平均存货 \tag{12.5.6}$$

$$平均存货 = （年初存货余额 + 年末存货余额）\div 2 \tag{12.5.7}$$

用平均存货的目的是：如果企业的生产经营带有很强的季节性，那么年度内各季销货额、销货成本、存货会有很多幅度的波动，利用平均存货计算，就减轻了季节性变动带来的不良影响。这个指标越高，则存货周转速度越快，存货利用的越充分；这个指标低，则

存货周转慢,可能表明企业产品积压过多,销售不出去,在销售环节出现毛病,或者表明产成品中残次品增多,不适应市场需求,或者表明在生产环节出现障碍,或表明有过多的库存材料,以致呆滞起来,不能更多地供生产经营之用。当然,存货周转率也不能过高,否则,也可能说明企业经营管理出现一些问题,例如,库存材料量太低,致使生产经营出现中断,为了满足生产经营需要,只得增加采购次数,从而增加企业生产费用。

③ 总资产周转率,也称为总资产利用率,是企业销售收入与资产总额的比率。

$$总资产周转率 = 销售收入 \div 资产总额 \tag{12.5.8}$$

这一比率指标可用来分析企业全部资产的使用效率。指标越大,则说明企业利用其资产进行经营的效率越高。

④ 流动资产周转率,是指企业在一定时期内企业主营业务收入与平均流动资产总额之间的比率,通常用周转次数和周转天数来表示。

$$流动资产周转次数 = \frac{主营业务收入}{流动资产总额} \tag{12.5.9}$$

$$流动资产周转天数 = \frac{计算期天数}{流动资产周转次数} \tag{12.5.10}$$

(3) 企业获利能力分析。企业获利能力是债权人、投资者、股东管理者最关心的问题。企业经营的直接目的就是追求更多的利润,企业经营的好坏在于利润的多少。获利能力分析即企业取得利润的能力分析。反映企业获利能力的指标有六项:营业利润率、成本费用利润率、盈余现金保障倍数、总资产报酬率、净资产收益率和资本收益率,上市公司经常采用每股收益、每股股利、市盈率、每股净资产等指标评价其获利能力。常用的主要有营业净利率、净资产收益率、总资产净利率。

① 营业净利率,是指净利润与营业收入的比率。该比率越大,企业的盈利能力越强。

② 净资产收益率,是指企业本期净利润和净资产的比率,是反映企业盈利能力的核心指标。该指标越高,净利润越多,说明企业盈利能力越好。

③ 总资产净利率,是指企业运用全部资产的净收益率,它反映企业全部资产运用的总成果。总资产净利润率反映企业资产的利用效率,综合性很强。该指标越高,表明企业资产利用效率越高,同时也表明企业资产的盈利能力越强。

④ 营业利润率,是企业一定时期营业利润与营业收入的比率。其计算公式为

$$营业利润率 = 营业利润/营业收入 \times 100\% \tag{12.5.11}$$

营业利润率越高,表明企业市场竞争力越强,发展潜力越大,盈利能力越强。

⑤ 销售毛利率。在实务中,也经常使用销售毛利率、销售净利率等指标来分析企业经营业务的获利水平。其计算公式分别为

$$销售毛利率 = \frac{销售收入 - 销售成本}{销售收入} \times 100\% \tag{12.5.12}$$

$$销售净利率 = \frac{净利润}{销售收入} \times 100\% \tag{12.5.13}$$

⑥ 成本费用利润率,是企业一定时期利润总额与成本费用总额的比率。其计算公式为

$$成本费用利润率 = \frac{利润总额}{成本费用总额} \times 100\% \tag{12.5.14}$$

其中：

成本费用总额=营业成本+营业税金及附加+销售费用+管理费用+财务费用

成本费用利润率越高，表明企业为取得利润而付出的代价越小，成本费用控制得越好，盈利能力越强。

⑦ 盈余现金保障倍数，是企业一定时期经营现金净流量与净利润的比值，反映了企业当期净利润中现金收益的保障程度，真实反映了企业盈余的质量。其计算公式为

$$盈余现金保障倍数 = \frac{经营现金净流量}{净利润} \tag{12.5.15}$$

一般来说，当企业当期净利润大于 0 时，盈余现金保障倍数应当大于 1。该指标越大，表明企业经营活动产生的净利润对现金的贡献越大。

⑧ 总资产报酬率，是企业一定时期内获得的报酬总额与平均资产总额的比率，反映了企业资产的综合利用效果。其计算公式为

$$总资产报酬率 = \frac{息税前利润总额}{平均资产总额} \times 100\% \tag{12.5.16}$$

其中：息税前利润总额=利润总额+利息支出

一般情况下，总资产报酬率越高，表明企业的资产利用效益越好，整个企业盈利能力越强。

⑨ 净资产收益率，是企业一定时期净利润与平均净资产的比率，反映了企业自有资金的投资收益水平。其计算公式为

$$净资产收益率 = \frac{净利润}{平均净资产} \times 100\% \tag{12.5.17}$$

其中：

$$平均净资产 = \frac{所有者权益年初数 + 所有者权益年末数}{2}$$

一般认为，净资产收益率越高，企业自有资本获取收益的能力越强，运营效益越好，对企业投资人、债权人利益的保证程度越高。

⑩ 资本收益率，是企业一定时期净利润与平均资本(即资本性投入及其资本溢价)的比率，反映企业实际获得投资额的回报水平。其计算公式为

$$资本收益率 = \frac{净利润}{平均资本} \times 100\% \tag{12.5.18}$$

其中：$平均资本 = \dfrac{实收资本年初数 + 资本公积年初数 + 实收资本年末数 + 资本公积年末数}{2}$

上述资本公积仅指资本溢价(或股本溢价)。

⑪ 每股收益，也称每股利润或每股盈余，是反映企业普通股股东持有每一股份所能享有企业利润或承担企业亏损的业绩评价指标。每股收益的计算包括基本每股收益和稀释每股收益。基本每股收益的计算公式为：

$$基本每股收益 = \frac{归属于普通股东的当期净利润}{当期发行在外普通股的加权平均数} \tag{12.5.19}$$

其中：

$$当期发行在外普通股的加权平均数 = 期初发行在外普通股股数 + 当期新发行普通股股数 \times \frac{已发行时间}{报告期时间} - 当期回购普通股股数 \times \frac{已回购时间}{报告期时间}$$

已发行时间、报告期时间和已回购时间一般按天数计算，在不影响计算结果的前提下，也可以按月份简化计算。

稀释每股收益是在考虑潜在普通股稀释性影响的基础上，对基本每股收益的分子、分母进行调整后再计算的每股收益。

每股收益越高，表明公司的获利能力越强。

⑫ 每股股利，是上市公司本年发放的普通股现金股利总额与年末普通股总数的比值，反映上市公司当期利润的积累和分配情况。其计算公式为

$$每股股利 = \frac{普通股现金股利总额}{年末普通股总数} \qquad (12.5.20)$$

⑬ 市盈率，是上市公司普通股每股市价相当于每股收益的倍数，反映投资者对上市公司每股净利润愿意支付的价格，可以用来估计股票的投资报酬和风险。其计算公式为

$$市盈率 = \frac{普通股每股市价}{普通股每股收益} \qquad (12.5.21)$$

一般来说，市盈率高，说明投资者对该公司的发展前景看好，愿意出较高的价格购买该公司股票。但是，某种股票的市盈率过高，也意味着这种股票具有较高的投资风险。

⑭ 每股净资产，是上市公司年末净资产（即股东权益）与年末普通股总数的比值。其计算公式为

$$每股净资产 = \frac{年末股东权益}{年末普通股总数} \qquad (12.5.22)$$

（4）企业发展能力分析。企业发展能力指标主要有：营业收入增长率、资本保值增值率、资本积累率、总资产增长率、营业利润增长率、技术投入比率、营业收入三年平均增长率和资本三年平均增长率等八项指标。

① 营业收入增长率，是企业当年营业收入增长额与上年营业收入总额的比率，反映企业营业收入的增减变动情况。其计算公式为

$$营业收入增长率 = \frac{当年营业收入增长额}{上年营业收入总额} \times 100\% \qquad (12.5.23)$$

其中：　　　当年营业收入增长额 = 当年营业收入总额 − 上年营业收入总额

营业收入增长率大于零，表明企业当年营业收入有所增长。该指标值越高，表明企业营业收入的增长速度越快，企业市场前景越好。

② 资本保值增值率，是企业扣除客观因素后的本年末所有者权益总额与年初所有者权益总额的比率，反映企业当年资本在企业自身努力下实际增减变动的情况。其计算公式为

$$资本保值增值率 = \frac{扣除客观因素后的本年末所有者权益总额}{年初所有者权益总额} \times 100\% \qquad (12.5.24)$$

一般认为,资本保值增值率越高,表明企业的资本保全状况越好,所有者权益增长越快,债权人的债务越有保障。该指标通常应当大于100%。

③ 资本积累率,是企业当年所有者权益增长额与年初所有者权益的比率,反映企业当年资本的积累能力。其计算公式为

$$资本积累率=\frac{当年所有者权益增长额}{年初所有者权益}\times100\% \qquad (12.5.25)$$

资本积累率越高,表明企业的资本积累越多,应对风险、持续发展的能力越强。

④ 总资产增长率,是企业当年总资产增长额同年初资产总额的比率,反映企业本期资产规模的增长情况。其计算公式为

$$总资产增长率=\frac{当年总资产增长额}{年初资产总额}\times100\% \qquad (12.5.26)$$

其中: 当年总资产增长额=年末资产总额-年初资产总额

总资产增长率越高,表明企业一定时期内资产经营规模扩张的速度越快。但在分析时,需要关注资产规模扩张的质和量的关系,以及企业的后续发展能力,避免盲目扩张。

⑤ 营业利润增长率,是企业当年营业利润增长额与上年营业利润总额的比率,反映企业营业利润的增减变动情况。其计算公式为

$$营业利润增长率=\frac{当年营业利润增长额}{上年营业利润总额}\times100\% \qquad (12.5.27)$$

其中: 当年营业利润增长额=当年营业利润总额-上年营业利润总额

⑥ 技术投入比率,是企业当年科技支出(包括用于研究开发、技术改造、科技创新等方面的支出)与当年营业收入的比率,反映企业在科技进步方面的投入,在一定程度上可以体现企业的发展潜力。其计算公式为

$$技术投入比率=\frac{当年科技支出合计}{当年营业收入}\times100\% \qquad (12.5.28)$$

⑦ 营业收入三年平均增长率,表明企业营业收入连续三年的增长情况,反映企业的持续发展态势和市场扩张能力。一般认为,营业收入三年平均增长率越高,表明企业营业持续增长势头越好,市场扩张能力越强。

⑧ 资本三年平均增长率,表示企业资本连续三年的积累情况,在一定程度上反映了企业的持续发展水平和发展趋势。

(5)财务指标综合分析。财务指标综合分析法是一种传统的信用风险评级方法。这类方法的主要代表有杜邦财务分析体系和沃尔比重评分法。

杜邦财务分析体系因其最初由美国杜邦公司成功应用而得名。其基本原理是:将财务指标作为一个系统,将财务分析与评价作为一个系统工程,全面评价企业的偿债能力、营运能力、盈利能力及其相互之间的关系,在全面财务分析的基础上进行全面评价,使评价者对公司的财务状况有深入而相互联系的认识,有效地进行决策。其基本特点是:以净值报酬率为龙头,以资产净利润率为核心,将偿债能力、资产营运能力、盈利能力有机结合起来,层层分解,逐步深入,构成了一个完整的分析系统,全面、系统、直观地反映了企业的财务状况。杜邦财务分析体系如图12.5.2所示。

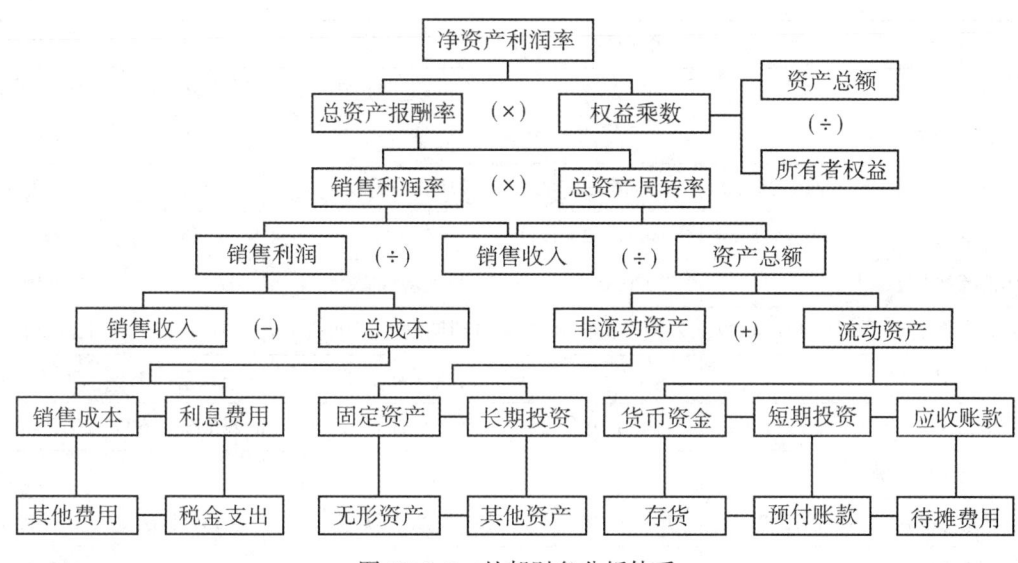

图 12.5.2 杜邦财务分析体系

沃尔比重评分法是由财务综合评价领域的著名先驱者之一亚历山大·沃尔创立的,他把若干个财务比率用线性关系结合起来,以此评价企业的信用水平。沃尔比重评分法是将选定的七项财务比率:流动比率、自有资产对固定资产比重、自有资产对负债比率、应收账款周转率、存货周转率、固定资产周转率、自有资本周转率,将指标的行业先进水平作为标准值,并将指标用线性关系结合起来,分别给定各自的分数比重,通过实际值与标准比率(行业平均比率)进行比较,确定各项指标的得分及总体指标的累积分数,从而得出企业财务状况的综合评价,继而确定其信用等级。

12.6 案 例 分 析

已知某建设股份有限公司资产负债表、利润表和现金流量表等财务报表如表 12.6.1～表 12.6.3 所示。

表 12.6.1 **资产负债表**
编制单位:某建设股份有限公司　　　2016 年 12 月 31 日　　　(单位:万元)

资产	年末数	年初数	负债及所有者权益	年末数	年初数
流动资产:			流动负债:		
货币资金	245125.60	127968.62	短期借款	178438.54	242162.56
应收票据	15944.90	17313.00	应付票据	33797.08	33502.80
应收账款	757790.68	689490.91	应付账款	991134.11	923935.38
预付账款	44566.30	42017.43	预收账款	62702.63	52156.16

续表

资产	年末数	年初数	负债及所有者权益	年末数	年初数
应收利息		48.28	应付职工薪酬	441769.40	453177.18
应收股利			应交税费	78987.25	95611.91
其他应收款	210405.10	223346.02	应付利息	1799.12	3023.01
存货	1195341.64	1228991.25	应付股利	1255.32	2971.81
其他流动资产		2000.00	其他应付款	183349.48	137905.97
流动资产合计	2649174.22	2331175.51	1年内到期的非流动负债	51196.63	20000.00
非流动资产			其他流动负债	32173.13	50000.00
可供出售金融资产	21131.69	17453.95	流动负债合计	2056602.69	2013446.78
持有至到期投资			非流动负债:		
长期应收款	137292.23	16888.78	长期借款	136445.51	10368.66
长期股权投资	45855.60	1045.73	应付债券		49754.88
固定资产:	54567.30	27271.80	专项应付款		186.64
在建工程		998.41	递延所得税负债		
无形资产:	4022.45	4175.61	其他非流动负债	577.64	693.17
商誉	356.70	318.40	非流动负债合计	137023.15	61003.35
长期待摊费用	870.93	1012.33	负债合计	2193625.84	2074450.13
递延所得税资产	9469.50	7620.55	股东权益:		
其他非流动资产		30320.97	股本	126210.00	94760.00
非流动资产合计	273566.40	107106.53	资本公积	169999.27	50569.31
			盈余公积	58761.75	53215.38
			未分配利润	194143.76	165287.22
			股东权益合计	549114.78	363831.91
资产总计	2742740.62	2438282.04	负债及所有者权益总计	2742740.62	2438282.04

表12.6.2 利　润　表

编制单位：某建设股份有限公司　　2016年　　　　　　　　　　　　　　　（单位：万元）

项　目	本年金额	上年金额
一、营业收入	1458848.34	1602876.81
减：营业成本	1335348.56	1463657.87
税金及附加	14884.83	50853.17
销售费用	737.71	783.80

续表

项　　目	本年金额	上年金额
管理费用	28894.35	23846.00
财务费用	8903.22	15078.86
资产减值损失	20696.43	17130.29
加：公允价值变动收益		
投资收益	615.66	−95.80
二、营业利润	49998.90	31431.02
加：营业外收入	721.11	1057.39
减：营业外支出	205.95	421.74
三、利润总额	50514.06	32066.67
减：所得税费用	15492.49	12233.20
四、净利润	35021.57	19833.47

表 12.6.3　　　　　　　　　　　　　现金流量表
编制单位：某建设股份有限公司　　2016 年　　　　　　　　　　　　（单位：万元）

项　　目	本年金额	上年金额
一、经营活动产生的现金流量		
销售商品、提供劳务收到的现金	1381246.87	1303330.80
收到其他与经营活动有关的现金	89466.67	65553.76
经营活动现金流入小计	1470713.54	1368884.56
购买商品、接受劳务支付的现金	808155.66	813318.04
支付给职工以及为职工支付的现金	437053.11	433484.12
支付的各种税费	64823.53	58565.44
支付其他与经营活动有关的现金	45005.32	114256.17
经营活动现金流出小计	1355037.62	1419623.77
经营活动产生的现金流量净额	115675.92	−50739.21
二、投资活动产生的现金流量		
收回投资收到的现金	2000.00	3000.00
取得投资收益收到的现金	96.31	1528.70
处置固定资产、无形资产和其他长期资产收回的现金净额	36.37	7.49
处置子公司及其他营业单位收到的现金净额	42498.55	
收到其他与投资活动有关的现金	57831.42	

续表

项　目	本年金额	上年金额
投资活动现金流入小计	102462.65	4536.19
构建固定资产、无形资产和其他长期资产支付的现金	16486.53	12005.22
投资支付的现金	44720.97	7510.00
取得子公司及其他营业单位支付的现金净额		3913.32
支付其他与投资活动有关的现金	186212.11	6000.00
投资活动现金流出小计	247419.61	29428.54
投资活动产生的现金流量净额	-144956.96	-24892.35
三、筹资活动产生的现金流量		
吸收投资收到的现金	174075.96	854.20
取得借款收到的现金	355685.93	401552.43
收到其他与筹资活动有关的现金	3340.00	2130.00
筹资活动现金流入小计	533101.89	404536.63
偿还债务支付的现金	361046.31	317193.95
分配股利、利润或偿付利息支付的现金	25369.98	25543.62
支付其他与筹资活动有关的现金	247.58	2265.00
筹资活动现金流出小计	386663.87	345002.57
筹资活动产生的现金流量净额	146438.02	59534.06
四、汇率变动对现金及现金等价物的影响		
五、现金及现金等价物净增加额	117156.98	-16097.50
加：期初现金及现金等价物余额	127968.62	144066.12
六、期末现金及现金等价物余额	245125.60	127968.62

12.6.1　某建设股份有限公司偿债能力分析

依据表12.6.1资产负债表计算企业偿债能力指标，列入表12.6.4，同时列入各指标的行业均值与行业中值进行对比分析。

从表12.6.4可以看出，公司的流动比率大于1但小于2，速动比率小于1；流动比率与行业均值基本持平，低于行业中值；速动比率均低于行业均值与行业中值，表明公司短期偿债能力较差。公司资产负债率较高，高于行业均值，远远高于行业中值，2016年较2015年的资产负债率有所下降，表明公司减少了对别人资金的依赖，较好地利用了财务杠杆，要注意防范财务风险。公司已获利息倍数远远大于1，表明公司有较强的利息偿付能力，长期偿债能力较好。

表 12.6.4　　　　　某建设股份有限公司 2016 年偿债能力分析表

指标	2015 年	2016 年	行业均值	行业中值
流动比率	1.16	1.20	1.24	1.43
速动比率	0.55	0.62	0.74	0.92
资产负债率	85.08%	79.98%	73.31%	49.27%
已获利息倍数	2.13	4.45		

12.6.2　某建设股份有限公司营运能力分析

依据表 12.6.1、表 12.6.2 中数据计算企业营运能力指标，列入表 12.6.5，同时列入各指标的行业均值与行业中值进行对比分析。

表 12.6.5　　　　　某建设股份有限公司 2016 年营运能力分析表

指标	2015 年	2016 年	行业均值	行业中值
总资产周转率	0.71	0.56		
流动资产周转率(周转次数)	0.74	0.61		
存货周转率	1.25	1.1	2.06	2.02
应收账款周转率	2.28	1.97	4.81	2.79

从表 12.6.5 中数据可看出，公司总资产周转率、流动资产周转率较低，2016 年与 2015 年相比有所下降，表明公司总资产周转减慢，销售能力不足，并在逐年下降。存货周转率与应收账款周转率也在下降，并均低于行业均值与行业中值。公司运营能力较差。

12.6.3　某建设股份有限公司获利能力分析

依据表 12.6.1～表 12.6.3 中数据计算企业获利能力指标，列入表 12.6.6，同时列入各指标的行业均值与行业中值进行对比分析。

表 12.6.6　　　　　某建设股份有限公司 2016 年营运能力分析表　　　　　（单位:%）

指　标	2015 年	2016 年	行业均值	行业中值
营业毛利率	8.69	8.47	11.15	15.75
营业净利率	1.24	2.40	3.26	4.47
净资产收益率	5.68	7.67	10.39	9.86

从表 12.6.6 中数据可看出，公司营业毛利率基本持平，公司营业净利率、净资产收益率 2016 年比 2015 年有所提升，但均远远低于行业均值与行业中值，公司获利能力亟待

提高。

12.6.4 某建设股份有限公司发展能力分析

依据表12.6.1~表12.6.3中数据计算企业发展能力指标,列入表12.6.7进行对比分析。

表12.6.7 某建设股份有限公司2016年发展能力分析表 (单位:%)

指标	2015年	2016年
年营业收入增长率	-1.24	-8.99
年资本增长率	85.70	50.93
年总资产增长率	16.98	12.49
年净利润增长率	-18.37	76.58

从表12.6.7中数据可看出,公司营业收入持续下降,经营能力减弱;资本增长率较高,表明公司资本积累较好,资本保全性好,应对风险和持续发展的能力较强。年净利润增长率提升,年总资产增长率略有下降,查找前几年的报表数据对比,发现有一定程度波动,但总资产一直保持增长态势,表明公司发展能力较好。

12.6.5 某建设股份有限公司财务指标综合分析

用杜邦分析法对某建设股份有限公司财务指标综合分析,数据见表12.6.8所示。

表12.6.8 某建设股份有限公司杜邦分析数据表

指　标	2016年	2015年
净资产收益率①=②×③	7.63%	5.69%
总资产收益率②=④×⑤	1.34%	0.88%
权益系数③(计算采用年初年末平均数)	5.68	6.47
营业净利率④	2.40%	1.24%
总资产周转率⑤	0.56	0.71

从表12.6.8可看出,公司净资产收益率保持上升趋势,营业净利润率较2015年增长1倍,权益系数维持在5以上,总资产周转率持续下降。追加连环替代法分析2015—2016年公司净资产收益率变化的影响因素可知,营业净利率使净资产收益率上升,总资产周转率的下降使净资产收益率下降,权益系数指标的下降使净资产收益率下降。由此可知,公司净资产收益率上升的主要原因在于营业净利率远高于上一年度。而在总资产收益率的影响因素中,2016年的总资产周转率低于以前年度,造成公司运营能力下降,拖累了净资产收益率指标增长。

习 题

1. 简述建设工程企业技术管理的含义及其主要内容。
2. 简述建筑企业技术标准及技术规程。
3. 简述人力资源的含义及其特征。
4. 简述建设工程企业人力资源管理的概念及其作用。
5. 简述人力资源计划编制的步骤。
6. 简述绩效考核的作用及方法。
7. 简述机械设备配备原则。
8. 简述机械设备寿命分类,经济寿命的确定方法。
9. 简述材料管理的含义。
10. 简述两种材料订购方法的区别。
11. 建设工程企业财务关系有哪些?
12. 简述流动资金管理内容。
13. 企业财务分析方法有哪些?
14. 企业财务分析指标有哪些?

参 考 文 献

[1] 何亚伯. 建筑工程经济与企业管理(第二版)[M]. 武汉：武汉大学出版社，2009.
[2] 刘以雷. 改革40年我国投资体制的历史变迁[EB/OL]. http：//www.chinadevelopment.com.cn/，2018-12-18.
[3] 任凤辉，刘红宇. 施工企业财务管理(第3版)[M]. 北京：机械工业出版社，2018.
[4] 王关义，等. 现代企业管理(第五版)[M]. 北京：清华大学出版社，2019.
[5] 曹扬，等，现代企业管理——理念、方法、技术(第3版)[M]. 北京：清华大学出版社，2019.
[6] 钟小军. 现代管理理论与方法[M]. 北京：国防工业出版社，2020.
[7] 李忠富. 建设工程施工管理[M]. 北京：机械工业出版社，2018.
[8] 何增勤，等. 建设工程造价案例分析[M]. 北京：中国计划出版社，2020.
[9] 全国一级建造师执业资格考试用书编写委员会. 建设工程经济[M]. 北京：中国建筑工业出版社，2020.
[10] 全国咨询工程师(投资)执业资格考试参考教材编写委员会. 现代咨询方法与实务(2019修订版)[M]. 北京：中国统计出版社，2020.
[11] 全国咨询工程师(投资)执业资格考试参考教材编写委员会. 宏观经济政策与发展规划(2019修订版)[M]. 北京：中国统计出版社，2020.
[12] 全国咨询工程师(投资)执业资格考试参考教材编写委员会. 项目决策分析与评价(2019修订版)[M]. 北京：中国统计出版社，2020.
[13] 全国咨询工程师(投资)执业资格考试参考教材编写委员会. 工程项目组织与管理(2019修订版)[M]. 北京：中国统计出版社，2020.
[14] 全国造价工程师执业资格考试培训教材编审委员会. 建设工程计价[M]. 北京：中国计划出版社，2019.
[15] 周三多，等. 管理学——原理与方法(第七版)[M]. 上海：复旦大学出版社，2019.
[16] [美]斯蒂芬·罗宾斯，等. 管理学(第13版)[M]. 刘刚，等，译. 北京：中国人民大学出版社，2017.
[17] 吴仁群. 经济预测与决策(第二版)[M]. 北京：中国人民大学出版社，2015.
[18] 刘思峰，菅利荣，米传民. 管理预测与决策方法(第三版)[M]. 北京：科学出版社，2017.
[19] 《投资项目可行性研究指南》编写组. 投资项目可行性研究指南[M]. 北京：中国电力出版社，2002.
[20] 国家发展改革委、住建部. 建设项目经济评价方法与参数(第三版)[M]. 北京：中国

计划出版社，2006.

[21] 高华. 项目可行性研究与评估[M]. 北京：机械工业出版社，2014.

[22] 鲁贵卿. 建筑工程企业科学管理实论[M]. 长沙：湖南大学出版社，2013.

[23] 刘心萍. 建筑企业管理(第二版)[M]. 北京：清华大学出版社，2016.

[24] 中华人民共和国住房和城乡建设部. 建筑业企业资质管理文件汇编(第二版)[M]. 北京：中国建筑工业出版社，2017.

[25] [美]斯蒂芬·罗宾斯，等. 组织行为学(第16版)[M]. 孙健敏，王震，李原，译. 北京：中国人民大学出版社，2016.

[26] 胡中铭. 中国尊项目安全管理策划研究[D]. 武汉大学，2020.

[27] 王哲. 河南统一供销物流园项目的可行性分析[D]. 武汉大学，2019.

[28] 李章政. 工程建设质量管理[M]. 北京：化学工业出版社，2019.

[29] 吴松勤. 建筑工程质量管理[M]. 北京：中国建筑工业出版社，2019.

[30] 马国丰. 工程质量管理：理论、方法与案例[M]. 北京：中国建筑工业出版社，2014.

[31] 刘颖. 建筑企业管理教材与案例[M]. 北京：清华大学出版社，2015.

[32] 宋国防，贾湖. 工程经济学(第一版)[M]. 天津：天津大学出版社，2000.

[33] 黄有亮，徐向阳，等. 工程经济学(第一版)[M]. 南京：东南大学出版社，2002.

[34] 刘津明. 建筑技术经济(修订本)[M]. 天津：天津大学出版社，2002.

[35] 武献华，宋维佳，屈哲. 工程经济学[M]. 大连：东北财经大学出版社，2002.

[36] 关柯，王宝仁，丛培经. 建筑工程经济与企业管理(第二版)[M]. 北京：中国建筑工业出版社，1997.

[37] 黄仕诚. 建筑工程经济与企业管理(第二版)[M]. 武汉：武汉工业大学出版社，1996.

[38] 陈锡璞. 工程经济[M]. 北京：机械工业出版社，2000.

[39] 张春河，等. 新编工业企业管理学[M]. 北京：企业管理出版社，2000.

[40] 龚晓海. 工程建设企业质量管理——2000版ISO9000族标准在工程建设企业的应用[M]. 北京：中国水利水电出版社，2002.

[41] 杨华峰，等. 投资项目经济评价[M]. 北京：中国经济出版社，1997.

[42] 郭献芳. 工程经济学[M]. 北京：中国电力出版社，2004.

[43] 刘伊生. 建筑企业管理[M]. 北京：北方交通大学出版社，2003.

[44] 杜葵. 工程经济学[M]. 重庆：重庆大学出版社，2001.

[45] 李慧民. 建筑工程经济与项目管理[M]. 北京：冶金工业出版社，2002.

[46] 虞和锡. 工程经济学[M]. 北京：中国计划出版社，2002.

[47] 赵世强. 房地产开发风险管理[M]. 北京：中国建材工业出版社，2003.

[48] 王坚平. 国际企业管理学[M]. 北京：科学出版社，2000.

[49] 李丽华，周慧兴. 现代企业管理学[M]. 重庆：重庆大学出版社，2001.

[50] 建筑工程施工项目管理丛书编审委员会. 建筑工程施工项目成本管理[M]. 北京：机械工业出版社，2004.

[51] 夏志宏. 国际工程承包风险与规避[M]. 北京：中国建筑工业出版社，2004.

参考文献

[52] 唐健人、陈茂明. 建筑企业经营管理[M]. 北京：机械工业出版社，2004.

[53] 刘伟. 工程质量管理与系统控制[M]. 武汉：武汉大学出版社，2004.

[54] 冯文权. 经济预测与决策技术（第四版）[M]. 武汉：武汉大学出版社，2002.

[55] 陶燕瑜，张宜松. 工程技术经济学[M]. 重庆：重庆大学出版社，2002.

[56] 葛宝山，邬文康. 工程项目评估[M]. 北京：清华大学出版社，2004.

[57] 刘晓君. 建筑技术经济学[M]. 北京：中国建筑工业出版社，1998.

[58] 孙三友，马荣全，等. 建筑工程施工成本管理体系[M]. 北京：中国建筑工业出版社，2001.

[59] 王勇，方志达. 项目可行性研究与评估[M]. 北京：中国建筑工业出版社，2004.

[60] 建设部标准定额研究所. 建设项目经济评价参数研究[M]. 北京：中国计划出版社，2004.

[61] 王景山. 项目投资与管理[M]. 北京：机械工业出版社，2004.

[62] 葛素洁，杨洁，等. 现代企业管理学[M]. 北京：经济管理出版社，2001.

[63] 李平生. 国际企业管理[M]. 北京：工商出版社，1997.

[64] 陈寰. 现代企业管理[M]. 北京：化学工业出版社，1997.

[65] 崔援民. 现代企业管理学[M]. 北京：中国经济出版社，1988.

[66] 邹昭. 国际企业管理概论[M]. 北京：北京经济学院出版社，1996.

[67] 庄恩岳，等. 新财务管理方法（修订本）[M]. 北京：中国审计出版社，1995.

[68] 冉茂盛，等. 财务管理学[M]. 重庆：重庆大学出版社，1997.

[69] 李海波. 财务管理[M]. 上海：立信会计出版社，1996.

[70] 庄恩岳，陈国民. 财务管理分析方法[M]. 北京：经济管理出版社，1997.

[71] 栾庆伟，迟国泰. 财务管理[M]. 大连：大连理工大学出版社，2001.

[72] 樊进科，等. 财务管理学[M]. 北京：经济管理出版社，2002.

[73] 张鹏翥，等. 企业转产风险管理理论与实践[M]. 北京：高等教育出版社，2002.

[74] 阮连法. 建筑企业管理学[M]. 浙江：浙江大学出版社，1999.

[75] 邓卫. 建筑工程经济[M]. 北京：清华大学出版社，2000.

[76] 赵国杰. 工程经济与项目评价[M]. 天津：天津大学出版社，2001.

[77] 庞永师，等. 建筑工程经济与管理[M]. 广州：广东科技出版社，2003.

[78] 郑连庆，等. 建筑工程经济与管理[M]. 广州：华南理工大学出版社，1997.

[79] 黄仕诚. 建筑工程经济与企业管理[M]. 北京：中国建筑工业出版社，1997.

[80] 郝杰忠. 建筑工程施工项目招投标与合同管理[M]. 北京：机械工业出版社，2003.

[81] 刘允延. 建设工程项目成本管理[M]. 北京：机械工业出版社，2003.

[82] 任汉波，等. 工程项目责任成本管理与控制[M]. 北京：中国建材工业出版社，2001.

[83] 孙三友，等. 建筑工程施工成本管理体系[M]. 北京：中国建筑工业出版社，2001.

[84] 曹德芳，等. 成本管理学[M]. 沈阳：东北大学出版社，2003.

[85] 中华人民共和国建设部. 建设工程项目管理规范[M]. 北京：中国建筑工业出版社，2002.

[86]《投资项目可行性研究指南》编写组. 投资项目可行性研究指南（试用版）[M]. 北京：

中国电力出版社，2002.
- [87] 耿永常，王光远. 工程项目可行性论证的理论、方法与应用[M]. 北京：高等教育出版社，2007.
- [88] 王诺，梁晶. 建设项目经济评价案例教程[M]. 北京：化学工业出版社，2008.
- [89] 张毅. 工程项目建设指南[M]. 北京：中国建筑工业出版社，2003.
- [90] 王勇，方志达. 项目可行性研究与评估[M]. 北京：中国建筑工业出版社，2004.
- [91] 何亚伯. 工程经济学[M]. 北京：机械工业出版社，2008.
- [92] 何亚伯. 建筑工程经济与企业管理[M]. 武汉：武汉大学出版社，2005.
- [93] 肖跃军，等. 工程经济学[M]. 北京：高等教育出版社，2004.
- [94] 赵国杰. 工程经济学(第2版)[M]. 天津：天津大学出版社，2004.
- [95] 余建星，等. 工程经济[M]. 北京：中国建筑工业出版社，2004.
- [96] 谢识予. 计量经济学教程[M]. 上海：复旦大学出版社，2004.
- [97] 张晓峒. 计量经济学基础(第2版)[M]. 天津：南开大学出版社，2005.